# HISTOIRE

DE

# L'ORGANISATION JUDICIAIRE

# EN FRANCE



ÉPOQUE FRANQUE

PAR

Ludovic BEAUCHET

PROFESSEUR A LA FACULTÉ DE DROIT DE NANCY.

PARIS

LIBRAIRIE NOUVELLE DE DROIT ET DE JURISPRUDENCE

ARTHUR ROUSSEAU, ÉDITEUR

14, RUE SOUFFLOT ET RUE TOULLIER, 13

1886

# HISTOIRE

DE

# L'ORGANISATION JUDICIAIRE EN FRANCE

---

## ÉPOQUE FRANQUE

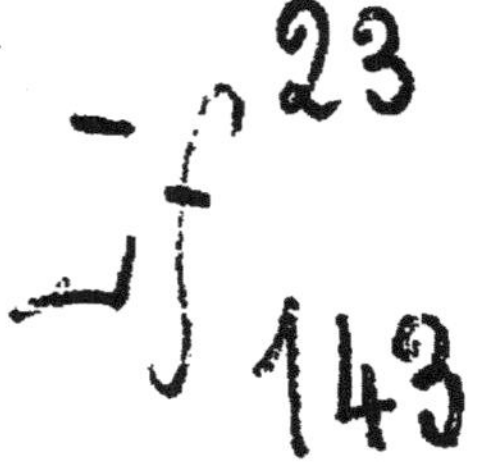

SAINT-BRIEUC

IMPRIMERIE FRANCISQUE GUYON, LIBRAIRE ÉDITEUR,

Rues Saint-Gilles et de la Préfecture.

# HISTOIRE

DE

# L'ORGANISATION JUDICIAIRE

# EN FRANCE

---

## ÉPOQUE FRANQUE

PAR

Ludovic BEAUCHET

PROFESSEUR A LA FACULTÉ DE DROIT DE NANCY.

PARIS

LIBRAIRIE NOUVELLE DE DROIT ET DE JURISPRUDENCE

ARTHUR ROUSSEAU, ÉDITEUR

14, RUE SOUFFLOT ET RUE TOULLIER, 13

1888

# BIBLIOGRAPHIE

D'ACHÉRY, Spicilegium sive collectio veterum aliquot scriptorum, Paris, 1655, 13 vol. fol.

* BALUZE, Capitularia regum Francorum, Paris, 1780, 2 vol. fol.

BALUZE, Marca Hispanica sive limes hispanicus, Paris, 1688, fol.

BALUZE, Historia ecclesiæ Tutelensis, Paris, 1717, 4°.

BALUZE, Miscellaneorum libri V, Paris, 1678, 5 vol. 4°.

BATAILLARD, Origine de l'histoire des Procureurs, Paris, 1868, 8°.

BÉRALDI, De l'Origine et des Progrès de la législation française, Paris, 8°.

BESLY, Histoire des comtes de Poictou, Paris, 1647, 4°.

BESLY, Evêques de Poitiers, Paris, 1647, 4°.

BETHMANN-HOLLWEG, Der Civilprozess des gemeinen Rechts, t. IV et V, Bonn, 1873, in-8°.

BEYER, Urkundenbuch zur Geschichte der mittelrheinischen Territorien, Coblenz, 1860, 2 vol. 8°.

BOLLAND, Acta sanctorum quotquot toto orbe coluntur, Anvers, 1643 (Bruxelles, 1867), 59 vol. 8°.

* BORETIUS, Monumenta Germaniae historica, Capitularia regum Francorum, Hannoverae, 4°.

BORETIUS, Die Capitularien in Langobardenreich, Halle, 1864, 8°.

BOUQUET, Recueil des historiens des Gaules, Paris, 1738 ss., 21 vol. fol.

BOUTARIC, Des Origines du Régime féodal, Paris, 8°.

BREWER, Geschichte der französischen Gerichtsverfassung, Düsseldorf, 1835, 2 vol. 8°.

BRUNETTI, Codice diplomatico Toscano, Firenze, 1850, 4°.

BRUNNER, Die Entstehung der Schwurgerichte, Berlin, 1871, 8°.

BRUNNER, Zeugen und Inquisitionsbeweis im deutschen Gerichtsverfahren Karolingischer Zeit, Vienne, 1865, 8°.

CAILLEMER, Florus et Moduin, Lyon, 1882, 8°.

DOM CALMET, Histoire de Lorraine, Nancy, 1778, 3 vol. fol.

CARTULAIRE général de l'Yonne, par Quantin, Auxerre, 1854, 2 vol. 4°.

CARTULAIRE de S. Vincent de Mâcon, par Ragut, Mâcon, 1864, 4°.

CARTULAIRE de l'Abbaye de Beaulieu, par Deloche, Paris, 1860, 4°.

CARTULAIRE de l'Abbaye de Redon en Bretagne, par de Courson, Paris, 1863, 4°.

CARTULAIRE de l'Abbaye de S. Victor de Marseille, par Guérard, Paris, 1857, 2 vol. 4°.

CARTULAIRE de l'Abbaye de S. Bertin, par Guérard, Paris, 1840, 4°.

CLOUET, Histoire ecclésiastique de la province de Trèves, Verdun, 1844, 2 vol. 8°.

* Les ouvrages marqués de ce signe sont ceux auxquels nous nous référons en l'absence d'autre indication.

COHN, Die Justizverweigerung im altdeutschen Recht, Karlsruhe, 1876, 8°.
DANIELS, Handbuch der deutschen Reichs- und Staatengeschichte, Tübingen, 1859, 4 vol. 8°.
DELOCHE, La Trustis et l'Antrustion royal, Paris, 8°.
DIGOT, Histoire du royaume d'Austrasie, Paris, 1863, 4 vol. 8°.
DOUBLET, Histoire de l'Abbaye de S. Denis, Paris, 1625, 2 vol. 4°.
DRONKE, Codex diplomaticus Fuldensis, Cassel, 1850, 4°.
DU BOYS, Histoire du droit criminel des peuples européens, 2e éd., Paris, 1865, 8°.
DUCANGE, Glossarium mediae et infimae latinitatis, Paris, 1840, 7 vol. 4°.
* EICHORN, Deutsche Staats- und Rechtsgeschichte, Göttingen, 1845, 4 vol. 8°.
EICHORN, Ueber die ursprungliche Einrichtung der Provinzialverwaltung im fränkischen Reich, dans la Zeitschrift für geschichtliche Rechtswissenschaft, t. VIII, Berlin, 1835, 8°.
FANTUZZI, Monumenti Ravenatti, Venet., 1801, 6 vol. 4°.
FLODOARD, Historia Remensis, Duaci, 1617, 8°.
FORSCHUNGEN zur deutschen Geschichte, publié par l'Académie des sciences bavaroise, t. XI, Göttingen, 1861, 8°.
FOURNIER (Marcel), Essai sur l'histoire du droit d'appel, Paris, 1881, 8°.
FUMAGALLI, Codice diplomatico S. Ambrosiano, Milan, 1805, 4°.
FUSTEL DE COULANGES, Histoire des institutions politiques de l'ancienne France, Paris, 1877, 8°.
* FUSTEL DE COULANGES, Étude sur l'immunité mérovingienne, dans la Revue historique, 1883, t. 22 et 23, Paris, 1883, 8°.
GEMEINER, Die Verfassung der Centenen und des fränkischen Königthums, Münich, 1855, 8°.
GFROERER, Zur Geschichte deutschen Volksrechte im Mittelalter, Schaffouse, 1865, 2 vol. 8°.
GINOUILHIAC, Histoire générale du droit français, Paris, 1884, 8°.
GLASSON, Histoire du droit et des institutions de l'Angleterre, t. I, Paris, 1882, 8°.
GRÉGOIRE DE TOURS, Operia omnia, Paris, 1699, fol.
GRIMM, Deutsche Rechtsalterthümer, 2e éd., Göttingue, 1854, 8°.
GUÉRARD, Polyptyque de l'abbé Irminon, Paris, 1844, 2 vol. 4°.
GUÉRARD, Essai sur le système des divisions territoriales de la Gaule, Paris, 1837, 8°.
HAENEL, Lex Romana Wisigothorum, Berlin, 1847, 4°.
HÉLIE (Faustin), Traité de l'instruction criminelle, t. I, Paris, 1866, 8°.
HENRION DE PANSEY, De l'autorité judiciaire dans les gouvernements monarchiques, Paris, 1810, 8°.
HERMANN, Ueber die Entwicklung der altdeutschen Schöffengerichts, Breslau, 1881, 8°.
HEUSLER, Der Ursprung der deutschen Verfassung.
HINCMARI Remensis Opera, édit. Sirmond, Paris, 1645, 2 vol. fol.
HISTORIÆ patriæ monumenta, Augustae Taurin. 1836, fol.
HONTHEIM, Historia Trevirensis diplomatica, Augsbourg, 1750, 5 vol. fol.
HOUARD, Anciennes lois des Français, Rouen, 1766, 2 vol. 4°.
JAFFÉ, Bibliotheca rerum Germanicarum, Berlin, 1864, 5 vol. 8°.

KINDLINGER, Geschichte der deutschen Hörigkeit, Berlin, 1819, 8°.
LABBE, Nova bibliotheca librorum manuscriptorum, Paris, 1657, 2 vol. fol.
LACOMBLET, Urkundenbuch für die Geschichte des Niederrheins, Düsseldorf, 1840, 4 vol. 8°.
LAFERRIÈRE, Histoire du Droit Français, Rennes, 1846, 6 vol. 8°.
LECOINTE, Annales ecclesiastici Francorum, Paris, 1846, 8 vol. fol.
LEBER, Collection de dissertations relatives à l'histoire de France, Paris, t. VI, 8°.
LEHUÉROU, Histoire des Institutions mérovingiennes, Paris, 1842, 8°.
LEHUÉROU, Histoire des Institutions carolingiennes, Paris, 1843, 8°.
LÉZARDIÈRE, Théorie des lois politiques de la monarchie française, Paris, 1844, 4 vol. 8°.
LOENING, Geschichte der deutschen Kirchenrechts, Strasbourg, 1878, 2 vol. 8°.
MABILLON, De re diplomatica, 2e éd., Paris, 1709, fol.
MABILLON, Acta sanctorum ordinis S. Benedicti, Paris, 1668, 9 vol. fol.
MANSI, Sacrorum Conciliorum nova et amplissima collectio, Florence, 1759, 31 vol. fol.
MARTENE, Veterum scriptorum et monumentorum amplissima collectio, Paris, 1724, 9 vol. fol.
MAURER, Geschichte der altgermanischen Gerichtsverfahrens, Heildelberg, 1824, 4°.
VON MAURER, Einleitung zur Geschichte der Mark-, Hof-, Dorf- und Stadtverfassung, Münich, 1854, 8°.
MEILCHELBECK, Historia Frisigensis, Augsbourg, 1724, 2 vol. fol.
MEMORIE e documenti per servire all' istoria del ducato di Lucca, Lucques, 1813, 8 vol. 4°.
MÉNARD, Histoire civile de Nîmes, Paris, 1750, 7 vol. 4°.
MONUMENTA Boica, Münich, 1769, 37 vol. 4°.
MURATORI, Antiquitates italicae medii aevi, Milan, 1738, 6 vol. fol.
NEUGART, Codex diplomaticus Alemanniæ et Burgundiæ Transjuranæ, S. Blasii, 2 vol. 4°.
PARDESSUS, Loi salique, Paris, 1843, 4°.
PARDESSUS, Diplomata, chartae, etc., Paris, 1843, 2 vol. fol.
PÉRARD, Recueil de plusieurs pièces curieuses servant à l'histoire de Bourgogne, Paris, 1664, fol.
PERNICE, Graf, dans l'Allg. Encyclop. der Wissensch. de Ersch et Gruber, Sect. I, 78, Leipsig, 1864, 4°.
(1) PERTZ, Monumenta Germaniæ historica, Hannoverae, 1826 et ss. fol.
PEZ, Thesaurus anecdotorum novissimus Augsbourg, 1721, 3 vol., fol.
PROST, L'immunité, dans la Nouvelle Revue historique de droit français et étranger, t. VI, Paris, 1882, 8°.
ROGGE, Ueber das Gerichtswesen der Germanen, Halle, 1820, 8°.
DE ROZIÈRE, Recueil général des formules, Paris, 1859, 3 vol. 8°.
ROYE, De missis dominicis, Angers, 1667, 4°.
SACHSSE, Historische Grundlagen der deutschen Staats- und Rechtslebens, Heildelberg, 1844, 8°.
SAUERLAND, Die Immunität von Metz, Metz, 1877, 8°.

(1) A défaut d'indication contraire nous nous référons au t. I des *Leges* de Pertz.

SAVIGNY, Geschichte des römischen Rechts, 2e éd. Heildelberg, 1834. 7 vol. 8°. — * Traduction française de Guénoux, Paris, 1839, 3 vol. 8°,

SCHAEFFNER, Geschichte der Rechtsverfassung Frankreichs, 2e éd. Francfort, 1859, 3 vol. 8°.

SCHILLING, De Origine jurisdictionis ecclesiasticae in civilibus rebus, Leipzig, 4°,

SCHOEPFLIN, Alsatica diplomata, Mannheim, 1772, fol.

SCHULTE, Lehrbuch der deutschen Reichs- und Rechtsgeschichte, 2e éd. Stuttgard, 1870, 8°. — * Traduction française par M. Fournier, Paris, 1882. 8°.

SIEGEL, Geschichte des deutschen Gerichtsverfahrens, Giessen, 1857, 8°.

SICKEL, Acta regum et imperatorum Karolinorum, 1re p. Urkundenlehre; 2e p. Urkundenregesten, Vienne, 1867, 2 vol. 8°.

SICKEL, Beiträge zur Geschichte der Diplomatik, dans les Sitzungsberichten der Wiener Akad. der Wissens. t. 46, 47, 49, Vienne, 1864, 1865, 8°.

* SOHM, Die Fränkische Reichs- und Gerichtsverfassung. Weimar, 1871, 8°.

SOHM, Der Procesz der Lex Salica, Weimar, 1867, 8°.

SOHM, Die Geistliche Gerichtsbarkeit im fränkischen Reich, dans la Zeitschrift für Kirchenrecht, t. IX, Tübingen, 1870, 8°.

STEIN, Geschichte der französischen Strafrechts und des Processes, Bâle, 1875, 8°.

TARDIF, Institutions mérovingiennes, Paris, 1883, 8°.

TARDIF, Monuments historiques, Paris, 1866, 4°.

THONISSEN, L'organisation judiciaire, le droit pénal et la procédure pénale de la loi salique, Bruxelles, 1882, in-8°.

THUDICUM, Der altdeutsche Staat, Giessen, 1863, 8°.

TIRABOSCHI, Storia dell' augusta badia di S. Silvestro di Nonantola, Modene, 1784, 2 vol. fol.

UNGER, Die altdeutsche Gerichtsverfassung, Göttingue, 1842, 8°.

* VAISSETTE, Histoire générale du Languedoc, Paris, 1730, 5 vol. fol. — Nouvelle édition, Toulouse, 1840 ss. in-4°.

* WAITZ, die Verfassung des Fränkischen Reichs, t. I, 3e édit. Kiel, 1882; t. II, 2e édit. Kiel, 1883; t. III, 2e édit. Berlin, 1884.

WAITZ, das alte Recht der salischen Franken, Kiel, 1846, 8°.

* WALTER, Corpus juris germanici antiqui, Berlin, 1824, 3 vol. 8°.

WALTER, Deutsche Rechtsgeschichte, 2e édit. Bonn, 1857, 2 vol. 8°.

WARNKOENIG, Französische Staats- und Rechtsgeschichte, 2e édit. Bâle, 1875, 2 vol. 8°.

WARTMANN, Urkundenbuch der Abtei von S. Gallen, Zürich, 1863, 2 vol. 4°.

WEISKE, Die Grundlagen der frühern Verfassung Deutschlands, Leipzig, 1836, 8°.

WETZELL, System des ordentlichen Civilprocesses, 2e éd. Leipsig, 1855, 8°.

WIARDA, Geschichte und Auslegung des Salischen Gesetzes, Brême, 1808, 8°.

ZEUMER, Monumenta Germaniæ historica. Formulæ, Hannoveræ, 1882, 4°.

ZOEPFL, Deutsche Rechtsgeschichte, 3e édit. Stuttgard, 1858, 8°.

# INTRODUCTION

§ 1. — L'organisation judiciaire franque, du commencement du VI^e à la fin du IX^e siècle, a déjà été l'objet de nombreuses recherches, comme on peut s'en convaincre en jetant un coup d'œil sur la bibliographie que nous avons placée en tête de ce livre. Cependant il n'existe pas en France de traité spécial et complet sur nos institutions judiciaires pendant cette époque. C'est cette lacune que nous avons essayé de combler.

Notre œuvre a été, nous l'avouons, singulièrement facilitée par plusieurs des études remarquables qui ont été publiées en Allemagne sur notre sujet, notamment par le livre si savant de M. Sohm, l'éminent professeur de Strasbourg, avec qui nous nous trouvons, malheureusement, trop souvent en opposition. Mais, tout en mettant à profit les nombreux matériaux qui ont été amassés, tant de l'un que de l'autre côté du Rhin, nous ne nous sommes pas contenté de classer les résultats de nos devanciers. Ce qui nous préoccupait surtout, et ce qui nous a principalement décidé à publier notre travail, ce n'était pas d'approfondir des questions de détail que le cadre de ce livre ne nous permettait pas d'épuiser : c'était d'établir, et souvent de rétablir, des théories générales qui nous semblent avoir été injustement sacrifiées par les représentants les plus autorisés de la science allemande. N'aspirant nullement, suivant les expressions des auteurs de nos codes, à la vaine gloire de faire du nouveau, d'inventer soit une théorie, soit un mot, mais sans renoncer cependant à ne jamais présenter de vues nouvelles, il nous a paru, à l'examen des textes seuls, sans idées préconçues, que certaine école avait trop cédé au travers que nous signalons. On a pu reprocher aux historiens du droit en France de ne pas toujours apporter dans leurs ouvrages toute l'érudition désirable; on a pu quelquefois leur imputer des erreurs regrettables. Mais certainement ils ont tiré des sources qu'ils consultaient des théories rationnelles que leur inspirait leur sens droit, leur absence de parti pris et d'esprit de système. Tout en conservant notre entière indépendance vis-à-vis de tous, nous avons rendu hommage à la vérité toutes les fois que nous avons cru la rencontrer.

Il est une autre idée qui nous a encouragé et soutenu dans nos recherches, parfois assez arides, c'est celle d'esquisser une page de notre histoire nationale. Les auteurs qui, nous le reconnaissons franchement, se sont le plus, et souvent le mieux occupés des institutions mérovingiennes et carolingiennes, les ont présentées comme une première phase de l'histoire des institutions allemandes (1). Ce procédé nous paraît étrange. Il est vraiment surprenant d'emprunter les éléments d'une histoire allemande presque uniquement à des documents rédigés dans des contrées éminemment françaises, voire même dans la Bretagne, dans le Languedoc et dans la Marche espagnole, pays que le pangermanisme le plus ardent ne saurait évidemment revendiquer. Nous estimerions au contraire plus légitime la méthode inverse,

(1) Sohm, *Die altdeutsche Reichs- und Gerichtsverfassung*, 1er volume: *Die* FRÄNKISCHE *Reichs- und Gerichtsverfassung*. — Waitz étudie également la constitution du royaume franc dans les premiers volumes d'un ouvrage sur l'histoire de la constitution allemande. C'est dans le même esprit que, à un autre point de vue, Amira, Maurer et d'autres étudient l'histoire des législations scandinaves, sous la rubrique « *Nordgermanisches Recht* ».

qui consisterait à comprendre dans l'histoire des institutions françaises celle des peuples secondaires qui ont été pendant un certain temps attachés à cet empire franc, dont, malgré la résidence des empereurs et le patois qu'on pouvait parler à la cour, le centre véritable était sur les bords de la Seine et non sur ceux du Rhin. Mais nous éviterons de tomber dans le défaut que nous reprochons à d'autres. Nous bornerons nos recherches aux contrées qui constituent la France proprement dite. Nous ne pourrons sans doute nous dispenser d'examiner, à l'occasion, des documents appartenant à des régions réellement germaniques, telles que la Saxe et la Thuringe. Nous serons aussi obligé de rechercher quelquefois ce qui se passait en Italie. Néanmoins, ce ne sera qu'à titre purement consultatif, et nullement dans l'intention d'empiéter sur des législations dont l'histoire ne nous appartient pas.

§ 2. — L'étude préliminaire de l'organisation judiciaire de la loi salique devrait trouver sa place en tête de notre travail : « Cette loi, comme l'a très bien dit M. Thonissen, mérite d'être étudiée à cause de l'influence décisive qu'elle a exercée pendant plusieurs siècles sur les lois et les coutumes d'une grande partie de l'Europe. Charlemagne a fait de ce droit la base de ses réformes législatives, et les capitulaires du grand empereur ont introduit, sous des formes diverses, les traditions juridiques des Francs dans toutes les parties du vaste empire d'Occident. La loi salique est incontestablement, à côté du droit romain, l'une des bases historiques de la législation de l'Europe. Les jurisconsultes allemands, français et belges, qui voudront connaître les origines de leur patrie, devront toujours débuter par l'examen approfondi de la lex antiqua » (1). Tout en reconnaissant la justesse de ces observations, deux considérations

(1) Aussi Sohm a-t-il fait précéder son étude sur les institutions judiciaires de l'empire franc d'un exposé de la loi salique sur cette matière.

nous ont pourtant déterminé à commencer notre étude de l'organisation judiciaire franque à une époque où l'empire franc est déjà fondé. C'est d'abord que la loi salique a été l'objet de traités remarquables auxquels nous n'aurions pas eu beaucoup à changer (1) ; c'est ensuite que cette loi, si elle a servi de base à nos institutions judiciaires, ne renferme cependant que le droit d'une peuplade guerrière et non le droit de la France, le seul que nous ayons l'intention de fixer. Nous ne pourrons sans doute faire complètement abstraction du droit salique, mais ce que nous essaierons principalement d'indiquer, ce sont les modifications qu'il a subies lorsqu'il eut à régir un empire relativement considérable. Les lois qui pouvaient suffire à une population peu nombreuse, renfermée dans un territoire peu étendu, devaient forcément se transformer lorsque les vainqueurs se dispersèrent de la Meuse à la Garonne, de la Bretagne à la Provence.

L'organisation judiciaire de la loi salique, semblable à celle des autres lois barbares de la même époque, est celle d'un peuple où la centralisation des pouvoirs est presque inconnue, où le roi lui-même n'est qu'un chef militaire investi de ses pouvoirs par la confiance de ses compatriotes. Aussi, dans cette organisation, le pouvoir judiciaire est tout entier dans les mains du peuple. L'influence du roi ou des officiers judiciaires est presque nulle.

Mais lorsque les Francs se sont établis dans la Gaule d'une manière définitive, lorsque la royauté a perdu son caractère électif pour devenir héréditaire, l'ancienne constitution franque tend immédiatement à s'altérer au profit du pouvoir central. Ce n'est pas d'ailleurs chez les Francs seuls que se produit cette modification : on la rencontre également, et même beaucoup plus accen-

(1) Nous ne mentionnerons, pour le moment, que l'ouvrage de Thonissen : *Organisation judiciaire de la loi salique*.

tuée, chez les autres peuples barbares établis en Gaule, chez les Burgondes et surtout chez les Wisigoths (1). Ce sont donc les Francs qui conservèrent le plus fidèlement les anciennes institutions d'origine germanique sur la participation des hommes libres à l'administration de la justice, et ces traditions ne disparurent point, comme on l'a dit, le jour où, sous la féodalité, les justices royales perdirent toute leur autorité ; à notre avis, elles se maintinrent au contraire, quoique profondément altérées, pendant tout le moyen-âge.

On peut ainsi résumer les modifications apportées dans l'administration de la justice sous les Mérovingiens : Le tribunal du roi s'établit à la place des anciennes assemblées générales, sa compétence s'étend tous les jours de plus en plus. A côté du tunginus ou centenarius, qui tenait tous ses pouvoirs de ses concitoyens, souverain pour ainsi dire dans sa circonscription, le comte, grafio, devient magistrat judiciaire, ayant lui-même un tribunal. La participation des hommes libres au jugement est moins sérieuse et finit même quelquefois par s'évanouir entièrement. En même temps, on voit naître et se développer, à côté des juridictions royales, deux autres ordres de juridictions, distinctes en droit, quoiqu'en fait elles soient souvent réunies dans les mêmes mains : nous voulons parler de la juridiction des immunistes et de la juridiction ecclésiastique. Si d'un côté il y a centralisation, il y a de l'autre décentralisation ; la royauté, au moment même où elle tend à devenir absolue, forge les armes qui doivent un jour servir à anéantir sa puissance judiciaire et sa puissance politique. Il nous semble donc que la modification, nous dirons plus, la transformation, est assez importante pour qu'il soit permis de voir dans l'organisation judiciaire mérovingienne et, à fortiori, dans celle des Carolingiens, des institutions dont l'étude spéciale et séparée est possible.

(1) Glasson, I, p. 198. Bethmann-Hollweg, IV, p. 420.

§ 3. — On pourrait être tenté de ne voir et de n'étudier qu'une seule époque franque, s'étendant de Clovis à la naissance de la féodalité, sans distinguer le droit mérovingien du droit carolingien. Les bases de l'organisation judiciaire sont en effet les mêmes dans les deux périodes. Ainsi la règle dominante est toujours la séparation du droit de justice et du droit de participer au jugement. Le magistrat, grafio ou comes, thunginus, centenarius ou vicarius, dépositaire du droit de justice, se borne à réunir et à présider le tribunal, mais la sentence émane des pairs de l'accusé, des hommes libres, rachimbourgs ou scabins. Au-dessus des tribunaux de droit commun, on trouve la juridiction royale, exercée par le roi lui-même ou par ses missi ; à côté d'eux, fonctionnent, au VIIe comme au IXe siècle, les justices privées des immunistes et les justices ecclésiastiques. C'est qu'en effet Charlemagne, soit comme législateur, soit comme administrateur, ne fut pas un novateur absolu, ayant à importer, comme Pierre Le Grand, les institutions et les idées de la civilisation au milieu de la barbarie (1). Il ne crée pas de toutes pièces des institutions nouvelles, il se borne à agir par voie de réforme et de perfectionnement. Les dispositions des capitulaires sont plutôt des modifications ou additions aux anciennes lois barbares. L'organisation judiciaire mérovingienne est maintenue dans ses traits caractéristiques. Il y aurait à présenter un tableau unique et d'ensemble des institutions franques pendant quatre siècles plusieurs avantages, avantages que nous ne pouvons méconnaître et qui ont déterminé certains auteurs à ne point scinder le droit franc en mérovingien et en carolingien. Nous avons cependant préféré traiter séparément chacune des deux périodes, et voici nos raisons. Charlemagne, il est vrai, s'est bien servi des éléments existants ; il s'est borné, en général, à les réunir et à les perfectionner. La légis-

(1) Du Boys, p. 334.

lation carolingienne a néanmoins un caractère propre et qui s'impose : toutes les institutions se régularisent; elles acquièrent une force inconnue auparavant. Le droit impérial, celui que les historiens allemands nomment l'*Amtsrecht*, ne fait réellement son apparition qu'à la fin du VIIIe siècle et vient se substituer à l'ancien droit barbare, devenu insuffisant en raison des besoins nouveaux. C'est seulement sous la seconde dynastie que l'on rencontre une véritable organisation politique, qu'un centre administratif se constitue et que l'on peut parler d'une organisation judiciaire française et non d'une organisation de pagus, de comté ou plutôt de centaine; tous les magistrats de l'ordre judiciaire sont reliés les uns aux autres par une hiérarchie assez compliquée qui commence au centenier pour aboutir au roi, en passant par les comtes et les missi dominici. Les circonscriptions s'élargissent en même temps que le royaume se constitue et que les liens sociaux se fortifient. La centaine cesse d'être la seule unité judiciaire et le centenier perd en fait son caractère électif. Le comte, secondé et remplacé au besoin par le vicomte, a son tribunal propre, auquel sont réservées les causes les plus importantes. Plusieurs comtés sont compris dans un missiaticum, dont les chefs sont les représentants directs du souverain. Les missi existaient bien sous les Mérovingiens, mais Charlemagne donna à l'institution une régularité et une efficacité qu'elle n'avait jamais eues. L'appel, tel que nous le comprenons aujourd'hui, n'existe que sous les Carolingiens. Enfin, la puissance de juger passe des mains des rachimbourgs dans celles de juges permanents, les scabins, soumis, comme les comtes et les centeniers, au contrôle des missi du roi.

En considérant ces modifications du système mérovingien, et nous n'avons relevé que les plus plus frappantes, il nous paraît plus rationnel de scinder notre étude en deux périodes. Nous croyons d'ailleurs cette méthode plus sûre. Si l'on ne considère qu'une seule époque franque, sans distinction de dynastie, on peut être tenté, et c'est, comme nous le verrons, une critique que nous aurons maintes fois à formuler, de se servir indifféremment de documents appartenant à deux phases distinctes du développement de nos institutions judiciaires et d'admettre, pour le droit mérovingien, des solutions vraies pour le droit carolingien, mais douteuses et quelquefois tout à fait inexactes pour les trois premiers siècles de l'empire franc.

---

# PREMIÈRE PARTIE

# PÉRIODE MÉROVINGIENNE

§ 4. — On rencontre, pendant la période mérovingienne, deux ordres de juridictions : d'un côté, les juridictions ordinaires, de droit commun, établies dans le pagus ; d'un autre côté, les juridictions exceptionnelles, tribunal du roi, tribunal de l'immuniste et tribunal ecclésiastique.

Nous étudierons successivement le fonctionnement de ces diverses juridictions.

## CHAPITRE I.

### JURIDICTIONS DE DROIT COMMUN.

§ 5. — Avant d'étudier les règles relatives aux juridictions de droit commun, nous rappellerons brièvement les principes de l'organisation administrative, car ils sont en corrélation étroite avec ceux de l'organisation judiciaire.

La Gaule mérovingienne est divisée, au point de vue administratif, en *pagi* (*gau* germanique) ou comtés et en centaines.

Le comté n'est, à la différence de la centaine, qu'une division purement administrative assez étendue, correspondant soit aux anciennes *civitates* (1), soit au ressort du diocèse de l'évêque.

A la tête du pagus se trouve le comes ou grafio (2), le comte. Ce magistrat n'est plus, comme dans le vieux droit germanique, élu par ses concitoyens, il est nommé par le roi (3) et révoqué par lui (4). Il est institué à temps (5) et choisi parmi les hommes libres, Francs ou Romains, ou parmi les pueri du roi (6).

Un édit de Clotaire II de 614 (7) exige que tous les juges (*judices*, ce qui comprend le comte), soient pris parmi ceux qui ont des propriétés dans le ressort judiciaire, afin d'assurer ainsi la possibilité d'un recours sur leurs biens, en cas de malversation. C. 12, Boret. p. 22. « Et nullus judex de aliis provinciis aut regionibus in alia loca ordinetur ; ut si aliquid mali de quibuslibet condicionibus perpetraverit, de suis propriis rebus exinde quod male abstolerit, juxta legis ordine debeat

(1) V. Lehuerou, *Institutions mérovingiennes*, p. 301.

(2) Les deux expressions sont synonymes. V. Waitz, I, 2°, p. 24. La différence que l'on a voulu établir entre elles n'a aucun fondement. Dans les pays du midi, on devait plutôt se servir du mot comes pour désigner le comte, et dans les pays du nord du mot grafio. Dans les documents officiels où l'on énumère tous les officiers royaux, le comes est nommé à côté du grafio, mais c'est évidemment une tautologie. Le comte est aussi nommé judex (Clotharii I Constit. a. 560, Pertz, p. 2), judex fiscalis (Lex Rip. LIII), præses, præfectus, agens, famulus. V. Waitz, *l. c.* p. 26. Sohm, p. 18.

(3) Marculfe, I, 8, Zeumer, p. 47 : « Tibi accionem comitiæ, ducatus aut patriciatus in pago illo tibi ad agendum regendumque commissemus. » Cp. Greg. Tur. IV, 30 ; VIII, 18.

(4) Greg. Tur. IV. 40 : « Remotus a comitatu. » — Ibid. VIII, 18 : « Nicatius a comitatu Arverno submotus. » Cp. ibid., VII, 23 ; VIII, 30.

(5) Marculfe, ibid. L'édit de Clotaire (infr. cit.) eut pour conséquence de maintenir souvent dans la même famille les fonctions de comte. Cp. Greg. Tur. IV, 41 ; V. 36. — En cas de changement de règne, il ne nous semble pas qu'une nouvelle institution soit nécessaire. En ce sens, Waitz, I, 2°, p. 37.

(6) Lex Rip. LIII, 2. IV° texte de la loi salique, Pardessus, *Loi salique*, p. 152.

(7) Certains auteurs placent cet édit en 615. Boretius, p. 20, lui donne la date du 18 octobre 614 ; la publication des canons du concile de Paris aurait eu lieu trois jours auparavant, le 15 octobre.

restaurare. » Cette condition garantit aussi, dans une certaine mesure, chez l'officier judiciaire, la connaissance des coutumes locales, nécessaire pour une bonne administration de la justice. Dans ce but, le c. 19 du même édit prescrit que les officiers délégués par l'immuniste dans l'exercice de sa juridiction soient pris « de loco » (V. infra § 30).

Le pouvoir du comte s'étend sur tous ceux qui résident dans le pagus, à quelque nationalité qu'ils appartiennent (1). Marculfe, I, 8, Zeumer, p. 47. « In pago illo... omnis populus ibidem commanentes, tam Franci, Romani, Burgundionis, vel reliquas nationis sub tuo regimine et gubernatione degant et moderentur. »

Les fonctions du comte sont multiples. Ainsi, représentant du roi dans le pagus, il recouvre pour le trésor royal les impôts et les droits de douane (2). Il peut avoir le ban royal (3). Il exerce enfin les pouvoirs de police et de juridiction que nous aurons à déterminer.

L'étendue des comtés nécessite des subdivisions administratives. Les circonscriptions dont la réunion forme le pagus sont les centaines (*centena*, *hundertschaft* en allemand, *hundred* chez les Anglo-Saxons. La centaine, comme cela a été victorieusement démontré, contrairement à la théorie de plusieurs historiens français (Montesquieu, de Lézardière, Guérard), est donc une subdivision territoriale et non point « une centaine mobile, ambulante et purement numérique », organisée par les décrets de Childebert II et de Clotaire II pour la répression du brigandage (4). A la tête de la centaine est le centenarius (5), l'ancien tunginus de la loi salique. Magistrat

(1) Les justiciables du comte se nomment *pagenses*. Marc. I, 28, 37, 40. — Le comte réside ordinairement dans la cité même dont il prend quelquefois le nom. Greg. Tur. IV, 30 : « Comes urbis illius. » — Comes Turonicæ civitatis; comes Rothomagensis. V. Waitz, I, 2°, p. 23 n. 4.

(2) Marculfe, ibid in f. Greg. Turon. V, 27; IX, 30. Pardessus, *Diplom.*, n° 477. Waitz, I, 2° p. 34 ss.

(3) Marc. I, 40, Zeumer, p. 68. Greg. Tur. VII, 12. V. Infra, § 76.

(4) V. pour l'établissement de cette théorie, Thonissen, *Nouvelle Revue historique*, 1879, p. 30 ss.

(5) Les gloses allemandes et les documents d'une époque postérieure nomment aussi le centenier *Hunne*. V. Waitz, I, 2°, p. 13, et les autorités qu'il cite. — Sur l'identité du centenier mérovingien avec le tribunus. V. Infra, § 92.

d'un rang inférieur à celui du comte, le centenier n'est point le représentant du comte (1). Il n'a pas le caractère d'officier royal, mais bien celui d'officier local, car il est nommé par les hommes libres de sa circonscription, ses concitoyens. Clotacharii et Childeberti pactus, c. 16. Boret. p. 7 : « Pro tenore pacis jubemus ut in truste *electi centenarii* ponantur per quorum fidem adque sollicitudinem pax prædicta observetur » (2).

Sohm (p. 188), et Thonissen (l c., p. 37), estiment cependant que les centenarii electi dont parle le décret de Clotaire et de Childebert sont des membres de la trustis et non les chefs de la centaine. Leur principal argument est tiré de la phrase qui suit celle que nous avons citée et qui est ainsi conçue dans Pertz, c. 8, p. 13 : « Et quia Deo propicio inter nos germanitas vinculum caritatis custoditur, centenarii ergo, *vel qui in truste esse dicuntur*, inter communes provincias licentiam habeant latrones persequere. » Les mots en italique, disent ces auteurs, définissent clairement les centenarii ; ce sont les membres de la trustis et non ses chefs. — Cet argument est loin d'être probant. En effet, les mots sur lesquels on s'appuie ne se rencontrent que dans un manuscrit ; si Pertz les fait figurer dans le texte, Boretius, dans son édition plus soignée des capitulaires, se borne à les citer en note. On doit d'autant moins, à notre avis, songer à détourner le mot centenarius de sa signification naturelle, de celle qu'il a dans la loi salique, qu'on le retrouve dans d'autres capitulaires mérovingiens avec la signification incontestable de chef de la centaine. Childeberti II decret. a. 596, c. 11, Boret. p. 17 : « Similiter coı venit ut si furtus factus fuerit... et causa centenarius cum centena requirat. » Il serait étonnant que, dans un seul texte, on eût songé à détourner l'expression centenarius du sens qu'elle avait avant et qu'elle eut après la promulgation du Pactus pro tenore pacis. D'ailleurs, les qualités exigées par ce texte des centenarii electi « fides adque sollicitudo » rapprochées de

(1) Ce n'est que sous les Carolingiens que l'on rencontre l'expression centenarius comitis. La lex Alamannorum XXXVI, 4, distingue expressément le centenarius du missus comitis, représentant du comte.

(2) M. Glasson (I, p. 193), sans citer aucun texte à l'appui, dit que, sous les Mérovingiens, le centenier est nommé par le roi. Nous ne pouvons admettre, sans preuves, un changement du caractère électif qui appartenait à cet officier d'après la loi salique.

celles qui, d'après les formules, sont requises des comtes « fides seu strinuetas » (Marc. I, 8, Zeumer, p. 47), montrent bien qu'il s'agit des chefs d'une circonscription administrative. Enfin, les centeniers, considérés comme officiers judiciaires, sont certainement électifs, théoriquement du moins, sous les Carolingiens. Capit. a. 809, c. 22, Bal., I, 467 : « Ut centenarii.... cum comite et populo eligantur et constituantur ad sua ministeria exercenda. » Or, il est peu probable que, à une époque de centralisation plus forte que sous les Mérovingiens, on ait songé à donner aux centeniers un caractère électif qu'ils n'auraient point eu auparavant (1).

Sohm (p. 241) enseigne que « les documents mérovingiens et carolingiens démontrent que le centenier est nommé, en principe, par le comte, et exceptionnellement par le roi. » C'est là une pure affirmation pour l'époque mérovingienne. Les capitulaires qui attribuent le droit de nomination au comte ou au roi sont tous des rois de la seconde race. Quant à l'expression « centenarii nostri », employée par un diplôme mérovingien (diplôme de Clotaire I, a. 539, cité par Sohm, p. 219), elle signifie seulement que les centeniers, de même que les comtes et les autres fonctionnaires, sont sous l'autorité suprême du roi. Nous ajouterons que l'authenticité de ce diplôme étant douteuse, l'argument qu'on en tire ne peut, dans tous les cas, avoir qu'une bien faible valeur.

§ 6. — L'unité judiciaire est restée sous les Mérovingiens ce qu'elle était dans le régime de la loi salique : c'est la centaine et non le pagus Il y a dans chaque centaine un tribunal, *mallus* (2), connaissant de toutes les affaires civiles et criminelles. Il n'y a pas d'autre tribunal établi, soit pour tout le comté, soit pour une subdivision seulement de la centaine.

(1) En notre sens, Waitz, I, 2°, p. 134. Cet auteur fait remarquer, en faveur du maintien du caractère électif du centenier mérovingien, qu'il jouit, comme le thunginus de la loi salique, d'un wehrgeld élevé.

(2) On trouve aussi l'expression mallus publicus. Pardessus, *Dipl.*, I, p. 223. Form. Senon. 10, 17, 20, 21, 22. — Mallus désigne tantôt l'assemblée judiciaire, tantôt le lieu où elle se tient. — Placitum est également employé pour désigner le plaid mérovingien. V. Childeb. et Clothar. pactus, c. 5, Boret. p. 5. Formul. Andec. 12, 13, 14, 16. Greg. Tur. V, 20 ; VII, 47. — V. sur l'opposition prétendue des mots mallus et placitum *infra* § 60.

D'abord, il n'y a pas de tribunal pour tout le pagus. Cela nous semble incontestable. Sans doute le comte, administrateur du pagus, apparaît bien comme président de tribunal ; mais le tribunal qu'il peut présider est celui de la centaine. Aucun document ne nous montre les hommes libres de tout un comté appelés à assister à une assemblée générale, supérieure aux assemblées de chaque centaine. Ces réunions générales n'auraient d'ailleurs plus eu d'objet au point de vue politique, car le comte, officier royal, avait mission sur ce point de veiller aux intérêts de sa circonscription. Il est naturel d'en conclure que le pouvoir judiciaire, qui était exercé par le peuple dans les mêmes assemblées où s'agitaient les questions politiques ou administratives, n'était attribué qu'aux assemblées de la centaine, soit directement, soit par leurs délégués (V. infra § 7). C'est seulement sous les Carolingiens que nous trouverons des assemblées générales du pagus (1).

S'il n'y a point de tribunal de comté au-dessus de la centaine, à l'inverse il n'y a pas de tribunal inférieur ayant pour ressort une subdivision de la centaine. Il faudrait d'abord qu'il y eût des assemblées d'hommes libres pour ces subdivisions, comme il y en a pour la centaine. Or, les documents de l'époque n'en font nullement mention (2). Ensuite, à supposer même que l'on vît des indices de semblables assemblées dans deux textes assez obscurs (Lex Ripuar. LXXV, Walter, *Corpus juris germanici*, I, p. 190. Edict. Chilperici, c. 9, Boretius, p. 10. — Cp. Sohm, *Process der lex Salica*, p. 63), il n'en résulterait nullement que ces assemblées aient eu des fonctions judiciaires.

§ 7. — Le mallus de la centaine, tenu originairement à ciel ouvert, dans les lieux consacrés au service du culte, dans une haine, sur une montagne (d'où le nom de malberg, in mallobergo), se tint plus tard dans les cités ou autres lieux, dans

(1) En ce sens, Waitz, l. c. p. 164, n. 2, et p. 176. — Sohm, tout en admettant qu'il n'y a pas de tribunal de comté au-dessus des tribunaux de centaine, dit que la compétence de ces derniers s'étend à tout le comté. — Nous croyons, au contraire, devoir limiter cette compétence à la centaine, nous réservant de démontrer, dans la période carolingienne, la contradiction qui existe entre les deux solutions de Sohm. V. infra, §§ 54 et s.

(2) Waitz, l. c., p. 137.

des édifices couverts et même dans des églises. Marc. Append. 1 : « .... in civitate illa in mallo publico. » Bal. II, 435. Ibid. 2 : « .... castro illo in mallo publico. » Bal. l. c. Ibid. 9 : « .... admallare debeas per mallos, vicos, castella, oppida et civitates, necnon etiam, si necessitas incubuerit, in palatio. » Bal. II, 441 (1).

Nous sommes porté à admettre que, pour les lieux de réunion du tribunal, il faut déjà faire, dans le droit mérovingien, la distinction qui est nettement établie par les capitulaires carolingiens entre les séances ou plaids ordinaires et les séances extraordinaires (2). Les premières ont lieu à époques fixes, déterminées par la coutume ; tous les hommes libres de la circonscription sont tenus de s'y rendre. Les autres sont convoquées par le centenier toutes les fois que le besoin s'en fait sentir, et les rachimbourgs seuls sont soumis à l'obligation d'y assister. Les séances ordinaires auraient lieu à certains endroits consacrés ; les séances extraordinaires à l'endroit fixé par le comte ou le centenier. Nous n'apercevons aucune raison de croire que la législation carolingienne ait innové sur ce point ; les termes mêmes d'un capitulaire de Louis-le-Débonnaire de 817, leg. add. c. 14, Pertz, p. 212, semblent plutôt confirmer qu'établir une distinction entre les deux sortes de plaids, relativement au lieu où ils doivent se tenir : « Ubi *antiquitus* consuetudo fuit sacramenta adhramire vel jurare, ibi mallum habeatur... minora vero placita comes sive intra suam potestatem, vel ubi impetrare potuerit, habeat. »

Quant aux dates de réunion du mallus, il faudrait, pour les déterminer, être préalablement fixé sur les dispositions de la loi salique à cet égard, car le droit mérovingien a dû conserver sur ce point la législation antérieure.

Nous distinguerons entre les deux sortes de séances que nous venons d'indiquer, les unes ordinaires, les autres extraordinaires.

Quant aux séances ordinaires, on est loin d'être d'accord pour la détermination des dates auxquelles elles sont tenues. Toutes les opinions proposées à ce sujet nous semblent de

(1) Un siège plus élevé semble avoir été réservé au comte, président du mal. V. Waitz, I, 2°, p. 167, et le document qu'il cite à la note 2.

(2) V. infra §§ 60 ss. sur la terminologie et la portée de la distinction.

pures conjectures. Waitz (*Das alte Recht der salischen Franken*, p. 144, et *die Verfassung der Fr. Reichs*, I, 2$^{e}$, p. 140), se fondant sur ce fait que certains délais de procédure sont de sept jours, ou plutôt de sept nuits, prétend que les séances ordinaires avaient lieu une fois par semaine. — Sohm (p. 393 ss.), combat l'opinion de Waitz par le motif que les délais dont se prévaut ce dernier appartiennent tous à la procédure extrajudiciaire.

Sohm se fonde, de son côté, sur le délai d'ajournement qui, dans le droit salique comme sous les rois des deux premières races, est de 40 jours, pour en conclure qu'il y a des séances ordinaires de six en six semaines, c'est-à-dire de huit à neuf fois par an.

Nous ne rechercherons pas si l'objection faite par Sohm à Waitz est fondée, car l'une et l'autre interprétation de la loi salique nous paraissent vicieuses. Comme le dit très bien Thonissen (*Nouv. Revue histor.* l. c., p. 51 ; *Organisat. judic. de la loi sal.*, p. 378), « les délais de procédure judiciaire, pas plus que les délais de procédure extrajudiciaire, ne sauraient être invoqués pour déterminer les jours consacrés aux séances des tribunaux. Le code de procédure civile de 1806 exige un ajournement à huitaine franche. Que dirait-on d'un étranger qui s'emparerait de ce fait pour en déduire la conclusion que les juges français ne siègent que tous les 10 jours ? » Le mieux est donc de confesser notre ignorance des dates de réunion du plaid ordinaire.

Le nombre des audiences extraordinaires est forcément indéterminé. Le tribunal se réunit d'abord, sur la convocation du centenier, et à la demande des parties intéressées, toutes les fois qu'il y a lieu de procéder à un acte de juridiction gracieuse. La loi salique cite trois cas de ce genre, T. XLIV, XLVI. On pourrait même croire, d'après les cas énumérés par cette loi, que, dans les séances extraordinaires, le tribunal ne statue point en matière contentieuse (1). — C'est là cependant, à notre avis, une conjecture qu'il faut écarter en présence du petit nombre des séances ordinaires, qui se réduisent à 8 ou 9, dans l'opinion de Sohm (que nous croyons encore moins nombreuses,

(1) En ce sens, Sohm, p. 390.

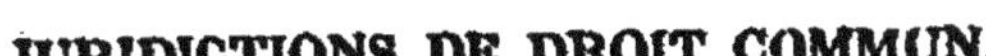



si nous nous référons au droit mérovingien), et qui n'auraient certainement pas pu suffire à l'expédition des procès. Nous admettons d'autant moins ce partage de compétence entre le plaid ordinaire et le plaid extraordinaire, que l'on voit des actes de juridiction volontaire s'accomplir in mallo publico legitimo, c'est-à-dire dans une séance ordinaire. Loi salique, T. XLVI, LX.

Selon toute vraisemblance, les dispositions de la loi salique n'ont pas dû être modifiées par les premiers Mérovingiens. Nous sommes en cela d'accord avec Sohm et Waitz. Mais nous nous séparons d'eux quand il faut préciser les dates de réunion du plaid ordinaire, et toujours pour les mêmes motifs, à savoir, l'impossibilité de tirer un argument sérieux des délais d'ajournement.

La législation mérovingienne, d'après Sohm, diffère cependant sur un point du droit antérieur, et cela en raison de la substitution du comte au tunginus comme juge du comté. Le comté, dit-il, étant le ressort judiciaire, la compétence des tribunaux de centaine s'étendant à tout le comté, les réunions ordinaires ont lieu en conséquence dans chacun de ces tribunaux pour tout le comté, de six en six semaines, de sorte que, dans l'intérieur des centaines, le nombre des plaids ordinaires a considérablement diminué. — N'admettant pas la théorie du professeur allemand sur la compétence du tribunal de centaine (V. infra, §§ 54 ss.), nous repousserons également la conclusion qu'il en tire pour les dates de réunion du plaid général, et nous dirons que c'est dans chaque centaine que ce plaid se tient aux époques fixées par la coutume et à nous inconnues.

A la fin de la période mérovingienne, le nombre des plaids généraux est de deux par année. Un capitulaire de 769, rendu dans les premières années du règne de Charlemagne, porte en effet, dans son c. 12, Boret. p. 46 : « Ut ad mallum venire nemo tardet ; primum circa æstatem, secundo circa autumnum. » Ce capitulaire, antérieur à la création des scabins, ne parait pas avoir innové. L'innovation de Charlemagne consiste au contraire à avoir porté de deux à trois le nombre le nombre des plaids généraux (V. infra, § 58). Sohm est obligé de reconnaître que, durant la période mérovingienne, le nombre des plaids ordinaires est descendu de huit ou neuf à deux annuellement. Cet aveu est, à nos yeux, une preuve de plus du vice du raisonnement de cet auteur. Il serait, en effet, bien étrange qu'une telle modification se fût produite sans que rien en révélât la trace et sans que, d'ailleurs, la cause en apparût.

§ 8. — A quelle autorité appartient la présidence du mallus? Est-ce au comte, officier royal? Est-ce, au contraire, au centenier élu par ses concitoyens? On ne peut répondre d'une manière absolue. Il faut faire des distinctions suivant les époques.

Dans le droit de la loi salique, c'est le centenier qui préside les réunions du mallus soit ordinaires soit extraordinaires, qu'il s'agisse de juridiction gracieuse ou de juridiction contentieuse. Les fonctions du comte, dans la sphère judiciaire, consistent simplement, soit à veiller aux intérêts du roi, notamment en percevant la part des compositions qui lui est attribuée (fredus), soit à prêter main-forte à l'exécution des décisions judiciaires. On a fait justice aujourd'hui (1) de l'opinion autrefois suivie en France (2), qu'il existait, d'après la loi salique, un tribunal de sept rachimbourgs, présidés par le comte du pagus.

Après l'établissement du royaume franc par Clovis et ses fils, l'autorité royale, toute puissante, essaya de rétablir l'ordre et la paix parmi les populations si diverses et si mêlées qui vivaient sous la suprématie franque. Dans ce but, elle était naturellement amenée à étendre les pouvoirs des officiers nommés par le roi, des comtes, et à restreindre d'autant ceux des magistrats élus par leurs concitoyens. C'est le résultat que nous voyons atteint dans les documents du sixième et du septième siècle.

Le rôle judiciaire du comte est nettement indiqué dans deux formules de Marculfe. Dans la première (supr. cit.), *carta de comitatu*, le roi confère au comte le pouvoir judiciaire sur tous ceux qui résident dans le ressort, le pagus : « ... nec facile cuilibet *judiciaria* convenit *committere dignitatem*, nisi

(1) Thonissen, l. c., p. 43.

(2) Pardessus, l. c., p. 574. Laferrière, *Histoire du droit français*, III, p. 220.

prius fides seo strinuetas videatur esse probata. Ergo dum et fidem et utilitatem tuam videmur habere compertam, ideo tibi accionem comitiæ, in pago illo ... commissemus ita ut ... omnis populus ibidem commanentes :.. sub tuo regimine et gubernatione degant et moderentur, et eos recto tramite secundum *lege et consuetudine eorum regas*, viduis et pupillis maxime defensor appareas, *latronum et malefactorum scelera a te severissime repremantur.* » Zeumer, p. 47 (1).

Le comte tient son tribunal non seulement dans la ville chef-lieu du pagus, mais encore dans les différentes circonscriptions qu'il administre : « Gundobaldus autem comitatum Meldensem ... accipiens ingressusque *urbem* causarum actionem agere cœpit ; exinde dum *pagum urbis* in hoc officio *circumiret* ... » Greg. Tur. VIII, 18.

C'est le comte qui, dans presque tous les documents de l'époque, apparait comme président ; c'est lui qui est le *judex* ordinaire. Lex Salica 71 Chlodowechi, Pertz, II, p. 4 « ... in mallo publico, hoc est comite aut grafione. » — Edict. Chilperic. c. 8, Boretius, p. 9 : « ... tunc in proximo mallo ante rachymburgiis sedentes et dicentes quod ipsi illum ante audierit sic invitetur graphio. » — Formul. Andecav. 12, Zeumer, p. 9 : « .... per judicio inluster illo comite. » — Ibid. 50, Zeumer, p. 22 : « ... ante vero inluster illo comite vel reliquis raciniburgis. » — Form. Bign. 9, Zeumer, p. 231 : « ... Cum resedisset inluster vir ille comes in illo mallo publico ad universorum causas audiendas vel recta judicia terminanda. » — Cp. Form. Big. 29. Marc. I, 8, 28. Append. 1 : « ... in civitate illa in mallo publico ante illustri viro illo comite. » Bal. II, 435 — Cp. Append. 6. — C'est le comte que le décret de Childebert II, c. 6, Boretius, p. 6, vise sous le nom de judex (2).

Que devint le pouvoir judiciaire du tunginus en présence de cette extension des pouvoirs du comte? Waitz (l. c., p. 160)

(1) Cette formule indique en même temps les devoirs des comtes. Un passage de Grégoire de Tours montre que les comtes mettaient quelquefois en pratique les recommandations qui leur étaient adressées. Vita Patrum, 7 : « In comitatu positus regionem illam per 40 annos justitia comitante correxit, et tam severus atque districtus fuit in malefactoribus, ut vix eum ullus reorum posset evadere. »

(2) Cp. Greg. Tur. Vit. Patr. 8, 9. Vita S. Eparchii (saec. VI.) Mabillon, *Acta*, I, p. 268.

croit que le centenier s'est effacé devant le comte : on ne voit dans aucun document de procès se dérouler devant le centenier. Celui-ci peut bien encore présider un tribunal, mais c'est comme représentant du comte ; il n'a plus de droit personnel.

Nous préférons admettre, avec Bethmann-Hollweg (l. c., p. 424), la survivance du mal du centenier. Plusieurs rédactions des lois barbares faites à notre époque parlent encore du centenier comme judex. Childeb. II. Decret. c. 9, Boret. p. 17 : « Si quis centenario aut cuilibet judice noluerit ad malefactorem adjuvare ... » (1). La loi ripuaire désigne comme président du mallus le comte ou le centenier, L, 1, Walter, l. c., p. 178 : « Si quis testes ad mallum ante centenarium vel comitem... necesse habuerit, ut donent testimonium et fortasse testes noluerint ad placitum venire ... » (2). La lex Alamannorum parle également de placitum dans la centaine devant le comte ou le centenier, XXXVI, 1 : « Conventus autem secundum consuetudinem antiquam fiat in omni centena coram comite *aut misso* et *coram centenario*. — 2 : Ipsum placitum fiat de sabbato in sabbatum aut quali die comes aut centenarius voluerit .... — 3 : Et si quis alium mallare vult de qualicumque causa .... misso comitis vel illi centenario qui præest . » — Un certain nombre de documents parlent du *judex loci*. On ne peut sans doute affirmer, avec certains auteurs,

(1) Waitz n'estime point que ce passage soit concluant parce qu'un autre chapitre de la loi ripuaire ne mentionne pas le centenarius parmi les juges. LXXXVIII : « ... Ut nullus optimatum, maior domus, domesticus, comes, grafio, cancellarius, vel quibuslibet gradibus sublimatus, in provincia ripuaria in judicio residens munera ad judicium pervertendum non recipiat. » Walter, l. c., p. 192. La rubrique du chapitre étant générale « ut nemo munera in judicio accipiat » la loi aurait dû parler du centenarius, s'il avait eu son tribunal distinct. — Bethmann-Hollweg répond avec raison, selon nous, que cette omission n'est point concluante et que la loi vise seulement les *optimates*, les fonctionnaires royaux, au nombre desquels le centenarius, magistrat élu, n'était point rangé. Il faut en outre observer que souvent les rubriques ne correspondent pas au contenu du titre. Si le titre 88 ne nomme que les plus hauts dignitaires de la cour et du royaume, c'est parce que l'abus qu'il réprime peut être commis bien plus facilement par eux, eu égard à leur haute situation, que par le centenier, qui vient dans les derniers rangs des officiers royaux. Sohm, l. c. p. 414, n. 78.

(2) Selon Pernice, *Graf*, p. 137, la juridiction du centenier ne se serait conservée qu'en Austrasie, mais non dans les autres pays francs.

que cette expression désigne toujours le centenier; mais, d'un autre côté, nous croyons qu'il serait téméraire de dire avec Sohm (l. c., p. 227 et 228) que le judex loci ne peut être autre que le comte.

Des textes ci-dessus, il nous semble qu'on peut conclure légitimement à l'existence du tribunal du centenier, tribunal compétent en toutes matières civiles et criminelles, car, son existence une fois admise, il ne saurait être question d'appliquer à sa compétence les restrictions qui ont été plus tard établies sous les Carolingiens, en ce qui concerne les questions de propriété immobilière et de liberté réservées au tribunal du comte (1).

Etant admis que le centenier peut, comme le comte, présider le mal de la centaine, il reste à déterminer comment se régle le conflit d'attributions qui peut, à l'occasion, s'élever entre ces deux magistrats.

Le comte, comme nous l'apprend Grégoire de Tours (l. c.), parcourt les différentes circonscriptions judiciaires de son ressort. Il peut alors tenir le mal de la centaine dans laquelle il se trouve; le centenier doit lui céder la présidence et se borner à l'assister (2). En l'absence du comte, le centenier préside le tribunal, non point comme délégué du comte, mais en vertu de son droit propre. Si, en droit, la compétence du centenier est la même que celle du comte, il faut dire qu'en fait elle est beaucoup moins importante, grâce à la faculté qu'a le comte d'aller présider les mals d'une centaine quelconque et de garder ainsi pour lui les procès les plus considérables.

Quant à l'exécution des jugements, c'est le comte seul qui peut y faire procéder (3), Edict. Chilperic, c. 8 : « ... et graphio cum septem rachymburgiis. » Boretius, p. 9. — Lex

(1) M. Glasson, l. c., p. 209, dit que le tribunal du centenier était du même degré que celui du comte, et, *en général*, compétent pour les mêmes affaires. Il fait allusion à la distinction établie par les capitulaires carolingiens pour les procès de liberté et de propriété, mais il admet à tort, croyons-nous, que cette distinction existât déjà sous les Mérovingiens.

(2) Bethmann-Hollweg, l. c., p. 425.

(3) La partie qui obtient gain de cause a le droit de mettre le comte en demeure de lui assurer le bénéfice du jugement. Loi sal. LIII, 3; LIX.

Ripuar. t. XXXII, 1-4 — T. LI, De eo qui grafionem ad res alienas invitat (Walter, l. c., p. 172 et 178). — C'est lui qui est chargé de l'application des peines publiques. Il exerce aussi la police criminelle, notamment en ce qui concerne la poursuite et l'arrestation des voleurs. Toutefois, il partage ces dernières fonctions avec le centenier. Chlotacharii et Childeb. pactus, c. 16, Boretius, p. 7 : « Pro tenore pacis jubemus, ut in truste electi centenarii ponantur, per quorum fidem atque sollicitudinem pax praedicta observetur .... centenarii inter communes provincias licentiam habeant latrones persequere vel vestigia adsignata minare. » — Childeb. decr. c. 9, Boret. p. 17 : « Si quis centenario aut cuilibet judice noluerit ad malefactorem adjuvare. » Cp. ibid., c. 11.

Les droits du centenier sont également restreints en matière de juridiction gracieuse, en ce sens que les actes qui étaient originairement accomplis dans l'assemblée des hommes libres, en présence du centenier, le sont désormais devant le comte ou devant le roi. Lex Ripuar. XLVIII. Marculfe, I, 13 (1).

Si, à notre avis, le centenier a une juridiction propre, il n'en est point de même du *vicarius comitis* dont parlent quelques textes. Greg. Tur. X, 5. Marc. Append. 1, 3, 6. Cet officier n'a de pouvoir que par délégation du comte, et ce n'est qu'à ce titre de délégué qu'il peut, soit présider le tribunal, soit procéder à des actes d'exécution (2).

§ 9. — A côté des tribunaux appartenant à l'organisation judiciaire franque que nous venons d'énumérer, doit-on admettre la coexistence des anciennes juridictions gallo-romaines ?

Nous n'hésitons pas à répondre négativement (3). Sans

(1) Bethmann-Hollweg, p. 425.

(2) Nous renvoyons à la période mérovingienne, §§ 82 ss., l'examen de la question de savoir s'il faut admettre l'identité du vicarius mérovingien avec le centenarius. Nous étudierons alors aussi la situation du délégué du comte, qui est devenu plus tard le vicomte.

(3) En ce sens, Pardessus, *Loi salique*, p. 514. Sohm, l. c., p. 229. Bethmann-Hollweg, p. 416. Waitz, l. c., II, 2°, p. 144. — Contra : Laferrière, III, p. 421. Savigny, *Histoire du droit romain au moyen-âge*, §§ 95 ss.

doute la constitution municipale romaine s'est maintenue pendant notre période et même au-delà. Les formules et autres documents de l'époque nous montrent le sénat, la curie, le *defensor*, en pleine activité ; mais quant à la juridiction, la seule qui ait été exercée par les anciens magistrats romains, est la juridiction volontaire. C'est celle-là seulement dont il est question dans les formules : confection du testament devant la curie, Marc. II, 37, 38 ; ouverture du testament, Marc. II, 17 ; Lindenbr. 72, 73 ; donations, Marc. II, 37, 38 ; Sirmond, 2, 13, 17 ; adoption, Lindenbr. 59 ; Sirmond, 23. Les rois francs ont pu laisser aux villes conquises leur administration intérieure. Ils ont pu également, par intérêt politique, conserver aux anciens magistrats gallo-romains l'exercice de la juridiction volontaire ; mais ils ont dû se garder de laisser entre les mains des vaincus un pouvoir dont l'influence est immense, le pouvoir judiciaire. Partout où se faisait sentir l'autorité du vainqueur, devait en même temps pénétrer son organisation judiciaire. Pardessus, *Loi salique*, p. 515, a d'ailleurs très bien montré les difficultés auxquelles se serait heurté le maintien des anciennes juridictions romaines : « La juridiction contentieuse des magistrats de la curie ou du défenseur de la cité était limitée par la législation romaine à un petit nombre de contestations de faible intérêt ; même dans ces cas il y avait appel de leurs jugements devant le magistrat impérial qui, en outre, jugeait toutes les contestations civiles et connaissait exclusivement des matières criminelles, sauf appel à l'empereur. En supposant qu'on eût voulu laisser aux Romains leurs anciennes juridictions, il aurait fallu créer une organisation spéciale et avoir dans chaque arrondissement un magistrat de race romaine et investi du droit de statuer sur les appels des juges municipaux ou des défenseurs et sur les contestations qui excédaient leur compétence, magistrat dont on aurait appelé au roi. En un mot, il eût fallu constituer un ordre judiciaire dont nous ne trouvons aucune trace dans les documents de l'époque. »

Le texte qui a entraîné certains historiens, notamment Laferrière, à dire qu'en matière civile (car, pour la justice criminelle, on reconnait qu'elle ne pouvait être administrée que par les magistrats et les tribunaux francs), les Romains n'étaient point assujettis à la justice des Francs, c'est la constitution de Clotaire II (1), de date incertaine.

Les passages de cette constitution qui nous intéressent sont les chap. 1 et 4. C. 1 : « Jubemus ut in omnibus causis antiqui iuris norma servetur. — C. 4 : Inter Romanus negutia causarum romanis legebus præcepemus terminari. » Boretius, p. 18 et 19. Ce que Laferrière (l. c., p. 421) traduit ainsi, « que les causes seront jugées selon les formes de l'ancien droit, et les Romains selon les lois romaines, » Or, dit cet historien, la juridiction était, pour les Romains ou les anciens habitants du pays, le moyen le plus puissant de conserver les *formes de l'ancien droit* et d'assurer l'observation des lois romaines. — Laferrière s'est mépris complètement sur le sens de la constitution. L'*antiqui iuris norma* dont le roi franc veut assurer le maintien, ce n'est point du tout la loi romaine, mais la loi franque. L'ancien droit, par opposition à la lex romana, c'est le droit national, le droit franc, car, pour les barbares, la loi romaine est une loi nouvelle. Cette antithèse se retrouve dans la constitution même, in fine : « Provideat ergo strinuetas universorum iudicum... nec quicquam aliud agere aut iudicare quam ut hæc præceptio secundum *legum romanarum* seriem contenit, vel sexus (secundum) quorumdam gentium iusta *antiquæ iuris* constitutionem olim vixisse denuscetur. » La même antithèse se retrouve dans plusieurs formules. Andecav. 45, Rozière, CXCVII : « Lex romana et antiqua consuetudo exposcit... » Rozière, CCCLXXXVI : « Mos antiqua et lex romana declarat auctoritas... » La constitution de Clotaire II a précisément pour but de forcer les comtes, qui souvent étaient de race romaine, à observer la loi franque (jus antiquum) aussi bien que la loi romaine (2). On ne peut donc en

(1) Montesquieu (*Esprit des lois*, XXXI, 2) a prouvé qu'il faut attribuer cette constitution à Clotaire II et non à Clotaire I. Dans les chapitres 11 et 12, Clotaire parle en effet d'immunités concédées à des églises par son aïeul. Or, l'aïeul de Clotaire I n'étant point chétien, il ne peut s'agir que de l'aïeul de Clotaire II, (En ce sens, Eichorn, Waitz, Boretius.) Quant aux expressions *vel germani nostri* qui ont conduit certains auteurs (Pardessus, Roth, Laferrière) à attribuer la constitution à Clotaire I, comme elles ne se retrouvent pas dans tous les manuscrits, on peut, avec raison, les tenir pour interpolées.

(2) Sohm, p. 234.

aucune façon tirer argument de la constitution franque en faveur de la survivance de l'organisation judiciaire romaine. Il nous semble même que la constitution de Clotaire n'aurait pas eu de sens dans la théorie que nous repoussons. Le roi franc n'aurait pas eu de motif d'imposer l'application de la loi romaine à des tribunaux gallo-romains, composés de juges gallo-romains.

Tout ce qui résulte des textes en question, c'est que les procès entre Romains doivent, sous les Mérovingiens, comme plus tard encore sous les Carolingiens, être jugés d'après la loi romaine. Mais devant quel tribunal? Devant le tribunal du comte ou du centenier. Nous avons d'ailleurs plusieurs formules qui, rapportant des causes susceptibles d'être jugées d'après la loi romaine, nous les montrent portées *in mallo publico*. Ce sont les formules 2, 3, 4, 5 et 32 de l'appendice de Marculfe. La formule 32 de Sirmond est plus explicite encore. Elle nous montre une cause jugée «secundum legem romanam» par les *boni homines*, dénomination qui désigne évidemment les rachimbourgs, assesseurs du comte ou du centenier (1).

Si les Romains sont ainsi justiciables du mal du comte ou du centenier, les *boni homines* qui les jugent appartiennent-ils du moins à la même nationalité que les parties? Pardessus (l. c., p. 578) admet avec raison l'affirmative, autrement, dit-il, la concession faite aux Romains de conserver l'usage de leur droit civil eût été dérisoire. La force des choses devait d'ailleurs faire composer le tribunal de Romains quand les plaideurs étaient Romains, sinon les boni homines, qui non seulement appréciaient les faits, mais encore examinaient le point de droit et appliquaient la loi, auraient été dans l'impossibilité de juger selon une loi qui leur était inconnue. Adrevaldus, de miraculis S. Benedicti, lib. I, p. 2, c. 2, num. 8, in actis ss. Martii, t. III, 308 : « Quod salicæ legis judices ecclesiasticas res sub Romana constitutas lege discernere non possent » (cité par Savigny, § 76). Si, sous les Carolingiens, de nombreux documents témoignent de la composition mixte

(2) Pour la réfutation des arguments tirés par Savigny de deux passages de Grégoire de Tours (V, 49 ; VII, 47), V. Pardessus, l. c., p. 516. — V. infra, § 88, sur le rôle attribué par Eichorn au vicarius mérovingien dans l'ancien royaume wisigoth.

du tribunal, lorsque les parties appartiennent à des nationalités différentes, c'est pour rendre possible l'application de la loi. On peut en conclure, par analogie, que les parties, sous les Mérovingiens comme sous les rois de la seconde race, doivent toujours, en raison de la personnalité des lois, être jugées par des juges de leur nation.

§ 10. — La règle qui domine les juridictions franques dont nous avons reconnu l'existence, c'est celle qui, suivant la remarque de Montesquieu (*Esprit des lois*, XXX, 18), tirait son origine des forêts de la Germanie, à savoir la séparation du droit de justice et du droit de participer au jugement. Le chef de la juridiction, comte ou centenier, dépositaire du droit de justice, ne l'exerce pas lui-même : son rôle se borne, en général, à réunir le tribunal, à le présider, à faire exécuter les jugements prononcés. Ceux qui statuent sur le fait et sur le droit, qui disent la loi, legem salicam dicunt (Lex salica emend. LX, 1), ce sont les hommes libres du canton, pairs des parties, les rachimbourgs, appelés souvent par les textes boni homines (1).

Quels sont précisément ces rachimbourgs ?

Certains auteurs ont enseigné que les rachimbourgs « ne sont ni un corps de juges permanents, ni un collège de délégués de la centaine chargés de l'administration de la justice. Ils ne forment pas une classe à part dans la nation franque. Le tribunal de la centaine est composé de tous les citoyens actifs de cette subdivision territoriale, réunis sous la présidence de leur chef, le tunginus, d'après la loi salique (le comte ou le centenier sous les Mérovingiens), et portant dans l'accomplissement de leurs fonctions le titre de rachimbourgs. *Tous ont le droit de siéger au mall ;* mais un texte important de la loi salique prouve que la présence de sept d'entre eux est indispensable pour rendre un jugement régulier (2). »

(1) Nous n'examinons point la question de savoir s'il faut dire, avec Savigny (l. c., §§ 61 et s.), que le nom de rachimbourg servait à désigner en général tous les hommes libres de la tribu, ou s'il faut admettre, avec Pardessus (l. c., p. 577), que ce nom était un titre spécial donné aux hommes libres uniquement dans l'exercice des fonctions judiciaires. La dernière opinion nous paraît victorieusement démontrée par le savant commentateur français de la loi salique.

(2) Thonissen, l. c., p. 51. — En ce sens : Waitz, l. c., p. 142. — Glasson, l. c., p. 135.

On se fonde, dans cette opinion, sur des textes qui supposent une nombreuse assistance d'hommes libres au mallus. Vita S. Amandi, c. 12 (D. Bouquet, III, p. 533) : « Quod comes quidam, ex genere Francorum, cognomine Dotto, *congregata non minima multitudine Francorum*, in urbe Tornaco, ut erat illi injunctum, ad dirimendas resederet actiones. » — V. Walarici Leucon. c. 11 (cité par Waitz, l. c.) : « Perveniunt Gualinago, ubi quidam comes nomine Sigoberdus juxta morem sæculi *concioni præsidebat*, quod rustici mallum vocant. » — Form. Sirmond. 32, Zeumer, p. 154 : « *Tunc ipsi viri, qui ibidem aderant*, talem dederunt iudicium. » — Form. Andecav. 24, Zeumer, p. 12 : « ... ante illo præposito, *vel reliquis hominibus* qui cum eo adherunt. » — 28, ibid. : « ... *vel reliquis* qui cum eum aderunt. » — Ibid. 29, 47, Zeumer, p. 21 : « Ante... *vel reliquis quam plures bonis hominibus* qui cum ipsi aderunt. » — App. Marc. 6, Baluze, II, p. 438 : « Ante comite... *vel præsentibus quam pluribus viris venerabilibus rachimburgiis* qui ibidem ad universorum causas audiendum vel recta in Dei nomine judicia terminandum residebant vel adstabant. » — Cp. Append. Marculfe, 1, 2, 3, 5, 33, 34. Form. Bign. 13. Formul. Lindenbr., 124, 173, 174.

D'autres auteurs (1), tout en accordant à tous les hommes libres de la tribu le droit de participer à l'administration de la justice dans le mal, entendent différemment le rôle des rachimbourgs. Les hommes libres de la tribu seraient divisés en deux classes. La première classe comprend les rachimbourgs. Ceux-ci, choisis par le comte, composent le tribunal proprement dit, et ont pour mission de formuler un projet de jugement (*Urtheilsvorschlag*, suivant l'expression de Sohm), projet soumis ensuite au reste des hommes libres formant l'auditoire, et qui l'accueillent ou le rejettent.

A l'appui de cette théorie, on invoque d'abord le sens étymologique du mot rachimbourg, qui signifierait plutôt « donneur d'avis » que juge proprement dit (rachineburgius, rathimburgii, rationeburgii ; racine, rachi, rathi, dans le sens de consilium, rathgeber en allemand). On se fonde, en second lieu, sur la différence de langage entre certains textes, les

(1) Sohm, l. c., p. 373. — Eichorn, *Deutsche Staats- und Rechts geschichte*, I, p. 403.

uns parlant de rachimbourgs *sedentes* ou *resedentes*, les autres de rachimbourgs *adstantes ;* les premiers auraient formulé le projet de jugement, les autres lui auraient donné ou refusé leur assentiment. On invoque enfin, par analogie, l'organisation judiciaire de certains peuples d'origine germanique, notamment de l'Islande, où l'on trouve, sous le nom de lögsögumadr (l'homme qui dit la loi), un magistrat chargé d'aider les juges dans l'exercice de leur mission.

Dans une troisième doctrine (3), les rachimbourgs, désignés par le président du tribunal, siègent toujours au nombre fixe et invariable de sept.

Entre ces trois systèmes, nous nous rallions au dernier, en admettant toutefois un tempérament qui permet d'expliquer les textes sur lesquels se fonde la première opinion.

D'abord, le second système, celui qui distingue deux catégories de rachimbourgs, nous paraît divinatoire. Les textes de la loi salique et les capitulaires mérovingiens qui s'occupent des rachimbourgs ne nous les montrent pas comme des conseillers chargés de guider l'assemblée de centaine dans l'accomplissement de sa tâche judiciaire. Ils leur imposent formellement l'obligation de juger. Loi sal. T. LXVI : « Quod a rachimburgiis *judicatum fuerit*.... quando rachimburgii judicaverunt. » T. LVII : « Si rachineburgii... non secundum legem *judicaverunt.* » — Cp. Chilperici edict. a. 561-584, c. 8, Boret. p. 9. « On peut d'ailleurs, comme le remarque très justement Thonissen, se prévaloir d'un argument fourni par le simple bon sens. Comment concevoir, au sein d'une communauté aussi peu nombreuse que la centaine, le besoin de constituer une commission de jurisconsultes, chargés de l'étude et de l'interprétation d'une loi consistant uniquement en un tarif d'amendes et un petit nombre de coutumes sanctionnées par l'usage ? Comment admettre la nécessité de cette institution dans un pays où tous les citoyens prenaient part à l'administration de la justice et acquéraient ainsi, de bonne heure, une connaissance exacte de la loi nationale ? Invoquer ici l'insti-

(3) Bethmann-Hollweg, l. c., p. 426. — Rogge, *über das Gerichtswesen der Germanen*, p. 72. — Grimm, *Deutsche Rechtsalterthümer*, p. 774. — Wolske, *die Grundlagen der frühern Verfassung Deutschlands*, p. 72.

tution des scabini de la période carolingienne, c'est manquer à toutes les règles de la critique historique. »

Quant à la distinction des *rachimbourgs en resedentes* et adstantes, les premiers formant le tribunal proprement dit, les autres composant l'auditoire et contribuant, par leur assentiment exprès ou tacite, à renforcer la valeur morale de la sentence, *Thonissen en* a également montré l'inanité : « La loi salique ne renferme ni une phrase, ni un mot d'où l'on puisse induire l'existence de cette singulière répartition des pouvoirs, incompatible avec l'essence même du tribunal du thunginus... Les anciens manuscrits de la loi salique emploient indifféremment les mots rachineburgii sedentes, rachineburgii resedentes, et ce n'est que dans une formule du VIIe siècle que l'on rencontre, pour la première fois, l'expression « qui in mallobergo resedebant vel adstabant. » Marc. App. 6 ; Rozière, 477. C'est ce dernier mot qu'un clerc peu lettré, cédant à la singulière prédilection de la race franque pour la tautologie, a évidemment employé comme l'équivalent de resedebant, qui a servi de base à tout un système de répartition des juges francs... Et que dire de cette étrange assertion que les rachimburgii adstantes auraient pour mission de renforcer le prestige des arrêts par leur assentiment exprès ou tacite ? Qu'eût-on fait si, au lieu d'approuver et d'applaudir, ils se fussent mis à proférer des *murmures ou à faire des gestes d'improbation*... (1). »

Plusieurs documents attestent, sans doute, l'influence exercée par l'assistance sur le jugement. Ainsi, Grégoire de Tours s'exprime dans les termes suivants à propos de l'élargissement d'un prisonnier que l'on demandait au judex (VI, 8) : « Sed, insultante vulgo, atque vociferante, quod, si hic dimitteretur, neque regioni, neque judici posset esse consultum, dimitti non potuit. » De même *nous lisons* dans la vita S. Amandi, c. 12 (Bouquet, III, 533) : « Comes quidam ex genere Francorum cognomine Dotto... tum subito a lictoribus ante eum præsentatus est quidam reus, quem omnis turba acclamabat dignum esse morte. Erat namque isdem fur... cumque præfatus Dotto decrevisset, ut eum patibulo deberent affigere. » Les manifes-

(1) Nous donnons plus loin, § 12, l'explication du fragment des septem causae, VII, 6, que l'on a invoqué à l'appui de la distinction des rachimbourgs en resedentes et adstantes.

tations de l'auditoire peuvent bien, dans ces circonstances et dans d'autres semblables, influer en fait sur la décision, surtout à des époques aussi troublées ; mais, en droit, elles n'ont pas de valeur, ainsi que le démontre du reste la dernière partie du second document.

§ 11. — La lutte ne nous paraît donc possible qu'entre les deux opinions extrêmes. Or, celle qui estime que le nombre des rachimbourgs est fixé à sept dans tous les cas, nous semble formellement ressortir des textes des lois barbares. D'abord, du titre LVII, 1 et 2, de la loi salique, ainsi conçu (1) : « Si quis rachineburgii in mallobergo sedentes dum causam inter duos discutiunt et legem dicere noluerint, *septem de illos rachineburgios* CXX dinarios qui faciunt solidos III, ante solem collocatum culpabiles judicentur. — Quod si nec legem dicere voluerint, nec de ternos solidos fidem facerent, solem illis collocatum, DC dinarios, qui faciunt solidos XV, culpabiles judicentur. » — Ce texte vise le cas de déni de justice. Si les rachimbourgs refusent de juger le différend qui leur est soumis, le demandeur s'adresse à sept rachimbourgs, les somme de juger. Le refus entraîne, par lui seul, une amende de trois sous d'or, et, s'il persiste jusqu'au coucher du soleil, une amende de quinze sous d'or.

En présence de ce texte, nous croyons impossible de ne pas admettre un nombre fixe et permanent de sept juges. Comment, si tous les hommes libres avaient composé le tribunal, le demandeur aurait-il eu le droit de s'adresser à sept d'entre eux plutôt qu'aux autres, afin de les rendre responsables du déni de justice ? L'amende prononcée contre sept rachimbourgs ne se comprend que si ces sept rachimbourgs ont seuls le droit et, par conséquent, l'obligation de juger.

On a, il est vrai, contre cette argumentation, fait une objection de ces mots : « *septem de illis* rachimburgiis », qui, dit-on, prouvent manifestement un choix à faire parmi plus de sept rachimbourgs. L'on ajoute : « La seule conclusion que l'on puisse raisonnablement tirer du texte, c'est que sept rachimbourgs suffisaient, à la rigueur, pour rendre un jugement valable et que, pour ce motif, le plaignant qui ne pouvait

1) I^er^ texte, édition Pardessus, p. 32.

poursuivre tous les citoyens réunis au mallus, s'adressait spécialement à sept d'entre eux, pour les rendre responsables du déni de justice » Thonissen, l. c., p. 52.

Nous reconnaissons que les mots « septem de illis » supposent un choix de la part du demandeur ; mais nous examinerons bientôt le but de ce choix, portant non point sur tous les hommes libres, mais seulement sur douze d'entre eux ; nous verrons qu'il ne s'oppose nullement à ce que l'on admette le nombre fixe de sept rachimbourgs pour la composition du personnel juge du mallus.

Si le doute pouvait exister sur la valeur de l'argument que nous tirons des §§ 1 et 2 du titre LVII, il s'évanouirait devant la disposition finale du même titre, § 3 : « Si vero illi rachineburgii sunt et non secundum legem judicaverint, his contra quem sententiam dederint causa sua agat et potuerit adprobare quod non secundum legem judicassent, DC dinarios, qui faciunt solidos XV, quisque illorum culpabilis judicetur. » Il s'agit d'un appel pour mal jugé contre les rachimbourgs qui ont rendu le jugement (1). Or, cet appel est dirigé contre *ces* (illi) rachimbourgs dont il est question dans les §§ précédents, c'est-à-dire les « septem », qui peuvent déjà être poursuivis et condamnés pour déni de justice, les sept qui ont jugé et qui seuls pouvaient juger. — La preuve que nous n'interprétons point arbitrairement ce mot *illi*, c'est qu'un autre texte de la loi salique (troisième texte de Pardessus, l. c., p. 109), soumet formellement à l'appel pour mal jugé *sept* rachimbourgs : « Si vero rachinburgiæ qui sunt et non secundum lege judicaverint, contra quem sententia dederint causa sua agat et si potuerit adprobare quod secundum legem non judicaverint, DC denarios, qui faciunt solidos XV, culpabiles *illi septem* singulatim cum illo judicentur. ».

D'autres textes parlent également de sept rachimbourgs. Sans doute, ils ne nous montrent pas les rachimbourgs dans l'exercice des fonctions judiciaires, ainsi que le titre LVII de la loi salique ; mais, rapprochés de ce titre, ils acquièrent une grande force, et l'on arrive à cette conclusion que, soit pour les actes judiciaires, soit pour les actes d'exécution, complé-

(1) Fournier, *Histoire du droit d'appel*, p. 101.

ment des derniers, il y a toujours sept rachimbourgs présents et seulement sept.

C'est ainsi que, dans le cas de saisie mobilière, le comte doit se faire accompagner de sept rachimbourgs capables d'expertiser des meubles : « Tunc graphic collegat secum septem rachineburgius idoneos. » Tit. L. — Thonissen conclut que, de cela seul que le comte, pour obéir aux prescriptions de la loi, est obligé de se faire accompagner de sept rachimbourgs *capables* (idoneos), on a la preuve qu'il a un choix à faire et que, par conséquent, le nombre des citoyens revêtus de ce titre dépasse le chiffre de sept. — Il nous semble que c'est là un peu jouer sur les mots. En admettant même, comme nous l'avons fait, que les hommes libres ne prennent le titre de rachimbourgs que dans l'accomplissement de leurs fonctions, on peut facilement écarter l'objection tirée du mot idoneos : le comte choisit parmi les hommes libres sept personnes capables d'expertiser, lesquelles, par le choix du comte, deviennent immédiatement des rachimburgii idonei. Le législateur s'est seulement expliqué d'une manière concise.

Ce nombre de sept rachimbourgs se rencontre de même dans la loi Ripuaire, t. XXXII, § 3 : « Quod si ad septimum mallum non venerit tunc ille, qui eum mannit, ante comitem cum *septem* rachimburgiis in haraho iurare debet, quod eum ad strudem legitimam admallatum habet, et sic iudex fiscalis ad domum illius accedere debet et legitimam strudem exinde auferre et ei tribuere, qui eum interpellavit, hoc est, *septem* rachinburgiis, unicuique quindecim solidos, et ei qui causam prosequitur, quadraginta quinque. » Walter, I, p. 173. Les sept rachimbourgs dont il est question dans la dernière partie du texte ne peuvent s'entendre évidemment que des juges. Il y a donc concordance, sur le nombre de ces derniers, entre la loi salique et la loi ripuaire.

La preuve décisive que ce même nombre a été conservé sous les rois mérovingiens, nous la trouvons dans un édit de Chilpéric, c. 8 : « Et si non negaverit ille qui invitavit, adducat *VII rachymburgiis* ferrebannitus *qui antea audissent causam illam*, et si VII venire non potuerint et eos certa sonia detrigaverit, et *toti* venire non possint, tunc veniant III de ipsis. » Borctius, p. 8. — Cet édit règle la question de savoir comment le demandeur devant le tribunal du roi doit faire la preuve d'un jugement rendu par le tribunal de la centaine ; il doit en principe amener avec lui *les sept rachimbourgs qui ont entendu la cause,* c'est-à-dire prononcé le jugement ; s'ils ne peuvent pas venir tous les sept, trois suffisent.

Ce nombre de sept juges paraît encore plus vraisemblable, si l'on se réfère à la législation carolingienne, qui fixe à sept le nombre des *scabini*, juges permanents qu'elle institue : « Exceptis scabinis septem qui ad omnia placita præesse debent. » Capitul. III, ann. 803, c. XX ; Bal. I, 394. Il n'y a plus alors simple coïncidence entre le nombre des sept rachimbourgs et celui des sept scabins, surtout si, comme nous en sommes convaincu, les scabins de Charlemagne ont seuls le droit de prendre part au jugement. L'empereur n'a fait alors que maintenir les principes admis antérieurement, en changeant toutefois le caractère des juges qui, au lieu de pouvoir être choisis arbitrairement par le comte ou le centenier parmi tous hommes libres de la centaine, ne comprennent plus que quelques citoyens investis d'une fonction permanente et seuls obligés de se rendre aux assemblées judiciaires.

Nous avons annoncé qu'il était facile d'expliquer les textes sur lesquels se fonde la première théorie en apportant un tempérament à la nôtre. Admettons, en effet, que ces textes fassent mention, comme on le prétend, d'une nombreuse assemblée judiciaire. Sans recourir à l'explication donnée par Sohm et que nous avons repoussée, nous pouvons dire que ce grand nombre de *boni homines* ne se rencontre que dans une certaine catégorie d'assemblées. Il faut en effet, comme nous l'avons déjà dit, faire une distinction sur laquelle les capitulaires carolingiens insisteront avec détails, entre le *mallus legitimus* (*Echteding*, suivant l'expression allemande), et l'assemblée judiciaire sur convocation (*gebotene Ding*). Le mallus legitimus, mallus publicus legitimus (Loi sal. 46 ; 50, 2) est l'assemblée qui se tient aux époques fixées par la loi et à laquelle doivent assister tous les hommes libres de la centaine. Là, surtout à l'époque où la royauté n'a pas encore centralisé tous les pouvoirs, on délibère sur les affaires de la communauté et l'on peut aussi rendre des jugements dans les procès qui touchent à l'intérêt général, surtout en matière pénale. C'est à ces assemblées générales de la centaine que peuvent se référer les textes précités. Mais, à côté (1), il y a les assemblées sur convocation du comte ou du centenier. L. sal. 46 : « De adfathamire hoc convenit observare ut thunginus aut centenarius mallum indicant. » Ces assemblées sont plutôt les assemblées judiciaires ; elles sont convoquées, suivant les besoins, lorsqu'un procès surgit entre deux membres de la centaine, soit en matière purement civile, soit à propos d'une action pénale privée. Là doivent se rendre seulement ceux qui peuvent être appelés à statuer sur le différend et les rachimbourgs juges n'y sont qu'au nombre de sept.

§ 12. — Qui choisit les sept rachimbourgs parmi les hommes libres de la centaine ? C'est une question à laquelle on a encore proposé différentes solutions. D'après les uns (2), c'est à l'autorité qu'appartient le choix des rachimbourgs juges, de même qu'il lui appartient en matière d'exécution. Lex sal., L, 2 : « Tunc grafio collegat septem rachineburgius idoneos, et sic cum eos ad casa illius qui fidem fecit ambulet et dicat... » — D'autres auteurs (3) ont enseigné que le choix appartient tantôt au demandeur, tantôt au défendeur, suivant les circonstances. — D'autres, enfin (4), que le choix n'appartient jamais qu'au demandeur.

La vérité nous semble dans l'opinion qui fait concourir au choix des juges et l'autorité judiciaire et le demandeur (5). Nous savons, par un fragment des *septem causæ*, VII, 6 (Merkel, p. 96), que les juges sont assis sur quatre bancs. Le meurtre d'un Franc siégeant sur l'un de ces bancs entraîne une composition plus élevée : « Si quis Franco inter quatuor solia occiserit solidis DC culpabilis judicetur. » Or, puisque nous sommes dans le domaine des conjectures, il n'est point trop

(1) Sur le partage de compétence entre ces deux assemblées, V. infra, § 67.

(2) Eichorn, l. c., p. 403. Rogge, *über das Gerichtswesen der Germanen*, p. 73.

(3) Siegel, *Geschichte des deutschen Gerichtsverfahren*, p. 167.

(4) Sohm, *Process der Lex salica*, p. 154.

(5) Bethmann-Hollweg, l. c., p. 428.

hardi de supposer que douze rachimbourgs sont appelés à siéger sur ces bancs (trois par banc) par l'autorité judiciaire. Le demandeur s'adresse alors à la majorité, à sept d'entre eux ; il leur demande de juger, et ces sept sont en conséquence seuls capables de rendre le jugement et aussi, par contre, seuls responsables en cas de déni de justice ou de faux jugement. (Loi. sal. 57, 1). Ces chiffres de douze et de sept correspondent ainsi à ceux que l'on rencontre dans les capitulaires carolingiens pour les scabins. D'un autre côté, il y a corrélation entre le procédé que nous venons d'exposer et celui qu'indique la loi salique en matière d'exécution : là, on voit également le comte se présenter avec un certain nombre de rachimbourgs et le débiteur faire un choix parmi eux (Loi sal. 50, 2) : « Tunc grafio collegat septem rachimburgius idoneos et sic cum ipsis ad casa illius, qui fidem facit, ambulet, et dicat : *elege tu duos* quos volueris idoneos cum rachineburgiis istos, de quo solvere debeas, adpreciare debeant. »

Dans notre opinion, il est très facile alors d expliquer ces mots « septem *de illis* rachineburgiis » dont on argumente contre nous, pour dire qu'ils dénotent un choix à faire parmi plusieurs autres et que, par conséquent, le tribunal de la centaine se compose non point de juges délégués de la centaine, mais de tous les citoyens actifs de cette subdivision territoriale. Sans doute, il y a un choix, mais ce choix aboutit, en définitive, à éliminer cinq rachimbourgs sur douze et à constituer le tribunal au nombre de sept juges, ainsi que nous l'avons admis.

Les rachimbourgs sont pris parmi tous les hommes libres de la centaine, à quelque nationalité qu'ils appartiennent, que ce soit un Franc, un barbare vivant d'après la loi franque, ou un Romanus possessor (1) Mais le Romanus tributarius ne peut pas concourir à l'exercice de la juridiction dans le mal, pas plus que le colon ou le lite (2).

En raison de cette notion large des hommes libres, l'ancienne expression franque rachimbourg n'est presque plus usitée dans les documents de l'époque mérovingienne pour

(1) Sur le sens de cette expression, V. Pardessus, l. c., p. 509.

(2) Bethmann-Hollweg, p. 430.

désigner les juges ; elle est remplacée par celle de *boni homines*. V. Form. Andec. 5, 6, 43, 47. — Marc. II, 9. — App. 1, 22, 29, 32, 33, 34, 51. — Bignon, 8, 13.

Les juges sont pris parmi les habitants de la circonscription judiciaire. Aussi les appelle-t-on quelquefois *pagenses*, c'est-à-dire habitants du *pagus* ou de la centaine. Form. Big. 12 : « Ante ipsos pagenses. » Les rachimbourgs, étant choisis habituellement parmi les personnages notables de la centaine, sont désignés souvent sous le nom de *seniores*, *magnifici*, *venerabiles viri* (1).

Les ecclésiastiques eux-mêmes peuvent remplir les fonctions judiciaires dans le mal. Les venerabiles viri, dont parlent les formules Andec. 10 et 32, comprennent incontestablement des ecclésiastiques (2). Sans doute les conciles cherchent bien à éloigner autant que possible les clercs des juridictions séculières ; il n'y a cependant contre eux aucune incapacité légale de siéger dans le mal.

§ 13. — L'organisation judiciaire de la loi salique comprenait des sagibarons (tit. LIV), dont le caractère et les attributions ont été et seront encore l'objet de vives controverses. Nous n'essaierons pas ici d'ajouter une opinion nouvelle à celles qui ont déjà été émises. Nous dirons cependant que les historiens qui ont étudié la question se sont peut-être placés à un point de vue trop exclusif. Les sagibarons avaient probablement, à l'époque où ils fonctionnaient, un caractère bien moins nettement défini que celui qu'ont voulu leur attribuer des commentateurs vivant plusieurs siècles après eux. Ce qui nous paraît le plus vraisemblable, c'est que les sagibarons, fonctionnaires

(1) Greg. Tur. *De glor. mart.* I, 33 : « Decretum est sententia primorum urbis. » — Hist. V, 49 : « Jam si in judicio cum senioribus vel clericis vel laicis resedisset. » — Form. Andec. 32, Zeumer, p. 14 : « Vir ille comus in civitate Andecave cum reliquis venerabilibus atque magnificis rei puplici viris resedisset. »

Savigny (l. c., § 87), réserve aux décurions, dans les villes où s'était maintenu le régime municipal romain, le droit de prendre part aux jugements. C'est une opinion qui ne repose sur aucun texte (Waitz, l. c. p. 144. Bethmann-Hollweg, l. c. p. 431). La formule 32 Andecav. impose aux membres de la curie l'obligation de dénoncer les criminels, mais elle ne leur confère aucun privilège de juridiction.

(2) Cp. Greg. Tur. V, 49, supr. cit.

royaux habituellement, avaient des attributions multiples : ils veillaient à l'observation des *leges dominicæ* (lois royales) (1), percevaient pour le roi le fredus, lorsque le comte n'assistait point au mallus et donnaient au besoin aux rachimbourgs, peu familiarisés avec la langue et l'écriture romaines, les explications nécessaires. Ce rôle que nous attribuons aux sagibarons explique leur disparition progressive à l'époque mérovingienne. D'un côté, en effet, le comte prend une part plus active à l'administration de la justice, présidant le plus souvent le tribunal. D'un autre côté, la connaissance de la langue et de l'écriture romaines ne tarda point à se répandre parmi les vainqueurs.

Le dernier document où il puisse être question des sagibarons est du milieu du VIIe siècle. Dans un acte de donation de 648, Pardessus, *Dipl.* n° 312, figurent six témoins avec la note *sac.* que l'on traduit généralement par sacebaro. Le document est daté d'Ascium, aujourd'hui Aix en Erguy, département du Nord, pays salien, où l'institution des sagibarons s'est maintenue plus longtemps qu'ailleurs (2).

§ 14. Dans l'organisation judiciaire que nous venons d'esquisser, le principe qui domine, c'est, comme nous l'avons vu, la séparation du droit de justice et du droit de participer au jugement. Le comte préside, il ne juge pas (3). Toutefois cette règle n'est point absolue.

(1) Bethmann-Hollweg, IV, p. 433.

(2) V. infra, § 95, les doutes que soulève l'interprétation de ce diplôme, relativement aux sagibarons.

(3) Le caractère de l'organisation judiciaire franque se retrouve chez les peuples du Nord. Ainsi, en Danemark et en Norwège le pouvoir judiciaire est exercé à l'origine par l'assemblée des hommes libres *(Thingsmænd)* du district, semblables à nos rachimbourgs. Le prévôt royal *(Ombudsmand)*, dans les tribunaux inférieurs, ne juge point ; sa présence n'est même pas nécessaire pour la validité du jugement. Son rôle se borne à veiller aux intérêts du roi relativement aux amendes, à voir si le tribunal est régulièrement composé. Mais ce sont les hommes libres qui prononcent, soit directement, soit par des délégués *(Nævninge, Landemænd)*. Les *Thing* (mals) ne sont point seulement des assemblées judiciaires, on y délibère aussi sur les affaires publiques (V. l'étude que nous avons publiée dans le *Bulletin de la Société de législation comparée*, 1884, p. 166, sur l'*Organisation judiciaire dano-norvégienne*).

D'abord, il est des hypothèses où, même à l'époque où l'organisation primitive n'est point encore altérée, le comte doit rendre lui-même des jugements.

Ainsi, le premier soin du comte (ou du centenier) est de veiller à la formation du tribunal. Mais les parties ont le droit d'être jugées d'après leur loi personnelle par des rachimbourgs de même nationalité. Des difficultés peuvent s'élever sur le point de savoir quelle loi on doit appliquer à la cause. Or, elles ne peuvent être tranchées par les rachimbourgs, puisque le choix des juges dépend précisément de l'application de telle ou telle loi. Il faut donc nécessairement que le comte ou le centenier statuent sur ces questions préalables et de même sur les questions de compétence.

Le pouvoir du comte de rendre lui-même des décisions judiciaires ne se borna point là. Il s'étendit, à mesure que l'autorité royale se fortifia au détriment des libertés publiques, et que les citoyens se désintéressèrent davantage de l'exercice d'un droit qui, souvent, n'était plus qu'une charge et l'occasion de vexations sans nombre.

D'après les principes du droit criminel barbare, les crimes ne sont réprimés que s'il se présente un accusateur, et c'est le peuple qui, par ses délégués, statue sur la culpabilité de l'accusé. Ces principes ne suffirent plus à maintenir l'ordre à une époque de violences. Les rois, pour mettre un terme au désordre, durent enjoindre à leurs officiers, dans les provinces, de poursuivre d'office tous les crimes qui compromettaient la sécurité publique. Ainsi, un décret de Childebert II ordonne au comte, dans la circonscription duquel un crime est commis, de diriger la poursuite et de mettre à mort le malfaiteur. C. 4, Boretius, p. 16 : « In cujuslibet judicis pago primitus admissum fuerit, ille judex collectum solatium ipsum raptorem occidat et jaceat forbatutus. » — Si le comte apprend qu'un voleur se trouve dans le pagus, il doit le rechercher, l'enchaîner ; si c'est un Franc, le voleur est conduit devant le tribunal du roi pour y être jugé ; s'il est d'une condition inférieure, il est pendu sur place. Ibid. c. 8 : « Similiter kalendas Martias Colonia convenit et ita bannivimus ut unusquisque iudex criminosum latronem ut audierit, ad casam suam ambulet et ipsum ligare faciat ; ita ut si Francus fuerit, ad nostra præsentia dirigatur, et si debilioris personas fuerit, in loco pendatur. » Le juge qui relâche un voleur doit perdre la vie. Ibid. c. 7 : « Si quis iudex comprehensum latronem convictus fuerit relaxasse, vitam suam amittat, et disciplina in populum modis omnibus observetur. » (1) Ces dispositions dérogatoires à l'ancien droit germanique ne peuvent s'expliquer que par le désir de resserrer les liens sociaux qui menaçaient de se rompre à une époque si troublée.

Ainsi, en matière criminelle, le comte juge lui-même dans des cas assez nombreux. C'est ce que témoignent formellement plusieurs documents. Gregor. Tur. *De gl. mart.* I, 73 : « Latro judici manifestatur, nec mora adprehensus et in vincula compactus, supplicio subditur ; opus suum proprio ore judicans, patibulo dijudicatur... severitas judicis... reum patibulo judicavit. » — *De gl. conf.*, c. 101 : « Comes autem antedictæ urbis Equolensis, fure invento ac suppliciis dedito, patibulo condemnari præcepit. » — Grégoire de Tours, IV, 44, nous offre un autre exemple d'un comte jugeant seul, dont la sentence est frappée d'appel devant le roi et qui, en raison de la mauvaise foi qu'il a montrée dans son jugement, est condamné à « componere quadrupla satisfactione. » (2).

Cette participation directe du comte à l'administration de la justice criminelle d'un côté, et d'autre part le nombre croissant des édits royaux à l'observation desquels ils sont chargés de veiller et qu'ils appliquent, nous expliquent comment plusieurs textes attribuent expressément à ces officiers la décision du procès et les rend responsables de l'injustice de la sentence. Clotarii II præceptio, c. 1, Boretius, p. 18 : « ... et nulla sententia a quolibet iudicum vim firmitatis obteneat, quæ modum legis adque æquitatis excedit. » — Ibid., c. 6 : « Si iudex aliquem contra legem iniuste damnaverit, in nostri absentia

(1) Cp. Capit. (Chlodovechi) Leg. Sal. add. § 9, Pardessus, *Loi sal.*, p. 332.

(2) Dans le même but, le comte possède des pouvoirs de police assez étendus. Ainsi, il peut faire arrêter les suspects (Greg. *Mir. S. Martini*, II, 58), leur interdire l'entrée d'une ville (Waitz, I, 2°, p. 31). Il surveille les prisons, ordonne les exécutions (V. les textes cités par Waitz, *l. c.*) Il est entouré de serviteurs armés, *milites* ou *lictores*, qui exécutent ses ordres (V. Infr., § 188).

ab episcopis castigetur, ut quod perpere iudicavit versatim melius discussione habeta emendare procuret. » — Guntchramni edict. a. 585, Boretius, p. 12 : « Cuncti itaque iudices sicut Deo placet, studeant dare iudicia. » — Chlotarii II edict. a. 614, c. 4, Boretius, p. 21 : « Ut nullus iudicum de qualebit ordine clerecus de civilibus causis, præter criminale negucia, per se distringere aut damnare præsumat. »

Mais faut-il aller jusqu'à dire, avec M. Fustel de Coulanges, (*Instit. polit.*, p. 448), que « les justiciables n'ont affaire qu'au comte ; que la sentence ne dépend que de lui ; qu'il est le maître de condamner, d'absoudre ou de faire grâce... L'assistance écoutait les débats, donnait son opinion, mais le comte prononçait seul ; aucune loi, ni dans les codes germaniques (?), ni dans les codes romains, ne l'obligeait à se soumettre au vœu de la majorité. On rencontre bien, il est vrai, dans les récits des chroniqueurs, quelques assemblées de justice qui décident seules et prononcent des arrêts sans que le comte soit au milieu d'elles. Mais il faut remarquer deux choses : l'une, que ces assemblées ne prononcent jamais une peine ; l'autre, que leur décision n'a de valeur que si elle est acceptée des deux parties. Ce sont de simples tribunaux d'arbitrage. . »

N'exagérons pas. D'abord, rien d'étonnant à ce que les assemblées dont parlent les chroniqueurs ne condamnent point à des peines. Les peines publiques étaient, en effet, presque inconnues dans la législation barbare, grâce au système des compositions. Elles n'ont été introduites que successivement, par les édits royaux. Or, comme nous l'avons vu, la royauté avait, en général, confié au comte seul le soin d'appliquer ses édits et partant les peines qu'ils prononçaient.

Il faut d'ailleurs se garder d'étudier exclusivement dans les chroniqueurs du temps l'organisation judiciaire mérovingienne. Grégoire de Tours, par exemple, ne se propose point, dans les récits qu'il nous a transmis, de nous donner un tableau du fonctionnement normal des tribunaux. Ce qu'il signale précisément, ce sont les exceptions à la règle qui peuvent donner une idée du désordre qui régnait dans la société barbare. Sans doute, un comte pouvait, comme il le raconte (V, 49), « sans s'inquiéter de son entourage, prononcer les sentences les plus cruelles, condamner les prêtres aux fers, infliger à des guerriers le supplice du fouet. » Mais faut-il en conclure que la justice ait été rendue partout d'une façon aussi arbitraire ? Nous ne le pensons point. Nous reconnaissons bien que des excès ont été commis, que les boni homines pouvaient souvent n'être que les témoins impuissants et affligés de l'injustice du comte. Nous savons que, surtout vers la fin de la période mérovingienne, les garanties de l'organisation primitive avaient été fortement ébranlées par l'omnipotence croissante des officiers royaux et la négligence des hommes libres à se rendre aux plaids. Nous estimons néanmoins que l'organisation judiciaire dont nous avons tracé le tableau continua de fonctionner jusqu'aux rois de la seconde race et qu'elle fut seulement renforcée sous les Carolingiens.

Il ne faut pas oublier que des sanctions sévères sont portées contre les officiers royaux qui commettent des abus dans l'exercice de leurs fonctions. Non seulement les lois barbares, salique et ripuaire, renferment des sanctions de ce genre, mais encore les rois mérovingiens posent plusieurs fois des règles destinées à réprimer les excès de pouvoir des comtes, et la royauté est encore assez forte pour maintenir ses représentants dans le devoir, lorsque ses passions ou ses intérêts ne sont point en jeu. « Si... gravio invitatus ad alterius caussam, supra legem aut debitum aliquid præsumpserit, aut weregeldum suum redimat, aut de vita sua componat. » Loi sal., LIV, ap. D. Bouq. IV, p. 153 et 224. — « Si quis judex fiscalis amplius, quam lex ripuaria continet, tulerit, quinquaginta solidis multetur. » Loi ripuaire, LI, 2 ; Walter, I, p. 178. — Chlotarii II præcept. c. 1 : « Per hanc generalem auctoritatem præcipientes iubemus ut in omnibus causis antiqui iuris norma servetur, et nulla sententia a quolibet iudicum vim firmitatis obtineat quæ modum legis atque æquitatis excedit. » — C. 2 : « In parentum successionibus quicquid legebus discernentur, observentur, omnibus contra inpetrandi alequid licentia derogata : quæ si quolibet ordine impetrata fuerit vel obtenta, a iudicebus repudiata inanis habeatur et vacua. » Boretius, p. 18. Cp. c. 6 précité et c. 7. — Guntchramni edict. a. 585, Boret., p. 12 : « Cuncti itaque judices justa, sicut Deo placet, studeant dare judicia ; nam non dubium est quod acrius illos condemnabit sententia nostri judicii a quibus non tenetur æquitas judicandi. » — Tout accusé, sauf en cas de vol, ne peut être condamné sans avoir été entendu. Chlotharii II præc. c. 3, Boret. p. 18 : « Si quis in aliquo crimine fuerit accusatus, non condemnetur penetus inauditus. Sed si in crimine accusatur et habeta discussione fuerit fortasse convictus, pro modum criminis, sententiam quo meretur excipiat ultionis. » — Chlothar. II edict. a. 614, c. 22, Boret. p. 23 : « Neque ingenuos, neque servus qui cum furto deprehenditur, ad judicibus aut ad quemcumque interfici non debeat inauditus. » — La peine de mort frappe le juge qui enfreint les décrets du roi. Pact. Childeb. et Chloth. c. 18, Boret. p. 7 : « Et quæ in Dei nomine pro pacis tenore constituimus, in perpetuum volumus custodire, hoc statuentes ut si quis ex judicibus hunc decretum violare præsumpserit, vitæ periculum se subjacere cognoscat. » Cette peine atteint de même le juge qui laisse échapper un voleur, ou qui tolère que les parents et les amis d'un accusé se rendent en armes au mallus, pour essayer de soustraire le coupable au châtiment qui le menace. Childeb. II decret. a. 596, c. 6. Boret. p. 15 : « De farfaliis (1) ita convenit ut quicumque in mallo præsumpserit farfalium minare, procul dubio suum weregildum componat, nihilominus farfalius reprimatur. Et si forsitan, ut adsolet, judex consenserit et fortasse adquiescit, istum farfalium custodire, vitæ periculum per omnia sustineat. » — Nous ne pouvons croire que ces prescriptions de la royauté n'aient point été respectées, du moins dans une certaine mesure, par ceux à qui elles s'adressaient.

L'Eglise prêtait d'ailleurs à la royauté le secours de ses foudres religieuses pour ramener à l'observation des lois les magistrats qui auraient été tentés de s'en écarter : « Secundum canonum atque legum tenorem causarum suarum actionem proponat; ut nullus miserorum rebus suis per vim, aut assentationem quamlibet defraudetur. Illi autem qui contra dispositum non solum nostrum, sed etiam antiquorum patrum et regum, venire tentaverint... anathematis ultione plectantur. » (Extr. des actes du second concile de Mâcon, tenu de concert

(1) Violenta impedimenta, quibus judicia turbantur vel prohibentur. V. Grimm, *Rechtsalterthümer*, 848.

avec le roi Gontran, canon 14, Sirmond, *Concilia Gall.* t. I, p. 387). Les évêques sont même chargés, en l'absence du roi, de corriger les abus de pouvoir des comtes. Edict. Chloth. II, c. 6, Boret. p. 19 (1).

§ 15. — Avant de passer à l'étude des tribunaux d'exception, il nous reste à parler d'un tribunal qui, si l'on en admet l'existence, rentre dans la catégorie des tribunaux ordinaires, nous voulons parler du tribunal qui serait présidé par le duc, *dux*.

On rencontre à notre époque, en nombre plus ou moins variable, des officiers royaux dont l'autorité s'étend en général sur plusieurs comtés (2). L'institution de ces fonctionnaires, nommés duces ou patricii (3), a principalement un but militaire, celui de concentrer le commandement des forces militaires de plusieurs comtés. Nous avons à nous demander si, à côté de leurs fonctions militaires, que nous n'avons pas à étudier, les ducs ne peuvent point prendre part à l'administration de la justice au même titre que les comtes.

Les ducs sont, comme les comtes, des officiers dont la nomination et la révocation appartiennent au roi (4). Mais quelle est précisément la situation du duc par rapport au comte ? Les opinions sont partagées sur cette question. Pour Eichorn, *Zeitschrift f. gesch. Rechtswiss.* VIII, p. 302, et *Deutsche Rechtsgesch.* I, p. 167 et 168, le duc n'est autre qu'un comte dont l'autorité s'étend sur plusieurs comtés et qui, par conséquent, n'a point au-dessous de lui un comte dans chacun des comtés qui forment le duché. — Waitz, l. c., p. 50 ss., voit au contraire dans le duc un fonctionnaire royal dont la puissance s'exerce sur plusieurs comtes et non sur plusieurs com-

(1) C'est dans le même but de surveillance qu'on voit souvent les évêques assister aux plaids du comte, mais en principe à titre purement honorifique. Greg. Tur. VII, 1 ; VIII, 39. Ils semblent même avoir une certaine influence sur la nomination du comte. V. Waitz, I, 2e p. 39, n. 3

(2) 3, 4 et même 12 comtés. V. Waitz, I, 2e, p. 55, n. 4.

(3) En ce sens Sohm, p. 455, n. 1. Contra : Waitz, l. c., p. 49.

(4) Nous n'entendons pas parler des ducs héréditaires que l'on rencontre dans certaines régions allemandes et qui sont de véritables souverains dans leurs duchés, sauf des rapports de vassalité vis-à-vis du roi. V. Sohm, § 18. — Pour la nomination des ducs, V. Rozière, form. 7, Marc. I, 8. Pour leur révocation, V. Greg. Tur. IV, 24, 44. Pour le contrôle du roi sur les ducs, V. Greg. Tur. VIII, 30.

tés ; par conséquent, chacun des comtés du ressort du duc est administré par un comte.

Sohm, p. 464 ss. a, à notre avis, très bien démontré l'inexactitude de ces deux opinions. Ainsi, d'une part, on rencontre des comtes à côté du duc dans les différents comtés du duché (1). D'autre part, on voit souvent le duc tenir dans un comté la place du comte, sans qu'un officier de ce nom apparaisse à ses côtés (2). Quelquefois l'officier royal est appelé dux ou comes (3), ou bien porte le titre de comes atque dux (4).

Dans les hypothèses où il n'y a pas de comte à côté du duc, pas de difficulté relativement au rôle judiciaire du duc : celui-ci a toutes les attributions que nous avons reconnues au comte.

Dans les duchés où chaque comté est administré spécialement par un comte, le duc a-t-il une place à part dans l'organisation judiciaire ? A-t-il mission de présider un tribunal distinct de ceux dont nous avons admis l'existence dans les comtés ? Nous ne le pensons point, pour plusieurs raisons. C'est d'abord que, comme nous l'avons déjà dit, le but de la création des duchés est essentiellement militaire. C'est ensuite que l'institution des ducs n'a jamais été qu'exceptionnelle. Si le duc avait présidé un tribunal spécial, hiérarchiquement supérieur aux tribunaux de comté, on aurait dû certainement généraliser cette hiérarchie judiciaire.

Tout en refusant au duc la présidence d'un plaid spécial, nous admettons qu'il participe à l'administration de la justice. Comment alors concilier ses pouvoirs avec ceux des comtes ? De la même manière que nous l'avons fait dans les rapports de ces derniers avec les centeniers. Nous dirons donc que, le duc étant présent, le comte n'a plus la présidence du mallus.

(1) Par ex. Grégoire de Tours, IV, 18, cite à côté du duc de Tours Austrapius, le judex loci de Tours, c'est-à-dire le comte. Cp. Ibid., V, 50, où l'on voit en même temps un duc de Tours Eberulf et un comte de Tours Eunomius. V. les autres documents cités par Sohm, p. 465 et 466.

(2) Ainsi Grégoire de Tours, IV, 44, VI, 24, VIII, 43, IX, 22, parle fréquemment du dux ou patricius de Marseille, sans jamais nommer un comte de Marseille.

(3) Pardessus, *Dipl.* II, n° 342, a. 661 ; II, add. n° 4, a. 665.

(4) Vita S. Licinii (mort en 616), c. 9, Bolland, 13 févr. p. 678.

La délégation du droit de justice au duc nous paraît établie d'une manière certaine par les documents mérovingiens. Ainsi d'abord une formule de Marculfe, I, 8, sur la nomination des ducs, des patrices et des comtes (Carta de ducatu et patriciato vel comitatu), attribue à ceux-ci comme à ceux-là, d'une manière générale, le gouvernement de tous les habitants de leurs circonscriptions, et il leur donne les mêmes droits, aussi bien en matière judiciaire qu'en matière fiscale. Zeumer, I, p. 47 : « ... nec facile cuilibet *judiciaria* convenit *committere dignitatem*... ergo tibi accionem comitiæ, ducatus aut patriciatus in pago illo... tibi ad agendum regendumque commissemus, ita ut... omnis populus ibidem commanentes, tam Franci... sub tuo regimine et gubernatione degant et moderentur, et eos recte tramite secundum lege et consuetudine eorum regas, viduis et pupillis maxime defensor appareas, latronum et malefactorum scelera a te severissime reprimantur. » — Grégoire de Tours parle de même du rôle judiciaire des ducs ad discutiendas causas (1) et de condamnations prononcées par eux (2). Un diplôme de 739 mentionne également un dux comme président d'un plaid. Pardessus, *Dipl.* II, n° 559, p. 372 : « Colonica in ipso pago Viennense, Baccoriaco super fluvium Carusium, ubi faber noster Majorianus mansit, et filius ejus Ramnulfus de Blaciaco, quem incontra Ardulfo per judicio Agnarico patricio evincavimus » (3). — Nous voyons enfin le duc procéder, comme le comte, à l'arrestation des coupables (5) et à l'instruction des procès (5).

Il nous semble impossible, en présence de tous ces témoignages, de méconnaître le rôle judiciaire du duc. Si les documents ne sont pas plus nombreux ni plus précis à son égard,

(1) VIII, 12 : « Ad discutiendas causas Ratharius illuc (Massilia) quasi dux a parte regis Childeberti dirigitur.

(2) IV, 44 : Albinus, rector (dux) de Marseille, condamne l'archidiacre Vigilius à 4,000 solidi.

(3) Waitz, l. c. p. 54, n. 3, cite plusieurs passages de Fortunat, où le poète loue l'activité judiciaire de certains ducs, VII, 5, 6, 7 et 8.

(4) Greg. Tur. V, 26 : « Ecce, inquit (Dragolenus dux) funiculum in quo alii culpabiles ligati ad regem, me ducente, directi sunt. »

(5) Greg. Tur. VIII, 29 : « A Ranchineo duce capti, discussique omnia reserant. »

c'est parce que l'institution des duchés était exceptionnelle et parce que les ducs, absorbés par leurs fonctions militaires, ne devaient guère avoir le temps de s'immiscer dans l'administration de la justice, dont ils laissaient tout le soin aux comtes et aux centeniers.

## CHAPITRE II.

### JURIDICTION DU ROI.

§ 16. — Dans les anciens usages de la Germanie, dont Tacite nous a conservé les traits généraux, les chefs de la nation décidaient les affaires les moins importantes, et c'était à l'assemblée générale que l'on réservait la décision des affaires considérables, *de minoribus rebus principes consultant; de majoribus omnes*. Ces assemblées ne tranchaient pas seulement des questions politiques, elles avaient encore des attributions judiciaires. Ainsi, en matière criminelle, la peine de mort ne pouvait être prononcée que par l'assemblée nationale. En matière civile, il est vraisemblable, comme le dit Pardessus (l. c.), que « soit dans les procès où l'intérêt de l'Etat était engagé, soit dans quelques cas où l'on reconnaissait la nécessité évidente de modifier la coutume suivie jusqu'alors, ou de régler un cas nouveau, la cause était portée devant l'assemblée nationale qui, à la fois, statuait sur le cas proposé et décrétait une règle pour l'avenir. »

Faut-il admettre, avec cet historien, que ces assemblées nationales ont encore exercé, sous les Mérovingiens, non seulement le pouvoir législatif sur la proposition du roi, mais encore le pouvoir judiciaire, à l'occasion d'affaires de haut intérêt (1)? Il cite le traité d'Andelau de 587, qui rapporte que c'est par une décision de l'assemblée nationale, *judicio Guntramni regis vel Francorum*, qu'il avait été statué sur les droits de la reine Brunehaut dans la succession de sa sœur Galsuinde (2). Il cite

(1) En ce sens : Glasson, l. c., p. 201. Faustin Hélie, *Instruction criminelle*, t. I, p. 133.

(2) Pactum Guntchramni et Childeberti II, a. 587, Boret. p. 12.

encore l'auteur anonyme de la vie de S. Salvic (Bouquet, t. III, p. 647) qui, en rendant compte d'une assemblée générale tenue par Charles Martel, sous le règne de Thierry IV, vers 720, dit qu'on y jugea une cause de pétition d'hérédité, formée contre un duc par ses sœurs.

Nous pouvons difficilement admettre que des assemblées nationales aient encore participé à l'administration de la justice sous les Mérovingiens. Les passages que cite Pardessus ne sont pas probants. C'est d'abord un point assez obscur que celui de savoir quel était le caractère des assemblées générales après la conquête. Nous inclinerions fortement à penser que c'étaient simplement des réunions dans lesquelles les rois passaient leurs armées en revue. Mais qu'ils aient soumis à ces réunions la solution de questions de droit, cela nous semble impossible, en raison même de la foule qui devait assister à ces assemblées. Quant aux passages allégués, on peut très bien les expliquer en disant que, dans les circonstances qu'ils mentionnent, la question a été tranchée par le tribunal du roi. Ce tribunal avait en effet, comme nous le verrons, une composition très variable et pouvait comprendre un très grand nombre d'assesseurs, suivant la volonté du roi. Or, il est probable que, dans les cas importants, le roi, pour donner plus d'autorité à des décisions qu'il prévoyait ne devoir pas être acceptées facilement par les intéressés, appelait au jugement un nombre de grands plus considérable que de coutume. La décision pouvait ainsi passer, aux yeux des chroniqueurs, comme une émanation même de la volonté nationale. De là ces expressions, cum omnibus optimatibus nostris, cum omnibus Francis, qui pourraient nous induire en erreur, si nous n'y prenions garde.

§ 17. — Le tribunal du roi, dont nous avons à nous occuper maintenant, est une véritable juridiction, un mallus, comme le disent les lois salique et ripuaire. Loi sal. XLVI : « In mallo ante regem. » Loi rip. L : « Si quis testes ad mallum... ante regem. » C'est ce qu'indiquent aussi de nombreuses formules nous représentant le roi siégeant à son *placitum*, « avec ses grands pour entendre les causes de tous et rendre de justes jugements » en matière civile comme en matière criminelle. V. Marc. I, 37, 38. Append. 38.

Le *placitum palatii* se tient indifféremment dans l'un des nombreux palais royaux (1). C'est ce que montrent les procès-verbaux des jugements rendus au tribunal du roi : « Cum nos in palatio nostro una cum... ad universorum causas audiendas... resideremus. » V. Pardessus, *Dipl.* 41, 64, 66, 70, etc. — Form. Marc. I, 25, etc. — Le tribunal du roi siégeait primitivement en plein air. Greg. IX, 38, où le roi dit : « Egredimini in judicium, ut cognoscamus.... tunc educti foras cum rege venerunt ad judicium. » La loi ripuaire, XXXIII, 1, parle du regis *stapplum*, ce que Grimm (2) entend d'une pierre de taille placée devant le palais du roi (3).

Le plaid royal se tient-il à époques fixes ? Rien ne le prouve d'une manière formelle, mais l'affirmative est fort probable. Les assignations au tribunal du roi, qui se font par lettres royales (indiculum, indecolum, V. infra.) fixent ordinairement le jour de la comparution aux calendes. Marculfe, I, 28 : « Kalendas illas ad nostram præsentiam. » Ibid., I, 29, 37. — Form. Tur. 33. — Pardessus, *Dipl.* 49 : « Ante istas calendas julias. » — Dipl. 60 : « Istas kalendas martias. » — D'autres jours cependant sont encore indiqués. Dipl. 59. — Nous avons aussi des formules de citation sans indication de jour (Marc. I, 26, 27). — Il est probable que le plaid royal doit se tenir non-seulement au commencement du mois, mais encore plus souvent, si le besoin s'en fait sentir (4).

La durée du plaid royal est d'au moins trois jours. Form. Tur. 33 : « Per triduum. » — Carta senon. 26 : « Per triduo seu amplius. » — Dipl. 60 : « Per triduo seo per pluris dies. » — Dipl. 66 : « Per triduum aut per amplius. »

(1) V. sur ces palais, Mabillon, *de re diplomatica*, IV, p. 243 et s. — Pardessus, *Dipl.* N° 424, Noviento, Saint-Cloud. N° 434, 440, Compendio, Compiègne.

(2) *Deutsche Rechtsalterthümer*, p. 804.

(3) Le roi ne rend pas toujours la justice à son placitum. Ainsi, Grégoire de Tours, *De glor. conf.* c. 93, rapporte que Childebert I, visitant les basiliques de Trèves, fut abordé par un prêtre nommé Arbogast, qui lui demanda justice contre un Ripuaire. Childebert, sans examiner le fond de l'affaire et soupçonnant le prêtre de mauvaise foi, lui enjoignit de jurer sur le tombeau de S. Maximin que sa réclamation était fondée.

(4) En ce sens Tardif, *Institutions mérovingiennes*, p. 181.

Le tribunal est composé en principe du roi et de ses assesseurs.

Le principe est le même devant le tribunal du roi que devant le tribunal de droit commun (du comte ou du centenier). Le chef préside, mais ne prend pas part au jugement. C'est ce que l'on voit dans les diplômes et autres monuments contemporains de la première race, qui exposent en détail les procédures suivies devant le placitum du roi et les jugements qui y sont rendus. Ainsi, d'après un diplôme de Clotaire III, où se trouve relatée une discussion entre les agents de l'église de Saint-Bénigne et des hommes de la dépendance de cette église, discussion soumise au tribunal du roi, ce sont les grands (assesseurs) qui interrogent les parties, demandent la production des titres écrits ; ce sont eux qui relisent, discutent les titres, et enfin décident la cause ; en conséquence, le prince ordonne avec ses grands qu'attendu que la cause a été informée et terminée comme le comte du palais lui a témoigné, l'église de Saint-Bénigne possède à perpétuité les biens contestés. « Interrogatum est a nostris proceribus... si cessionem.. domni Guntramni, aut aliorum principum, seu alia instrumenta de ipso agro habebant aut non, in præsente edicere debebant. Sed ipsi professi sunt.... quod aliud instrumentum nullum, vel firmationem... non haberent, quam quod præsentebant. Unde... ipsas confirmationes relectas et percursas inventum est a fidelibus nostris, quod nullum .. præjudicium ipsa basilica... Benigni de ipso agro Elariacense pateretur. Proinde nos... una cum nostris proceribus in quantum... Andobaldus comes palatii nostri testimoniavit ; constitit decrevisse ut.... hæc causa inter ipsos. » D. Bouquet, t. IV, p. 648 et 649. — De même un diplôme de Thierry III dit que, dans un procès en revendication intenté par une femme « en présence du roi et des grands », il fut jugé par les grands que la partie adverse prêterait serment : « Sic ei ob hunc a nostris procerebus.... Amalgario fuisse jodecatum. » Dipl. 62 de Thierry III, D. Bouq., t. IV, p. 659. — Dans trois autres diplômes, dont deux de Childebert II et l'autre de Childéric II, on voit encore les grands seuls interroger les parties, instruire l'affaire et juger. Le roi ne promulgue la sentence « qu'attendu que la cause a été traitée, définie, informée et jugée, et que le comte du palais le lui a témoigné : « Childebertus sic a suscriptis viris domnis episcopis vel optematibus nostris, in quantum comis palatii noster testimoniavit, nuscitur judecasse vel definisse. » Dipl. 85 de Childebert III, D. Bouq. t. IV, p. 676 et 677. — « Childebertus.... sic assenciente ipso.... Grimoaldo majorem domus nostro... plures nostri fideles visi fuerunt decrevisse vel judicasse ut... ac causa taliter acta vel definita seu inquisita vel judecata, in quantum inluster vir Sigofridus comis palatii nostri testemoniavit, fuisse denuscetur jobimmus ut..... » Dipl. 96 de Childebert III, D. Bouquet, t. IV, p. 684 et 685. — « Childericus... sic a proceribus nostris fuit judicatum.... » Dipl. 105, D. Bouq. t. IV, p. 691 et 692. — La formule 38 de Marculfe prouve enfin que, en matière criminelle comme en matière civile, les grands jugent et que le roi assure l'exécution du jugement : « .... Sic eidem a proceribus nostris, in quantum illustris vir ille, comes palatii nostri testimoniavit, fuit iudicatum.... unde æquales præceptionis eis fieri et accipere iussimus... » Zeumer, p. 68.

Si, en règle, ainsi que cela ressort des documents précités, le roi se borne à présider, il ne faut pas croire qu'il ne prenne jamais part au jugement. Il n'est lié en effet par aucune constitution, et il peut voter avec ses assesseurs, s'il le juge à propos, pour faire triompher une cause qu'il favorise. Mais, sans prendre part au vote, le roi a un moyen bien simple d'assurer le succès de l'une des parties, c'est de composer le tribunal de personnes à sa dévotion et qui prennent le mot d'ordre de leur maître. (V. infra, § 27 les abus du pouvoir royal en matière judiciaire).

Le tribunal du roi n'est même pas lié dans ses décisions par les lois existantes. Le roi, en effet, dans le nouvel ordre de choses, a le pouvoir législatif à lui seul, plenitudo potestatis. Il peut donc faire rendre un jugement non conforme à la loi, substituer comme on l'a dit le jus æquum au jus strictum (1). Ce droit existe sous la seconde race, au témoignage d'Hincmar : « Si quid vero tale esset, quod leges mundanæ hoc in suis diffinitionibus statutum non haberent, aut secundum gentilium consuetudinem crudelius sancitum esset... hoc ad regis

(1) Sohm, l. c. — Brunner, *die Entstehung der Schwurgerichte*, p. 74.

moderationem perduceretur ut... ipse ita decerneret. » *Hincmari epist. de ord. palat.* c. XXI, Walter, t. III, p. 767. Il n'y a aucun motif pour que ce droit du roi n'ait pas également été admis sous les Mérovingiens. — Vis-à-vis des populations gallo-romaines tout au moins, ce n'était que l'application des principes admis par le droit romain pour les jugements rendus in consistorio principis. Codex theod. c. 3, I, 2, Constantinus (312) : « Inter equitatem iusque interpositam interpretationem nobis solis et oportet et licet inspicere. — L. 9. C. Just. I, 14 : « Si quid in iisdem legibus latum fortassis obscurius fuerit, oportet id imperatoria interpretatione patefieri, duritiamque legum nostræ humanitati incongruam emendari. »

§ 18. — Le roi présidait lui-même à l'origine le placitum palatii. Il ne tarda pas à être remplacé dans ces fonctions par le comte du palais, comes palatii (1). Lorsque le majordomus, le maire du palais, fut devenu tout puissant, il prit lui-même, dans le placitum palatii, à la cour du roi d'une manière générale, la place qui avait appartenu jusqu'alors au comte palatin (2). Le changement se manifeste dans une modification du procès-verbal. Le maire du palais est nommé immédiatement après les évêques, et le comte du palais ne vient qu'après les optimates, les comtes, les domestici, les seniscalci : « Cum nus in Dei nomine Compendio, in palatio nostro, una cum apostholecis viris in Christo partebus nostris Auxoaldo, Savarico, etc., episcopis, *nec non et inlustri viro Pippino majorem domus nostro;* Agnerico, Antenero, etc., optematis ; Ermentheo, Adalrico, Jonathan, comitebus ; Vulfolacco, Arghilo, Madulfo, domesticis ; Benedicto, Ermedramno, seniscalcis, seo et Hocioberto *comite palatii nostro*, vel cunctis fidelibus nostris.... » Charta Childeberti III, ap. Félibien, *Histoire de l'abbaye de Saint-Denis*, pièces justificatives,

(1) Quelquefois on rencontre plusieurs comtes du palais simultanément. Quelle est alors la situation respective de ces divers magistrats ? C'est ce qu'il est presque impossible de déterminer. V. Waitz, l. c., p. 79. Lézardière, III, p. 187, affirme qu'il ne pouvait y avoir qu'un seul comte du palais. Mais cette opinion est formellement contredite par les diplômes.

(2) La charge de comte du palais pouvait être réunie à celle de majordomus. *Mir. S. Martialis*, Bouquet, III, p. 580.

p. XVI. (1). — Il ne faut pas en conclure, comme le fait remarquer Lehuerou, que le comte du palais soit, sous les Mérovingiens, inférieur en dignité à ceux qui le précèdent dans la charte ci-dessus, car Ducange (Dissertat. XIV sur Joinville) cite un jugement de l'empereur Louis II où se reproduit la même singularité.

Le referendarius, que l'on voit entrer dans la composition du plaid royal, y a d'abord voix délibérative. Marc., I, 15. — Puis il a pour mission spéciale de rédiger et de signer les procès-verbaux des plaids. V. Sickel, *Acta*, I, p. 216. Greg. Tur., V, 3 ; X, 19.

Le président, comte palatin ou major domus, doit très-probablement prononcer le jugement (2).

Les formules et les diplômes nous parlent d'une fonction spéciale du comte du palais dans le placitum palatii ; il doit « *testimoniare* ». Marc. I, 38 : « Cum in nostra vel procerum nostrorum presencia homo nomen ille itemquæ homine nomen illo interpellasset, dum diceret, quasi servo suo nomen illo una cum rauba sua in soledos tantos post se fugitivos pedes recepisset, vel post se retenerit indebitæ.... sed dum inter se intenderent, sic eidem a proceribus nostris, in quantum inlustris vir ille, comes palati nostri testimoniavit, fuit iudicatum. » Zeumer, p. 68. — En cas d'empêchement du comte du palais, cette mission de testimoniare échoit à un autre grand de la cour (d'où l'on peut induire que, en cette hypothèse, la présidence peut aussi appartenir à ce grand) : « Quum nos.... in palatio nostro... resederemus, nos una cum nostris proceribus constitit decrivisse, ut dum inluster vir optimatis noster testimoniavit quod ac causa.. . acta fuisse denoscitur. » Dipl. 38 de Childebert III, de l'an 695 ; D. Bouquet, t. IV, p. 674 et 675. — « Quum nus Momacas in palatio nostro ad universorum causas audiendas, vel recta judicia termenanda resederimus.., nobis una cum nostris proceribus constitit

(1) V. Bethmann-Hollweg, p. 438, n. 104, qui cite, d'après Pardessus, 19 plaids royaux présidés par le comte du palais et 6 présidés par les majores domus. — Schulte, *Histoire du droit de l'Allemagne* (trad. Fournier), p. 110. — Daniels, *Deutsche Rechtsgeschichte*, § 157. — Lehuerou, *Institutions carolingiennes*, p. 390. — Waitz, l. c., I, 2° p. 90.

(2) Daniels, l. c. Waitz, l. c., p. 194.

decrivisse, ut dum inluster vir Ingobertus qui ad vico... comite palate nostro adestare videbatur, testimoniavit quod ac causa... acta vel judecata fuisset. » Diplôme de Childebert III de 711 ; D. Bouq., t. IV, p. 676.

Que faut-il entendre par ce témoignage donné par le comte palatin dans les procès soumis au plaid royal ? Il est certain que ce testimonium n'est pas relatif aux points de fait du procès, mais seulement à la régularité de la procédure (1). Mais alors intervient-il avant le jugement, de sorte que le comte exprime son avis sur ce que doit renfermer le jugement ? ou bien seulement après, afin de garantir au roi que tout s'est passé régulièrement et qu'en conséquence l'exécution peut être ordonnée par lui ? C'est la seconde solution qui nous paraît la plus probable (2) et qui ressort des diplômes ou autres documents, si on les lit sans parti pris. Pardessus, dipl. 34 : « Comis palatii nostri testemunivit, quod taliter hac causa acta vel per ordinem inquisita seu definita denuscetur. » Dipl. 64 : « Una cum nostris procerebus constitet, ut, dum i. v. M. comis p. n. testimuniavit quod ac causa taliter acta fuissit denuscitur. » Dipl. 66 : « Suum præbuit testimonium, quod ac causa taliter acta vel judicata seu definita fuissit denuscitur. » Ailleurs, le comte témoigne qu'un serment ordonné par le tribunal a été prêté (Dipl. 49) ; ailleurs, enfin, qu'une partie n'a pas comparu et qu'en conséquence elle a perdu sa cause (Marc., I, 37). — Le témoignage du comte aurait donc servi, avant la rédaction du procès-verbal, à garantir le résultat du jugement, tel que le comte le rapportait, et la régularité de la procédure.

§ 19. — Les juges qui composent le placitum palatii sont pris parmi les grands de l'entourage du roi. Une formule de Marculfe nous donne l'énumération de ces différents personnages, I, 25 : « Ergo cum nos in Dei nomen ibi in palatio nostro ad universorum causas recto juditio terminandas una cum domnis et patribus nostris (3), vel cum plures obtimatibus nostris, illis episcopis, ille majorem domus, illis ducibus,

(1) Waitz, l. c., p. 192.

(2) En ce sens, Waitz, l. c., p. 192. Bethmann-Hollweg, p. 437.

(3) Patribus désigne les évêques de même que domnis ; c'est une tautologie.

illis patriciis, illis referendariis, illis domesticis, illis siniscalcis, illis cobiculariis et illi comes palati vel reliqui quam plures nostris fidelibus resederemus. » Ainsi, évêques, leudes, officiers de la couronne ou ministres du palais, sénéchaux, domestici, référendaires, camériers, apocrisiaires, peuvent prendre part au jugement (1).

Ces conseillers, comme le fait remarquer Pardessus, l. c., p. 568, « étaient probablement les mêmes ou appelés par le roi dans la catégorie des personnes qu'il consultait sur les affaires publiques. La division constitutionnelle des pouvoirs judiciaire et administratif... l'inamovibilité des juges... appartiennent à des temps modernes. » Le conseil du roi et le tribunal du roi sont donc composés des mêmes personnages. Il y a d'ailleurs des hypothèses où il est bien difficile de dire si cette assemblée procède en l'une ou en l'autre qualité, lorsque les questions à résoudre ont un caractère politique, par exemple s'il s'agit de crimes commis par un membre de la famille royale, ou de différends entre les rois eux-mêmes. — La même expression, placitum, sert à désigner les réunions du conseil et celles du tribunal du roi. (V. Greg. Tur. VII, 7, qui à propos de la demande adressée par Childebert à Gontran, relativement à l'extradition de Frédégonde, s'exprime ainsi : « In placito quem habimus cuncta decerninus tractantes quid oporteat fieri. »)

Il est probable que toutes les personnes revêtues de l'une ou de l'autre des dignités indiquées par Marculfe ont le *droit* d'assister aux séances du tribunal royal ou qu'à l'inverse elles peuvent s'abstenir toutes les fois qu'il n'y a pas de convocation spéciale et individuelle. C'est ce que l'on peut induire de diplômes et autres actes où l'on trouve nommés des grands de différentes conditions, et où l'on annonce ensuite un nombre indéfini de juges : « Quum nos in palatio... cum episcopis, optematis, com..ebus, grafionibus, domesticis .. vel *reliquis quampluribus nostris fidelibus* resideremus. » Dipl. 80 de Clovis III de 693 ; D. Bouq. t. IV, p. 672. — « Quum in palatio... una cum apostolecis viris .. vel *cunctis fidelibus nos-*

(1) Les Gallo-Romains, comme les Francs, peuvent siéger comme juges au plaid royal. Fustel de Coulanges, l. c., p. 452. Greg. Tur, IV, 41 ; VII, 23 ; VIII, 21.

*tris*. . resideremus. » Dipl. 85 de Childebert III, de 697 ; D. Bouq. t. IV, p. 676. Dipl. 129 de Carloman de 746 ; D. Bouq. t. IV, p. 712.

Parmi les assesseurs du plaid royal se trouvent des juges appelés spécialement pour leur connaissance des lois. Leur présence est nécessaire pour éclairer la grande majorité des membres du tribunal, dont la guerre ou la chasse sont presque la seule occupation : « Agentes de ipsas res... in palatio nostro ante nos, vel proceres seu ducibus nostris, perplures advenerunt. Sicut proceres nostri seu comitis palatii nostri, *vel reliqui legis doctores* judicaverunt .. ipsas res ... eis reddidimus. » Dipl. 135 de Pépin de l'an 750 ; D. Bouq. t. IV, p. 717. — « Per consilium reginæ ... Strasburgensis episcopi, *seu omnium Francorum prudentium*, palatium nostrum inhabitantium .... » Dipl. 37 de Childéric II de l'an 660 ; D. Bouq. t. IV, p. 641.

Le nombre des assesseurs, avons-nous dit, n'a rien de fixe. Aussi les procès-verbaux des jugements rendus au plaid royal mentionnent-ils un nombre de juges tantôt plus, tantôt moins élevé. D'après le relevé fait par Bethmann-Hollweg (l. c., p. 437) de placita cités dans Bréquigny, on compte dans l'ordre suivant : 1° évêques, 4 dans les n[os] 349 et 429, 12 dans le n° 431, 7 dans le n° 440 ; 2° comtes, 8 dans les n[os] 324, 429 et 431 ; 3° domestici, 4 dans le n° 431, 3 dans le n° 440 ; 4° referendarii, 4 dans les n[os] 332 et 431 ; 5° sénéchaux, 2 dans les n[os] 332, 334, 429, 431 et 440 ; 6° le comte du palais dans tous les documents ; 7° des fidèles en nombre variable. Un jugement de 693 est rendu par un tribunal composé de 51 personnes.

Le nombre maximum des juges n'est point limité, comme nous l'avons dit ; il nous semble qu'aucun minimum n'a non plus été fixé (1). Mais en raison de l'endroit même où se tient le plaid royal, le nombre des juges doit, en général, sinon toujours, être plus élevé qu'au mallus du comte ou du centenier.

§ 20. — Si nous avons des renseignements assez précis sur la composition du plaid royal, il n'en est pas de même en ce

(1) M. Glasson (l. c., p. 202) affirme que le nombre de juges doit être de sept au moins. La formule de Marculfe (Append., XXXVIII), à laquelle il renvoie, ne renferme aucune allusion à ce chiffre.

qui concerne sa compétence, et il est impossible, à cet égard, de poser un principe certain. Cette compétence ne fut jamais soumise, en effet, à des règles bien précises, et elle dut s'étendre sans cesse avec les progrès du pouvoir royal (1) (2).

Dans les formules et diplômes, le roi mérovingien apparaît comme le grand juge du royaume, ayant compétence pour connaître de toutes les causes, et tenant de Dieu lui-même le pouvoir judiciaire comme celui du gouvernement. Marc. I, 25 : « Cui Dominus *regendi curam committit*, cunctorum iurgia diligenti examinatione rimari oportit, ut iuxta propositionis vel responsionis alloquia inter alterutrum salubris donetur sententia... Ergo cum nos in Dei nomen ibi in palatio nostro ad universorum causas recto iuditio terminandas... resideremus (3). »

De cette compétence générale, Pardessus (l. c., p. 570) a tiré la conséquence qui nous paraît, comme à lui, très vraisemblable, à savoir que « lorsque le roi quittait sa capitale et se rendait dans l'arrondissement d'un comte, les juridictions locales étaient suspendues, en ce sens que, si le roi voulait tenir un plaid, toutes les causes, de quelque nature qu'elles fussent, *étaient portées devant le Conseil qui l'accompagnait toujours* ».

Si le tribunal du roi a ainsi une compétence générale (et on ne voit pas quel principe de droit public pourrait s'opposer à ce que le roi évoquât à son plaid une cause quelconque), il est certain que, en fait, certaines catégories d'affaires seulement lui sont soumises. Une idée unique a-t-elle présidé à l'établissement des coutumes en vertu desquelles le tribunal du roi

(1) Glasson, l. c., p. 203.

(2) Le tribunal du roi existait-il déjà avant la fondation définitive de l'empire franc dans les Gaules, sous le régime que font connaître les anciennes rédactions de la loi salique ? C'est là un point fort douteux dans l'état actuel de la science, ainsi que l'a établi Thonissen, l. c., p. 45.

(3) Cp. Pardessus, *Dipl.* n° 349 : « Jurgia nostrorum fidelium. » C'est à cette compétence générale seule, sans qu'on puisse en trouver de raisons particulières, qu'il faut rattacher le cas prévu par la loi Ripuaire, LVIII, 18 : « Quod si ingenua ripuaria servum ripuarium secuta fuerit, et parentes eius hoc contradicere, offeratur eis a rege seu a comite spata ... » — C'est seulement le capitulaire de Vernon de 755, c. 29 (Bal. I, 176) qui a interdit de porter directement les procès en première instance devant le tribunal du roi.

connaît plutôt de telles affaires que de telles autres? Non. Nous allons cependant essayer, en énumérant les diverses hypothèses auxquelles s'étend la compétence du plaid royal, de les grouper et de rechercher les différentes causes de cette compétence.

Nous avons déjà dit que le tribunal du roi hérita des fonctions et des pouvoirs des anciennes assemblées nationales le jour où celles-ci cessèrent de fonctionner, soit par suite d'impossibilité matérielle, soit en raison de l'extension de la puissance royale.

Dans l'organisation primitive, c'était l'assemblée nationale qui seule pouvait prononcer la peine de mort contre un homme libre ou le mettre hors la loi. Dans le droit mérovingien, ces pouvoirs sont réservés au roi.

D'abord, quant au pouvoir de prononcer la peine capitale, la loi ripuaire et les capitulaires mérovingiens sont formels. L. ripuar., LXXIX : « De homine penduto et eius hereditate. Si quis homo propter furtum comprehensus fuerit et legitime superiuratus, et iudicio principis pendutus, vel in quocumque libet patibulo vitam finierit. » Walter, I, p. 191. — Le voleur ligatus ne doit pas être relâché sans arrêt du roi. Ibid. LXXIII, 1 : « Si quis ingenuus ripuarius furem ligaverit, et eum absque iudicio principis solvere præsumpserit, sexaginta solidis culpabilis iudicetur. » — Childeberti II decretio, a. 596, c. 8 : « Ita bannivimus, ut unusquisque iudex, criminosum latronem ut audierit, ad casam suam ambulet et ipsum ligare faciat, ita ut si Francus fuerit, ad nostra præsentia dirigatur, et si debilioris personas fuerit, in loco pendatur. » Boretius, p. 17 (Par Francus, il faut entendre le romanus possessor aussi bien que le Franc). — Fortunat, V. Radegundis, c. 10 : « Qualiter vero si quis pro culpa criminali, ut assolet, a rege deputebatur, interfici. » (1) — Il faut rapprocher de ces hypothèses celle qui est prévue par l'édit de Chilpéric, où le roi, sans ordonner le dernier supplice, concède au créancier le pouvoir de disposer comme bon lui semble de son débiteur récalcitrant dans

(1) Waitz (l. c., p. 185) tire de ces textes la conclusion, qui nous paraît fort plausible, que, en matière criminelle, le roi jugeait tous les crimes publics qui étaient auparavant de la compétence de l'assemblée nationale, au moins quand il s'agissait de personnages importants.

les circonstances prévues par l'édit. C. 8 : « Nos ordinamus, cui malum fecit tradatur in manu et faciant exinde quod voluerint. » Boretius, p. 10.

Quant à la mise hors la loi, un texte important de la loi salique l'attribue déjà au roi (1). Le titre LVI décide que, dans le cas où un Franc, accusé d'un crime devant le mal local, refuse, soit de comparaître, soit de payer ou de s'engager à payer la composition, le président du mal est désarmé, mais l'adversaire de l'accusé peut l'ajourner devant le tribunal du roi, et, s'il persiste dans sa contumace, le roi le déclare *extra sermonem suum*, c'est-à-dire que ses biens sont confisqués, sa vie est à la merci du premier venu, et quiconque lui donne asile est puni d'une amende de 500 deniers ou 15 sous d'or (2). — L'édit de Chilpéric proclame également le droit de mise hors la loi, c. 10 : « Nam si certe fuerit malus homo qui male in pago faciat et non habeat ubi consistat nec res inde componat et per silvas vadit et in presentia nec agens nec parentes ipsum adducere possunt, tunc agens ille et qui male fecit nobiscum adcusent et ipsum mittemus foras nostro sermone, ut quicumque eum invenerit, quomodo sic ante pavido interficiat. » Boretius, p. 10.

§ 22. — La compétence du tribunal royal est naturellement indiquée dans un certain nombre d'hypothèses en raison de la qualité des personnes en cause ou de l'objet du procès.

Cette compétence s'étend en premier lieu aux actions intentées contre les comtes ou centeniers présidents des mals locaux à l'occasion des irrégularités ou des abus qu'ils ont pu commettre dans l'exercice de leurs fonctions. C'est ce qui nous paraît résulter de l'édit de Clotaire II, c. 6 : « Si iudex aliquem contra legem iniuste damnaverit, *in nostri absentia* ab episcopis castigetur, ut quod perpere iudicavit melius discussione

(1) Le roi possédait-il ce droit lors de la première rédaction de la loi salique ? Cela nous semble fort douteux, car l'autorité royale avait alors un caractère assez précaire.

(2) D'après Pardessus (l. c., p. 568) c'est sans doute ce cas que prévoit le § 1 du titre XX de la loi salique ainsi conçu : « Si quis hominem absentem et innocentem, de culpis minoribus ad regem accusaverit, MMD dinariis, qui faciunt solidos LXII cum dimidio, culpabilis judicetur. » 5e texte cité par Pardessus, p. 290.

habeta emendare procuret. » Boretius, p. 19. Le roi présent, c'est à lui que revient la répression du juge prévaricateur (1). — D'ailleurs Grégoire de Tours (X, 5) nous montre un vicarius actionné en responsabilité devant le tribunal du roi, et ce n'est point le seul cas où l'on voie le roi citer à son plaid et y punir des juges coupables. — La compétence du plaid royal est forcée dans ces hypothèses, en l'absence de hiérarchie judiciaire et de tribunal supérieur auquel on puisse s'adresser pour obtenir justice des abus commis.

Pour des raisons analogues, il faut attribuer au placitum palatii le jugement des procès civils où les comtes et centeniers sont intéressés. Sans doute le président du mal local ne participe point au jugement qui est rendu en théorie par les rachimbourgs seuls. Mais, en raison de l'influence que le président peut exercer sur les juges, nous croyons que, dans ce cas, le tribunal local doit se dessaisir au profit du tribunal du roi (2).

Dans le même ordre d'idées, Pardessus admet que les immunistes, à qui les rois ont concédé le droit de juridiction, en même temps que l'immunité, ne pouvant être à la fois juge et partie dans leur propre cause, étaient, à l'origine, justiciables du comte local, mais qu'ensuite, sous prétexte que ces immunistes étaient sous la protection du roi, on attribua ces causes au placitum palatii, par analogie de ce qui avait lieu pour les personnes placées in mundeburde regis (V. infra).

Aux comtes et autres officiers royaux, nous assimilerons les dignitaires de l'Eglise, du moins avant la constitution de Clotaire II de 614 (V. infra, § 48, ce que nous disons de la juridiction ecclésiastique dans les causes criminelles). L'édit de Clotaire dessaisit en droit le tribunal royal d'une compétence qu'il n'exerçait guère en fait.

D'autres personnes sont encore justiciables du placitum palatii, soit en raison de leur situation à la cour du roi, soit par suite de la protection spéciale qui leur est accordée.

Ainsi, les Francs attachés à la personne du roi, ses conseillers, ou ceux qui occupent des charges de domesticité plus ou

(1) En ce sens, Waitz, l. c., p. 188.

(2) Pardessus, l. c., p. 569.

moins élevées au palais, peuvent avoir des contestations entre eux. « Il était naturel, dit Pardessus (l. c.), d'en attribuer le jugement au placité du palais. Peu à peu, sous prétexte de ne pas distraire ces hommes de leurs fonctions habituelles, on attribua au même tribunal la connaissance des procès dans lesquels ils avaient intérêt, quoique, suivant les règles ordinaires de la compétence, ces procès eussent dû être jugés par d'autres tribunaux. »

Certaines personnes peuvent être placées sous la protection spéciale du roi, sous son *mundeburdium* (ce que nous disons des personnes peut aussi s'appliquer à certains domaines). Sans rechercher ici en quoi consiste précisément ce mundeburdium, nous dirons seulement l'effet qu'il produit relativement à la compétence du placitum palatii. Le roi, par la protection spéciale qu'il accorde à des personnes déterminées (principalement des ecclésiastiques), se charge par là-même de la défense de ces personnes et des procès qu'elles peuvent avoir. C'est ce qu'exprime bien la formule XXXIII de Lindenbrog (Baluze II, 521) : « Comperiat magnitudo seu industria vestra quod veniens venerabilis vir ille Abba de Monasterio Sancti illius, tam se quam et ipsum Monasterium cum omnibus rebus suis ad nos se plenius commendavit ; et nos postea gratante animo ipsum venerabilem virum illum Abbatem cum ipso Monasterio vel hominibus suis et omnes causas suas amabiliter sub nostro recipimus mundeburde vel defensione. » Le roi prend en main non seulement les causes de la personne ou de l'établissement protégés, mais encore celles de ses amis ou dévoués. Form. Marc. I, 24 : « Cum omnibus rebus vel hominebus suis aut gasindis vel amicis... sub sermonem tuicionis nostre visi fuimus recepisse. » La poursuite de ces causes est confiée au maire du palais ou aussi, croyons-nous, à un autre grand de l'entourage du roi. Marc. ibid. : « Ut sub mundeburde vel defensione inlustris viro illius, maiores domi nostri, cum omnibus rebus prefatæ ecclesiæ aut monasterii quietus debeat residere et sub ipso viro illo inlustris vir ille causas ipsius pontifice, aut abbatis, vel ecclesiæ, aut monasterii vel qui per eum sperare videntur, vel undecumquæ legitimo reddebit mithio *tam in pago quam in palatio nostro* prosequære deberit ». Le maire du palais doit faire valoir ces causes en principe, et selon les cas, soit au pagus, devant le tribunal de droit commun, soit devant le tribunal du roi. Mais cette alternative, qui semble respecter les droits de la juridiction locale, est suivie d'une restriction qui réduit, pour ainsi dire, la compétence de celle-ci à l'état de lettre morte. La poursuite, en effet, ne peut avoir lieu devant le mal local si elle doit préjudicier à la personne protégée. Ibid. : « et si aliquas causas adversus eum vel suo mithio surrexerint, *quas in pago absque eius grave dispendio definitas non fuerint*, in nostri præsentia reserventur ». Sic Form. Lindenbr. CLXXVII, Bal. II, 554 : « ... vos absque eorum iniquo dispendio minime definita fuerit, quod ante nos separare vel reservatas, et talis causa ante nos finitivam accipiat sententiam. » Or, les protégés du roi avaient toujours un grand intérêt à porter leurs procès devant le plaid royal, parce que l'on n'y était point forcé d'appliquer les règles strictes du droit (1). Il est donc probable que, en fait, toutes ces causes où figurait une personne jouissant du mundeburdium regis étaient soumises au plaid du roi (2).

Il est une dernière hypothèse tout à fait spéciale où la compétence du placitum palatii est fondée sur la qualité de l'une des parties. Elle est prévue par la loi ripuaire, XXXIV, 1. Lorsqu'une personne actionnée en revendication d'un meuble recourt contre un garant et que celui-ci se trouve hors du royaume, l'assignation en garantie peut être donnée devant le tribunal du roi : « Si autem extra regnum .... ad regis staplum vel ad eum locum ubi mallus est, auctorem suum in præsente habeat. » Walter I, p. 173.

§ 23. — En raison de leur objet, sont soumis au placitum palatii, les procès dans lesquels la royauté est, soit pécuniairement, soit moralement intéressée.

La royauté est pécuniairement intéressée dans les procès qui concernent la possession des biens royaux ou la perception des droits royaux. Pardessus, *Dipl.* n° 349, a. 663 : « Quotienscumque altercantium jurgia palatii nostri nostra nostrorumque fidelium aut ecclesiarum seu sacerdotum pro quarum-

(1) Brunner, *Zeugen und Inq.*, p. 47.

(2) Pardessus, l. c., p. 569, voit dans ces faits l'origine de ce que, dans l'ancienne jurisprudence, on appelait les committimus dont beaucoup d'auteurs ont attribué l'institution à la troisième race.

cumque rerum negotiis noscuntur advenire. » (Peu importe comment l'on entend ces mots « altercantium jurgia palatii nostri. » V. Waitz, l. c., p. 191. Contra Bethmann-Hollweg, p. 436, n. 93). — Un diplôme de 710 (n° 477) rapporte une décision de Childebert III relative à l'octroi de Paris, dans une contestation entre le fisc et l'abbaye de Saint-Denis. — Au n° 478, autre décision du même roi sur le point de savoir si un moulin appartient à la villa dominica ou à la même abbaye. — Au n° 591, a. 747, le maire du palais et non plus le roi préside à la solution d'une semblable affaire. — Grégoire de Tours (*de glor. confess.* c. LXXI) atteste de même que le placité du roi statuait sur des questions de ce genre (1).

L'intérêt moral de la royauté est engagé dans les procès criminels de lèse-majesté. Sous les Carolingiens, les accusations de cette nature sont soumises au tribunal du roi : des documents nombreux le prouvent. Sous les Mérovingiens nous croyons qu'il en est déjà ainsi, car deux cas de ce genre nous sont rapportés par Grégoire de Tours. Dans l'un, le vicaire d'un comte accusé de trahison envers Chilpéric, se rend sous caution à l'ajournement du roi. Dans l'autre, Bozon, poursuivi sur l'ordre de Childebert comme coupable de lèse-majesté, comparaît également devant le roi, mais sans y être contraint par corps, parce que Agéric, évêque de Verdun, s'est porté sa caution et l'a fait comparaître. X, 5 : « Directis rex litteris ad comitem urbis, jubet ut eum vinctum in præsentiam regis dirigeret : quod si resistere conaretur, vi oppressum etiam interficeret, sed ille non resistens datis fidejussoribus, quo jussus est abiit. » IX, 8 : « Guntchramnus Boso ... cœpit per episcopos ad proceres discurrere ... rex jussit eum persequi atque interfici. Ille vero quum se cerneret positum in discrimine, Viridunensem ecclesiam petiit, per Agericum ... tunc pontifex ad regem properat ... cui rex ait : veniat coram

(1) Gibert (*Mémoires de l'Académie des inscriptions*, XXX, 600) a écrit qu'il existait une cour spéciale pour connaître des contestations relatives aux domaines de la couronne ; il la nomme cour domaniale. — Nous ne pouvons en admettre l'existence. D'abord aucun texte n'en fait mention. En second lieu, les textes cités par nous prouvent que le plaid royal statue sur les questions de cette sorte qui, d'après Pardessus, l. c., p. 570, paraissent même avoir appartenu au mal local.

nobis ... tunc adductus ad locum ubi rex morabatur, nudatis armis ... ab episcopo repræsentatur regi. »

§ 24. — Jusqu'à présent nous avons envisagé la compétence du plaid royal comme tribunal de première instance, statuant sur des questions qui n'ont pas encore soulevé de procès. Ce tribunal nous apparait avec un autre caractère, avec celui d'une juridiction supérieure à laquelle on s'adresse, soit lorsqu'on ne peut obtenir justice devant le tribunal de droit commun, soit lorsqu'on accuse de mal jugé le jugement rendu par le mal local, soit enfin lorsqu'on prétend se soustraire à l'exécution d'un jugement rendu par ce mal.

Etudions d'abord les diverses hypothèses mentionnées par les textes où s'applique la compétence du placitum palatii à ce point de vue, puis nous chercherons à déterminer son caractère général.

Ceux qui refusent de comparaître au mal local peuvent être cités, d'après la loi salique, devant le tribunal du roi, et là, s'ils persistent dans leur contumace, ils sont mis extra sermonem regis, leurs biens sont confisqués et leur vie mise à la disposition du premier venu. LVI : « tunc rex ad quem admannitus est extra sermonem ponat. » — La loi ripuaire permet également de citer devant le roi ceux qui s'obstinent à ne pas comparaître à plusieurs mals où ils sont cités successivement. Le juge doit se rendre chez le défaillant et exiger de lui caution qu'il se présentera devant le tribunal du roi où il fera valoir ses droits les armes à la main : « Si quis legibus ad mallum mannitus fuerit et non venerit, si eum sunnis non detinuerit, si... mannitus fuerit ad secundum mallum, aut ad tertium, seu ad quartum vel quintum usque ad sextum venire distulerit... quod si ad septimum mallum non venerit... judex fiscalis ad domum illius accedere debet et legitimam strudem exinde auferre, et ei tribuere qui eum interpellavit... quod si... strudem contradicere voluerit,... tunc judex fidejussores ei exigat, ut se ante regem repræsentet, et ibidem cum armis suis contra contrarium suum se studeat defensare. » Walter, I, 172. — Il semble que la loi ripuaire ne permette le combat judiciaire que devant le tribunal du roi. Ainsi, il en est question à propos de falsification de titres, LIX, 4 : « *ante regem* repræsentare studeant pugnaturi », et à propos de procès d'hérédité ou de liberté, LXVII, 5 : « cum armis suis se defensare studeat *ante regem*. » Cp. LVII, 2.

En cas de déni de justice par les juges du mal, la loi salique avait organisé une procédure spéciale, réglée par les §§ 1 et 2 du titre LVII, de rachineburgiis, dont nous avons déjà eu à parler à propos du nombre des rachimbourgs siégeant au mal. La plainte est conservée sous les Mérovingiens, mais la procédure change et le plaignant doit s'adresser au tribunal du roi.

La procédure de la plainte en déni de justice est indiquée par plusieurs formules de Marculfe, I, 27 à 29, Zeumer, p. 59. Elle peut se résumer ainsi : la partie victime du déni de justice adresse sa plainte au roi qui prend, en conséquence, l'un des deux partis suivants : ou bien il renvoie l'affaire au juge, avec injonction de statuer sur le débat ; ou bien il l'évoque à son plaid, en citant à y comparaître le magistrat coupable.

A côté de la plainte en déni de justice, le même titre de la loi salique, § 3, parle d'un recours contre les rachimbourgs « qui non secundum legem judicaverunt. » Il est évident que l'on ne peut entendre par là le recours pour déni de justice, puisque les deux premiers §§ règlent l'hypothèse. Il faut donc prendre ces mots dans leur sens naturel et y voir un appel pour mal jugé (1).

(1) En ce sens, Fournier, *Essai sur l'histoire du droit d'appel*, p. 101. Cet auteur concilie de la manière suivante la solution donnée au texte avec le principe admis par lui que l'appel n'existait point chez les Germains : « Il est certain que nous ne possédons pas le texte primitif de la loi salique, mais une révision entreprise sous Clovis ou le premier de ses successeurs. On peut donc marquer certaines étapes dans la rédaction de la loi... Pendant la première époque, quand l'autorité résidait tout entière dans l'assemblée, il n'y avait ni appel, ni possibilité d'un recours. Le déni de justice était seul réprimé. Dans la deuxième période, quand la royauté se constitua, par suite de la situation toujours sur pied de guerre de ces peuplades et de la nécessité d'avoir un chef, on put admettre la possibilité d'un recours auprès du roi, d'une demande de grâce ou de révision auprès du chef. Mais, comme aucun texte ne remonte à cette époque, nous ne pouvons rien affirmer de certain. Nous arrivons ainsi à la troisième époque, qui est celle de la loi que nous possédons. Il ne faut pas oublier que cette révision donne l'état du droit après l'établissement des Francs, donc à une époque où la royauté était déjà forte, où une administration était nécessitée par suite de l'établissement et des rapports nouveaux avec les

D'ailleurs, même en admettant que la loi salique n'ait pas consacré l'appel au roi, il est pour nous un point hors de doute, c'est que le principe d'un recours se trouvait posé dans cette loi. Or, quand, la période des conquêtes terminée, la royauté se fut fortement constituée, elle dut développer à son profit la règle déjà admise par les lois barbares. Aussi, voyons-nous les capitulaires des rois mérovingiens s'expliquer plusieurs fois sur le rôle du plaid royal, comme juridiction supérieure, d'appel. (1)

L'édit de Chilpéric, de 574, c. 8, prévoit le cas où un condamné s'oppose à l'exécution sur ses biens, exécution qu'il prétend contra legem et iustitia. La partie qui a obtenu gain de cause doit venir au tribunal du roi avec les sept rachimbourgs qui ont rendu le jugement de première instance. Un débat se passe donc devant le tribunal du roi. Or, sur quoi peut-il rouler, si ce n'est sur les allégations du condamné qui se prévaut de l'injustice du jugement rendu contre lui? Le tribunal du roi statue donc en appel : « Et si dixerit ille, cui res tolluntur, quod male eum destruat et contra legem et iustitia, tunc muniat graphio eum inter noctes quadraginta et duo et ille et suo contractorem qui eum invitavit similiter muneat. Et si non negaverit ille qui invitavit, adducat VII rachymburgiis ferrebannitus qui antea audissent causam illam : nobis præsentibus ait. » Boretius, p. 9.

La constitution de Clotaire II, c. 6 (supra cit.), décide que, en cas de sentence contra legem injuste, le juge qui l'a rendue est d'abord soumis à un châtiment, soit par le roi lui-même, soit par les évêques en l'absence du roi. Puis, *l'affaire est de nouveau examinée devant le tribunal royal*, c'est-à-dire en instance d'appel.

Les écrits de Grégoire de Tours nous montrent aussi le tribunal du roi statuant sur des recours dirigés contre les juridictions inférieures : « Judicatum est ut se insontem redderet

Gallo-Romains, et, dès lors, l'appel, le recours au roi fut possible. C'est ce que nous trouvons constaté dans le § 3 du titre LVII du premier texte de la loi salique. »

(1) Le titre LV de la loi ripuaire étant conçu en termes semblables à ceux du titre LVII de la loi salique, il faudrait dire également que la loi ripuaire admet l'appel au roi contre le mal jugé des rachimbourgs.

sacramento. Sed nec hoc his adquiescentibus, placitum in regis Childeberti præsentia posuerunt ... Injuriosus tamen ad placitum in conspectu regis Childeberti advenit et per triduum... observavit. » VII, 23 (1).

L'appel pour mal jugé existe donc sous les rois mérovingiens, mais ce n'est point l'appel véritable, tel que nous le comprenons aujourd'hui (2). Il n'est soumis à aucunes règles fixes, à aucune procédure déterminée et cela se comprend aisément si l'on songe à l'imperfection de l'organisation politique et judiciaire aux VIe et VIIe siècles. C'est seulement sous les Carolingiens que cette voie de recours s'est régularisée, en même temps que l'administration se centralisait davantage. Mais ce qu'il importait d'établir, c'est que ce recours pour mal jugé existe déjà sous les rois de la première race : l'œuvre des capitulaires des rois de la seconde race consiste seulement, en ce point, comme en presque tous les autres de l'organisation judiciaire, à développer et à perfectionner, par le droit romain et le droit canonique, les éléments contenus dans les lois barbares et les édits mérovingiens.

(1) On peut rapprocher de ce texte d'autres passages où le même historien nous montre le roi exerçant son droit de grâce à l'égard des coupables, soit après un jugement des tribunaux inférieurs, soit avant leur comparution en justice. Cette prérogative du roi est une preuve de plus de la supériorité de sa justice sur celle des comtes et centeniers : « Chilperico regi... filius noscitur. Ex hoc jubet rex omnes... vinctos absolvi, compositionesque negligentum fisco debitas præcepit omnino non exigi. » Extr. de Grég. de Tours ; D. Bouq. II, p. 238. — « Basilica Sancti Martini a furibus effracta fuit... quod quum regi Chilperico nunciatum fuisset, jussit eos alligari vinculis, et suo conspectui præsentari ... Tunc ego metuens ne ob illius causam homines morerentur, qui vivens... pro perditorum vita sæpius deprecatus est, epistolam precationis regi transmisi, ne nostris non accusantibus, ad quos prosecutio pertinebat, hi interficerentur. Quod ille benigne suscipiens, vitæ restituit. » Greg. Tur. VI, 10. — L'histoire de la vie de saint Remi par Hincmar montre de même que Clovis I usa du droit de faire grâce en faveur d'un homme convaincu du crime de lèse-majesté : « Eulogius... vir præpotens convictus apud regem Chludovicum de crimine regiæ majestatis, quum se purgare non posset, ad ecclesiam Sanctæ Mariæ... confugium fecit. Cui sanctus Remigius et vitam et rerum possessionem apud regem obtinuit. » Extr. de la vie de saint Remi par Hincmar ; D. Bouq. t. III, p. 378.

(2) Fournier, l. c., p. 110.

§ 25. — Le tribunal du roi n'est pas seulement compétent en matière contentieuse, il exerce aussi la juridiction volontaire dans un certain nombre d'hypothèses.

Il en est ainsi, en premier lieu, pour les donations immobilières. Dans le droit salique ancien, les formalités de ces donations se commençaient à un plaid convoqué par le tunginus et se terminaient soit à l'assemblée générale de la centaine, in legitimo mallo publico, soit devant le roi. Loi sal. XLVI. — Dans le droit mérovingien, l'affatomie a lieu devant le roi seulement. Loi rip. XLVIII : « Si quis procreationem filiorum vel filiarum non habuerit, omnem facultatem suam in præsentia Regis, sive vir mulieri, vel mulier viro seu cuicumque libet de proximis vel extraneis, adoptare in hereditatem vel adfatimi... licentiam habeat. » Walter, I, 178. — Marc. I, 13 : « In palatio nostro... villas illas, sitas in pago illo sua spontanea voluntate nobis per fistuca visus est lesuuerpisse vel condonasse... » Zeumer, p. 51.

La formule 12 du 1er livre de Marculfe nous montre de même une donation entre époux s'accomplissant « in palatio nostro ».

C'est devant le roi qu'ont lieu les affranchissements qui entraînent les effets les plus favorables à l'affranchi, c'est-à-dire qui font de lui un ingenuus et non point simplement un libertus (1). Loi rip. LVII, 1 ; « Si quis libertum suum per manum propriam seu per alienam in præsentia Regis, secundum legem Ripuariam ingenuum dimiserit per denarium... » Walter, I, p. 179 — Marc. I, 22 « ... in nostri præsentia, iactante denario, secundum lege salica demisit ingenuum. » Zeumer, p. 57. Cp. Marc. app. 24.

C'est encore devant le roi que peut être faite la constitution d'un mandataire général ad litem. Marc. I, 21 : « Fidelis... suggessit nobis eo quod propter simplicitatem suam causas suas minime possit prosequire vel obmallare... iobemus ut... memoratus vir ille omnes causas lui ubicumque prosequire vel obmallare debeat. » Zeumer, p. 56.

On recourt enfin à l'autorité royale lorsqu'il s'agit de faire

(1) Sur cette distinction, V. Pardessus, l. c., p. 531.

un partage de biens (1) ou d'obtenir la confirmation d'une vente (2). — La formule 20 de Marc. lib. I, nous montre que le partage des biens pouvait s'opérer en présence d'un missus royal. Il est très probable que l'exercice de la juridiction gracieuse était ordinairement délégué à un envoyé du roi.

§ 26. — La justice royale ne se rend pas seulement au tribunal du roi. Il est en effet matériellement impossible, surtout à une époque où les communications sont très difficiles, que ce tribunal puisse connaître de toutes les causes qui appellent son intervention. Aussi, rencontrons-nous déjà chez les Mérovingiens l'institution dont Charlemagne a régularisé le fonctionnement, celle des *missi*.

A l'époque que nous étudions, ils sont désignés ordinairement sous le nom de *legati* ou *legatarii*. Greg. Tur. V, 36 ; VI, 18. Fredeg. c. 68. Marc. I, 11, legatarius. — Ils sont pris parmi les grands de l'entourage du roi, qui adjoint souvent un ecclésiastique à un laïque. Greg. Tur. VI, 18, 31 ; IX, 18. Marc. I, 11 : « Dum et nos in Dei nomen apostolico vero illo nec non et inluster vero illo partibus illis legationis causa direximus. » Zeumer, p. 49. — Cp. Append. Marc. 4 et 7.

Ils vont remplir dans les différentes parties du royaume les fonctions les plus diverses. Ainsi ils sont chargés de rétablir l'ordre dans les provinces. Mabillon, *Acta sanct*. V. Consortiæ, c. 14, 15. Après la mort de Clotaire, « missus est unus ex primoribus palatii Hecca nomine a Sigiberto... ut provinciam Massiliæ disponeret. » Sa mission terminée, « festinus ad regem regressus est. Cui cum omnia propter quæ missus fuerat prospere acta renuntiasset » — Ils vont recevoir l'hommage au nom du nouveau roi. Marc. I, 40 : « ut leudesamio promittantur rege... misso nostro, inlustris vero illo, quem ex nostro latere illuc pro hoc direximus... » Zeumer, p. 68. — Ils perçoivent les revenus royaux. Greg. Tur. IX, 30 : le comes palatii et le major domus sont envoyés dans le Poitou en qualité de descriptores.

Comme représentants de la justice du roi, les missi jouent un rôle important, surtout en matière criminelle. Ils sont

(1) V. Dipl. de Dagobert I, a. 628, Pardessus, *Dipl.* II, 2. Marc. I, 20. Greg. Tur. IX, 33.

(2) Rozière, 284.

chargés de réprimer les exactions des comtes. Greg. Tur. V, 47 : « Audiens autem Chilpericus omnia mala quæ faciebat Leudastis ecclesiis Toronicis vel omni populo, Ausovaldum illuc dirigit. » — Ils instruisent les affaires et punissent les coupables. Greg. Tur. IV, 26 : « Qui exactis Leontio episcopo mille aureis reliquos juxta possibilitatem condempnarent episcopos. » Greg. Tur. VIII, 43 : « Antestius vero in Andecavo a rege deregitur, multis ibidem dampnis affligens eos qui in morte Damnolæ... mixti fuerunt. » — Souvent ils s'acquittent de leurs fonctions avec une excessive rigueur. Greg. Tur. V, 28 : « Unde multum molestus rex, dirigens de latere suo personas, immensis damnis populum adflixit, subpliciisque conterruit, morte multavit. »

Les missi interviennent plus rarement en matière civile, et cela se comprend, parce que la royauté est moins directement intéressée. Cependant, une formule de Marculfe nous montre un missus procédant au règlement des difficultés soulevées par le partage d'une succession. I, 20 : « De divisione ubi rege accederit missus... ut missus de palatio nostro ad hoc inter eos dividendum vel exequandum accedere deberet... » Zeumer, p. 56.

Régulièrement, et conformément au principe admis soit dans les mals locaux, soit au placitum palatii, le missus du roi ne doit tenir son plaid qu'avec l'assistance d'hommes libres appartenant à la même nation que les parties. Il est probable que les choses se passent ainsi en matière civile. C'est ce que l'on peut induire de deux formules de l'appendice de Marculfe. Dans l'une (VII), on voit le missus entouré de viri inlustres magnifici, en d'autres termes de rachimbourgs pris alors parmi les personnages les plus importants de la contrée. Dans l'autre formule il est dit expressément : « Proinde ab ipsis missis dominicis vel illo comite seu ab ipsis rachimburgiis... judicatum fuit. » Baluze, II, 437 et 439.

Mais, en matière criminelle, il y a tout lieu de supposer que les missi savent le plus souvent s'affranchir des règles en vigueur dans les tribunaux ordinaires. Nous avons vu que les comtes eux-mêmes sont quelquefois arrivés à juger seuls, à plus forte raison doit-il en être ainsi pour les missi dont la puissance, émanation directe de celle du roi, doit être à cette époque supérieure à celle des comtes.

§ 27. — D'ailleurs, et c'est par là que nous terminerons nos observations sur la justice royale, au tribunal du roi, on est souvent loin d'observer les règles que nous avons exposées. Ainsi voici ce que Grégoire de Tours nous dit d'un plaid royal tenu au temps de Sigebert Ier : « Childéric, qui était alors le premier auprès du roi, c'est-à-dire le maire du palais, réclamait pour le fisc un domaine que l'église d'Aix possédait selon lui injustement. L'évêque de cette ville fut cité à comparaître au tribunal du roi. Le roi n'ayant voulu ni juger lui-même, ni assister aux débats, les auditeurs du plaid royal, sous la présidence du maire, examinèrent la cause. Au milieu de l'audience, Childéric se leva brusquement, injuria l'évêque, lui reprocha de s'être mis en possession d'un domaine qui appartenait au fisc et le fit expulser brutalement de la salle où l'on jugeait. Puis, sans que l'évêque eût été entendu, l'assistance décida que le domaine en litige appartenait au fisc. Sur cette décision, le maire ajouta une peine et frappa l'évêque d'une amende de trois cents pièces d'or. » Le chroniqueur ajoute : « Tous les membres du plaid obéissaient au maire et personne n'osait avoir un avis contraire au sien. » *De gloria confess.* 71, Trad. Fustel de Coulanges, l. c. p. 454. — Ailleurs, le même historien nous montre le roi mandant auprès de lui un certain comte Magnovald, accusé d'avoir fait périr sa femme, et, sans réunir aucun jury, tandis que Magnovald s'amuse à contempler un spectacle, le roi le fait frapper de la hache. Greg. Tur. IV, 13. — De même le duc Rauching, mandé au palais, est mis à mort dans la chambre même du roi sans avoir été entendu. Ibid. V, 19. — On pourrait citer d'autres exemples de condamnations rigoureuses prononcées sans enquête ni jugement. V. Greg. Tur. V, 5, 15, 25, 48 ; VIII, 29, 30.

Quelque nombreux que puissent être ces actes d'arbitraire royal, nous ne conclurons point, avec M. Fustel de Coulanges, l. c. p. 457, que la liberté n'avait rien gagné à la chute de l'empire romain et que la royauté qui lui succédait était un despotisme aussi grand. Sans doute, il n'y avait peut-être pas de limites légales au pouvoir royal, mais il y en avait en fait par suite du sentiment encore vif de la liberté individuelle que les Germains avaient apporté en Gaule et qui n'a disparu que plus tard, sous la seconde race, en même temps que la royauté s'éclipsait elle-même devant la féodalité. Les rois mérovingiens pouvaient bien, dans de nombreuses circonstances, agir au gré de leurs caprices et de leurs passions, au mépris des coutumes établies ; mais, pour connaître la faiblesse réelle de la royauté, il faut entendre de quel ton, dans Grégoire de Tours, les comtes francs menacent Brunehaut, lorsqu'elle veut secourir le comte Lupus, l'agent de son despotisme fiscal : « Femme, voilà assez longtemps que tu nous gouvernes ; ton fils seul est notre roi ; relève-toi ou crains que nous te foulions sous les pieds de nos chevaux. » La puissance croissante des leudes était un frein aux excès de la royauté, et cela aussi bien sur le terrain judiciaire que sur le terrain politique (1).

On oublie trop du reste les déclarations solennelles et répétées par lesquelles la royauté, non seulement ordonne à ses officiers de respecter tous les droits légitimes et de rendre des sentences équitables, mais encore prend elle-même l'engagement de ne rien entreprendre arbitrairement sur les droits de ses sujets.

Ces déclarations, nous les trouvons notamment dans un édit de Gontran de 585 : « Convenit ergo ut iustitiæ et æquitatis in omnibus vigore servato, distringat ultio judicum quos non corrigit canonica prædicatio sacerdotum... Cuncti itaque iudices iusta, sicut Deo placet, studeant dare iudicia ; nam non dubium est, quod acrius illos condemnabit sententia nostri iudicii, a quibus non tenetur æquitas iudicandi. » Boretius p. 12. — On les trouve surtout dans la célèbre constitution de Clotaire II, de 614, que l'on a, non sans raison, appelée la charte du VII<sup>e</sup> siècle. Les élections canoniques sont rétablies (art. 1 et s.) ; défense est faite au fisc de s'emparer des successions ab intestat (art. 8), d'augmenter les impôts (art. 10), les péages (art. 11), d'employer des Juifs pour les percevoir (art. 12) ; les juges et autres officiers du roi sont rendus responsables de leurs malversations (art. 14) ; les bénéfices enlevés aux leudes leur sont restitués (art. 17) ; le roi s'interdit

(1) V. Waitz, l. c., p. 385 ss.

de délivrer à l'avenir des præcepta pour enlever les riches veuves, les religieuses, les vierges (art. 18) ; nul ne peut être condamné sans avoir été entendu (art. 22) ; la peine de mort est prononcée contre ceux qui enfreindraient un seul des articles de la constitution (art. 24), (1).

Cet édit marque la victoire de l'Église et de l'aristocratie sur la royauté. « Les institutions germaniques, en reprenant leur place dans la constitution avec les guerriers qui les avaient défendues, firent descendre de nouveau le prince mérovingien à l'humble rôle que ses ancêtres avaient joué autrefois dans les forêts de la Germanie. » (2) Ainsi les abus de l'autorité royale vont disparaître, mais ceux du gouvernement des seigneurs vont commencer. Les Carolingiens purent bien les enrayer un instant en donnant une nouvelle vigueur aux institutions centralisatrices, mais leurs efforts ne réussirent pas à arrêter la féodalité qui envahit bientôt tout l'ordre social.

(1) Frédégaire raconte (vie de Dagobert, c. 21), que Dagobert, dans un séjour qu'il fit à Dijon, était tellement occupé à rendre la justice à ses sujets, « ut nec somnium caperet, nec cibo saturaretur, intentissime cogitans ut omnes, cum justitia recepta, de conspectu ejus remearent. »

(2) Lehuérou, *Instit. Mérov.* p. 485.

## CHAPITRE III

### JURIDICTION DES IMMUNISTES

§ 28. — L'organisation judiciaire dont nous venons de tracer le tableau se complique, surtout à partir du VIIe siècle, par la concession fréquente d'immunités (1).

Montesquieu, pour défendre les justices seigneuriales contre les attaques de Loyseau, a non seulement prétendu qu'elles remontaient aux Mérovingiens, où elles existaient sous le nom d'immunités, mais encore les a rattachées aux anciens usages germaniques. Pardessus (l. c. p. 587), tout en reconnaissant à l'immuniste le droit de juridiction, a très-bien démontré qu'il n'y avait rien de commun entre l'immunité et la juridiction patriarcale ou dominicale du maître sur ses serfs, étendue dans la suite au maître sur les lites, hommes à son service, mais encore ingénus. Nous n'avons rien à ajouter à la démonstration victorieuse du commentateur de la loi salique.

Mais, où nous ne pouvons le suivre, du moins sans une grande hésitation, c'est dans la manière dont il explique la

(1) L'immunité mérovingienne a été l'objet d'une étude approfondie de M. Fustel de Coulanges dans la *Revue historique* (1883, t. XXII, p. 249 et s.; t. XXIII, p. 1 et s.). Nous avons nous-même, précisément au moment où paraissaient ces articles, étudié dans la *Nouvelle revue historique de droit français et étranger*, en nous plaçant spécialement à l'époque carolingienne, la portée de l'immunité au point de vue de la juridiction de l'immuniste. Nous avons été heureux et flatté de nous trouver en communauté d'idées avec un aussi éminent historien. Nous arrivions, en effet, pour la période que nous étudiions, à la même conclusion que posait M. Fustel de Coulanges pour la période mérovingienne, et quelquefois par des arguments identiques. Nous nous préoccupions surtout alors de réfuter la théorie soutenue par M. Prost (*Nouvelle Revue historique*, 1882) qui refuse tout droit de juridiction à l'immuniste.

création des immunités. Nous transcrivons intégralement son argumentation : « Dans le grand partage résultant de la conquête, le roi avait obtenu des domaines considérables qu'on appelait biens fiscaux. Les droits sur les esclaves et les lites ou colons libres qui y étaient attachés furent les mêmes que ceux d'un simple propriétaire sur son alode, et par conséquent les contestations dans lesquelles ses lites, ses colons libres, étaient intéressés, devaient, dans la pureté du principe, être portées au mal local. Mais le roi, à qui la juridiction générale appartenait, crut devoir instituer dans ses *villæ* un juge qui exerçait à la fois et la juridiction dominicale, telle qu'elle appartenait à tout propriétaire sur les esclaves, et la juridiction commune, qui aurait dû appartenir aux mals, relativement aux hommes non esclaves. — C'était une continuation des usages des Romains. Le capitulaire de Charlemagne *de villis* constate que dans chaque domaine fiscal était un judex spécial. Le chapitre IV indique trois classes d'hommes sur lesquels s'exerçait la juridiction de ce juge du fisc : 1° *familia*, ou les esclaves de toute sorte ; 2° *reliqui*, expression désignant, selon moi, les lites ou les affranchis qui, tout en étant hommes libres se trouvaient dans une dépendance très étroite ; 3° enfin, *Franci qui in fiscis aut villis nostris commanent*. A l'égard de ces derniers, que le mot Franci désigne assez pour y reconnaître des hommes parfaitement ingénus, le droit d'être jugés par la loi de leur origine leur est conservé. Cette circonstance d'être *commanentes in fiscis* les prive uniquement de la prérogative de rester justiciables du mal ordinaire ; mais on peut dire qu'il y a de leur part ce que nous appellerions de nos jours une élection de domicile juridictionnel : c'est parce qu'ils le veulent bien, puisqu'il ne tient qu'à eux de n'être pas *commanentes in fiscis*, puisqu'ils ne sont pas liés comme des affranchis, des lites, des colons libres, par une dépendance contractuelle. Telle était suivant le capitulaire et telle me paraît avoir été, dès l'origine, la juridiction du judex fisci, dont le chap. LVI attribue les appels au placitum palatii. — Rien n'est plus facile que de reconnaître comment ce système, exceptionnel pour le fisc, conduisit aux juridictions privées. Les rois disposèrent des domaines fiscaux en faveur de leurs fidèles et de divers établissements ecclésiastiques. Ces bénéficiers désirèrent conserver sur les domaines qu'ils obtenaient les droits de juridiction que le juge du fisc y exerçait précédemment. On leur accorda ce privilège... L'exercice de la juridiction dans les immunités, sur quelques biens qu'elle fût concédée, se modela naturellement d'après ce qui avait lieu dans les domaines fiscaux. Les documents ... notamment la formule III du livre I de Marculfe, attribuent aux immunistes la juridiction sur les illorum homines commanentes tam ingenui quam servientes de qualibet natione... »

§ 29. — Il y a du vrai dans cette argumentation en ce qui concerne les justiciables de l'immunité. Mais le fond même nous en paraît fort hasardé. En deux mots, d'après Pardessus, les immunistes ont hérité des pouvoirs judiciaires du judex fisci. Or, cela ne nous semble rien moins que démontré.

Nous ferons d'abord remarquer que, comme base de son argumentation pour établir l'origine du pouvoir judiciaire de l'immuniste, Pardessus invoque un document de l'époque carolingienne, le capitulaire de 800, *De villis*. Or, à supposer que la portée de cet acte, relativement au judex fisci, soit bien telle que l'a exposée Pardessus (ce que nous aurons à voir bientôt), cela ne prouverait point que les concessionnaires d'immunités, sous les Mérovingiens, n'aient eu qu'à recueillir la juridiction exercée par le judex fisci sur les biens donnés. Les pouvoirs de ce juge pouvaient être organisés d'une toute autre manière, ils pouvaient être beaucoup plus étendus sous les Carolingiens que sous les Mérovingiens.

Sous les rois de la première race, les officiers chargés d'administrer les domaines du roi sont les domestici. Ils exercent certaines fonctions judiciaires, cela n'est point douteux. Ainsi la loi ripuaire, en faisant défense, dans son titre LXXXVIII, à certains magistrats de recevoir des présents in judicio, nomme le domesticus à côté du major domus, du comes, du graphio. Plus tard, les formules le mentionnent à côté des vicarii et des centenarii ; ainsi la formule 28 Senon. et la formule 117 Lindenbr. font défense aux domestici ainsi qu'aux vicarii et centenarii, « de inquietare, condempnare nec de rebus suis in nullo abstrahere nec dismanuare » ceux qui sont sous la protection du roi. Ces domestici avaient-ils une juridiction autre que la juridiction dominicale du maître sur ses esclaves, ses colons et ses lites? C'est ce qu'il est bien difficile d'admettre quand on voit la loi ripuaire parler déjà des domestici comme juges à une époque où il ne saurait encore être question de distraire un homme libre de son tribunal ordinaire, le mal de la centaine. Sans doute, le domesticus pouvait, dans certaines circonstances exceptionnelles, avoir l'exercice de la pleine juridiction, mais c'était dans les localités où le comte lui-même était investi des fonctions réservées dans les autres villæ aux domestici : le domesticus jugeait alors non en sa qualité de judex fisci, mais en celle de comte. La formule 39 de Marculfe, liv. I, nous montre qu'il pouvait en être ainsi : « Ille rex Francorum vero inlustris, illo comitae ... iobemus, ut per omnes villas nostras, qui in vestras vel in cuncto regno nostro aliorum domesticorum sunt accionnibus ... tres homines servientes ... ingenuos relaxare faciatis. » Zeumer, p. 68 (1).

D'autre part, il est fort douteux que, même d'après le capitulaire de 800, le judex villæ ait eu droit de juridiction sur d'autres personnes que celles qui étaient soumises à la juridiction dominicale. Nous voyons, en effet, ce juge surveiller les travaux : « Judices nostri labores nostros facere debent, seminare aut arare... » Cap. a. 800, c. 5, Bal. I. 332. Il poursuit les revendications des colons : « Et si habuerit servus noster forinsecus justicias ad quærendum, magister ejus cum omni intentione decertet pro ejus justitia. » C. 29, Bal. 335. Il tient des audiences et rend la justice à ces mêmes personnes : « Ut unusquisque judex in eodem ministerio frequentius audientias teneat et justitiam faciat, et provideat qualiter recte *familiæ nostræ* vivant. » C. 56, Bal. 339. Mais exerce-t-il aussi son droit de juridiction sur les hommes libres habitant les domaines du fisc? C'est une question que nous résoudrons négativement en examinant, à l'époque carolingienne, la portée des dispositions de notre capitulaire, en ce qui concerne l'administration de la justice. (V. infra, § 184).

C'est donc seulement avec une grande hésitation que, en l'absence de textes plus formels sur le rôle judiciaire des judices villarum, nous nous rallierions à l'opinion de Pardessus sur

(1) D'après Sohm, p. 14, 15, la réunion des deux charges de comte et de domesticus aurait fini par devenir très-fréquente et aurait même été la règle vers la fin du VIIe siècle.

l'origine de l'immunité, si d'ailleurs cette opinion reposait sur des bases sérieuses, au point de vue de la logique. Mais, à cet égard, l'enchaînement des faits auxquels l'historien nous fait assister ne nous semble point justifié, parce que nous n'apercevons pas les raisons qui auraient pu déterminer la royauté à donner une extension aussi considérable aux pouvoirs du judex fisci sur ses domaines. La nécessité ne s'en faisait nullement sentir, du moment que l'administration de la justice ordinaire était confiée au comte, officier nommé par le roi et révocable par lui. Pourquoi les habitants libres des domaines royaux auraient-ils été soustraits à sa juridiction, pour être réservés à celle de l'intendant royal ? Nous n'en apercevons aucun motif.

Ecartant ainsi la solution donnée par le commentateur de la loi salique au problème de l'origine de l'immunité, nous nous risquerons à en proposer une autre.

Dans une société telle que la société franque au VIe siècle, où la force était si souvent le droit, on ne tarda pas à sentir le besoin de se mettre sous la protection d'un plus puissant que soi, afin de s'assurer quelque sécurité, soit pour sa personne, soit pour ses biens. De là la pratique de la recommandation des terres ou des personnes, qui se généralisa tous les jours de plus en plus. Ce n'était pas seulement la protection des grands laïques que l'on recherchait, mais encore celle des églises et des monastères. Le protecteur, laïque ou ecclésiastique, s'engageait, en échange des obligations de vassalité (pour ainsi dire) contractées par le protégé, non seulement à fournir à celui-ci un appui matériel en cas de violences exercées contre sa personne ou ses biens, mais encore à l'assister dans la poursuite de ses droits devant les tribunaux et même à le représenter en justice.

Ces protecteurs, surtout les églises et les monastères, éprouvaient eux-mêmes le besoin de se mettre sous la protection du roi, qui leur accordait alors ce que l'on nommait le *mundeburdium*, *mumdeburdis*, la mainbour. La concession de la mainbour royale ne s'appliquait pas seulement à celui qui en était l'objet immédiat, mais encore à toutes les personnes qui se trouvaient déjà elles-mêmes sous la protection du mainboré. Form. Marc. I, 24, Zeumer, p. 58 : « Carta de mundeburde regis. Cognoscat magnitudo seu utilitas vestra quod nos apostolico aut venerabile vero illo de monasterio illo, in honore illius sancti constructum, *cum omnibus rebus vel hominebus suis aut gasindis vel amicis, seu undecumque ipse legitimo reddebit mitio*... inlustris vir ille causas ipsius pontifece, aut abbatis vel ecclesiæ, aut monasterii, *vel qui per eum sperare videntur, vel undecumquæ legitimo reddebit mitthio*... » Cp. Pardessus, *Dipl.* n° 144, a. 546, Diplôme de Childebert I. N° 168, Diplôme de Chilpéric I, a. 562.

Celui qui jouissait de la mainbour devait, par suite de la protection qu'il exerçait sur ses vassaux, poursuivre les droits de ceux-ci devant les tribunaux. Marc. form. précitée : « *Vir ille* causas ipsius Pontificis aut abbatis... tam in pago quam in palatio nostro persequi deberet. » Le *vir ille*, qui représente en justice soit le mainboré du roi, soit les dévoués ou amis de ce mainboré, c'est *l'advocatus*, *l'actor* de l'église ou du monastère, ainsi que cela ressort de plusieurs diplômes. V. Pardessus, *Dipl.* N°s 331, 332, 334, 349, 424, 589.

D'après M. Fustel de Coulanges (*Revue historique*, t. XXIII, p. 13), « la formule de mainbour offre les mêmes éléments que la formule d'immunité. Ce sont les mêmes formes, c'est aussi le même fond. La concession consiste, dans les deux cas, à écarter le fonctionnaire public et à lui interdire toute action. Les deux formules diffèrent par quelques expressions, les effets sont les mêmes ; l'un des actes s'appelle mainbour, l'autre immunité ; la protection royale est mieux marquée dans le premier, les priviléges de l'immuniste sont énumérés plus longuement dans le second. En réalité, ils produisent les mêmes conséquences. La charte de mainbour, qui écarte le fonctionnaire, contient virtuellement l'immunité, et de même la charte d'immunité, par cela seul qu'elle écarte le fonctionnaire, suppose et contient la mainbour royale. »

Nous sommes d'accord avec l'historien que nous citons pour dire que l'immunité renferme la mainbour ; mais la réciproque ne nous semble pas fondée. Sans doute, on trouve dans la charte d'immunité et dans celle de mainbour des formules analogues, identiques mêmes. On y adresse, dans l'une comme dans l'autre, des injonctions au fonctionnaire royal dans l'intérêt du protégé royal. Mais ces injonctions ont une portée beaucoup plus considérable dans la charte d'immunité que dans celle de mainbour. Dans la première, ainsi que nous le verrons bientôt, le droit même de l'officier royal est écarté pour être transféré à l'immuniste. Dans la mainbour, on voit bien que le fonctionnaire public ne doit ni faire aucun mal, ni apporter aucun trouble au protégé du roi ni à ses hommes. Marc. l. c. : « Propterea per presentem decernimus ac iobemus præceptum, ut memoratus pontifex aut abba, sub nostro sermone et mundeburde antedicti viri quietus resedeat. Et nec vos nec iuniores aut successores vestri vel quislibet eum de inquisitis occasionibus iniurare nec inquietare non præsumatis. » Ce que le roi veut prévenir par la mainbour, ce sont les vexations dont son protégé pourrait souffrir de la part de l'officier royal, mais il n'entend nullement écarter le droit de juridiction de celui-ci, du moins en théorie, en droit. Il le réserve au contraire expressément, l. c. : « Et si aliquas causas adversus eum vel suo mitthio surrexerint, quas *in pago* absque eius grave dispendio defenitas non fuerint, in nostri præsentia reserventur. » (1).

Nous avons dit que le roi réservait en théorie seulement la juridiction du comte. En effet, comme nous l'avons déjà fait remarquer, la restriction qui suit réduit presque à l'état de lettre morte cette juridiction, de sorte que, en fait, le concessionnaire de la mainbour et ses propres vassaux sont justiciables du roi.

Cela étant, on peut apercevoir comment est né le droit de juridiction de l'immunité. La royauté a dû d'abord concéder la mainbour à certaines personnes. La mainbour a dû précéder l'immunité (M. Fustel de Coulanges n'ose se prononcer sur

(1) Les termes des formules ne nous paraissent pas impliquer nécessairement, comme le prétend Deloche, *la Trustis et l'Antrustion royal*, p. 322, que le mainboré ait toujours dû être jugé en première instance par le tribunal local. Selon cet auteur, « la mainbour avait cette conséquence et offrait au mainboré cet avantage considérable, qu'il était élevé, sous le rapport des juridictions, à une situation égale à celle de l'homme libre de race franque, qui ne pouvait être jugé définitivement qu'au plaid royal, tandis que les non-mainborés devaient, après la décision du tribunal du premier et unique degré, se conformer à ce qui y avait été décidé. » — Dans cette théorie, la mainbour n'aurait emporté aucun avantage au cas où elle était concédée à un Franc

la question de savoir laquelle a précédé l'autre). Cet ordre nous semble conforme à la fois à la logique et à l'histoire. A la logique d'abord : puisque l'immunité contenait plus que la mainbour, entraînait un plus grand dessaisissement des officiers royaux, elle n'a dû faire son apparition qu'à une époque relativement plus récente. A l'histoire ensuite : parce que les anciennes lois barbares parlent déjà de la protection, du *verbum regis*, à une époque où il n'était nullement question d'immunité (Loi sal. XIV, 5). Le roi, faisant donation de grands domaines à ceux qui étaient sous sa protection, devait être naturellement amené à donner aux immunistes les droits qu'il exerçait lui-même en fait, les droits de juridiction. Il n'y avait personne à dépouiller, puisque le comte n'avait plus qu'un droit théorique ; le pouvoir judiciaire put donc être conféré sans obstacle, en même temps que la propriété des domaines. — Toutefois, si le roi investit l'immuniste des pouvoirs que, normalement, le comte aurait dû exercer, il ne renonce point ainsi que nous le verrons, à toute suprématie à l'égard de l'immuniste ; il reste vis-à-vis de lui, pour l'immunité, ce qu'il est vis-à-vis du comte, pour le pagus ordinaire, c'est-à-dire qu'il demeure le tribunal supérieur.

§ 30. — Après avoir ainsi indiqué comment le droit de juridiction a pu prendre naissance au profit de l'immuniste, il nous faut établir l'existence de ce droit sous les Mérovingiens.

Le droit de juridiction résulte d'abord, à nos yeux, de la partie de la formule d'immunité qui interdit au comte d'entrer dans le domaine de l'immuniste ad causas audiendas, ad audiendas altercationes, ad judicandum, ad agendum, ad condemnandum. Il n'y a pas simplement dans ces expressions, ainsi qu'on l'a prétendu (M. Prost, l. c.), simple interdiction au comte de tenir des plaids sur le territoire de l'immunité, il y a concession de la juridiction à l'immuniste, autrement la concession de l'immunité n'eût présenté aucun avantage à l'immuniste (1).

Des monuments de l'époque mérovingienne parlent déjà du juge de l'immunité qui a remplacé le juge public dans l'intérieur du domaine exempt.

(1) V. notre démonstration à cet égard §§ 163 ss.

C'est d'abord le § 19 de l'édit de Clotaire II de 614 : « Episcopi vero vel potentes, qui in alias possident regionis, judicis vel missus discursoris de alias provincias non instituant, *nisi de loco*, qui justitias percipiant et *aliis reddant*. » Boretius, p. 23 (1).

Houard (2) a essayé d'écarter l'autorité de l'édit en disant que les *judices* dont il y est question avaient simplement pour mission de percevoir les produits du fisc, freda, que le roi avait concédés à l'immuniste par la charte d'immunité, *justitias percipiant*. — Le mot justitiæ a sans doute servi quelquefois à désigner les amendes, les produits de justice. Mais ici le sens du texte ne nous semble pas contestable. D'abord, comme le remarque Pardessus, la disposition de l'édit ne peut se comprendre que s'il s'agit de juges ayant droit de juridiction. Pourquoi, en effet, le roi exige-t-il que ces juges soient du pays, *nisi de loco?* C'est pour qu'ils en connaissent les usages. Or, cette condition imposée aux juges montre bien qu'ils doivent rendre la justice, car il n'y aurait pas de raison pour défendre aux immunistes de choisir un juge étranger au pays si ce magistrat n'était qu'un simple collecteur d'impôts. D'ailleurs, dirons-nous, si la signification du mot justitia est un peu obscurcie dans le texte par son rapprochement du mot percipiant, la dernière partie du texte fait disparaître toute incertitude : *et aliis reddant*, cela veut dire évidemment rendre la justice aux hommes de l'immunité.

D'autres §§ de ce même édit font allusion au droit de juridiction de l'immuniste. Ainsi il est dit dans le § 14 : « Ecclesarium res et sacerdotum et pauperum qui se defensare non possunt, a iudicibus publecis usque audientiam per justitiam defensentur, *salva emunitate* praecidentium domnorum, quod ecclesiae aut potentum vel undecumque visi sunt indulsisse pro pace atque disciplina facienda. » Cette réserve du droit de l'immuniste dans une disposition où il est question de la juridiction des juges publics, montre bien que celle-ci ne s'étend pas aux hommes de l'immunité.

(1) Le c. 20 du même édit est destiné à réprimer les abus auxquels peuvent se livrer les agents des immunistes.

(2) *Anciennes lois des Français*, t. II, p. 170. Dans le même sens : Digot, *Histoire du royaume d'Austrasie*, III, p. 91.

Le § 15 décide enfin que, en cas d'accusation criminelle dirigée contre un homme de l'immunité, les agents de l'immuniste doivent être requis par le juge public d'avoir à présenter le coupable devant le tribunal public, sous cette réserve toutefois que les agents de l'immunité n'aient déjà point châtié l'accusé : « Si homines ecclesiarum aut potentium de causis criminalibus fuerint accusati, agentes eorum ab agentibus publicis requisiti si ipsos in audientia publica ... foris domus ipsorum ad iustitiam reddendam praesentare noluerint, et distringantur, quatenus eosdem debeant praesentare ; *si tamen ab ipsis agentibus antea non fuerit emendatum.* » (1). Si le juge public est désarmé, c'est en vertu de la maxime non bis in idem, c'est parce que le juge de l'immunité a déjà statué et puni le coupable.

Une formule de Marculfe (nous ne parlerons point des formules d'immunité dont nous expliquerons plus loin la portée) montre bien encore que l'immuniste juge lui-même ou par son délégué : « Domino sancto et apostolico domino et patri illi episcopo, ille rex. Illi veniens ad praesentiam nostram suggessit, quasi abba vester, aut clericus, aut *homo vester,* ille eidem servo suo per forcia tulissit vel post se reteneat iniuste et nulla iustitia cum eodem ex hoc consequere possit. Propterea praesentem indecolum ad sanctitatem vestram dreximus, per quem petimus ut et pro nos orare dignetis, et si taliter agitur, ipso abbate vestro illo, aut clerico presentialiter constringàtis, qualiter, si ita agitur, ac causa contra iam dicto illo legibus studeat emendare. Certe si noluerit et aliquid contra hoc habuerit quod opponere, ipso illo per fideiussores posito tunc ad nostram diregire studeatis presentiam. » I, 27, Zeumer, p. 59. — On voit dans cette formule qu'un évêque, en sa qualité d'immuniste (homo vester), est chargé de contraindre ceux qui refusent de satisfaire en justice dans son immunité et de les forcer à comparaître devant le roi en cas de résistance de leur part (2).

(1) Le texte de ce § ne nous est pas parvenu en entier ; néanmoins le sens général n'en est pas douteux.

(2) V. infra, §§ 38 et 39 nos observations sur la portée de cette formule relativement à la juridiction ecclésiastique.

La preuve du droit de juridiction de l'immuniste résulte enfin de nombreuses formules qui nous montrent l'immuniste rendant la justice à son tribunal où il est entouré de viri venerabiles, magnifici. Form. Andecav. 10 : « Veniens homo nomen illi ante venerabile vir illo abbate vel reliquis viris venerabilibus adque magnificis. » Cp. form. 29 et 30. Dans les formules Andecav. 16 et 24, c'est le præpositus qui préside le tribunal de l'immunité ; dans les formules 11, 13, 14 et 28 c'est un *agens* (1). Mais, dans tous les cas, il s'agit de l'exercice dans l'immunité du droit de juridiction qui découle de la charte d'immunité.

§ 31. — Ayant ainsi admis le droit de juridiction de l'immuniste, nous aurions à présent à déterminer sa compétence, mais nous préférons réserver l'examen de cette question pour l'époque carolingienne. Elle se résout, en effet, d'après les mêmes principes, soit dans le droit mérovingien, soit dans le droit carolingien. Nous nous bornerons à mentionner le c. 6 de la constitution de Clotaire II de 614, aux termes duquel les contestations entre *persona publica* et *homines ecclesiæ* doivent être jugées par un tribunal composé du judex publicus et du præpositus ecclesiæ (2). Boret. p. 21 : « Quod si causa inter personam publicam et homines ecclesiæ steterit, pariter ab utraque parte præpositi ecclesiarum et judex publicus in audientia publica positi eas debeant judicare. » — Nous ne pensons pas cependant que, en ce qui concerne l'immunité, l'usage des tribunaux mixtes ait été suivi.

La juridiction de l'immuniste s'étend-elle aux matières criminelles? Pardessus a bien exposé (p. 593) les raisons d'en douter : « Si le système de la législation avait consisté toujours à ne punir les crimes que par des compositions pécuniaires, il n'y aurait eu que peu d'inconvénients à en laisser la répression aux immunistes. En cas de condamnation, ils auraient procédé à la mainmise sur les biens du coupable, comme faisait le

(1) Form. 11, Zeumer, p. 8 : « Veniens homo, nomen ille Andecavis civetate, ante illo agente vel reliquis (les rachimbourgs) qui cum eo aderant ... Notitia sacramenti, qualiter vel quibus præsentibus ingressus est ille in basileca domne illius per judicio illo agente.

(2) V. infra, § 38, la portée que nous donnons à ce c. de la constitution en ce qui concerne les procès des clercs avec les laïques.

comte local en vertu du titre LII de la loi salique. Ils auraient pu vaincre le refus obstiné de l'accusé de comparaître en le dénonçant au roi, pour faire prononcer contre lui la mise extra sermonem regis, conformément au titre LIX de la même loi. Mais quand la législation, devenue plus sévère, eut prononcé la peine de mort contre les rapts, les assassinats, les vols à force ouverte, les juges des immunités eurent-ils le droit d'appliquer cette peine aux hommes qui les habitaient ? »

Sous les Carolingiens, l'affirmative n'est pas douteuse (1). Pardessus n'invoque pour l'établir que des documents de la seconde race qui ne peuvent directement démontrer le droit de juridiction criminelle de l'immuniste sous les Mérovingiens. On ne peut qu'en tirer une induction et dire que l'on ne voit pas de motif pour qu'il en ait été autrement sous la première que sous la seconde race, car, à une époque comme à l'autre, les chartes d'immunité sont rédigées d'une façon identique et doivent, par conséquent, avoir la même portée.

Le commentateur de la loi salique mentionne un chapitre de l'édit de Childebert, de 595 (2), qui aurait obligé l'immuniste à livrer au comte du lieu l'homme qui, ayant commis un crime foras immunitate, se serait refugié sur le domaine privilégié. — Nous doutons que cette disposition ait la portée qu'on lui a donnée ; il s'agit plutôt du droit d'asile, croyons-nous.

Il est cependant un monument législatif de la première race d'où résulte pour nous d'une façon certaine le droit de juridiction de l'immuniste, même en matière criminelle. C'est la constitution de Clotaire II, de 615, c. 15, Boretius, p. 22. Le juge public ne peut punir les « homines ecclesiarum de causis criminalibus accusatis, » si les agents de l'Eglise ont déjà procédé à la répression, « si tamen ab ipsis agentibus (ecclesiarum) antea non fuerit emendatum. » Le texte ne distingue pas ; il attribue le droit de répression aux agents de l'immunité en toutes matières criminelles, de causis criminalibus. Et ce qui fait bien voir qu'il s'agit ici d'infractions réprimées non pas simplement par des compositions, mais par des peines publiques,

(1) V. infra, § 170.

(2) C'est le chap. 4 et non le chap. 14 comme l'indique Pardessus.

c'est le droit qu'accorde la constitution au judex publicus de veiller à la répression, d'y procéder lui-même en cas de négligence de l'immuniste. Si ce judex publicus a un tel pouvoir, c'est précisément parce que le crime trouble la paix publique et rentre dans la catégorie de ceux qui sont le plus rigoureusement châtiés.

§ 32. — La composition du tribunal de l'immuniste est modelée sur celle du tribunal du comte. L'immuniste, ou son représentant (1) (præpositus, agens), se borne à présider ; la décision est rendue par les rachimbourgs de l'immunité dont les formules mentionnent toujours la présence à côté de l'immuniste, en les désignant par les expressions de « reliqui viri qui cum eo adherunt, reliquis viris venerabilibus atque magnificis. » (2)

(1) Les grands laïques ou ecclésiastiques à qui l'immunité est concédée ne jugent pas toujours eux-mêmes. Nous avons vu que l'édit de Clotaire II, de 614, § 19, les oblige à choisir pour représentant un homme du pays, de loco.

(2) V. Form. andecav. 10, 11, 13, 14, 16, 24, 28, 29, 30.

# CHAPITRE IV.

## JURIDICTION ECCLÉSIASTIQUE.

§ 33. — Lorsque les barbares envahirent la Gaule, ils y trouvèrent la juridiction ecclésiastique établie, telle que l'avaient organisée les constitutions du Code théodosien et la novelle de Valentinien III (1). Les innovations de Justinien n'avaient pas encore, en effet, pénétré dans l'Occident ; c'est-à-dire que les causes ecclésiastiques qui concernaient la foi et la discipline, ne pouvaient être portées que devant les tribunaux ecclésiastiques ; quant aux causes de droit commun, quelle que fût la qualité des parties, clercs ou laïques, elles devaient être, en principe, portées devant le juge séculier, à moins que les parties ne fussent d'accord pour se soumettre à la juridiction de l'évêque. Enfin, dans les affaires criminelles, les tribunaux séculiers étaient seuls compétents.

Ce droit résulte formellement de l'insertion dans le Bréviaire d'Alaric de la loi 23 au Code théodosien, *De episcopis*, et de la novelle 10 de Valentinien III, ainsi que de l'interprétation qui les suit. L'interprétation donnée à la loi 23 est on ne peut plus claire : « Quoties ex qualibet re *ad religionem pertinente*, inter clericos fuerit orta contentio, id specialiter observetur, ut convocatis ab episcopo diocœsanis presbyteris, quæ in contentionem venerint, judicio terminentur. Sane, *si quid opponitur criminale, ad notitiam judicis* in civitate, qua agitur, deducatur, ut ipsius sententia vindicetur, quod probatur criminaliter fuisse commissum. » Quant à la longue interprétation qui suit la novelle 34, elle confirme toutes les règles posées par Valentinien, disant expressément que l'évêque n'a pas de tribunal, « forum legibus non habere. » Seulement elle men-

(1) V. *Nouvelle Revue historique*, 1883, p. 402 ss.

tionne la modification apportée par une novelle postérieure de Majorien, en ce qui concerne la nécessité d'un compromis exprès ; un simple pacte est suffisant pour autoriser l'arbitrage de l'évêque (1).

La loi romaine des Wisigoths confirme toutefois la loi 12 au Code théodosien, *De episcopis*, des empereurs Constantin et Constans, qui remettait le jugement des évêques accusés à d'autres évêques, et elle la fait suivre de cette interprétation : « Specialiter prohibetur ne quis audeat apud judices publicos episcopum accusare, sed in episcoporum audientiam perferre non differat, quidquid sibi pro qualitate negotii putat posse competere, ut in episcoporum aliorum judicio, quæ asserit contra episcopum, debeant definiri. »

Sous les barbares, le cercle de la juridiction ecclésiastique s'élargit considérablement. Le clergé parvint à former non pas un Etat dans l'Etat, mais certainement un grand corps séparé, régi par sa loi particulière, la loi romaine « qua ecclesia vivit, » comme dit la loi des Ripuaires (t. LVIII, § 1), et cela sans distinction de la nationalité d'origine des prêtres qui le composaient. L'Église, attachée sous les empereurs romains aux tribunaux séculiers en matière civile et en matière criminelle, conquit son indépendance presque complète sous les Mérovingiens, et elle ne connut plus d'autre juridiction que la sienne pour les affaires qui ne concernaient que ses membres.

Nous ne nous occuperons point des causes qui touchaient seulement à la discipline intérieure du clergé, discipline qui appartient essentiellement à l'Eglise et dans laquelle le gouvernement séculier ne doit pas s'ingérer. Aussi le concile d'Agde, de 506, était-il dans son droit lorsque, dans son huitième canon, il frappait d'excommunication le clerc qui, pour se soustraire aux peines canoniques, recourait à la protection du juge laïque, et le juge qui s'immisçait dans la connaissance d'une affaire purement spirituelle. C'était avec une arme spirituelle que l'Eglise sanctionnait ses décisions. Cependant un décret de Childebert II, de 595, vint apporter un notable

(1) En n'insérant pas la constitution de 331 attribuée à Constantin, le rédacteur du Bréviaire montre bien que le caractère qu'il veut attribuer à la juridiction ecclésiastique est seulement celui d'un arbitrage volontairement accepté par les parties.

changement au caractère de la plus grave des sanctions ecclésiastiques, de l'excommunication. Il y a attaché des effets analogues à ce que le législateur moderne nommait la mort civile, c'est-à-dire l'inhabileté aux charges publiques et l'ouverture de la succession de l'excommunié au profit de ses parents : « Qui vero episcopum suum noluerit audire, et excommunicatus fuerit, perennem condemnationem apud Deum sustineat, et insuper de palatio nostro sit omnino extraneus et omnes facultates suas parentibus legitimis amittat qui noluit sacerdotis sui medicamenta sustinere. » Baluze, I, 17 (1). Pour éviter les abus d'un pouvoir aussi redoutable, le pape saint Léon écrivit aux évêques que c'était un crime énorme que d'excommunier quelqu'un pour des causes légères, et l'on accorda d'ailleurs à tout plaignant en cette matière la garantie de l'appel au synode métropolitain (2).

Voyons maintenant les causes qui se rattachent à l'ordre séculier et à des intérêts temporels.

Ou bien ces causes s'élèvent entre clercs seulement, ou bien entre clercs et laïques.

Dans le cas de contestation entre clercs, la discipline ecclésiastique les oblige à soumettre d'abord leur différend à l'évêque. Celui-ci ou bien juge lui-même, ou bien autorise les parties à se pourvoir devant les juges séculiers. Le clerc peut, il est vrai, enfreindre les prescriptions des conciles à cet égard (3) et citer un autre clerc devant les juges séculiers ; aucune loi civile ne l'expose à un refus de justice de la part du juge civil ; mais l'évêque, dont il a enfreint les ordres, a le droit de lui infliger les peines canoniques et de lui enlever son caractère ecclésiastique en le réduisant à l'état laïque. Il faut arriver à Clotaire II (4) pour voir le législateur imposer à ce clerc la juridiction de l'évêque.

(1) Peut-être l'excommunication n'entraînait-elle ces effets que dans le cas d'inceste prévu par l'édit.

(2) Lettre de saint Léon contre Hilaire d'Arles. I concile d'Orléans, can. 6 ; concile de Reims, can. 5.

(3) V. pour les décisions des conciles, *Nouvelle rev. hist.*, l. c., § 19.

(4) Dans notre étude précitée, nous avions reculé jusqu'à Charlemagne l'époque où la compétence des tribunaux ecclésiastiques fut forcée entre clercs. Nous croyons aujourd'hui (V. infra) que cette compétence résulte déjà de l'édit de 614.

Un clerc peut avoir une contestation pécuniaire avec un laïque. Ou bien il est demandeur, ou il est défendeur. Dans le premier cas, il ne peut pas forcer son adversaire laïque à comparaître devant le tribunal ecclésiastique. Les principes de la novelle de Valentinien, encore en vigueur, s'y opposent. Mais le trente-deuxième canon du concile d'Agde de 506 lui impose l'obligation de soumettre sa demande à l'examen préalable de l'évêque, sans l'autorisation duquel il ne peut, sous peine d'excommunication, porter son action devant le juge séculier. Si le laïque est demandeur, le clerc est encore obligé, d'après une lettre synodale des évêques de la province de Tours en 453, de soumettre préalablement sa demande à l'examen de l'évêque, sans la permission duquel il ne peut comparaître devant le juge séculier. L'Eglise, dit Pardessus, intéressée à ce que les membres du clergé conservassent le respect et la confiance des peuples, en ne formant point ou en ne soutenant point de contestations injustes, était évidemment dans son droit lorsqu'elle imposait ces obligations aux clercs (1).

Les conciles portèrent leurs prétentions bien plus haut. Voulant soustraire, d'une manière générale, à la juridiction séculière les causes dans lesquelles un clerc était impliqué, ils interdirent à toute personne, même aux laïques, de citer un clerc devant les tribunaux séculiers sans la permission de l'évêque. Le trente-deuxième canon du troisième concile d'Orléans porte la défense suivante : « Clericus cujuslibet gradus, sine Pontificis sui permissu, nullum ad seculare judicium præsumat attrahere, neque laïco inconsulto sacerdote, clericum in seculare judicium liceat exhibere (2). » Sans doute, la règle

(1) Aussi voit-on ces règles reproduites dans les canons du concile d'Epaone de 517, et par le canon 32 du troisième concile d'Orléans de 538.

(2) Cp. Synod. Aurel. IV, can. 20 : « Quæcumque causatio quoties inter clericum et secularem vertitur, absque presbytero aut archidiacono, vel si quis esse prepositus Ecclesiæ dignoscitur, judex publicus audire negotium non præsumat, sane si causam habentibus placuerit vel ad judicium ex voluntate communi, permittente præposito Ecclesiæ, clerico licentia tribuatur. » Synod. Agath. c. 32 : « Clericum nullus præsumat ad secularem judicem, episcopo non permittente, pulsare, et si pulsatus fuerit, non respondeat, vel proponat, nec audeat criminale negotium in seculari judicio proponere. » Synod. Antissiodor. c. 43. Synod. Matisc. I, c. 8.

posée par les conciles n'ayant aucune sanction civile (1), un laïque peut toujours, au mépris des canons, citer directement un clerc devant les tribunaux séculiers, mais il n'y *en a* pas *moins* dans ces règlements ecclésiastiques quelque chose de grave à une époque où l'empire de la religion était très grand; la règle des conciles pouvait jeter le trouble dans les consciences. On ne tarda pas, en effet, à en éprouver les inconvénients, et la royauté sentit le besoin de poser des règles de délimitation entre les deux juridictions laïque et ecclésiastique.

§ 34. — C'est ce que fit Clotaire II dans la célèbre constitution de 614, rendue sur la proposition du concile de Paris, tenu quelques jours avant. La portée des dispositions de cette constitution qui concernent la juridiction ecclésiastique, a été fortement controversée. Voici d'abord le texte des différents articles qui nous intéressent :

C. 4. : « Ut nullum iudicum de qualebit ordine clerecus de civilibus causis, præter criminalia negocia, per se distringere aut damnare præsumat, nisi convincitur manifestus, excepto presbytero aut diacono. Qui convicti fuerint de crimine capitali, iuxta canones distringantur et cum ponteficibus examinentur. »

C. 5 : « Quod si causa inter publicam personam et hominibus ecclesiæ steterit, pariter ab utraque partem præpositi ecclesiarum et iudex publicus et in audientia publica positi eos debeant iudicare ». Boretius, p. 21.

La critique allemande, qui s'est beaucoup occupée de l'interprétation de ces textes, est partagée en deux camps. Dans l'un (2), on enseigne que les tribunaux ecclésiastiques sont seuls compétents pour juger les procès civils entre deux clercs, et que, pour les contestations entre un clerc et un laïque, l'affaire est portée devant un tribunal mixte. Dans une autre opinion, qui a pour principal représentant

(1) Sauf ce que nous avons dit de la sanction civile attachée à l'excommunication en 595.

(2) Dove, *de jurisdictionis ecclesiasticæ apud Germanos Gallosque processu.*

M. Sohm (1), on dit que les tribunaux ecclésiastiques ne peuvent connaître des causes civiles intéressant les clercs que comme simples conciliateurs, que la compétence des tribunaux ordinaires reste absolument entière, qu'en un mot les tribunaux ecclésiastiques n'ont aucune juridiction véritable en matière civile : « Es giebt in fränkischen Reich keine geistliche Civiljurisdiction im Sinne des öffentlichen Rechts. » (Sohm).

En matière criminelle, les auteurs sont plus divisés encore. Les uns (Dove) attribuent à l'Eglise seule le jugement des clercs ; d'autres (Lœning) enseignent que le clerc est jugé et condamné par le juge séculier, mais renvoyé au juge ecclésiastique pour l'application des peines canoniques ; d'autres enfin (Sohm) distinguent entre l'instruction et le jugement, attribuant celle-là au juge laïque, celui-ci au juge ecclésiastique.

Cherchons, à notre tour, quelle peut être la véritable portée de l'édit de Clotaire, soit en matière civile, soit en matière criminelle.

§ 35. — En matière civile, nous aurons deux hypothèses à examiner ; la première est celle où la contestation s'élève entre deux clercs ; la deuxième, celle où le litige existe entre un clerc et un laïque.

*Procès entre deux clercs.*

Dans une opinion très accréditée, les clercs doivent bien d'abord se présenter devant le tribunal ecclésiastique de l'évêque, mais c'est simplement pour y procéder à une tentative de conciliation ; la procédure devant l'évêque est une procédure extraordinaire ; la décision de l'évêque est un simple conseil aux parties et n'a aucune force exécutoire. Si l'une des parties refuse d'y obtempérer, il faut alors se rendre devant le tribunal de droit commun, seul compétent pour prononcer un jugement véritable. Sohm, l. c., p. 200 et s.

(1) *Die geistliche Gerichtsbarkeit im Fränkischen Reich*, dans la *Zeitschrift für Kirchenrecht*, IX, p. 183 et s. — Dans le même sens, Lœning, *Geschichte des deutschen Kirchenrechts*, t. II, p. 507 ss. Maassen, *Sitzungsberichte der Academie der Wissenschaften*, XCII, p. 311 et s. Waitz. l. c., I, 2°, p. 169.

On invoque, pour établir l'existence de ces principes sous les Mérovingiens (1), un diplôme de Clovis III de 692 (2). Il s'agit d'un procès entre l'abbé Chaino prieur de Saint-Denis, et l'abbé Ermenoald, relativement à une promesse de 1,500 livres d'huile et de cent muids de bon vin. Les deux abbés comparaissent d'abord devant l'évêque Sigefridus, « ante domno Sygefrido pontefeci placita inter se habuerunt, ut mediomense aprile iam preterito ipsi Ermenoaldo abba apud tris homenis sua mano quarta ante ipso pontefeci aut hoc coniurare debirit, quod ipso vuaddio de mano memorato Chainone abbati nunquam adchramissit, nec hoc ei dare et adimplire spondedisset, quod se menime faciebat, argentas liberas dece ad ipso diae ei dare debirit ; quod si hoc non faciebat, postia istas kal. madias jam preteritas, ante nus debirent coniungire et inspectas eorum noticias inter se de ac causa debirint deducire racionis. Unde et per ipsas eorum noticias paricolas taliter placitum inter se habuerunt initum. » Ermenoald ayant également fait défaut devant le placitum palatii, voici ce qu'ordonne le roi : « Iubemus ut quidquid lex loci vestri de tale causa edocit, memoratus Ermenoaldus abba, partibus ipsius agentibus ad pacti superscripti Chainone abbati, vel basilica sui domni Dionesii omnemodis vobis distringentibus, componire et satisfacire non recusit. »

Sohm, l. c. conclut de ce diplôme que « la sentence rendue par l'évêque n'est pas obligatoire ; que le défaut devant le tribunal de l'évêque ne fait point perdre le procès ; que l'exécution de la sentence épiscopale dépend du bon vouloir du condamné ; que le tribunal de l'évêque n'est pas un tribunal ; que le jugement de l'évêque n'est pas un jugement, et que la *contumacia* devant lui n'est pas une *contumacia* ; que l'instance devant l'évêque n'est qu'une instance compromissoire et encore sans le privilège d'exécution que le droit romain y attachait. »

§ 36. — Nous ne pouvons nous rallier à cette conclusion.

(1) V. infra pour l'époque Carolingienne.

(2) Pardessus, *Dipl.* II, n° 424. — Rapporté et annoté par Bethmann-Hollweg, l. c. p. 558.

Remarquons d'abord que rien, dans les termes du diplôme, ne fait supposer que l'évêque n'ait pas exercé un véritable droit de juridiction. Au contraire, le texte parle plusieurs fois du *placitum* ante episcopum ; le placitum, c'est l'expression employée pour désigner le tribunal du comte ou celui du roi ; placitum comitis, palatii. Si le tribunal de l'évêque ne constituait pas une véritable juridiction, le rédacteur du diplôme se serait servi d'une autre expression, par exemple du mot *audientia*, comme le faisaient déjà les jurisconsultes romains pour désigner le pouvoir judiciaire de l'évêque (1).

Il faut, d'un autre côté, examiner avec attention la décision de l'évêque, elle porte : 1° que Ermenoald pourra se purger de l'accusation en prêtant serment, avec trois cojureurs, qu'il ne doit rien à l'abbé de Saint-Denis ; 2° qu'à défaut de ce serment Ermenoald devra payer une certaine somme ; 3° qu'en cas de refus de payer cette somme, les parties iront devant le tribunal du roi pour y débattre plus au long leurs prétentions. Si les parties viennent devant le tribunal du roi, c'est donc en vertu de la sentence même de l'évêque (2). On comprend très bien que, dans l'hypothèse, l'évêque réserve la solution suprême au roi, car les deux parties sont des immunistes, des protégés du roi, partant des justiciables du placitum palatii (3).

Dans la dernière partie du diplôme, le roi prescrit au comte compétent de faire exécuter *quiquid lex loci vestri edocit*. De ce que le roi renvoie l'exécution au comte, il ne s'ensuit pas que la décision de l'évêque ne soit pas obligatoire pour les parties : au contraire, puisque le comte est précisément obligé de faire exécuter ce que la lex loci sui edocit, c'est-à-dire la décision de l'évêque Il ne peut s'agir, en effet. par lex loci de jugement du comte, puisque celui-ci n'a rien à juger, qu'il n'a qu'à faire exécuter.

L'édit de Clotaire, il est vrai, n'attribue pas expressément au tribunal ecclésiastique la connaissance du différend qui surgit entre deux clercs. Mais la compétence de ce tribunal

(1) V. *Nouvelle Rev. hist.* l. c. p. 422.

(2) Bethmann-Hollweg, l. c. p. 559, n. 8, admet que l'évêque statue dans le procès en qualité de missus royal. Rien dans le texte ne le fait supposer.

(3) V. supra, § 22.

nous semble ressortir a fortiori de ce qui est admis pour l'hypothèse *où* le procès s'agite entre un clerc et un laïque. Si, comme nous espérons l'établir, des juges laïques se joignent alors aux ecclésiastiques, c'est à cause de la présence d'un laïque dans le débat. Lorsque les deux parties sont des clercs, il n'y a plus aucune raison pour faire intervenir l'élément laïque dans la composition du tribunal, et la connaissance de la cause doit être réservée à la juridiction ecclésiastique.

La preuve enfin que la compétence du tribunal épiscopal ressort bien de l'édit de Clotaire, c'est qu'un concile tenu quelque temps après le concile de Paris de 614, décide que l'on doit observer les dispositions de l'édit de Clotaire comme n'étant contraires en aucune façon à la foi catholique et à la discipline ecclésiastique. *Canon I ex synodo incerti loci paulo post parisiense concilium celebrato* : « Ut constitutiones illæ quæ Parisiis sunt decretæ hoc est tam a domnis sacerdotibus quam a domno Chlothacario rege, iuxta priscas patrum constitutiones, in omnibus conserventur, quia in nullo fidei catholicæ vel ecclesiasticæ regulæ contrariæ sunt inventæ. » Sirmond, *Conc. Gall.* I, p. 618. Or, de nombreuses décisions des conciles attribuaient à l'évêque la connaissance des différends des clercs entre eux. Telle est notamment la disposition du canon 9 du concile de Chalcédoine de 451 : « Si quis clericus adversus clericum habet negotium, non deserat proprium episcopum, et ad secularia percurrat judicia. »

Sohm allègue qu'un grand nombre de documents de l'époque nous montrent les clercs, dans les procès qu'ils ont entre eux, procédant devant le tribunal ordinaire. (Voici les documents de l'époque mérovingienne : l'évêque de Rouen contre l'abbaye de Saint-Denis, devant le tribunal du roi, en 659. Pardessus, *Dipl.* II, N° 334. — L'abbaye de Saint-Denis contre l'évêque du Mans, devant le tribunal du roi, en 658. Pardessus, N° 332. — L'abbaye de Saint-Denis contre l'abbaye de Maroilles, devant le majordomus, en 749, Pardessus, II, N° 603. — L'abbaye de Saint-Denis contre l'abbaye de Sept-Meules, devant le majordomus, en 750, Pardessus, n° 604. — L'abbaye de Saint-Denis contre l'abbesse Angatrude, devant le tribunal du roi Clovis III, en 692. Ibid., N° 420. — L'abbaye de Saint-Germain-des-Prés contre l'abbesse Adalgude, en 703, devant le tribunal de Childebert III, Ibid., II, N° 456). — Le tribunal séculier dont il est question dans ces documents, c'est le placitum palatii, ce n'est point le tribunal de droit commun, le mal du comte. Or, on comprend très bien que les procès dont il s'agit dans ces diplômes soient portés devant le tribunal du roi, eu égard précisément à la qualité d'immunistes des parties ; l'immunité emportant virtuellement la mainbour (si celle-ci n'avait point déjà été concédée expressément), les évêques, abbés et abbesses peuvent réclamer la juridiction du roi qui fait alors échec à la fois et à la juridiction normale séculière du comte et à la juridiction ecclésiastique de l'évêque.

§ 37. — Nous avons toujours supposé deux simples clercs ayant un procès entre eux. La contestation peut s'élever entre deux évêques. Elle est alors portée devant le métropolitain ou devant un synode composé des évêques de la même province, conformément au onzième canon du concile de Paris de 614 : « Placuit etiam secundum constitutionem anteriorem, ut si quis episcoporum cum coepiscopo suo quodcumque negocium exequi voluerit, ad judicium metropolitani sui recurrat. Quod si spreto metropolitano, vel reliquis comprovincialibus, judicem publicum adierit, tamdiu a caritate metropolitani habeatur extraneus, quamdiu in proximo synodo coram fratribus facti hujus debeat reddere rationem. » Sirmond, l. c., I, p. 473. Le concile suppose qu'un évêque peut refuser de comparaître devant son métropolitain. En fait, ces refus doivent être très rares. En tout cas, le juge séculier, devant qui l'évêque récalcitrant portait sa cause, devait être le roi et non le juge ordinaire, comte ou centenier, dont l'autorité était souvent inférieure à celle du chef du diocèse (1).

§ 38. — En cas de contestation entre un clerc et un laïque, la juridiction séculière est-elle seule compétente, ou bien la solution du procès appartient-elle à un tribunal mixte dans la composition duquel entrent le comte et l'évêque ?

Nous allons d'abord présenter le résumé de la savante argumentation de Sohm sur ce point (p. 209 et s.) :

(1) Nous voyons au VIe siècle un conflit entre l'évêque de Rhodez et l'évêque de Cahors tranché par un concile provincial de Clermont (conjunctus metropolitanus cum suis provincialibus). Greg. Tur., VI, 38.

L'Eglise ne pouvait point, de sa seule autorité, imposer au laïque demandeur contre un clerc d'assigner son adversaire devant le tribunal ecclésiastique. Les décisions des conciles sur ce point (rapportées supra § 30) avaient besoin d'être sanctionnées par la loi séculière. L'Eglise obtint satisfaction partielle à ses réclamations par l'édit de Clotaire, c. 4 : « Ut nullus judicum de quolibet ordine clericos *de civilibus causis* (1), præter criminalia negotia, per se distringere aut damnare audeat. » Il interdit au juge d'employer son pouvoir contre le clerc *per se* ou *sine scientia* pontificis, comme le dit le concile de Paris (2). Mais il ne faut pas voir dans l'expression per se la nécessité d'un tribunal mixte que l'Eglise n'a jamais songé à demander dans les conciles antérieurs à 614, dont les vœux ont trouvé leur formule définitive dans les dispositions arrêtées à cette époque (Concil. Aurel. IV, a. 541, c. 20. Concil. Antissiodor. a. 578, c. 4. Concil. Matiscon. a. 581, c. 7. Concil. Matiscon. II, a. 585, c. 9) En interdisant le *per se* du juge séculier (ou non prætermisso pontifice, non pro sua potestate, non absque voluntate episcopi, etc.), l'Eglise demandait l'exclusion du droit de contrainte du juge séculier et son remplacement par le droit du juge ecclésiastique. Non distringere per se, pour le juge séculier, cela revenait à distringere per episcopum. L'Eglise réclamait à la fois, pour son tribunal, l'instruction et le jugement; elle ne demandait point un judicium mixtum, l'adjonction du juge ecclésiastique au juge laïque pour la solution du différend. Elle voulait contraindre le laïque, comme le clerc, à porter son action devant le tribunal ecclésiastique, à la soumettre d'abord à la *discussio*, à l'*audientia episcopi*. L'édit de Clotaire accorde bien à l'Eglise ce qu'elle réclamait, mais la procédure devant le tribunal ecclésiastique n'est que préalable à la procédure devant le tribu-

(1) Par civiles causæ, Sohm entend, avec raison, les affaires civiles, par opposition aux affaires criminelles, criminalia negotia.

(2) Voici le canon du concile de Paris correspondant au § 4 de l'édit : « Ut nullus iudicum neque presbyterum, neque diaconum vel clericum aut iunioris ecclesiæ sine scientia pontefecis per se distringat aut damnare præsumat. Quod si fecerit, ab Ecclesia cui iniuriam inrogare dignuscitur, tamdiu sit sequestratus quamdiu reatu suo corregat et emendet. » Sirmond, *Conc. Gall.* I, 470.

nal laïque. Sans doute, le vœu des conciles est bien que la sentence de l'évêque soit définitive ; mais le droit séculier ne lui reconnaît pas u.. semblable caractère, ainsi que le prouve une formule de Marculfe de la fin du VIIe siècle, I, 27, Zeumer, p. 59 : « Domno — patri illi episcopo ille rex. Illi veniens ad presentiam nostram suggessit, quasi abba vester, aut clericus, vel homo vester, ille eidem servo suo per forcia tulissit vel post se reteneat iniuste, et nulla iustitia eodem ex hoc consequere possit. Propterea presentem indecolum ad sanctitatem vestram direximus, per quem petimus, ut et pro nos orare dignetis et, si taliter agitur, *ipso abbate vestro illo, aut clerico* presentialiter *constringatis*, qualiter, si ita agetur, ac causa contra iam dicto illo legibus studeat emendare. Certe *si noluerit* et aliquid contra hoc habuerit quod opponere, ipso illo per fideiussores positos tunc ad nostram diregire studeatis præsentiam. » « Ici, dit le critique allemand, nous avons le distringere non per se mais per voluntatem episcopi. Ici nous avons la discussio et l'audientia de l'évêque ; l'instruction est faite par lui dans la cause de l'abbé ou du clerc ; l'évêque ordonne que le défendeur restitue le servus en question au demandeur. Mais, *si noluerit*, si le défendeur n'accepte pas la décision de l'évêque, aucune exécution n'est possible ; il faut recourir au tribunal séculier. La procédure devant l'évêque est une procédure de conciliation, qui ne produit aucun résultat dès que l'une des parties refuse « familiariter inter se pacificari. » Ce que le droit séculier fait pour l'évêque, c'est de lui permettre, non point de juger, mais de concilier le différend entre un clerc et un laïque ; ce n'est point de soustraire en droit cette affaire à la compétence du juge séculier, mais de la lui enlever en fait. Sans doute ce n'est point le roi qui contraint le clerc à se présenter devant un placitum palatii, c'est l'évêque per fidejussores positos. Mais la districtio, avec la discussio et l'audientia ne comportent point de sententia. La discussio et l'audientia sont seulement des formalités préalables à la districtio non per judicem, à la citation devant le tribunal séculier. »

§ 39. — Quelque spécieuse que paraisse cette argumentation, elle ne nous convainc point. Nous estimons d'abord que Sohm a donné à la formule 27 de Marculfe une toute autre portée que celle qu'elle a en réalité. Cette formule est un indiculus regalis rentrant dans la catégorie de ceux que Brunner (1) qualifie d'indiculi de justitia facienda. Voici les faits que suppose un tel indiculus : la compétence du placitum palatii, ainsi que nous l'avons expliqué (§ 17), n'était point limitée. Le roi mérovingien apparaissait comme le grand juge du royaume, ayant compétence pour connaître de toutes les causes civiles et criminelles. La partie lésée pouvait s'adresser directement au roi pour obtenir justice. Lorsque le défendeur était une personne dont l'assignation directe devant le tribunal du roi ne semblait ni nécessaire, ni opportune, le roi, dans l'indiculus qu'il délivrait au demandeur, adressait un « ordre hypothétique de districtio » au juge devant qui l'affaire aurait dû être portée normalement. C'est seulement pour le cas où le pouvoir de districtio de ce juge ne suffirait point pour mener l'affaire à bonne fin, aut si non rectæ finitur devant ce juge, que le roi prescrit à celui-ci de veiller à ce que le défendeur se présente au placitum palatii dans un délai déterminé.

Telles sont les circonstances auxquelles se réfère la formule 27. La preuve en est dans le rapprochement de cette formule avec d'autres, notamment les formules 28, I, et 30, append. Form. 28 : « Ille rex, vero inlustris, illo *comite.* Fidelis, Deo propitio, noster illi ad presentiam nostram veniens clementiam regni nostri suggessit, eo quod paginsis vester ille eidem terra sua in loco nuncupante illo per fortia tullisset et post se reteneat iniusti, *et nulla iustitia ex hoc apud ipsum consequere possit.* Propterea ordinatione præsenti *ad vos direximus*, per quo omnino iobemus, *ut ipso illo taliter constringatis*, qualiter, si ita agitur *ac causa contra iam dicto illo legibus studeat emendare*, CERTE SI NOLUERIT, *et ante vos rectae non finitur memorato illo tultis fideiussoribus*, kalendas illas *ad nostram eum cum omnibus modis diregire studeatis presentiam.* » — Append. 30 (Rozière, 436) : « Ille rex ... illi *comite ... et si ante vos minime definitum fuerit*, tunc ipsos homines, qui hoc contendunt malo ordine, per fideiussoris positus super noctis tantas ... ante nos facias advenire. »

(1) *Die Enstehung der Schwurgerichte*, p. 78 et s.

Il est facile de voir à présent que l'on ne peut nullement argumenter des termes de la formule 27 pour dire que l'évêque n'avait pas de juridiction véritable, que sa sentence n'avait de valeur que par l'acquiescement du condamné et qu'en cas de résistance de celui-ci il fallait recourir au juge séculier (1). Si telle était, en effet, la portée de la formule, on pourrait dire également que le comte n'avait point de véritable juridiction, que sa décision était simplement celle d'un conciliateur. Car les formules 28, liv. I et 30 append. disent également *si noluerit, si ante vos minime definitum fuerit*, et semblent laisser croire que la partie condamnée par le comte peut aussi d'une manière générale ne point accepter sa sentence. Or c'est une pure apparence, et tout s'explique par les circonstances dans lesquelles le roi délivrait l'indiculus.

Nous tirerons à notre tour un argument de la formule 27 contre la théorie que nous combattons. Nous dirons que l'identité des formules 27, 28 et 30 (app.) semble a priori militer en faveur de l'assimilation de l'évêque au comte en ce qui concerne les fonctions judiciaires. S'il y avait entre la juridiction épiscopale et la juridiction du comte cette différence capitale que soutient Sohm, il serait bien surprenant que les formules n'y fissent aucune allusion.

§ 40. — L'Eglise, dit Sohm, n'avait jamais réclamé la création d'un tribunal mixte ; ce qu'elle voulait, c'était l'attribution au tribunal de l'évêque de toutes les causes où un clerc était intéressé. — Mais précisément, dirons-nous, c'est là ce qui rend très admissible au point de vue de la logique de l'histoire la création d'un tribunal mixte pour ces sortes d'affaires. L'Eglise demandait compétence exclusive pour ses tribunaux ; elle l'établissait par les canons de ses conciles, canons obligatoires seulement dans le for intérieur pour les fidèles. Mais, par les censures ecclésiastiques qu'elle établissait comme sanction de ses canons, elle troublait profondément les consciences. Que devait faire la royauté ? Evidemment chercher à rétablir

(1) Sohm emploie trop volontiers cette expression de juge séculier, *weltiche Richter*, ce qui laisserait croire à la compétence du tribunal séculier de droit commun, du tribunal du comte, alors qu'en réalité la formule ne parle que du tribunal du roi.

l'ordre moral en donnant satisfaction à l'Eglise, en lui assurant des garanties pour ses clercs, tout en se réservant une part et le contrôle dans l'administration de la justice. Le moyen de sortir d'embarras qui se présentait naturellement, c'était l'établissement de tribunaux où chaque élément, laïque et ecclésiastique, se trouvait représenté pour la sauvegarde des droits de plaideurs appartenant chacun à un ordre différent.

Si l'on part de cette idée, on comprend parfaitement le § 5 de la constitution de Clotaire II : « Pariter praepositi ecclesiarum et iudex publicus in audientia publica positi eo debeant iudicare. » — Ce § 5 aurait ainsi un double but ; il porterait institution d'un tribunal mixte pour une double hypothèse : 1° pour le cas de contestation entre un homme de l'immunité et un tiers étranger à l'immunité (V. supra § 25) ; 2° pour les procès entre un clerc et un laïque. Les raisons d'instituer un judicium mixtum sont les mêmes dans les deux cas. — Ces deux hypothèses devaient d'ailleurs se confondre très souvent en fait. Car les clercs, à cette époque où l'immunité était très répandue et constituait le droit commun des possessions ecclésiastiques, devaient presque toujours résider sur un territoire privilégié et, à ce titre, être justiciables de l'immuniste, du grand ecclésiastique. Aussi la formule 27, liv. I, Marc. réunit-elle dans sa première phrase : « quasi *abba vester*, aut *clericus*, vel *homo vester*. » L'abba, le clericus, étaient bien déjà homo vester, et rigoureusement il aurait été inutile de les mentionner dans la formule ; mais homo désigne spécialement l'habitant laïque de l'immunité. — Si l'on réfléchit à cet état de fait, à cette confusion habituelle de la qualité de clerc et de celle de justiciable de l'immunité, la constitution de Clotaire se comprend et se justifie encore mieux.

Le § 4 renferme l'application de la même idée, mais sous une forme moins nette en apparence, parce qu'il contient plus de choses et qu'il est d'une concision peut-être un peu trop grande : « Nullus judicum clericos *per se* distringere aut damnare præsumat. » Sohm n'a guère commenté que la première partie « per se distringere. » N'oublions pas qu'il y a aussi interdiction de « per se damnare » c'est-à-dire de juger, de condamner per se. Or, cette expression per se (traduction littérale : par soi-même, à soi tout seul), laisse bien entendre que le juge séculier ne peut statuer qu'avec l'assistance d'un autre pouvoir, celui dont il va être parlé dans le § 5. Il nous semble impossible d'attribuer une autre signification aux mots per se. Les entend-on en ce sens que le juge séculier ne peut condamner sans l'autorisation de l'évêque, absque voluntate episcopi, non permittente præposito ecclesiæ, episcopo non permittente ? Mais alors, si l'évêque refuse son autorisation, il y aura donc impossibilité d'arriver à une solution judiciaire, puisque, d'autre part, on dénie à l'évêque le droit de rendre un jugement véritable. En présence de cette interdiction de damnare per se, il nous est impossible d'apercevoir une autre solution que celle du tribunal mixte. Peut-être nous reprochera-t-on d'avoir la vue trop courte. Nous répondrons que nous donnons aux textes le sens qui s'en dégage à première vue et que nous n'apportons aucun esprit de système dans leur interprétation.

§ 41. — On reconnaît que, dans un grand nombre de documents de l'époque franque, l'évêque et son clergé interviennent régulièrement à côté du comte et des assesseurs séculiers dans les procès entre clercs et laïques. Mais voici comment on explique le fait : « L'évêque et son clergé se présentent à la réunion judiciaire séculière non point comme juges ou assesseurs ecclésiastiques, mais en vertu du droit civil (1). L'organisation judiciaire de droit public ne fait aucune différence entre clerc ou laïque. Les clercs sont aussi capables que les laïques de prendre part à un jugement, et ils s'y présentent alors non point en qualité de clercs, mais comme citoyens de la circonscription. A l'évêque, considéré comme personne notable, appartient la présidence honoraire (2) à côté du comte,

(1) En ce sens Lôning, *Gesch. des deutschen Kirchenrechts*, II, p. 535.

(2) Sohm, l. c. n. 66, dit que la présidence judiciaire (*der richterliche Vorsitz*) appartient au comte seul. C'est pour cela que l'exécution appartient au comte. Marc. App. 3 : dans un procès jugé sous la présidence commune du comte et de l'évêque, le demandeur « per manu vicario et per iussionem inlustri viro illo comite et per iuditium ad ipsas personas præsentaliter recepit. » Rozière, 477. — Rien d'étonnant à ce que l'exécution appartienne au comte, au magistrat qui a la force publique à sa disposition. D'ailleurs, le tribunal mixte, nous le concédons, c'est au fond le tribunal ordinaire auquel on adjoint pour la circonstance des assesseurs ecclésiastiques. Le jugement une fois rendu, l'exécution doit donc rester au comte, président du tribunal ordinaire.

c'est-à-dire que l'évêque vient au tribunal séculier non point comme représentant de la puissance ecclésiastique, mais en sa qualité de grand du royaume. C'est précisément pour cela que la participation de l'évêque et du clergé au tribunal public (séculier) est ancienne et n'avait pas besoin pour se produire d'un privilège spécial. Déjà au VIe siècle, longtemps avant l'édit de Clotaire, d'où l'on fait dériver les tribunaux mixtes, l'évêque et le clergé apparaissent comme membres ordinaires du tribunal ordinaire. Aussi la participation de l'élément ecclésiastique, et en particulier de l'évêque, a-t-elle lieu sans distinction de contestation..., la mission de l'évêque et du clergé au tribunal séculier est un sæculare negotium. »

Nous répondrons que l'intervention fréquente du clergé dans les procès dont nous parlons ne se comprendrait guère, si elle n'avait pour fondement que les règles de l'ancienne organisation judiciaire, si la loi civile, d'accord en cela avec la loi ecclésiastique, ne leur faisait pas une faculté et même une obligation d'entrer dans la composition du tribunal chargé de statuer entre le clerc et le laïque. En effet, les canons des conciles du VIe siècle interdisaient en principe aux membres du clergé de se mêler des negotia sæcularia, de disputare in placitis sæcularibus (Concil. Antissiodor. a. 578, c. 33, 34 ; Concil. Matiscon. II, a. 585, c. 19. Mansi IX, p. 915 et 957). La présence fréquente des clercs au nombre des juges, lorsque l'intérêt d'un membre du clergé est en jeu, suppose une exception dans la loi ecclésiastique pour cette classe de procès, exception consentie justement pour sauvegarder les droits des clercs et parce que la loi civile donnait alors place à l'élément ecclésiastique dans la composition du tribunal.

Il est vrai que des documents signalent la présence de l'évêque dans des procès où l'intérêt d'un clerc n'est pas en question. (Rozière 407, Andecav. 43 ; Roz. 477, app. Marc. 6 ; Greg. Tur. VII, 47, *Vita patr.* 8, 9). — En résulte-t-il que l'évêque intervienne au même titre dans un procès de ce genre et dans celui qui s'élève entre un clerc et un laïque ? Non. Dans le premier cas, la présence de l'évêque s'explique par le droit que la royauté lui reconnaît de surveiller l'administration de la justice rendue par le comte. La præceptio de Clotaire II accorde, comme nous l'avons vu, à l'évêque un droit de réforme et de cassation sur les sentences des juges séculiers, « ut quod perpere iudicavit versatim melius discussione habeta emendare procuret. » Boretius, p. 19. Si l'évêque peut casser une sentence injuste, pourquoi n'aurait-il pas le droit de la prévenir en assistant au procès, et cela surtout lorsque l'intérêt de l'Eglise peut être touché, comme le dit la formule 107 Roz., « cum pro udilitate ecclesiæ vel principale negucio.. » Ce qui vient à l'appui de ce que nous disons, c'est que les formules ne font aucunement mention dans les procès de la présence de clercs à côté de l'évêque. Celui-ci est le seul ecclésiastique présent, parce que des laïques seuls sont en cause. Mais si un clerc est partie, alors, à côté de l'évêque viennent siéger d'autres clercs, dont la présence est mentionnée par les procès-verbaux judiciaires (V. les documents cités par Sohm, p. 218, n. 64) ; ils représentent alors, avec leur chef, l'élément ecclésiastique qui doit, en principe, entrer pour moitié dans la composition du tribunal.

Sans doute, enfin, on rencontre déjà, dès avant l'édit de Clotaire, des clercs parmi les membres du tribunal ordinaire. (Grégoire de Tours, V, 43 ; VIII, 39 ; VII, 47, cite des évêques siégeant à côté du comte. V. 49, il nous montre Leudast, comte de Tours, siégeant à son tribunal cum senioribus vel laïcis, vel clericis, et se laissant entraîner à des invectives contre les *cives*, ses assesseurs). Ils figurent alors au procès au même titre que les autres boni homines, en leur qualité de citoyens, cives. L'usage devait s'être répandu, dès le VIe siècle, d'appeler des membres du clergé dans la composition du tribunal, lorsque l'intérêt d'un clerc était engagé en procès, et l'Eglise, malgré les canons des conciles dont nous avons parlé, ne devait pas leur savoir mauvais gré de prendre part à l'administration de la justice en de semblables circonstances. Ce qui existait en fait, la constitution de Clotaire l'a consacré en droit, modifiant alors le titre en vertu duquel les clercs siègent comme juges ecclésiastiques à côté de rachimbourgs laïques.

§ 43. — Le tribunal mixte, dont nous avons admis l'existence, n'est point seulement compétent dans les procès entre clercs et laïques, mais encore dans les causes qui concernent les *pauperes ecclesiæ* (Sohm), personnes qui se trouvent sous la defensio, le mundium de l'Eglise. Le canon 12 du deuxième concile de Mâcon porte : « Judices non prius viduas et pupillos conveniant *quam episcopo nuntiarint*, cujus sub velamine degunt. Quod si episcopus præsens non fuerit, archidiacono vel presbytero, cuidam ejus, *ut pariter sedentes communi deliberatione causis eorum terminos figant.* » Mansi, IX, p. 954.

Le concile de Paris revendiquait pour l'Eglise exclusivement la juridiction sur les affranchis. Can. 5 : « Liberti quorumcumque ingenuorum a sacerdotibus defensentur, *nec ad publico ulterius evocentur*, quod si quis auso temerario eos impremere voluerit aut ad publicum revocare et admonitus per pontificem ad audientiam venire neglexerit aut emendare quod perpetravit distolerit, communione privetur. » Sirmond, l. c., I. 470. — Voici en quels termes l'édit de Clotaire donne satisfaction au concile de Paris. § 7 : « Libertus cuiuscumque ingenuorum a sacerdotibus, iuxta textus cartarum ingenuetatis suæ contenit, defensandus, nec *absque praesentia episcopi aut praepositi æcclesiæ iudicandus vel ad publicum revocandus.* » L'Eglise demandait pour les affranchis une juridiction exclusive : la royauté se borne à admettre la présence de droit du représentant de l'Eglise dans le tribunal chargé de juger les affranchis. C'est le même esprit de transaction qui a présidé à la rédaction du § 7 et du § 5.

L'édit ne parle que des affranchis. Mais nous croyons que les veuves et les orphelins ne peuvent pas être jugés sans le concours de l'évêque ou d'un de ses délégués, ainsi que le prescrit le concile de Mâcon. Les mêmes raisons commandent l'extension de la compétence du tribunal mixte à ces personnes. Si l'édit de Clotaire ne vise que les affranchis, c'est probablement parce que le canon du concile de Paris avait parlé d'eux seulement et avait émis à leur égard une prétention que la royauté n'admet qu'en partie.

§ 44. — Si la compétence du juge séculier est profondément modifiée lorsque l'intérêt d'un clerc est en jeu, nous croyons que, dans un cas particulier, elle reprend toute son étendue, à savoir lorsque le clerc *convincitur manifestus* (§ 4 de l'édit), ce que nous entendons du clerc surpris en flagrant délit de *crimen non capitale.* Suivons bien, en effet, l'enchaînement des différentes parties du § 4 : prohibition adressée au juge séculier de distringere aut damnare per se en matière civile ;

exception à la défense de distringere, lorsqu'il s'agit d'un criminale negotium, c'est-à-dire, comme nous le verrons (§ 47), d'un crimen capitale entraînant l'application de peines publiques ; puis autre exception à la défense de distringere aut damnare lorsque le clerc est surpris en flagrant délit, nisi convincitur manifestus. Pour donner un sens utile à cette dernière exception, on ne peut évidemment l'entendre des criminalia capitalia, puisque, dans ces affaires, le juge séculier a déjà le droit de distringere (non de damnare, v. infra) en vertu de la première exception. Nisi convincitur manifestus ne peut non plus avoir pour but de lui donner le droit de damnare en cas de flagrant délit, puisque, comme nous l'établirons, le jugement de condamnation de crimine capitali est toujours prononcé secundum canones par le tribunal ecclésiastique, que le délit soit ou non flagrant. — Reste donc la solution que nous avons proposée. Le juge séculier est compétent pour statuer sur les intérêts civils naissant d'une infraction non capitale, lorsque le clerc est surpris en flagrant délit. Nisi convincitur manifestus éveille l'idée d'une infraction ; ce n'est point une infraction capitale, puisque le jugement d'une infraction de ce genre est attribué à l'évêque par la deuxième phrase. C'est donc une infraction ne pouvant donner lieu qu'à une composition ou à une demande en dommages-intérêts. — L'interprétation que nous proposons ne se justifie peut-être pas très bien au point de vue logique, mais c'est, croyons-nous, la seule qu'il soit possible d'admettre pour donner quelque utilité à l'incise nisi convincitur manifestus (1).

§ 45. — Si l'Eglise avait su obtenir, dès l'époque mérovingienne, la juridiction *ratione personæ* dont nous venons de déterminer les limites, nous ne croyons point par contre que, *ratione materiæ*, en raison de la nature même de la cause, la juridiction ecclésiastique ait été compétente sous les rois de la première race.

La question s'est posée en matière de testament et de mariage.

Certains auteurs ont attribué les causes testamentaires aux

(1) Waitz, l. c. I, 2e p. 243 ss., donne du § 4 de la constitution de 614 une explication assez embrouillée.

juges ecclésiastiques (1). Les lois romaines, qui étaient la règle en la matière, étaient, disent-ils, plus connues des juges ecclésiastiques que des juges laïques. Les testaments étaient presque toujours rédigés par des clercs et déposés dans les églises. Enfin l'Eglise était le plus souvent intéressée dans les procès relatifs aux testaments, à cause des legs faits en sa faveur.

Ces raisons ne nous paraissent pas décisives (2). Sans doute, les juges ecclésiastiques étaient plus versés que les juges séculiers dans la connaissance des lois romaines, mais lorsque le juge séculier avait à appliquer la loi romaine, et cela arrivait souvent, notamment dans les procès entre Romains, ce n'était pas une raison pour que ce juge se dessaisît au profit du juge ecclésiastique. — Quant au dépôt du testament dans les archives de l'église, il était facultatif. Si certaines formules en parlent (Rozière 128 : « Gestis reipublici municipalibus titulis eius prosecutionibus ab ipsis muniatur, et in archivis basilice sancti illi conservandum decrevi ». Pardessus, *Dipl.* II, n° 514 : « Gestis.... muniatur et in charta basilicæ S. Præjecti conservandum decrevi »), c'est que le testament contenait des legs au profit d'un établissement ecclésiastique. — Lorsque l'intérêt de l'Eglise était en jeu dans les procès que pouvait soulever le testament, la connaissance de l'affaire pouvait bien être attribuée au tribunal mixte, dont nous avons admis l'existence, mais non point à un tribunal purement ecclésiastique. — Si le testament pouvait être déposé dans les archives de l'Eglise, il était d'ailleurs ouvert et lu en présence du juge public, ce qui semble bien indiquer la compétence de ce juge pour statuer sur les difficultés soulevées par le testament. (Greg. Tur. *Vita patrum*, 8, 5).

D'ailleurs, la compétence du juge séculier résulte bien de l'édit attribué par les uns à Clotaire I, par les autres à Clotaire II. C. 2 : « In parentum ergo subcessionibus quicquid legebus discernentur, observentur, omnibus contra impetrandi alequid licentia derogata : quæ si quolebet ordine inpetrata fuerit vel obtenta, a iudicebus repudiata inanis habeatur et

(1) Dove, l. c., p. 30 : « Ecclesia eo pervenit, ut jam in Francorum imperio judices sæculares a causis testamentariis plane excluderet. » — En ce sens Eichorn, *Deutsche Staats- und Rechtsgeschichte*, I, p. 715.

(2) En notre sens Sohm, l. c. p. 196.

vacua. » Boretius, p. 18. *In subcessionibus*, en matière de succession, légitime ou testamentaire, c'est le judex, c'est-à-dire le comte qui est compétent.

Dans le § 10, le roi recommande à ses officiers, agentes, comites (à qui s'adresse l'édit : Clodacharius, rex Francorum, omnibus agentibus, comitibus), de veiller à l'exécution des dispositions faites au profit des églises : « Ut oblationis defunctorum ecclesiis depotate nullorum conpetitionebus auferantur, præsenti constitutione præstamus. » Il semble même résulter de ce § que les legs ad pias causas sont de la compétence du tribunal séculier (1). Cela n'est vrai que jusqu'à l'édit de 614. Lorsque fut rendu l'édit de Clotaire I ou II, dont nous nous occupons, le tribunal mixte n'existait pas encore en droit, par conséquent la royauté pouvait attribuer au comte la connaissance des legs pieux, sans que l'on puisse tirer du § 10 de l'édit un argument contre la théorie que nous avons présentée.

§ 46. — En matière de mariage, nous n'admettons pas davantage en principe la compétence des tribunaux ecclésiastiques à l'époque mérovingienne. Le mariage était alors, soit quant à sa formation, soit quant à sa dissolution (2), entièrement régi par les lois de l'Etat. L'Eglise n'avait pas encore songé à décréter une législation spéciale pour le mariage (3). C'est seulement bien plus tard, lorsque Charlemagne eut aidé à la confusion entre le contrat et le sacrement de mariage, en soumettant les parties qui voulaient s'unir à l'obligation de recevoir la bénédiction nuptiale (Capit. de 802, Bal. I, 292), que l'Eglise put réclamer la connaissance des causes matrimoniales.

(1) C'est la conclusion qu'en tire Sohm, l. c. p. 198.

(2) Ainsi des formules nous montrent le divorce par consentement mutuel s'opérant in mallo ante comitem et bonis hominibus. Rozière, 113 : « Dum inter illo et conjugem suam illam non caritas secundum Deum, sed discordia inter eos regnat, et ob hoc ad invicem sibi adversantur et minime possunt se habere, ideo venientes pariter, illo mallo, ante illum comitem, vel reliquis bonis hominibus, placuit utriusque voluntatis ut se a consortio separare deberent, quod et ita fecerunt. — Id. Rozière, 114.

(3) V. l'étude que nous avons publiée dans la *Nouvelle Revue historique*, 1882, sur les *Formes de la célébration du mariage dans l'ancien droit français*.

Une exception avait été faite cependant pour les mariages entachés d'inceste. Le décret de Childebert II, de 596, établit certains empêchements au mariage résultant de la parenté ou de l'alliance. C. 2 : « In sequenti hoc convenit una cum leodos nostros ; decrevimus ut nullus incestuosum sibi societ coniugio, hoc est nec fratris sui uxorem, nec uxoris suæ sororem, nec uxorem patruo aut parentis consanguinei. Uxorem patris si quis acceperit, mortis periculum incurrat. » Après avoir décrété ces prohibitions de mariage, Childebert charge les évêques de veiller à dissoudre les unions incestueuses contractées avant la promulgation de l'édit : « De præteritis vero coniunctionibus, quæ incestæ esse videntur per prædicationem episcoporum iussimus emendare. Qui vero episcopo suo noluerit audire et excommunicatus fuerit, peremni condemnatione apud Deum sustineat et de palatio nostro sit omnino extraneus et omnes res suas parentibus legitimis amittat qui noluit sacerdotis sui medicamenta sustinere. » On peut, il est vrai, au lieu d'entendre les mots de præteritis nuptiis ainsi que nous venons de le faire, comme synonymes de « de incestuosis nuptiis jam initis, » les traduire par « de reliquis nuptiis », y voir, par conséquent, des unions contractées à des degrés plus éloignés que ceux dont parle l'édit, et qui paraîtraient incestueuses aux évêques. Quoi qu'il en soit, il nous semble résulter du texte un certain pouvoir de juridiction accordé à l'évêque, pouvoir sanctionné par la loi civile. La décision de l'évêque n'a pas seulement pour effet de soumettre les époux coupables aux censures ecclésiastiques, mais encore de les affecter dans leurs intérêts matériels (1).

§ 47. — Il nous semble superflu, après tout ce que nous avons dit, d'examiner les règles de compétence relatives aux causes purement ecclésiastiques, causæ ecclesiasticæ, comme les appelle Sohm, p. 235. En effet les nombreux documents cités à ce sujet par cet historien se rapportent à l'époque

(1) La lex Alamannorum et la lex Bajuvariorum attribuent compétence au juge séculier pour séparer les conjoints incestueux. Lex Alam. XXXIX, 1 : « Nuptias prohibemus incestas. Itaque uxorem habere non liceat socrum .... Si quis contra hoc fecerit, a loci iudicibus separetur et omnes facultates amittat, quas fiscus adquirat. » Walter, l. c., I, p. 211. Lex Bajuv. identique, VI, 1, Walter, p. 261.

carolingienne et nous n'avons pas à nous occuper maintenant de l'organisation judiciaire sous les rois de la seconde race. Nous dirons seulement qu'une causa ecclesiastica s'élevant le plus souvent, sinon toujours, entre deux membres du clergé, doit, conformément aux principes admis par nous, être presque toujours portée devant le tribunal ecclésiastique. Il y a toujours à tenir compte du droit de contrôle et d'appel du roi et le placitum palatii dut avoir plus d'une fois à statuer sur des causes de ce genre.

§ 48. — *Matières criminelles.*

En matière criminelle, comme en matière civile, Sohm n'admet point que le tribunal ecclésiastique soit un tribunal pénal proprement dit ; c'est, à ses yeux, un tribunal de discipline (*Zuchtgericht*) ; la peine prononcée est le châtiment du péché et non point celui de l'infraction.

Quoique ne partant pas de ce point de vue, nous ne chercherons pas à établir théoriquement que le tribunal ecclésiastique possède une juridiction en matière criminelle comme en matière civile, et cela pour une double raison : d'abord parce que cette démonstration ressortira d'elle-même des règles que nous allons exposer et ensuite parce que, malgré notre divergence théorique, nous arrivons généralement aux mêmes conclusions que le critique allemand (1).

Dès avant l'édit de 614, les évêques accusés de crimes de droit commun avaient su se soustraire à la juridiction séculière et faire porter l'accusation devant des synodes ou des conciles (2). C'était probablement en se fondant sur la loi 12 du code Theodosien, *De episcopis*, qui avait été insérée dans le code d'Alaric. Ainsi Ebroïn, qui commettait tant d'excès, n'osa, sans le secours d'un synode, satisfaire son animosité contre saint Léger. C'est également devant une assemblée de prélats réunis à Paris, en 580, que Chilpéric poursuivit

(1) Nous avons été amené, par une étude plus approfondie de la question, à modifier légèrement la théorie dont nous avons donné la formule résumée dans la *Nouvelle Rev. hist.*, 1883, l. c., p. 431.

(2) Cependant on rencontre quelquefois des évêques jugés au tribunal du roi. Ainsi Césaire, évêque d'Arles, accusé de trahison envers Alaric II, est condamné par le roi et exilé à Bordeaux. *Vita Cæsarii*, c. 12; Mabillon, *Acta*, I, 663. V. Loening, II, p. 517.

Prétextat, évêque de Rouen, accusé d'avoir conspiré avec Mérovée, fils du roi (Greg. Tur., V, 19. Aymoin, III, 21 et 36). Quoique le crime de lèse-majesté fût une infraction civile, voici comment Chilpéric soumettait l'accusation aux évêques : « Quamvis, venerandi pontifices, regia potestas reum majestatis legibus condemnare possit, ego tamen hunc qui falsum sibi pastoris nomen usurpat conjurationis contra me factæ authorem, sacris non contradicens canonibus vestræ audientiæ repræsento. » En 582, nous voyons deux évêques accusés de lèse-majesté, d'homicide et d'adultère, comparaître, sur l'ordre du roi Gontran, devant un concile assemblé à Lyon (Gregor. Tur. V, 21. Aymoin, III, 18). Enfin Grégoire de Tours lui-même, accusé de diffamation par Frédégonde fut poursuivi de la même manière devant le concile de Bienne (Gregor. Tur. V, 50). V. encore Greg. Tur. VIII, 2, 20 ; X, 19.

Le tribunal qui juge les évêques est soit un synode provincial, soit un synode général tenu en présence du roi.

Quelle est exactement la nature de cette dernière assemblée? En principe, c'est une assemblée purement ecclésiastique, composée d'évêques seulement et apparaissant alors comme organe de la puissance ecclésiastique seule. Le roi n'y intervient que comme accusateur. Ainsi, dans le procès de Prétextat, évêque de Rouen, devant le concile général de Paris, c'est Chilpéric qui élève l'accusation contre l'évêque, mais le concile ne délibère qu'après que le roi s'est retiré.

Dans d'autres hypothèses, le tribunal est composé de grands laïques et ecclésiastiques. Mais alors ce sont ces derniers seuls qui décident secundum canones sur l'application de la peine ecclésiastique. Les grands laïques n'interviennent que pour statuer sur l'application de pénalités civiles accessoires. C'est ainsi que nous entendons le diplôme de Théodoric III, « quo concedit Chramlino, episcopo ebredunensi, in synodo deposito, facultatem res suas post degradationem retinendi. » Pardessus, *Dipl.* t. II, n° 388, a. 617 : « Dum et episcopos de regno nostro ... ad nostro palacio ... jussemus advenire, et aliqui et ipsis qui in infidelitate nostra fuerunt inventi, per eorum cannonis fuerunt judecati ... unde Genesio, Chadune, Blidramno, Laudobercthо et Ternusio, qui *metropoli* esse videntur, *vel reliqui quampluris episcopi ipsus judicantis, in nostri præsencia fuit conscissus adque de suprascripto episcopato æjectus. Ideo nus una cum consilio suprascriptorum pontefecum vel procerum nostrorum complacuit quatenus, dum secundum canones in ipso senodale concilium fuerat degradatus, res suas proprias pertractavemus*, pro mercidis causa perdere non debirit, sed quod exinde facere voluerit, una cum suprascriptus patribus nostris, taliter præcipemus, ut hoc licentiam habeat faciendi ... judicatus misericordia muti, peticionem suam visi fuimus pristetisse. » — Avant l'édit de 614, la condamnation de l'évêque n'était peut-être même pas toujours prononcée exclusivement par ses pairs et cela parce que la royauté n'avait pas encore entièrement abdiqué son droit de juridiction à l'égard des évêques. Elle était libre de faire entrer dans la composition du tribunal des grands laïques aussi bien que des évêques. C'était, comme nous l'avons vu, la règle pour le placitum palatii. Aussi Grégoire de Tours (VIII, 2), parle-t-il d'évêques « discussi ... a reliquis episcopis et optimatibus regis. »

§ 49. — Si le jugement de l'évêque accusé d'un crime est remis à ses pairs, le pouvoir séculier exerce de son côté certains droits relativement aux mesures à prendre vis-à-vis de la personne de l'accusé, de l'instruction de l'affaire, de la mise en jugement.

D'abord la puissance séculière peut procéder à l'arrestation de l'évêque. Grégoire de Tours en rapporte plusieurs exemples. Ainsi pour Théodore, évêque de Marseille, le roi Gontran «ira commotus, jubet contra fas religionis ut pontifex summi Dei certatus vinculis sibi exhiberetur dicens : Trudatur exilio, inimicus regni nostri, ne nobis nocere amplius valeat. » VI, 11. Pour Egidius, évêque de Reims, accusé d'avoir comploté la mort de Chilpéric, « nec mora rapitur episcopus, et ad Mettensem urbem, cum esset ... adducitur, ibique sub custodia degens, rex episcopos arcessiri ad ejus examinationem præcepit. »

Habituellement les accusés sont laissés en liberté moyennant caution de se représenter devant le synode au jour fixé. Ainsi les évêques Palladius et Bertchramnus, accusés de haute trahison, « discedentes a regis præsentia, cautiones et fidejussores dederunt, ut decimo calendas mensis noni ad synodum convenirent » Greg. Tur. VIII, 7. Palladius, évêque de Saintes, accusé de lèse-majesté, « datis fidejussoribus de præsentia sua ante regem, in civitatem ingredi permissus est. » Ibid. VIII, 43.

A défaut de caution, l'accusé est arrêté et ses biens séquestrés provisoirement. Ainsi Rotharius, duc de Marseille, procède à l'arrestation de l'évêque Théodore, « dirigit episcopum ad præsentiam regis ut scilicet ad synodum quæ Matiscone futura erat... adesset... statim res ecclesiæ diripit, et alia quidem sibi vindicat, alia sub sigillorum munitione concludit.» Greg. Tur. VIII, 12. De même Palladius, évêque de Saintes, « tenetur in via, domus ecclesiæ describitur, resque diripiuntur. » Ibid. VIII, 43.

Le pouvoir séculier procède ensuite à l'instruction de l'affaire, discussio. Il interroge l'accusé, l'accusateur, les témoins, réunit les preuves. Ainsi, Nomichius, comte de Limoges, ayant eu connaissance de lettres attribuées à Charterius, évêque de Périgueux, « quæ multa impropria loquebantur in regem ... has litteras cum his hominibus ... sub ardua custodia regi direxit. Rex vero patienter propter episcopum mittit, qui eum suo conspectui præsentarent, discussurus utique si vera essent quæ ei opponebantur, an non. Adveniente vero episcopo, rex homines illos cum litteris repræsentat, interrogat sacerdotem si ab eo directa fuerint. Negat ille a se directas, interrogantur vero homines a quo eas acceperint ... adducitur diaconus sine mora ; interrogatur a rege : confitetur super episcopum. » Gregor. Tur. VI, 22.

A la suite de cette instruction, le roi reconnait ou l'innocence, ou la culpabilité de l'accusé. Dans le premier cas, celui-ci est mis en liberté. L'évêque Théodore, de Marseille, « ad regem deductus, nec culpabilis inventus, ad civitatem suam redire permissus est ... » Greg. Tur. VI, 11. Théodore de Marseille et l'évêque Epiphanius sont traduits en présence du roi Gontran : « Discussi a rege, in nullo inventi sunt crimine. Rex *tamen* (par exception) jussit eos sub custodia degere. » Le roi rend alors une sorte d'ordonnance de non-lieu, mais l'instruction peut être reprise s'il survient de nouvelles charges, ainsi que Grégoire de Tours le dit à propos de Palladius de Saintes : « Episcopus ... ad regem pergit ; adfuit et Antestius, sed nihil de his quæ opponebat episcopo potuit adprobare. Episcopus autem ad urbem redire jubetur, et usque ad synodum futuram dilatatur, si forte aliqua de his quæ opponebantur, evidentius possint agnosci. » VIII, 43.

Dans le cas où l'instruction a démontré la culpabilité de l'accusé, le roi renvoie l'affaire devant le synode qu'il convoque à cet effet. Il y soutient l'accusation, soit en personne, soit par un de ses grands. Greg. Tur. l. c. et X, 19 : « Tunc rex inimicum eum (l'évêque Egidius) sibi, regionisque proditorem esse pronuntians, Ennodium ex duce ad negotium delegit prosequendum. »

Grégoire de Tours résume très bien les différentes phases de la procédure dans le passage suivant relatif au procès de Prétextat, évêque de Rouen : « Audiens Chilpericus quod episcopus contra utilitatem suam populis munera daret, eum ad se arcessiri præcepit. Quo discusso, reperit cum eodem res Brunichildis reginæ commendatas; ipsisque ablatis, eum in exsilio usque ad sacerdotalem audientiam retineri præcepit. Conjuncto autem concilio, exhibitus est. » V, 19 (1).

Alors que les évêques jouissaient déjà au VIe siècle d'un forum privilégié, la juridiction séculière avait conservé tous ses droits sur les autres membres du clergé aussi bien en matière criminelle qu'en matière civile. Grégoire de Tours rapporte de nombreux exemples de clercs jugés et condamnés soit par le roi, soit par ses missi, soit par les comtes. IV, 44 ; V, 29, 30 ; VII, 30 ; VIII, 11, 29. La procédure criminelle est la même pour les laïques et pour les clercs. — L'Eglise cependant commençait déjà à réclamer pour tous ses membres l'exemption de la juridiction laïque en matière pénale.

§ 50. — Si le jugement des évêques accusés de crimes était remis, dès le VIe siècle, à des synodes provinciaux ou généraux,

(1) La lex Bajuvariorum consacre à l'égard des évêques une procédure semblable à celle que nous venons d'esquisser. « Et si episcopus culpabilis apparet, non præsumat eum occidere, quia summus pontifex est; sed mallet eum ante regem vel ducem, aut ante plebem suam. Et si *convictus* de crimine, negare non possit, tunc *secundum canones ei iudicetur*. Et si talis est culpa ut deponatur, deponatur aut exilietur. De homicidio, de fornicatione, de consensu hostili, si infra provinciam inimicos invitaverit, et eos perdere voluerit, quos salvare debuerat, pro istis culpis damnetur. » I, 11, Walter, p. 247.

ce n'est cependant qu'à partir de l'édit de Clotaire que, *en droit*, les évêques purent réclamer le jugement de leurs pairs. C'est ce que reconnait expressément le concile de Mâcon, convoqué par le roi Gontran en 581. Le septième canon défend d'emprisonner les clercs pour aucune cause sans que l'évêque l'ait examinée : « Ut nullus clericus, de qualibet causa, extra discussionem episcopi sui, a sæculari judice injuriam patiatur, vel custodiæ deputetur. » Cette prohibition ne s'entend que des causes civiles, car ce même canon fait une exception formelle pour les causes criminelles des clercs : « Quod quicumque judex, cujuscumque clericum, *absque causa criminali*, id est homicidio, furto aut maleficio, hoc facere præsumpserit ... ab ecclesiæ luminibus arceatur. » Le passage d'Aymoin, qui relate l'affaire de Prétextat, fait aussi la réserve des droits du pouvoir séculier dans le discours du roi à l'assemblée des prélats : « ... quamvis, venerandi pontifices, *regia potestas reum majestatis legibus condemnare possit* ... » C'était donc par pure déférence pour l'Eglise que, jusqu'à l'édit de 614, les rois soumettaient à des assemblées de prélats le jugement des évêques prévenus de crimes de droit commun.

L'édit de 614 fait, comme nous l'avons vu, une distinction entre les *causæ civiles* et les *criminalia negotia* (1).

La *districtio per se* est interdite au juge séculier dans les premières. Il en est autrement pour les autres ; les clercs ne jouissent plus en principe d'aucun privilège de districtio. Le juge séculier conserve, à leur égard, le droit de prendre les mesures de contrainte qu'il croit nécessaires et de procéder à l'instruction. — Ainsi, pour les simples clercs, le comte agit de la même manière que la royauté vis-à-vis des évêques avant 614. Aux termes mêmes de l'édit, la mission du juge séculier c'est de *convincere* le clerc de *crimine capitali*. C'est seulement lorsque le clerc a été convictus à la suite de cette

(1) Nous tenons les expressions *criminalia negotia* comme synonimes des *crimina capitalia* dont parle la deuxième phrase du chap. IV. Les criminalia negotia sont les infractions qui donnent lieu à l'application d'une peine publique proprement dite. En ce sens, Sohm, p. 257. Contra, Dove, l. c., p. 42. — Le septième canon du concile de Mâcon, a. 582, Mansi IX, p. 943, porte : « Absque causa criminali, id est homicidio, furto aut maleficio. » Or ces trois crimes sont punis de mort.

procédure préparatoire, qu'il est renvoyé devant le juge ecclesiastique par le juge laïque pour y être jugé secundum canones (1).

Mais pour les prêtres et les diacres, *excepto presbytero et diacono*, c'est l'évêque seul qui a le droit de districtio. Sans doute, l'édit n'accorde pas expressément ce droit à l'évêque ; néanmoins celui-ci seul, par la force des choses, peut l'exercer, puisque le juge séculier est dessaisi.

Qu'il s'agisse d'ailleurs d'un simple clerc, ou d'un prêtre, ou d'un diacre, le jugement est prononcé *secundum canones cum pontificibus*. Les mots cum pontificibus peuvent être entendus de deux manières, soit d'un jugement rendu par un tribunal mixte composé du juge séculier cum (avec) pontifice (2), soit d'un jugement rendu par des juges ecclésiastiques seulement, cum (a) pontificibus (3). — C'est cette dernière interprétation à laquelle nous nous rallions, car, dans le langage du temps la préposition cum est souvent prise comme synonime de la préposition a. V. Greg. Tur. III, 33 ; V, 26 ; VII, 47. D'ailleurs le juge séculier serait incompétent pour statuer secundum canones, pour prononcer contre le clerc des peines ecclésiastiques que des ecclésiastiques seuls peuvent appliquer (4).

Löning, l. c. p. 529, pour établir que, même après l'édit de 614, les clercs sont restés soumis aux tribunaux séculiers en matière criminelle, cite deux hypothèses où un moine et un abbé auraient été condamnés, l'un à mort, l'autre à la prison perpétuelle par une juridiction séculière. La première

(1) L'édit de Clotaire, suivant les expressions de Sohm, accorde à tous les clercs ce qui était *de droit* pour les évêques au VIe siècle ; nous dirons, nous, ce qui était une *tolérance* de la royauté pour les évêques.

(2) Eichorn, l. c. Bethmann-Hollweg, l. c.

(3) Sohm, p. 259. Lehuerou, *Instit. Carol.* p. 503. — Unger, *Die altdeutsche Gerichtsverfassung*, p. 388, a émis une opinion différente encore, mais qui, à notre avis, n'a aucun fondement : l'instruction de l'affaire serait faite en commun par le comte et l'évêque et le jugement rendu par le comte seul, mais secundum canones.

(4) La lex Bajuvariorum, I, 18, Walter, I, p. 248, attribue formellement le jugement des clercs aux évêques seuls : « De ceteris causis (causæ criminales) presbyteri, diaconi, vel clerici ab episcopis secundum illorum canones iudicentur. »

hypothèse (Vit. Aigulfi, Mabillon, *Acta* II, 631) vise un jugement du tribunal du roi : « Jussu enim regali perquisitus, inventus est et in vincula conjectus atque judicio Francorum pœnarum ferocitate usque ad mortem vexatus. » Or, dirons-nous, le roi pouvait en fait se réserver la connaissance d'un crime quelconque, notamment d'un crime de rébellion. Quant à l'abbé, il est condamné par un concilium (Vita Otmari, *Mittheilungen zur vaterländischen Geschichte von S. Gallen*, XII, 100 ss). Rien, à notre avis, n'établit d'une façon certaine que ce concilium soit le tribunal du comte et non une assemblée ecclésiastique. Alors même que ce serait la juridiction séculière, notre thèse n'en serait pas infirmée, car nous ne prétendons pas que, à des époques de troubles et de violences, les principes aient toujours été suivis

Löning invoque également le onzième canon du concile de Châlon de 650 : « Etiam et clericos vel abbates ... invitos atque districtos ante se faciant (comites) exhiberi, quod omnimodis nec religioni convenit, nec canonum permittit auctoritas. » Les évêques, dit-il, se plaignent d'un abus condamné par la religion et les canons, mais ils ne disent pas qu'il soit contraire à la loi. — Nous ne voyons, pour notre part, rien d'étonnant à ce que les évêques invoquent principalement, et même uniquement, la loi religieuse, dont l'autorité est, à leurs yeux, la seule à considérer. Si la pratique des officiers royaux avait été autorisée par la loi civile, le concile n'aurait pas manqué de demander en même temps la réforme de cette loi.

§ 52. — Il nous reste à résoudre une dernière question sur la portée du jugement de condamnation prononcé par le tribunal ecclésiastique. D'après Mlle de Lézardière, III, p. 25 et 247, « aussitôt le jugement de déposition prononcé par les juges ecclésiastiques, les magistrats et les tribunaux séculiers exercent leur pouvoir sur les clercs déposés comme sur les simples laïques. » En d'autres termes, la prononciation des peines canoniques ne s'oppose point à ce que le juge séculier, s'emparant à son tour du clerc dépouillé de son caractère religieux, ne le juge et ne lui applique des peines publiques L'auteur que nous citons invoque, pour établir sa doctrine, un passage de Grégoire de Tours dans lequel on voit l'évêque

Egidius condamné à l'exil après le jugement du concile qui l'a frappé, « exsilio condemnatus est. » X, 19. Il invoque ensuite deux capitulaires de Charlemagne (la question se pose dans les mêmes termes pour l'époque carolingienne), ordonnant que le prêtre qui aurait profané le saint chrême soit déposé par un évêque et perde ensuite la main par l'autorité du juge séculier : « Ut presbyter qui sanctum chrisma donaverit ad judicium subvertendum, postquam de gradu suo fuerit expoliatus, manum amittat. » Capit. de 809, c. 10 ; Bal. I, p. 471. « Si presbyter chrisma dederit *ab episcopo* degradetur, et postmodum *a judice* manum perdat, si propter judicium subvertendum hoc fecerit. » Capit. I de 809, art. 21 ; Bal. I, p. 467. — Il cite enfin un passage des annales de Saint-Bertin sur l'affaire du diacre Carloman, « rapportant qu'après la déposition du diacre, ses complices se réunissant encore pour lui, il devint nécessaire de rappeler les faits sur lesquels il n'avait pas été jugé devant les évêques, et que le coupable, rendu à la justice civile, reçut devant le tribunal laïque un jugement de mort. »

Nous croyons, au contraire (1), que le jugement de condamnation prononcé par le tribunal ecclésiastique secundum canones est définitif et exclut en principe toute ingérence ultérieure du juge séculier dans la cause criminelle.

Nous en voyons la preuve d'abord dans ce passage même des annales de Saint-Bertin invoqué par Mlle de Lézardière : « Quod cum factum fuisset, antiquus et callidus adversarius illum et suos complices ad argumentum aliud excitavit, videlicet quia liberius ad nomen et potentiam regiam conscendere posset... unde, *post depositionem ejus*, complices illius ardentius cœperunt se ei *iterum conjungere*... quatenus mox, ut locum invenire possent, illum a custodia in qua servabatur, educerent et sibi regem constituerent. Quapropter necesse fuit, *etiam illa de quibus ab episcopis judicatus non fuerat* in medium revocare et secundum sacrarum legum decreta pro admissis suis *judicio mortis* addictum, mitiori sententia... luminibus acclamatione cunctorum qui adfuerunt orbari. » D. Bouq. t. VII, p. 116. — Si le diacre coupable est condamné à mort

(1) En ce sens, Sohm, p. 266 et s.

après sa déposition, c'est en raison de faits sur lesquels n'avait point porté le jugement des évêques ; donc, a contrario, sur les faits qui avaient été appréciés par le tribunal ecclésiastique, la décision de ce tribunal avait épuisé la question. Le clerc est bien condamné à une peine publique, à mort ; mais c'est qu'à l'époque où intervient cette condamnation par le juge séculier, le clerc est dépouillé de son caractère ecclésiastique (post depositionen), en vertu du jugement relatif aux premiers faits : il est devenu simple laïque et, comme tel, passible de toutes les peines qui peuvent frapper les laïques.

Sans doute, sous les Mérovingiens, comme sous les Carolingiens, des évêques ont pu être mis à mort ou soumis à des châtiments corporels rigoureux, mais c'est moins en leur qualité d'évêques condamnés par un concile qu'en celle de rebelle (Sohm). Celui que la royauté frappe alors, c'est un adversaire politique dont elle réprime la rébellion. On ne peut donc argumenter de quelques cas isolés pour en induire que le pouvoir séculier frappe à son tour de châtiments corporels le clerc condamné par les juges ecclésiastiques.

Sans doute encore, on voit l'ecclésiastique coupable frappé soit d'exsilium, soit de confiscation (Greg. Tur. X, 19 et le diplôme de Théodoric III cité supra, Pardessus, *Dipl.* II, 388). Mais ces peines sont la conséquence de la sentence prononcée par le juge ecclésiastique et non point d'une décision spéciale du juge laïque. La loi séculière de 596 attache des effets civils importants à l'excommunication prononcée par l'évêque. Décr. de Childebert II, c. 2 (cité supra), Boretius, p. 15. Rien d'étonnant donc à ce que des effets semblables aient découlé ipso jure des sentences ecclésiastiques. Si les officiers séculiers procèdent à l'exécution de mesures de contrainte sur la personne ou sur les biens du condamné, c'est pour prêter main forte à l'exécution du jugement du tribunal ecclésiastique, ce n'est point parce que ces mesures ont été ordonnées par un juge séculier statuant en second lieu — Ce qui fait bien supposer, pour la confiscation tout au moins, que cette pénalité accessoire résulte ipso jure de la sentence du synode ou de l'évêque, c'est que, d'après le diplôme précité de Théoderic III, une décision spéciale est nécessaire pour faire remise à l'évêque coupable de la confiscation encourue.

Enfin, quant aux capitulaires de 809, s'ils permettent au juge séculier de prononcer un châtiment corporel contre le clerc coupable, c'est qu'il s'agit d'un crime d'une gravité particulière. Le caractère exceptionnel de ces capitulaires ressort du chap. 20 de l'edictum Pistense de Charles le Chauve (a. 864). Il y est dit que, pour les crimes où un laïque est puni de mort, un clerc est simplement dégradé : « Et de tali causa unde seculares homines vitam perdunt, inde clerici ecclesiasticum gradum amittunt. » Il en résulte manifestement que, en principe, le clerc coupable n'encourt que les peines ecclésiastiques.

Ainsi, en matière criminelle, la juridiction ecclésiastique est seule compétente vis-à-vis des clercs, et elle statue souverainement. Il nous semble encore plus difficile à présent de ne pas lui reconnaître même compétence en matière civile, malgré tous les arguments que l'on a invoqués en sens contraire. Si, en effet, le pouvoir séculier s'est dessaisi du jugement des affaires criminelles en faveur des tribunaux ecclésiastiques, a fortiori a-t-il dû renvoyer à ces tribunaux la connaissance des affaires civiles où des clercs sont intéressés, car la juridiction criminelle est celle dont l'Etat se dessaisit le moins facilement, parce qu'elle touche davantage au droit public. Ainsi Justinien, tout en accordant aux évêques un certain pouvoir de juridiction sur les clercs en matière civile, réserve-t-il formellement les droits du juge séculier de statuer sur les délits de droit commun commis par les clercs. Nov. 73 et 83 (1). Donc, au point de vue de la logique, nous le disons une fois de plus, la thèse de Sohm ne nous semble pas plus justifiée qu'elle ne l'est par les documents de l'époque mérovingienne.

Si maintenant nous nous rappelons les conclusions que nous avons admises relativement à l'immunité, nous verrons que la compétence des juges séculiers de droit commun doit être déjà singulièrement restreinte à la fin de la période mérovingienne. L'immunité se trouvant généralement entre les mains de l'Eglise, on peut dire que la France est, au point de vue judiciaire, partagée en deux parties d'importance presque égale, dont l'une ressortit à des tribunaux séculiers, l'autre à des tribunaux ecclésiastiques.

(1) V. *Nouvelle Revue historique*, 1883, p. 414 et 421.

# SECONDE PARTIE

# PÉRIODE CAROLINGIENNE

## CHAPITRE I.

### JURIDICTIONS DE DROIT COMMUN.

§ 53. — Sous les Mérovingiens, comme à l'époque de la loi salique, l'unité judiciaire est la centaine. Chaque centaine a son tribunal particulier, présidé en principe par le centenier. Il n'y a point de juridiction établie pour tout le comté; lorsque le comte préside un tribunal, c'est celui de la centaine et non celui du comté. Mais, à mesure que l'on avance, le pouvoir du comte s'accroit au détriment de celui du centenier si bien que, dans presque tous les documents de l'époque, c'est le comte qui apparaît comme président, comme le judex ordinaire. Ayant la faculté de présider le mal de la centaine, il se réserve naturellement le jugement des procès les plus importants, de sorte que la juridiction du centenier semble à la fin n'être plus qu'une juridiction subalterne. Nous croyons, pour notre part, que cette révolution dans les attributions respectives de ces deux officiers judiciaires, accomplie en fait sous les derniers Mérovingiens, fut consacrée législativement par les capitulaires carolingiens et voici, en quelques mots, quels nous paraissent être les grands traits de l'organisation des tribunaux ordinaires. Le tribunal de la centaine a cessé d'être l'unique juridiction de droit commun. On trouve dans le pagus ou comté deux sortes de tribunaux : d'abord le tribunal du comté présidé par le comte et tenu par cet officier, soit au chef lieu du comté, soit dans les différentes localités de la circonscription ; ce tribunal peut connaître de toutes les causes et c'est à lui que sont réservées les plus considérables ; seul il peut se constituer en plaid général. Au dessous du tribunal de comté sont établies la ou plutôt les juridictions de centaine, car il y a autant de ces juridictions dans le comté que de centaines ; présidées par le centenier, elles connaissent de toutes les affaires qui n'ont pas été attribuées au tribunal du comté — L'organisation judiciaire s'est donc compliquée et en même temps perfectionnée : pour emprunter une comparaison à notre organisation actuelle, le tribunal du comté, c'est le tribunal civil d'arrondissement, le tribunal de la centaine, la justice de paix du canton. Il existe des degrés de juridiction assez marqués entre les deux ordres de tribunaux carolingiens, sans que toutefois l'on puisse parler d'une hiérarchie judiciaire identique à celle du droit moderne.

Cette organisation que nous venons d'esquisser s'étend à toutes les provinces qui forment la France proprement dite, du nord au midi, de l'est à l'ouest. Sans doute, dans le midi, la densité relative de la population romaine et wisigothe dut avoir pour effet d'entraver plus qu'ailleurs l'introduction des règles du droit franc. Il en fut de même pour la Bretagne, en raison de l'indépendance relative dont cette province jouit assez longtemps. Néanmoins, on peut affirmer, et les nombreux documents, empruntés à toutes les parties de la France, que nous aurons l'occasion de citer sont là pour l'attester, que les institutions judiciaires franques étaient reçues dans toutes les régions de l'ancienne Gaule sur lesquelles s'étendit successivement l'autorité des conquérants venus des bords du Rhin (1).

(1) V. sur ce point Sohm, l. c. p. 185 ss. Waitz III, 2° p. 404. Bethmann-Holweg, t. [illegible] p. 23.

## SECTION I.

### LES CIRCONSCRIPTIONS JUDICIAIRES ET LES DIFFÉRENTS PLAIDS.

§ 54. — Comment les circonscriptions judiciaires sont-elles fixées dans le droit carolingien ? Quelle est, en d'autres termes, l'assemblée judiciaire (*Gerichtsversammlung*) ? Faut-il dire que, pendant toute la période franque, la centaine est restée l'unité judiciaire (1) ? Doit-on, au contraire, admettre la création par les rois de la seconde race d'une nouvelle juridiction et la coexistence d'un tribunal de comté et de tribunaux de centaines ? — Nous avons déjà indiqué (supra § 53) notre manière de voir, nous devons la justifier et réfuter la forte argumentation sur laquelle on appuie l'opinion que nous écartons.

Dans une instruction de 786 à ses missi, où il les charge de recevoir le serment de fidélité de ses sujets, Charlemagne s'exprime ainsi, c. 4, Boret. p. 67 : « .... atque cuncta generalitas populi ... qui ad placita venissent ... omnes jurent et nomina vel numerum de ipsis qui juraverunt ipsi missi in brebem secum adportent et comites similiter, *de singulis centinies semoti*, tam de illos qui infra pago nati sunt, pagensales fuerint, quamque et de illis qui aliunde in bassalatico commendati sunt. » Ainsi, dit Sohm, les missi doivent faire dresser les procès-verbaux (brevia) des noms de ceux qui ont prêté le serment, et cela « de singulis centinies (centenis) », c'est-à-dire pour chaque centaine séparément. On ne dresse pas de procès-verbal pour tout le comté. Le procès-verbal de l'assemblée pour la prestation du serment est le procès-verbal de l'assemblée de la centaine. De même que sous les Mérovingiens, il n'y a point, dans l'empire carolingien, d'assemblée de comté.

Quarante ans après, en 829, un capitulaire de Louis le Débonnaire à ses missi renouvelle les mêmes prescriptions en ce qui concerne la prestation de serment et ordonne des revues pour l'armée per singulas centenas. C. 5, Pertz, p. 354 : « Volumus atque jubemus ut missi nostri diligenter inquirant, quanti homines liberi in singulis comitatibus maneant ...

(1) Sohm, p. 278 ss. Eichorn, *R. G.*, I p. 393 ss. Thudicum, *Gauverf.* p. 82.

et hæc ratio examinetur per singulas centenas, ut veraciter sciant atque describant qui in exercitalem ire possunt expeditionem ... Et qui necdum nobis fidelitatem promiserunt, cum sacramento nobis fidelitatem promittere faciant. » Ainsi, pour la revue militaire, comme pour la prestation de serment, l'assemblée est celle de la centaine.

Enfin un capitulaire de Charles le Chauve de 861 prescrit en ces termes la publication de l'édit de Quierzy. Pertz, p. 477 : « Hanc autem nostram de praesenti tempore constitutionem ... et in palatio nostro et in civitatibus, et in mallis atque in placitis seu in mercatis, relegi, adcognitari et observari mandamus. » La loi n'est point publiée une seule fois, pour tout le comté, mais dans les villes, dans les tribunaux et lieux de marché, c'est-à-dire dans les tribunaux de centaine, dans les assemblées de centaine.

§ 55. — Ces documents, selon Sohm, établissent, pour toute la durée de la période carolingienne, la non existence d'une assemblée de comté. — A nos yeux, au contraire, ils sont insuffisants à faire cette preuve, et nous croyons qu'on peut très bien les concilier avec l'institution d'une circonscription judiciaire plus étendue que la centaine. La prestation de serment, la revue des troupes, la publication de la loi auraient pu s'accomplir dans des assemblées de centaine ; on comprend la décentralisation à ce triple point de vue, parce qu'elle aurait eu pour but de faciliter les opérations et d'occasionner moins de dérangements aux habitants du comté (1). On ne pourrait cependant en conclure qu'il n'y ait pas eu d'assemblées de comté pour l'administration de la justice et le règlement des questions politiques et d'intérêt général, choses toutes différentes de celles dont s'occupent les capitulaires précités.

Mais il n'est même pas certain que, pour deux au moins de ces capitulaires, l'interprétation proposée soit admissible. En effet, il ne résulte pas nécessairement des textes que les mesures dont ils parlent, à savoir la prestation de serment et la revue de l'armée, s'exécutent dans les centaines. Tout ce qu'ils

(1) Aussi le capitulaire prescrit-il la publication de l'édit non seulement dans les chefs lieux judiciaires, mais encore dans les lieux de marché.

prouvent, c'est que le tableau des citoyens qui ont prêté serment, ou qui sont propres au service militaire doit être dressé par centaine (1) Capit. a. 786 : « Numerum de singulis centenis semoti, secum in brebem adportent. » Capit. a. 829 : « Ratio examinetur per singulas centenas. » Il en est ainsi pour qu'il y ait moins de chances d'erreurs ou d'omissions dans les listes, « ut veraciter sciant illos atque describant. » Donc l'argument qu'on a tiré de ces capitulaires fait absolument défaut.

Nous donnerons une dernière raison pour écarter le capitulaire de 829, relatif aux réunions militaires : c'est que ces réunions ne coïncident plus avec les assemblées judiciaires. La preuve en est dans la défense édictée par les textes de se rendre au plaid en appareil de combat, avec la lance et le bouclier. Capit. a. 803-813, c. 1, Boret., p. 156 : « Ut nullus ad mallum vel ad placitum arma, id est scutum et lanceam, non portet. » — Constit. Olonn. a. 823, c. 5, Boret., p, 318 : « Volumus ut cum collecta vel scutis in placito comitis nullus venire præsumat, et si præsumpserit bannum conponat » (2).

Les trois placita generalia que Charlemagne a organisés nous apparaissent incontestablement comme des assemblées de comté et non point simplement comme la réunion de tous les hommes libres de la centaine. Il est vrai, ainsi qu'on l'a objecté, qu'aucun texte ne porte d'une manière formelle que l'empereur ait établi des tribunaux de comté distincts des tribunaux de centaine. Mais ce silence des capitulaires provient, à notre avis, de ce que les tribunaux de comté devaient exister en fait sous les derniers Mérovingiens. Il n'y aurait pas eu sur ce point une de ces innovations que l'empereur ou ses biographes se complaisent à décrire et à rappeler. Néanmoins, les capitulaires et d'autres documents de l'époque présupposent, ainsi que nous essaierons de l'établir, l'existence de deux ordres de tribunaux.

Disons d'abord que, s'il n'y avait eu que des assemblées de centaine, il aurait été souvent bien difficile, sinon impossible,

(1) Waitz, III, 2e, p. 520.

(2) Le port de l'épée ou du poignard est permis. C'est probablement ces armes qu'autorise le canon 17 du concile de Mayence de 813, Mansi XIV, p. 70 : « Laicis qui apud nos (clerici) sunt arma portare non præjudicemus, quia antiquus usus est et ad nos usque pervenit. »

au comte de mettre à exécution les prescriptions de Charlemagne sur la tenue des trois plaids généraux annuels. Le comte aurait été obligé de tenir ces trois plaids dans chacune des centaines de son ressort ; or, les centaines pouvaient être fort nombreuses, surtout dans l'hypothèse, qui se présentait quelquefois, où il n'y avait qu'un seul comte pour deux comtés. Il est en effet arbitraire de limiter à trois ou quatre le nombre des centaines d'un comté, elles pouvaient s'élever à un chiffre beaucoup plus considérable (1). L'impossibilité de tenir un plaid général dans chaque centaine paraît plus évidente encore quand on se réfère au capitulaire de 864, c. 32 (Pertz. p. 496), lequel suppose que le plaid se tient dans la semaine qui suit Pâques.

Les assemblées de centaine n'auraient d'ailleurs pas eu l'autorité nécessaire pour statuer sur les questions d'intérêt souvent très élevé, qui étaient soumises aux assemblées générales (2), telles que les modifications à apporter aux lois existantes. Peu importe, ce qui du reste n'est pas démontré, que ce soit dans des assemblées de centaines que l'on ait procédé à la prestation de serment, à la revue des hommes d'armes et à la publication de la loi : c'étaient là des opérations bien moins importantes et qui, nous en avons donné la raison, devaient plutôt s'accomplir dans la centaine que dans une assemblée de comté (3).

En 857, Charles le Chauve, voulant réprimer le brigandage, décrète l'application de peines sévères aux coupables et ordonne, en conséquence, la tenue d'assemblées populaires. Capit. Carisiac. Pertz, p. 452 : « Quorum consultu decrevimus ut... episcopi quique in suis parochiis, et missi in illorum missaticis, *comitesque in eorum comitatibus*, pariter placita teneant, quo omnes reipublicæ ministri et vassi dominici,

(1) Cp. *Cartulaire de Beaulieu*, p. 212 ss. *Cartulaire de Redon*, p. 95 et 203.

(2) Waitz, III, 2e p. 475.

(3) Waitz, l. c. argumente des expressions *concilium, conventus publicus*, employées à l'époque carolingienne pour désigner le tribunal du comté et qui, suivant lui, indiquent des réunions plus considérables. — Sohm pense, au contraire, que ces expressions sont équivalentes à celles qui, depuis la loi salique, servaient à désigner l'assemblée de centaine.

omnesque quicunque vel quorumcunque homines *in eisdem parochiis vel comitatibus commanent*, sine ulla personarum exceptione vel excusatione aut dilatione conveniant. » — Convent. ap. S. Quint. a. 857, Adnunt. Karoli, Pertz, p. 456 : « Volumus... ut per omne regnum nostrum episcopi et missi nostri ac comites *in singulis parochiis ac comitatibus placita teneant* et ad illa placita *omnis homo qui placitum custodire debet et in illis comitatibus commanet*, sine exceptione et excusatione conveniat. » Ainsi, les comtes doivent tenir des assemblées dans leur comté, « in illorum comitatibus». Les textes ne font aucune allusion aux assemblées de centaines que devraient tenir les comtes, et cependant, s'il n'y avait eu que des assemblées de ce genre, rien n'était plus simple que de dire *in illorum centenis*. La preuve qu'il s'agit d'une assemblée de comté, c'est que l'empereur impose l'obligation d'y comparaitre à tous ceux qui résident dans le comté, in « comitatibus commanent. »

Sohm cherche à écarter la force probante de ces documents en disant que les évêques qui, dans leurs diocèses, doivent, comme les comtes, convoquer des assemblées du peuple, ne tiennent point des assemblées de diocèse (*Diocesanversammlung*), mais une série d'assemblées dans les différentes décanies de leur ressort (circumire parochiam). Or, dit-il, comme la disposition portant « que les évêques doivent tenir dans leur diocèse des assemblées auxquelles chaque habitant du diocèse doit comparaître, » ne signifie point qu'il y ait une assemblée de diocèse, de même la disposition édictant que les comtes doivent tenir dans leur comté des assemblées auxquelles doivent comparaître les habitants du comté, n'emporte point nécessairement cette conséquence que ce soient des assemblées de comté. Bien plus, la comparaison faite entre le comte et l'évêque montre que les comtes doivent tenir une série d'assemblées dans les différentes centaines. — Cette objection est très spécieuse, mais elle a un grave défaut, c'est d'essayer de renverser par une simple conjecture la décision formelle d'un texte. Nous ne nions point qu'il y ait à faire une certaine comparaison entre l'évêque et le comte, le premier devant circumire parochiam, tandis que le second doit circumire comitatum. Le comte peut, comme nous le verrons, tenir des assises tantôt dans une localité, tantôt dans une autre; mais l'assemblée qu'il préside alors est celle du comté et non celle de la centaine, et c'est à ce plaid que doivent se rendre tous les hommes libres qui résident dans le comté, « omnis homo qui placitum (comitatus) custodire debet et in illis comitatibus commanet, conveniat. »

L'historien que nous combattons croit trouver dans un canon du concile de Tribur de 895 (Mansi XVIII, p. 137), la confirmation évidente de l'interprétation qu'il donne aux capitulaires de 857. Can. 9 : « Cum autem episcopus episcopatum circumeundo perrexerit et placitum canonice constitutum decreverit, populumque sibi creditum illo invitaverit, atque comes eodem die, sciens placitum ab episcopo condictum vel nesciens, placitum cum populo suum condixerit et per bannum illuc venire præceperit, placitum comitis omnes postponant, et comes ipse : *idemque populus* post episcopum festine pergant.— Ut autem unanimitas et concordia sit inter episcopos et comites, placuit ut si quis episcopus domi residens conventum populi esse voluerit, et comes nihilominus in ipsa eademque die placitum esse dixerit, effectum obtineat qui prior indicaverat. » Il s'agit, dans ce texte, de prévenir les conflits entre les synodes épiscopaux et les plaids du comte.—Nous admettons qu'il est question de plaids généraux du comté où doivent se rendre tous les hommes libres et non-seulement les scabins. Le conflit provient, nous le reconnaissons encore, de ce que les mêmes personnes (idem populus) sont convoquées à l'une et à l'autre assemblée et sont partant dans l'impossibilité de remplir simultanément leurs devoirs envers l'autorité ecclésiastique et envers l'autorité civile. S'ensuit-il pour cela, comme le dit Sohm, que les plaids du comte n'aient été que des réunions de centaine ? Nous ne le pensons pas, et pour un double motif. Il faudrait d'abord admettre, ce qui n'est pas du tout démontré, que les décanies ecclésiastiques correspondaient aux centaines civiles. Puis, même en supposant cette confusion des circonscriptions civiles et religieuses, le texte ne comporte pas nécessairement la solution de Sohm. Les mêmes citoyens, idem populus, sont bien convoqués par les deux autorités. Mais si le comte convoque les mêmes personnes qui sont déjà obligées de se rendre au synode, ne convoque-t-il qu'elles ? Ne s'adresset-il pas en même temps à tous les hommes libres du comté? Les mots du texte, idem populus, comportent aussi bien notre interprétation que celle que nous écartons. Par conséquent, le canon du concile de Tribur nous semble indifférent dans la discussion.

Les capitulaires que nous avons examinés ne sont point les seuls d'où l'on puisse induire l'existence du tribunal de comté. Le troisième capitulaire de 813 s'occupe de la convocation au plaid du comté, Baluze, I, p. 512, c. 41 : « De ingenuis hominibus quomodo aut qualiter ad placitum per bannum debeant venire. Ingenuus si per comitem aut per missum suum bannitus fuerit *infra comitatum* de maxima causa super noctes quatuordecim ad placitum veniat... » C. 42 : « *Si in alio comitatu est* super noctes quadraginta duas... *si in tertio comitatu* super noctes quadraginta duas. » Si la centaine avait été la seule circonscription judiciaire, les délais auraient vraisemblablement été réglés d'après la résidence dans la centaine ou en dehors d'elle et non point en considération de la résidence dans le comté ou en dehors du comté.

Un capitulaire de Louis-le-Débonnaire, de 819, vise évidemment les plaids du comte par opposition à ceux de la centaine. Boret., p. 290, c. 14 : « De placitis siquidem quos liberi homines observare debent, constitutio genitoris nostri penitus observanda atque tenenda est, ut videlicet in anno tria solummodo generalia placita observent et nullus eos amplius placita observare compellat.... *Ad cætera vero* quæ centenarii tenent non alius venire jubeatur.... » Les trois plaids généraux apparaissent comme des plaids du comté, et les autres, cœtera, comme tenus par les centeniers dans chaque centaine.

La même opposition entre le plaid du comte et celui du centenier se retrouve dans le capitulaire de justitiis faciendis de 811-813, c. 8, Boret. p. 177 : « Cæteris vero mensibus unusquisque comitum placitum *suum* habeat et justitias faciat. » Le plaid que tient le comte est bien le sien, suum, car, dans le quatrième chapitre du même capitulaire, on traite du plaid du centenier, de placito centenarii, plaid distinct. Jamais on ne voit les capitulaires, en parlant du rôle judiciaire du comte, dire qu'il tient le plaid de la centaine.

Il ressort enfin du premier capitulaire de 819 de Louis le Débonnaire que le comté forme une circonscription judiciaire. Le texte règle la question de savoir où l'on doit aller chercher les témoins dans un procès et voici ce qu'il décide. Boret. p. 283, c. 10 : « Testes vero de qualibet causa non aliunde quærantur *nisi de ipso comitatu* in quo res unde causa agitur positæ sunt ; quia non est credibile ut vel de statu hominis, vel de possessione cujuslibet per alios melius rei veritas cognosci valeat quam per illos qui viciniores sunt. » Le plaid où s'agite la contestation visée par le texte est présidé par le comte, car on y juge une question de liberté ou de propriété immobilière (V infra § 96) ; or, si c'était une assemblée de centaine, le texte y aurait fait allusion et il aurait dû limiter le choix des témoins à la centaine et non le permettre dans tout le comté, de ipso comitatu. L'assemblée judiciaire présidée par le comte est donc une assemblée de comté.

§ 56. — Ce n'est pas seulement dans les capitulaires, c'est encore dans les diplômes de l'époque qu'on trouve la preuve de l'existence d'un tribunal de comté.

Nous citerons d'abord le procès-verbal d'une assemblée tenue en exécution du capitulaire de 803, c. 19 (Pertz, p. 115) par lequel Charlemagne prescrit à ses missi d'obtenir l'assentiment du peuple pour ses capitulaires legibus addenda, « ut populus interrogetur de capitulis quæ in lege noviter addita sunt. » Ce procès-verbal est rapporté par Pertz, p. 112 (Notice sur le Cod. Paris. Capitul. quæ in lege salica mittenda sunt. » Il porte : « Anno tertio clementissimi domni nostri Karoli augusti sub ipso anno hæc facta capitula sunt et consignata Stephano comiti ut hæc manifesta fecisset in civitate Parisius mallo publico, et ipsa legere fecisset *coram illis scabineis* quod et ita fecit. Et *omnes* in unum consenserunt quod ipsi voluissent omni tempore observare usque in posterum ; etiam *omnes Scabinei*, *Episcopi*, *abbates*, *comites* manu propria firmaverunt. » Waitz, Walter et Boretius estiment, et avec raison croyons-nous, qu'il s'agit, dans ce document, d'une assemblée de comté, et cela en raison du nombre et du rang des personnages qui y assistent. (1). Sohm objecte que la réunion n'est véritable-

(1) Waitz, III, 2e p. 529, est même porté à croire à une assemblée commune à plusieurs comtés.

ment tenue que par les scabins de Paris, illis scabiniis, les scabins de la centaine. Nous pensons que c'est donner trop d'importance au mot *illis*, qui peut aussi bien désigner tous les scabins présents à l'assemblée, omnes scabinei. Ces scabins sont-ils ceux de la centaine ou du comté? Le texte laisse plutôt supposer que ce sont ceux du comté, car le plaid se tient précisément dans la civitas, au chef-lieu du comté et non dans une simple ville de centaine.

Waitz cite un autre document beaucoup plus précis sur le caractère de l'assemblée dont il rapporte les délibérations (1). C'est un diplôme du *Codex diplomaticus Fuldensis* de Dronke, n° 456 (a. 825) : « Factus est publicus conventus Papponis comitis et *totius comitatus ejus* in terminis villae G. » Sohm, pour écarter l'argument tiré de ce texte qui mentionne formellement la tenue d'une assemblée de tout le comté, fait l'objection suivante : tous les habitants du comté sont ici rassemblés non point en qualité de *Dingpflichtige* (tenus au service du plaid), mais comme *Inquisitionszeugen* (témoins d'enquête), « facta est *exquisitio magna* in eodem conventu de terminis monasterii H », c'est donc que l'assemblée de comté n'est point une assemblée judiciaire. D'ailleurs, ajoute t-on, ce n'est pas le seul exemple d'assemblées de ce genre. Ainsi, au commencement du IXe siècle, les missi royaux convoquent à un plaid, in villa quae dicitur in Monte, les pagenses du comté d'Autun (fecerunt ibi venire ipsos pagenses nobiliores et cæteros quamplures *de jam dicto comitatu*), afin de les entendre comme témoins d'enquête relativement à la villa Patriciatus, et fecerunt *requistum* ut veritatem dixissent de villa P. (2) — L'interprétation du diplôme de 825 n'est que spécieuse. Il en ressort d'une manière certaine que les hommes libres de tout le comté y sont convoqués. Pourquoi? Pour statuer sur une contestation. Dans le but d'arriver à la solution, on demande aux hommes libres leur avis sur les limites de tel monastère, exquisitio magna. L'enquête est magna en raison de l'importance des intérêts en litige, et les hommes libres tran-

(1) Cp. les documents cités par le même auteur, t. VIII, p. 55, et qui établissent, pour la période de 850-1150, l'existence de plaids du comte.

(2) Pérard, *Recueil de plus. pièces*, p. 33 n° 12. V. les autres hypothèses indiquées par Sohm, p. 240 et 291.

chent le procès en donnant l'avis qu'on leur demande, requistum. On aboutit dans cette assemblée à de véritables décisions judiciaires : « Quisquis in illo placito repertus fuerat aliquid sibi ... injuste retinere ... Hoc secundum legem ipsorum coram ... comite et omni conventu restituit » D'ailleurs, comme le remarque Waitz (1), le comte n'aurait pas été compétent pour ordonner une pure procédure d'inquisitio.

§ 56. — La solution présentée par Sohm, relativement aux circonscriptions judiciaires, nous paraît d'ailleurs en contradiction avec celle qu'il admet pour les règles de compétence et que nous allons rapidement tracer d'après lui :

C'est le comté et non plus la centaine qui forme l'unité locale (le ressort), au point de vue de la compétence. Le forum domicilii se détermine d'après la résidence dans le comté ; le forum rei sitae dépend de la situation de l'immeuble dans le comté ; le forum delicti commissi de la perpétration du délit dans le comté.

Ainsi, pour le forum rei sitæ, au commencement du x^e^ siècle, un procès relatif à un bien situé in territorio Ausonense in suburbio Carcassense, c'est-à-dire dans la centaine d'Alzone, dans le comté de Carcassonne, est jugé non seulement in castro Ausona, mais encore in civitate Carcassona (2). A la même époque, dans le comté de Poitiers, et à propos d'immeubles situés maxima ex parte in pago Thoarcinsi (subdivision du comté de Poitiers), l'affaire est jugée d'abord in castro Thoarcinsi, puis à Poitiers et dans d'autres tribunaux du comté (3).

De même pour le forum domicilii. Un procès de liberté intenté contre une personne domiciliée à la villa Patriciatus dans le comté d'Autun est successivement jugé in Cronnaco villa et dans la ville d'Autun (4).

De même enfin pour le forum delicti commissi. Dans le pagus Oscarensis, des missi dominici ayant à juger un attentat contre la propriété tiennent leur plaid une première fois in

(1) III, 2° p. 528.

(2) Vaissette II, n° 42, a. 918.

(3) Besly *Comtes* p. 128 (a. 926).

(4) Pérard, p. 33, n^os^ 15 et 16 (a. 818, 819).

Luco villa, une seconde fois in Cusagono, et enfin in villa Curtanonus (1).

Ainsi, conclut Sohm, les différents tribunaux de centaine d'un même comté sont considérés, au point de vue de l'administration de la justice, comme des tribunaux identiques : « L'identité des divers tribunaux de centaine d'un même comté ressort de l'égale compétence de tous les tribunaux de centaine du comté. Dans chaque plaid de centaine, la compétence est établie pour tous les procès du comté entier. A chaque plaid de centaine, le comte ou son subordonné siégent pour tout le comté. La justice est administrée dans les différents tribunaux de centaine qui peuvent mutuellement se remplacer. » — Nous reconnaissons que, dans les hypothèses signalées par les diplômes précités, les procès commencés dans une centaine ont pu se terminer dans une autre, mais parce qu'ils étaient jugés à un plaid du comte, plaid que ce magistrat peut tenir indifféremment dans les diverses localités de son ressort et dont la compétence s'étend néanmoins à tout le comté. Quand au tribunal de centaine proprement dit, tenu par le centenier, et auquel sont attribués les causes de moindre importance, il a une compétence locale, restreinte au territoire de la centaine. Ce qui nous confirme dans cette opinion, c'est que les procès dont nous avons parlé, procès criminels, procès de liberté ou procès immobiliers, et que nous avons vu juger successivement dans les différentes villes du comté, sont justement de ceux dont la connaissance est, d'après des capitulaires que nous aurons à examiner (V. infr. § 96), enlevée au centenier et réservée au comte. Pour démontrer l'identité des divers tribunaux de centaine, il aurait fallu tout au moins apporter des diplômes relatifs à des procès de la compétence du centenier ; or, on ne l'a point fait.

Revenant à notre question principale, à la détermination des circonscriptions judiciaires, voici l'argument que nous tirons des diplômes ci-dessus. Si la centaine était la circonscription unique, on ne comprendrait pas que le forum fût déterminé, dans les hypothèses que nous avons parcourues, d'après le comté et non d'après la centaine. Ainsi, aujourd'hui, dans un

(1) Pérard, p. 147-149 (a. 867-870).

procès de possession, le juge de paix n'est compétent que pour les immeubles situés dans le canton (la centaine) et non point pour ceux situés dans l'arrondissement (le pagus). De même, en matière personnelle, il n'est compétent que si le défendeur est domicilié dans le canton et non dans l'arrondissement. Il doit y avoir, a priori, concordance entre l'étendue de la compétence et la circonscription judiciaire. Si donc nous voyons à l'époque carolingienne des tribunaux dont l'action s'étend à tous les immeubles situés dans un comté, à toutes les personnes domiciliées dans un comté, à toutes les infractions commises dans un comté, c'est que ces tribunaux sont établis pour tout le comté et non dans une centaine. Le tribunal de centaine, dans les affaires de sa compétence matérielle, ne peut statuer ratione personæ que dans le territoire de la centaine. Ces propositions découlent logiquement des principes et seules peuvent expliquer les diplômes précités.

Pour conclure dans cette longue discussion, nous dirons, en modifiant légèrement une formule de Sohm (1) : le magistrat de la centaine n'est plus le seul juge : le magistrat du comté est également juge : chacun d'eux a son tribunal distinct, l'un pour la centaine, l'autre pour le comté, l'un pour les causes les moins importantes, l'autre pour les affaires qui mettent en jeu les intérêts les plus considérables pour l'époque.

§ 57. — D'après ce que nous avons admis, la civitas, chef-lieu du comté et résidence du comte, doit être le centre de l'administration de la justice dans le comté ; aussi de nombreux documents nous montrent-ils le tribunal du comté siégeant au chef-lieu, dans la civitas même (2).

Le plaid du comte ne se tient point seulement dans la civitas, mais encore dans les vici et villæ du comté. Déjà, pendant la période mérovingienne, nous avons vu le comte circumire pagum et présider le tribunal dans les différentes localités du

(1) P. 273 : « Nicht mehr der Hundertschafsbeamte, sondern der Gaubeamte ist der Richter des Fränkischen Reichs. »

(2) A Angers, Form. Roz. 407, 487 (Andegav. 12, 32) — Poitiers, Besly, *Comtes*, p. 149 (a. 779) — Autun, Pérard, p. 33, nº 13 (a. 808), p. 35 nº 16 (a. 816) — Macon, *Cartulaire de Macon*, nº 152 (a. 879) — Nîmes, Ménard, *Histoire de Nismes*, nº 1 (a. 876) — Elne, Baluze, *Marca Hisp.* nº 5, (a. 832) — Narbonne, Vaissette I, nº 5 (a. 781) ; nº 88, (a. 862).

comté. Il en est de même sous les Carolingiens : seulement le tribunal que le comte préside dans les vici et villæ n'est plus celui du centenier mais le sien propre (1). Si, dans les documents que nous citons en note, le tribunal présidé par le comte se tient le plus souvent dans un chef-lieu de centaine, ce n'est point parce que la localité a cette qualité de chef-lieu, mais parce qu'elle est importante ou bien parce que les hommes libres du comté peuvent s'y rendre facilement. Il n'est même pas sûr que quelques uns de ces plaids aient été tenus dans un chef lieu de centaine, ce qui serait un argument de plus en faveur de la théorie que nous avons admise (2).

La détermination du lieu où se tient le plaid varie suivant qu'il s'agit d'un *placitum majus*, plaid général, ou d'un *placitum minus* plaid particulier (3). Capit. legibus addenda, a. 818-819, c. 14, Boret. p. 284 : « Ubi antiquitus consuetudo fuit de libertate sacramenta adhramire, vel jurare ibi mallum habeatur, et ibi sacramenta jurentur... Minora vero placita comes sive intra suam potestatem, vel ubi impetrare potuerit,

(1) Dans le comté d'Autun, plaid du comte dans un *procès de liberté*, in Cronnaco villa ; autre plaid in Luptiaco villa in mallo publico. Pérard, p. 33 nº 12 ; p. 34, nº 14 a. 818 ; nº 15 a. 819 ; p. 35, nº 17 a. 821 — Dans le comté de Poitiers, plaid du vicomte dans une question de *propriété immobilière* ad Laudanum castrum et in castro Taarcinsi. Plaid du vicomte dans la même affaire ad Columborum castrum et ad Auriniacum villa. Besly, p. 218 a. 920 ; App. p. 23 (a. 884 — Plaid du comte de Cahors dans un *procès immobilier*, in villa quæ dicitur Seumurum. *Cartul. de Beaulieu*, nº 27, a. 870 — Plaid du vicomte de Limoges dans un *procès immobilier* apud vicum qui vocatur Briva in mallo publico. Baluze, *Hist. eccl. Tutel.* p. 348 a. 898. — Plaid du comte de Narbonne dans un *procès immobilier* in villa Crispiano, Vaissette, I, nº 76, a. 852 — Dans le comté d'Elne, plaid ante judices in mallo publico in villa Tagnane territorio Elenense, Baluze, *Marc. Hisp* p. 798, nº 35 a. 876 — Plaid du vicomte de Nismes dans une *question de propriété immobilière*, in mallo publico in montem Goticum, valle longa, in loco qui dicitur ad fontem Vesparia ; Ménard, I, nº 1, preuves, p. 10.

(2) Sohm n'a établi que pour quelques unes des villæ ou autres lieux cités qu'ils étaient des chefs-lieux de centaine. Il n'est donc pas sûr de conclure comme il le dit : « Les vici et villæ sont les sièges de tribunaux à côté de la civitas, parce qu'ils sont le centre de la centaine. » Nous avons indiqué les raisons qui pouvaient déterminer le choix de ces lieux pour la tenue des plaids.

(3) V. infra, § 59, la portée de cette distinction.

habeat. » — Capit. Aquisgranense, a. 809, c. 13, Boret. p. 149 : « In locis ubi mallos publicos habere solent. » — Capit. missis de Charles le Chauve de 853 c. 7, Bal. II p. 55 : « Comes convenientem locum consideret et inveniat, ubi stationem ad mallum tenendum constituat. » (1) — De ces textes il ressort que, pour le placitum majus, l'assemblée générale, il y a dans le comté un lieu consacré par la coutume où se réunissent les hommes libres. Pour le placitum minus, il appartient au comte de fixer l'endroit où il se tiendra. Cette distinction est facile à comprendre. Pour le plaid général, où doivent se rendre sans convocation individuelle tous les citoyens du comté, il importe que le lieu de la réunion soit fixé d'avance et connu de tous, que ce lieu soit celui où l'on peut arriver le plus aisément de tous les points du comté. Au contraire, pour le placitum minus, où se débattent exclusivement des questions d'intérêt privé et où, d'après les capitulaires de Charlemagne, ne sont obligés de venir que les parties et les hommes libres spécialement convoqués pour le jugement, à savoir les scabins, le comte peut choisir l'endroit le plus commode pour les parties et les scabins, convenientem locum.

Les capitulaires renferment d'assez nombreuses dispositions sur la tenue matérielle des plaids ; ils ont notamment le souci que l'administration de la justice soit possible en toute saison. Capit. miss. Aquisgr. a. 809, c. 25, Boret. p. 151: « Ut loca ubi placita esse debent bene restaurata faciant sicut ore proprio diximus (quo in hiberno et in æstate ad placita observanda usus esse possit). » — 1er capit. de 819 de Louis le Déb., c. 24, Bal. I, p. 603 : « Volumus utique ut domus a comite in loco ubi mallum tenere debet construatur, ut propter calorem solis et pluviam publica utilitas non remaneat. » — Cela n'empêchait pas que le plaid ne se tînt parfois en plein air, dans les champs : Præcept. pro Trutmanno comite, a 789, Bal. I, p. 249 : « in curte (2) ad campos in mallo publico ad univer-

(1) Diplôme de Louis le Débonnaire de 823, Schöpflin, *Alsat*. I p. 70 : « Sed ipse advocatus ... semel in anno publicum placitum apud villam quæ vocatur Gowenheim, ubi sedes est judiciaria totius abbatiæ teneat.»

(2) Cp. Placitum missi, Bal. II, p. 823. — « Curtis indique une enceinte circulaire formée, le plus souvent, de grosses pierres, au milieu desquelles s'en élevait une autre plus grande où le juge était assis. » Lehuérou, *Inst. Car*. p. 380.

eorum causas audiendias » ; ou devant les villes, in mallo publico ante castro Menerba (1), ou sur les places publiques des villes comme à Frisinga (2). C'est surtout dans les contrées germaniques de l'empire que se maintint l'ancienne coutume de tenir le mal en plein air, dans une forêt ou sur une hauteur (3).

Les plaids avaient d'abord été tenus dans des églises, mais, sur les réclamations des conciles, les capitulaires interdirent, dans ce but, l'usage soit des églises, soit de l'atrium dont elles étaient entourées, et ordonnèrent de construire des bâtiments spéciaux. Capit. Mant. II, c. 4, Boret. p. 196 : « Ut placita publica vel secularia neque a comite nec a ullo ministro suo vel judice, nec in ecclesia nec in tectis ecclesiæ circumjacentibus vel cohærentibus nullatenus teneantur. » — Capit. Suess. a. 853, c. 7, Pertz, p. 419 : « Ut missi nostri ... præcipiant ne malla vel placita in exitibus et in atriis ecclesiarum, et presbyterorum mansionibus ... tenere præsumant ... » C. 8, p. 418 : « Ut in locis sacratis ... judicia publica non exerceantur. » — Capit. Kar. calv. ap. Caris. a. 873, c. 12, Pertz, p. 521 : « Volumus ut secundum capitula avi et patris nostri et nostra mallus neque in ecclesia neque in porticibus, aut atrio ecclesiæ, neque in mansione presbyteri juxta ecclesiam habeatur ; quia non æquum est ut ibi homines ad mortem judicentur et dismembrentur et flagellentur, ubi si confugerint, secundum aliud capitulum, pacem habere debent. » — Ce soin des capitulaires à réitérer la même prescription, prouve qu'elle n'était pas observée (4).

Les plaids sont publics, ainsi que le démontrent les expressions que l'on trouve dans les procès-verbaux judiciaires, « plurimi cum eis in tam præcipuo conventu adstantes quorum nomina scribere perlongum est — caterva bonorum clerico-

(1) Placitum a. 873, Vaissette, I, n° 98, p. 124.

(2) « Actum est hoc in loco publico Frisinga, in mallo publico. » Charta a. 802, citée par Maurer, p. 79, n° 69.

(3) Wartmann, 63, p. 63 : « Actum est in campo ubi dicitur Baumcartum. » Ibid. 640, p. 246 : « Actum publico in loco... sub divo. »

(4) On trouve dans Vaissette, I, n° 109, p. 135, un exemple d'un plaid tenu dans une église, « in ecclesia S. Affricani, in mallo publico. » Cp. Wartmann, 195, p. 186.

rum honorumve laicorum — residente multitudine cœtu » (1). L'accès du tribunal est cependant interdit en principe aux femmes, aux enfants et aux personnes non libres (2).

§ 58. — Quant à la détermination du jour du plaid, une première règle, c'est qu'un placitum quelconque, majus ou minus, ne peut être tenu un jour férié. Capit. Karoli calvi, a. 853, c. 7, Pertz, p. 418 : « Ut missi nostri ... comitibus et reipublicæ ministris ex banno nostro præcipiant ne malla vel placita ... in dominicis vel festivis diebus tenere præsumant. »

En dehors des jours fériés, le comte a-t-il pleine liberté pour la fixation du jour. Il faut distinguer entre le plaid général et le plaid particulier. Pour le premier, il est d'abord certaines époques de l'année où il ne peut être réuni, pendant le carême et quelques autres octaves. Capit. de 853, c. 8 : « Ut missi nostri comitibus et omnibus reipublicæ ministris firmiter ex verbo nostro denuntient atque præcipiant ut a quarta feria ante initium quadragesimæ, nec in ipsa quarta feria, usque post octavas Paschæ, mallum vel placitum publicum *nisi de concordia et pacificatione discordantium* tenere præsumant. Similiter etiam a quarta feria ante nativitatem Domini usque post consecratas dies observent, nec non et in jejuniis quatuor temporum, et in Rogationibus, et in diebus Pentecostis simili observatione eosdem feriatos dies venerari omnimodis studeant » (3). Il n'y a point, au contraire, de semblables époques néfastes pour le placitum minus, le plaid sur convocation, où l'on statue exclusivement sur des procès entre particuliers, nisi de concordia et pacificatione discordantium (4).

En second lieu, la date approximative de la tenue des placita generalia est fixée par les capitulaires. Ainsi, d'après le capitulaire de 769, c. 12, qui ordonne la réunion de deux plaids généraux par an, l'un doit avoir lieu circa æstatem, l'autre circa autumnum (Bal., I, p. 192). On comprend que ces plaids n'aient lieu qu'à la belle saison, en raison du nombre de citoyens obligés de s'y rendre. — Lorsque le nombre des

(1) Baluze, II, p. 1467, 1540, 1545.

(2) Maurer, p. 85.

(3) Cp. Edict. Pist. a. 864, c. 33, Pertz, p. 496.

(4) En ce sens, Sohm, p. 362.

plaids généraux fut porté à trois par an (V. infra, §§ 62 ss.), les capitulaires n'indiquent plus, comme celui de 769, l'époque de l'année où ils doivent être tenus. Doit-on en conclure que le comte reste alors absolument libre de fixer la date de la réunion ? Nous ne le pensons pas. Nous croyons que l'on a dû d'abord maintenir les anciennes dates du printemps et de l'automne. Quand au troisième plaid ordinaire, on a dû vraisemblablement le tenir plutôt en été qu'en hiver, et cela pour le motif que nous avons déjà donné. On peut, en faveur de la première de nos propositions, tirer un argument de l'edictum Pistense c. 32 (infra cit.), qui défend aux comtes de tenir le même jour les plaids généraux (que, dans ce texte, il soit question de plaids généraux, c'est ce qui s'induit de la dernière phrase, « maxime post octavas paschæ »). L'octave de Pâques, qui tombe au printemps, est donc une des époques fixées pour les plaids généraux. Le comte se borne à préciser le jour de la réunion.

Une autre règle sur la fixation du jour du plaid est donnée par l'edictum Pistense, de Charles le-Chauve, de 864, c. 32, Pertz, p. 496 : « Ut conlimitanei et vicini comites in una die, si fieri potest, mallum non teneant maxime post octavas Paschæ, propter Francos homines et advocatos qui ad utraque malla non possunt occurrere, sed mittant sibi invicem missos. Et si unus die Lunis mallum habuerit, alter die Jovis aut die Lunis sequentis hebdomadæ mallum habeat. Et ne grave ei sit qui suum mallum interjecit, qui uno anno primus tenuerit mallum sequenti anno consentiat alteri primum tenere. » Il pouvait arriver, en effet, que les mêmes personnes fussent tenues de se rendre à deux plaids différents, si, par exemple, elles avaient leur domicile dans un comté et possédaient des immeubles dans un autre (V. infra), ou bien les advocati pouvaient avoir à défendre les intérêts de leurs mandants devant deux tribunaux de comté.

§ 59. — Nous avons déjà fait allusion plusieurs fois à une distinction fondamentale des plaids, dont nous devons maintenant préciser la portée, à savoir la distinction en plaids ordinaires, supérieurs ou généraux d'une part et en plaids extraordinaires, inférieurs ou particuliers d'autre part. Il n'y a pas, dans notre langue, de terminologie arrêtée pour désigner ces deux sortes de plaids. Les historiens allemands emploient. pour nommer les premiers, les expressions *echte* (légitimes) *Dinge*, ou *ungebotone* (non convoqués), *Dinge*, et ils appellent les autres *gebotene* (convoqués) *Dinge*. Nous n'emploierons pas l'expression de plaids sur convocation ou sans convocation, parce que tous les plaids, ordinaires ou extraordinaires, ne se réunissent que sur convocation. (V. infra). — Voici, d'un autre côté, la terminologie usitée dans les documents de l'époque. Par placitum generale, les capitulaires entendent le plus souvent le plaid du roi (1) ; mais, dans ce cas, l'empereur dit placitum generale nostrum. — Placitum generale désigne aussi les plaids de la première catégorie (2). Les capitulaires parlent également de placita minora qu'ils opposent quelquefois à d'autres plaids désignés par l'expression mallum et non point par placita majora. Le placitum minus c'est alors le gebotene Ding, le mallum l'echte Ding. Le plaid ordinaire ou général correspond-il aussi, comme le prétend Sohm, au placitum legitimum indiqué par plusieurs documents ? Nous ne voudrions pas l'affirmer, car, des diplômes cités par l'historien allemand et où se rencontrent les expressions in legitimo placito ante comitem, in mallo legitimo comitis (3), il ne ressort pas d'une façon certaine qu'il y soit question plutôt de l'echte Ding que du gebotene Ding.

§ 60. — Doit-on faire une différence entre le sens de mallum et celui de placitum ? C'est là, comme nous le verrons, une question qui a son importance pour la solution de certains problèmes historiques. Certains auteurs pensent que les deux termes sont synonymes ; d'autres rejettent cette synonymie. mais sans être d'accord sur la distinction qu'il convient d'établir. Wiarda enseigne que le placitum est l'assemblée judiciaire convoquée par le comte, le gebotene Ding, et il argumente de l'étymologie du mot, placito, bene placito comitis,

(1) 3e capit. de 803, c. 29, Bal. I, p. 396. 6e capit. de 803, c. 2. Bal. I, p. 401. 8e capit. de 803, Bal. I, p. 407. Capit. de 828, Bal. I, p. 655. Epist. gener. de 828, Bal. I p. 658. Capit. Wormat. de 829, Bal. I, p. 674. Capit. ap. Caris. de 873, c. 8, Bal. II, p. 234.

(2) Ve capit. de 819, c. 14, Bal. I p. 616 : « in anno tria placita generalia observent. » Cp. capit. de 829, c. 5, Bal. I, p. 671.

(3) Besly, *comtes de Poictou*, p. 149, a. 779. Sickel, *Acta*, L. 145

car le comte convoque l'assemblée suivant qu'il le juge à propos. Le mallum correspondrait alors à l'assemblée réunie sans convocation, à l'echte Ding. Un passage des capitulaires semble venir à l'appui de cette conjecture. 1er capit. de 769, c. 12, Bal. I, p. 192 : « Ut ad *mallum* venire nemo tardet, primum circa aestatem, secundo circa autumnum. Ad alia vero *placita*, si necessitas fuerit, vel denuntiatio regis urgeat, *vocatus* venire nemo tardet. » Sohm (p. 387) invoque aussi le capitulaire de Louis le Débonnaire de 819 (sup. cit. p. 135) aux termes duquel le mallus doit se tenir au lieu consacré par la coutume, ubi antiquitus ... tandis que le minus placitum peut être réuni ubi comes impetrare potuerit. — Nous écartons cette interprétation, parce qu'il ressort des documents mérovingiens et carolingiens que les expressions placitum et mallum sont employées indifféremment l'une pour l'autre et notamment pour les assemblées générales (ungebotene), les capitulaires usent même de préférence de l'expression *placita*. Ve capit de 819, c. 14, Bal. I, p. 616 : « De placitis siquidem quos liberi homines observare debent, constitutio genitoris nostri ... ut videlicet in anno tria solummodo generalia placita ... » (1). Quant à l'argument tiré du capitulaire de 769 et de l'antithèse qu'il ferait entre le mallum et les placita, il est singulièrement affaibli par la reproduction de la même disposition dans le livre VII, c. 133 du recueil des capitulaires. Bal. I, p. 1051 : « Ut ad mallum venire nemo ... ad alia vero, si necessitas fuerit. » Le texte ne dit plus ad alia placita ; l'omission de ce mot signifie donc que ad alia se refère au pluriel du mot mallum, d'où il suit que, pour le rédacteur du texte, les deux expressions sont équivalentes. La preuve en ressort encore du capitulaire précité de Charles le Chauve, Bal. II, p. 53 : « Sed comes convenientem locum consideret et inveniat ubi stationem ad mallum tenendum constituat. » Ici mallum signifie évidemment le placitum minus, car le comte doit choisir un lieu convenable pour sa réunion. Or, comme nous l'avons vu, le comte ne possède cette faculté d'option que pour les plaids spécialement convoqués par lui et non pour les assemblées

1. Cp. Capit. de 829, Tit. III, c. 5. Bal. I, p. 671. Capit. Saxon. a. 797. c. 8, Bal. I, p. 278.

générales. Le præceptum pro Hispanis de 815, c. 2, Boret. p. 262, emploie dans la même phrase les mots mallum et placitum pour désigner le même tribunal du comte : « Ipsi vero pro majoribus causis ... ad placitum venire jussus, ad comitis sui mallum omnibus modis venire non recusent. » Le capitulaire de 817, leg. add. c. 15, Pertz, p. 213, se sert indifféremment de mallum et de placitum dans le même article : « Si liber homo de furto accusatus fuerit, et res proprias habuerit, in mallo ad præsentiam comitis se adhramiat. Et si res non habet, fidejussores donet qui eum adhramire et in placitum adduci faciant. » — Enfin le capitulaire d'Aix-la-Chapelle de 809, c. 5, Pertz, p. 156, se sert dans la même phrase des mots placitum et mallum pour désigner le même plaid, c'est-à-dire le plaid sur convocation : « Ut nullus alius ... ad placitum vel ad mallum venire cogatur exceptis scabineis et qui illorum causas quærere aut respondere debent. » — Ce que l'on peut avancer avec plus de certitude, c'est que mallum signifierait de préférence l'endroit même où se tient l'assemblée, l'emplacement du tribunal, mallum étant alors synonyme de mallobergium ; placitum désignerait plutôt le tribunal, l'assemblée dans l'exercice de ses fonctions judiciaires. (1).

Nous adoptons indifféremment, pour désigner les deux sortes de plaids, les épithètes d'ordinaire, extraordinaire, — supérieur, inférieur, — général, particulier, et nous les justifions ainsi. Ordinaire, parce que l'echte Ding se tient normalement un certain nombre de fois et à certaines époques de l'année, tandis que le gebotene Ding, sans être extraordinaire dans un des sens du mot, sans constituer non plus un tribunal d'exception, se tient à des époques fixées par le comte suivant les besoins du service judiciaire. Supérieur, parce que l'echte Ding a une importance plus considérable que le gebotene Ding, sans cependant être placé hiérarchiquement au-dessus de lui ; mais c'est à l'echte Ding que se traitent les questions les plus graves, notamment les procès criminels, tandis que les contestations d'intérêt privé sont portées devant le gebotene Ding. — Général, parce que à l'echte Ding doivent assister tous les

(1) En ce sens Maurer, p. 80. Cp. les textes cités par cet auteur.

citoyens du comté, tandis qu'au gebotene Ding, quelques-uns des hommes libres seulement, les scabins, sont tenus de se rendre (1) (2).

§. 61. — Peut-on caractériser d'un seul trait, comme certains auteurs ont voulu le faire, chaque catégorie de plaids? Nous ne le pensons pas. Grimm, Maurer et Walter, voient le caractère distinctif en ce que les hommes libres du comté doivent se rendre au plaid général sans convocation particulière, tandis que l'assistance au plaid particulier n'est obligatoire que sur convocation spéciale. — Il y a une part de vérité dans cette manière de voir, en ce sens que les plaids généraux se tiennent à certaines époques de l'année connues d'avance des hommes libres, circa æstatem, circa autumnum. Cependant le jour même de la tenue du plaid n'est point déterminé par la loi elle-même; le comte jouit d'une certaine latitude dans le choix du jour; il est donc nécessaire qu'il publie une convocation du plaid (3). Cette publication se fait propablement par des annonces dans les églises ou sur les places publiques. — Pour le plaid particulier, il faut une convocation spéciale, individuelle, envoyée à ceux d'entre les hommes libres qui seuls sont tenus au service de ce plaid, c'est-à-dire aux scabins, dans l'organisation carolingienne. Aussi les capitulaires emploient-ils, pour la convocation aux plaids particuliers, des expressions qui montrent bien la différence. Capit. de 768, c. 12, Boret. p. 46 : « Ad alia placita... *vocatus* venire nemo tardet. » Capit de 819, c. 14. Bal, I, p. 616 : « Ad cætera

(1) Pour désigner les plaids ordinaires ou généraux, on trouve encore les expressions suivantes : commune placitum ; Capit. Saxon a. 797, c. 8, Boret. p. 72. Placitum publicum, concilium, conventus publicus. V. les documents cités par Waitz, III, 2° p. 370 n. 1.

(2) La distinction des plaids en généraux et particuliers est propre à l'organisation franque. Nous ne croyons pas que ce soit à elle que fasse allusion un passage de Tacite, *De moribus Germanorum*, c. 11 : « Coeunt nisi quid fortuitum et subitum incidit, certis diebus, quum aut incohatur luna aut impletur. » Tacite a en vue les assemblées de gouvernement des Germains, plutôt que les assemblées de justice.

(3) Concil. Tribur. a. 895 c. 9, Mansi, XVIII p. 137 : « Comes... placitum suum cum populo suum condixerit, et per bannum illuc venire præceperit.. ». — Capit. Theod. a. 805, c. 16, Pertz, I, p. 134 : « Non sæpius fiant *manniti* ad placita », c'est-à-dire trois fois dans l'année.

vero... non alius venire *jubeatur.* » Pour les plaids généraux, les capitulaires ordonnent simplement « ut placita observent. »

Selon Sohm (p. 300), l'opposition entre l'echte Ding et le gebotene Ding repose sur l'opposition entre le Volksrecht et l'Amtsrecht, c'est-à-dire entre le jus civile et le jus honorarium (2). L'echte Ding s'appelle mallus legitimus, placitum legitimum. C'est le tribunal selon le Volksrecht. A côté de ce dernier, l'autorité établit un autre tribunal en vertu de son imperium, tribunal qui n'en est point un d'après le Volksrecht, mais d'après l'Amtsrecht ; c'est *un* gebotene Gericht, *un* tribunal fondé exclusivement sur ordonnance. Le Volksrecht est *le* droit ; l'Amtsrecht n'est pas le droit. L'echte Gericht est *le* tribunal ; le gebotene Gericht *n'est pas* un tribunal au point de vue du Volksrecht.

Pour dégager la pensée de l'auteur allemand de ce qu'elle peut présenter d'obscur au premier abord, le plaid général tirerait son existence de la loi, le plaid particulier de l'autorité du comte. C'est de cette antithèse que Sohm fait découler les différences qui existent entre les deux sortes de plaid, au point de vue du service du plaid, du lieu et de l'époque où il doit se tenir.

Pour notre compte, nous ne pensons pas que la distinction entre le jus civile et le jus honorarium soit le fondement de

(2) Voici comment Sohm précise ailleurs (p. 102) ce qu'il faut entendre par Volksrecht et Amtsrecht : « L'histoire du droit romain se meut dans l'opposition du jus civile et du jus honorarium. L'histoire du droit allemand montre la même opposition. Le Volksrecht est le jus civile allemand, et le droit établi par l'autorité du magistrat, c'est l'Amtsrecht, le jus honorarium allemand. Le jus civile est le *droit* du développement juridique romain. Le Volksrecht est le *droit* du droit allemand. Le Volksrecht est le droit coutumier de la tribu. Le droit (lex) est seulement un droit de coutume et non un droit de loi. Les capitula ne sont point une règle de droit, mais une règle pour l'exercice de la puissance royale. Les capitula pro lege tenenda, c'est-à-dire les capitulaires qui engendrent le droit et qui pour cela valent non point comme capitula mais comme droit coutumier, ont besoin de l'assentiment du peuple. Mais l'autorité possède un pouvoir indépendant du Volksrecht, c'est-à-dire du droit. Le pouvoir de l'autorité allemande est l'imperium, dans le sens romain. L'imperium de la constitution allemande est le pouvoir du ban. L'Amtsrecht du droit allemand est le droit fondé sur une ordonnance pénale. »

la distinction entre les deux espèces de plaids, et nous croyons pouvoir expliquer les différences dont nous avons parlé par des raisons d'un autre ordre.

Il nous semble, en premier lieu, que le fondement de l'un comme de l'autre plaid, c'est la loi. Sans doute, les plaids généraux ont lieu par la seule force de la loi, et le comte ne peut point s'abstenir de les convoquer deux ou trois fois l'an, tandis que les plaids particuliers ne se tiennent que sur l'ordre du comte, quand il les croit nécessaires. Mais cela importe peu, car d'où le comte tient-il son pouvoir de convoquer à son gré le plaid particulier ? De la loi. Donc, en définitive, le plaid particulier, comme le plaid général, dérive de la loi, c'est un véritable plaid, même d'après le jus civile, le Volksrecht. — La preuve que le comte tient son pouvoir de la loi, nous la tirons des lois barbares, notamment de la loi salique : « Ut tunginus, vel centenarius mallum *indicent*. » Ici il ne s'agit que du tunginus ou centenarius, parce que le comte ne préside point encore de tribunal ; mais cela est indifférent pour notre question. D'un autre côté, les capitulaires qui donnent aux officiers royaux le pouvoir de tenir les plaids généraux comme les plaids particuliers ne nous semblent pas avoir le caractère que Sohm leur attribue. A nos yeux, il forment la lex proprement dite : si l'on ne veut pas que ce soit un Volksrecht, ce sera un Reichsrecht (droit d'empire). Les termes dont ils se servent à plusieurs reprises pour fixer le caractère des dispositions qu'ils renferment, ne laissent aucun doute à cet égard. Epist. ad Pipp. a. 807, Pertz, p. 156 : « *Capitula* quæ *in lege* (Langobardorum) scribi jussimus ... *pro lege* habere. » — Capit. leg. sal. add. a. 819, Pertz, p. 226 : « Secundum *capitula* d. imperatoris quæ prius *pro lege* tenenda constituit. » Cap. a. 820, c. 5, Pertz, p. 229 : « Generaliter omnes admonemus ut *capitula*, quæ præterito anno legi salicæ per omnium consensum addenda esse censuimus, illa non ulterius *capitula*, sed tantum *lex* dicantur et *pro lege* teneantur. »

Quoi qu'il en soit au point de vue théorique, recherchons maintenant les différences pratiques qui existent entre le plaid général et le plaid particulier.

§ 62. — A. Une des principales concerne le service du plaid, c'est-à-dire le point de savoir quelles sont les personnes obligées de se rendre au plaid, quis placitum custodire debet, comme le dit un capitulaire de Charles le Chauve de 857, Bal. II, p. 99.

Au plaid général doivent se rendre tous les hommes libres du comté ; au plaid particulier, à l'époque carolingienne, sont seuls tenus de comparaitre ceux des hommes libres que l'on nomme les scabins.

Nous ne déterminerons point maintenant quels sont les scabins ; nous nous expliquerons à leur sujet lorsque nous nous occuperons des juges (V. infra §§ 101 ss.). Mais nous allons préciser les personnes sur qui pèse l'obligation de se rendre au plaid général.

L'opinion dominante chez les historiens allemands (1) est que le droit de prendre part au plaid n'appartient qu'aux hommes libres possesseurs d'immeubles d'une certaine valeur; l'obligation corrélative de se rendre à l'assemblée ne pèserait que sur ces mêmes personnes. Le principal argument en faveur de cette opinion est un argument d'analogie tiré des dispositions des capitulaires sur la capacité requise pour être témoin dans un procès immobilier. Capit. Wormat. a. 829, c. 6, Bal. I, p. 829 : « De liberis hominibus qui proprium non habent, sed in terra dominica resident, ut *propter res alterius* ad testimonium non recipiantur. Conjuratores tamen aliorum liberorum hominum ideo esse possunt qui liberi sunt. Illi vero qui et proprium habent et tamen in terra dominica resident, propter hoc non abiciantur quia in terra dominica resident, sed propter hoc ad testimonium recipiantur quia proprium habent. » (2) — L'exigence du capitulaire de Worms se retrouve

(1) Waitz, l. c. Eichorn, *R. G.* I, p. 747, Savigny, *Gesch. des r. r.* I, p. 192. Grimm, p. 290. Schäffner, I, p. 222.

(2) C'est de cette condition chez les témoins que parlent aussi, quoique en termes moins formels, deux autres capitulaires. IIe capit. de 803, c. 11, Bal. I, 390 : « *Optimus* quisque in pago vel civitate in testimonium adsumatur et cui is contra quem testimoniare debet nullum crimen possit dicere. » — IIIe cap. de 812, c. 3, Bal. I, 497 : « Ut quandocumque testes ad rem quamlibet discutiendam quærendi atque eligendi sunt ... Tales eligantur quales optimi in ipso pago inveniri possunt. » Optimi testes, ce ne sont point ceux qui présentent les meilleures garanties de véracité, ce sont ceux qui, suivant le capitulaire de Worms, possèdent une certaine fortune immobilière.

dans d'autres lois barbares, notamment dans la loi bavaroise et dans la loi lombarde. Cette concordance des législations va nous permettre de saisir pourquoi les témoins doivent être possesseurs d'un certain avoir, et elle nous servira en même temps à écarter l'argument d'analogie que l'on a tiré du capitulaire de 829.

D'après la lex Bajuvariorum, en cas de revendication, si suum voluerit vindicare, les témoins ne sont habiles à déposer que s'ils possèdent une fortune de 12 solidi, dont 6 en biens meubles et 6 en immeubles. T. XVI, c. 1, § 2, Walter, I, p. 285 : « Ille homo qui hoc testificare voluerit commarchanus ejus debet esse et debet habere sex solidorum pecuniam et similem agrum. » — Le droit lombard exige dans tous les procès chez les témoins la possession d'une fortune équivalant à leur propre wehrgeld et consistant soit en meubles, soit en immeubles. *Mem. di Lucca*, V, 2, n° 647 (a. 847) : à propos d'un témoin dont la capacité est contestée, on répond : « quia iste W (le témoin) inter proprium et mobilem amplius habet quam centum quinquaginta solidos. » — Fumagalli, *Cod. dipl.* n° 92 (a. 864) : un reproche est élevé contre des témoins, parce que « de suorum proprietate inter mobilem et immobilem suum non haberent widerchildum. » Les 150 solidi dont parle le premier document représentent le wehrgeld du droit lombard (1).

Or, les conditions imposées par les lois bavaroise et lombarde pour la capacité des témoins se comprennent parfaitement. En effet, d'après la loi bavaroise, l'amende du faux témoignage est de 12 solidi, componat cum duodecim solidis (l. c.). D'après la loi lombarde, l'amende est égale au wehrgeld. Edictum Luitpr. c. 63 : « Si quis testimonium falsum contra quemcunque reddiderit ... conponat widrigilt suum medium regi, et medium ei cujus caussa fuerit. » C'est donc pour que l'on puisse, en cas de faux témoignage, recouvrer l'amende contre le témoin, qu'on exige chez celui-ci la possession d'une fortune soit de 12, soit de 15 solidi, suivant les législations.

Des raisons analoguent expliquent la disposition du capi-

(1) Edictum Luitprandi, LXII, Walter, p. 782.

tulaire de Worms. Seulement le droit franc diffère des droits bavarois et lombard en ce qu'il n'exige pas chez le témoin la possession de biens de telle ou telle valeur, mais seulement la possession d'un immeuble. Il voit dans cette possession une garantie suffisante pour les procès immobiliers. Le capitulaire n'admet point le témoignage de ceux « qui proprium non habent », uniquement pour écarter ceux qui n'ont rien à risquer, pauper et malus homo, et non point, comme on l'a prétendu, parce que la liberté, sans la possession d'un patrimoine immobilier, ne serait pas une liberté complète. La preuve en est encore, aux termes du capitulaire, qu'aucune condition de possession n'est exigée des conjuratores aliorum liberorum hominum : tous les hommes libres peuvent être conjuratores, quia liberi sunt.

Ceux qui, avec Sohm, admettent que les mêmes assemblées, c'est-à-dire les assemblées de centaine, sont celles où, d'un côté, on prête le serment de fidélité, on passe les hommes d'armes en revue et on publie la loi et où, d'un autre côté, on rend la justice, peuvent, en faveur du système qui fait peser le service du plaid général sur tous les hommes libres, même non possesseurs d'immeubles, argumenter des textes qui convoquent à ces assemblées tous ceux qui habitent la circonscription, sans distinction. Ainsi, pour la prestation de serment, l'instruction de Charlemagne à ses missi de 786, c. 2, Pertz, I. p. 51, porte : « *Cuncta generalitas populi* ... qui ad placitum venissent... omnes jurent. » Les formules mérovingiennes sur le même point sont conçues avec la même généralité : « *Omnis* pagensis vestros, tam Francos, Romanos, vel reliqua natione degentibus. » — Pour la revue des hommes d'armes le capitulaire de Worms de 829 ordonne aux missi « ut diligentius inquirant... *quanti liberi homines* in singulis comitatibus maneant qui possint expeditionem exercitalem facere. » Bal. I, p. 673. — Enfin, pour la publication de la loi, l'adnuntiatio de Charles le Chauve de 857 s'exprime ainsi : « Ut per omne regnum nostrum episcopi et missi nostri ac comites in singulis parochiis ac comitatibus placita teneant et ad illa placita *omnis homo qui placitum custodire debet et in illis comitatibus commanet, sine exceptione et excusatione conveniat.* » Bal. II, p. 99.

Comme nous avons écarté l'opinion qui voit dans l'assemblée de centaine la seule assemblée reconnue dans le comté, nous ne pouvons tirer qu'un argument indirect et d'analogie des textes que nous venons de citer et qui astreignent bien en effet à se rendre à cette assemblée tous les hommes libres, commanentes, sans aucune condition de possession immobilière. Mais nous pouvons invoquer d'ailleurs les capitulaires qui parlent des plaids généraux, ceux de Louis le Débonnaire de 819, c. 14, Bal. I. p. 616 et de 829, tit. III, c. 5. Bal. I, p. 671 : « De placitis siquidem quos *liberi homines* observare debent... » Il nous semble que, si l'obligation de se rendre au plaid n'avait pesé que sur une classe d'hommes libres, sur les propriétaires fonciers, ces textes auraient pris soin de le dire, et cela d'autant plus que, pour les placita minora, ils indiquent les personnes obligées d'y comparaître, « ad cætera non alius venire jubeatur nisi... » L'argument a contrario, tiré de la comparaison des deux parties du texte nous paraît concluant (1).

Tenant donc pour admis que tous les hommes libres in comitatu commanentes sont obligés de se rendre au plaid général, nous avons à préciser ce qu'il faut entendre par *commanentes* .. Nous estimons que cette expression a une double portée et que le service du plaid pèse à la fois (a) sur les hommes libres domiciliés dans le comté et (b) sur ceux qui, sans avoir leur domicile dans le comté, y sont propriétaires fonciers. Il n'y a point sans doute de texte formel à ce sujet en ce qui concerne les assemblées judiciaires, mais on peut induire par analogie la solution que nous donnons de deux autres textes déjà cités, l'instruction de Charlemagne à ses missi de 786, c. 2, Boret. p. 67, et le capitul. apud Caris. de Charles le Chauve de 857, c. 2, Pertz. p. 452.

L'instruction aux missi prescrit, pour la prestation de serment, la confection par les comtes de listes où doivent figurer « de singulis centenies semoti tam de illos qui infra pago nati sunt, pagensales fuerint, quamque et de illis qui aliunde in bassallatico commendati sunt. » La première catégorie des

(1) On voit figurer dans les assemblées judiciaires des clercs et même des moines qui ne peuvent pas être propriétaires d'immeubles. (V. infr. 63).

hommes libres inscrits comprend « illos qui infra pago nati sunt, pagensales fuerint », c'est-a-dire ceux qui sont nés dans le comté et qui y ont en conséquence un domicile fondé sur la naissance, pagenses, pagensales. Cette interprétation de la première partie de la phrase ressort avec évidence de la suite du texte : « Et si fuerint aliquis qui per ingenio fugitando de comitatu ad aliud comitatu se propter ipsum sacramentum distulerit per aut superbia jurare noluerint, semoti per brebem renuntiare sciant, et tales aut per fidejussores mittant, aut si ipsi fidejussores non habuerint qui in præsentia domini regis illos abducant, sub custodia servent ; *aut si in illo vicinio habitare voluerint*, sicut cæteri jurent. » Ceux qui veulent se soustraire au serment en se rendant dans un autre comté doivent être signalés sur la liste afin qu'on puisse les poursuivre ; mais s'ils se décident à habitare, c'est-à-dire à fixer leur domicile dans un autre comté, ils cessent d'être considérés comme réfractaires et doivent alors prêter serment avec les habitants du comté où il se sont établis. Donc, l'établissement de domicile dans un comté y oblige à la prestation de serment et doit certainement y rendre obligatoire le service du plaid.

Quant à ceux qui « aliunde in bassallatico commendati sunt », qui *d'ailleurs* se sont recommandés comme vassaux et qui sont aussi soumis à l'obligation du serment, il faut entendre par là ceux qui sont seulement propriétaires d'immeubles dans le comté. Celui qui est commendatus aliunde, du dehors, mais qui possède un bien immobilier dans la circonscription est donc tenu au service du plaid comme celui qui a son domicile dans le comté.

La même conclusion ressort encore du capitulaire ap. Carisiac. de 857 c. 2. Ce texte prescrit aux évêques, aux missi et aux comtes de tenir des plaids : « Episcopi quique in suis parochiis et missi in illorum missiaticis, comitesque in eorum comitatibus pariter placita teneant quo omnes reipublicæ ministri et vassi dominici, *omnesque quicumque vel quorumcumque homines in eisdem parochiis vel comitatibus commanent* ... conveniant. » Le texte distingue ceux qui *commanent* en personne dans le comté, de ceux dont les *homines commanent* dans le comté. Les premiers sont les hommes libres domiciliés, [illegible]s autres n'ont que la qualité de propriétaires fonciers dans la circonscription (1).

La double signification que nous donnons à l'expression commanentes in comitatu (ou expressions équivalentes) nous explique la défense faite à deux comtes voisins de tenir leurs plaids généraux le même jour (V. supra, § 58). Si en effet un homme libre avait son domicile dans un comté et possédait des immeubles dans un comté voisin, il lui aurait été impossible de remplir le double service du plaid dont il était tenu à la fois dans les deux comtés, si les deux plaids généraux avaient eu lieu le même jour. La défense adressée aux comtes voisins n'aurait aucun sens, relativement aux Franci homines, si l'on ne considérait comme tenus au service du plaid que les hommes libres domiciliés.

Le droit, comme l'obligation de se rendre au plaid général, n'existent que pour les hommes libres d'un certain âge, c'est-à-dire de l'âge de 12 ans accomplis, qui est celui de l'émancipation des fils de famille. Tacite (2) rattache déjà à l'émancipation le droit de participer aux affaires publiques : « Ante hoc domus pars videntur, mox reipublicæ. » De même une formule lombarde du XIe siècle nous montre un père demandant à émanciper son fils pour que celui-ci ait la faculté d'aller au plaid (3).

Il résulte de l'instruction aux missi de 786 que l'âge de 12 ans est celui où les Francs ont le droit, comme l'obligation, de se rendre au plaid. C. 4, Boret. p. 67 : « Cuncta generalitas populi *tam puerilitate annorum duodecim* quamque de senili, *qui ad placita venissent* et jussionem adimplere seniorum et conservare possunt. »

§ 63. — Certaines personnes sont soit dispensées, soit incapables de prendre part au plaid général.

Sont dispensés les ecclésiastiques. On voit plusieurs fois dans les documents de l'époque des ecclésiastiques participer

(1) Sohm, p. 338.

(2) *Germ.* c. 13.

(3) Form. Long. 22, Pertz, IV p. 601 : « Domne comes hoc dicit Petrus quod vult emancipare Johannem suum filium de se, ut de hac hora inantea habeat licentiam ire in placitum et stare et appellationem faciendi et recipiendi. »

aux assemblées judiciaires. On y rencontre non seulement des évêques, des abbés et des prêtres, mais encore des moines (1). Mais les conciles interdirent d'assez bonne heure aux clercs de figurer dans les assemblées ou dans les tribunaux qui n'étaient point ceux du clergé (2). On peut admettre que, en conséquence de ces prescriptions des conciles, les comtes, que les capitulaires obligent souvent à respecter les canons de l'Eglise, ne forçaient point les clercs à se rendre aux plaids (3), les clercs conservant cependant le droit d'y participer, mais en méconnaissant les lois de l'Eglise.

Une autre catégorie de dispensés nous est indiqué par le c. 4 du IVe livre des capitulaires, Bal. I, 775 : « De vassis nostris qui ad marcham nostram constituti sunt custodiendam, aut in longinquis regionibus sua habent beneficia vel res proprias, vel etiam nobis assidue in palatio nostro serviunt, et ideo non possunt assidua custodire placita : quam rem volumus ut missi nostri vel comes nobis notam faciant, et nos faciemus ut ad eorum placita veniant. »

Sont incapables les hommes libres condamnés à mort à qui leur peine a été remise. IIe capit. de 809, c. 1, Bal. I, p. 469 : « De illis hominibus qui propter culpas eorum ad mortem dijudicati fuerint et postea vita eis fuerit concessa ... in testimonium non suscipiatur neque inter scabinos legem teneat. » — Pour les infâmes, les textes ne prononcent point formellement leur exclusion du plaid, mais comme ils les déclarent incapables de témoigner (4), on doit légitimement en conclure a fortiori que ces personnes sont incapables de participer comme juges à l'administration de la justice. On peut aussi en ce sens

(1) Dans un plaid tenu en 918 en Languedoc, trois monachi sont cités parmi les assesseurs, Vaissette, II, n° 42. De même dans un plaid de 804 rapporté par Meilchelbeck, I, n° 120 figure comme assesseur Wigrad monachus.

(2) Conc. Rem. a. 813, c. 29, Mansi XIV, p. 80.

(3) Nous voyons d'ailleurs que les clercs ne sont point forcés de témoigner en public. Capit. lib. VII, c. 118 : « Clerici ... non cogantur in publicum dicere testimonium. »

(4) Capit. lib. V, c. 309, Bal. I, p. 888 : « Placuit ut testes non admittantur qui sunt socii criminis, nec infames, nec calumniatores, vel caeteri quos canon et lex prohibet. »

argumenter du rapprochement que fait le capitulaire de 809 entre l'incapacité de témoigner et celle de juger.

Nous connaissons à présent les personnes qui sont tenues au service du plaid général : ce sont, en principe, tous les hommes libres du comté. Pour nous, en effet, le plaid général est le plaid du comté, et non celui de la centaine (1).

Quelle est la sanction de l'obligation de comparaître au plaid ? — Le comte donne aux hommes libres un ordre de venir à l'assemblée ; ils sont manniti ad placita per bannum comitis et forcés d'obtempérer à cet ordre, sous peine d'encourir une certaine condamnation (2). L'amende est prononcée contre les défaillants pour violation du ban du comte (3).

§ 64. — Nous arrivons aux autres différences entre le plaid général et le plaid particulier.

(1) Nous signalerons ici un nouveau texte d'où il résulte que le plaid général est composé de tous les hommes libres du comté et non pas simplement de ceux de la centaine. Boretius, dans la note o sur le capitulare missorum de 819 de Louis le Débonnaire rapporte la version suivante du § 14 cité infra : « Codex. Paris. 4628 A (9). Hoc capitulum inserit capitulari per se scribendo et hoc loco ipsum ita mutatum exhibet : Comitibus vero de nostro verbo unusquisque precipiat, ut in anno tria placita generalia teneant, et ad illa omnis liber homo *de illius comitatu* sicut a domno Karolo constitutum est veniat. »

(2) Concil. Trib. a. 895. c. 9, Mansi XVIII, p. 137 : « Placitum condixerit .. et per bannum illuc venire præceperit. » — Capit. miss. Theod. c. 16, Boret., p. 125 : « Et ut sæpius non fiant manniti ad placita. » —Pipp. capit. ital. a. 801-810, c. 14, Boret. p. 210 : « Et ingenuos homines nulla placita faciant custodire. » — Capit. miss. a. 803. c. 20, Boret. p. 116 : « Ut nullus ad placitum banniatur nisi. » — Cap. Olonn. a. 823, c. 13, Pertz, p. 233 : « Neque cogantur ad placita venire. »

(3) Capit. miss. ital. a. 781-810, c. 12. Boret. p. 207 : « Ut per placita non fiant banniti liberi homines... et pro hoc condemnati illi pauperiores non fiant. » — IIIe capit. de 813, c. 38, Bal. I p. 514 : « Si quis comes ad placitum suum homi em bannit et ibi non venerit, in fredo solidos quatuor componat. » — Consult. episcop. a. 855. c. 14, Pertz, p. 432 ; « Propter frequentia placita pauperiorem populum nimis affligere comperimus. » — Hincm. Rem. Op. II, p. 224 : « Ne... comites et vicarii vel etiam decani plurima placita constituant, et si ibi non venerint, compositionem ejus exsolvere faciant. » — Lex Alamann. T. XXXVI, c. 4 : « Si quis autem liber ad ipsum placitum neglexerit venire, vel semetipsum non præsentaverit aut comiti, aut centenario, aut misso comitis in placito, duodecim solidis sit culpabilis. » — Lex Bajuvar. t. II, c. 15 : « Ut placita fiant... et qui neglexerit venire damnetur quindecim solidis »

B. L'une concerne le lieu où doit se tenir le plaid (V. supr. §. 57).

C. L'autre est relative à la fixation du jour du plaid. — Pour la périodicité des plaids généraux, Sohm (p. 431 ss.) a adopté dans la période carolingienne la même solution que pour le droit mérovingien, c'est-à-dire que, du délai d'ajournement de quarante jours, il conclut au retour du plaid général toutes les six semaines. — L'argument ne nous paraissant pas plus fondé pour une époque que pour l'autre, nous nous référerons simplement à nos précédentes explications (V. supra, § 7), nous bornant à ajouter que les capitulaires où se trouve indiqué le délai de quarante jours nous paraissent difficilement conciliables avec d'autres textes, notamment avec un capitulaire de Louis II de 855. Statut. c. 2, Pertz, p. 436 (1).

D. Une quatrième différence touche à la durée du plaid. Le plaid général a une durée légale de trois jours en principe. Parmi les documents législatifs carolingiens, l'edictum Pistence de 864 est, à notre connaissance, le seul qui parle de cette durée légale du placitum generale. Supr. cit. p. 139 : « Et si unus die Lunis mallum habuerit, alter die Jovis aut die Lunis sequentis hebdomadæ mallum teneat. » L'un des comtes voisins doit tenir le plaid le lundi ; ce plaid dure encore le mardi et le mercredi, trois jours en tout ; c'est seulement le jeudi que le comte voisin doit, à son tour, tenir son plaid (2). — Le plaid particulier ne dure, au contraire, que le temps nécessaire pour l'expédition des affaires qui doivent y être traitées.

§ 65. — E. Le plaid général ne se tient qu'un petit nombre de fois dans l'année, en principe, deux ou trois fois seulement. Dans un des premiers capitulaires de Charlemagne rendu vers 769, le nombre des plaids généraux est fixé à deux, l'un en été, l'autre en automne, c. 12, Boret. p. 46 : « Ut ad mallum venire nemo tardet, primum circa æstatem, secundo circa autumnum. Ad alia vero si necessitas fuerit vel denuntiatio regis urgeat, vocatus venire nemo tardet. » — Plus tard, le

(1) Cp. Vaissette, I, n° 88, a. 862.

(2) Cette durée de trois jours se retrouve dans le droit des Alamans et dans celui des Bavarois. Cp. Rozière, form. 366. Meichelbeck, n° 129 (a. 798). Sohm, p. 363 ss.

nombre des plaids généraux fut porté à trois normalement. Pipp. cap. ital. a. 806, c. 14, Boret. p. 210 : « Et ingenuos homines nulla placita faciant custodire, postquam illa tria quæ instituta sunt, nisi forte contingat ut aliquis aliquem accuset. » — Capit. miss. a. 819, c. 14. Boret. p. 290 : « De placitis siquidem quos liberi homines observare debent constitutio genitoris nostri penitus observanda atque tenenda est, ut videlicet in anno tria solummodo generalia placita observent, et nullus eos placita observare compellat, nisi forte quilibet aut accusatus fuerit, aut alium accusaverit, aut ad testimonium perhibendum vocatus fuerit. Ad cætera vero... » — Confessio gen. Hloth. a. 823, c. 2, Boret. p. 320 : « Neque cogantur ad placita venire præter ter in anno... (3) — Nous ne possédons pas le capitulaire auquel fait allusion Louis le Débonnaire et qui a porté à trois le nombre des plaids généraux. Tout ce que l'on peut dire, c'est qu'il est certainement antérieur à 805, car le capitulaire de Thionville de cette date y fait allusion, c. 16, Boret. p. 125 : « Et ut sæpius non fiant manniti ad placita, nisi sicut in alio capitulare præcepimus, ita servetur. » Si l'on admet que l'élévation du nombre des plaids généraux a coïncidé avec la création des scabins, le doute n'en subsiste pas moins, car la date de l'institution de ces juges permanents est elle-même incertaine (V. infr. § 102).

Le nombre des plaids généraux peut être supérieur à trois dans le cas où, dans l'intervalle, il y a lieu de statuer sur une accusation criminelle (V. infr. § 65). C'est à cette possibilité d'un plus grand nombre de plaids généraux que fait allusion le capitulaire de 816, leg. add. c. 3, Boret. p. 270 : « Comites vero non semper pauperes per placita opprimere debent. »

Quant aux plaids particuliers, leur nombre est indéterminé. Le comte en convoque autant que cela est nécessaire pour l'administration de la justice, si necessitas fuerit.

§ 66. F. — Le plaid général ne peut en principe être présidé que par le comte. Le plaid particulier peut être tenu soit par le comte, soit par un de ses subordonnés.

(3) Cp. Capit. Lamberti, a. 898, c. 6, Pertz, p. 564.

La première de ces propositions résulte de l'antithèse faite par les capitulaires entre les plaids généraux et les autres, cætera vero quæ centenarii tenent. Un texte (capit. Aquisgr. al. capit. c. 15, Pertz, p. 216), appelle même les trois plaids généraux tria placita comitum. Elle résulte également des diplômes et des formules qui nous montrent toujours le comte dans les fonctions de président du plaid général (1). — Sohm qui, comme nous, réserve en principe au comte le droit de présider l'echte Ding, fonde sa solution (p. 401) sur ce que, dans les capitulaires, le mallus est nommé ordinairement mallus comitis et jamais mallus centenarii. Il invoque particulièrement le capitulaire de Louis le Débonnaire de 819, c. 1, leg. sal. add. Pertz, p. 225 : « Et si comes mallum suum non habuerit ... ad mallum comitis. » — Pour nous, qui n'attachons pas au mot mallus la signification de plaid général, nous ne pouvons invoquer l'argument de Sohm, mais la solution que nous donnons nous paraît suffisamment démontrée par les raisons que nous indiquons. — D'un autre côté, nous ne dirons pas, avec le professeur allemand, que, si le comte a seul le droit de présider le plaid général, c'est que seul il a la qualité de juge. Nous pensons, en effet, que le centenier est, comme le comte, un véritable juge et non pas seulement un serviteur du juge (2). L'incapacité du centenier provient, à notre avis, de ce que ce magistrat local, élu par les hommes de la centaine, ne peut point présider un plaid où assistent tous les hommes libres du comté et où, par conséquent, il aurait à exercer son autorité sur des personnes qui ne relèvent pas de lui. Le centenier ne pourrait présider un plaid général qu'en vertu d'une délégation du comte, comme substitué au comte. Nous verrons, en effet, lorsque nous étudierons les fonctions des subordonnés du comte, que ce dernier peut déléguer la présidence du plaid général soit au vice-comes, soit même au centenarius. Un capitulaire, publié pour la première fois par Boretius, p. 214, c. 4, semble attribuer au centenier le droit de tenir le placitum majus : « Et centenarii generalem placitum frequentius non habeant propter pauperes ... nisi

(1) Waitz, III, 2e p. 370, n. 2.

(2) V. infra, § 93, nos explications sur le caractère du centenier.

bis aut ter in anno. » Mais c'est là, à notre avis, une autorité insuffisante pour ébranler la solution que nous avons indiquée, car ce n'est qu'un simple fragment de loi, dont la portée véritable nous échappe certainement.

Quant au droit du comte de présider un plaid particulier comme un plaid général, il est formellement consacré par les capitulaires. Cap. leg. add. a. 817, c. 14, Pertz, p. 213 : « Minora vero placita comes sive intra suam potestatem, vel ubi impetrare potuerit, habeat. » (1).

§ 67. — G. Une dernière différence entre les deux sortes de plaid, et c'est la plus importante avec celle qui concerne leur composition respective, touche à la compétence, à la nature des affaires traitées dans l'une et l'autre assemblée.

Le plaid général est surtout une assemblée politique ; comme assemblée judiciaire il ne connait que des causes criminelles les plus graves, entraînant l'application de peines publiques proprement dites, et d'une catégorie d'affaires civiles, les procès de liberté. — Il est une considération particulièrement puissante qui, a priori, doit porter à soustraire à la compétence du plaid général les contestations d'ordre purement privé, c'est que le jugement des affaires de cette nature, quelquefois très compliquées, et dont la solution exige chez les juges la connaissance des lois, s'accommode mal avec les assemblées nombreuses. Si, comme nous espérons l'établir, le pouvoir de juger n'appartient plus dans les plaids particuliers qu'aux scabins, hommes spéciaux, versés par suite de leur pratique judiciaire dans la connaissance des textes et des coutumes, si, dans ces plaids les boni homines, les simples hommes libres n'ont plus le droit de voter, a fortiori ne doit-on pas, dans les grandes assemblées du comté, statuer sur les questions d'intérêt privé. Ce qui nous détermine principalement à limiter ainsi la compétence du plaid général, c'est le soin que mettent les capitulaires à dire que, en dehors des trois plaids généraux ordinaires, il ne pourra en être tenu d'extraordinaires que dans le cas d'accusation criminelle, nisi forte quilibet aut accusatus fuerit aut alium accuset (2).

(1) Cp. Capit. Theod. a. 821, c. 5, Pertz, p. 230.

(2) V. Cap. de 819, c. 5, Bal. I, 616. Pipp. cap. ital. a. 801-810, c. 14, Boret. p. 210. Cp. Capit. Saxon. a. 797, c. 8, Boret. p. 72.

Si le plaid général connaissait aussi bien des affaires civiles que des affaires criminelles, nous ne voyons pas pourquoi les capitulaires limiteraient la faculté de tenir des assemblées générales extraordinaires aux cas d'accusations criminelles. — Quant aux procès de liberté, si l'on peut les attribuer au placitum majus, c'est qu'ils soulèvent une question qui est au plus haut degré d'ordre public. — Enfin, pour les accusations criminelles qui autorisent la tenue d'un plaid général extraordinaire, nous estimons que ce sont celles-là seulement qui peuvent entraîner l'application d'une peine publique et non point celles qui se résolvent par le paiement d'une composition. Dans cette dernière hypothèse, le procès, quoique ayant pour cause un fait délictueux, est un procès purement privé et réservé par conséquent au plaid particulier (1).

Nous terminerons cette question de la compétence par une observation qui est du reste commune à d'autres matières, c'est qu'il ne faut pas croire à l'existence d'une règle absolue, uniforme. Les principes d'organisation judiciaire sont bien loin d'être, à l'époque carolingienne, établis et reconnus comme ils le sont aujourd'hui. Sans doute, les capitulaires s'efforcent d'introduire l'unité dans la législation. Mais que deviennent-ils dans l'application ? Quelle autorité ont-ils dans les différentes régions aux mœurs et aux coutumes si diverses qui forment alors la France ? C'est ce qu'il est bien difficile de décider. La royauté a, dès le IXe siècle, à compter avec l'autorité des comtes qui ne cesse de grandir. Après Charlemagne, lorsque l'institution des missi cessa de fonctionner avec régularité et perdit la vigueur qui avait produit quelques bons résultats sous le règne du grand roi, il est certain que bien des comtes se rendirent presque indépendants du pouvoir central. Dès lors, qui les empêchait de tracer à leur gré les règles de l'organisation judiciaire et de la compétence? Tel comte pouvait bien, obéissant aux capitulaires, ne porter devant le plaid général que des procès criminels ; mais tel autre pouvait soumettre à la même assemblée des contestations privées.

II. — C'est dans les plaids généraux que le peuple exerce l'apparence du pouvoir législatif que les capitulaires lui ac-

(1) V. nos explications ultérieures sur les limites de compétence entre le comte et le centenier, § 96.

cordent encore. Sous les premiers Mérovingiens, l'assentiment donné par le peuple aux affaires les plus considérables pouvait être sérieux ; mais l'approbation qu'il donne, ou est censé donner aux lois édictées par les Carolingiens, n'est plus qu'une formalité destinée à permettre aux empereurs de mieux faire supporter leur autorité (1). Capit. missis a. 803, c. 19, Boret. p. 116 : « Ut populus interrogetur de capitulis quæ in lege noviter addita sunt ; et postquam omnes consenserint, subscriptiones et manufirmationes suas in ipsis capitulis faciant (2). »

Nous possédons le procès-verbal d'un de ces plaids où le peuple approuvait les changements législatifs (3).

Les assemblées générales ne refusant jamais un assentiment qui, nous l'avons dit, n'a aucune portée, les empereurs se passent même de la formalité et se contentent souvent de faire publier leurs capitulaires par les missi dans les comtés et les diocèses. Convent. Silvac. a. 853, Pertz. p. 423 : « Sequuntur capitula quæ... domnus Karolus... edidit et per regnum suum a missis suis adnuntiari et observari præcepit. » (4).

## SECTION II

### LES OFFICIERS JUDICIAIRES.

§ 68. — La règle qui, comme nous l'avons vu, domine les juridictions franques à l'époque mérovingienne, est celle de la

(1) V. Schulte, trad. Fourn. p. 98.

(2) Cp. Capit. Aquisgr., a. 801-813 pr., Boret. p. 170 : « Karolus cum episcopis, abbatibus, comitibus, ducibus omnibusque fidelibus christianæ ecclesiæ cum consensu consilioque constituit ex lege Salica, Romana atque Gombata capitula ista... ut unusquisque fidelis justitias ita faceret, quæ et ipse manu propria firmavit capitula ista ut omnes fideles manu roborare studuissent... » — Un capitulaire de Charles le Chauve porte encore : « Quoniam lex consensu populi fit et constitutione regis, Franci jurare debent. » Edict. Pist. c. 6, Bal. II, 177. — Capit. ap. Caris. a. 873, c. 8 : « Capitula avi et patris nostri quæ Franci pro lege tenenda judicaverunt. » Bal. II, p. 231.

(3) Supr. cit. Pertz, p. 112.

(4) Cp. Capit. Aquisgr. a. 805, pr. Pertz. p. 130. Capit. a. 806, c. 6, Pertz. p. 147. Capit. a. 817, Pertz, p. 206. Capit. a. 825, c. 26, Pertz, p. 246.

séparation du droit de justice et du droit de participer au jugement. Nous retrouvons les mêmes principes à l'époque carolingienne : nous y voyons d'un côté, les officiers judiciaires, comtes, vicomtes et centeniers, chargés de réunir le tribunal, de le présider, de faire exécuter les jugements ; d'un autre côté les jugeurs, statuant sur le fait et sur le droit, et qui sont, suivant la nature de l'assemblée, tantôt tous les hommes libres du comté, tantôt les seuls scabins, successeurs des rachimbourgs.

Les officiers judiciaires dans les tribunaux ordinaires sont dans le droit carolingien : 1° le comte, 2° le vicomte, 3° le centenier, ces deux derniers subordonnés du comte.

### I° *Le Comte*.

§ 69. — Le comes ou comte est l'officier royal que l'on trouve à la tête du comté. L'expression employée habituellement dans les documents carolingiens pour désigner ce magistrat est celle de comes (1). L'ancien mot germanique grafio ou gravio n'est usité que rarement dans les capitulaires (2). Mais on rencontre des désignations plus générales, empruntées à la terminologie romaine, telles que præfectus, præses, consul (3). — Au mot comes on trouve jointes quelquefois les épithètes illustrissimus, serenus, serenissimus. On voit aussi que ces officiers s'intitulent, même sous Charlemagne, comtes par la grâce de Dieu, formule d'humilité peut-être, mais aussi d'indépendance (4).

(1) On trouve également l'expression comitissa pour la femme du comte. Mabillon, *Acta* IV. 1, p. 73. Vaissette, I, n° 17, p. 37, n° 90, p. 117.

(2) V. Baluze, I p. 303, 313, 316, 318.

(3) V. Waitz, II, p. 383. — En Lombardie le comte est appelé dux. Capit. Ticin, a. 801, c. 7, Pertz p. 84 : Ducis aut comitis. Epist. ad Pipp. a. 807 Pertz, p. 150 : « Duces et eorum juniores ... centenarii, vicarii. »

(4) Biblioth. de l'école des Chartes, II, p. 179 : « Willelmus gratia Dei comes. » V. Waitz, II p. 389.

Le territoire sur lequel le comte exerce son autorité est appelé indifféremment par les textes comitatus ou pagus (1). Quelquefois on le désigne sous le nom de provincia, territorium, marca, fines, confinium, terminus, ministerium (2). — Les habitants du district, justiciables du comté, se nomment pagenses (3).

Le comte prend ordinairement le nom de la ville chef-lieu, de la civitas (4). C'est qu'aussi le plus souvent il réside dans la civitas, surtout dans les villes du midi. D'autres fois sa résidence est dans une curtis (5). — Quant au comté, il prend soit le nom de la région à laquelle il correspond, soit le nom du comte qui le gouverne (6).

En principe, un comte ne gouverne qu'un seul comté (7). Cependant on voit quelquefois des comtes à la tête de deux comtés, et un capitulaire de Charlemagne fait même allusion à cette possibilité pour le comte de réunir dans ses mains deux ou même plus de deux comtés. Capit. a. 808, c. 4, Boretius, p. 137 : « Ut quanta ministeria unusquisque comes habuerit. » C'est probablement à cette circonstance et peut-être aussi à l'étendue différente des comtés que fait allusion le capitulare episcoporum de Charlemagne, a. 780 (Boret. p. 52), lorsqu'il parle de comites fortiores et de comites mediocres,

(1) Capit. Theod. a. 805, c. 11, Boret. p. 124 : « Et de ipso pago non de altero, testes elegantur. » A ce capitulaire correspondent les cap. leg. add. a. 818-819, c. 10, Boret. p. 283 : « Testes non aliunde quærantur nisi de ipso comitatu in quo res... positæ sunt. » — Pagus s'entend aussi quelquefois de régions comprenant plusieurs comtés, et à l'inverse le pagus peut n'être qu'une partie du comté. Bouquet, VIII, p. 395. V. Waitz, l. c. p. 380.

(2) Dronke, p. 233, 257 : « Provincia Salagowensium, Grapfeldorum » — Divisio a. 806, c. 4, Boret. p. 128. — V. Waitz, II, p. 380.

(3) Daniels, *Handbuch*, § 165, considère comme synonimes les expressions de bargildi, bhargildi, barigildi.

(4) Comes de Narbono, Comes Aurelianensium. V. Waitz, II, p. 378.

(5) Mabillon, *Acta*, LV, 1, p. 603 : « Sedes comitatus videbatur in dominica curte. »

(6) In comitatu Vivariensi. V. comitu Alberici. V. Waitz, II, p. 379.

(7) *Mon. Sang.* I, c. 13, p. 736, cité par Waitz, p. 369, n. 2 : « Providentissimus Karolus nulli comitum nisi his qui in confinio vel in termino barbarorum constituti erant plus quam unum comitatum aliquando concessit.

car nous ne pensons pas qu'il y eût, en droit, de différence entre les comtes (1).

Sous Charlemagne, les ducs mérovingiens ont disparu, mais on trouve à leur place les margraves, comtes de la marche (marchia, comes marchæ, præfectus, dux limitis). Ils sont institués pour veiller à la défense des frontières et exercent leur autorité sur plusieurs comtés. Leur situation vis-à-vis des autres comtes doit être celle des ducs vis-à-vis des comtes (V. supra, § 15). Nous ne pensons pas d'ailleurs pour les margraves, plus que pour les ducs, que leurs occupations militaires leur aient permis de s'immiscer beaucoup dans l'administration la justice (2).

§ 70. — Sous les derniers Mérovingiens, les comtes avaient fini, dans certaines parties du royaume, par conquérir une grande indépendance vis-à-vis d'une royauté qui n'existait plus pour ainsi dire que de nom. Leurs charges étaient devenues héréditaires dans les familles puissantes ; les comtes s'étaient approprié presque tous les droits qu'ils n'exerçaient auparavant que par délégation du roi. Charlemagne s'efforça de réagir contre cette désorganisation, de ressaisir tous les droits abandonnés par ses faibles prédécesseurs, de ramener les comtes à leur rôle primitif, à celui d'officiers royaux, de fonctionnaires à la discrétion du pouvoir central. Le grand empereur réussit-il entièrement dans sa tentative de réorganisation ? Nous n'oserions point affirmer qu'il put venir à bout de déraciner tous les abus. Cependant ses capitulaires, comme ceux de ses successeurs immédiats, ne laissent aucun doute sur la portée de l'œuvre qu'ils entendaient accomplir (3).

(1) Sur la question, plutôt géographique que juridique, de la division territoriale de la France sous les rois des deux premières races, V. Sohm, p. 201 ss. Waitz, II, p. 379-332.

(2) Sur les margraves, V. Sohm, p. 479. Waitz, II, p. 369 ss.

(3) « En Bretagne, dit Aurélien de Courson dans les prolégomènes du cartulaire de l'abbaye de Redon, les comtes n'avaient rien de commun avec ceux du pays franc, car si les derniers, pour emprunter le langage de dom Lobineau, étaient des officiers par commission, les premiers, au contraire, étaient les seigneurs héréditaires des territoires placés sous leur dépendance. On pourra s'en convaincre en lisant les récits de Grégoire de Tours sur les comtes Chronober, Macliau, Budic et Waroch (*Hist. Franc.* IV, 4 et 20 ; V, 16, 17, 30, 32, etc.) Tous ces princes étaient

Le comte est nommé par l'empereur et doit lui prêter serment de fidélité. Capit. de Louis le Débonnaire, a. 833, c. 6, Bal. I, 634 : « Vobis vero comitibus dicimus vosque commonemus quia ad vestrum ministerium maxime pertinet ... ut vos ipsi in ministeriis vestris pacem et justitiam faciatis et quæ nostra auctoritas publice fierit decernit, ut in vestris ministeriis studiose perficiantur studeatis. Proinde monemus vestram fidelitatem ut *memores sitis fidei nobis promissæ, et in parte ministerii nostri vobis commissi* ... nostri vero adjutores et populi conservatores juste dici et vocari possitis. »

Le roi peut revêtir une personne quelconque de la dignité de comte. Nous voyons même dans les chroniques du temps que Charlemagne met quelquefois à la tête de comtés importants des personnes de la plus basse extraction, telles que des affranchis de ses domaines. *Adrevald. Mir. S. Bened.*, Bouquet, V, p. 448 (Mabillon, *Acta* II, p. 375) : « Ampliata denique regia potestate (après la conquête de l'Italie) necesse erat duces regno subjugatæque genti præficere, qui et legum moderamine et morem Franciæ assuetum servare compellerent. Qua de re primatibus populi ducibusque contigit palatium vacuari, eo quod multos ex Francorum nobili genere filio contulerit, qui cum eo regnum noviter susceptum tuerentur et regerent. Hac igitur occasione, ut aliquibus videtur, ut plurimis vero credibile visum est, ob Francorum suspectam fidem, quam semel in conjuratione, dum bellum inchoaretur Saxonicum, expertus est, iterum autem in conjuratione Pippini naturalis filii, quibusdam servorum suorum, fisi debito sublevatis, curam tradidit regni. » Le chroniqueur cite comme exemples les comtes de Bourges, de Clermont et d'Orléans. Ainsi que l'indique cette chronique, Charlemagne pouvait avoir souvent des raisons de se défier de la fidélité de ses grands qui avaient deux fois au moins conspiré contre lui (1).

en effet de véritables petits souverains (reguli) auxquels obéissaient, dans certaines limites, des chefs d'un rang inférieur, des princes de paroisse ou mactyern, qui, eux aussi, transmettaient à leurs enfants, par héritage, et leur fonction et la seigneurie où elle s'exerçait. »

(1) Leibniz, *Ann.* I, p. 156, à propos de la chronique précitée : « Semper libertorum potentia absolutæ potestatis indicium fuit, quam Carolus magis habebat quam profitebatur. »

Dans les pays nouvellement conquis, l'empereur choisit les comtes de préférence parmi ses Francs afin d'avoir dans ces régions des défenseurs dévoués de son empire (1). Par contre, dans ces mêmes pays, *en Saxe notamment*, l'office de comte est parfois confié à des membres de la noblesse locale afin de gagner par là les familles influentes (2).

Les comtes sont nommés à vie. Cependant ils peuvent être déposés en raison de certains crimes, d'infidélité ou de négligence dans l'accomplissement de leurs devoirs. Les capitulaires indiquent plusieurs cas de déposition. Capit. de parte Saxon. a. 775-790, c. 24, Boret. p. 70 : « Si comis eum (latronem) absconderit et ad justitiam faciendam præsentare noluerit et ad hoc excusare non potest, honorem suum perdat. » C. 28 : « De præmiis et muneribus : ut munera super innnocente nullus accipiat... et si forte comis hoc fecerit, honorem suum perdat. » — Pipp. capit. a. 782-786, c. 7, Boret. p. 192 : « Et si comis Franciscus distulerit justitias faciendum et probatum fuerit, justa ut eorum fuit electio, ita subjaceat, et de illorum honorem sicut Francorum est consuetudo. Et de Langubardiscos comites . conponat et honorem suum perdat. » (3).

Les comtes ne reçoivent pas de traitement, mais ils ont droit à un tiers des amendes. Capit. a. 703, c. 5, Bal. I, p. 259 : « De compositionibus quæ ad palatium pertinent, si comites ipsas causas commoverint ad requirendum, illam tertiam partem ad eorum recipiant opus, duas vero ad palatium. Et si per suam negligentiam remanserint, et missus dominicus ipsas causas cœperit inquirere, tunc volumus ut ipse comes illam tertiam partem non habeat, sed cum integritate ad palatium veniat. » — Lorsqu'on rédige un procès-verbal du jugement, le comte touche, ainsi que les scabins et le greffier, une sorte de droit d'expédition. Capit. missi cuid. a. 803, c. 2, Pertz, p. 121 : « De secundo unde me interrogasti, si comes de notitia solidum unum accipere deberet. » — Ils ont droit d'ailleurs

(1) Vita Hludovici, Thegan, c. 3, Pertz, *Scriptores*, II, p. 608 : « Ordinavit, per totam Aquitaniam comites, abbates, necnon alios plurimos quos vassos vulgo vocant ex gente Francorum. »

(2) Waitz, II, p. 386.

(3) V. Infra, § 77, ce que nous disons des obligations des comtes.

à diverses prestations en nature (1) et tirent le plus souvent leur principale source de revenus des bénéfices que leur concèdent les rois,

§ 71. — Représentant et délégué du roi dans chacun des pagi, le comte a des attributions multiples. Il cumule, sous les Carolingiens comme sous les rois de la première race, des fonctions diverses en matière de finance, d'administration et de juridiction. Il est aussi le chef militaire (2).

Ses fonctions judiciaires ont pris une importance considérable à partir de Charlemagne : ce sont les seules que nous aurons à déterminer.

Les documents de l'époque mérovingienne désignent en général le comte par le simple titre de judex (3). C'est également ce magistrat qu'il faut voir ordinairement dans le judex loci dont il est maintes fois question (4).

Les documents carolingiens ne donnent le titre de judices qu'aux subordonnés du comte, à moins qu'ils ne reproduisent, en le confirmant, un document de l'époque précédente, une charte d'immunité par exemple, renfermant la clause bien connue « ut nullus judex publicus ingredi audeat. » (5).

(1) Schulte, trad. Fournier, p. 114.

(2) V. Sohm, p. 163 ss. Waitz, II, p. 389 ss.

(3) V. notamment : Chlotharii I constit. a. 560, Pertz, p. 2. — Guntchramni edict. a. 585, Pertz, p. 3. — Pactus pro tenore pacis, c. 3, Pertz, p. 7. — Decret Childeb. a. 596, c. 4, 7, 8, Pertz, p. 9. — Greg. Tur. *Hist. Franc.* IV, 47 ; VI, 8 ; VII, 42.

(4) Greg. Tur. IV, 47 ; V, 21.— Guntchramni edict. a. 585, Pertz, p. 4. V, Sohm, p. 227-228.

(5) Capit. Haristall. a. 779, c. 19, Boret. p. 51 : « De mancipia quæ vendunt ut in præsentia episcopi vel comitis sit, aut in præsentia archidiaconi, aut centenarii, aut in præsentia vicedomni aut judicis comitis. » Le judex comitis est ici le missus comitis, le vicomte. — Admon. gener. a. 789, c. 61, Pertz, p. 63 : « Ut pax sit... inter episcopos, abbates, comites, judices. » — Capit. Aquisgr. a. 802, c. 29, Pertz, p. 94 : « Judices, comites, vel missi nostri. » — Edict. a. 800, Pertz, p. 81 : « Comitibus seu judicibus et vassis nostris, vicariis, centenariis vel omnibus missis nostris et agentibus. » — Capit. exc. a. 802, c. 48, Pertz, p. 101 : « Comites et judices. » — Admonit. a. 802, Pertz, p. 102 : « Duces, comites et judices justitiam faciat populos. » — Pippini capit. a. 801-810, c. 12, Pertz. p. 104 : « Comites et eorum judices. » — Capit. Mantuan. a. 787, c. 1, Pertz, p. 112 : « Causa ipsa ante comitem vel judicem ve-

Ce changement dans la terminologie n'a point cependant la portée qu'on pourrait être tenté tout d'abord de lui attribuer. En effet, dans le langage franc, judex est synonime de fonctionnaire, agens, et sert à désigner aussi bien les officiers du roi (judex publicus, judex fiscalis) que les agents des immunistes laïques ou ecclésiastiques. Judicare signifie plutôt gouverner, administrer que juger (1), et judiciaria potestas désigne quelquefois d'une manière générale l'autorité des fonctionnaires tant royaux que seigneuriaux (2). Le comte est bien

niat. » C. 4 : « Ut placita nec ab comite nec ab ullo ministros suos vel judice... ecclesia teneatur. » — Capit. Bajoar. a. 803, c. 6, Pertz, p. 127 : « De rebus propresis ut ante missos, comites seu judices nostros veniant. » — Capit. miss. a. 810, c. 6, Pertz, p. 151 : « De pravis judicibus, advocatis vicedominis, centenariis vel reliquis actoribus malivolis non habendis. » — Capit. Aquisgr. a. 807, c. 7, Pertz, p. 156 : « Nullus quislibet nostrorum, neque comes, neque judex, neque scabinus. » C. 11 : « Ut judices, advocati, præpositi, centenarii, scabini... constituantur... cum comite et populo. » — Cap. de exped. exercit. a 811, c. 3, Pertz, p. 168 : « Comiti aut judici vel centenario. » — Cap. Aquisgr. a. 813, Pertz, p. 188 : « Ut comites... carcerem habeant. Et judices atque vicarii patibulos habeant. » — Le langage des conciles correspond à celui des capitulaires. Conc. Arelat. VI, a. 813, c. 13, Mansi, XIV, p. 61 : « Comites, judices seu reliquus populus. » — Concil. Mogunt. a. 813, c. 7, Mansi, XIV, p. 67 : « Nec episcopi, nec abbates, nec comites, nec vicarii, nec judices, nullusque omnino. » Ibid. c. 50, p. 74 : « De judicibus autem vel centenariis atque tribunis seu vicariis. » — Concil. Turon. III, a. 813, c. 34, Mansi, XIV, p. 88 : « Admonendi sunt comites et judices. » — Convent. Mogunt. a. 851, c. 2, Pertz, p. 411. « Consentientesque sint comites et judices præsulibus suis ad justitias faciendas. » — Même terminologie enfin dans les diplômes de l'époque. Dipl. de Louis le Débonnaire, a. 814, 840, Sickel, *Acta*, L, p. 392 : « Neque comes, neque vicarius aut centenarius, neque ullus judex aut actor publicus. » — Dipl. de Charles le Simple pour Narbonne, a. 899, Bouquet, IX, p. 479 : « Omnibus marchionibus, comitibus, ducibus, vicariis, judicibus..., comites atque judices seu ministri illorum... nemo comitum aut judicum. » — Flodoardi *Hist. Rem.* c. 18, p. 245 : « Apud comites et judices publicos. »

(1) Origo gentis Longobardorum, Pertz, IV, p. 645 : « Mortuus est (Cleph) et judicaverunt duces Longobardorum annos duodecim. » — Constit. Worm. a. 829, c. 4, Pertz, p. 347 : « In eligendis adjutoribus vestris et reipublicæ ministris qui vice vestra populum Dei regere et gubernare atque judicare debent. »

(2) Diplôme de Louis le Débonnaire de 814. Sickel, *Acta*, L, 38 : « Et nullus judex publicus vel quilibet exactor judiciariæ potestatis aut telonearius ... teloneum exactare præsumat. » — Cp. Rozière, form.

plus juge, judex dans le sens romain, sous les rois de la seconde race que sous ceux de la première, et les subordonnés du comte, au nombre desquels se trouve le centenier, le juge ordinaire de la période mérovingienne, ne sont que des juges inférieurs, malgré l'épithète de judices qui leur est décernée, alors qu'elle n'est plus donnée au comte.

§ 72. — Le comte, à notre époque, personnifie en quelque sorte le tribunal de droit commun. Les autres magistrats, investis également de fonctions judiciaires, semblent disparaître devant lui. Sohm a très-bien fait ressortir par de nombreuses citations ce caractère du comte sous les Carolingiens (1).

Ainsi le mallus, c'est le tribunal du comte. Capit. Pipp. ante 768, c. 7, Pertz p. 31 : « Ante comitem in mallo. » — Capit. Aquisgr. a. 817, leg. add. c. 3, Pertz, p. 211 : « In mallum ante comitem. » C. 12, p. 212 : « In mallo publico ad præsentiam comitis veniant. » C 15, p. 213 : « In mallo ad præsentiam comitis se adhramiat. » — Capit. leg. sal. add. a. 819, c. 1, Pertz, p. 225 : « Mallus comitis. » — Karoli calvi edict. Pist. a. 864, c. 32, Pertz, p. 496 : « Vicini comites in una die si fieri potest, mallum non teneant. » — Capit. Carisiac. a. 873, c. 3. Pertz, p. 519 : « Mallum comitis. » — Diplôme de Louis le Débonnaire de 815, Sickel. L, 41 : « Comitis sui mallum. » — Dipl. de 819, Sickel, L, 145 : « In mallo legitimo comitis. »

Agir en justice, ad placitum venire, c'est, selon le sens ordinaire de cette expression, se présenter devant le tribunal du comte. Diplôme de Louis le Débonnaire de 815, Sickel, L, 41: « Ad placitum venire jussus, ad comitis sui mallum omnibus venire non recusent. »

L'obligation imposée par les capitulaires aux immunistes de présenter en justice le voleur qui s'est réfugié dans l'immunité,

(1) Nous nous séparons cependant du professeur allemand lorsqu'il assimile entièrement, au point de vue qui nous occupe, la période mérovingienne à la période carolingienne. Pendant la première, le juge ordinaire, en droit, c'est, comme nous l'avons admis, le centenier. Les textes cités par Sohm ne nous semblent ni assez nombreux ni assez concluants. — V. toutefois ce que nous avons dit de l'extension du pouvoir des comtes à la fin de la dynastie mérovingienne et de la conciliation à faire entre les attributions du comte et celles du centenier.

c'est l'obligation de le présenter au tribunal du comte. Capit. Haristall. a 779, c. 9. Boret. p. 48 : « Ut latrones de infra emunitate illos judices et advocati ad comitum placitum . . præsentetur. » (1)

Le ban judiciaire, c'est le ban du comte. Capit. Hludow. Pii, a. 816, c. 3, Pertz, p. 196 : « Per districtionem comitis ad mallum veniant. » — Cap. Aquisgr. a. 817. leg. add. c. 12, Pertz, p. 212 : « Per comitem banniatur. » — Cap. leg. sal. add. a. 819, c. 5, Pertz, p. 226 : « A comite ad mallum suum adducatur. » — Cap. Carisiac. a. 873, c. 3, Pertz, p. 519 : « Banniatur ... et si post secundam comitis admonitionem ad mallum venire noluerint ... bannitionem comitis. » — Flodoardi *hist. Rem.* III, 26, p. 535 : Hincmar de Reims écrit au comte Bertrand Tardunensis pagi «... pro Haimone, fideli suo, quem idem comes ad placitum suum per bannum vocari jusserat. » — Diplôme de Charles le Chauve de 859, Bouquet, VIII, p. 557 : « Nullus comes . . in placitum distringere faciat. » — Vaissette II, n° 12, a. 890 : « Comes suas litteras ad Genesium misit, ut ante eum ad placitum veniens audiret... inquisitionem. » — Capit. Hloth. I Olonn. a. 823, c. 3, Pertz, p. 234 : « Volumus ut comites nostri licentiam habeant inquisitionem facere. » — Cap. Hludow. II, a. 856, c. 5, Pertz p. 406 : « Inquisitio per sacramentum ... fiat, et per quos hoc inquiri melius potuerit, jusjurandum dare, cum a comite conventus fuerit, recusandi non habeat potestatem. » — Diplôme de Louis le Débonnaire de 814-825. Sickel, L, 225 : « Comes loci illius per veram inquisitionem faciat ... veritatem dicere. » — Resp. misso cuid. dat. a. 819, c. 5, Pertz, p. 227 : « Volumus ut comes potestatem habeat in placito suo facere quæ debet, nemine contradicente. »

L'obligation imposée par les capitulaires aux vassaux du roi ainsi qu'aux évêques et aux abbés « ut justitias faciant, » est celle de faire justice devant le comte. Capit. Mantuan. a. 781, c. 13, Boret. p. 191 : « De vassis regalis, de justitiis illorum, ut ante comitem suum recipiant et reddant. » — Capit. Hlothar. Olonn. a. 822-823, c. 7, Boret. p. 319 : « Volumus

1 Cp. Capit. in lege sal. mitt. a. 803, c. 2, Pertz, p. 113. — Cap. Carisiac. a. 873, c. 3, Pertz, p. 520.

ut episcopi, abbates et abbatissæ eorum advocatos habeant et pleniter justitias faciant ante comitem suum. » (1).

Le tribunal séculier qui prête le secours de son bras au tribunal ecclésiastique, c'est celui du comte. Capit. cum episc. circa a. 780-790, c. 8, Boret. p. 189 : « De homicidiis... sacris canones esse videtur, ut hoc pleniter per vestram monitionem et per judicium comitis emendatum fiat. » — Capit. Olonn. eccles. I, a. 825, c. 1, Boret, p. 326 : « Placuit nobis... ut etiam excommunicatione episcopali pro contemptu dignus habeatur, comitem suum episcopus sibi consociet (2).

Le tribunal avec lequel la juridiction ecclésiastique se trouve en conflit de compétence, c'est le tribunal du comte (3).

Lorsqu'aux sessions extraordinaires du tribunal exceptionnel des missi il s'agit d'opposer la juridiction ordinaire, c'est des plaids du comte que parlent les capitulaires. Capit. de justit. fac. a. 811-813, c. 8, Boret. p. 177 : « Volumus ut .. quatuor tantum mensibus in anno missi nostri legationes suas exerceant... cæteris vero mensibus unusquisque comitum placitum suum habeat. »

Dans les capitulaires qui donnent pour mission aux envoyés royaux de réformer les abus qui peuvent se commettre dans l'administration de la justice, le juge ordinaire dont la négligence ou la fraude peuvent donner lieu à l'intervention des missi, c'est le comte. Commemor. miss. data, a. 825, c. 2, Boret. p. 308 : « A nobis missos constitutos ut, si quilibet episcopus aut comes ministerium suum per quodlibet impedimentum impler[illegible] possit, ad eos recurrat... omnis populus sciat ad hoc e[illegible] constitutos, ut quicumque per neglegentiam aut incu[illegible] vel impossibilitatem comitis... » (4)

Un procès ne peut être porté devant le tribunal du roi qu'après avoir été d'abord soumis à la juridiction ordinaire qui est celle du comte. Capit. Pipp. a. 754-755, c. 7, Boret. p. 32 :

(1) Cp. Capit. Pipp. a. 782-792. c. 6, Pertz, p. 43.— Cap. Pipp. a. 801-810. c. 10. Pertz. p. 104.

(2) Cp. Diplôme de Charlemagne de 807. Sickel, K. 209.

(3) Flodoardi *hist. Rem.* III, c. 26. p. 524. 540. Cp. Sohm, *die geistliche Gerichtsbarkeit*, l. c., p. 199.

(4) Cp. Capit. miss. Kar. calvi, a. 865. c. 12. Pertz, p. 502.

« Et si aliquis homo ad palatium venerit pro causa sua, et antea ad illum comitem non innotuerit in mallo ante rachimburgiis... » (1)

Lorsque les capitulaires enjoignent aux juges de tenir exactement leurs plaids, c'est aux comtes qu'ils s'adressent. Capit. de caus. div. a. 807, c. 1, Boret. p. 135 : « Volumus atque jubemus ut comites nostri propter venationem et alia joca placita sua non dimittant (2). »

C'est le comte que visent les capitulaires, quand ils déterminent les lieux dans lesquels doit se tenir le plaid et où, à l'Église, la tenue du plaid est impossible. Capit. leg. add. a. 81[illegible]19, c. 14, Boret. p. 284 : « Mallus tamen neque in ecclesia, neque in atrio ejus habeatur. Minora vero placita comes... ubi impetrare potuerit habeat. »

De même qu'à l'époque mérovingienne les textes mettent le comte en regard des rachimbourgs (3), de même, sous les Carolingiens, les textes opposent le comte aux scabins. Concil. Cabilon. II, a. 813, c. 21, Mansi XIV, p. 98 : « Comitibus et judicibus hoc observandum ut juste judicent. »

Les scabins sont ceux du comte, *sui*. Capit. miss. a. 821, c. 5, Boret. p. 301 : « Volumus ut comites qui ad custodiam maritimam deputati sunt... de justitia facienda se non excuset propter illam custodiam, sed ibi secum suos scabinos habuerit, ibi placitum teneat. »

Le conventus populi, c'est, sous les Carolingiens, l'assemblée judiciaire réunie sous la présidence du comte. Vita S. Walarici (saec. 7), c. 8, Bolland, 1 avril, p. 19 : « Miracula in conventu populi, in præsentia præsidis (le comte prénommé) præsentatum. » — La non minima multitudo Francorum, les turbæ adstantes, la plena plebs conjuncta, toutes ces expressions se réfèrent au comte, pendant l'époque franque, de même qu'à l'époque antérieure elles se refèrent au thunginus ou centenarius. Vita S. Amandi (saec. 7) c. 12, Mabillon II, p. 714 : « Comes quidam... congregata non minima multitu-

(1) Cp. Capit. Mantuan. a. 781, c. 23. Pertz, p. 40. — Capit. Wormat. a. 829, c. 15. Pertz. p. 352.

(2) Cp. Cap. Carisiac. a. 877, c. 18, Pertz, p. 540.

(3) Edict. Chilper. c. 8. Boret. p. 9.

dine Francorum, in urbe Tornaco ad dirimendas resederat actiones... » — Greg. Tur. *Vitæ Patr.* VIII, 5 : le testament de l'évêque Nicétius de Lyon « in foro delatum, sub turbis circumstantibus a judice reseratum recitatumque est. » — Guérard, *Polyptyque de l'abbé Irminon*, II, p. 342, a. 888 : « Plena plebe conjuncta inluster vir Teutbold comite, ibique in eorum præsentia. »

Sohm, dont nous venons de rapporter, sans chercher à les affaiblir, les principaux arguments tirés des documents de l'époque, conclut ainsi : « Il en ressort suffisamment que sous les Mérovingiens et sous les Carolingiens le tribunal de la constitution publique (der öffentlichen Verfassung), est le tribunal du comte. Celui-ci est le *seul* juge du droit franc. »

Sur la période mérovingienne nous nous sommes déjà expliqué. Quant au droit carolingien, nous disons : le comte est bien le juge principal, le juge ordinaire si l'on veut, comme sont aujourd'hui nos tribunaux d'arrondissement ; mais il n'est pas le seul juge ; à côté de lui, ou plutôt au-dessous de lui, on trouve d'autres juges, comme aujourd'hui au-dessous des tribunaux d'arrondissement on trouve des juges de paix. Nous aurons à déterminer plus tard les fonctions et la compétence du centenier ; nous établirons alors directement sa qualité de juge (V. infr. § 93). Nous devons cependant dès maintenant montrer le vice de l'argumentation par laquelle on a cherché à prouver qu'il n'y a pas d'autre juge public que le comte.

Nous ne contesterons point que, le plus souvent, lesd ocuments de l'époque carolingienne, comme ceux de la dernière partie de l'époque précédente, ne parlent que du comte et sont muets sur le rôle judiciaire des autres officiers publics, c'est-à-dire des centeniers. Mais faut-il en tirer cette conclusion qu'il n'y a pas eu d'autre juge public que le comte ? Ce serait, à notre avis, exagéré. Le silence des textes sur le centenier n'établit point d'une manière impérative que le centenier ait perdu, sous les Carolingiens, les fonctions judiciaires que, comme nous l'avons vu, il continuait à remplir sous les Mérovingiens. Les capitulaires et les diplômes ne mentionnent habituellement que le comte parce que celui ci est le juge par excellence, parce que seul il a la plénitude de juridiction, parce que, par lui-même, ou par le vicomte son représentant, il connait de tous les procès importants La compétence des centeniers étant réduite, soit en matière civile, soit en matière pénale, aux affaires les moins considérables, il est évident que les procès-verbaux des décisions judiciaires qui nous ont été conservés en raison de leur importance, doivent se référer à des procès jugés au tribunal du comte. De ce qu'aujourd'hui les recueils de Dalloz ou de Sirey ne renferment que des décisions de cours ou de tribunaux d'arrondissement, pourrait-on, dans un millier d'années, tirer cette conclusion qu'au XIXe siècle il n'y avait pas de justices de paix en France ? Evidemment non. Eh bien on ne doit pas raisonner autrement pour l'époque carolingienne.

Cette observation générale étant posée, examinons les principaux arguments de Sohm et voyons si les textes doivent bien avoir la portée qu'il leur attribue.

D'abord, pour le mallus, nous concédons qu'on doit entendre ce terme en règle du tribunal du comte, mais seulement lorsque rien dans le texte ne vient s'opposer à ce sens. Nous n'allons pas jusqu'à dire que les expressions « in mallo » et « ante comitem » soient forcément synonimes. Placitum est, comme nous l'avons établi (§ 60), synonyme de mallus. Or, on trouve dans les textes « in placito centenarii, » IIIe capitulaire de Charlemagne de 812, c. 4. Bal. I, 497. — « Cætera vero placita quæ centenarii tenent. » V[e] capit. de 819 de Louis le Débonnaire, Bal. I, 616, etc.

Si l'immuniste doit présenter ad comitum placita les voleurs qui se sont réfugiés sur le territoire de l'immunité, c'est que le crime qu'il s'agit de réprimer est un de ceux dont la connaissance est réservée au tribunal du comte, à l'exclusion de celui du centenier (1). Les capitulaires ne pouvaient donc pas parler du tribunal du centenier. — De même, si les textes obligent les vassaux du roi et les évêques à « facere justitias ante comitem suum, » c'est que le tribunal du comte peut seul être compétent en raison de la haute situation des personnes privilégiées dont il s'agit.

Si le tribunal qui, d'après les capitulaires, doit prêter assistance au tribunal ecclésiastique, est celui du comte, cela ne prouve pas que le centenier n'ait pas eu de tribunal et qu'il

(1) V. Capit. de justit. fac. a. 811-813, C. 4, Boret., p. 176, et infra § 96.

n'ait pas été soumis aux mêmes obligations que le comte. Les capitulaires ne citent que ce dernier, parce que lui seul a réellement des pouvoirs assez grands pour venir en aide à la juridiction ecclésiastique. — Que le tribunal, avec lequel certains textes nous montrent la juridiction ecclésiastique en conflit, soit celui du comte, cela n'offre rien d'étonnant, vu que ce dernier tribunal constitue la juridiction ordinaire à la compétence la plus étendue et qu'il a par conséquent plus de chances d'être en conflit avec un autre ordre de tribunaux.

Les capitulaires qui déterminent les attributions des missi ne parlent de leur censure que par rapport au comte, parce que cet officier, chef de juridiction dans son comté, ne peut être censuré que par le roi ou ses missi. Le centenier, au contraire, inférieur hiérarchique du comte, est sous la surveillance de celui-ci qui, lui ayant donné ses instructions lors de sa nomination, a pour mission de veiller à ce qu'elles soient exécutées. Roz. form. 886 : « Indiculum de comite ad vicarium. — Dilecto fidele nostro, ego ille comis. Cognoscas quia mandamus tibi de tuo ministerio *quod tibi commandavimus ;* bonum certamen exinde habeas, vel bona providentia. Denique cognoscas quod *dominus rex ille commendavit ut justitia vel drictum in nostro ministerio facere debeamus.* Propterea has litteras ad te dirigimus ut nostro comitatu vel in tuo ministerio *pleniter ipsas justitias facias* quæ ante te veniunt, ut sic inquiras et facias, quasi ego ipse, sine ulla alia ratione vel sine impedimento, et nullum honorem nec nulla blandia propter hoc accipere non facias. *Et bene provide ut nullum neclectum exinde habeas.* Taliter exinde certamen age, qualiter gratia nostra vellis habere. » (1). L'action des missi vis-à-vis des centeniers n'est donc point nécessaire, tandis qu'elle est indispensable pour réprimer les abus des comtes : voilà pourquoi les commemorationes missis omettent le centenier pour ne parler que du comte.

Les capitulaires interdisent de porter devant le tribunal du roi la « causa quæ adhuc coram comite non fuit » ; ils ne portent point de pareille prohibition pour la cause qui n'aurait pas encore été soumise au tribunal du centenier. Mais on ne peut en

(1) Cp. capit. ante 800, c. 3, Pertz, p. 121. Capit. Hlothar. apud Olonn. a. 824, c. 3, Bal. II, p. 321.

conclure qu'il n'y ait point eu de tribunal de centenier. Le silence des textes, relativement à cet officier, s'explique par cette considération que les décisions rendues au tribunal de centaine doivent probablement être portées en appel d'abord devant le tribunal du comte (V. infra, § 123). Le tribunal du roi n'a donc jamais à statuer que sur les décisions des comtes, ces magistrats s'étant approprié les décisions du centenier, et il était parfaitement inutile de faire mention, dans les capitulaires en question, de l'instance devant le centenier.

Un des capitulaires dont Sohm argumente et qui statue sur la désignation des lieux où le plaid peut ou doit se tenir, nous semble plutôt fournir un argument contre la théorie du professeur allemand. Capit. Mantuan, II, c. 4, Boret. p. 196 : « Ut placita publica vel secularia nec a comite, *nec a ullo ministro suo vel judice*, nec in ecclesia, nec in tectis ecclesiæ ..» Il nous paraît de même que le capitulaire de 803, in leg. sal. mitt. c. 4, Pertz, p. 113, est plutôt en notre faveur : « Si quis hominem in judicio injuste contra alio altercantem adjuvare per malum ingenium præsumpserit atque inde coram *judicibus vel comite* increpatus fuerit, et negare non potuerit, solidos XV culpabilis judicetur. » Il faut remarquer en effet que le texte emploie la conjonction alternative vel, les juges (subalternes) ou le comte ; judices ne peut point signifier ici les scabins présidés par le comte, car il y aurait au texte judicibus *et* comitibus.

Quant aux textes qui enjoignent « comitibus et judicibus ut juste judicent », ils nous paraissent indifférents dans la question, car il n'est point certain qu'on doive y entendre par judices les scabins et non les subordonnés du comte.

Nous repoussons enfin l'argument tiré du capit. miss. a. 821, c. 5, Boret. p. 301. Il n'en résulte nullement que les scabins soient les scabins du comte, sui, et qu'ils ne puissent pas être les assesseurs d'un autre magistrat. Si le capitulaire se sert du possessif *sui*, c'est parce que la grammaire le veut ainsi. Le comte délégué à la garde des côtes doit néanmoins tenir son plaid s'il a avec lui *ses* scabins. Le texte ne vise qu'une hypothèse spéciale et ne dit nullement que le centenier ne puisse pas aussi avoir ses scabins (V. infra, § 106).

Nous tirerons à notre tour une conclusion de cette longue discussion et nous dirons : il ne résulte en aucune façon des capitulaires ni des autres documents de l'époque, que le comte soit le seul juge public.

Nous n'approfondirons pas, pour le moment, le rôle du comte dans le jugement des procès soit criminels, soit civils. Il nous faudrait en effet connaître préalablement les autres personnes qui entrent dans la composition du tribunal du comte, à savoir les scabins ; c'est seulement lorsque nous examinerons les fonctions de ces assesseurs-juges que nous pourrons déterminer la situation du comte vis-à-vis d'eux et voir comment on arrive à former un jugement. Nous nous bornerons à présent à signaler les autres règles relatives au comte et se rattachant à ses fonctions judiciaires.

§ 74. — Une des plus importantes attributions du comte concerne l'exécution des jugements.

Rappelons d'abord que les parties conservent le droit qu'elles avaient sous les Mérovingiens de s'adresser au comte pour qu'il leur assure le bénéfice du jugement qu'elles ont obtenu (1).

L'exécution sur les biens à laquelle le comte a le droit et le devoir de procéder peut quelquefois avoir lieu immédiatement après la prononciation du jugement, de sorte que le procès-verbal que l'on dresse de la tenue du plaid et de la sentence rendue mentionne également l'exécution. Si l'objet de la condamnation consiste dans une restitution ou dans le paiement d'une somme d'argent, la partie condamnée peut s'exécuter aussitôt. Meichelbeck, n° 117, p. 89 : « Tunc convictus... de presenti reddidit advocato ipsius ecclesiæ. » Si cette exécution immédiate est impossible, les parties peuvent convenir d'un jour pour l'exécution réelle ou symbolique du jugement. Placitum a. 870, Vaissette, I, n° 95, p. 122 : « Et sic fidejussores dedit Odonem et Umbertum, *ut die constituto*, id est v idus Augusti super ipsas res veniret, et manibus suis, sicut spoliaverat ipsum abbatem Gerulfum legaliter revestiret. Nam

(1) Aux documents que nous avons précédemment cités, nous ajouterons, pour notre période, un diplôme de Charlemagne, publié par Bouquet, t. V, p. 776, n° 98. Il renferme un ordre exécutoire adressé à un comte contre un contumax envoyé sous caution devant le roi, afin que le comte mette l'adversaire du contumax en possession de ce qu'il réclame.

et ad id placitum utrique venerunt, et sic fuit judicatum per signum de ipsa ecclesia revestivit. » — Enfin les parties peuvent simplement promettre d'exécuter le jugement et se donner le baiser de réconciliation. Form. Goldast. c. 100 : « Et hoc pacifice audito, et recepto ab utraque parte, convenit R et G, præsentibus prædictis testibus, se facturos sicut judicatum fuerat et finem fecerunt in hoc et in aliis controversiis de quibus judicatum fuerat, et osculum ad invicem fecerunt. »

Lorsque le fait qui a motivé la condamnation est un délit donnant lieu à composition, c'est au comte à assurer le paiement de la composition à la victime ou à ses héritiers. Capit. legibus addenda a. 818-819, Boretius, p. 284 : « Si quis, aliqua necessitate cogente, homicidium commisit, comes in cujus ministerio res perpetrata est, et conpositionem solvere, et faidam per sacramentum pacificari faciat. » — D'une manière générale, le comte procède à l'exécution sur les biens toutes les fois qu'il est nécessaire de recourir à la force, par suite de la mauvaise volonté ou de l'absence du condamné (1).

L'exécution sur la personne est également confiée au comte. Ainsi un capitulaire de Charlemagne porte qu'il est du devoir du comte d'exécuter le juste jugement contre les voleurs, et que celui qui aura mis un homme à mort en vertu d'un arrêt de justice sera à l'abri de tout reproche, même quand la condamnation serait injuste. Capit. Haristal. a. 779, c. 11, Boret. p. 49 : « De vindicta et judicio justo in latrones factum testimonium episcoporum absque peccato comitis esse dicunt. Et si per odium... nisi per justitiam faciendam, hominem diffecerit, honorem suum perdat...et secundum penam quam intulit emendetur. » — C'est le comte qui envoie en exil. Mem. Olonn. a. 822-823, c. 4, Boret. p. 318 : « Volumus de obligationibus ut nullus homo per sacramentum nec per aliam obligationem adunationem faciat ; et si hoc facere præsumpserit. . ab exilio ab

(1) Cp. Capit. leg. add. a. 818, 819, c. 11 et 12. Boret. p. 283. — Convent. ap. Valent. Karoli Calvi, a. 853. c. 3, Bal. II, p. 61 : « Ut ubicumque fugerint, illuc indiculus transmittatur, ut comes illos distringat, aut cum alode, aut per quodcumque potest. » — Edict. Pist. a. 864, c. 6 et 7, Bal. II, p. 176. — Capit. Olonn. mund. a. 825, c. 2 et 3. Boret. p. 330 : « Per ipsas res a comite distringatur. »

ipso comite in Corsica mittatur. » — Il fait enchainer et jeter en prison les coupables (1).

A la suite de la condamnation prononcée par le tribunal du comte en première instance, le condamné n'a pas droit, en principe, à sa mise en liberté en raison de l'appel qu'il interjette devant le roi ; il est maintenu sous bonne garde, et le comte est chargé d'assurer sa comparution devant le tribunal suprême (2).

Le comte n'a cependant pas le droit de refuser sa mise en liberté à celui qui offre de donner caution. Cette restriction au pouvoir du comte nous semble clairement établie par des textes assez nombreux et qui, à notre avis, s'appliquent aussi bien au cas où le comte voudrait mettre en prison une personne consentant à donner caution qu'à celui où, après un premier jugement de condamnation frappé d'appel devant le roi, le comte prétendrait mettre ou maintenir en prison le condamné. Capit. miss. a. 803, c. 4, Boret. p. 115 : « De illis qui legem servare contempserint ut per fidejussores ad præsentiam regis deducantur. » — Capit. lib. VII, c. 470, Bal. I, 1130 : « Et si inobediens extiterit nobis per firmissimos fidejussores præsentetur. » — Capit. Wormat. a. 829, c. 10, Bal. I, p. 666 : « Et si quis contemptor aut comitis aut missorum exstiterit per fidejussores ad palatium venire compellatur. — Extrait d'un discours de Charles le Chauve au concile de Douzi, Actes du concile de Douzi, 1re p. c. 6, supplément de Sirmond, p. 207 : « Comiti et misso meo præcepi ut quosdam homines... qui de infidelitate reputantur.. secundum legem Francorum et antiquam consuetudinem prædecessorum meorum... per fidejussores mitteret donec ad rationem legaliter venirent. » — On voit enfin, dans le procès-verbal d'un jugement rendu au tribunal du roi Louis II, qu'un homme, dont on accusait la femme d'avoir violé les vœux de la religion par son mariage avec lui, y fut reçu à « donner gage » de faire comparaitre l'accusée au plaid et que son cautionnement fut accepté au lieu de contrainte. Notes de Baluze sur les œuvres d'Agobard,

(1) Capit. Worm. pro leg. hab. c. 3, a. 829, Bal. I, 670. — Capit. Carisiac. a. 873, c. 1 et 3, Pertz, p. 519.

(2) Cp. Capit. miss. Theod. II, c. 8, Boret. p. 123.

t. II, p. 160 : « Cœpit dicere Sisenandus : « Iste advocatus in judicis vestri præsentia mallavit me ut ego haberem uxorem Gundi, et fuisset veste et velamine induta... ego negavi quod aliquando velata fuisset... judicatum fuit eam... ad placitum adducendam... et guadiam dedi... » (1)

Si les comtes ont sur la personne et sur les biens du condamné le pouvoir d'exécution, ils ne peuvent cependant agir qu'en vertu d'une sentence légalement prononcée par les tribunaux et sans pouvoir modifier le jugement. Sur ce point, les capitulaires renferment d'assez nombreuses dispositions témoignant de l'intention bien arrêtée des empereurs de mettre un terme aux abus de pouvoir qui s'étaient produits sous la dynastie précédente. Capit. lib. VII, c. 259, Bal. I, p. 1079 : « Omnia primo diligenter cunctos oportet inquirere, ut cum justitia definiantur. Nullus quemque ante justum judicium damnet, nullum suspicionis arbitrio judicet. Prius quidem probet et sic judicet ; non enim qui accusatur sed qui convincitur reus est ; pessimum namque et periculosum est quemquam de suspicione judicare... Quamvis enim vero sint, non tamen credenda sunt nisi quæ certe iudiciis comprobantur, nisi quæ manifesto judicio convincuntur, nisi quæ judiciario ordine publicantur. » — Capit. Kar. mag. a. 789, c. 65, Bal. I, p. 236 : « Et non occidatur homo nisi lege jubente. » — I Cap. de 803, c. 9, Bal. I, p. 404 : « Ut nullus præsumat alium sine lege opprimere, vel aliquid mali agere. » — Cap. de 808, c. 2, Bal. I, p. 463 : « Et ut nullus hominem pendere præsumat nisi per judicium » (2).

Le comte, lié par le jugement, en ce qu'il ne peut en aggraver la portée, ne peut pas non plus en atténuer la rigueur, en d'autres termes, il ne possède pas le droit de grâce qui appartient au roi seul (V. infr. § 136). Capit. Aquisgr. a. 801-813, c. 13, Boret. p. 171 : « Ut vicarii munera ne accipiant pro illos latrones, qui ante comite judicati fuerint ad mortem ; quod si hoc perpetraverint, tale judicium sustineant, sicut et latro judicatus fuit ; quia postquam scabini eum dijudi-

(1) Cp. Capitul. Wormat. al. cap. c. 4, 6, 10, Bal. I, p. 666 ; ibid. cap. pro leg. hab. c. 4, Bal. I, 670.

(2) Cp. Capit. Harist. a. 779, c. 11, Boret. p. 49.

caverint, non est licentia comitis vel vicarii ei vitam concedere. »

§ 75. — D'après la loi salique, le décret de forban contre le contumace (fors ban, hors le ban) ne pouvait être rendu que par le roi. C'est ce que porte un titre de cette loi qui indique en même temps les effets du forbannissement. T. LIX, Walter, I, p. 79 : « Ille qui admallatur ad nullum placitum venerit, tunc rex ad quem mannitus est, extra sermonem ponet, et ita ille culpabilis, et res suæ erunt in fisco, aut ejus cui fiscus dare voluerit ; et quicumque ei aut panem dederit aut in hospitalitatem collegerit ... solidos XV culpabilis judicetur » — Sous les Mérovingiens, le décret de forbannissement est également un acte qui ne peut émaner que du roi. Edict. Chilper. c. 10, Boret. p. 10 : « Et ipsum *mittemus* foras sermone nostro, ut quicumque eum invenerit, quomodo sic ante pavido interfitiat. » (1). Aussi l'amende prononcée contre ceux qui donnent asile au forbanni s'élève-t-elle de 15 solidi, taux établi originairement par la loi salique, à 60 solidi, amende appliquée à ceux qui violent le ban du roi (2).

Sous les Carolingiens, le comte acquiert le droit de prononcer le décret de forban. Les capitulaires sont formels à cet égard. Cap. Aquisgr. a. 809, c. 4, Pertz, p. 156 : « Ut comes qui latronem in forbanno miserit, vicinis suis comitibus notum faciat, eumdem latronem a se esse forbannitum, ut illi eum non recipiant. » — Capit. Aquisgr. a. 813, c. 13, Pertz, p. 188 : « Sed si bannus ei (latroni) judicatus fuerit, et banno peracto, stet in eo interim, usquedum comiti et eo qui clamorem vel causam ad eum habuit, et tunc sit foris banno. » — Edict. Pist. a. 864, c. 6, Bal. II, p. 176 : « Quidam homines de istis comitatibus qui devastati sunt a Nortmannis, in quibus res et mancipia et domos habuerunt, quia nunc ibi mancipia et domos non habent ... statuimus ut comes missum suum ad illam terram in qua domos .. habuit, mittat et eum ... mannire jubeat ... et quæ res ... judicio scabiniorum in

(1) Greg. Tur. V, 50 : Leudast est forbanni : « Cum audivisset edictum regis ut a nullo colligeretur. » Cp. ibid. IV, 18 ; VIII, 18. — Vita S. Columbani (saec. 7), c. 41, Mabillon, II, p. 22. Columban forbanni reçoit des vivres en secret, « regis timore, ne regis iram incurrerent. »

(2) Cap. Pipp. a. 754-755, c. 1, Boretius, p. 31.

bannum mittantur, et si necesse fuerit, ipse forbannum mittatur ... et mandet comes, qui hoc executus est, alteri comiti ... illum distringat ad justitiam faciendam. » — Capit. ap. Carisiac. c. 1, a. 873, Bal. II, p. 227 : « De constitutionibus antecessorum nostrorum et nostri ... quando missi vel comites nostri latronem forbannierint » — En conséquence, on retrouve dans les textes, à côté de l'amende de 60 solidi, prononcée pour violation du ban royal, l'ancienne amende de 15 solidi, établie par les lois barbares et servant alors en principe de sanction au ban du comte. Capit. Aquisgr. a. 809, c. 3, Pertz, p. 155 : « De latrone forbannito, ut liber homo qui eum susceperit, 15 solidos conponat, et servus 120 percussionnibus vapuletur. »

§ 76. — Nous sommes ainsi amené à nous demander quels sont précisément les pouvoirs du comte relativement au droit de ban, de bannitio qu'il possède de même que le roi. Il faut partir de ce point de vue que l'exercice des droits royaux n'a été conféré au comte que dans certaines limites. Le comte, comme on l'a fort bien dit (1), n'a point la plenitudo potestatis ; il ne peut exercer de droits que dans la mesure déterminée par les lois. Il n'est point roi dans son comté, mais, comme l'indiquent les noms qui lui sont quelquefois donnés (famulus, ministerialis, agens, præfectus), le serviteur du roi dans le comté ; il n'est point l'alter ego du roi, mais fonctionnaire sous les ordres du roi (2). Il en résulte que le comte ne possède pas en principe le ban royal.

Le ban royal, désigné dans les textes par bannus noster, ou bannus dominicus, était fixé par les lois barbares à 60 solidi. D'après les capitulaires carolingiens, le roi peut, s'il le veut, doubler la somme, la tripler, la quintupler et même la décupler (3) — A côté du ban royal ordinaire de 60 solidi, il y a le ban royal extraordinaire de 100 solidi qui

(1) Sohm, p. 163.

(2) Contra : Stein. *Geschichte der französischen Strafrechts und des Processes*, p. 23.

(3) Karoli II synod. Pist. a. 862, c. 3, Pertz, p. 480. — Cap. Aquisgr. a. 817, leg. add. c. 4, 5, Pertz, p. 211. — Greg. Tur. *De glor. conf.* c. 71. — Hincmar, Op. II, p. 610. — Pardessus, *Dipl.* II, nº 434.

peut être doublé, décuplé et même s'élever jusqu'à 2,000 solidi (1).

Le comte ne peut pas bannire avec le même pouvoir que le roi, en d'autres termes son ban est inférieur à celui du roi (2). Quelle est donc l'étendue de son droit de ban ? On ne peut pas répondre à la question d'une manière absolue. Le ban du roi est le même partout, quelle que soit la nationalité de l'officier royal qui le prononce. Il en est autrement pour le ban du comte qui varie suivant la loi d'après laquelle vit chacun des comtes. Capit. miss. a. 802, c. 57, Boret. p. 102 : « Ut bannus quem per semetipsum domnus imperator bannivit sexaginta solidos solvatur. Cæteri vero banni quos comites et judices faciunt *secundum legem uniuscujusque* conponantur. » La loi qui sert à déterminer le ban n'est point celle du contrevenant mais bien celle du comte. Le chapitre 48 du même capitulaire ne laisse aucun doute à cet égard : « Ut comites et judices confiteantur qua lege vivere debeant et secundum ipsam judicent. » Judicare signifie ici non pas juger, mais diriger, administrer, et le moyen qu'emploie le comte pour mener à bien son œuvre d'administration, c'est le ban. — Le ban ordinaire du comte est de 15 solidi ; il peut même être doublé à l'occasion et porté à 30 solidi. Cap. leg. add. a. 803, c. 2, Boret. p. 112 : « Si quis ... quodlibet crimen foris committens infra emunitatem fugerit, mandet comes vel episcopo vel abbati... ut reddat ei reum. Si ille contradixerit et eum reddere noluerit, in prima contradictione solidis XV culpabilis judicetur, si ad secundam inquisitionem eum reddere noluerit, XXX solidis culpabilis judicetur. » — Pour la Saxe, le capitulaire de 775-790, c. 31, Boret. p. 70, fixe le ban ordinaire du comte tantôt à 15, tantôt à 60 solidi, suivant qu'il s'agit d'une causa minor ou major : « Dedimus potestatem comitibus bannum mittere infra suo ministerio de faida vel majoribus causis in solidos LX ; de minoribus vero causis comitis bannum in solidos XV constituimus (3).

1 Capit. Saxon. a. 797, c. 9, Pertz, p. 76. V. Sohm, p. 173, n. 114.

2 Eichorn, *R. G.* I, p. 461. Brunner, *Zeugen*, p. 128. Sohm, p. 173.

3 D'après la lex Alamannorum, le ban ordinaire du comte est de six solidi, celui du duc étant de 12 et celui du centenier de trois. T. XXVIII.

Le comte acquit cependant sous les Carolingiens le droit de contrainte par le ban royal dans des hypothèses assez nombreuses. Sous les Mérovingiens, nous ne voyons que très-rarement le comte en possession du ban royal. Le décret de Childebert de 596 le lui accorde ainsi qu'au centenier pour la poursuite des malfaiteurs. C. 9, Boret. p. 17 : « Si quis centenario aut cuilibet judice (id est comiti) noluerit ad malefactorem adjuvare sexaginta solidis omnis modis condempnetur. » —Dès la fin du VIIIe siècle, on voit très-fréquemment le comte en possession du ban royal. Il en est ainsi pour la poursuite des criminels. Capit. Kar. mag. a. 779, c. 9, Pertz, p. 36 : « Ut latrones de infra emunitatem illi judicis ad comitum placita præsentetur ; et qui hoc non fecerit, beneficium et honorem perdat ... et qui beneficium non habuerit bannum (dominicum solvat. » — Cap. de part. Sax. a. 785, c. 24, Pertz, p. 49 : « De latronibus et malefactoribus qui de uno comitatu ad alium confugium fecerint, si quis eos receperit in suam potestate, et septem noctibus secum detenuerit, nisi ad præsentandum nostrum bannum solvat. » — Le ban royal est de même accordé aux comtes pour le recouvrement des impôts royaux. Capit. Aquisgr. a. 813, c. 6, Pertz, p. 188 : « Similiter volumus ut banni nostri de illis unde censa exigunt, ut ipsa censa ad nostrum opus vel ubi nos jubemus veniant ... » — Karoli II edict. Pist. a. 864, c. 28, Pertz, p. 495 : « Ut illi Franci qui censum de suo capite ... comites vel vicarii ... sed ex banno nostro prohibeant. » — Les capitulaires donnent encore le ban royal au comte dans des circonstances où cet officier se fait l'auxiliaire de l'autorité ecclésiastique. C'est, par exemple lorsqu'il s'agit de faire comparaître un clerc devant le tribunal synodal de l'évêque. Cap. Pipp. incerti anni, c. 3, Pertz, p. 31 : « De presbyteris et clericis sic ordinamus ut archidiaconus episcopi eos ad synodum commoneat una cum comite. Et si quis contempserit, comes eum distringere faciat, ut ipse presbyter aut defensor suus 60 solidos componat et ad synodum eat. » (1) — Ou bien lorsqu'il s'agit d'assurer l'obéissance due aux ordres de l'évêque, Hloth. const. Olonn., a. 825, c. 1, Pertz, p. 248 : « Placuit nobis ut si pro quibuslibet culpis

(1) Cp. Capit. Pipp. compend. a. 757, c. 21, Pertz, p. 29.

atque criminibus quæcumque persona totiens fuerit correpta, ut etiam excommunicatione episcopali pro contemptu dignus habeatur, comitem suum episcopus sibi consociet, et per amborum consensum hujusce modi distringatur, ut jussionibus episcopi sui obediens existat. Si vero assensum non dederit, bannum nostrum nobis persolvat. » — Karoli II syn. Suess. a. 853, cap. missis, c. 10, Pertz, p. 420 : « Ut missi nostris omnibus reipublicæ ministris denuntient, ut comites, vel reipublicæ ministri simul cum episcopo uniuscujusque parochiæ sint in ministeriis illorum, quando idem episcopus suam parochiam circumierit, cum episcopus eis notum fecerit et quos per excommunicationem episcopus adducere non potuerit, ipsi regia auctoritate et potestate ad pœnitentiam vel rationem atque satisfactionem adducant. » — Enfin, c'est sous la même sanction du ban royal que sont contraintes les personnes qui empêchent les parties de faire valoir leurs droits en justice, soit devant le tribunal du roi, soit devant celui du comte, et qui refusent d'obéir aux ordres du président du tribunal. Resp. Hludov. missis, a. 819, c. 4, Pertz, p. 227 : « Si homini cuilibet causam suam in placito aut coram comiti palatio alius fuerit impedimento, et causam ejus injuste disputando impedierit, tunc volumus ut sive comes palatii seu comes ipse in comitatu suo jubeat eum exire foras. Et si noluerit oboedire, tunc solvat bannum dominicum, id est 60 solidos. » (1).

Les diplômes, de même que les capitulaires, concèdent au comte, et quelquefois à ses subordonnés, le ban royal, notamment pour amener la comparution devant le tribunal du roi de certains coupables. Diplôme de Charlemagne pour S. Denis, a. 775, Sickel, *Acta*, K, 38 : « Si quis vero contra præcepta ... facere ... voluerit, tunc missus noster vel comitis super noctes 21 ante nos per bannum nostrum venire faciat in rationes » — Wartmann, n° 688, a. 893 : en cas de contravention à l'immunité de l'abbaye de S. Gall, l'empereur ordonne « unicuique comiti et judici ut eum banno nostro ad palatium nostrum distringatur. »

(1) Cp. Formules de St-Gall, n° 21, Rozière 474.

L'extension du droit du comte (1) relativement au ban n'est pas seulement, comme le dit Sohm, un signe de l'extension de la puissance de cet officier. A notre avis, elle a été aussi admise afin que l'ordre fût mieux assuré, afin que le comte apparût aux yeux des populations comme le représentant du roi, afin que le roi fût censé punir lui-même. C'est là, croyons-nous, une conséquence du système général que Charlemagne a voulu appliquer et qui a été continué, législativement du moins, sous ses successeurs immédiats. Mais ce système, établi dans le but de donner une nouvelle force à la royauté, tourna ensuite à son détriment, quand elle commença à perdre de sa force et de son prestige. Les droits exercés primitivement au nom du roi le furent plus tard au nom des comtes eux-mêmes, et ceux-ci, pour le droit de ban, comme pour beaucoup d'autres, purent exercer un pouvoir considérable sur leurs administrés sans aucune usurpation apparente. Néanmoins, sous les premiers Carolingiens, l'idée qui préside à la concession du ban royal au comte fut bien celle que nous indiquons, car jamais la dépendance des comtes vis-à-vis du pouvoir central ne fut plus étroite.

§ 77. — Si, en effet, les capitulaires donnent au comte des pouvoirs très étendus en matière judiciaire, ils lui imposent par contre de nombreuses obligations qui, pour la plupart, lui sont communes avec les autres officiers judiciaires. Les dispositions que l'on rencontre à cet égard presque à chaque instant dans les capitulaires témoignent de l'intérêt que les premiers Carolingiens prennent à assurer la bonne administration de la justice. Sans doute, leurs prescriptions restèrent maintes fois à l'état de lettre morte, ainsi qu'en témoignent les plaintes que font entendre les écrivains contemporains (2).

(1) Cp. Vaissette II, n° 12, a. 890 : « Omnibus in commune adunatis fere 200 hominibus per auctoritatem regiam prædictus comes bannum imposuit, ut dicerent. » Ibid. n° 18 : « Ad hanc inquisitionem vice comitis et ad illud bannum, quod ex parte regis atque comitis huc de sua omnibus misit, ut veritatem, si sciebant, omnibus manifestarent. »

(2) Alcuin, carm. 45, Poetæ Carol. I, p. 258 : « Sportula justitiam vertit in ore senis. » — Agobart, adv. leg. Gund. c. 10, op. I, p. 117 : « Judices ... ante quos maxime perjuria et munera finem rebus imponunt. » Ibid. p. 327 : « Quando ante tribunal steterint judicum secularium, judex

mais la faute en est aux faibles prédécesseurs de Pépin qui avaient laissé se développer une décentralisation, ou plutôt une anarchie telle qu'un siècle d'efforts ne parvint point à rétablir l'ordre si profondément troublé pendant la seconde moitié du VII^e siècle et la première du VIII^e.

Les comtes doivent connaître la loi. Capit. omnibus cog. a. 801-814, c. 4, Boret. p. 144 : « Ut comites et vicarii eorum legem sciant, ut ante eos injuste neminem quis judicare possit, vel ipsam legem mutare. » (1).

Ils ne peuvent recevoir de présents à peine de révocation. Capit. missorum, a. 819, c. 21, Boret. p. 291 : « Ut comites et vicarii et centenarii de constitutione legis ammoneantur, qua jubetur ut propter justitiam pervertendam munera non accipiant. » — Capit. Vern. a. 775, c. 25, Boret. p. 37 : « Ut nullus episcopus, nec abbas, nec laicus propter justitias faciendum sportolas contra drectum non accipiat, quia, ubi dona currunt, justitia evacuatur. » (2).

Leurs décisions ne doivent être inspirées ni par la haine ni par la faveur. Miss. adm. a. 801-812, Boret. p. 240 : « Duces, comites et judices, justitiam faciat populos, misericordiam in pauperes, pro pecunia non mutet æquitatis, per odia non damnent innocentes. » (3).

Ils ne doivent point, pour se livrer à la chasse où à d'autres plaisirs, remettre ou abréger leurs plaids. Capit. a. 789, c. 18, Boret. p. 63 : « Ut comites... in venationem non vadant illo die quando placitum debent custodire nec ad pastum. » — Capit. de caus. div. a. 807, Boret. p. 135 : « Volumus atque jubemus, ut comites nostri propter venationem et alia joca placita sua non dimittant nec ea minuta faciant, sed ad exemplum quod

acceptis muneribus condemnet insontem et reum liberet ; quod quidem non solum de judicibus seculi, sed interdum de ecclesiæ quoque principibus dici potest, quod propter munera lacerent legem et non perducant usque ad finem judicium, et impius prævaleat adversus justum, et magis in judicio peccatum divitis quam pauperis veritas defendatur, unde querimonia est judicium exire perversum. »

(1) Cp. Capit. Theod. a. 803, c. 24, *Pertz*, p. 135.

(2) Cp. capit. a. 802, c. 9, Boret. p. 93. — Capit. eccles. a. 789, c. 63, Boret. p. 58.

(3) Cp. l'énumération que fait Alcuin des devoirs du juge, *De virtutibus et vitiis*, c. 20, Op. II, p. 138.

nos cum illis placitare solemus, sic et illi cum suis subjectis placitent et justitias faciant. » — Cette obligation de rendre la justice et de la rendre sans retard, en jugeant d'après les lois et non d'après leur caprice, est imposée aux comtes par de nombreux textes (1).

C'est à jeun qu'ils doivent tenir leurs plaids. Capit. III, a. 813, c. 22, Bal. I, p. 504 : « Neque comes placitum habeat nisi jejunus. (2). »

§ 78. — Une des obligations les plus importantes des officiers judiciaires concerne le maintien de la paix sociale et la poursuite des crimes. Nous savons que, déjà dans le droit mérovingien, on avait senti le besoin d'abandonner les anciens principes du droit germanique d'après lesquels la répression des infractions est subordonnée à la poursuite de la partie lésée. Les capitulaires carolingiens ne pouvaient manquer de confirmer le droit des officiers royaux de poursuivre d'office les crimes. Ils leur en font même un devoir rigoureux et en même temps ils leur facilitent la découverte des coupables.

Au sommet de la hiérarchie judiciaire, les missi sont chargés de veiller à la répression du brigandage et du vol. Un capitulaire (a. 804-813, Boret. p. 180), renferme de nombreuses dispositions sur la manière dont ils doivent procéder à l'égard des voleurs. « qualiter missi nostri de latronibus agere debent. » Partout où ils rencontrent des malfaiteurs de ce genre, ils instruisent leur procès, même sans qu'un accusateur se présente. C. 1 : « Ut ubicumque eos repperirent diligenter inquirant. » Pour arriver à se saisir des coupables, ils ont le droit de requérir la force armée qui est sous les ordres des comtes. Vita Hludov. c. 53. Pertz. *Scriptores* II, p. 639 : « Præcepit ut missi per singulos comitatus irent, qui immanitatem prædonum et latronum quæ inaudita emerserat, coiberent et, ubi

(1) V. Capit. de part. Saxon. a. 789. c. 34, Bal. I, p. 256. — Capit. I. a. 802, c. 26. Bal. I. p. 370 : « Ut judices secundum scriptam legem juste judicent, non secundum arbitrium suum. » — Pipp. cap. ital. excerpt. ex leg. Longob. c. 10. Bal. I. p. 544. — Capit. Hludov. Pii, a. 823, c. 6. Bal. I. p. 634. — Kar. calvi ed. Pist. a. 864, c. 35. Bal. II. p. 193. — Capit. lib. III, c. 53. Bal. I. p. 764.

(2) Cp. Capit. a. 789, c. 63. Boret. p. 58. — Capit. a. 805. c. 11. Boret. p. 124.

eorum major vis incuberat, etiam eorum comites vicinos et episcoporum homines ad tales evincendos et proterendos sibi adciscerent. » (1).

Les comtes ont de même pour mission de purger leurs circonscriptions des malfaiteurs et des voleurs qui peuvent s'y trouver, d'en faire pleine justice ou de les réserver au jugement des missi. Capit. Mant. a. 781, c. 10. Boret. p. 191 : « De latronibus qui ante missi nostri minime venerunt, ut comites eos perquirant et ipsos aut per fidejussores aut sub custodia serventur, donec missi ibidem revertunt. » — Capit. Pipp. ital. a. 801-810. Boret. p. 210 : « Sed et hoc volumus, ut comites plenam justitiam de latronibus faciant per eorum ministeria et ut malefactores et fures non patiantur quietos residere, sed semper eos, in quantum valent, infestent (2). » — La poursuite des homicides est de même confiée au comte. Admonit. gener. a 789, c. 69. Boret. p. 59 : « Ut homicidia... non fiant ; et ubicumque inventa fuerint, a judicibus nostris secundum legem ex nostro mandato vindicentur (3). »

La poursuite d'office ne se borne pas, du reste, à ces deux classes de malfaiteurs, les voleurs et les homicides. D'autres capitulaires enjoignent aux subordonnés des comtes de s'enquérir de toutes les infractions graves aux lois civiles ou religieuses et de les dénoncer aux comtes et aux missi, pour que les coupables soient châtiés. Capit. miss. a. 802, c. 25. Boret. p. 96 : « Ut comites et centenarii ad omnem justitiam faciendum compellent et juniores tales in ministeriis suis habeant, in quibus securi confident, qui legem adque justitiam fideliter observent, pauperes nequaquam opprimant, fures, latronesque et homicidas, adulteros, malificos adque incantatores vel auguriatrices, omnesque sacrilegos nulla adulatione vel præmium nulloque sub tegimine celare audeat, sed magis prodere.

(1) Charlemagne a prohibé, sans doute parce qu'elles avaient dégénéré, les anciennes associations (trustes) organisées sous les Mérovingiens pour le maintien de l'ordre et la répression des crimes. Capit. a. 779, c. 16. Pertz, p. 37 : « De truste faciendo nemo præsumat ».

(2) Cp. Capit. Haristall. a. 779, c. 11. Boret. p. 48. — Capit. de part. Sax. c. 24. Boret. p. 70.

(3) Cp. Capit. Carisiac. a. 873, c. 3. Pertz, p. [illegible].

ut emendentur et castigentur secundum legem, ut Deo largiente omnia hæc mala a christiano populo auferatur (1). »

Toute personne requise de prêter son aide pour l'arrestation d'un malfaiteur est tenue d'obéir, sous peine du ban royal, si c'est un homme libre, ou de 60 coups de bâton, si c'est un colon. Convent. Silvac. a. 853, c. 5, Pertz, p. 424 : « Commendaverunt etiam, ut si alicui denuntiatum fuerit ad accipiendum latronem adjutorium præstet, aut aliquis sonum inde audierit ut ad latronem accipiendum concurratur, et se inde retraxerit ut ad hoc adjutorium non præstet, si liber homo fuerit, bannum dominicum componat, et si colonus fuerit sexaginta ictus accipiat (2). »

§ 79. — Pour arriver plus facilement à la découverte des crimes, les missi peuvent user de leur droit d'inquisition, c'est-à-dire qu'ils choisissent, dans les provinces soumises à leur contrôle, un certain nombre d'hommes honorables et les somment, au nom du serment de fidélité qu'ils ont prêté au roi, de leur dénoncer les infractions dont ils ont connaissance aussi bien que les abus dont les officiers royaux ont pu se rendre coupables. Capit. Aquisgr. a. 828, miss. c. 3, Pertz, p. 328 : « In primis hoc maxime inquirant, quo modo hi qui populum regere debent, unusquisque in suo ministerio se custoditum habeat... Inquisitio autem hoc modo fiat. Eligantur per singulos comitatus qui meliores et veratiores sunt. Et si aliquis inventus fuerit de ipsis qui fidelitatem promissam adhuc nobis non habeat, promittat... interrogati fuerint... quæ ad populi damnum et detrimentum pertinet... manifestum faciat. » — Convent. Silvac. a. 853, c. 4, Pertz, p. 424 : « De latronibus autem commendaverunt, ut missi omnibus denuntient in illa fidelitate quam Deo et regi unusquisque debet et promissam habet, et in illa christianitate qua pacem proximo unusquisque servare debet, ut sine exceptione alicujus personæ, nec pro amicitia vel propinquitate, aut amore vel timore, ullus latro-

(1) Certains auteurs ont vu dans les juniores de ce capitulaire soit les [illegible], soit des vassaux par opposition aux seniores. V. Unger, p. 3[illegible]. — Il nous paraît plus rationnel d'entendre par ce mot les subordonnés du comte. En ce sens, Waitz, III, p. [illegible], Bethmann-Hollweg, V, p. [illegible].

(2) Cf. Capit. [illegible] a. 873, c. 2, Pertz, p. [illegible].

nem celet, sed illum missis illorum manifestet, et ad accipiendum illum adjutorium quantum potuerit unusquisque præstet, et per sacramentum hoc missi illorum firmare faciant, sicut tempore antecessorum illorum consuetudo fuit. » (1).

Dès la fin du VIIIe siècle, un capitulaire de Pépin d'Italie accordait au comte la faculté de procéder à une semblable enquête pour découvrir les homicides, les vols, les adultères, les unions illicites. a. 782-786, c. 8, Boret. p. 192 : « Judex unusquisque per civitatem faciat jurare *ad Dei judicia* (2) homines credentes, juxta quantos previderit, seu foris per curtes vel vicoras ibi mansuros, ut, cui ex ipsis cognitum fuerit, id est homicidia, furta, adulteria et de inlicitas conjunctiones, ut nemo eas concelet. » — Louis II confirma ces dispositions dans un capitulaire de 850, Convent. Ticin. c. 3, Pertz, p. 406 : « Ubicumque autem fama est tales malefactores habitare, inquisitio per sacramentum, per omnem populum circa manentem fiat : et cujuscumque generis aut conditionis fuerint, per quos hoc inquiri melius potuerit, jusjurandum dare, cum a comite conventus fuerit, recusandi non habeat potestatem. » (3).

Cette institution s'est-elle généralisée dans l'empire franc ? L'affirmative nous paraît résulter du § 3 du capitulaire de

(1) Cp. Capit. miss. gen. a. 802, c. 39, Boret. p. 98 : « Ut in forestes nostras... nemine furare audeat... Si quis autem hoc sciente perpetratum, in ea fidelitate conservatam quam nobis promiserunt et nunc promittere habent, nullus hoc celare audeat. »

(2) La portée de ces mots est controversée. Unger, p. 164, entend par là les tribunaux synodaux. Waitz, III, p. 489 et Brunner, *Schwurgerichte*, p. 464, y voient, avec raison selon nous, une allusion au serment que prêtent les homines credentes.

(3) En toute autre matière, le comte n'a pas le droit de procéder à une inquisitio per testes proprement dite. Par exception il peut l'ordonner dans le cas prévu par un capitulaire de 818, leg. sal. add., c. 5, Pertz, p. 227 : « Ut pagenses *per sacramentum* aliorum hominum causas non inquirantur, nisi tantum dominicas causas du fisc... Attamen comes ille, si cujuslibet pauperis aut impotentis personæ causa fuerit, tunc comes ille inquirat, *et tamen sine sacramento*, per veriores et meliores pagenses inquirat. » Le comte a aussi exceptionnellement le pouvoir d'inquisition lorsqu'il lui est confié spécialement par le roi. Mais, tant que l'institution des missi fonctionna sérieusement, les juges ordinaires ne durent pas être souvent chargés d'un semblable mandat. V. Brunner, *Zeugen und Inquisit.*

Worms, a. 829, al. capit. Pertz, p. 351 : « Ut in omni comitatu hi qui meliores et veratiores inveniri possunt, eligantur a missis nostris ad inquisitiones faciendas et rei veritatem dicendam; et ut adjutores comitum sint ad justitias faciendas. » (1) — Toutefois la place de cette disposition entre deux autres paragraphes relatifs aux scabins a induit certains auteurs à dire que le § 3 ne vise également que les assesseurs du comte (2).

Dans tous les cas d'enquête que nous venons d'indiquer, les déclarations des personnes qui y sont entendues n'ont qu'un but, celui de porter le fait délictueux à la connaissance du magistrat. Mais la preuve s'en poursuit ensuite devant les tribunaux selon les règles du droit commun. Hlotharii I cap. a. 835, c. 1, Pertz, p. 371 : « Quod si factum fuerit per meliores loci illius inquiratur. Si in qualibet persona suspectio fuerit, si servus sit, ad juditium (Dei) dominus ejus eum mittat, aut ipse pro eo sacramentum faciat ; quod si libera persona fuerit proprio sacramento se idoneum reddat » (3).

§ 80. — Les obligations des comtes sont sanctionnées sévèrement par de nombreux textes. D'abord les particuliers lésés par l'injustice du comte peuvent recourir soit à la justice du missus, soit à celle du roi lui-même. Nous reviendrons sur ce point en étudiant la théorie de l'appel (4).

Même en l'absence de toute réclamation de la part des justiciables du comte, les capitulaires décident que les comtes, dont la conduite laisse à désirer, sont mandés au tribunal du roi et là leurs écarts peuvent être réprimés soit par la perte de leur dignité, soit même par des peines plus rigoureuses. Capit. missorum Theod. a. 805, c. 12, Boret. p. 124 : « De advocatis id est ut pravi advocati, vicedomini, vicarii et centenarii tollantur, et tales eligantur quales et sciant et velint juste causas discernere et terminare. Et si comes pravus, inventus fuerit, nobis nuntietur. » — Capit. Pipp. ital. a. 793, c. 37, Bal. I, p. 542 : « Verum tamen si comes .. hoc fecit, fiat annuntia-

(1) En notre sens, Waitz, III, p. 439.

(2) Bethmann-Hollweg, t. V, p. 98, n. 42. Brunner, *Zeugen und Inquis.* p. 22.

(3) Bethmann-Hollweg, t. V, p. 98. — Les tribunaux ecclésiastiques aidèrent beaucoup aussi à la répression des crimes. V. infr. § 156.

(4) Cp. Capit. II a. 819, c. 5, Bal. I, p. 605.

tum domno regi, quia ipse plenissime hæc emendare vult... » — Capit. de 779, c. 11, Bal. I, p. 197 : « Ille ... qui ... nisi pro justitia facienda, hominem disfecerit, honorem suum perdat, et . . . secundum pœnam quam intulit emendet. »

Les récits des chroniqueurs nous montrent que, même sous les successeurs de Charlemagne, le droit des capitulaires n'est point resté purement théorique, et que la censure royale s'exerce réellement sur les dépositaires du droit de justice. Ainsi, dans la vie de Louis le Débonnaire par Thégan, nous voyons que ce roi reçut les réclamations d'un grand nombre de ses sujets contre les différentes vexations que leur avaient fait subir des évêques, des comtes et d'autres officiers. Les plaignants furent appelés avec leurs témoins en la présence du roi, contradictoirement avec les accusés, et tous les actes iniques dirigés contre la propriété ou la liberté des citoyens furent annnulés : « Princeps misit legatos suos supra omnia regna sua inquirere et investigare si alicui aliena injustitia perpetrata esset, et si aliquem invenissent qui hoc dicere vellet et... hoc probare potuisset, statim cum eis in provinciam ejus venire præcepit. Qui... invenerunt innumeram *multitudinem* oppressorum, aut oblatione patrimonii, aut exspolatione libertatis, quod iniqui ministri, comites et locopositi... exercebant... Princeps destruere jussit acta... patrimonia oppressis reddidit, injuste ad servitium inclinatos absolvit. » C. 13, Bouquet, t. VI, p. 77.

## II. *Les subordonnés du Comte.*

§ 81. — Au dessous du comte, nous rencontrons des officiers judiciaires que les textes nomment vicarius, centenarius, vicedominus, locopositus, vicecomes, missus etc. Cela ne veut point dire qu'à chacune de ces expressions ait correspondu une fonction différente. On peut ramener à deux ordres différents les subordonnés du comte : les uns sont les juges ordinaires de la centaine, ils tiennent, dans chaque district de ce nom, un tribunal dont la compétence, quoique générale en principe, ne comprend point cependant certaines affaires importantes réservées au tribunal du comte. Les autres sont les représentants du comte ; ils peuvent tenir sa place dans toutes les circonstances où le comte peut et doit agir. Les premiers, nous les nommerons centeniers ; les derniers seront pour nous les vicomtes (1).

## A. *Le Vicomte.*

La nécessité pour le comte d'avoir à ses côtés un ou plusieurs vicomtes pour l'assister dans l'administration de la justice comme dans ses autres fonctions ne tarda pas à se faire sentir, à mesure que les pouvoirs du comte s'étendirent au détriment de ceux des centeniers. Une des circonstances qui contribuèrent le plus à l'établissement régulier de ces représentants du comte, c'est l'obligation pour celui-ci de conduire chaque année à l'armée une partie au moins des hommes libres de sa circonscription. Aussi les capitulaires permettent-ils au comte de libérer du service militaire deux hommes libres, afin que ceux-ci puissent, pendant l'absence du comte, remplir les fonctions dont celui-ci est chargé. Capit. miss. de exerc. promov. a. 808, c. 4, Boret. p. 137 : « De hominibus comitis casati isti sunt excipiendi... duo qui... propter ministerium ejus custodiendum et servitium nostrum faciendum remanere jussi sunt. In qua causa modo præcipimus ut quanta ministeria unusquisque comes habuerit, totiens duos homines ad ea custodienda domi dimittat. » Capit. missor. a. 819, c. 27, Boretius, p. 291 : « Exceptis his qui propter necessarias causas...

(1) A l'époque carolingienne, les rapports de dépendance entre le comte et ses subordonnés prennent déjà le caractère de relations de vassalité. Les capitulaires et un assez grand nombre de diplômes appliquent la qualification de vassus soit au vicarius (Pez, *Thesaurus*, I, 3, p. 253, a. 822), soit au centenier (Ménard, I, Preuves, nº 46, a. 914), soit au vicecomes (Ménard, l. c. nº 3, p. 17). Nous n'avons pas à insister ici sur une relation plutôt politique que judiciaire ; il nous suffit de signaler comment, dès l'époque carolingienne, la chaîne féodale commençait à se nouer entre les différents magistrats de l'ordre judiciaire. — Faut-il voir les centeniers dans les vassi comitum dont parle le capitulaire d'Aix-la-Chapelle de 809, c. 5, Pertz, p. 156 ? Oui, d'après Sohm, p. 249. Non, d'après Bethmann-Hollweg, t. V, p. 27, n. 45 ; Waitz III, p. 370.

domi dimissi fuerunt, id est qui a comite propter pacem conservandam. » Ces représentants du comte, institués d'abord pour remplacer leur chef momentanément, et dans certaines affaires, finirent par avoir des fonctions permanentes et leur compétence devint en principe la même que celle du comte.

Avant d'examiner les attributions des représentants du comte, nous avons à résoudre une question de terminologie assez délicate, à nous demander comment les textes désignent le mandataire du comte dont nous venons d'indiquer le rôle. Ce n'est pas d'ailleurs une simple question de mots, car selon que l'on prend parti pour telle ou telle opinion, on est amené à donner aux textes, où se rencontrent les expressions litigieuses, un sens tout différent.

§ 82. — *Une première question, et la plus difficile*, est celle de savoir quel est le vicarius comitis signalé par les documents de l'époque mérovingienne aussi bien que par ceux de l'époque carolingienne : « L'opinion dominante, tant en Allemagne qu'en France, c'est que le vicarius est distinct du centenarius, juge ordinaire de la centaine. Nommé par le comte, il le représente dans la centaine, où il exerce ses pouvoirs à côté du centenarius. » Cette analyse faite en quatre lignes par Sohm (p. 213) des opinions émises par les auteurs qui se sont occupés de la question (1) n'est pas très exacte dans sa concision.

(1) Eichorn, *R. G.* I, p. 637, 638. Savigny, *Gesch. des r. r.* p. 274, 275; trad. franç. p. 184. Weiske, p. 37, n. 8. Sachsse, p. 282. Walter, § 100. Zöpfl, p. 426. Schulte, trad. Fournier, p. 117. Stobbe *Zeitschrift. f. deut. Rechtsgesch.* XV, p. 84. Wetzell, p. 317. Pernice, p. 137. Bethmann-Hollweg, t. V p. 414 et 425. Waitz, II, p. 41, 44, 131 ; III, p. 391. Lehuerou, *Inst. Mérov.* p. 328. Guérard. *Divisions territ.* p. 59 : « H. de Valois a confondu la vicairie avec la centaine ; il est vrai que le mot vicariat a signifié de même que centena une division du pagus ou du comté administrée par un officier dépendant du comte ; mais il me semble que, dans l'origine, ces deux sortes d'arrondissements différaient l'une de l'autre par le genre d'administration qui leur était propre, ou au moins par le titre de leurs administrateurs. Le centenier était certainement un officier permanent, tandis que le vicaire n'était que le délégué temporaire, le commissaire, le lieutenant du comte ; à moins, et ceci me paraîtrait même plus vraisemblable, qu'on ne définit le vicaire un officier, un juge subalterne, dont la juridiction s'étendait sur plusieurs bourgs ou villages, vici du comté. Dans ce cas, il serait encore convenable de distinguer la

Contrairement à la doctrine qui voit dans le vicarius un personnage distinct du centenier, Sohm affirme l'identité absolue de ces deux subordonnés du comte et prétend qu'il faut voir une tautologie dans les documents qui citent le centenarius et le vicarius à côté l'un de l'autre : le but des textes n'est point d'établir une différence entre ces deux officiers, mais de n'omettre aucune des dénominations qui servent à les désigner (1).

Cette dernière opinion paraît trop fortement motivée pour que nous n'indiquions pas tous les arguments par lesquels on a voulu l'établir.

§ 83. — On invoque d'abord des documents assez nombreux qui, en parlant évidemment du même personnage, le désignent tantôt par l'expression de vicarius, tantôt par celle de centenarius. Wartmann, I, n° 105 (a. 786) : Donation de biens situés dans le duché de Bade, district de Lörrach (en Brisgau), Actum Maulburg (Bade, district de Schopfheim) : parmi les témoins, Brunicho centenarius. N° 185 (a. 807) : tradition de biens en Brisgau, actum Binzen (Bade, district de Lörrach) ; parmi les témoins Prunico vicarius. N° 214 (a. 815) : tradition de biens en Brisgau, actum Kirchen (Bade, district de Lörrach) ; parmi les témoins Brunico centenarius. L'identité de lieu est un signe certain de l'identité de personne. — De même en Bavière, Meichelbeck, I, n° 250 (a. 784-840) : Engilperht vicarius. N° 404 (a. 819) : « Jam olim traditum sed retardatum — propter iram Engilberti centinarii. » — N° 404 : Deothartus centinarius. N° 305 (a. 814) : Deothart vicarius dominicus.

vicairie de la centaine, celle-ci ne renfermant que des habitations isolées, et celle-là comprenant des maisons rapprochées et bâties autour d'une église ou d'un marché. Plus tard on a appelé assez indifféremment centaine ou vicairie (d'où viguerie) toute division administrative du comté ou du pagus, de même que ces deux derniers termes ont fini par être confondus l'un avec l'autre. »

(1) Sohm cite en note, p. 215 n. 11, Sickel, *Urkundenlehre*, p. 177, qui dit : « Les deux expressions (comes et grafio) ont la même signification et cette tautologie s'explique par l'effort partout visible des rédacteurs des formules d'après lesquels ont été rédigés les diplômes, d'épuiser tous les cas possibles par une énumération détaillée. »

C'est encore pour comprendre tous les officiers ayant les mêmes attributions que le concile de Châlon de 813, c. 21 (Mansi XIV, p. 98), avertit les comtes qu'ils aient « ministros quos vicarios et centenarios vocant justos. » Même argument dans la comparaison faite par Walafrid Strabon entre les dignités laïques et ecclésiastiques, Walter, III, p. 527 : « Centenarii, qui et centuriones et vicarii, qui per pagos statuti sunt, presbyteris, plebeii qui baptismales ecclesias tenent et minoribus præsunt presbyteris, conferri queunt. » Vicarius et centenarius sont incontestablement le même officier.

Une autre preuve décisive consiste dans ce fait que, dans toute la France, la centaine, division administrative, est désignée aussi bien sous le nom de vicaria que sous celui de centena. Les lois emploient l'expression centena, mais les documents de l'époque se servent du mot vicaria (1). Centena est la désignation officielle, vicaria l'expression vulgaire. Le vicarius est l'officier de la centaine comme le comte est celui du comté. Le vicarius n'est donc autre que le centenarius, et il en est ainsi dans le droit merovingien comme sous les Carolingiens.

« Contrairement à l'opinion dominante qui, sur le seul motif de la dualité des expressions, affirme pour l'époque mérovingienne la complète séparation des deux offices et voit encore dans le centenier mérovingien l'expression de l'ancienne puissance du peuple et dans le vicarius l'expression de la puissance du comte, on peut apporter des preuves nombreuses de l'identité du vicarius et du centenarius. L'usage de désigner en France la centaine par le mot vicaria se manifeste dans les documents dès le commencement du IXe siècle. Il est clair que cet usage ne s'est point introduit subitement vers l'an 800. Il remonte à l'époque mérovingienne. Grégoire de Tours, X, 5, parle d'un vicaire, nommé Animodus, qui pagum illum judiciaria regebat potestate (c'est-à-dire qui administrait l'*Untergau*, la centaine). La manière dont s'exprime l'historien ne laisse pas de place pour un centenarius à côté du vicarius. Le vicaire est l'autorité de la centaine ... Dans le droit mérovingien, le vicarius est l'officier de la centaine, il est le centenarius.

(1) V. sur ce point la démonstration faite par Sohm, p. 196 ss.

« Les documents royaux des Carolingiens nomment, par tautologie, les centenarii et vicarii les uns à côté des autres. Cette manière de parler remonte encore à l'époque mérovingienne. Les formulaires des diplômes de la chancellerie royale sont restés presque sans changement jusqu'à Louis le Débonnaire les formulaires mérovingiens (c'est ce qui résulte des remarquables recherches de Sickel, *Urkundenlehre* p. 129 ss.) Quelques formules de l'époque carolingienne antérieures à l'an 800, et portant cette série d'officiers « ducibus, comitibus, vicariis, centenariis, » sont incontestablement rédigées d'après des formulaires de la chancellerie d'Arnulf, qui n'était point encore chancellerie royale. La preuve documentaire en résulte de la comparaison d'un acte du roi Pépin de l'année 753 (Sickel, P, 8) « ducibus, comitibus, graffionibus, domesticis, vicariis, centenariis vel omnes agentes », avec un diplôme délivré en 751 par Pépin en sa qualité de majordomus mérovingien, diplôme qui, dans sa première partie, est presque entièrement conforme à l'autre acte, « episcopis, ducibus, comitibus, domesticis, grafionibus, vegariis, centenariis vel omnes missos nostros. On peut aussi citer un document voisin de l'époque mérovingienne. Synod. Aschaim. a. 756-760, c. 11, Pertz, III, p. 458 : « presides seu judices (expressions qu'il faut entendre du comte), centuriones atque vicarios admonere. » La désignation tautologique des centenarii et des vicarii est donc d'origine mérovingienne....

« Un acte de Clotaire I de 539 (Pardessus, *Dipl.* I, n° 136) présente un intérêt particulier, car il montre quel était déjà au VIe siècle le langage des diplômes : « Chlotharius rex Francorum vir illustris omnibus episcopis, abbatibus et illustribus viris magnificis ducibus, *comitibus*, domesticis, *vicariis*, *grafionibus*, *centenariis* vel omnibus junioribus nostris. » Ce diplôme établit un parallèle entre les comites et les vicarii d'une part et les grafiones et les centenarii d'autre part. Le rédacteur indique d'abord, dans l'ordre hiérarchique, les dénominations latines, puis les dénominations franques usitées pour les mêmes officiers. Les duces et les domestici sont tombés dans la seconde série, parce que le langage des diplômes ne connaît pour ces officiers que des noms latins. Mais les comites sont opposés aux grafiones, les vicarii aux centenarii. Centenarius est le mot allemand mais latinisé. Vicarius est la traduction latine de centenarius. Vicarius et centenarius se comportent respectivement comme comes et grafio, comme contubernium et trustis, comme libertus et litus, comme fideles et leudes, comme fidem facere et achramire. C'est pour cela que, dans le nord de la France, on rencontre des centeniers à côté des vicaires et que, dans le sud, on ne trouve que des vicaires (1). C'est pour cela que plus tard en France l'expression viguier, comme en Allemagne celle de Zentgraf, ont été exclusivement employées, de même que plus tard le nom de comte fut propre à la France et celui de graf à l'Allemagne. C'est pour cela qu'en France l'expression dominante fut celle de vicaria et en Allemagne celle de centuria, centena. Si l'on voulait distinguer le vicarius du centenarius, il faudrait, pour le même motif, distinguer le comes du grafio. Il n'y a, pour l'époque mérovingienne, comme pour l'époque carolingienne, qu'un officier de la centaine dont le nom franc est centenier, le nom latin vicaire. »

(1) Sohm, p. 219, n. 21 : « A l'époque mérovingienne les centeniers sont ainsi nommés en Neustrie dans la partie nord, Pardessus, *Dipl.* II, n° 404 (a. 685), S. Omer, n° 528 (a. 723), n° 584 (a. 745), où d'ailleurs des expressions franques comme celle de sacebaro sont maintenues (2). Grégoire de Tours, au contraire, ne nomme que les vicaires, de même qu'il appelle le comte comes ou judex et non point graphio. Eichorn (*Zeitschrift f. geschicht. Rechtswiss.* VIII, p. 306) estime, avec l'assentiment de Waitz, (2e édit. p. 356, n. 2), que, dans l'ouest et dans le sud de la France, il n'y a pas eu de centeniers, parce qu'il n'y avait point de communautés franques. La preuve contraire résulte de ce qui précède à savoir que, déjà au VIe siècle, il y avait des vicaires aussi bien dans le sud que dans le nord. Seulement le nom franc pour désigner le chef de la centaine n'est pas usité dans le sud de la France. Pour Eichorn, cette affirmation dérive de sa doctrine erronée sur une organisation provinciale romaine et spéciale aux Romains dans l'empire franc, pour Waitz, de son système que le centenier, par opposition au vicaire, représente l'ancienne liberté populaire. — De même à l'époque carolingienne le centenier apparaît dans les diplômes seulement au nord et non dans le sud de la France. Sic dans le comté de Vannes, *Cartul. de Redon*, n° 251 (a. 849) : Riwaroie centurione ; plusieurs centeniers à Angers, Beyer, I, n° 42 (a. 804) ; à Bruyères (dép. de Seine-et-Oise) in pago Camliacense, Tardif, *Monum. hist.* n° 163 (a. 852). Le rapport est donc le même à l'époque carolingienne qu'à l'époque mérovingienne. — Les vicaires se rencontrent au contraire en Austrasie comme en Neustrie. Justement parce que le latin est la langue des actes, par ex. pour le temps mérovingien, Pardessus, *Dipl.* II, n° 340

§ 84. — Quelle que soit la valeur des arguments présentés par Sohm, nous ne pouvons pas cependant admettre d'une manière absolue l'identité du vicarius et du centenarius pendant toute l'époque franque. Nous ne dirons point non plus à l'inverse que le vicarius ait toujours été un personnage distinct du centenarius (1). Nous devons distinguer entre l'époque

a. 661 [illegible] rex Francorum — [illegible] Bertinus et Bernelandus vicarius, donation d'une [illegible] par Landunaus à l'évêque d'Utrecht (de même que Bertinus est le comte de Laon, de même Bernelandus est le vicaire de la centaine où est situé l'immeuble en question). A l'époque carolingienne, par ex. chez les Ripuaires, dans le comté de Fulda, un vicarius Grimaldus (Lacomblet, Urkb. f. d. Gesch. des Niederrheins, I, n° 14, [illegible] a. 817, n° 44 a. 837) Berenger vicarius. En Allemagne [illegible] vicarius (supra), Willibertus vicarius. Wartmann, I, n° 190 (a. 817). [illegible] vicarius, Wartm. I, n° 362, 369, 377 (a. 837-838). Rudhertus vicarius. Wartm. II, n° 432, 437 (a. 847, 867). Walrad vicarius. Wartm. II, n° 471 (a. 860). [illegible] vicarius. Wartm. II, n° 584 (a. 874). Cp. Roz. 457 (Alam.) [illegible] vicarium ejus. — Centeniers dans Wartm. I, n° [illegible], 274, 341, 352, II, n° 436, 472, 481, 503, 641, App. n° 3 (a. 786-894). En Bavière par ex. Synod. Aschaim. [illegible]. Meichelbeck, I, n° 250 (a. 784-810) : Engilbertus vicarius, n° [illegible] (a. 814) : Dechbart vicarius. Pez. Thesaurus, I, 3, n° 231 (a. 822) : Job vicarius, p. 242 (a. 853) ; [illegible] vicarius, p. 258 (a. 852) : Ratolf vicarius, Arnulf vicarius, p. 294 (a. 864-891) : Lantolt subvicarius. Plusieurs vicaires Codex. Patav. III, n° 4 (a. 904). Monum. Boica XVIII, [illegible] p. [illegible]. Les centeniers : Meichelbeck, I, n° [illegible], 552, 555, 472, 404, 535 (a. 804-829), etc. — Puis on rencontre des vicaires dans le nord de la France dans les mêmes localités où l'on voyait auparavant des centeniers. Sit à Sithiu. Pardessus, Dipl. II, n° 477 (a. 705) : Vente à Sithiu. Actum Sithiu, parmi les témoins Humbertus vicarius. Un vicaire à Angers. Beyer, I, n° 41 (a. 804). Un vicaire à Bruyères. Tardif, n° 168 supr. cit. — En Italie, l'on trouve au commencement de l'époque franque, sous l'influence de l'ancienne terminologie administrative lombarde, l'expression centenarius et non celle de vicarius. Thudichum, p. 47, n. 1, p. 104 : [illegible] loci servator. »

(1) C'est là l'opinion de quelques historiens. Savigny, Hist. du droit rom. au moyen âge, trad. fr. I, p. 184 : « Outre ces lieutenants réguliers, les centeniers, il y en avait encore d'autres nommés tantôt pour un district, tantôt pour tout le comté, et dont la juridiction était également restreinte... Vicarius est le titre le plus ordinaire que leur donnent les diplômes des rois francs où ils paraissent à côté des ducs, des comtes, etc. Vicecomes se prend quelquefois dans le même sens. » — Bethmann-Hollweg, [illegible] IV, p. 413 : « et bien que le vicarius [illegible] dans la [illegible] vicarius apparaît à côté du comte comme officier royal dans les fonctions judiciaires et [illegible], pour un reste de

mérovingienne et l'époque carolingienne. Pour la première, le vicarius est distinct du centenarius : celui-ci est l'élu du peuple, ses pouvoirs sont limités à la centaine ; celui-là est le représentant du comte, soit dans une centaine, soit dans tout le comté. Au contraire, pour l'époque carolingienne, le vicarius cité par les textes n'est autre que le centenarius, et pour cette époque seulement, il y a tautologie (1).

§ 85. — Pour cette dernière période, nous sommes donc d'accord avec Sohm. Sous les Carolingiens, les capitulaires nomment presque toujours le vicarius à côté du centenarius (2), quand ils ne parlent que de l'un d'eux, ce qu'ils disent de lui doit s'appliquer également à l'autre (3). Une preuve incontes-

[illegible] organisation provinciale wisigothe [illegible] après la complète assimilation des Romains et des Francs, il remplaça le comte en cas d'empêchement, soit dans une partie des affaires, soit dans quelques affaires isolées et cela non seulement vis-à-vis des Romains, mais encore vis-à-vis des Francs » (p. [illegible]). « Dans la Gaule romaine, le vicarius comitis wisigoth participe aussi à l'administration de la justice, soit comme présidant le tribunal à la place du comte, soit comme exécuteur de ses décisions en matière civile. On peut donc [illegible] non point au centenier, mais au missus comitis des Alamans » (V. Brunner, *Zeitsch. d. gesch. Rechtsw.*, VIII, p. [illegible] ; *Deutsche Rechtsges.*, t. I, p. [illegible]).

(1) Waitz, l. c. — Dans un capitulaire de [illegible] le vicarius est pris exceptionnellement comme synonyme de [illegible].

(2) Capit. missor. a. 805, c. [illegible], Boret. p. [illegible] : « Possint comites vel vicarii aut centenarii » ; c. 7 : « Similiter et a comite vel vicario vel centenario » — Karoli ad Pipp. epist. Boret. p. [illegible] : « [illegible] et eorum juniores gastaldii, vicarii, centenarii seu reliqui ministeriales » — Capit. Aquisgr. a. [illegible], c. [illegible], Boret. p. [illegible] : « Ut vicarii [illegible] vel centenarii » ; Capit. Hlud. Pii a. [illegible], c. [illegible], Bal. I, [illegible] : « Ut vicarii vel centenarii qui fures [illegible] celaverint » Baluze met en note : « Omnia vetera exemplaria habent centenarii. » C. [illegible] : « Ut comites et vicarii et centenarii » — Capit. Worm. a. 829, c. [illegible], Bal. I, p. [illegible] : « De vicariis et centenariis » Capit. Hlud. Pii ex leg. Longob. c. [illegible], Bal. I, [illegible] : « De [illegible] autem vel centenariis atque tribunis vel vicariis. » — Le capit. apud Olonn. a. [illegible], c. [illegible], Bal. I, p. [illegible], assimile les vicarii aux centenarii, en ce qui concerne le droit de surveillance des comtes sur ces officiers : « Volumus ut comites nostri licentiam habeant inquisitionem faciendi de vicariis et centenariis. »

(3) Capit. II, a. [illegible], c. [illegible] et [illegible], Bal. I, p. [illegible]. — Edict. Pist. a. [illegible], c. [illegible], Bal. I, p. [illegible] : « comites vel vicarii. » Il faut entendre [illegible] les centeniers, car plus [illegible] le texte parle du [illegible] [illegible]

table que le vicarius des capitulaires n'est autre que le centenarius, c'est que sa compétence est limitée, comme celle du centenier aux causæ minores. Capit I, a. 810, c. 2, Bal. I, p. 473 : « Ut ante vicarium et centenarium de proprietate aut libertate judicium non terminetur aut adquiratur, nisi semper in præsentia missorum imperialium, aut in præsentia comitum. » — Capit. ex leg. Longob. c. 26, Bal. I, p. 333 : « Ut ante vicarios nulla criminalis actio definiatur, nisi tantum leviores causæ quæ faciliter possunt judicari. » Si le vicarius était le vicomte, sa compétence ne serait point ainsi restreinte, car, représentant du comte, le vicomte a, en droit, comme nous le verrons, les mêmes attributions que le chef du comté. — L'identité du vicarius et du centenarius résulte enfin, pour la période carolingienne, des textes qui opposent ces officiers au vicecomes. Diplôme par lequel Louis le Débonnaire confirme une donation faite par Dagobert à l'abbaye de Saint-Denis, Tardif, *Mon. Hist.* n° 107 (a. 815) : « Præcipientes ergo jubemus atque statuimus, ut nullus *comes vel vicecomes* aut *vicarius vel centenarius*, sive judex publicus... aliquam contrarietatem... facere... præsumat. » D'une part, le vicomte est placé sur la même ligne que le comte, parce qu'il a les mêmes pouvoirs que lui ; d'autre part, le vicarius est cité avec le centenarius, parce qu'il ne fait qu'un avec lui. — De même, dans le diplôme publié par Vaissette, II, n° 56, p. 69, a. 933, « Quod nullus *comes seu vicecomes*, nec *vicarius nec centenarius* » (1).

Il est inutile d'insister davantage pour le droit carolingien et il nous faut maintenant établir que le vicarius n'est point, sous les Mérovingiens, le juge de la centaine mais bien le délégué du comte. La critique générale que nous avons à adresser à la savante argumentation de Sohm, c'est de ne considérer qu'une seule période franque, sans distinguer entre le droit de la première et celui de la seconde dynastie, de mêler indifféremment les documents appartenant à deux époques distinctes et de reporter aux Mérovingiens des résultats incontestables sans doute sous la seconde race, mais douteux et

(1) Cp. Capit. Karlomanni a. 884, c. 9, Pertz, p. 552 : « Et comes præcipiat suo vicecomiti suisque vicariis atque centenariis ac reliquis ministris reipublicæ. »

souvent inexacts pour la première race. Pour faire cadrer les documents mérovingiens avec ceux des Carolingiens, on est alors réduit à méconnaître le sens véritable des premiers ou à les passer sous silence quand ils sont absolument inconciliables.

§ 86. — Reprenons successivement les arguments de Sohm. D'abord les documents tirés de Wartmann et de Meichelbeck, qui établissent l'identité du vicarius et du centenarius, sont tous de la fin du VIII^e^ ou du commencement du IX^e^ siècle. On ne peut donc s'en servir pour le droit mérovingien. Il en est de même du concile de Châlon et du passage de Walafrid Strabon.

L'expression habituellement usitée pour désigner la centaine est, dit-on, celle de vicaria : donc le vicarius est l'officier de la vicaria, de la centaine : donc il est le centenier. — Le raisonnement est juste, mais seulement pour l'époque où il est certain que la centaine est appelée vicaria. Or les nombreux documents cités par Sohm, p. 197 et 198, tant pour la Neustrie que pour l'Aquitaine, la Septimanie et la Bourgogne, sont tous du IX^e^ siècle au moins. « Les documents du IX^e^ siècle suffisent, dit Sohm, (p. 197), pour résoudre la question litigieuse. » — Mais c'est précisément là ce que nous contestons et ce que, en bonne logique, on ne peut admettre.

Pour établir que l'usage de désigner la centaine par le mot vicaria ne s'est pas introduit subitement au IX^e^ siècle et qu'il remonte à l'époque mérovingienne, Sohm cite un passage de Grégoire de Tours qui, à notre avis, lui est complètement défavorable. X, 5 : « Animodus vicarius ... qui *pagum* illum judiciaria regebat potestate... » Le vicarius, nous dit-on, administre le pagus, que l'on traduit par l'*Untergau*, subdivision du comté, la centaine. Mais pagus, à l'époque d'Animodus, ne signifie point centaine. Comme le reconnaît Sohm lui-même (p. 206 et 207), c'est seulement assez tard relativement, que l'on rencontre *quelquefois* pagus comme synonime de centena ou de vicaria, c'est-à-dire *à la fin du IX^e^ siècle et au X^e^*. Mais ajoute-t-il, la règle au IX^e^ siècle et a fortiori dans les siècles précédents, c'est que la centena est une subdivision du pagus, du comté. — Il y a donc contradiction entre la manière dont Sohm entend le passage de Grégoire de Tours et les explications qu'il donne sur la signification des mots pagus et centena (1).

La doctrine que nous écartons nous semble encore moins conciliable avec les écrits de Grégoire de Tours quand on tient compte du rôle que Sohm fait jouer au vicarius ou centenarius dans l'organisation judiciaire franque. Pour lui, le centenier n'est pas juge, mais seulement serviteur du juge, c'est-à-dire du comte (C'est là une doctrine que nous aurons également à combattre bientôt ; mais admettons-la pour un instant). De ce vicarius (ou centenarius d'après Sohm) Grégoire de Tours dit que « pagum illum *judiciaria regebat potestate*, » c'est-à-dire qu'il exerçait le pouvoir judiciaire dans le comté ou, en d'autres termes, qu'il était juge dans le comté. Que ce soit là le véritable sens de la phrase de l'historien, c'est ce qui résulte d'un autre passage du même auteur où, en parlant du comte Armentarius, il dit de lui (*Vita Patrum*, 8, 3) : « Lugdunensem urbem *potestate judiciaria gubernabat*. » Des expressions semblables ne peuvent évidemment signifier ici qu'il s'agit d'un juge, là d'un simple serviteur du juge. — Les écrits de Grégoire de Tours, loin d'établir l'identité du centenarius et du vicarius, prouvent au contraire que le vicarius avait les mêmes fonctions que le comte dont il était le représentant.

Nous avons reconnu que, dans les textes carolingiens, il y a tautologie lorsque les vicarii apparaissent à côté des centenarii. Mais que la tautologie remonte à l'époque mérovingienne, c'est ce que nous ne pouvons admettre. D'abord nous ne tenons point pour sérieux l'argument que Sohm tire de la comparaison de deux diplômes de Pépin, l'un délivré par lui en sa qualité de maire du palais, l'autre émané du même personnage monté sur le trône. L'intervalle qui sépare ces deux diplômes n'est que de deux ans et, en réalité, ils appartiennent tous les deux à la même période carolingienne. — Nous pour-

1 Baluze, notæ ad. App. Marc. Capit. II, p. 954, après avoir cité Grégoire de Tours, s'exprime ainsi : « Quibus locis videtur sensisse Gregorius de vicario qui per provinciam vices comitis agebat, quique postea vicecomes appellatus est. Erant enim et alii minores vicarii, quorum singuli sub eodem comite certis territoriis præerant, ideoque a Walafrido plebanis et parochis ecclesiarum comparantur. »

rions ajouter que l'authenticité du diplôme de 731 a été contestée (1).

Quant au diplôme de Clotaire de 539, l'argument qu'on en tire n'est point sûr. Ce diplôme est en effet fort suspect. Si on ne peut le considérer comme entièrement supposé, il faut dire tout au moins qu'il est interpolé (2).

— En admettant même l'authenticité du diplôme, on ne pourrait non plus en conclure avec certitude à l'identité du centenarius et du vicarius : s'il y a en effet tautologie pour les comitibus et les grafionibus, rien n'établit qu'il en soit de même pour les vicariis et les centenariis. — Si enfin on se reporte à un diplôme non suspect de Dagobert I (a. 629, Pardessus, *Dipl.* II, p. 4), en faveur de l'abbaye de Saint-Denis, on ne retrouve plus la tautologie pour le comte et le graphio, et cependant on y voit le vicarius à côté du centenarius : « Dagobertus... comitibus et omnibus agentibus nostris, vicariis, centenariis et ceteris ministris reipublicæ. » — Il faut donc renoncer à voir dans le vicarius des diplômes la traduction latine de centenarius ; la rédaction des documents s'explique tout simplement par le désir de n'oublier aucun des officiers royaux, quel que soit le titre qu'ils portent.

L'argument tiré de la différence de langage entre le nord et le sud de la France ne nous semble pas plus convaincant. Qu'à l'époque carolingienne, on ait employé de préférence l'expression vicarius dans les provinces du midi, tandis que celle de centenarius était plutôt usitée dans les pays du nord, nous le concédons. Cependant, dans l'ouest de la France, où l'influence franque était moins forte encore que l'influence romaine, on rencontre plusieurs fois centenarius (3). — D'autre part, pour le vicarius dont parle Grégoire de Tours, et dont on argumente pour dire que, dans le sud de la France, le chef de la centaine s'appelait vicarius, nous tenons au contraire que ce magistrat était le représentant du comte et non pas le chef de la centaine. — Nous dirons enfin, à propos d'un des

(1) V. Pardessus, *Dipl.* II, p. 418 n. 1. — Dans deux autres diplômes de Pepin de 758, nos 19 et 20, Pertz, *Monum. Germ. Diplomatum* la formule ne comprend pas les grafionibus.

(2) Pardessus, *Dipl.* Prolégomènes, p. 21.

(3) Documents cités par Sohm, p. 219, n. 21, supra, cit. p. 197.

rares diplômes mérovingiens où l'on rencontre le vicarius (Pardessus, *Dipl.* n° 340, II, p. 118 : « Childericus... viro illustri Bertuino comiti et Bertelando vicario ») qu'il nous semble étrange que, dans un document rédigé pour l'Austrasie, contrée voisine de la Germanie (Diplôme par lequel Childéric II donne à l'évêque Amand le village de Barisi dans le Laonois), où l'on ne devait connaître que le centenier, on se soit servi précisément de l'expression vicarius, sans indiquer au moins le mot d'origine germanique dont elle ne serait que la traduction. Cela nous porte d'autant plus à croire que, dans ce diplôme, Bertelandus est le représentant du comte, le vicecomes carolingien.

Le document d'où ressort à nos yeux avec le plus d'évidence le caractère du vicarius dans le droit mérovingien, c'est l'édit de Gontran de 585, Boret. p. 12. S'adressant aux comtes, le roi leur prescrit « non *vicarios aut quoscumque de latere suo super regionem sibi commissam instituere* vel destinare præsumant, qui, quod absit, malis operibus consentiendo, venalitatem exerceant, aut iniqua quibuscumque spolia inferre præsumant. » Que le vicarius soit ici le représentant du comte, c'est ce qui nous paraît résulter indubitablement des trois considérations suivantes. D'abord de l'explication dont l'auteur de l'édit fait suivre le mot vicarios : aut quoscumque *de latere suo*, ou autres représentants de quelque nom qu'on les appelle, car, à cette époque, où l'institution des vicomtes n'était point encore organisée comme elle le fut plus tard, la signification de vicarius employé seul aurait pu paraître obscure, tandis qu'elle est parfaitement mise en lumière par les quatre mots qui suivent. Que le texte soit étranger aux chefs de centaine, c'est ce qui se déduit en second lieu du caractère électif que nous leur avons reconnu pendant la période mérovingienne. Or, l'édit parle au contraire d'officiers nommés par le comte. Enfin le texte nous montre les vicarios institués *per regionem sibi commissam*, pour la circonscription confiée au comte, pour le comté. Si l'édit visait les centeniers établis dans chacune des centaines dépendant du comté, il aurait adopté une autre manière de parler, *per centenam sibi commissam.*

Nous arrêterons ici notre argumentation dans cette longue discussion et nous concluons que le vicarius mérovingien est le représentant du comte, tandis que le vicarius de l'époque carolingienne est l'officier préposé à chaque centaine. Comment ce changement dans la terminologie se produisit-il ? Nous pourrions nous borner à le constater. Nous hasarderons cependant une conjecture. Peut-être le vicarius mérovingien était-il plutôt délégué par le comte pour le représenter dans une centaine, pour surveiller plus spécialement un centenier. Quand le centenarius vit ses pouvoirs diminuer, quand il cessa d'être le délégué direct et réel du peuple pour devenir officier subalterne du comte, devenu lui-même juge, la présence d'un vicarius du comte dans les centaines cessa d'être nécessaire, le vicarius se confondit avec le centenarius et alors le comte eut des représentants qui prirent un autre nom et dont les attributions s'étendirent en principe à tout le comté, à toutes les centaines du ressort.

§ 87. — Le représentant du comte est aussi désigné par les textes sous le nom de missus. C'est même la dénomination la plus ancienne. On la trouve déjà dans la lex Alamannorum, XXXVI, 1 : « Coram comite aut misso. » Cp. c. 3, 4 et 6, Walter, I, p. 210.

Il paraît assez vraisemblable (1) qu'à l'origine l'expression de missus ait été réservée au représentant nommé par le comte pour une affaire particulière, tandis que celle de vicarius aurait été appliquée au mandataire général du comte, chargé de représenter son chef soit dans une centaine, soit dans tout le comté. — Dans le droit carolingien, pour désigner le mandataire du comte, on trouve encore le mot missus sinon dans les capitulaires (2), du moins dans les diplômes (3). — Le missus comitis des capitulaires n'est autre qu'un simple messager du comte, jouant le rôle d'une lettre. Ainsi il informe l'évêque d'une instance formée contre un clerc devant le tribunal du comte.

(1) Waitz, I, 2e, p. 41.

(2) V. Cependant Capit. Kar. mag. add. ad leg. Langob. a. 801, c. 7, Bal. I, 348 : « Si quis furem ad præsentiam comitis vel loci servatoris, qui missus comitis est, non adduxerit. »

(3) Vaissette, t. I, no 88, a. 862 : « In judicio Imberto misso Ananfredo comite. » Ibid. no 98 : « Salomon misso. » No 101 : « In judicio Isimberto misso Bernardo comite. » Cp. Muratori, *Antiq.* I, 467, 505, 521 ; V, 519.

Capit. Pipp. Langob. a. 782, c. 6, Pertz, p. 43 : « Ut qui se reclamaverit super pontificem quod justitiam habeat ad requirendum, dirigat illum comis aut per missum suum, aut per epistolam suam ad ipsum pontificem. » — Capit. langob. Kar. mag. a. 803, c. 12, Pertz, p. 110 : « Mittat judex clamantem cum missos suos ad episcopum. » — Ou bien il cite les parties à comparaître devant le tribunal du comte. Edict. Pist. a. 864, c. 6, Pertz, p. 489 : « Ut comes missum suum ad illam terram in qua domos quis habuit mittat, et eum bannire et mannire jubeat. » Ou bien enfin il rend compte au roi de l'administration de la justice par le comte. Pipp. Capit. langob. a. 782, c. 10, Pertz, p. 44 : « Unusquisque judex noster (comes) dirigat missum suum ad nos, ponendum nobis rationem, si nostram adimpleverint jussionem. » — Capit. Aquisgr. a. 810, c. 1, Pertz, p. 162 : « Ut missi sive comites illorum missos transmittant (ad palatium) contra illos qui mentiendo vadunt, ut eos convincant. »

Par vicedominus, les capitulaires entendent le représentant de l'évêque qu'ils placent à côté de l'advocatus comme officier de l'immunité (1). Ce serait cependant une erreur de croire (2) que cette expression ne soit jamais appliquée au représentant du comte. Nous en trouvons en effet quelques exemples. Baluze, *Marca Hisp.* n^os 16 et 17 rapporte deux documents relatifs à une même audience tenue par un comte le 21 août 843 in Impurias civitate. Dans l'un de ces actes on cite parmi les assesseurs du comte un Ausemundus vicedominus qui, dans l'autre de ces diplômes est nommé Ausemundus vicecomes. — On peut encore signaler d'autres documents dans la nouvelle édition de Vaissette. Sous Charlemagne, II, p. 58 : « Coram vicedomino a. M comite de Narbone misso. » Sous Louis le Débonnaire, ibid. p. 185 : « Ex ordinatione St vicedomino. » Cp. p. 186, 187, 195, 198. Comme le remarque Waitz, il est impossible de voir dans ce vicedominus l'officier de l'immunité. — Nous

(1) V. Capit. II Kar. mag. add. ad leg. sal. a. 803, c. 2, Bal. I, p. 387, — Capit. Pipp. a. 793, c. 36, Bal. I, p. 541. — Capit. Hludow. Pii, a. 828, Bal. I, p. 567. — Capit. I Kar. mag. a. 802, c. 93, Bal I, p 366.

(2) Bethmann-Hollweg, l. c. t. V, p 12, n. 8

pensons toutefois que le représentant du comte n'était nommé vicedominus que dans les provinces du midi (1).

Le titre qui s'est conservé longtemps, quoiqu'il ait fait son apparition assez tard relativement, est celui de vicecomes. On le trouve bien déjà à l'époque mérovingienne, mais c'est seulement pour désigner le vicomte du palais, vicecomes palatii (2). Mais le représentant du comte n'est nommé vicecomes que dans les documents carolingiens, et encore n'en possédons-nous aucun du règne de Charlemagne où il soit parlé du vicecomes comme missus comitis. Un capitulaire incerti anni (a. 789-814) qui ne se trouve ni dans Baluze, ni dans Pertz, et qu'a le premier publié Boretius, p. 185, c. 3, renfermait, il est vrai, un chapitre « de pravis advocatis et vicedominis et vicecomitis et pravis archidiaconibus vel prepositis. » Mais, comme il y est question seulement d'officiers ecclésiastiques, on peut douter fortement que le vicecomes dont parle ce c. 3 soit un délégué du comte. Vouloir faire remonter le titre de vicecomes au règne de Charlemagne et même aux dernières années de la période mérovingienne, nous semble donc trop hasardé, d'autant plus que les diplômes de Pépin et de Charlemagne où sont rapportés tout au long les noms des différents officiers judiciaires sont muets sur le vicecomes (3).

(1) Dans le droit italien et lombard, le représentant du comte se nomme locopositus ou loci servator. Pipp. Capit. langob. a. 782, c. 7, Pertz, p. 43 : « De universali populo, quis ubique justitias quæsierit, suscipiat tam a comitibus suis, quam etiam a castaldiis, seu ab sculdaissihis, vel locipositis. » — Capit. Ticin. a. 801, c. 7, Pertz, p. 84 : « Ad præsentia ducis aut comitis vel loci servatoris. » — Cp. Muratori. *Antiq.* II, p. 971 (a. 845), III, p. 168, 1015 ; V. p. 311. — Fumagalli, *Cod. dipl.* n[os] 15, 33, 38.

(2) Tardif, *Monum. Hist.* n° 53 : Jugement de Pépin, maire du palais, a. 750 : « Una cum fidelibus nostris... et Vuineram, qui in vicecomete palate nostro adistare videbantur. » — Cp. Doublet, *Hist. de S. Denis*, p. 716, document de 796 : « Coram Gellone comite, qui causas palatinas in vice Fulconis audiebat. »

(3) Sic : charte de Pépin de 751, Pardessus, *Dipl.* II, n° 608, p. 418 : « Pippinus, majordomus, omnibus episcopis, abbatibus, ducibus, comitibus, domesticis, grafionibus, vegariis, centenariis, vel omnes missos nostros discurrentes, seu quacunque judiciaria potestate preditis. » — *Cp. Form.* Senon. recent. 18, Zeumer, p. 216. — Dipl. de Charlem. a. 775, Tardif, *Mon. Hist.* n° 77 : « Notum esse volumus omnibus episcopis, comitibus, abbatibus, vicariis, centenariis, telonearils. »

C'est seulement à partir de Louis le Débonnaire que l'on rencontre le vicecomes, d'abord dans des diplômes, puis dans les capitulaires (1). On voit alors, à chaque instant, le vicecomes signalé dans les documents à côté du vicarius ou en opposition à cet officier. Il signe les diplômes avant le vicarius (2). Dans les énumérations officielles des officiers judiciaires, il est cité avant le vicarius ou centenarius (3). — Les procès-verbaux des plaids le montrent présidant l'audience et ayant à ses côtés, comme assesseurs, les vicarii (4).

Nous devons enfin signaler deux expressions qui peuvent servir à désigner le vicomte, mais qui s'appliquent également d'une manière générale à tous les subordonnés du comte : ce sont celles de ministri (ministeriales) et de juniores (5).

(1) Diplôme précité de 815. Tardif. nº 107. Pérard, nº 18 a. 815 : Plaid du comte Théodorich à Autun : parmi les signatures, on voit celle de Blitgarius vicecomes. Nº 19 a. 818 : Plaid à Autun ante Blitgario vicecomite. — V. pour l'énumération des documents qui nomment le vicecomes dans les différentes parties de la France, ainsi qu'en Italie, Sohm, p. 158, n. 34.

(2) Pérard, p. 35, nº 18 (a. 815) : Sign. B vicecomite, G vicarius subcripsit. — Besly, *Comtes de Poictou*, p. 224 (a. 901) : Sig. M. vicecomitis. Sig. S. vicecomitis. Sig. A. vicecomitis Metulensis. S. A. vicarii. S. A. vicarii. — V. cependant Baluze. *Marca Hisp.* nº 5, a. 832.

(3) Diplôme précité de Louis le Débonnaire de 815, Tardif nº 107. — Præceptum Karoli calvi pro Hispanis. a. 844, c. 8. Bal. II. p. 25 : « Et si aliquis... alium. idest comitis, aut vicecomitis, aut vicarii, aut cujuslibet hominis senioratum elegerit. » — Cp. Vaissette, II. nº 56. p. 69. a. 933 et Capit. Karlom, a. 884. c. 9. Pertz. p. 552.

(4) D'Achery, *Spicil.* XII, p. 154. a 863. Plaid tenu à Vienne « in præsentia domni Adonis ejusdem ecclesiæ (de Vienne) ven. archiepiscopi et Erlulfi vicecomitis missi illustris Bosonis comitis (présidant le plaid) vel judicum qui ibidem aderant et plurimorum nobilium hominum sacerdotum et levitarum. C. chorepiscopi. A præpositi, Tuetchmidii ac Girardi vicarii. Gantseranni vicarii. » — Cp. Ménard. nº 1, a. 876. Besly, *Comtes*, p. 37. 38, a. 900. 937.

(5) Capit. Mantuanum. c. 4. Boret. p. 196 : « Nec a comite, nec a ullo ministro suo. » — Karoli ad Pipp. epist. a. 806-810 . Boret. p. 211 : « Aliqui duces et eorum juniores, gastaldii, vicarii, centenarii, seu reliqui ministeriales. » — Hincmar, *de ord. pal.* c. 10, Walter, III, p. 764 : « Tales etiam comites et sub se judices constituere debet qui... justitiam diligant... et sub se hujusmodi ministeriales substituant. » — Epist. episc. ad Ludov. c. 12. Walter, III, p. 91 : « Ipsi comites similiter timentes Deum et justitiam diligentes per se ministros constituant, qui

§ 88. — Ayant ainsi fixé la terminologie, nous pouvons passer à l'examen des fonctions du représentant du comte que nous appellerons désormais le vicomte, lorsque nous n'emploierons pas d'expression latine. Dans cette étude, nous croyons devoir distinguer entre la période mérovingienne, dont nous aurons d'ailleurs peu de chose à dire, vu le petit nombre de textes que nous possédons, et la période carolingienne. C'est le meilleur moyen d'éviter la confusion.

La situation du vicarius comitis dans le droit mérovingien ne peut pas être déterminée avec une grande exactitude. D'abord il serait téméraire de dire qu'elle ait été la même dans toutes les parties de la Gaule franque. C'est surtout dans le sud, dans la partie possédée antérieurement par les Wisigoths, qu'apparait le vicarius.

Bethmann-Hollweg, IV, p. 416, voyant dans le vicarius un reste de l'ancienne organisation provinciale wisigothe, a voulu limiter le vicarius à la partie de la Gaule que nous venons d'indiquer. — C'est là une opinion qui ne peut se soutenir en présence du diplôme de Childéric II, a. 661, par lequel il fait donation à l'evêque Amand du village de Barisi dans le Laonois, in pago Laudunensi, et où il est question du vicarius Bertelandus à côté du comte Bertuinus (1).

Par qui le vicarius *mérovingien est-il nommé ?* Savigny (trad. fr. p. 185) dit que le vicarius n'est nommé ni par le roi, ni par le comte, mais par le peuple, sous la présidence du missus ou du comte. Mais les documents sur lesquels il s'appuie sont de l'époque carolingienne, et les vicarii electi dont ils parlent sont les centenarii. — Le droit de nommer le vica-

sicut seniores suos benignos et affabiles pagensibus suis viderint, et ipsi pro modulo suo illos imitari in omni bonitate et justitia certent. » — Capit. miss. (a. 802), c. 25, Boret. p. 96 : « Ut comites et centenarii ad omnem justitiam faciendum conpellent et juniores tales in ministeriis habeant, in quibus securi confident qui legem adque justitiam fideliter observent. » — Capit. Pipp. a. 787, c. 12, Boret. p. 199 : « Placuit nobis ut nullus comis nec juniores illorum eorum. » — Cp. Capit. mantuanum II c. 6. Boret. p. 197. — Une formule de tradition judiciaire, rapportée dans Rozière, I, n° 366, attribue la présidence de l'audience un jour au senior comes, et un autre jour au comes junior, ce que, à notre avis, il faut entendre pour le premier du comte, pour le second du vicomte.

(1) Pardessus, *Dipl.* II, n° 340, p. 148.

rius appartient au comte. Cela résulte avec évidence de l'édit de Gontran de 585, qui pose seulement des conditions pour la nomination du vicarius, à savoir qu'il ne soit pas pris parmi ceux qui laisseraient, moyennant finances, des criminels impunis, ou qui abuseraient du droit d'exécution forcée. « qui malis operibus consentiendo, venalitatem exercéant, aut iniqua quibuscumque spolia inferre præsumant ». — Waitz (I. 2°, p. 42) enseigne que, par cet édit, Gontran a voulu interdire au comte le droit de nommer un représentant soit ordinaire, soit extraordinaire. — Nous rejetons, pour notre compte, cette interprétation. Si le roi avait voulu absolument interdire toute nomination de vicarius, il n'aurait pas eu besoin de qualifier ceux dont il redoutait l'institution, « qui malis operibus... » Nous croyons donc que l'on a voulu simplement écarter ceux de la part de qui des abus de pouvoir ou des prévarications étaient à redouter (1).

Le vicarius, n'étant point encore à l'époque mérovingienne compté au nombre des officiers ordinaires du royaume, a des attributions qui varient naturellement suivant le caprice de chacun des comtes. Il peut être institué soit pour une seule affaire, soit d'une manière permanente. Mais, dans tous les cas, ses pouvoirs ne peuvent survivre à ceux du comte dont ils ne sont qu'une émanation. Aussi voit-on dans Grégoire de Tours, VII, 23, le comte Eunonnius et son vicaire Injuriosus accusés et déposés en même temps.

Le vicarius peut, comme le comte, présider le tribunal. Greg. Tur. X, 5 : « Animodi vicarii ... qui pagum illum judiciaria regebat potestate. » — Il est responsable, comme son chef, vis-à-vis du roi, et c'est au comte que revient le droit et le devoir d'arrêter le coupable pour le traduire devant le plaid royal. Ibid : « Protinusque directis rex litteris ad comitem urbis, jubet ut eum vinctum in præsentiam regis dirigeret ; quod si resistere conaretur, vi oppressum etiam interficeret, si principis gratiam cupiebat adquirere. » — Les formules nous montrent de même le vicarius exerçant ses fonctions judiciaires soit sous l'autorité du comte soit seul à la place du comte.

(1) En ce sens, Schm. p. 242 et 510, n. 6 ; on peut aussi invoquer à l'appui de notre manière de voir la lex Alamannorum, t. 36. Walter, I, p. 210

Formulæ senon. recent. 1, Zeumer, p. 211 : « Ipse vicarius per jussionem ipsius comitis ipsum hominem ... visus est reddidisse. » Form. 3. p. 212 : « Per jussionem illius comite de manu illo vicario. » Form. 6. p. 214 : « Per manu vicarii per jussionem inlustri viro illo comite. » — Form. sal. Bign. 7. Zeumer, p. 230 : « Cum resedisset ille vigarius inluster vir illo comite in malo publico ... ad causas audiendas vel recta judicia terminanda. » — Form. 13, p. 252 : « Ante vigario inluster vir illo comite.

Quelle que soit d'ailleurs l'étendue des attributions judiciaires du vicarius, nous ne pouvons admettre avec Eichorn, *Zeitschrift fur gesch. Rechtsw.* VIII, p. 303 et s. que, même dans l'ancien royaume wisigoth, le vicarius ait eu pour mission unique et exclusive de juger les Romains, pendant que, d'un autre côté, le missus aurait représenté le comte vis-à-vis des Francs. L'opinion de l'historien allemand suppose que les Romains ont conservé une organisation judiciaire spéciale à côté de l'organisation franque. Or c'est un système que nous avons écarté. V. supr. § 9.

§ 89. — La situation du vicomte peut être précisée davantage dans le droit carolingien, vu l'abondance relative des textes à cette époque. On ne peut cependant, comme nous le verrons, arriver à poser des règles générales et à dire que cet officier faisait normalement partie de l'organisation judiciaire.

Le vicomte est nommé par le comte et non par le roi. Le vicomte est en effet, suivant la juste remarque de Sohm, un moyen extraordinaire de gouvernement du comté et non point de gouvernement du royaume. « ein ausserordentliches Mittel der Grafschafts- nicht der Reichsregierung. » p. 520. — Le droit de nomination du comte est établi d'une façon certaine. D'abord par un passage de Walafrid Strabon. Walter, *Form. Alsat.* 3. *Corp. jur.* t. III p. 327 : « Porro sicut comites quidam missos suos præponunt popularibus qui minores causas determinent, ipsis majora reservent : ita quidam episcopi chorepiscopos habent qui, in rebus sibi congruentibus, quæ injunguntur efficiant. » Sous Louis le Débonnaire, Agobard (ad Matfredum), dit en parlant du comte Bertmundus : « Comitem nostrum Bertmundum, quippe qui bene satis habeat ordinatum de justitiis comitatum suum, eo quod talem virum *pro se constituerit* ad hæc peragenda, qui non solum propter amorem et timorem senioris sui id strenuum egerat. » (Bibl. Patr. Lugd. t. 14, p. 283).

Du droit de nomination du comte nous conclurons à son droit de révocation, quoique les textes gardent le silence sur ce point Le comte étant d'ailleurs responsable vis-à-vis du roi ou des missi dominici des abus que peut commettre son représentant, il faut bien qu'il ait le droit d'écarter un mandataire infidèle. Cette responsabilité du comte s'induit du capitulaire d'Aix-la-Chapelle de 828, de missis ablegandis, Pertz, p. 329, qui suppose que les abus de la part du vicomte ne peuvent se produire que du consentement ou par la négligence du comte, et qui présente le contrôle des missi à l'égard du vicomte comme un contrôle de l'administration du comte : « Deinde ergo quales ministros habeat (comes) ad populum regendum vel missos, utrum juste in ipsis ministeriis agant, aut consentiente vel negligente comite a veritate et justitia declinent.»

Deux textes au moins signalent un missus comitis nommé par le roi. Neugart, *Cod. dipl. Alem.* I, n° 801 (sæc. IX med.): « Notitia testium qui intestificati sunt coram misso Atonis comitis, videlicet Adalcho, *in vice ejusdem comitis a parte palacii missi.* » — Wartmann, II, n° 620 (a. 882): « Ruadpertus *missus imperatoris in vicem comitis.* » Faut-il en conclure que, exceptionnellement, le roi usait du droit de désigner lui-même au comte son représentant ? (1). — Nous ne le pensons pas et nous tenons que ce missus a parte palacii doit être un vicomte délégué temporairement par le roi dans l'administration du comté, en cas d'empêchement du comte de pourvoir lui-même à son remplacement.

Le comte peut déléguer ses pouvoirs au centenier. Aussi ne doit-on pas s'étonner de voir le centenier figurer quelquefois dans des diplômes comme président d'un plaid où se jugent des questions immobilières ou des questions de liberté normalement réservées au tribunal du comté. — *Cartulaire de S. Victor*, n° 26 (a. 845) : « In mallo publico ante R. vicarium de viro inlustri A. comite. » Il s'agit d'un procès de douane

(1) Sohm, p. 241 et 520.

qui se juge dans la forme d'une action immobilière. — Vaissette, II, n° 21, a. 898. Action immobilière portée devant le vicarius d'Alzonne. — Ibid. n° 42, a. 918. Action immobilière jugée par le vicarius d'Alzonne assisté de scabini et de boni homines in mallo publico. — Form. sal. Bign. 7, Zeumer, p. 230 : Procès de liberté (de servitio) devant « ille vigarius inluster vir illo comite in mallo publico. » Ibid. form. 13, p. 232 : « Ante vigario vel ante ipos pagensis, » action en revendication d'un immeuble. — Form. sal. Merkel. 29, Zeumer, p. 253 (Roz. 462) : « Ante illum vicarium vel reliquos bonos homines, » action en revendication d'un immeuble. Ibid. 30, Zeumer, p. 252 (Roz. 490) : « Ante illum vicarium vel reliquis bonis homines racineburgis, » action en revendication d'un esclave. — Dans ces formules, la délégation des pouvoirs du comte au vicarius (centenier) n'est point formellement indiquée ; mais le droit du vicarius de présider le plaid dans ces hypothèses ne peut s'expliquer que par la supposition d'un mandat de son supérieur hiérarchique. (1)

§ 90 — Il n'y a, en principe, qu'un seul vicomte pour un comté et les attributions du vicomte ne s'étendent pas au-delà d'un comté. Que d'abord la règle soit l'unité de vicomte par comté, c'est ce qui résulte aussi bien des capitulaires que d'autres documents. Karoli calvi edict. Pist. a. 864, c. 14, Bal. II, 179 : « Vicecomitem suum » — Capit. Karlom. a. 884, c. 9, Pertz, p. 552 : « Comes præcipiat suo vicecomiti suisque centenariis ». Dans ce capitulaire, il y a opposition bien marquée entre l'unité de vicomte et la pluralité de centeniers — Agobard ad Matfred (supr. cit.) : « qui pagum Lugdunensem

(1) Cp. pour l'Italie, Muratori, *Antiq.* p. 507 (a. 856) : instance immobilière dont la première audience est présidée par un missus comitis, la seconde par le comte de Vérone et la troisième, où se rend le jugement, par le centenier. — V. Wartmann, p. 144 : « Coram missis G. comitis, videlicet R et A. vicariis. » — Mirac. S. Dion. II, 33, Mabillon, *Acta*, III, 2, p. 358 (fin du VIIIe siècle) : « Comes (d'Angers) in aliis occupatus cuidam vicario, nomine Giramno, alii quoque suorum satellitum, vocabulo Adulfo, audiendam finiendamque causam quarta decima die delegavit. » — Waitz, III, p. 401, n. 1, voit dans le vicarius Giramnus un représentant du comte par délégation de celui-ci au même titre que le missus Adulfus. Sohm (p. 406, n. 56) estime au contraire que le vicarius n'est désigné que pour assister le missus dans ses fonctions judiciaires.

vicecomitis regit ». — Vaissette, II, nº 17, a. 897 : « Ruinardum ejusdem comitatus (Biterrensis) vicecomitem ». — Hincmar. Op. II, p. 317 : « Per vicecomitem ipsius pagi ». — Walafrid Strabon, l. c. oppose les missi comitum préposés « popularibus » aux centeniers « qui per pagos statuti sunt ». — Que, d'un autre côté, les pouvoirs du vicomte ne s'étendent en principe qu'à un comté, la raison en est que les pouvoirs du comte ne s'exercent en général que sur un comté.

Le double principe que nous avons posé comporte cependant des exceptions. — En premier lieu, l'étendue de certains comtés peut nécessiter l'institution de plusieurs vicomtes. — Mirac. S. Benedicti, c. 15 : « In Burgundiæ partibus .. a Tornadoro (castro) vicina regio Tornadorensis dicitur. Huic praeerat quidam nobili ortus prosapia, vocabulo Racculfus ex officio vicem comitis agens. » — En 901, le comte de Poitiers siège à son plaid assisté de trois vicomtes. Besly, *Comtes*, p. 225 ; signent : S. Maingodo vicecomitis. S. Sauarico vicecomitis. S. Attoni vicecomitis Metulensis. — Baluze, *Marca Hisp*, nº 21 (a. 850) : « In judicio Ermidone et Radulfo vicecomites ... supradicti vicecomites et judices interrogavimus. » — Baluze, *Hist. ecclec. Tutel.* p. 348 (a. 898) : « Placitare statuerunt apud vicum qui dicitur Briva in mallo publico in manu d. Ademari et Gauzfredi vicecomitum. S. A. vicecomitis. S. G. vicecomitis. » — Dans un plaid tenu à Narbonne en 862, on voit également deux missi comitis, Vaissette, II, p. 41, nº 18. — La circonscription administrée par chacun des vicomtes n'est cependant point une centaine. La centaine demeure encore une subdivision du territoire régi par le vicomte (1). — A l'inverse, un vicomte peut administrer plusieurs comtés dans les cas exceptionnels où ces comtés sont réunis sous le pouvoir d'un seul comte. Vaissette, II, nº 18, a. 897 : « Boso vicecomes Biterrensis et Agathensis. »

Le vicomte, à supposer qu'il soit unique, comme c'est la règle, a sa résidence, de même que le comte, au chef-lieu

(1) Sohm, p. 523, n. 56, cite les documents dont la comparaison prouve la solution indiquée au texte.

du pagus (1) et, comme son chef, il est quelquefois désigné d'après le nom même du comté (2).

Le vicomte peut, en droit, exercer tous les pouvoirs du comte (3) (4). Ainsi, il préside les plaids sur des ques-

(1) Sohm, p. 522, n. 48, cite des documents relatifs par ex. à Blitgarius, vicomte du pagus d'Autun, et où l'on voit, dit-il, l'activité de Blitgarius ne s'exercer qu'à Autun. — Il n'y aurait rien eu de suprenant à voir le vicomte présider un plaid ailleurs que dans la civitas, car le comte pouvant juger dans d'autres localités que le chef-lieu, le vicomte doit également pouvoir le faire.

(2) Ménard, I, n° 4 (a. 914): vicecomes Rotenensis.— Baluze, Capit. II, p. 1540 (a. 968): Rosolionensis vicecomes, Impuritanensis vicecomes.

(3) Champollion, Doc. III, p. 413 (Waitz, III, p. 402, n. 1) : « Cum advenisset G. missus illustri viro B. comite... ad justitias faciendas.

(4) Waitz, III, p. 400, n. 1, cite une formule de Merkel qui, selon lui, indique bien cette assimilation du vicomte à son supérieur, dans l'ordre judiciaire tout au moins. 51, Zeumer, p. 259 : c'est un indiculum de comite ad vicarium ainsi conçu : « Cognuscas, quia mandamus tibi de *tuo ministerio, quod tibi commandavimus*, bonum certamen exinde habeas vel bona providentia... Propterea has litteras ad te dirigimus, ut in nostro comitatu vel in tuo ministerio *pleniter ipsas justitias, quæ ante te veniunt*, ut sic inquiras et facias, *quasi ego ipse*, sine ulla ratione vel sine impedimento, et nullum honorem nec nulla blandia propter hoc accipere non facias. Et bene provide ut nullum neclectum exinde habeas. » (Cp. Waitz, *Forschungen zur deutschen Geschichte*, I, p. 539). — Nous estimons que cet historien a détourné la formule de sa véritable signification. Elle est renfermée en effet dans un recueil qui, de l'avis de Waitz lui-même, appartient à la fin du VIII$^{e}$ siècle, c'est-à-dire à l'époque carolingienne où le vicarius n'est plus que le centenier. La formule parle bien du ministerium confié par le comte au vicarius. Mais il n'en résulte pas que cette fonction soit celle de vicomte : c'est celle de centenier, car, dans le droit carolingien, le centenier a perdu en fait son caractère électif et sa nomination est dans la main du comte. Les mots « quasi ego ipse » ne signifient pas que le vicarius, à qui est destiné l'indiculum, ait les mêmes pouvoirs judiciaires que le comte, mais simplement qu'il doit juger comme le comte lui-même, c'est-à-dire avec la même impartialité, car immédiatement, pour expliquer « quasi ego ipse », viennent ces mots : « sine ulla ratione vel sine impedimento ». Les mots « quæ ante te veniunt » laissent bien voir que ce vicarius n'a qu'une juridiction limitée à certaines causes, et que partant c'est un centenarius. Waitz argumente des termes « in nostro comitatu vel in tuo ministerio » pour conclure à l'idendité du ministerium du vicaire avec celui du comte. Cet argument tombe si l'on se réfère à une formule exactement semblable dont se sert un capitulaire de Charles le Chauve de 853, Pertz, p. 246 : « In isto comitatu et in meo ministerio », où le ministerium n'est incontestablement autre que la centaine.

tions de liberté ou d'héritage (1) ou dans des procès criminels (2). Il peut enfin tenir le plaid général (3). Nous devons cependant remarquer que, comme le constate du reste Walafrid Strabon, en fait, le comte se réserve le jugement des causes les plus importantes, « comites missos suos... qui minores causas determinent. » — D'un autre côté, il faut dire que la présence du comte au plaid enlève au vicomte l'exercice de tous ses droits, de même que, comme nous l'avons dit pour la période mérovingienne, et comme nous le verrons encore pour le droit carolingien, le centenier s'efface devant le comte lorsque celui-ci vient présider le tribunal de la centaine (4).

Le vicomte fait-il régulièrement partie de l'organisation judiciaire pendant la période carolingienne? C'est là notre dernier point à examiner. Dès la fin du VIIIe siècle, les capitulaires parlent d'un représentant du comte dont les fonctions doivent être permanentes. Capit. Kar. magni a. 779, c. 19, Pertz, p. 38 : « De mancipia quæ vendunt, ut in præsentia episcopi vel comitis sit, aut in præsentia archidiaconi, aut centenarii, aut in præsentia vicedomini, aut judicis comitis. » Ce capitulaire compare le vicedominus, délégué de l'évêque, au judex comitis; celui-ci doit donc être le vicomte. — Capit. Langob. c. 18, a. 802, Pertz, p. 105 : « Ut nemo præsumat quis hominem vendere aut comparare nisi in presentia comitum aut missorum illorum. » — Le capitulaire d'Aix-la-Cha-

(1) Vaissette, II, no 42, p. 56. — *Cartulaire de S. Victor*, no 26, a. 845, et les documents cités supra, § 89, à propos de la délégation des pouvoirs du comte au centenier. — Dans un procès de revendication d'un esclave, la première audience se tient devant le comte, et la seconde ante B. vicecomite, Pérard, p. 35.

(2) Sohm cite la glose du Cod. reg. Paris. 4413 (du Xe siècle), sur la lex rom. Wisig. C. th. II, 1, 2 : « His crimen temporibus ad comitem vel ad vicecomitem pertinet. » Hænel, Lex rom. Wisigoth. p. 462.

(3) Ménard, Chartes, no 1, a. 876 : « In primo placito legibus munito, quod comes aut vicecomes in ipsam civitatem tenuerit. »

(4) Les procès-verbaux des plaids nomment quelquefois le vicomte au nombre des assesseurs du tribunal du comte. Pérard, p. 18 (a. 815) : plaid du comte Théodorich d'Autun ; parmi les signatures, on voit celles de B. vicecomes et de G. vicarius. — Baluze, *Marca Hisp.* no 17 (a. 843) : « In judicio Adelarico comite... nec non et judices... A. vicecomite. » — Cp. Bal. Capit. II, p. 1489, a. 869.

pelle de Louis le Débonnaire, de 828, c. 3 (sup. cit), parle encore du contrôle des missi dominici sur le missus du comte, mais, pas plus que les capitulaires de Charlemagne, ils n'établissent que l'institution du missus comitis ou vicomte se rencontre dans tous les comtés. Ils font simplement allusion à l'existence possible d'un semblable délégué du comte. Aussi le passage précité de Walafrid Strabon dit-il seulement que *quelques* comtes, comites *quidam*, nomment des missi, comme quelques évêques (quidam episcopi) ont des chorévêques. De même, les énumérations officielles des différents magistrats ne nomment qu'exceptionnellement le vicomte, et encore n'est-ce qu'à partir de Louis le Débonnaire, tandis que le chef de la centaine est toujours désigné après le comte (1). C'est seulement, croyons-nous, dans la seconde moitié du IX$^e$ siècle que la délégation des pouvoirs du comte à un ou plusieurs vicomtes a fini par se généraliser. C'est alors seulement que les capitulaires supposent un caractère régulier et général à l'institution des vicomtes. Karoli II edict. Pist. a. 864, c. 14, Pertz, p. 491 : « Ut in proximis calendis julii... habeat in Silvanectis civitate unusquisque comes in cujus comitatu monetam esse jussimus, vicecomitem suum cum duobus aliis hominibus... » — Capit. Karlomanni a. 884, c. 9, Pertz, p. 552 : « Et comes præcipiat suo vicecomiti suisque vicariis atque centenariis ac reliquis ministris reipublicæ. . » Cependant, dans quelques comtés, le vicomte n'a fait son apparition que bien plus tard encore ; ainsi, dans le comté d'Auxerre, on ne rencontre pas de vicomte avant le XI$^e$ siècle (2).

## *B. Le Centenier.*

§ 91. — Chaque centaine du comté possède son magistrat particulier, que nous nommons le centenier, d'après l'expression le plus souvent employée par les textes, centenarius.

(1) Waitz, III, p. 398. Sohm, p. 520.
(2) Quantin, *Cartulaire général de l'Yonne*, p. XXX.

Nous avons vu qu'à notre époque le vicarius n'est autre que le centenier. M. Maximin Deloche, dans son introduction au *Cartulaire de l'abbaye de Beaulieu* (p. 161), dit que, d'après le témoignage d'une charte du Limousin, la vicairie et la centaine ne formaient pas une seule circonscription, mais deux circonscriptions distinctes. Cette charte porte : « In urbe Lemovicino, in fundo Exaudoninse, *in vicaria Luperciacense, in centena Vinogilo*, in loco qui vocatur Vertiliaco ». La centaine de Vignols, dit-il, est ici évidemment distincte de la vicairie de Lubersac. A l'objection que, dans les chartes mêmes de l'abbaye de Beaulieu, se trouvent mentionnées alternativement la vicaria et la centena Vertedensis (de Le Vert en Limousin), ou la vicaria et la centena Exidensis (de Castelnau en Quercy) M. Deloche répond que ces exemples ne prouvent qu'une chose, c'est que certaines localités furent à la fois chefs-lieux de vicairies et chefs-lieux de centaines et communiquèrent aux unes comme aux autres le même nom : « Il est assez présumable qu'un centenier et un vicaire ayant été simultanément ou successivement institués dans la même résidence, choisie à cause de l'importance qu'elle avait déjà comme castrum ou vicus, leurs circonscriptions respectives, la centaine et la vicairie eurent un seul chef-lieu, souvent la même étendue, et que, dans la suite, les deux divisions géographiques présentèrent les mêmes similitudes. C'est pourquoi on a dû employer plus d'une fois, concurremment et indifféremment, la vicaria ou la centena pour désigner la situation des biens donnés ou vendus... mais la similitude des deux arrondissements territoriaux n'était pas une loi, un principe absolu, car il arrivait aussi que la centaine eût un chef-lieu particulier et une circonscription différente. C'est ce que démontre péremptoirement le titre que nous produisons, quant à la centaine de Vignols, qui avait assurément un territoire moins étendu que la vicairie de Lubersac, puisqu'elle y était contenue ». — Nous ne pouvons, a priori, concevoir ce système. M. Deloche est obligé de convenir que vicaria et centena étaient employées indifféremment l'une pour l'autre. Mais quelle explication donne-t-il de ce fait ? On aurait eu, dans la même résidence, dans des circonscriptions de même étendue, deux officiers différents, le vicarius et le centenarius. Ce double emploi est inadmissible. Si ces officiers ont des fonctions différentes, il est étrange que les textes n'y fassent aucune allusion. Si cette différence existe, on n'aurait pas dû employer indifféremment vicaria et centena. Quant à la charte qu'on nous objecte, peut-être entend-t-elle la vicairie de Lubersac d'une partie du comté confiée à la surveillance d'un vicarius qui, par suite d'une terminologie non encore bien fixée, aurait été alors le vicomte, comme il l'était à notre avis, sous les Mérovingiens. Nous croyons que, dans le Limousin comme ailleurs, la centaine s'appelle soit vicaria, soit centena, mais plutôt vicaria, car le Limousin est une contrée du midi où les expressions d'origine romaine sont usitées de préférence. C'est pour cela qu'on y rencontre 44 vicairies et seulement 4 centaines. De même, dans le Quercy, on trouve 10 vicairies pour une centaine et encore cette centena Exidensis n'est-elle autre que la vicairie du même nom. L. c. p. 212 à 216 (1).

§ 92. — Il est une autre expression pour désigner le centenier, c'est celle de tribunus. D'assez nombreux documents citent le tribunus après le comte, à côté du centenarius ou du vicarius, quelquefois entre le centenarius et le vicarius, de sorte qu'il est impossible de voir dans le tribunus un officier distinct du centenier (2).

(1) En Bretagne, les documents de notre époque appellent la vicairie indifféremment centena ou vicaria. V. *Cartulaire de Redon*, p. 95 et 203. — Une formule Biturensis 15, Zeumer p. 175, dit vigaria au lieu de vicaria : « In pago Biturigo, in vigarias illas et illas ».

(2) En ce sens, Sohm, p. 237, qui cite les documents suivants : Epist. Desiderii Cadurc. n° 16, (Bouquet. IV, p. 42.) : « Domnis episcopis et abbatibus nec non et sublimibus atque magnificis viris comitibus, tribunis, defensoribus, centenariis et hominibus publica et ecclesiastica agentibus. » — Vita S. Salvii ep. Valenc. (sæc. 8 c. 13 Bolland, 26 juin, p. 202) : « Vicarios, tribunos et centuriones, judices et decanos regis. » — Confirmation d'une immunité par Charlemagne pour S. Martin de Tours (a. 782), Sickel, K, 90 : « Omnibus... ducibus, comitibus, domesticis, grafionibus, vicariis, centenariis junioribusque nostris. » Après la concession d'immunité : « Et si aliquis fuerit comes, domesticus seu grafio, vicarius vel tribunus, seu qualiscumque. » — Concil. Mogunt. a. 813, c. 50, Mansi, XIV, p. 74 : « De judicibus autem vel centenariis atque tribunis seu vicariis dignum esse censemus ut, si mali reperti fuerint, de ministerio abjiciantur. » — Cp. Sohm, p. 239, n. 83 et 84.

Dans une opinion suivie par la majorité des historiens allemands (1), tout en convenant que, à l'époque carolingienne, le centenier est appelé quelquefois tribunus, on enseigne que, dans le droit mérovingien, le tribunus est distinct du centenarius, que c'est un magistrat local, chef d'une localité déterminée, petite ville ou village, et répondant en quelque sorte à un maire moderne (*Vorsteher der kleinen Ortsgemeinden, Vorsteher der Dorfschaften.*)

Les arguments donnés à l'appui de cette opinion ne nous semblent pas avoir une bien grande force. Ainsi Waitz (p. 5, n. 4) dit que le tribunus apparait dans un vicus, qu'il est propriétaire foncier dans un vicus, qu'une donation s'est accomplie devant lui dans une villa (p. 6). — Cela ne prouve point, à notre avis, que le tribunus n'ait exercé son autorité que dans le cercle restreint d'un vicus, d'un village. Théoriquement, l'opinion opposée de Sohm, qui identifie le tribunus et le centenarius pour toute la période franque, nous parait mieux fondée et nous croyons, avec cet auteur, qu'il n'y avait point d'autres unités administratives que la centaine et le comté. Mais l'argumentation de Sohm est entachée sur ce point, comme sur d'autres, d'un défaut capital, c'est que, pour établir l'identité du tribunus et du centenarius dans le droit mérovingien, elle n'emprunte ses documents qu'à l'époque carolingienne.

Quoi qu'il en soit, cette controverse ne nous offre pas un grand intérêt ; Waitz admet en effet (p. 10) que le tribunus mérovingien n'a jamais été investi de la puissance judiciaire. S'il est nommé une fois judex, c'est simplement parce qu'il peut être chargé d'exécuter des jugements. Les capitulaires et

(1) Waitz, I, 2° p. 4 ss. — Stobbe, *Zeitschrift für deutsches Recht*, XV, p. 86 — V. Maurer, *Einleitung zur Gesch.* p. 140. — Bethmann-Hollweg, t. IV, p. 416. — Gfrörer, I, p. 40. — Walter, *Deutsche Rechtsgesch.* I, § 104 — Schulte, *Deutsche Rechtsgesch.* p. 111.— Guizot, dans une note de sa traduction de Grégoire de Tours (Jacobs, *Géographie de Grégoire de Tours* p. 84) trouve six significations différentes au mot tribunus et pense qu'il désigne en général un magistrat subalterne. Jacobs ajoute que le tribunus a des fonctions très incertaines. — Lehuërou, *Instit. mérov.* p. 310, voit dans le tribunus un fonctionnaire chargé du recouvrement de l'impôt.

les formules n'auraient pas manqué de le citer, s'il avait été véritablement officier judiciaire (1).

§ 93 — *Le centenier mérovingien n'est point, comme nous* l'avons établi, officier royal : c'est un magistrat populaire qui tient tous ses pouvoirs de ses concitoyens. Sous les Carolingiens, le caractère du centenier changea en droit, et surtout en fait, quand le droit populaire recula devant le droit royal et que tous les pouvoirs furent réellement dans la main du roi, qui les déléguait aux *comtes*, qui *eux-mêmes les déléguaient* à leurs subordonnés. Les capitulaires et les autres documents de l'époque témoignent bien de ce changement. Ils traitent les centeniers de *nostri* ou de centeniers de l'empereur. Capit. Aquisgr. a 802, c. 40, Pertz, p. 96 : « Similiter et de comitibus vel centenariis ministerialibus nostris. » — Capit. Aquisgran. a. 825, missorum, c. 4, *Pertz*, p. 247 : « Volumus ut missi nostri . . . ut curam et sollicitudinem habeant quatenus unusquisque qui rector *a nobis* populi nostri constitutus est, in suo ordine officium sibi commissum juste . . administret ... Et habeat unusquisque comes vicarios et centenarios suos secum. » — Capit. Aquisgr. a. 809, c. 7, Pertz, p. 156 : « Ut nullus quislibet *nostrorum*, neque comes, neque *judex*, neque scabineus, cujuslibet justitia dilatare præsumat. » Il faut entendre ici par judex le centenier. — Capit Aquisgr. a. 813, c. 5, Pertz, p. 188 : « Ut vicarii nostri vel centenarii a servo regis mancipia ne emant. » — Meichelbeck, I, n° 21, a. 804 : « Reginhart centenarius domni imperatoris. » Ibid, n° 305, a.

1 Dans les capitulaires, c'est l'expression centena qui est employée pour désigner la centaine. V. Capit. leg. add. a. 818-819, c. 10, Boret. p. 282. — Capit. Wormat. missis data a. 829, c. 5, Pertz, p. 354. — On trouve de même centena dans les Formulæ salicæ Merkelianæ 1, 2, 3, 5, 6. 7, 8. 10, etc. — Une formula Alsatica, qui reproduit littéralement les termes d'une charte accordée par Louis le Débonnaire en 817 à l'abbaye de S. Gall, contient l'expression de centuria : « In comitia N, in Durgerve Turgovie, in centuria illa ... in eodem pago in centuria N. » Rozière, 150. — On trouve aussi ministerium pour la centaine. Capit. de caus. divers. a. 807, c. 4, Boret. p. 136 : « Hoc unusquisque vicarius singulis comitatibus in suo ministerio simul cum missis nostris prævideat. » — Capit. Aquisgr. a. 801-813, c. 8, Boret. p. 171 : « Ut vicarii luparios habeant, unusquisque in suo ministerio duos. » — Rozière, form. 886 : Indiculum de comite ad vicarium : « in nostro comitatu vel in tuo ministerio. »

814 : « Deothart vicarius dominicus. » — Le centenier, comme le comte, ordonne au nom du roi. Karlomanni cap. ap. Vernis, a. 884, c. 9, Pertz, p. 553 : « Ita ut ministri ecclesiæ habeant auctoritatem sui episcopi, et ministri comitis auctoritatem *nostram* et sui comitis. »

En théorie, la nomination du centenier appartient-elle au roi ? C'est ce que pourraient laisser croire les documents précités. D'un autre côté, deux capitulaires semblent donner aux missi dominici le droit d'*eligere* les vicaires et les centeniers. Le capit. Aquisgr. a. 803, c. 3, Pertz, p. 115, dans le Cod. Vat. porte : « Ut missi nostri scabinios, advocatos, vigarios, notarios per singula loca elegent.» — Capit. miss. Theod. a. 805, c. 1, Pertz, p. 134 : « De advocatis, id est ut pravi advocati, vicedomini, vicarii et centenarii tollantur et tales eligantur quales et sciant et velint juste causas discernere et terminare.» — Aussi Sohm (p. 242) enseigne-t-il que, en théorie, le droit de nommer le centenier est un droit royal ; mais comme, en fait, le roi ne peut pourvoir lui-même à la nomination du centenier dans chaque centaine, il délègue sur ce point et d'une manière générale, ses pouvoirs au comte.

Tout en adoptant en principe les idées de Sohm, nous ne croyons pas devoir aller aussi loin que lui, et nous estimons que, théoriquement, le caractère du centenier est mixte à notre époque. C'est un magistrat qui tient ses pouvoirs à la fois du peuple et du comte. Le peuple nomme le centenier et celui-ci reçoit l'investiture du comte, ou, si l'on veut, du roi, par l'intermédiaire du comte. Voici en effet les règles que pose le capitulaire d'Aix-la-Chapelle de 809, c. 11, Pertz. p. 156 : « Ut judices, advocati, præpositi, *centenarii*, scabini, quales meliores inveniri possunt et Deum timentes, constituantur ad sua ministeria exercenda cum (1) comite et populo ; eligantur mansueti et boni, » (2), (3). — Cette participation du peuple à

(1) Sur l'emploi de *cum* au lieu de *a*. V. Sohm, *Zeitschrift f. Kirchenrecht*, IX, p. 259, 260, et *Frankis. Gerichtsverf.* p. 243, n. 106.

(2) Le capitul. miss. aquisgran. I, c. 22, Boret. p. 151, reproduit la même disposition, mais en omettant le centenier : « Ut vicedomini, prepositi, advocati, boni et veraces et mansueti cum comite et populo eligantur. » — Boretius, n. w, supplée centenarii, scabinei.

(3) Le populus qui prend part à l'élection du centenier, ce sont les ci-

l'élection des centeniers nous semble bien conforme à l'esprit de la législation carolingienne qui est de ressusciter, en apparence du moins, les anciennes institutions franques soit au point de vue législatif, soit au point de vue judiciaire. Mais les assemblées du peuple ne sont convoquées que pour la forme et ne refusent jamais leur assentiment à ce qui est proposé soit par l'empereur, soit par ses délégués. En fait, la nomination des centeniers dut se faire bien souvent, malgré les prescriptions du capitulaire de 809, sans le concours du peuple. Le choix du chef de la centaine est en réalité un droit du comte. Aussi la formule sal. merkel. 51, Zeumer, p. 259, contenant un indiculum de comite ad vicarium (que nous prenons ici comme synonime de centenarius, V. sup. p. 215, n. 4, porte-t-elle « de tuo ministerio quod tibi *commandavimus.* » — De même le concile de Châlon de 813, c. 21 (Mansi XIV, p. 98), n'envisageant que ce qui se passe en fait, recommande-t-il aux comtes « ministros quos vicarios et centenarios vocant justos habere debent. » — De même enfin Hincmar, après avoir attribué au roi la nomination du comte, donne-t-il à celui-ci le choix de ses subordonnés, ministri, au nombre desquels se trouve le centenier. Hincmari admonitio, a. 858, c. 12, Opp. II, p. 137 : « Constituite (rex) comites et ministros republicæ qui non diligant munera... Ipsi comites similiter, quantum potuerint, similes sibi timentes Deum et justitiam diligentes per se ministros constituant. » — Hincm. *De ordine palatii*, c. 10, Walter, III, p. 764 : « Tales etiam comites et sub se judices constituere debet, qui avaritiam oderint et justitiam diligant : et sub hac conditione suam administrationem peragant, et sub se hujusmodi ministeriales substituant. » — Le centenier ordonne au nom du comte comme au nom du roi. (1). — Disons enfin qu'un certain nombre de textes parlent du centenier « du comte », pour bien marquer les liens de dépendance étroite où il se trouve vis-à-vis de son chef. Capit. a. 803, c. 19, Pertz, p. 121 : « Ut comites et vicarii eorum. » — Capit. de exped.

toyens de la centaine, non point par cette raison donnée par Sohm (p. 243) que, en dehors de la centaine il n'y a point d'assemblée populaire, mais par ce motif tout naturel que le juge ne doit être élu que par ses justiciables, par conséquent par les habitants de la centaine.

1. Karlomanni cap. a. 884, c. 9, Pertz, p. 553, supr. cit.

exerc. a. 811, c. 2, Pertz, p. 168 : « Super comites et eorum centenarios. » — Capit. aquisgr. a. 825, c. 4 (supr. cit.) : « Habeat comes vicarios et centenarios suos secum. » (1).

Quant au droit du roi de nommer le centenier, nous croyons qu'il ne s'exerça jamais en fait, ni par le roi en personne, ni même par les missi, malgré les capitulaires qui semblent faire rentrer l'élection du centenier parmi les attributions des envoyés royaux. Il est à remarquer d'abord que, des deux capitulaires précités, la rédaction de l'un deux (le capit. de 803), ne vise point d'une manière certaine le centenier, dont le nom ne se trouve que dans un manuscrit. Quant à l'autre (le capit. de 805), c'est par une simple conjecture qu'on lui donne le caractère d'une instruction aux missi (2). — D'ailleurs, même a supposer vrai le texte du capitulaire de 803, même en admettant le caractère que l'on a attribué à celui de 805, on peut expliquer autrement la portée des actes royaux, en disant qu'ils confient simplement aux missi le soin de voir si les centeniers élus réunissent les conditions de capacité et d'honorabilité auxquelles les textes font allusion. — Ce qui nous confirme dans cette manière de voir, c'est qu'une formule de Marculfe, I. 8, Zeumer, p. 47, formule évidemment rédigée pour répondre aux besoins de la pratique, et renfermant une præceptio regalis, une charte royale pour la nomination par le roi aux différentes magistratures, ne parle que « de ducatu et patriciatu et comitatu — tibi accionem comitiæ, ducatus aut patriciatus in pago illo. » Elle ne vise point le centenier ; c'est donc que la nomination de ce magistrat n'émane jamais du roi ni de ses missi. (3). — Nous admettons cependant que, dans l'hypothèse où le missus royal est présent dans une de ses tournées lors de l'élection d'un centenier, il donne lui-

(1) Cp. Capit. Hludov. Pii miss. a. 817, c. 19, Pertz, p. 218. — Capit. de monasterio S. Crucis, a. 822-824, c. 5, Boret. p. 302.

(2) V. Boretius, *Die Capitularien in Longobardenreich*, p. 86, 87.

(3) Waitz, III, p. 392, n. 2, cite un exemple d'un fils succédant à son père comme centenier. Trad. Fris. 404, p. 214 : « Propter iracundiam Engilberti centenarii ... nunc... Deothardus filius Engilberti emendare studuit ... Deothardi centenarii. » Cela ne veut point dire que les fonctions de centenier aient été héréditaires, même dans le cas cité, mais simplement que le fils avait été nommé en remplacement du père.

même l'investiture, parce que le comte s'efface devant lui, comme le centenier s'efface lui-même à l'occasion devant le comte.

Le droit de révoquer le centenier, de même que celui de le nommer, appartient au comte, vis-à-vis de qui le centenier est responsable. La formule sal. Merk. 51 (supr. cit) est bien formelle à ce sujet. Si le centenier veut conserver la faveur du comte, c'est-à-dire s'il ne veut point s'exposer à une destitution, il ne doit commettre aucune négligence dans l'exercice de ses fonctions : « Et bene provide ut nullum neclectum exinde habeas. Taliter exinde certamen age, qualiter gratia nostra vellis habere » (1) (2).

La royauté est moins désintéressée dans la révocation des centeniers que dans leur nomination. Les capitulaires prescrivent à plusieurs reprises d'écarter les mauvais centeniers. Capit. Kar. mag. a. 801-813, c. 3, Boret. p. 144 : « Ut ubicumque inveniuntur vicarii aliquid mali consentientes vel facientes, ipsos ejicere et meliores ponere jubemus. » — Capit. Theod. supr. cit, c. 12 : « Ut pravi... vicarii et centenarii tollantur. » — Kar. mag. capit. miss. ital. a. 781-810, c. 6, Boret. p. 206 : « De pravis judicibus, advocatis, vicedominis, vicariis, centenariis, vel reliquis actoribus malevolis non habendis. » (3)

Les centeniers doivent, en entrant en charge, prêter une sorte de serment professionnel. Karoli II Convent. Silvac. a. 853, Pertz, p. 426 : « Istud sacramentum jurabunt centenarii : Ego ille adsalituram, illud malum quod schach vocant vel tesceiam non faciam, nec ut alius faciat consentiam, et si sa-

(1) Le capitulaire apud Olonam semble accorder au comte le droit de veiller à ce que les centeniers ne tiennent pas de plaids en nombre excessif, c. 3, Bal. II, p. 321 : « Volumus ut comites nostri *licentiam habeant* inquisitionem facere de vicariis et centenariis qui magis propter cupiditatem quam propter justitiam faciendam sæpissime placita tenent. » — Les comtes n'avaient pas besoin d'une semblable disposition pour contrôler leurs subordonnés. Le capitulaire ne confère pas aux comtes un droit qu'ils possédaient déjà, il leur impose plutôt un devoir, celui de réprimer soigneusement les excès des centeniers.

(2) Sur le point de savoir s'il existe entre le comte et le centenier une hiérarchie en ce qui concerne l'appel, V. *infra*, § 123.

(3) Cp. Concil. Mogunt. a. 813, c. 50, Mansi XIV, p. 74.

puero qui hoc faciat, non celabo; et quem scio qui nunc latro aut schachiator est, vobis missis dominicis non celabo, ut non manifestem. Et de Francis hominibus in isto comitatu et in meo ministerio commanentibus nullum recelabo, quantum recordari potuero, ut per brevem vobis missis dominicis non manifestem. Sic me Deus adjuvet et istæ reliquiæ. »

Nous aurions, pour épuiser la question de nomination du centenier, à examiner maintenant la restriction que peut subir le droit du comte par suite de l'existence des immunités, mais nous préférons traiter cette question au moment où nous rechercherons la portée de l'immunité dans l'ordre judiciaire.

Au dessous du centenier, on rencontre quelquefois un sous-centenier. Anamodi traditiones S. Emmeramenses, I, 27, a. 864-891 (Pez, I, 3, p. 220) : « Actum autem hoc coram civibus urbis regiæ Radasponensis ... Lantold *subvicarius* civitatis, Adalpero exactor telonei... » — Monach. Sangall. II, c. 21 (Pertz, *Scriptores*, II, p. 762) : « Constitutis tribunis, ducibus et centurionibus *eorumque vicariis.* » — Besly, *Evêques de Poitiers*, p. 37, 38 (a. 900-937) : parmi les témoins, après le vicecomes, apparaît Rainarius *subvicarius.* — Quoique les textes se bornent à mentionner le subvicarius, on peut affirmer que les rapports de cet officier avec son supérieur hiérarchique, le centenier ou le vicaire, doivent être de même nature que ceux qui existent entre le comte et son missus, et que nous avons déterminés supr. § 89.

§ 94. — Quelles sont les attributions du centenarius? Quel rôle joue-t-il précisément dans l'organisation judiciaire carolingienne? C'est là une question très-délicate. Avant d'aborder les points litigieux, examinons les attributions qui appartiennent incontestablement au centenier, quel que soit le caractère que l'on donne à cet officier, que l'on voie en lui un juge véritable, ou simplement un serviteur du juge, c'est-à-dire du comte.

Le centenier met à exécution les décisions judiciaires, soit en matière pénale, soit en matière civile.

Pour l'exécution des condamnations criminelles, les capitulaires imposent au centenier le devoir de respecter scrupuleusement les sentences du tribunal du comte, car c'est devant ce tribunal seul que peuvent être portées les accusations pouvant entraîner perte de la vie ou de la liberté (V. infr. § 96) Capit.

Aquisgr. a. 813, c. 11, Pertz, p. 188 : « Ut comites, unusquisque in suo comitatu, carcerem habeant, et judices atque vicarii patibulos habeant. » C. 13 : « Ut vicarii munera ne accipiant pro illos latrones qui ante comite judicati fuerint ad mortem. Quod si hoc perpetraverint, tale judicium sustineant, sicut et latro judicatus fuit ; quia postquam eum dijudicaverint non est licentia comitis vel vicarii ei vitam concedere. » C. 15 : « Ut vicarii eos qui pro furto se in servitio tradere cupiunt, non consentiant, sed secundum justum judicium terminetur. » (1)

Si l'on admet, avec Sohm, l'identité du tribunus et du centenarius pendant la période mérovingienne, il faut dire que le centenier était alors chargé, comme dans le droit carolingien, de l'exécution des condamnations criminelles. Ainsi, c'est à un tribunus que saint Dalmate s'adresse pour obtenir la grâce d'un condamné à mort. Vita S. Dalmatii, Labbe, *Nova bibliotheca librorum manuscriptorum*, II, appendice : « In Brivatensem vicum, Arvernæ civitatis oppidum, Dalmatius sanctus advenit, ubi a quodam tribuno reus ad patibulum, ultimo damnatus supplicio, ducebatur. » (2). — Le tribunus a la surveillance des prisons ; aussi Guizot a-t-il donné au mot tribunus, comme seconde signification, celle de « gardien des prisons et des forts. » (3). — Mais ce n'est pas le tribunus qui procède personnellement à l'exécution des sentences de mort : elle est l'œuvre de carnifices, satellites, lictores, milites aux ordres du tribunus (4), ce qui a amené Guizot à donner comme premier sens au mot tribunus celui d'officier militaire.

Le centenier est également chargé de l'exécution des jugements en matière civile. C'est lui qui procure satisfaction au créancier d'une composition en procédant à la saisie des meubles

(1) Cp. Capit. Aquisgr. a. 802, c. 25, Pertz, p. 94 : « Ut comites et centenarii... fures latronesque et homicidas, adulteros, malificbs atque incantatores ... celare audeat. » — Capit. Aquisgr. a. 817, c. 20, Pertz, p. 218 : « Ut vicarii et centenarii qui fures et latrones vel celaverint, vel defenderint, secundum sibi datam sententiam dijudicentur. » — Statuta Rhispacensia, a. 799, c. 15, Pertz, p. 99. — Convent. Silvac. a. 853 (supr. cit.), Pertz, p. 426, pour le serment prêté par le centenier.

(2) Cp. Vita S. Columbani, auct. Jonas, c. 35, 36 ; Mabillon, II, p. 20.

(3) V. Vita S. Radegundis reginæ, c. 38 ; Mabillon, I, p. 325.

(4) V. infra, § 188, pour ces auxiliaires de la justice.

du condamné ou, à défaut de meubles, à celle des immeubles. Capit. aquisgr. a. 817, leg. add. c. 11, Pertz. p. 212 : « Debitum vero quod is, cujus ea fuit, solvere debuit, per comitem ac ministros ejus juxta æstimationem damni, de rebus mobilibus quæ in eadem proprietate inventa fuerint, his quibus idem debitor fuit, exsolvatur. Quod si rerum mobilium ibidem inventarum quantitas non sufficerit, de immobilibus suppleatur. » Les ministri comitum dont il est question ici sont les centeniers (1) — Les formules montrent de même le centenier exécutant la sentence du tribunal du comte, sur l'ordre du comte. Rozière 498 (App. Marc. 1) : « Et ipse vicarius per jussionem ipsius comitis, ipsum hominem per manibus pro colono ipsius advocato illius abbatis visus est reddidisse. » (2) (3). — Le centenier peut aussi, pour assurer le respect dû à la puissance ecclésiastique, saisir les biens de ceux qui méconnaissent les prescriptions de cette puissance (4).

(1) Cp. Cartulaire de l'abbaye de Clugny, n° 14 (x<sup>e</sup> siècle), cité dans le *Cartulaire de S. Vincent de Mâcon*, p. CLXVII : « Secundum mundialem legem is qui intulerit calumpniam, 12 libras auri, cogente vicaria potestate, compulsus exsolvat. »

(2) Cp. Rozière, 472 et 477 (App. Marc. 3 et 6). — Ces formules indiquent que le centenier doit siéger aux plaids du comte, soit au plaid général, soit au plaid particulier. C'est ce que montrent du reste d'autres documents. Flodoardi *Hist. Rem.*, III, c. 26, p. 540. Hincmar de Reims écrit, relativement à un jugement rendu par le comte Amalbert « tam eidem comiti quam omnibus exactoribus (id est centenarius) atque judicibus qui in hoc resederant judicio. » — Pérard, l. c., p. 35, n° 18 a. 815) : un centenier siége au tribunal du comte de Poitiers. — Le centenier assiste également aux plaids du vicomte. V. Mir. S. Dion. Mabillon, *Acta*, III, 2, p. 358. D'Achéry, XII, p. 154. Besly, *Evêques de Poitiers*, p. 37.

(3) Sohm voit dans l'édit de Gontran de 585 (Pertz, p. 4) la preuve que le centenier est déjà chargé au VI<sup>e</sup> siècle de l'exécution sur les biens. Il la trouve dans cette phrase : « qui ... iniqua quibuscumque spolia, inferre præsumant. » — Nous avons déjà dit que, à nos yeux, cet édit vise le missus comitis et non le centenier. Quant à la phrase précitée, elle est conçue en termes trop vagues pour qu'on puisse en induire un pouvoir d'exécution sur les biens.

(4) Sendrecht der Mainwenden : « Exactor publicus, id est centurio aut suus vicarius, cum sacerdote pergat ad domum hujusmodi præsumptoris, et de sua facultate tanti aliquid precii, bovem, sive aliud aliquid tollat, propter quod protervus constringatur. » *Zeitschrift für deutsches Recht*, XIX, p. 384.

Le centenier est chargé par les capitulaires du recouvrement de certaines redevances dues au trésor royal. Capit. Wormat. a. 829, al. capit. c. 13, Pertz, p. 352 : « Quicumque vicarii vel alii ministri comitum tributum quod inferenda vocatur, majoris pretii a populo exigere præsumpsit quam... constitutum fuit (1). »

Les fonctions dont nous venons de voir le centenier investi expliquent la qualification d'exactor publicus qui lui est plusieurs fois donnée (2): l'expression allemande correspondante est celle de Schultheiss (Forderer, Executor der Schuld) (3).

§ 95. — Sohm, qui ne voit légalement dans le centenier franc qu'un schultheiss, estime que ce centenier de l'empire franc n'est autre que le sacebaro de la loi salique. Dans la théorie qu'il émet sur l'organisation judiciaire de la loi salique (p. 74 et s.), il enseigne que, dans chaque centaine, on rencontre des officiers distincts, l'un élu par le peuple et nommé

(1) Cp. Capit. Aquisgr. a. 813, c. 6, Pertz, p. 188. — Edict. Pist. a. 864, c. 2, Pertz, p. 495. — Sous les Mérovingiens, le tribunus a des fonctions analogues. Greg. Tur. *De glor. conf.* c. 41 : « Tempore Theodechildæ reginæ Numinus quidam tribunus ex Arverno de Francia post reddita reginæ tributa revertens. » — Cp. Greg. Tur. VII, 23. Aussi Guizot (l. c. donne-t-il comme cinquième sens au mot tribunus celui de percepteur des deniers publics. V. Lehuérou, *Institut. mérov.*, p. 310, 311. Bethmann-Hollweg, t. IV, p. 416.

(2) Sendrecht der Mainwenden. supr. cit. — Flodoardi, *Hist. Rem.*, III, c. 26, p. 540 : Hincmar de Reims écrit « tam eidem comiti quam omnibus exactoribus atque judicibus qui in hoc resederant judicio. » Les judices sont les scabins et les exactores les centeniers.— Cp. Dipl. de Charlemagne de 775, Sickel, K, 51 : « Omnibus episcopis, comitibus, abbatibus, vicariis, centenariis, telonearils et cæteris exactoribus publicis. »

(3) Dans le droit bavarois, dans le droit alaman et dans le droit lombard, on trouve pour nommer le centenier ou la *centaine* des expressions latines se rapprochant beaucoup du mot allemand schultheiss. Meichelbeck, I, n° 130 (a. 799) ; Engilberht sculhaisus. N° 250 a. 784-810 : Engilberht vicarius ; n° 404 (a. 819) : Engilberti centinarii. — Wartmann, I, n° 62 (a. 772) : S. Boazo sculdatione vel teste. N° 121 (a. 789) : Raginbertus scultaiczus. N° 224 a. 817) : Folcuinus escultaizus. — Capit. Lamberti imper. a. 898, Pertz, p. 564 : « Ut ipsi arimanni frequentius quam in lege statutum est. ad placitum ire non cogantur, nec a comitibus nec a scudalisiis. — Diplôme d'Othon le Grand de 960 (Th. v. Mohr. *Codex diplomaticus ad historiam Raeticam*, p. 80 : « Censum quoque omnem ab ipsa centena et scultatia Curiensi. »

thunginus ou centenarius, qui est le juge de la centaine; l'autre qui est le schultheiss royal dans la centaine, et nommé sacebaro. Le thunginus ou centenarius a disparu dans le droit de l'empire franc; ses fonctions sont passées entre les mains du comte, le seul juge de la centaine; les attributions du sacebaro sont dévolues au centenier, dont le nom seul a survécu, mais dont le caractère a entièrement changé. Pour établir cette théorie, Sohm s'appuie d'abord sur la disparition du mot thunginus dans la terminologie franque, et cela, dit-il, parce que l'ancien thunginus n'existe plus. Au contraire, le mot sacebaro est encore en usage au VIIe siècle, et un diplôme du monastère de Sithiu de 648 nomme encore un et peut-être plusieurs sagibarons. *Cartulaire de S. Bertin*, n° 3: Actum Ascio. Parmi les témoins: Sig. Chruneberti grafionis. Sign. Baboni sacebaronis. — Dans le recueil des diplomata de Pardessus, II n° 312, ce n'est point Babo, mais un autre témoin Maurilio qui est désigné comme sacebaro. L'on y trouve aussi deux autres témoins investis de la même qualité: Sign. Radbaldi sacebaronis; Sign. Auschiddi sacebaronis, et enfin des témoins dont la qualité est indiquée par les lettres *sac.*: Signum Chrodmari sac., Asilendi sac., Isberti sac. — Il est d'ailleurs intéressant de remarquer que le mot sacebaro s'est maintenu dans les mêmes régions où se sont conservées les anciennes dénominations officielles d'origine franque (1). — L'historien allemand reconnaît toutefois que la condition du Schultheiss, devenu le centenier, n'est point restée tout à fait celle du droit salique et que, à deux points de vue, elle en est différente. D'abord, le sacebaro de la loi salique reçoit son office du roi personnellement et non du comte; il est le subordonné immédiat du roi et non le subordonné du comte, et, comme tel, jouit d'une triple composition. Dans le droit franc, au contraire, le schultheiss ne dépend du roi que médiatement, il est le subordonné du comte et, à moins d'être nommé exceptionnellement par le roi, il ne jouit point du triple wehrgeld. — En second lieu, le sacebaro de la loi salique n'est chargé que de recouvrer les redevances royales de droit public, tandis

(1) V. la note 21 de Sohm citée supr. § 83.

que le centenier du droit franc a aussi pour mission de mettre les jugements à exécution dans l'intérêt des particuliers.

Nous n'avons pas à apprécier ici cette explication du savant germaniste, car elle suppose admise préalablement la théorie du même auteur sur le caractère du sagibaron et qui n'est guère qu'une conjecture de plus ajoutée à celles qui ont déjà été émises à propos de cet énigmatique personnage de la loi salique. Elle suppose admis, d'un autre côté, que le centenier franc n'a point la qualité de juge; or, c'est une théorie qui, comme nous esssaierons bientôt de l'établir, n'est point celle du droit carolingien plus que celle du droit mérovingien. Nous ferons seulement remarquer que les deux considérations sur lesquelles s'appuie Sohm, n'ont point une très grande force. D'abord rien d'étonnant à ce que le mot *thunginus* ait disparu du langage juridique, car c'est une expression toute germaine qui a fait place, comme bien d'autres, aux expressions d'origine romaine ; de même que le graphio de la loi salique a fait place au comes, de même le thunginus a été remplacé par le centenarius ou le vicarius ; mais rien ne démontre que l'ancienne institution ait disparu en même temps. — Quant à la survivance jusqu'au VII<sup>e</sup> siècle du mot sacebaro, elle n'est point établie d'une manière certaine par le diplôme du monastère de Sithiu. Le personnage que le Cartulaire de S. Bertin désigne comme sacebaro n'est point celui qui a cette même qualité dans l'édition de Pardessus ; d'un autre côté, ceux que cette édition nomme sacebaro, sont qualifiés de sacerdotes dans le Cartulaire. Peut-être n'y avait-il, dans le diplôme original, pour qualifier les témoins, que le mot abrégé *sac.*, c'est-à-dire sacerdotes, car, dans cette donation à un monastère, plusieurs des témoins devaient être clercs, l'un d'eux est même qualifié presbyter. Un copiste aura pu traduire arbitrairement sac. par sacebaro, au lieu d'y voir l'abrégé de sacerdos. Pardessus, dans ses prolégomènes, p. 83, reconnaît en effet que cette charte, publiée plusieurs fois, ne l'a jamais été d'après l'original et il la réimprime d'après une copie. Il ajoute enfin dans une note sous le diplôme, t. II, p. 88, n. 2, et relative aux signatures : « Corruptæ quædam, omissæ plurimis in editis subscriptiones ; in apographio nostro unicuique præfixae cruces ; nonnullis additæ notæ chirographiæ. » On ne peut donc avoir une confiance absolue dans la charte de 648 pour établir l'usage du mot sacebaro au VII<sup>e</sup> siècle.

Dans l'exercice de ses attributions d'exécution, le centenier a le droit de ban. Les capitulaires qui concernent le ban du comte visent aussi le ban du centenier. Ainsi les Capit. excerpta a. 802, c. 57, Pertz, p. 101, après avoir fixé à 60 solidi le ban royal, disent : « Caeteri vero banni quos comites et judices (c'est-à-dire les centeniers) faciunt, secundum legem uniuscujusque componantur. » — Le ban du centenier est inférieur au ban du comte pour la même raison que le ban de ce dernier est inférieur au ban royal, à savoir parce que le centenier est un subalterne et non un alter ego du comte. La lex Alamannorum indique bien cette proportion pour les pays où elle s'applique, c. 28, Walter, I, p. 207 : « Si quis sigillum ducis neglexerit, aut mandatum duodecim solidis sit culpabilis... Si autem sigillum comitis neglexerit vel mandatum, cum sex solidis componat. Si autem centurionis sigillum aut mandatum neglexerit, tribus solidis sit culpabilis. »

§ 96. — Le centenier n'est-il qu'un agent d'exécution ? Ne prend-il aucune part directe à l'administration de la justice? C'est la question qu'il nous reste à étudier, et à laquelle on ne peut évidemment faire une réponse négative quand on voit les nombreux capitulaires qui prennent soin de réserver certaines affaires au comte et de les soustraire en même temps au placitum du centenier. Avant d'examiner à quel titre le centenier peut avoir à juger les procès qui ne sont point de la compétence exclusive du comte, nous avons à tracer d'une façon précise les limites de compétence entre ces deux magistrats.

Le texte qui pose ces limites de la façon la plus générale est le capitulaire d'Aix-la-Chapelle de 812, c. 4, Pertz, p. 174 : « Ut nullus homo in placito centenarii neque ad mortem, neque ad libertatem suam amittendam aut ad res reddendas vel mancipia, judicetur ; sed ista aut in præsentia comitis vel missorum nostrorum judicentur. »

Observons d'abord, avant d'entrer dans le détail des affaires réservées au comte, que le principe est l'égalité de compétence entre le comte et le centenier. C'est ce qui résulte d'un capitulaire de Louis le Débonnaire que Pertz place en 817 (c. 11, p. 215) et que Boretius qualifie d'incertum (c. 3, p. 315) :

« *Omnis controversia coram centenario definiri potest, excepto* redditione terræ et mancipiorum, quæ nonnisi coram comite fieri potest. »

Les causes enlevées au centenier sont : 1° les causes criminelles ; 2° les procès de liberté ; 3° certains procès réels.

1° *Les causes criminelles.*— Le Capitulaire de 812 semble, il est vrai, ne viser que les crimes punis de mort ; mais c'est parce que la peine de mort fut pendant plusieurs siècles la seule peine publique (1). Il faut dire que toutes les accusations pouvant entraîner l'application d'une peine proprement dite, c'est-à-dire d'un châtiment affectant le coupable dans sa personne et non point simplement dans ses biens, comme la composition, ne peuvent être jugées que par le comte. Le capitulaire Langobardicum de 802 est plus précis que le capitulaire de 812 quand il prescrit c. 14, Pertz, p. 104 : « Ut ante vicarios *nulla criminalis actio diffiniatur*, *nisi tantum leviores causas* quæ facile possunt dijudicari, et nullus in eorum judicio aliquis in servitio hominem conquirat, sed per fidejussores remittatur usque in præsentiam comitis. » — La constitution de Louis le Débonnaire en faveur des Espagnols réfugiés en France indique ce qu'il faut entendre par les majores causæ, par opposition sans doute aux leviores causæ du capit. Langobardicum. Boret, p. 262, c. 2 : « Ipsi vero pro majoribus causis, sicut sunt homicidia, raptus, incendia, deprædationes, membrorum amputationes, furta, latrocinia, alienarum rerum invasiones et undecumque a vicino suo aut criminaliter aut civiliter fuerit accusatus et ad placitum venire jussus, ad comitis sui mallum omnimodis venire non recusent. Ceteras vero minores causas more suo, sicut hactenus fecisse noscuntur, inter se mutuo definire non prohibeantur. » C. 3 : « Cætera vero judicia, id est criminales actiones, ad examen comitis reserventur. » Ici les causæ majores sont forcément portées devant le comte, tandis que les causæ minores, au lieu d'être soumises au centenier, sont réglées à l'amiable (2).

Les capitulaires renferment de nombreuses applications de cette règle de compétence. Capit. Aquisgr. a. 802, c. 13, Pertz,

(1) V. Sohm, *Zeitschrift f. Kirchenrecht*, IX, p. 257.

(2) Cp. Eichorn, *Rechtsgesch.* I, p. 395.

p. 188 : « Ut vicarii munera ne accipiant pro illos latrones qui *ante comite* judicati fuerint ad mortem. » — Capit. episcop. dat. a. 824, c. 8, Pertz, p. 237 : « De homicidiis et perjuriis, sacrilegis et falsis testimoniis ... per vestram monitionem et *per judicium* comitis emendatum fiat. » — Capit. aquisgr. a. 817, leg. add. c. 15, Pertz, p. 213 : « Si liber homo de furto accusatus fuerit, et res proprias habuerit, *in mallo ad præsentiam comitis* se adhramiat. » (1) — Les centeniers doivent mettre à exécution les condamnations criminelles prononcées au tribunal du comte. Capit. Hludov. aquisgr. a. 817 missis, c. 20, Pertz, p. 218 : « Ut vicarii et centenarii qui fures et latrones vel celaverint vel defenderint, secundum datam sibi sententiam dijudicentur. » — Les formules témoignent également de la compétence exclusive du comte dans les causæ majores. C'est toujours devant lui qu'on voit juger les assassinats et les meurtres (2), les vols (3) et les incestes (4).

2° *Des procès de liberté et 3° de certains procès réels.* — Capit. aquisgr. miss. a. 810, c. 3, Boret. p. 153 : « Ut ante vicarium et centenarium de proprietate aut libertate judicium non terminetur aut adquiratur, nisi semper in præsentia missorum imperialium aut in præsentia comitum. »

Une difficulté s'est élevée pour les questions de propriété. Le capitulaire de 810 dit, en effet, d'une manière générale, « de proprietate ». D'un autre côté, le capitulaire de 812, c. 4 (sup. cit.), dit avec la même généralité « aut de rebus reddendis ». Aussi a-t-on enseigné que tous les procès réels, mobiliers ou immobiliers, sont réservés au comte (5). — Nous préférons l'opinion qui ne soustrait au centenier que les questions de propriété immobilière. Cette interprétation restreinte des mots res ou proprietas résulte à nos yeux d'une façon certaine, soit des capitulaires, soit d'autres documents. Capit. incert. (3) sup. cit. .

(1) Cp. Capit. Carisiac. a. 873, c. 3, Pertz, p. 519.

(2) Rozière, 467, 468, 469, 491, 492.

(3) Rozière, 464.

(4) Rozière, 476. — Cp. Capit. leg. add. a. 818, c. 15, Boret. p. 284 : « Si quis aliquod incestum [illegible] in cujus ministerio res perpetrata est et compositionem solvere et faida [illegible] per sacramentum pacificari fiat. »

(5) Pernice, p. 196.

Boret. p. 315 : « Omnis controversia... excepto redditione *terræ* et mancipiorum. » — Capit. aquisgr. a. 817, leg. add. c. 10, Pertz. p. 212 : « Si autem de hujuscemodi pacificatione inter eos convenire non possit, advocati eorum in mallo publico ad præsentiam comitis veniant et ibi legitimus terminus eorum contentionibus imponatur. Testes vero de qualibet causa non aliunde quærantur, nisi de ipso comitatu, in quo res, unde causa agitur, positæ sunt. » La question de propriété qu'il s'agit ici de résoudre devant le comte est bien immobilière, puisque la chose litigieuse a une situation. — La signification du mot res est restreinte, dans le langage du droit franc, aux choses immobilières. Capit. Wormat. a. 829, c. 10, Pertz. p. 354 : « Ut de rebus ecclesiarum quæ ab eis per triginta annorum spatium sine ulla interpellatione possessa sunt. » — Capit. Karoli cal. miss. a. 853, c. 5, Pertz. p. 419 : « ... de rebus ecclesiasticis in alodem datis (1). » — Une femme se met sous la protection du roi cum rebus propriis. Le résultat du mundeburdium regis est de lui permettre « in rebus propriis quiete et secure, absque ullius inquieta infestatione aut contrarietate residere (2). » — Ce qui établit encore le sens du mot res, c'est la loi [illegible] lement fait entre les procès de propriété ou super res reddendas et les procès de mancipiis, car les serfs, dans le droit franc, sont assimilés à des immeubles (3).

Certains procès sont enfin soustraits à la compétence du centenier, en raison de la qualité des parties. Tel est le cas pour les vassaux du roi. Capit. mantuan. a. 781, c. 13, Pertz. p. 41 : « De vassis regalis, de justitiis illorum, ut *ante comitem suum* recipiant et reddant. » — Capit. langob. a. 802, c. 10, Pertz. p. 104 : « Ut vassi et austaldi nostri, in vestris ministeriis, sicut decet, honorem et plenam justitiam habeant, et si presentes esse non possunt, suos advocatos habeant qui eorum res ante comitem defendere possint. » — Capit. Olonn. a. 825, c. 1, Pertz. p. 248 : « Si autem vassallus noster in hac culpa

1 Cp. Karoli II Convent. Attin. a. 854, c. 10, Pertz. p. 429. — Rozière, 14.

2 Cp. Rozière, 11, 12, 21. — Greg. Tur. V, 37 : « Coepit villas ecclesiæ pervadere... Promittens se omnes ecclesiæ res, quas sine ratione abstulerat, redditurum. »

3 V. Sohm. p. 421.

lapsus fuerit, sicut supra per comitem distringatur. » — Karlomanni capit. a. 884, c. 11, Pertz, p. 553 : « De nostris quoque dominicis vassallis jubemus, ut si aliquis prædas egerit, comes in cujus potestate fuerit, ad emendationem eum venire vocet (1). »

§ 97. — Nous avons maintenant à aborder le point le plus délicat de notre matière, à savoir quelle est la véritable signification des capitulaires que nous venons de parcourir et quelle est la raison du partage de compétence qu'ils font entre le comte et le centenier.

Certains auteurs prétendent que les procès criminels, les procès de liberté et ceux de propriété immobilière ne pouvant être jugés qu'avec le ban royal, ne doivent par conséquent être tranchés que sous la présidence du comte (1). — Cette opinion nous semble condamnée par cette considération que le comte carolingien, pas plus que le comte mérovingien, ne possède pas le ban royal et que son ban est normalement inférieur à celui du roi. (V. supr. § 76).

D'autres historiens, à l'opinion de qui nous nous rallions sauf quelques réserves, enseignent que les capitulaires ont uniquement pour but de régler d'une façon positive la compétence respective des divers magistrats, comtes et centeniers, et particulièrement de limiter le droit du comte de se faire représenter dans l'administration de la justice (2). Voici notamment comment s'exprime Waitz dans notre question : « Les comtes sont manifestement occupés à d'autres affaires ; absents de leur comté en raison du service militaire ou du service à la cour du roi, ils sont fréquemment empêchés de tenir eux-mêmes les plaids à retour périodique. Aussi le besoin se faisait-il sentir de pourvoir à leur remplacement, besoin satisfait tantôt par la délégation donnée aux missi comitum, tantôt par la commission donnée aux officiers subalternes, centeniers ou vicaires. Charlemagne a jugé nécessaire de poser ici une réglementation précise... Ces dispositions n'ont point pour

(1) D'après M. Glasson, I, p. 213, le tribunal du comte est seul compétent pour connaître des procès entre membres de centuries différentes.

(2) Stobbe, *Zeitschrift für deutsches Recht*, XV, p. 84. V. Daniels, I, p. 551. Gemeiner, p. 211. Schulte, *Rechtsgeschichte*, p. 333.

(3) Eichorn, *R. G.* I, p. 395. Waitz, III, p. 378 ss.

but de limiter le pouvoir des comtes. Il faut également se garder de croire que l'on ait introduit un changement essentiel dans l'organisation judiciaire et que les affaires précitées (affaires criminelles, etc.) aient été enlevées aux tribunaux de centaines pour être placées sous l'empire du ban royal. L'intention du législateur est manifestement d'empêcher que la juridiction ne tombe trop souvent entre les mains des officiers subalternes. »

Pour nous, le but des capitulaires carolingiens n'a été autre que de consacrer en droit ce qui se passait en fait dans les derniers temps de la période mérovingienne. A cette époque, comme nous l'avons dit, la compétence du centenier était en droit aussi étendue que celle du comte ; en fait, le comte, grâce à la faculté qu'il avait de présider le tribunal de la centaine quand il le jugeait à propos, pouvait se réserver le jugement des affaires les plus importantes. Quand, sous les Carolingiens, il exista à côté du tribunal de la centaine un tribunal du comte, il dut paraître tout naturel d'attribuer exclusivement à cette dernière juridiction les affaires qui, depuis longtemps, n'étaient plus jugées qu'en présence du comte.

Sohm qui, parmi les historiens allemands, est un de ceux qui ont le plus approfondi l'organisation judiciaire franque et dont les opinions sont souvent très séduisantes et très fortement motivées, a voulu donner une autre explication des capitulaires relatifs à la compétence respective du comte et du centenier. Dans son chapitre IX sur le Schultheiss, p. 257, il imprime en gros caractère que le centenier du royaume franc *n'est point juge mais serviteur du juge*, que ses fonctions sont purement celles de schultheiss, exactor publicus. Puis, dans le chapitre XVII sur l'administration de la justice (Gerichtsverwaltung), p. 409, il est obligé de convenir qu'un grand nombre de documents carolingiens présentent le centenier comme juge du tribunal populaire à côté du comte. Par exemple le capit. Aquisgr. a. 813, c. 8, Pertz, p. 188 : « Placitum comitis vel vicarii. » — Capit. Hludov. Pii de causis mon. S. Crucis Pict. a. 822, c. 5, Walter II, p. 354 : « Ante comitem vel vicarios ejus justitiam reddant et accipiant. » — Rozière, 390 (App. Marc. 9) : « Admallare .., ante vicarios, comites, missos dominicos. » — « Mais, dit-il, nous avons démontré que, dans le droit carolingien, comme dans le droit mérovingien, c'est le comte seul qui a la qualité de juge dans l'organisation judiciaire franque. » — Comment résoudre cette contradiction apparente? Par la distinction mentionnée dans le capitulaire d'Aix-la-Chapelle de Louis le Débonnaire (a. 817), Pertz, p. 217, entre les plaids généraux (echte Ding) et les plaids particuliers ou sur convocation (gebotene Ding) quæ vicarii vel centenarii tenent. « Le centenier a qualité pour présider le plaid particulier mais non pour présider l'echte Ding. Le centenier n'est pas juge mais Schultheiss. Aussi ne peut-il pas présider l'echte Ding. Le plaid particulier n'est pas en droit un plaid (Gericht); aussi peut-il avoir lieu sous la présidence du Schultheiss. De même que le plaid particulier n'est point soumis aux règles sur le lieu, sur le temps, sur le délai, sur le service du plaid, de même il peut se passer d'un juge. En sa qualité de non tribunal (Nicht Gericht), le plaid particulier est le plaid du Schultheiss par opposition à l'echte Ding qui est le plaid du juge. »

En résumé, cela revient à dire que le centenier est juge et n'est pas juge, que le plaid qu'il préside est un tribunal et n'en est pas un. C'est pour nous de la pure logomachie. Nous avons déjà montré comment le plaid particulier constitue un véritable plaid, même d'après le jus civile aussi bien que le plaid général, l'echte Ding des germanistes. Nous n'avons donc point à combattre ici cette manière subtile, pour ne pas dire plus, de concilier une opinion purement hypothétique sur le centenier sagibaron avec des textes qui établissent manifestement les fonctions de juge du centenier.

Arrivons à la seconde partie de la démonstration de Sohm relativement à la portée des capitulaires de compétence. Si, dit-il, les procès criminels, les procès de liberté et les procès immobiliers sont enlevés au centenier, c'est parce qu'ils doivent être jugés à l'echte Ding, au plaid général dont la présidence ne peut appartenir qu'au comte, parce que seul il est juge, et jamais au centenier en sa seule qualité de chef de centaine, parce qu'il n'est que Schultheiss.

Cette interprétation, Sohm la déduit d'abord pour les procès de liberté du capitulaire d'Aix-la-Chapelle de 817, leg. add. c. 14, Pertz, p. 212 : « Ubi sacramenta juranda sint. Ubi antiquitus consuetudo fuit de libertate sacramenta adhramire vel jurare, ibi *mallum* habeatur. » Le capitulaire veut que l'echte Ding (mallus) soit tenu au lieu consacré. Le lieu est désigné comme celui où se jugent les procès de liberté, comme celui où, selon la coutume, le serment de liberté est promis dans une première audience et prêté dans une seconde. Le capitulaire suppose que le procès de liberté, comme tel, doit être jugé au lieu consacré, c'est-à-dire que c'est un procès de la compétence de l'echte Ding, car c'est seulement pour la tenue du plaid général que le lieu consacré est requis.

Pour les procès immobiliers, le professeur allemand argumente de deux capitulaires. Capit. aquisgr. a. 817, leg. add. c. 10, Pertz, p. 212 : « Si autem de hujuscemodi pacificatione *inter eos (rectores ecclesiarum) convenire non possit*, advocati eorum, *in mallo publico*, ad præsentiam comitis veniant, et ibi legitimus terminus eorum contentionibus imponatur. » — Capit. leg. sal. add. a. 819, c. 5, Pertz, p. 226 : « Si infans infra duodecim annos res alterius injuste sibi usurpaverit... a comite *ad mallum suum* adducatur. » — Ces deux textes supposent un procès immobilier devant le mallus, c'est-à-dire, dans le langage franc, un procès devant l'echte Ding du comte.

Enfin, pour les procès criminels, Sohm se réfère aux deux capitulaires suivants. Capit. aquisgr. a. 817, leg. add. c. 15, Pertz, p. 213 : « Si liber homo de furto accusatus fuerit, et res proprias habuerit, in *mallo* ad præsentiam comitis se adhramiat. » — Capit. Karoli calvi Carisiac. a. 873, c. 3, Pertz, p. 519 : « De illis liberis hominibus qui infames... sunt de testeiis, vel latrociniis et rapacitatibus et assalturis vel de infidelitate nostra... fiat de illis sicut in quarto libro capitulorum c. 29 dicitur, cum *ad mallum comitis venerint*. Si autem *ad mallum* non venerint, banniantur... Et si post secundam comitis admonitionem ad *mallum* venire noluerint... » — Le tribunal du comte, qui juge l'affaire criminelle, est encore ici désigné sous le nom de mallus comitis : donc c'est l'echte Ding. — Cette interprétation est enfin confirmée, ajoute-t-on, par le capitulaire précité Langob. Pipp. a. 801-810, c. 14, Pertz, p. 104 : « Ut ante vicarios nulla criminalis actio... sed per fidejussores remittatur usque *in præsentiam comitis*. » En remettant l'audience « jusqu'à ce que le comte soit présent », le capitulaire signifie que le jugement doit être différé jusqu'à l'echte Ding.

§ 98. — Nous ne repoussons point d'une manière absolue les conclusions de Sohm. Nous reconnaissons avec lui que les procès de liberté et les procès criminels sont réservés au plaid général, mais nous ne voyons aucune raison d'admettre la même solution pour les procès immobiliers.

D'abord, pour les procès de liberté, nous admettons que le capitulaire de 817, c. 4, peut fournir un argument en faveur de la compétence de l'echte Ding, quoique cet argument nous paraisse un peu forcé Mais, ce qui nous détermine principalement, c'est la nature même de ces procès qui, par cela seul qu'ils mettent en jeu la liberté d'un citoyen, soulèvent par là même une question qui est au plus haut degré d'ordre public, d'intérêt politique, question qui, par conséquent, dans la théorie que nous avons admise précédemment sur la compétence respective du plaid général et du plaid particulier, doit naturellement appartenir au plaid général.

C'est la même considération qui nous amène à admettre également la compétence de ce plaid en matière criminelle. Nous avons déjà d'ailleurs montré que les capitulaires, en autorisant la tenue de plaids généraux extraordinaires (supra, § 65) en cas d'accusation criminelle « nisi forte quilibet aut accusatus fuerit aut alium accusaverit », indiquent bien que ces accusations sont réservées à l'echte Ding; autrement, la nécessité d'une convocation extraordinaire ne se serait point fait sentir ; on n'aurait eu qu'à porter le jugement de l'affaire criminelle devant un plaid particulier convoqué dans ce but.

Si, pour les matières criminelles, nous sommes encore d'accord avec Sohm, nous repoussons cependant absolument l'argumentation sur laquelle il s'appuie et dont il se sert également pour justifier sa solution, relativement aux procès immobiliers. Cette argumentation ne repose que sur un mot, sur le mot *mallum*. Or, nous avons déjà montré que cette expression n'a point du tout la signification technique qu'on voudrait lui donner (V. supr. § 60), à savoir celle de plaid général, d'echte Ding, alors surtout que les capitulaires carolingiens, pour désigner les trois grandes assemblées annuelles, les trois echte Ding réguliers, se servent de préférence de l'expression placita generalia. — Ayant ainsi écarté le seul argument donné par Sohm pour les procès immobiliers, nous ne voyons, d'un autre côté, aucune considération qui nous porte à réserver ces affaires au plaid général : au contraire, nous avons indiqué les raisons sérieuses qui nous déterminaient à écarter en principe la compétence du plaid général pour le jugement des procès civils.

Le procès-verbal d'un plaid tenu en 852 à Crespian (comté de Narbonne) démontre bien que les procès immobiliers ne sont point soumis à un plaid général. Vaissette, I, nº 76, p. 99. Ce plaid de Crespian avait lieu à l'occasion d'un procès intenté « pro silva quam vocant spinasaria, pro terras cultas hac incultas, ubi et dommos constructos habet. » Après avoir nommé le comte, deux vicomtes, trois vassi dominici qui assistent le comte à un titre purement honorifique, le texte cite sept juges (les scabins) « qui jussi sunt causas dirimere et legibus definire », et à qui, d'après cette définition, semble bien être remise la décision de la cause. En effet, dans un plaid général, les scabins figurant au même titre que les autres citoyens, il eût été inutile de préciser ainsi leur rôle. On voit sans doute après les scabins plusieurs boni homines (sept), en présence de qui le procès se juge. Mais ces boni homines ne figurent là que comme témoins, ainsi que nous le verrons plus tard, et la preuve que c'est bien à ce titre qu'ils assistent au plaid se trouve dans cette incise « quos *causa* fecit esse præsentes. » La raison de leur présence, c'est la causa ; or, le texte se serait autrement exprimé si ces boni homines avaient dû assister au plaid, en vertu de la convocation générale qui précède l'echte Ding ; d'ailleurs, il y en aurait eu un nombre beaucoup plus considérable, et le texte aurait au moins ajouté « et in præsentia plurimorum bonorum hominum. » (1)

Disons pour terminer la discussion de cette question de la compétence respective du comte et du centenier que, si les capitulaires avaient entendu réserver au comte les procès que nous savons parce que ces procès étaient de la compétence de l'echte Ding, ils n'auraient pas manqué de le faire en termes exprès. La distinction était assez importante pour mériter

(1) Cp. Vaissette, nº 91, p. 218.

d'être signalée autrement que par l'emploi d'un mot (mallum) dont le sens n'est pas fixé. Les capitulaires rendus précisément pour fixer les limites de compétence, à savoir le capitulaire de 812, c. 4, le capit. Langob. Pipp. a. 801-810 et le capitulaire incertum supra) (1) ne font aucune allusion au placitum generale ; ils se bornent à dire que certaines affaires doivent être jugées *in præsentia comitis, usque in præsentiam comitis, coram comite* Il suffit que le comte soit présent. Or ce magistrat peut présider un plaid particulier. Donc ces affaires pourraient être jugées à un plaid particulier convoqué par le comte (2) (3).

Notre conclusion est donc que les prescriptions des capitulaires n'ont nullement pour fondement la distinction entre le plaid général et le plaid particulier, mais seulement la différence d'autorité entre le comte et le centenier (4).

(1) Il est à remarquer que Sohm a tiré ses arguments de capitulaires qui ne traitent qu'incidemment la question de compétence.

(2) Le capitulaire d'Aix-la-Chapelle de 809, c. 5, Pertz, p. 156, se réfère à un plaid du comte sur convocation : « Ut nullus alius de liberis hominibus ad placitum vel ad mallum venire cogatur, exceptis scabinis et vassis comitum, nisi qui causam suam aut quaerere debet aut respondere. »

(3) La formule 886 de Rozière ne laisse non plus soupçonner en aucune manière la distinction de Sohm.

(4) Sohm fait, à propos des procès de liberté et d'hérédité, la remarque suivante qui, à ses yeux, sert à compléter sa démonstration : « Il faut se rappeler que dans les procès de libertate et de hereditate la bannitio du juge ne suffit point pour l'introduction de l'instance ; le demandeur doit faire la mannitio du Volksrecht (jus civile). De même qu'elles sont soumises à l'ajournement du droit civil (echte Ladung), ces affaires doivent être jugées dans l'echte Ding. De même que pour ces affaires la citation exigée est celle du Volksrecht, de même le tribunal requis est celui du Volksrecht. » — La règle est exacte pour la mannitio. Nous ferons seulement observer que le texte d'où elle résulte nous fournit un argument de plus contre la théorie que nous combattons. Capit. Hludow. Pii a. 816, c. ?, Pertz, p. 196 : « De mannire vero nisi de ingenuitate aut de hereditate non sit opus observandum. De ceteris vero inquisitionibus per districtionem comitis ad *mallum* veniant et juste examinentur ad justitias faciendum. » Les causes autres que celles de liberté et d'hérédité viennent au *mallum* du comte per districtionem. Avec l'argumentation de Sohm on devrait dire que les caeterae inquisitiones, c'est-à-dire tous les procès en général, devraient être portés à l'echte Ding. Or, c'est inadmissible.

§ 99. — Sohm qui ne voit en général qu'une période franque unique sans distinguer entre le droit mérovingien et le droit carolingien, est obligé d'affirmer et d'établir que la délimitation de compétence remonte à l'époque mérovingienne.

Il argumente d'abord par analogie du droit ripuaire et du droit alaman. La loi ripuaire, à propos d'une vindicatio in libertatem, pose la règle suivante. LVIII, 18, Walter, I, p. 182 : Quod si ingenua Ripuaria servum Ripuarium secuta fuerit, et parentes ejus contradicere voluerint, offeratur ei a rege seu a comite spata ... » — La loi des Alamans « de ancilla libera dimissa si postea servo se conjunxerit et de alamanna quæ servo nupserit », t. XVIII, c. 4, Walter, I, p. 205, porte : « Et parentes ejus non exadionaverint eam ut libera fuisset, nec ante ducem , *nec ante comitem* , *nec in publico mallo.* » Donc, dit-on, d'après ces deux lois, les procès de liberté se déroulent devant le comte, à l'echte Ding, ante ducem, vel ante comitem in poplico mallo. — Nous ne dirons rien pour la traduction de la loi ripuaire ; mais l'interprétation de la lex Alamannorum nous parait arbitraire. Cette loi porte en effet *nec* ante ducem, *nec* ante comitem, *nec* in publico mallo. Les derniers mots doivent évidemment signifier autre chose que le tribunal du comte ou du duc, sinon la loi n'aurait pas répété nec ; elle porterait seulement « ante comitem in mallo publico. » — Pour les procès criminels, la lex Alamannorum parle d'une accusation ayant pour résultat la perte de la liberté, et qui est jugée devant le comte, XXXVIII, 4, Walter, I, p. 211 : « tunc coactus et convictus coram comite. »

A supposer que les lois ripuaire et alamanne consacrent, comme on le prétend, la distinction qui se trouve dans les capitulaires, nous les écartons a priori du règlement d'une question qui doit se résoudre d'après des documents francs de l'époque mérovingienne. Or, les documents de cette sorte que l'on a produits ne nous convainquent point.

On a allégué des formules (Rozière, 457, 493, 491, 405-407) qui, soit dans des procès criminels, soit dans des questions de propriété immobilière, supposent que l'instance se déroule devant le comte ou devant le judex qui, dit-on, n'est autre que le comte à l'époque mérovingienne. — A cet argument tiré des formules, nous pouvons faire plusieurs réponses. La première, c'est qu'on rencontre aussi des formules qui, dans des causes réservées, parlent en termes beaucoup plus vagues et plus larges du magistrat qui préside le tribunal, par exemple : Form. Turon. 32, Zeumer, p. 154 : « ante illum » ; form. Tur. 39 : « ante venerabilem virum illum », par quoi l'on peut entendre le centenier aussi bien que le comte. Dans tous les cas, le tribunal dont il est question dans ces formules ne saurait être l'echte Ding, si l'on s'en tient à la terminologie de Sohm, car il est désigné par placitum, tandis que pour l'historien allemand l'echte Ding est le mallus. — Quant à l'expression de judex employée par quelques formules, elle ne signifie point nécessairement le comte. Sans doute, à l'époque mérovingienne, le comte est ordinairement nommé judex, mais ce mot romain désigne aussi quelquefois d'autres magistrats, notamment le centenier. Childeb. II decret. c. 9, Pertz, p. 10 : « Si quis centenario aut cuilibet judice. » (1) — Nous dirons enfin que la désignation du comte plutôt que celle du centenier se conçoit très bien dans les formules destinées à répondre aux besoins de la pratique. Car, en fait, comme nous l'avons dit plusieurs fois, les comtes se réservaient déjà à l'époque mérovingienne le jugement des affaires les plus considérables, des procès criminels et des questions immobilières. Pour ces affaires, les formules devaient donc être rédigées en vue d'un jugement par le comte plutôt que par le centenier. — Ce qu'il aurait fallu apporter dans la discussion, c'est un monument législatif mérovingien consacrant ou même faisant simplement allusion à la distinction des capitulaires carolingiens. En l'absence de tout document de ce genre, nous nous refusons absolument à admettre qu'en droit la compétence du centenier ait été restreinte à l'époque mérovingienne.

§ 100. — Quelle que soit la cause de l'incompétence du centenier pour certaines affaires, qu'elle tienne à ce qu'il n'est point juge d'après le jus civile, ou bien à sa qualité de magistrat subalterne, si les capitulaires lui interdisent de trancher définitivement les procès, ils lui permettent de les instruire et

(1) Cp. les documents cités par Sohm lui-même, p. 147, n. 1, in f. notamment la formule d'immunité « nullus judex publicus præsumat ingredere », et l'édit de Clotaire II de 614, c. 4, Pertz, p. 14 : « nullus judicum de quolibet ordine. »

de rendre des jugements avant-dire droit dans le cours de l'instruction.

Le capitulaire précité de 810 s'exprime ainsi : « Ut ante vicarium... de proprietate aut libertate judicium *non terminetur aut adquiratur.* » — Par adquiratur, il faut entendre l'ajournement devant le tribunal du centenier, acte qui aurait normalement pour effet de saisir cette juridiction. Sohm entend adquiratur du commencement du procès. — Non terminetur : c'est le jugement qui tranche définitivement le procès. — D'autres textes disent encore dans le même sens : « Ut ante vicarios nulla criminalis actio *diffiniatur.* » Capit. Langob. a. 802, supr. cit. (1).

Les capitulaires, comme les diplômes, montrent que certaines phases de l'instance, même dans un procès réservé, peuvent se passer devant le centenier. Il s'agit, par exemple, de procéder à l'administration d'une preuve, à une enquête, de recevoir un serment. Le centenier pourra jouer le rôle de notre juge commisssaire, sauf pour les parties à venir ensuite discuter le résultat de l'enquête devant le tribunal du comte. Aussi Vaissette II, n° 21, p. 35, a. 898, rapporte que, dans un procès immobilier, le demandeur produit un « judicium qui fuerit pro se ante Fredelone comite, et *notitia juramenti* qui fuerit facta ante Rodeg illo *vicario* ». Le comte, dans une audience, a ordonné la prestation d'un serment qui a été reçu par le vicarius ou centenier. — Un capitulaire de Louis II de 855 suppose que, dans un procès de liberté, on peut tenir trois plaids successifs. C'est pour le troisième seulement, c'est-à-dire pour celui où le jugement définitif est rendu, que la présence du comte est requise. Les deux premiers, qui ont pour objet l'instruction de l'affaire, peuvent donc se tenir devant le centenier, c. 2, Pertz, p. 436. « Si forte quispiam aliquem mallaverit, et ille qui mallatus fuerit, dixerit eum suum servum esse, vel alius in ipsa altercatione veniens ad servitium mallaverit, jubemus *ut præsentialiter inter se wadient*, ut ad primum et secundum vel tertium *placitum* causam ipsam definiant ;

(1) Louis le Débonnaire permet aux Espagnols réfugiés de *definire inter se* les minores causas, c'est-à-dire de leur donner une solution définitive.

inter placitum vero et placitum sint dies 13 ; tertium autem *quando comes placitum habuerit*... Quodsi in his tribus placitis ille qui quærit venire neglexerit... et comes placitum habuerit... *tunc comes ipsam causam finiat* .. » (1)

## SECTION III

### LES SCABINS.

§ 101. — L'ancienne règle germaine, dont nous avons étudié l'application à l'époque mérovingienne, à savoir, la séparation du droit de justice et du droit de participer au jugement, se retrouve également sous les Carolingiens. L'officier judiciaire, comte, vicomte ou centenier, dépositaire du droit de justice, et quoique qualifié de judex par les textes, ne juge pas ; il assure l'administration de la justice, il convoque le tribunal, le préside et en exécute les décisions ; la sentence émane des hommes libres, comparables à nos jurés modernes. Mais ces jurés carolingiens ne sont plus les rachimbourgs ; ils sont devenus les scabins.

Au changement de dénomination correspond une innovation importante dont il est facile d'indiquer la portée générale : aux rachimbourgs pris indifféremment parmi tous les hommes libres de la circonscription judiciaire, Charlemagne substitue un corps de juges revêtus d'un caractère officiel et permanent, ayant pour mission spéciale de trancher seuls tous les procès qui ne sont point de la compétence du plaid général.

(1) Cp. Capit. leg. sal. add. a. 819, c. 1, Pertz, p. 225. — Nous remarquerons, sur le capitulaire de 855 que, dans une question de liberté qui, d'après Sohm, et comme nous l'avons aussi admis, doit être jugée dans l'echte Ding, ce texte se sert, pour désigner le plaid général, du mot *placitum*. Nouvelle preuve que le mot mallum n'a pas un sens absolu et invariable, que, par conséquent, on ne peut pas échafauder toute une théorie sur une base aussi fragile.

Le but visé par l'empereur est bien connu, mais il n'a pas toujours été indiqué avec assez d'exactitude, ou plutôt on n'a généralement pas considéré que ce but pouvait être multiple.

Les auteurs qui admettent pour tous les hommes libres de la circonscription le droit et en même temps l'obligation de prendre part aux jugements, peuvent expliquer la création des scabins par la difficulté de réunir des assemblées ainsi composées et par la négligence des hommes libres de s'y rendre : « Une pareille institution, dit Lehuérou (1), était incompatible avec les nouvelles tendances qui commençaient à prévaloir. Les habitudes sédentaires qui devenaient de jour en jour plus générales depuis que les barbares s'étaient fixés dans leurs conquêtes, s'accommodaient peu de ces déplacements périodiques et de cette intervention obligée dans les affaires qui qui ne touchaient ni à leur intérêt, ni à leurs affections. Souvent le mallum restait désert et, dans l'absence des juges, l'administration de la justice se trouvait suspendue. Il fallut donc trouver un autre moyen d'y pourvoir et, après avoir vainement tenté de ramener les hommes libres au plaid par la contrainte, on se borna à exiger qu'indépendamment des vassaux du comte, qui devaient toujours être présents, il se trouvât à chaque mallum un certain nombre d'hommes libres, choisis entre tous les autres, pour juger dans toutes les causes. » Faustin Hélie (2) dit également que « l'obligation de concourir aux jugements fut promptement considérée par les hommes libres de chaque canton comme une charge onéreuse, soit que le comte multipliât les appels pour faire payer les exemptions, soit que les plaids retinssent trop longtemps ceux qui y prenaient part loin de leurs affaires et de leurs familles. Les justices se trouvèrent souvent dépourvues de juges. C'est pour remédier à cet inconvénient que les scabins furent établis. » Il parle ailleurs (p. 161) de la négligence des hommes libres à se rendre au plaid, « négligence de plus en plus marquée, à mesure que le sentiment public s'éteignait et que l'idée de la force individuelle remplaçait l'idée des garanties sociales. »

(1) *Institutions caroling.*, p. 382.

(2) *Instruct. criminelle*, I, p. 264.

Enfin, d'après de Savigny (1), « les hommes libres cherchaient à se soustraire à cette charge ; car l'esprit public et l'intérêt pour les affaires communes s'éteignaient à mesure que l'ancienne constitution perdait de sa pureté. »

Pour nous, qui avons rejeté dans le droit mérovingien la participation de tous les hommes libres au jugement, nous ne pouvons admettre que le fardeau imposé aux boni homines ait été aussi lourd qu'on le prétend. Mais nous reconnaissons que des abus étaient possibles et voici ceux auxquels Charlemagne a voulu remédier.

C'était au magistrat, avons-nous dit (supr. § 12), qu'appartenait la faculté de convoquer les rachimbourgs qui devaient siéger dans une affaire déterminée. Or le comte ou le centenier pouvaient tenir autant de plaids particuliers qu'ils le voulaient : il n'y avait aucune limitation à leur droit. Cette multiplication des plaids, même en supposant le nombre des juges convoqués restreint à douze, pouvait être très-onéreuse pour ceux que l'on appelait à remplir les fonctions de rachimbourgs. Les jurés pouvaient, pour des causes nombreuses, en raison de la difficulté des communications, de leurs occupations sédentaires, se trouver dans l'impossibilité d'obéir à la convocation. Non comparants, ils étaient frappés d'une amende. L'autorité judiciaire pouvait donc être tentée d'abuser de son droit en faisant porter son choix presque exclusivement sur les mêmes personnes, qu'elle avait ainsi le moyen de ruiner à force d'amendes ou de mettre dans l'impossibilité de vaquer à leurs propres affaires. L'abus pouvait se produire de la part du comte plus encore que du côté des centeniers. En effet, lorsque le comte trouvait ennuyeux de parcourir les différentes centaines du comté, il pouvait faire retomber toute la charge de l'administration de la justice sur une seule centaine, celle du chef-lieu (2).

Le pouvoir judiciaire confié aux comtes et aux centeniers

(1) Traduct. fr. p. 169.

(2) Sohm, qui fait cette remarque, p. 374, admet un tout autre système que nous et sur le service du plaid et sur le rôle du comte. Nous nous approprions cependant son observation, car en fait, comme nous l'avons dit, le comte, enlevant aux centeniers les affaires les plus importantes et s'en réservant le jugement, pouvait les faire porter devant le tribunal du chef-lieu qu'il présidait alors sans aucun dérangement.

n'était souvent pour ces magistrats qu'un moyen de s'enrichir au détriment des petits propriétaires, forcés de vendre ainsi leurs biens qu'acquéraient à vil prix ceux qui auraient dû les protéger. C'est ce que dit en termes clairs le capitulaire de Thionville de 805, c. 16, Pertz, p. 134 : « De oppressione pauperum liberorum hominum ut non fiant a potentioribus per aliquod malum ingenium contra justitiam oppressi, ita ut coacti res eorum vendant aut tradant. Ideo hæc et supra et hic de liberis hominibus diximus, ne forte parentes contra justitiam fiant exheredati et regale obsequium minuatur, et ipsi heredes propter indigentiam mendici vel latrones seu malefactores efficiantur. *Et ut sæpius non fiant manniti ad placita*, nisi sicut in alio capitulare præcepimus ita servetur (1) ». — Charlemagne s'est évidemment proposé de remédier à cet abus. Capit. Ingelh. a. 807, c. 12, Pertz, p. 151 : « Ut per placita non fiant banniti liberi homines, excepto si aliqua proclamatio super aliquem venerit, aut certe si scabinus aut judex non fuerit ; et *pro hoc condemnati illi pauperiores non fiant* (2). » C'est qu'en effet la ruine et la disparition des petits propriétaires ne devaient pas être indifférentes à celui qui projetait de rendre toute leur vigueur aux anciennes institutions. Ainsi le capitulaire de Thionville de 805, supr. cit. fait remarquer que, les parents étant injustement dépouillés, l'obsequium regale en souffre et, d'un autre côté, leurs enfants sans ressources augmentent

(1) Que de semblables exactions aient encore eu lieu au Xe siècle, c'est ce qui résulte du passage suivant cité par Sohm, p. 369, n. 38. La règle de l'interpretatio wisigothe de la lex rom. Wisig. c. Th. III, 1, 9 : « Sciant omnes quæcumque a potentioribus personis oppressi aut donaverint aut vendiderint posse revocari », est éclairée par l'exemple donné dans le Cod. Vatic. 1048 rédigé en France au Xe siècle « verbi gratia, si in malleo non fuerit vilis persona, potentior ut judex, requiret minando ab eo, cur spreverit, constringensque *fisco coget mulctam pecuniæ offerre* qui ob paupertatem res suas cogetur tradere judici, at postea revocare poterit. » Haenel, *Lex rom. wisig.* p. 461.

(2) Cp. Hludow. II Convent. Ticin. a. 855, c. 14, Pertz, p. 432. — Hincm. Rem. Op. II, p. 224 : « Ne... comites et vicarii vel etiam decani plurima placita constituant, et *si ibi non venerint compositionem ejus exsolvere faciant*. » — Lex Franc. Chamav. c. 46 : « Si quis comes ad placitum suum hominem bannit et ibit non venerit, in fredo solidos IV componat. »

la foule, déjà si nombreuse, des mendiants, des voleurs, des malfaiteurs.

La création des scabins vint remédier à un autre mal que celui dont nous venons de parler. Le comte ou le centenier n'étaient liés par aucune règle dans le choix des rachimbourgs. Ils pouvaient composer le tribunal à leur gré, y faire entrer des hommes corrompus ou de petits propriétaires entièrement à leur dévotion, qui ne délibéraient et ne votaient que pour la forme, la décision appartenant réellement aux magistrats. Les scabins au contraire doivent présenter des garanties de capacité et de moralité. Leur choix n'est pas arbitraire ; les missi royaux sont chargés de veiller à ce qu'il ne porte que sur des hommes instruits et honnêtes (1). On peut donc espérer que la justice sera rendue avec impartialité et d'une façon plus éclairée.

Nous signalerons enfin un dernier avantage de la nouvelle institution qui a dû certainement contribuer à sa création, c'est qu'elle permet d'avoir de meilleurs jugements, rendus par des hommes suppléant par la pratique à la science du droit qu'ils n'ont pas apprise. Les rachimbourgs, pris au hasard parmi les hommes libres de la centaine, pouvaient paraître suffisants à une époque où les relations étaient peu compliquées, les lois très-simples, ils ne l'étaient plus lorsque des lois nouvelles, répondant à des besoins nouveaux vinrent rendre bien moins accessible la science du droit et bien plus délicate la solution des questions litigieuses.

§ 102. — A quelle époque les scabins ont-ils été organisés ? C'est là une question assez obscure.

On rencontre déjà l'expression scabinus, scavinus, dans des documents lombards du commencement du VIIIe siècle (2). Mais on reconnaît généralement qu'ils sont supposés (3). Nous les laisserons donc de côté.

(1) V. Capit. miss. a. 803, c. 3, Pertz, p. 115. Capit. aquisgr. a. 809, c. 11, Pertz, p. 156. Capit. Hludow. Pii et Lotharii, a. 829, c. 2, Pertz, p. 351.

(2) Ces documents sont indiqués par Bethmann-Hollweg, t. IV, p. 456, n. 91.

(3) Bethmann-Hollweg, l. c. Savigny, l. c., p 172. Waitz, III, p. 289, n. 2.

Warnkönig (1) a publié un acte de donation de 745 rédigé en Flandre et où, parmi les témoins, l'on voit la signature de Gumbarius scavinus. Mais d'autres historiens ont lu Guntharii sacerdotis.

On ne voit plus réapparaître les scabins que dans le dernier quart du VIIIe siècle et en Lombardie plus tôt encore que dans les pays francs. Pour la Lombardie, c'est un acte de donation de 774 (3) signé « Ambrosius not. et scabino ». Le second acte est un testament de 777 (4) et où, parmi les témoins, figure un scavinus. — Mais on ne peut non plus se fier entièrement à ces documents, surtout que, dans une version du second on lit loci servator au lieu de scavinus (5). D'ailleurs, comme le remarque Bethmann-Hollweg, Charlemagne n'a conquis Pavie qu'en 774; c'est à cette date qu'il s'est fait couronner roi des Lombards. Dans le second et court séjour qu'il fit en Italie, en 776, il n'eut point le temps d'introduire une nouvelle organisation judiciaire.

Le premier diplôme qui mentionne les scabins dans les pays francs est le procès-verbal d'un plaid tenu par les missi royaux à Digne, en 780. Il est rapporté dans le *Cartulaire de S. Victor* de Marseille publié par Guérard, n° 31 : « Translatio ex antiqua carta jam pene funditus deleta. Cum in Dei nomine, in Digna civitate publice residerent missi domini nostri Karoli... *una cum rationesburgiis dominicis*, Marcellino, Jheronimo, Gedeon, Regnarico, Corbino, *scabinos lites*, *scabinos ipsius civitatis*, aut bonis hominibus qui cum ipsis ibidem aderant, pro multorum hominum altercationes audiendas... Sed cum ipsas auctoritates audissent, sic ipsi etiam missi vel ipsi *racioneburgyis dominicis* interrogaverunt... » Selon Sohm, ce diplôme aurait été rédigé peu de temps après la création des scabins et il prouverait que les scabins dont il parle, sont bien ceux qu'a organisés Charlemagne. Ils sont en effet nommés scabins de la cité, nommés

(1) *Flandrische Staats- und Rechtsgeschichte*, I, Dipl. p. 9, 11.

(2) Pardessus, *Dipl.* t. II, n[os] 584 et 700. V. les Prolégomènes, p. 395.

(3) Brunetti, *Cod. dipl. Tosc.* II, p. 215.

(4) Muratori, *Antiq.* II, p. 1030.

(5) V. sur l'authenticité de ces pièces, Bethmann-Hollweg, t. V, p. 22, n. 11; Waitz, III, p. 389, n. 3.

pour la ville de Digne, scabins des procès (1) nommés pour le jugement des procès. Ces mêmes scabins sont désignés par les mots « rachineburgii dominici, » c'est-à-dire nommés par le roi ; or, précisément les scabins carolingiens, à la différence des rachimbourgs mérovingiens, ont le caractère de fonctionnaires royaux. — Nous reconnaissons que le diplôme de 780 peut fournir une forte présomption en faveur de la création des scabins avant cette date. Nous remarquerons seulement qu'on aurait peut-être tort d'ajouter une confiance absolue à cet acte. En effet, dans sa dernière partie, quand il parle du rôle joué par les hommes libres dans l'instruction, il ne mentionne plus que les rachimbourgs, sans expliquer, comme au début, que ces rachimbourgs sont les scabins de création récente. Peut-être, c'est là une simple conjecture de notre part, le diplôme original ne mentionnait-il également dans toutes ses parties que les rachimbourgs. L'acte que nous possédons n'est qu'une « translatio ex antiqua carta jam pene funditus deleta, » et le copiste, vivant à une époque où fonctionnaient les scabins, aura pu donner l'équivalent du mot rachimbourg dans le langage du droit carolingien. Quand à l'épithète dominici, peut-être a-t-elle été ajoutée parce qu'il s'agissait d'un plaid tenu par les *missi dominici Karoli*.

Un autre acte de 781 mentionne encore la présence de scabins. C'est le procès-verbal d'un plaid tenu par Charlemagne et où l'on parle d'une instance antérieure « inter Riseronem comitem et *suos escapinios* in pago Tellao, in mallo publico. » (Bouquet, V, p. 746. Mabillon, *de re dipl.* p. 501). Ces assesseurs sont aussi désignés dans le même acte sous le nom de boni homines.

Dans un placitum non daté, tenu par Charlemagne à Thionville, et que Sickel (*Regesten*, p. 44, nº 94) place au 1 décembre 782, tandis que Bohmer-Mülbacher (*Regesta imperii* I, 2e éd. p. 94) se borne à le placer entre 777 et 791, apparaissent encore des scabins : « Karolus gratia Dei. . cum nos... Theodone villa

(8) Nous croyons avec Sohm à l'inutilité de l'explication donnée par Guérard en note pour les mots scabinos litis « id est, ut conjicimus, scabinos civitatis ad dirimendas lites de quibus a scabinis judicandum erat. »

palatio nostro una cum optimatibus et fidelibus nostris ad universorum causas audiendas vel rectà judicia terminandas resideremus, ibique veniens Wicbertus missus noster una cum *scabinis* et testibus Moslinses, qui detulerant nobis et quod res proprietatis nostræ ... et tales testes vel scabini ibidem in presentia adfuerunt, qui per sacramenta hoc adfirmaverunt... Inde nos una cum fidelibus nostris totos *scabinos* de ducatu Moslinse cunjunximus, qui unanimiter judicaverunt.

On touve enfin des scabini dans un diplôme de Charlemagne de 797, Martene, I, p. 51 : « Qui in conspectu nostro ac plurimorum procerumque nostrorum præsentia stans in judicio, secundum quod lex romana edocet, et sui *scabinii* ei judicaverunt prædictas villas partibus nostris simulque et præceptum confirmationis nostræ reddidit (1). »

Malgré ces documents, on peut hésiter beaucoup à accepter une date antérieure à l'an 800 pour l'organisation d'un corps de juges permanents. La mention des scabins dans les diplômes précités peut très bien s'expliquer par cette considération que le mot scabinus a dû préexister à la création de Charlemagne. On pourrait d'autant plus être porté à reculer la date de l'innovation (2) qu'aucun des capitulaires mentionnant les scabins n'est antérieur à 800. Or, il serait étrange que, dans aucune des nombreuses lois qu'il a rendues de 769 à 800, l'empereur n'eût pas fait la moindre allusion à un changement aussi considérable dans l'ordre judiciaire. Sohm dit avec grande raison (p. 390) que l'obligation des hommes libres (rachimbourgs) de se rendre au plaid particulier (gebotenes Gericht) a dû disparaître en même temps que l'empereur portait de deux à trois le nombre des plaids généraux ordinaires et que les scabins, dans le sens de l'organisation carolingienne, datent seulement de cette époque. Nous ne possédons pas le capitulaire qui a introduit en France les trois plaids

(1) On peut citer encore le præceptum pro Trutmanno comite, a. 789, Bal. I, p. 249 : « Quapropter in illa parte Saxoniae Trutmannum virum illustrem ibidem comitem ordinamus, superque vicarios et *scabinos*, quos sub se habet, diligenter inquirat. » Mais Boretius, p. 452, le déclare spurium.

(2) Bethmann-Hollweg, t. IV, p. 22, estime qu'elle a dû faire partie des mesures auxquelles l'empereur a été entraîné par son couronnement.

généraux, mais justement le capitulaire de Pépin qui les a institués en Italie, quoique de date incertaine, n'est pas antérieur à 801. Boretius (p. 209) conjecture qu'il a dû être rendu en 806. — Dans l'édition des capitulaires de Boretius, p. 214, on trouve un fragment de capitulaire attribué à Charlemagne, c. 4 : « Et centenarii generalem placitum frequentius non habeant propter pauperes, sed cum illos super quos clamant injuste potentes et cum majoribus natu et testimoniis frequenter placitum teneant ; ut hi pauperes qui nullam causam ibidem non habeant non cogantur in placitum venire *nisi bis aut ter in anno.* » Ce capitulaire, dit l'éditeur, « legitur in codice Barrois olim Lovanii collocatum inter capita 23 et 24 capitulis missorum anni 803 ; capitulum genuinum videtur, etiamsi incertæ originis. » — Selon Waitz (III, p. 267, n. 4), cette loi est peut-être celle dont Hincmar dit : (Op. II, p. 224) « ne contra capitulum d. imp. Karoli... comites et vicarii vel etiam decani plurima placita constituant ». Mais ce peut être aussi la loi qui a établi les trois placita generalia. Dans tous les cas, elle n'est pas antérieure à 803, et elle n'infirme en rien l'argument qu'on peut tirer du silence des textes sur les scabins jusqu'au commencement du IXe siècle. — Nous nous abstiendrons néanmoins de conclure dans cette question de la date de création des scabins et nous confessons notre incertitude (1).

Le premier capitulaire qui parle des scabins est de 803 ; il définit en termes fort clairs la portée de l'innovation de Char-

(1) Sohm, p. 390, place la date de l'institution des scabins entre 770 et 780. Il prend cette dernière date et non point celle de 774 (date des documents italiens), parce que le diplôme franc de 780 parle incontestablement, selon lui, des scabini dans le sens de la nouvelle organisation judiciaire. Il nous est d'ailleurs difficile de saisir comment cet auteur concilie son argumentation en faveur de la date de 780 avec ce qu'il dit, p. 389 : « Le mot scabinus peut très bien, comme nous l'avons observé, avoir appartenu au langage juridique antérieurement à Charlemagne. Ce ne serait point un argument décisif dans notre question si nous rencontrions quelque part le mot scabini avant Charlemagne. De même que l'on a employé après Charlemagne le mot rachimburgius dans le sens de la nouvelle organisation judiciaire, de même, avant cet empereur, on a pu se servir de l'expression scabinus dans le sens de l'ancienne organisation. »

lemagne, miss. c. 20, Pertz, p. 115 : « Ut nullus ad placitum banniatur, nisi qui causam suam quærere aut si alter ei quærere debet, *exceptis scabineis septem, qui ad omnia placita præsse debent.* » — Les capitulaires rendus postérieurement reproduisent à plusieurs reprises la disposition du texte de 803. Capit. Pipp. a. 801-810, Boret. p. 210 : « Et ingenuos homines nulla placita faciant custodire, postquam illa tria custodiant placita quæ instituta sunt, nisi forte contingat ut aliquis aliquem accuset ; *excepto illos scabineos qui cum judicibus resedere debent.* » — Capit. aquisgr. a. 809, c. 5, Pertz, p. 156 : « Ut nullus alius de liberis hominibus ad placitum vel ad mallum venire cogatur, exceptis scabineis (et vassis comitum) et qui illorum causas quærendi aut respondere debent. » — Capit. Hlothar. Olonn. c. 13, Pertz, p. 233 : « Neque cogantur ad placita venire præter ter in anno, sicut in capitulare continetur, excepto scabinis et causatoribus et testibus necessariis, quia omnibus passionem volumus auferre ut populus noster pacifice sub nostro regimine vivere possit (1). »

§ 103. — L'étymologie du mot scabin a été bien discutée. Ne voulant point essayer à notre tour d'en proposer une nouvelle, nous nous bornerons à dire que la plus vraisemblable, à notre avis, est celle proposée par Grimm (p. 775) et qui fait dériver scabin de « scafan », schaffen en allemand (procurer, donner). Le scabin donne le droit, c'est un jugeur (2). Aussi, même après la réforme de Charlemagne, trouve-t-on encore le mot scabin usité dans un sens non technique pour désigner des jugeurs (3) : nous voulons parler des juges du tribunal du roi qui, pendant la période mérovingienne nommés auditores ou

(1) Cp. Capit. Ingelheim, a. 807, c. 12, Pertz, p. 151. Capit. Hludow. Pii, a. 817, c. 14, Pertz, p. 217. Capit. Theod. a. 821, c. 5, Pertz, p. 230. Capit. Lamberti, a. 898, c. 6, Pertz, p. 564 : « Ut ipsi arimanni frequentius quam in lege statutum est, ad placitum ire non cogantur, nec a comitibus, nec a sculdalisiis. »

(2) Waitz, pour qui, comme pour Sohm, l'origine germanique du mot est incontestable, indique en note, III, p. 390, n. 1, les différentes étymologies proposées au mot scabin. — V. Lehuérou, *Instit. carol.* p. 383. Warnkönig, *Französ. Gesch.*, I, p. 151, attribue au mot scabin une origine hébraïque et il estime que les clercs ont dû trouver cette expression pour désigner un juge permanent.

(3) Sohm, p. 381.

legis doctores (1), sont appelés scabins sur la fin du VIIIe siècle, scabini palatii, scabini dominici (2), et cependant il est certain que les scabins, dans le sens technique du mot, ne sont établis que devant les tribunaux inférieurs et non devant le tribunal du roi.

Cette étymologie explique aussi pourquoi les assesseurs du comte sont souvent nommés judices (3), auditores (4), judiciarii, juridici (5), legum doctores, legum magistri, legislatores, causidici, legis documentis eruditi, doctores veridici (6), probi homines judicantes (7).

Sous Charlemagne, on rencontre encore des rachimbourgs. Formule du IXe siècle, Rozière, 474 : « Vir inluster comis ille. Cum in pago illo resedissem, in villa illa cum judicibus et reginburgiis et aliis populis multis ad discendum judicium... et ne illa causa que ante nos fuit dijudicata, et judicibus nostris vel reginburgis nostris, vel judicibus constitutis et aliis pagensis plurimis ibidem sistentibus hoc sunt illi et illi. » Que, dans cette formule, les judices et les reginburgii soient les mêmes juges, c'est ce qui résulte de la fin du texte où, lors-

(1) V. Rozière, 457, 484. Pardessus, *Dipl.* II, n° 608.

(2) V. les documents cités par Sohm, p. 382, n. 38.

(3) Capit. Langob. c. 12, Boretius, p. 210 : « Comites et eorum judices. » — Capit. leg. sal. add. a. 803, c. 4, Boret. p. 113 : « Coram judicibus vel comite increpatus. » — Adrevald *Mir. S. Bened.*, Bouquet, VI, p. 313 : « Salicae legis judices. » — Vaissette, I, n° 109, p. 135 : « Civiles judices. » — Dans les diplômes du midi de la France, on appelle presque toujours les scabins « judices qui jussi sunt causas dirimere et legibus definire », ou bien « causas audire vel judicare. » — Cp. Vaissette, II, n° 76 (a. 852) ; n° 88 (a. 862) ; n° 98 (a. 873). Baluze, *Marc. Hisp.* n° 41 (a. 789). — Quelquefois en France on trouve l'expression de judices à côté de celle de scabini. *Cartulaire de S. Victor*, I, p. 337 : « Scavinis tam Romanis quam salicis vel judicibus qui cum ipsis ibidem aderant. »

(4) Vaissette, II, n° 5, p. 20. — Quelquefois les auditores sont cités après les judices ou les scabins, Muratori, *Antiq.*, I, p. 597 ; II, p. 972, 973, 1015.

(5) Vaissette, I, n° 88, p. 113.

(6) Besly, *Comtes de Poictou,* a. 924, p. 218. — V. les documents cités par Waitz, III, p. 394, n. 1. Capit. Karlom. a. 884, c. 9.

(7) Besly, *l. c.*, p. 149. — V. pour les expressions arimanni, germani en Italie, Savigny (trad. fr.), p. 137 et s.

qu'il s'agit d'indiquer les signatures de ceux qui ont assisté au jugement, le rédacteur parle en premier lieu des « testes ibidem adsistentes, » et en second lieu du comte « et judices quorum ista continentia definita sint », sans distinguer alors entre les judices et les reginburgii (1). — Ils figurent encore dans un acte du xe siècle. Placitum tenu en 918 à Ausonne, dans l'évêché de Carcassonne. Vaissette, II, n° 42, p. 56 : « Cum in Dei nomine resideret Aridemandus episcopus sedis Tolosæ civitatis... una cum abbatibus, presbyteris, judices, scaphinos (al. scastrinos), et regimburgos tam Gotos quam Romanos seu etiam Salicos, qui jussi sunt causas audire, redimere et legibus definire, id est Donadeus monachus, Adalbertus, Jodolemus, Donatus, Rumaldus, item Donatus *judices Romanorum*... (4 personnes) *judices Gothorum*... (8 personnes) *judices Salicorum*. Sive et in præsentia Antario (16 personnes)... Salvardo sagione *et aliorum plurimorum bonorum hominum*... » — Savigny (l. c. p. 150) commente ainsi ce document : « On y fait d'abord une énumération générale des juges sous le titre : 1° *de judices*, (sive) *scaphini*, 2° de *regimburgi*, et ils sont tirés des trois nations qui habitent le territoire, On nomme ensuite dix-huit *scabini* ou *judices* ; viennent ensuite seize autres personnes, outre le saïo, et *alii plurimi boni homines*. Les regimburgi se distinguent donc évidemment des scabins ou échevins désignés et se confondent avec les boni homines nommés ou non nommés ; ce sont enfin les simples hommes libres, les juges populaires. » — Nous croyons au contraire à l'identité des scaphini et des regimburgi ; le texte oppose ceux-ci non point à ceux-là, mais aux alii boni homines. En effet, la désignation générale « qui jussi sunt causas audire » s'applique aux judices, aux scabini et aux rachimbourgs ; puis, lorsque le diplôme passe à l'énumération nominative de ces personnes qui ont pour mission de juger, il les divise en diverses classes, d'après leur nationalité, mais il leur donne à toutes la qualification de *judices* salici, romani, goti (2).

D'une façon générale, nous ne pensons point que, dans le droit carolingien, les rachimbourgs aient été autres que les

(1) Cp. Sohm, p. 384, n. 47.

(2) En ce sens, Sohm, p. 385, n. 49.

juges permanents organisés par Charlemagne ; nous n'apercevons pas de place ni de raison d'être pour une catégorie de personnes distinctes des scabins et participant néanmoins à l'administration de la justice. Quant à voir, comme Savigny, dans les regimburgii les simples hommes libres, les boni homines dont les actes mentionnent la présence aux plaids, nous ne le pouvons pas non plus, car les textes distinguent précisément les rachimbourgs des *testes*. Antiq. Fuldens. L, 2, trad. 40, cité par Savigny, p. 150 : « Totum ad integrum tradiderunt coram testibus et regenburgis. » Salic. extrav. (Merkel p. 99, cité par Sohm p. 385, n. 50) : « Faciat tunc comes notitiam (de judicio) cum regimburgiis et testibus. » — Ce qui caractérise enfin d'une manière certaine le rôle des regimburgii carolingiens, c'est que plusieurs fois on leur attribue le jugement des procès sans mentionner à côté d'eux d'autres personnes en qui l'on pourrait voir des scabins. Pertz, *Scriptores*, IV, p. 122 : « Missus fuit in Aquitaniæ urbes una cum raimburgis. » (v. inf. p. 259). — Rozière, 458 (app. Marc. 4) : « Proinde taliter ab ipssi missis dominicis vel illo comite seu et ab ipsis rachimburgis ... fuit judicatum ... » — Rozière 477 (app. Marc. 6) : « Ante inluster viro, illo comite... vel præsente quamplures viri venerabilibus racimburgis, qui ibidem ad universorum causas audiendum vel recta ... judicium terminanda resedebant. » (1).

§ 104. — Hermann a entrepris d'établir en ce qui concerne les scabins une théorie absolument opposée à celle qui, à l'exception d'Unger, a été unanimement reçue jusqu'à présent, qu'enseignent notamment Savigny, Waitz et Sohm, et que nous avons également admise. Selon Hermann, Charlemagne n'aurait pas innové ; les rachimbourgs mérovingiens auraient déjà été de véritables fonctionnaires, juges permanents ; l'empereur se serait borné à réglementer une institution préexistante. — Ce qui fait, à notre avis, la principale force de l'argumentation très savante de Hermann, c'est que cet auteur s'attaque le plus souvent à des théories trop absolues, comme celles de Savigny et de Sohm et qu'il est facile d'y relever des contradictions. Mais

(1) V. sur l'existence des rachimbourgs dans le droit carolingien et sur leur identité avec les scabins, Bethmann-Hollweg, t. V, p. 20, n. 5. Waitz, III, p. 392, n. 1. — Cp. Eichorn, *R. G.* t. I, p. 647, 648. Lehuérou, *Instit. Carol.*, p. 384.

nous ne pensons pas que le système d'Hermann puisse, comme il le dit lui-même, s'élever au dessus du niveau d'une hypothèse que rien, à nos yeux, ne vient justifier.

La base du système, à savoir que l'on trouve déjà le caractère de fonctionnaires, de juges permanents chez les rachimbourgs mérovingiens, fait en effet entièrement défaut. Nous ne pouvons la trouver d'abord dans l'édit de Chilpéric, c. 8, Boret. p. 8, que l'on a invoqué. Rien n'y indique que les rachimbourgs aient été autre chose que des hommes libres appelés par le comte pour juger le procès. Quant à la chronique d'Adémar III, 19 (Pertz, *Scriptores*, IV, p. 122), le *seul* document sur lequel on puisse s'appuyer, elle ne nous paraît aucunement probante. Le chroniqueur, qui vivait à la fin du IX$^{e}$ siècle, s'exprime ainsi à propos d'un comte nommé Vulgrimnus : « Hic Vulgrimnus sepe a Carlomannno (frère de Charlemagne, mort en 771) et demum a Carlo Magno imperatore, fratre ejus, missus fuit in Aquitaniæ urbes *una cum raimburgis* propter justitias faciendas, eratque jam senex quando eum Carolus Calvus fecit comitem supradictarum urbium. » Est-ce déjà sous Carloman que ce comte fut envoyé en Aquitaine avec des rachimbourgs, ou bien n'est-ce que sous Charlemagne, à une époque où les juges permanents étaient institués ? D'un autre côté, les rachimbourgs ont-ils été envoyés par les princes, ou bien le comte seul est-il délégué pour faire justice en Aquitaine una cum raimburgis Aquitaniæ ? Le texte se prêtant à toutes les interprétations, nous repoussons l'argument que Hermann a pu en tirer.— Unger (p. 171) voit dans les rachimbourgs resedentes les mêmes personnes que les scabins. Nous avons montré (sup. § 10) l'inanité de la distinction de deux classes de rachimbourgs, les uns resedentes, les autres adstantes.

Nous ne sommes pas non plus touché par l'objection que l'on ne possède pas le capitulaire qui a substitué les scabins aux rachimbourgs. Ce n'est pas le seul capitulaire important qui ne nous soit pas parvenu. Il en est de même pour le capitulaire qui a porté de deux à trois le nombre des plaids généraux, et que Charlemagne a certainement rendu, ainsi que l'atteste Louis le Débonnaire dans un de ses capitulaires. Si, selon toute vraisemblance, la création des scabins a coïncidé avec celle des trois plaids généraux, les deux innovations de Charlemagne étaient peut-être contenues dans ce capitulaire perdu pour nous (1).

Nous restons donc convaincu qu'au changement de terminologie correspond une modification dans le caractère des juges, et que les scabins, dont le nom n'apparait pas avant Charlemagne, ou ne figure que dans des documents suspects, ne sont plus les rachimbourgs. Les capitulaires carolingiens nous parlent des scabins, « qui ad omnia placita præsse debent », en des termes bien différents de ceux dont ont jamais pu se servir les documents mérovingiens et qui impliquent forcément, à notre avis, une transformation dans l'organisation judiciaire (2).

§ 105. — Les scabins étant de véritables fonctionnaires sont sous l'autorité du roi, de même que les comtes et les centeniers. Aussi le roi les nomme-t il *siens*. Capit. Aquisgr. a. 809, c. 7, Pertz, p. 156 : « Ut nullus quislibet *nostrorum*, neque comes, neque judex, neque scabineus cujuslibet justitia dilatare præsumat. » — On peut admettre qu'en théorie c'est au roi qu'appartient la nomination des scabins (3). Mais il n'exerce pas ce droit personnellement ; il le délègue soit à ses missi soit aux aux comtes.

Les capitulaires parlent du choix des scabins par les missi. Capit. miss. a. 803, c. 3, Pertz, p. 115 : « Ut missi nostri scabinios, advocatos, notarios per singula loca elegant ; et eorum nomina, quando reversi fuerint, secum scripta deferant. » — Capit. Worm. a. 829, al. capit. c. 2, Pertz, p. 351 : « Ut missi nostri ubicumque malos scabinios inveniant, ejiciant, et *totius populi consensu* in locum eorum bonos eligant. » — Le capit. Carisiac. de Charles le Chauve de 873, c. 9, Pertz, p. 521, reproduit la même prescription. — Capit. Hludow. Pii a. 856, c. 5 : « A missis nostris constituantur. » — Il semblerait ré-

(1) Pour Ungor, p. 170, le fait que le mot scabin n'apparait pas avant Charlemagne, prouve seulement que, grâce à la manière de parler de l'empereur, l'expression est devenue usuelle dans l'empire franc.

(2) La monographie d'Hermann n'en constitue pas moins une étude remarquable vraiment originale et dont les deux premières parties sur l'origine de l'institution des scabins sont des plus intéressantes.

(3) Sohm, p. 378.

sulter de ces textes que, dans les diverses localités où ils se rendent, per singula loca, les missi dussent nommer eux-mêmes des scabins, en rapportant au roi la liste de ceux qu'ils ont choisis. Nous croyons néanmoins que les scabins ne sont institués que rarement par les missi royaux, lorsqu'accidentellement ceux-ci se trouvent présents au moment où il s'agit de de procéder au remplacement ou à la nomination des juges. Les pouvoirs du comte s'effacent alors, comme nous l'avons déjà dit ailleurs, devant ceux des missi. Mais, en pratique, c'est au comte qu'appartient l'institution des scabins et les diplômes de l'époque montrent bien que les choses se passent réellement de cette manière. Diplôme rapporté par Baluze, *Marc. Hisp.* nº 41, a. 879 : « Judices qui jussi sunt a Mirone comite causas audire, dirimere vel judicare. »

La mission des envoyés royaux est plutôt à l'égard des scabins une mission de surveillance et de contrôle qui s'exerce par la révocation des mauvais juges au sujet de qui des plaintes leur sont parvenues dans leurs tournées. Les scabins prévaricateurs peuvent même être traduits devant le tribunal du roi. Capit. aquisgr. miss. a. 825, c. 4, Pertz, p. 247 : « Ut medio mense maio conveniant idem missi unusquisque in sua legatione... Et habeat unusquisque comes vicarios et centenarios suos secum, necnon et de primis scabinis suis tres aut quatuor... Deinde inquirant missi nostri ab universis, qualiter unus quisque illorum qui ad hoc a nobis constituti sunt, officium sibi commissum... administret. » — Capit. Wormat. a. 829, al. cap. c. 4, Pertz, p. 351 : « Volumus ut quicumque de scabinis deprehensus fuerit propter munera aut propter amicitiam injuste judicasse, ut per fidejussores missus ad præsentiam nostram illum venire faciat. De cetero omnibus scabinis denuntietur, ne quis deinceps etiam justum judicium vendere præsumat. » — Capit. miss. a. 803, c. 3 et 4, Pertz, p. 115 : « De his (scabinis, advocatis, notariis) qui legem servare contempserint, ut per fidejussores ad præsentia regis deducantur (1). »

Les capitulaires parlent de la participation du peuple au choix des scabins, comme à celui des centeniers. Capit. aquis-

(1) Cp. Capit. Carisiac., c. 10, a. 873, Pertz, p. 10.

gr. a. 809, c. 11, Pertz, p. 156 : « Ut judices... scabinii constituantur ad sua ministeria exercenda cum comite et populo. » — Capit. Worm. supr. cit. : « Totius populi consensu. » Il ne faut pas cependant, ici plus que pour les centeniers, se faire illusion sur le droit populaire. L'autorité nomme elle-même les scabins, et, comme le dit Lehuérou (p. 334), il ne resta au peuple que le privilège très équivoque d'approuver ses choix, et peut-être de les provoquer (1).

Les scabins exercent une véritable fonction publique, un ministerium semblable à celui des comtes et des centeniers (3). Cette fonction leur est conférée pour un temps illimité. C'est là une des principales différences avec les rachimbourgs mérovingiens, dont le titre s'évanouissait avec le jugement même de l'affaire pour laquelle ils avaient été convoqués. Les scabins ne peuvent être dépouillés de leur titre que par une révocation et pour cause d'indignité ou d'incapacité. Capit. Wormat. a. 829, al. capit. c. 2, Pertz, p. 351 : « Ut missi nostri ubicumque malos scabinos inveniant, ejiciant. » — Hludow. Pii capit. miss. a. 856, c. 5, Pertz, p. 438 : « De judicibus... quod si viles personæ et minus idoneæ ad hoc constitutæ sunt, rejiciantur. » — Nous avons déjà signalé l'avantage que présente la permanence des fonctions judiciaires. — La comparaison des procès-verbaux des plaids tenus dans les mêmes localités permet de s'assurer que ce sont bien en général les mêmes personnes qui rendent les jugements (2).

La permanence de la charge explique aussi comment les scabins conservent leur titre même en dehors du tribunal où ils siègent comme juges, notamment lorsqu'ils figurent dans des actes en qualité de témoins (3).

(1) Le droit du peuple, selon Sohm, p. 378, n. 21, a dû plus tard passer au collège des échevins. Il en fut ainsi notamment à Cologne où, d'après un privilège de 1169, conformément au droit carolingien, le burgrave institue les scabins : « *In sede scabinatus locare scabinos a scabinis electos.* »

(2) Il en est ainsi notamment pour le comté de Roussillon, d'après les documents recueillis par Baluze, *Marc. Hisp.* n° 34 (a. 874), n°s 39-41 (a. 879), n° 60 (a. 901). Malgré l'intervalle de 27 ans qui sépare le premier jugement du dernier, on retrouve encore parmi les juges de 901 six des scabins qui avaient participé au jugement de 874.

(3) Brunetti, *Cod. dipl.*, II, p. 215. Muratori, *Antiq.*, II, p. 979 ; III, p. 1018.

En examinant le service du plaid général (supra § 62), nous avons établi que tous les hommes libres ont le droit de s'y rendre, sans qu'aucune condition de propriété foncière soit exigée d'eux. De même, pour les fonctions de scabin, nous estimons que tout homme libre peut y être appelé, même s'il ne possède aucune propriété dans le comté. Nous avons déjà montré comment les dispositions de certains capitulaires concernant les conditions de capacité requises chez les témoins en certains cas ne peuvent fournir d'argument d'analogie pour la capacité de prendre part au plaid général ; elles ne peuvent non plus être invoquées pour régler la capacité des scabins. — Ce que les textes exigent seulement, c'est que l'on choisisse des scabins « nobiles, sapientes et Deum timentes. » (Capit. de 856, supr. cit. c. 5, Pertz, p. 438). Nobiles, c'est-à-dire simplement des hommes libres jouissant de tous leurs droits civiques (1). Sapientes, c'est-à-dire aussi instruits que possible, « Franci homines mundanæ legis documentis eruditi », comme le dit le capit. Karlomanni a. 886, c. 9, Pertz, p. 552 (2). — On doit écarter les minus idoneæ personæ, les incapables et les viles personæ (Capit. 856, supr. cit.), c'est-à-dire les *infames*. Au nombre de ces derniers le Capitulaire d'Aix-la-Chapelle de 809, c. 1, Pertz, p. 156, met expressément celui qui, condamné à mort, a reçu la grâce de la vie, « nec inter scabineis legem judicandam locum non teneat. » — Il n'existe pas d'ailleurs pour les scabins d'incompatibilités semblables à celles qui sont édictées aujourd'hui pour nos juges Ainsi on voit des scabins *notaires* (3) et, en Italie surtout, ecclésiastiques (4). Pour la France, le *Cartulaire de Redon*, n° 283, a. 924, nous montre un « decanus ejusdem apostoli (s. Petri) qui est totius civitatis (Poitiers) doctor veridicus (scabin), mente devotus nomine Mainardus. » Mais, en France, les ecclésiastiques n'ont dû figurer que très-exceptionnellement parmi les juges, et cela en raison de la défense adressée aux clercs non plus seu-

(1) En ce sens, Sohm, p. 376. — Contra : Waitz, III, p. 394, n. 2. Bethmann-Hollweg, V, p. 25, n. 29.

(2) En Bavière, les scabins sont quelquefois appelés *legis doctores*. Meichelbeck, I, 2, n° 530, a. 829.

(3) Muratori, *Antiq.* III, 167, 1018, 1030, etc.

(4) Muratori, ibid., II, 979 : « Clericus et schavinus. »

lement par les canons des conciles, mais par les capitulaires eux-mêmes, de fréquenter les tribunaux séculiers. Nous verrons plus tard la portée de ces capitulaires en étudiant la juridiction ecclésiastique (V. Infra § 139).

Le cumul des fonctions de scabin avec une autre profession doit d'autant plus être permis et pratiqué qu'il ne semble pas que les scabins aient eu de traitement. Un capitulaire de 803 misso cuid. c. 2, Pertz, p. 121, ne paraît leur accorder qu'un droit assez peu élevé pour les diplômes sur lesquels ils apposent leur signature ou peut-être leur croix : « De secundo unde me interrogasti si... de notitia solidum unum accipere deberet... scabinii. » D'un autre côté, le capitulaire de Worms, al. capit. a. 829, c. 4, Pertz, p. 351, interdit aux scabins de recevoir des munera. (1)

Avant d'entrer en fonctions, les scabins doivent prêter un serment professionnel. Capit. Worm. a. 829. al. capit. c. 2, Pertz, p. 351 : « Et cum electi fuerint jurare faciant (missi) ut scienter injuste judicare non debeant. » — Capit. a. 856, supr. cit. c. 5: « Et jurent ut juxta suam intellegenciam recte judicent et pro muneribus vel humana gratia justitiam non pervertant nec differant et quod judicaverint confirmare sua subscriptione non dissimulent. »

§ 106. — Il nous reste, pour épuiser tout ce qui concerne la nomination des scabins, à nous demander s'ils sont nommés par la centaine pour la centaine, ou bien si, nommés par la centaine, ils peuvent exercer dans tout le comté, ou bien enfin s'il ne faut pas distinguer des scabins de centaine et des scabins de comté. C'est là une question dont la solution nous paraît assez simple, mais que l'on a beaucoup obscurcie.

Sohm, partant de l'idée qu'il n'y a, dans l'organisation judiciaire mérovingienne que des tribunaux de centaine, raisonne ainsi, p. 443 : « Les tribunaux de scabins sont les gebotene Gerichte de l'époque carolingienne. L'opposition entre l'echte Ding et le gebotene Gericht est une opposition qui se produit dans l'intérieur de la centaine. Le gebotene Gericht mérovingien est le tribunal de la centaine convoqué par ordre de l'autorité. L'organisation carolingienne se distingue par ce principe

(1) V. toutefois Capit. miss. a. 803, c. 2, Pertz, p. 121.

que tous les hommes libres de la centaine ne sont point convoqués au gebotene Gericht. De même que l'echte Ding est incontestablement une réunion de centaine, de même le gebotene Gericht se réunit dans la centaine, c'est-à-dire que la nomination des scabins comme tels est une nomination par les concitoyens de la centaine (*Centgenossen*) pour la centaine, et non une nomination par les concitoyens du comté pour le comté. »

En face de cette théorie, nous voulons immédiatement poser celle que nous adoptons, sauf à l'établir ensuite. Nous rappelons d'abord que nous avons admis l'existence d'un tribunal de comté à côté des tribunaux de centaine. Nous disons alors : pour le tribunal du comte, il y a des scabins de comté élus par tous les hommes libres du comté dans les placita generalia ; pour les tribunaux de centaine, il y a des scabins de centaine élus par les hommes libres de la centaine. Cette distinction des scabins en deux classes permet seule, à notre avis, d'expliquer et de concilier tous les documents relatifs à notre question sans tortionner quelques-uns d'entre eux ou sans poser des principes certainement contradictoires, quel que soit le talent que l'on mette à déguiser la contradiction.

Suivons à présent Sohm dans son argumentation qui, dit-il, trouve une confirmation indiscutable dans les capitulaires et dans les diplômes carolingiens.

« Les tribunaux de centaine sont désignés dans les capitulaires comme les tribunaux du centenier, comme les placita quæ vicarii et centenarii tenent. Un capitulaire italien de Pépin a. 801-810, Pertz, p. 104, est décisif dans notre question : « Ut ante *vicarios nulla* criminalis actio diffiniatur ... et ingenuos homines *nulla placita faciant custodire*, postquam illa tria custodiant placita ... *excepto illos scabinos* qui cum judicibus resedere debent. » Les centeniers ont le droit et le pouvoir de forcer les scabins au service du gebotene Gericht, *parce tous les scabins d'un tribunal de scabins appartiennent à la même centaine*, parce que les scabins ne sont point pris dans tout le comté pour constituer un seul tribunal d'échevins dans tout le comté, mais sont pris dans chaque centaine pour former un tribunal de scabins pour la centaine. »

Ce premier argument nous paraît bien défectueux à plusieurs points de vue. D'abord le centenier est chargé, d'après le capitulaire même, d'assurer le service du plaid général (echte Ding) auquel doivent se rendre tous les hommes libres du comté (Supr. § 62). Cependant, si l'on suivait ici rigoureusement l'argumentation de Sohm, il n'aurait aucun pouvoir à cet effet, parce que tous les hommes libres qui sont convoqués au plaid général *n'appartiennent pas à la même centaine*. Ce qui résulte du capitulaire, c'est uniquement que le centenier doit assurer le service des plaids tout en respectant les règles nouvelles posées par l'empereur. Ainsi, pour le plaid général, le centenier ne peut pas forcer les hommes libres à s'y rendre plus de trois fois en principe ; le centenier apparaît ici comme auxiliaire du comte puisque le comte seul peut présider les plaids généraux. Quant aux plaids particuliers (gebotene Gerichte), le centenier ne peut y convoquer que les scabins, puisque les autres citoyens sont libérés de ce plaid. Il y a sans doute, dans ce capitulaire, comme dans d'autres, une opposition entre les placita generalia et les placita minora, mais est-ce pour indiquer que ceux-ci sont des plaids du centenier? Non, c'est pour montrer que le centenier ne peut point présider le plaid général, qu'il ne peut pas *tenere* les placita generalia mais seulement les cetera. Mais les textes sont-ils exclusifs du droit pour le comte de tenir lui-même un plaid de ce genre, d'avoir son gebotene Gericht à compétence plus étendue que celui du centenier? Nullement. D'après le capitulaire de Pépin, le centenier pourra forcer les scabins à custodire le plaid particulier du comte comme son propre plaid. Si un scabin du tribunal du comte réside dans sa centaine, il le convoquera de la part du comte. Pour être en droit de repousser notre interprétation du capitulaire italien, il faudrait que ce texte portât : « Excepto illos scabinos qui cum judicibus *in placito centenæ* resedere debent. »

Sohm, poursuivant son argumentation, dit qu'il résulte de nombreux documents que l'on rencontre des scabins non seulement dans les chefs-lieux de comté, mais encore dans les diverses localités comprises dans le pagus (1). — Cela prouve simplement, à notre avis, qu'il y avait des scabins de centaine.

(1) V. Muratori, *Antiq*. I, p. 507, a. 856 : G. Scavinus de vico Laceses. — Fumagalli, *Cod. dipl*., nº 74, a. 856 : A. scavino de vico Catonaco.

Mais peut-on en conclure à l'inexistence des scabins de comté ? Non, pas plus que l'on ne pourrait déduire l'inexistence des scabins de centaine des textes que nous allons citer. Rozière, 467 (Lindenb. 124) : « Hac igitur de causa judicatum esse ei ab ipso comite vel ab ipsis scabinis *pagensibus* loci illius. » — Beyer, a. 868, I, n° 110 : « Actum in Wimundasheim A. abbate presente ac M. comite pagensi, proceribusque ac scabinis *pagensibus.* » — *Memorie e document. per serv. all' ist di Lucca*, V, n° 1166, a. 915 : « Petrus scavino hujus *comitato.* » — Vaissette, II, p. 186 : « St comis cum suos judices *Narbonenses.* » Les scabins sont nommés d'après le chef-lieu du comté comme l'est souvent le comte lui-même. — La seule conclusion à tirer de ces deux catégories de documents, la conciliation qui se présente naturellement à l'esprit, ne consiste-t-elle pas à dire que, s'il y a des scabins spéciaux à chaque centaine, de vico, il existe aussi des scabins de comté, pagenses comitatus ?

Pour établir que les principes qu'il pose ont passé dans la pratique, Sohm cite un document du commencement du xe siècle. Ménard, I, n[os] 4 et 6 : la centaine du château d'Anduse (aicis Andusiensis), dans le comté de Nismes, était administrée à cette époque par Fredelo, subordonné du comte (missus comitis) Raimond de Nismes. Or un plaideur lui adresse une requête ainsi conçue : « Precamur vos, domne Fredelo, actor vel densator, cum judices vestros vel ceterasque personas. » « Les scabins (judices), qui sont distingués avec soin de l'assistance (les ceteræ personæ), sont *ses* scabins. Cette interprétation résulte clairement d'un autre acte judiciaire relatif à une instance devant le même Fredelo : « Et *in ipso castello* (Andusiæ) sunt *judices* his nominibus... ipsi judices interrogaverunt. » Les scabins de Fredelo sont les scabins du château d'Anduse, c'est-à-dire de la centaine dont le castellum forme le centre. A côté du tribunal des scabins du chef-lieu du comté (Nismes), on trouve le tribunal d'échevins du chef-lieu de la centaine dans la campagne. »

Ce nouvel argument ne nous touche pas davantage. Nous remarquons en effet que le Fredelo dont il s'agit n'est point un centenier, mais un missus comitis, un vicomte. Judices vestros ne signifie donc pas les scabins du centenier, mais les scabins du comte, puisque le vicomte a en principe les mêmes pouvoirs que le comte et le représente dans les diverses parties du comté. Quant aux mots « in ipso castello », ils peuvent ou bien indiquer que les juges siègent, tiennent leur audience dans le castellum, ou bien signifier que les juges sont affectés à la centaine dont le territoire s'étend autour du château.

En admettant même que judices vestros signifie les scabins du centenier, il n'en résulterait point nécessairement qu'il n'y ait que des scabins de centaine. D'autres textes, et en assez grand nombre, parlent en effet des *scabins du comte*, ils les présentent comme siens. Capit. Theod. a. 821, c. 5, Pertz, p. 230 : « Scabini sui (comitis). » — Capit. Aquisgr. miss. a. 825, c. 4, Pertz, p. 247 : « Scabini sui. » — Capit. incerti anni, a. 789-814, Boretius p. 185, c. 1 : « Ut non sint comites nostri tardi causas nostras ad judicandum nec eorum scabini.» — *Cartulaire de Redon*, nº 191 : « Scabini Fr. comitis. » — Fumagalli, nº 59, a. 839 : « Signum manus Ambrosiani scavino domini comitis. » — *Hist. patr. monum*. I, p. 34 : « A. et L. Gr. scavinis Bosonis comitis. » — Ces expressions ne prouvent-elles point qu'à côté des scabins de centaine il y a des scabins de comté, du comte ?

Sohm a, il est vrai. une manière d'expliquer les expressions de scabinus pagensis, scabinus comitatus, scabinus comitis. P. 446 : « De même que l'echte Ding, le tribunal des scabins est, *au point de vue de la compétence*, un tribunal de comté... Le tribunal des scabins, c'est-à-dire le gebotene Gericht, a, au point de vue du territoire, la même compétence que l'echte Ding. Le comte, c'est-à-dire le fonctionnaire du comté, est de droit le juge du gebotene Gericht comme de l'echte Ding, et si, pour le premier, il est remplacé en règle par le centenier, celui-ci ne remplit alors son rôle judiciaire que comme agent du comte. On réalise encore ainsi ce principe que, bien que l'organisation judiciaire soit une organisation de centaine, l'administration de la justice est une administration de comté... Il en résulte que tout scabin, bien qu'il n'y soit pas obligé, a cependant capacité pour exercer comme scabin dans chacune des centaines du comté. »

Nous ne pouvons admettre que le scabin d'une centaine ait qualité pour juger dans une autre centaine. En effet, le scabin ne tient ses pouvoirs que de ses concitoyens de la centaine. Son autorité ne peut donc s'exercer que dans la centaine. Théoriquement, il ne peut s'imposer dans d'autres centaines. Que dirions-nous aujourd'hui d'un juge consulaire qui voudrait siéger dans un tribunal de commerce autre que celui de l'arrondissement qui l'a élu ? Or, la situation est absolument la même pour les scabins d'une centaine spéciale. Obligé de se rendre seulement au plaid de sa centaine, le scabin de cette circonscription ne peut juger ailleurs. Si certains scabins peuvent exercer leurs fonctions judiciaires dans tout le comté, c'est qu'ils tiennent leurs pouvoirs de tous les citoyens du comté, ou du moins de ceux qui se sont rendus au plaid général. Ayant le droit de juger dans tout le comté, ils y sont, par contre, obligés à chaque réquisition du comte.

On voit des scabins en exercice même dans un autre comté que celui auquel ils appartiennent (1). — Cela ne veut point dire que les scabins, même les scabins du comté, aient eu une compétence universelle pour tout le royaume, en raison de leur caractère d'officiers royaux. Leur présence s'explique par la nature spéciale du plaid auquel ils prennent part et qui est celui d'un missus (V. infr. § 118).

Partant de ce principe que le tribunal des scabins d'une centaine quelconque du comté étend sa compétence ratione personæ à tout le comté, Sohm (p. 448) dit qu'il n'était pas nécessaire d'organiser un tribunal de ce genre pour chaque centaine. Il suffisait de nommer des scabins pour le chef-lieu et peut-être aussi pour quelques autres localités et, à l'aide de ce collège de juges, de tenir des plaids particuliers pour tout le comté. On doit même présumer, ajoute-t-il, que l'institution d'un tribunal de scabins devait se borner à la centaine

(1) Muratori, *Antiq.*, V, p. 923, a. 833 : Plaid d'un missus à Sienne et auquel assistent deux scabins de Sienne, quatre scabins d'Arezzo et deux de Valaterra. — Cp. ibid., III, p. 167, a. 833. *Hist. patr. monum.* I, nº 19, a. 827. — Quant au plaid d'un vicomte rapporté dans les *Mirac. S. Benedicti*, Bolland, 21 mars, p. 308, 309, et où comparaissent des legum doctores tam ex Aurelianensi quam ex Wastinensi provincia, nous ne croyons point que les scabins dont il y est question aient tous joué le rôle de juge. — Contra, Sohm, p. 446, n. 168.

du chef-lieu. Aussi voit-on les procès-verbaux des plaids nommer souvent les scabins du chef-lieu, tandis que ceux des campagnes n'apparaissent que rarement (1). On trouve aussi le même collège de scabins en exercice dans les différentes circonscriptions judiciaires du comté (2). — Cette participation des mêmes scabins à différents plaids tenus dans les diverses centaines ne nous touche pas, du moment que nous avons admis l'existence d'un tribunal de comté et la faculté pour le comte de tenir ce tribunal dans une localité quelconque de son ressort. Ces scabins qui figurent dans différentes centaines sont donc pour nous des scabins du comte, du tribunal de comté.

Sohm argumente encore du capitulaire de Thionville de 821, c. 5, Pertz, p. 230 : « Volumus ut comites qui ad custodiam maritimam deputati sunt, quicumque ex eis in suo ministerio residet de justitia facienda se non excuset propter illam custodiam ; *sed si ibi secum suos scabinos habuerit*, ibi placitum teneat et justitiam faciat. » Il en résulte, dit-il, que le comte peut avec ses scabins, à quelque centaine qu'ils appartiennent, tenir un plaid dans chaque centaine du comté, et d'autre part que chaque centaine ne possède point un collège d'échevins. — Nous n'admettons pas la seconde partie de sa conclusion, car les scabins, dont il est question dans le capitulaire, sont les scabins du comte, de son tribunal et non ceux d'un tribunal de centaine. Alors même que la centaine où il se trouve actuellement aurait un collège d'échevins, le comte ne pourrait pas s'en servir pour composer son tribunal, car ces scabins ont une autorité locale restreinte à la centaine. Il est donc obligé d'avoir avec lui *ses* scabins.

§ 107. — Quel rôle les scabins jouent-ils dans l'administration de la justice ? C'est la question qu'il nous reste à résoudre et ce n'est point la moins délicate.

(1) V. les documents cités par Sohm, p. 444, n. 160 et p. 449, n. 173.

(2) Baluze, *Marc. hisp.*, nos 34, 35, 39-41, d'où il résulte que trois plaids de 7 scabins ont été tenus dans trois localités différentes du comté à l'aide d'un collège de scabins de neuf membres, et sur les neuf quatre réapparaissent encore dans un quatrième plaid, Baluze, n° 60. V. Sohm, p. 459, n. 174.

Nous envisagerons d'abord les fonctions judiciaires, puis les fonctions extrajudiciaires des scabins.

Dans l'étude de leurs fonctions judiciaires, nous devons distinguer entre le plaid général (echte Ding) et le plaid particulier (gebotenes Gericht).

Au plaid général, les scabins ne se distinguent point des autres hommes libres (1). La création des scabins n'a pas été faite en vue des plaids généraux, pour remédier à des abus nés de la convocation de ces plaids, bien au contraire, puisque Charlemagne a porté de deux à trois le nombre des placita generalia. Au plaid général le scabin n'a donc pas plus de droits qu'un homme libre quelconque. Sohm (p. 380) estime qu'à l'echte Ding, les scabins jouent le rôle des rachimbourgs (Rathgeber), qu'ils rédigent un projet de jugement, que ce projet est ensuite soumis à l'approbation de l'assemblée qui se prononce sur ce projet par acclamation. — Nous croyons aussi que, en fait, les choses doivent se passer ainsi. Les scabins, en effet, grâce à leur caractère, à leur pratique des affaires, exercent une grande influence sur leurs concitoyens. Ce sont eux qui entraînent la décision. Mais ont-ils pour mission officielle au plaid général de rédiger un projet de jugement ? C'est ce que nous ne pouvons admettre en l'absence de textes suffisamment précis.

Au plaid particulier, les scabins apparaissent au contraire comme véritables juges et comme seuls juges.

Avant d'examiner leur rôle, voyons la composition du collège des scabins dans chacun des plaids particuliers.

D'après les capitulaires, le collège des juges dans chaque plaid doit comprendre normalement 7 scabins. Capit. a. 803, c. 20, Pertz, I, p. 115 : « Exceptis scabineis septem qui *ad omnia placita* præesse debent (2). » — Le nombre des scabins mentionnés dans les documents carolingiens est souvent de 7 (3). — On rencontre aussi quelquefois un nombre de scabins infé-

(1) Maurer, *Gerichtsverf.* p. 66.

(2) Cp. Capit. ap. Olonn. c. 3, Bal. II, p. 321. — Capit. pro leg. hab. a. 829, c. 5, Pertz, p. 354.

(3) Baluze, *Marc. Hisp.*, p. 783, 796, 798, 804, 806, 810. Baluze, *Capit.* II, p. 1416. *Cartulaire de Redon*, n° 124. *Hist. patr. mon.*, I, p. 60. Muratori, II, p. 971. Waitz, III, p. 397, n. 1.

rieur à 7 (1). — Nous ne croyons point cependant qu'un tribunal puisse être valablement composé s'il ne comprend pas au moins 7 scabins. Les termes des capitulaires nous paraissent trop formels : « qui ad omnia placita præsse debent. » Les documents cités en note ne mentionnent évidemment pas tous les scabins (2).

D'autres fois, à l'inverse, on compte plus de 7 scabins (3). Rien ne s'oppose, en effet, à ce que le nombre de scabins dépasse le minimum : c'est une garantie de plus pour les parties. Dans ces hypothèses tous les scabins prennent part au jugement. Les documents où l'on trouve plus de 7 scabins les mettent tous sur la même ligne et ne renferment rien qui puisse laisser supposer que la décision n'a été remise qu'à 7 d'entre eux.

Certains capitulaires fixent le nombre des scabins autrement que ceux que nous avons cités. C'est d'abord un capitulaire de 819, resp. miss. dat. c. 2, Pertz, p. 227 : « Vult dominus imperator ut in tale placitum quale ille nunc jusserit veniat unusquisque comes et adducat secum *duodecim scabinos*, si tanti fuerint. Sin autem de melioribus hominibus illius comitatus suppleat numerum duodenarium. » — Le capitulaire d'Aix-la-Chapelle missis de 825 n'exige que trois ou quatre

(1) 6 scabins : Vaissette, I, nos 5 et 76. — Baluze, *Capit.*, p. 1489, a. 869. — Kindlinger, *Geschichte der deutschen Hörigkeit*, p. 217. — 5 scabins : *Cartulaire de S. Victor*, no 31. — Vaissette, I, nos 91 et 98. — Ménard, p. 876. — Baluze, *Marc. Hisp.*, no 35. Baluze, *Capit.*, II, p. 1394. — Comme le nombre de 5 scabins se rencontre surtout dans le sud de la France, Maurer *(Gerichtsverf.* p. 71), on a conclu que, dans ces contrées, on se contentait de 5 scabins, tandis que dans les autres régions le minimum était de 7. — 4 scabins : Vaissette, I, nos 37 et 126. — 3 scabins : Vaissette, I, no 13. — 2 scabins : Ménard, I, no 6. — 1 scabin : Vaissette, I, no 109. Baluze, *Hist. eccl. Tutel*, p. 348. Besly, *Comtes*, p. 224. Besly, *Evêques*, p. 37, 38. V. Sohm, p. 450, n. 178.

(2) En ce sens, Sohm, p. 451, n. 179.

(3) 8 scabins : Baluze, *Capit.* II, p. 1511. Vaissette, I, no 88. — 10 scabins : Baluze, *Marc. Hisp.* nos 16, 17. Baluze *Capit.* II, p. 1497. Vaissette, I, p. 128. — 12 scabins : *Cartulaire de Redon*, no 147. — 14 scabins : Form. Goldast. c. 92. — 17 scabins : Vaissette, nouv. éd. II, no 163. — 28 scabins : *Cartulaire de S. Victor*, no 26. — Les documents rapportés dans Pérard, p. 14, 34, 35, portent : « una cum pluris scabineis. — quam pluris scabineis », sans préciser le nombre.

scabins, c. 4, Pertz, p. 247 : « Et habeat unusquisque comes vicarios et centenarios suos secum et de primis scabinis suis tres aut quatuor (3). » — Ces capitulaires ont été diversement interprétés. Gfrörer en a conclu que les placita generalia exigent la présence de 12 scabins au minimum. Unger (p. 185-186) pense de son côté que ce chiffre est nécessaire pour les plaids des missi. Sohm estime que ces capitulaires n'ont point en vue des placita dans le sens ordinaire du mot, des assemblées ayant pour mission de juger, mais bien les assemblées tenues par les missi pour contrôler l'administration de chacun des officiers royaux de leur circonscription. Les scabins y viennent amenés par chacun des comtes du missiaticum, soit pour y rendre compte de leurs actes, soit pour donner aux missi le moyen de contrôler la conduite des autres fonctionnaires. Capit. aquisgr. : « Inquirant missi nostri ab universis. » — Tout en reconnaissant que les assemblées des missi ont pour objet principal le contrôle de l'administration de la justice, nous verrons que rien ne s'oppose à ce qu'on y statue sur des procès (V. infr. § 118). Mais nous n'en concluons pas cependant avec Unger que la présence de 12 scabins soit nécessaire aux plaids des missi, car on rencontre de ces plaids dont les procès-verbaux ne mentionnent qu'un nombre inférieur de scabins. (V. infr. ibid). (1).

(1) Par les *primi scabini*, Sohm, p. 453, n. 187 entend les chefs ou présidents des collèges de scabins qui ont été plus tard en Allemagne les Schöffenmeister. — Waitz, III, p. 396, n. 4, voit dans cette expression une allusion au rang de nomination des scabins ou à la considération dont quelques-uns jouissent plus particulièrement. — Les deux interprétations nous paraissent également vraisemblables.

(2) Le capitulaire de 819 porte que si le comte ne peut trouver 12 scabins, il doit compléter le nombre en prenant les citoyens les plus honorables du comté. Sohm (p. 453) voit dans la possibilité de cette insuffisance de scabins la preuve que, en principe, on n'instituait un collège de scabins que pour quelques-unes des centaines du comté et même, dans certains cas, pour une seule centaine. — A notre avis, on peut expliquer autrement le capitulaire en disant que les scabins des différentes centaines peuvent être retenus par leurs occupations et alors pour ne pas interrompre le cours de la justice, le comte les remplace par des citoyens honorables. Peu importe d'ailleurs pour les missi que les comtes amènent des scabins ou de simples citoyens, du

Les scabins, dont nous venons d'indiquer le nombre, assistent non-seulement aux plaids tenus par le comte, mais encore à ceux que président ses subordonnés, vicomtes ou centeniers. Gemeiner (p. 122) a bien enseigné que l'institution des scabins est propre aux plaids du comte. Mais cette opinion est condamnée soit par les capitulaires, soit par d'autres documents. Pipp. capit. ital. a. 801-810, Boret. p. 210 : « Et ingenuos homines nulla placita faciant (vicarii) custodire ... excepto illos scabinos qui cum *judicibus* resedere debent. » Form. Bign. 7, Zeumer, p. 230 : « Cum resedisset ille vigarius inluster vir illo comite in illo mallo publico una cum ipsis scabinos (1). »

Nous retrouverons aussi des scabins soit aux plaids des missi soit à ceux tenus par des officiers de l'immunité.

§ 108. — Le pouvoir de juger, avons-nous dit, appartient non point au comte, mais aux scabins seulement, de même que, dans le droit mérovingien, il n'appartenait qu'aux seuls rachimbourgs. Le comte préside le tribunal et dirige les débats. Il peut interroger les témoins et reçoit le serment de ces derniers. Diplôme de 802, *Mon. Boica*, IX, p. 16 : « Tunc prædicti missi dominici ... atque Orendil judex ipsos homines qui hoc testificaverunt, in medium vocaverunt et per sacramentum. » — Form. Goldast. c. 99 : « Tunc prædictus comes convocatis illa testimonia qui de ipso pago erant, interrogavit eos per ipsam fidem et sacramentum, quam nostro domno datam haberent, quicquid exinde scirent veritatem dicerent. At illi dixerunt per ipsum sacramentum (2). » — Il peut ordonner telle mesure d'instruction qu'il juge convenable, telle qu'une enquête, une descente de lieux. Form. Goldast. c. 99 : « Tunc prædictus comes jussit ut ipsa testimonia supra irent et ipsos terminos ostende-

moment qu'il s'agit moins de juger que de faire une enquête. Le témoignage des simples citoyens sera au moins aussi digne de foi que celui des scabins. — Cp. Capit. aquisgr. a. 828, constit. de miss. c. 3, Pertz, p. 328.

(1) Cp. *Cartulaire de S. Victor*, I, p. 33. Pérard, p. 36. — Béraldi, p. 451, enseigne qu'au tribunal du centenier il n'y a que 3 assesseurs. Mais les capitulaires qu'il cite (lib. III, 79 ; l. IV, 26) ne parlent nullement de ce nombre trois — Contra Schäffner, I, p. 361.

(2) Cp. placitum incerti anni, Baluze, *Cap.* I, p. 823. Vaissette, I, n° 88, p. 113, a. 862. Ibid. n° 101, p. 128, a. 875.

rent quos dicebant, quod ita fecerunt et ipsos terminos firmaverunt qui inter illa dua mansa cernebant. » — Plaid de 852, Vaissette I, n° 76, p. 99. « Nunc ipse commis jussit suos, id est Ato ... ut super ipsas res venissent, et rei veritati vidissent, si erant ipsos infra maritate monasterii Gondesalvio an non. Ita sicut et fecerunt reversi in ejus vel eorum judicio pariter dixerunt : nos vidimus et invenimus quod ... » — Il recueille les voix des assesseurs. Baluze, *Capit.* II, p. 743 : « Interrogavit ipse comes illos scabinos quid illi de hac causa judicare voluissent. At illi dixerunt : secundum istorum hominum testimonium et secundum vestram inquisitionem judicamus. » — Il prononce le jugement et le fait exécuter; mais la sentence émane des assesseurs, des scabins, et le comte ne peut théoriquement influer en aucune façon sur la décision (1). — Un auteur (cité par Maurer p. 73) a voulu du capitulaire de 801-814, c. 4, Boret. p. 144 (infr. cit.) qui exige du comte et de ses subordonnés la connaissance de la loi, tirer cette conclusion que, les débats terminés, le juge fait un résumé des points de fait et de droit, comme récemment encore notre président d'assises. — On ne trouve dans les textes aucune trace de ce cet usage prétendu. Il en est au contraire qui établissent que la recherche des lois à appliquer dans l'affaire est faite par les assesseurs mêmes. Plaid de 852, Vaissette, I, n° 76, p. 100 : « Cum nos (judices) vidissemus suam recognicione et vacuasione, per quam sivimus in lege Gotorum ubi apertius invenimus in libro octo, titulo primo, era V ubi dicit. » Plaid de 862, Vaissette I, n° 88, p. 115 : « Et tunc nos judices cum vidissemus tales recognitiones ... sic perquisivimus in lege Gothorum, in libro quinto, titulo quarto, era octavo, ubi dicit (2). »

Quelques textes pourraient laisser croire que le comte participe au jugement. Form. Lindenbr. c. 9, Zeumer, p. 280 : « Hac igitur de causa judicatus est ei ab ipso comite vel ab ipsis scabinis. » — Vaissette, I n° 76, p. 100 : « Dum nos commis, vassi dominici hoc judices vidissemus talem rei veritate... hordinabimus vel crebimus judicio, ut... » Ibid. p. 135 : « Per voluntatem ipsius comitis et arbitrium judicum. » — Baluze,

(1) Lehuérou, *Instit. car.* p. 385. Savigny (trad. fr.), § 75, p. 173.

(2) En notre sens, Maurer, l. c.

*Capit.* II, p. 1512 : « Et tunc ordinaverunt jamdictus episcopus, comites, vel judices ut... » — Ces textes font simplement allusion au rôle du comte dans toute la procédure et non à une participation réelle de ce magistrat à la formation de la sentence (1). — Le doute, s'il pouvait exister, serait levé par les nombreux documents d'où il résulte d'une manière évidente que le jugement n'émane pas des scabins. Capit. leg. add. a. 803, c. 10, Boret. p. 114 : « Si quis causam judicatam repetere in mallo præsumpserit, ibique testibus convictus fuerit, aut quindecim solidos conponat, aut quindecim ictus ab scabinis *qui causam prius judicaverunt* accipiat. » — Capit. Theod. a. 805, c. 8, Boret. p. 123 : « De clamatoribus... qui nec *juditium scabinorum* adquiescere nec blasphemare volunt. » — Resp. mis. cuid. a. 801-814, c. 7, Boret. p. 145 : « A scabineis sententia accepta. » — Capit. aquisgr. a. 809, c. 1, Boret. p. 148 : « Nec inter scabinos legem judicandam locum non teneat. » — Ibid. c. 2 : « Si post judicium scabinorum. » — Capit. aquisgr. a. 801-813, c. 13, Boret. p. 172 : « Postquam scabini eum dijudicaverint. » — Capit. Worm. a. 829, c. 2, Pertz, p. 351 : « Et cum electi fuerint (scabini) jurare faciant ut scienter injuste judicare non debeant. » C. 4 : « Quicumque de scabinis deprehensus fuerit... injuste judicasse (2). » — Savigny (l. c. p. 174) remarque avec raison que le nombre

(1) Waitz, III, p. 402.

(2) Cp. Form. Lindenbr. 21, Zeumer, p. 282 : « Sed ipsi scabini qui tunc ibidem aderant, taliter ei visi fuerunt judicasse. » — Pérard, p. 147 : « Per juditium escabineorum. » P. 148 : « Tunc judicaverunt isti scabinei. » P. 149 : « Tunc judicatum est a supradictis scabineis. » — Besly, *Comtes*, p. 149 : « Probi homines judicantes. » — *Cartulaire de Redon*, nº 191 : « Et judicaverunt scabini. » — *Hist. patr. mon.*, I, p. 36 : « Dum ipsi ... scavinis hæc omnia taliter audissent vel cognovissent, rectum apparuit eorum esse et judicaverunt. » — Muratori, II, p. 977 : « Tunc nos suprascripti scavini judicavimus. » Ibid. p. 972 : « Dum nos suprascripti scavini taliter audivimus, judicavimus. » — Tradit. Blidenst., p. 17, a. 814 (Waitz, III, p. 401) : « Scabini ... viva voce unanimiter judicaverunt. » — Wartmann, p. 177 : « Interrogavit ipse comes illos scabinos quid illi de hac causa judicare voluissent. At illi dixerunt : secundum istorum hominum testimonium et secundum vestra inquisitione judicamus. » — Dronke, p. 226 : « *Præcipiente comite* et *scabinis judicantibus*. » L'opposition entre le rôle du comte et celui des scabins est nettement indiquée dans ce dernier texte.

impair de 7 juges fait d'ailleurs supposer que la voix du président n'est pas comptée, car elle pourrait occasionner un partage ; or il était si facile de prévenir cet inconvénient en changeant le nombre des votants, que l'hypothèse dans laquelle il eût existé est tout à fait invraisemblable (1).

Les capitulaires exigent, il est vrai, du comte et de ses subordonnés la connaissance du droit. Capit. a. 801-814, c. 4, Boret. p. 144 : « Ut comites et vicarii eorum legem sciant ut *ante eos* injuste neminem quis judicare possit vel legem mutare (1). » — Mais ce n'est point pour qu'ils puissent rendre eux-mêmes la justice, c'est, comme l'indique le texte lui-même, pour qu'ils puissent veiller à ce que, sous leur présidence, ante eos, les scabins appliquent bien la loi (2). — Quant à l'obligation de juger selon la loi et non selon leur sentiment, c'est aux scabins et non aux comtes que Charlemagne l'impose. Capit. miss. a 802, c. 26, Boret. p. 96 : « Ut judices secundum scriptam legem juste judicent, non secundum arbitrium suum. » (3)

L'abstention du comte, ou, d'une manière plus générale, du président du tribunal dans la délibération du jugement explique comment ce magistrat peut présider des procès où se débattent ses propres intérêts. Ainsi un diplôme de Charlemagne de 797 rapporte un procès immobilier entre le roi et l'abbé de Prüm et dans lequel l'abbé fut évincé par ses propres scabins. Hontheim, *Hist. Trev.* dipl. I, p. 144 ; Martene, I, p. 51 : « Qui in conspectu nostro ac plurimorum procerumque nostrorum stans in judicio, secundum quod lex ro-

(1) Cp. Lehuérou, l. c., p. 385.

(1) Cp. Capit. miss. a. 802-813, c. 3, Boret. p. 147.

(2) Savigny, l. c. p. 174.

(3) Cp. Capit. a. 803-813, c. 7, Boret. p. 146 : « Ut nullus contra rectum judicium audeat judicare quicquam. » — Laferrière, *Hist. du droit franc.*, III, p. 425, cite le passage suivant des Chronic. Moissiac., Pertz, *Scriptores*, I, p. 281 : « Carolus congregavit duces, comites et reliquum populum christianum ... ut judices per scriptum judicarent. » Il l'entend en ce sens que Charlemagne voulut imposer aux ducs et aux comtes l'obligation d'établir leurs jugements dans la forme des jugements par écrit. — Nous croyons avec Waitz (III, p. 402, n. 4) que cette interprétation est erronée et que ce passage de la chronique a la même signification que le capitulaire de 802, c. 26.

mana edocet et *sui scabinii ei judicaverint*, prædictas villas reddidit. » — Dans des documents de 867 et de 868 (Pérard p. 147 et 148), l'évêque Isaac siège comme missus royal avec le comte Odo à un plaid où s'agite un procès de son église relatif à une forêt (1). — Dans ces hypothèses le magistrat intéressé est le plus souvent représenté par un fondé de pouvoirs (2).

Si le comte ne participe pas au jugement, il n'en résulte pas cependant que les scabins aient une juridiction propre, qui puisse s'exercer hors de la présence du comte. S'il semble, dans quelques textes, que les scabins président un plaid, c'est en vertu d'une délégation du comte ou du vicomte (3).

§ 109. — Ayant ainsi réservé aux scabins, par rapport au comte et au centenier, le droit de juger en droit comme en fait (4), nous avons à rechercher si, d'un autre côté, les scabins ne partagent pas ce droit avec tous les citoyens de la circonscription.

Bien des opinions ont été émises sur cette question.

De nombreux historiens, ayant à leur tête de Savigny, admettent la participation des hommes libres aux jugements : « La présence et la coopération des scabins et des boni homines, dit de Savigny (trad. fr. l. c., p. 166), est partout mentionnée de la même manière, *ils prennent tous part au jugement*, ils signent tous l'acte qui en est dressé. Ces mots suffiraient pour établir que l'institution des scabins n'a porté aucune atteinte au droit qu'avaient (?) tous les hommes libres de con-

(1) Cp. Vaissette, II, n° 56, p. 69 : Au plaid du comte Pontius de Narbonne en 933, l'avoué de l'abbaye de Montolieu vient se plaindre d'une violation de l'immunité de supra nominato comite et le jugement est rendu contre le comte. — V. un cas semblable : *Cartulaire de S. Victor*, n° 29, a. 994. — Ibid. n° 26 : à un plaid de 845 ante Rathbertum vicarium de illustri Adalberto comite (d'Arles), l'avoué de l'évêque de Marseille réclame à l'avoué du magistrat président la restitution d'un droit de douane et gagne son procès. — Cp. Baluze. *Capit.* II, p. 1489, a. 869.

(2) V. Baluze, *Marc. Hisp.* n° 26, a. 843. *Gall. Christ.* I, 107, n° 4, a. 869. Martene, I, p. 169, a. 869. Vaissette, II, n° 107, a. 971.

(3) Muratori, I, 507 : « Dum resedisset H. scavinus de vico L. per jussionem B. comite. » En notre sens : Savigny, l. c. p. 191, n. a. Bethmann-Hollweg, V, p. 25, n. 32.

(4) Maurer, p. 65.

courir aux jugements, en qualité d'échevins. » — Faustin Hélie (I, p. 165) admet également que si les simples hommes libres ont été dispensés de l'obligation de siéger aux placités, ils n'en ont pas perdu le droit et qu'ils peuvent concourir avec les scabins à rendre les jugements, que seulement leur concours est volontaire, tandis que le concours de ceux-ci est nécessaire : « Cette participation des simples hommes libres au jugement était d'ailleurs tellement dans les mœurs des barbares qu'elle dut naturellement se continuer. Le pouvoir judiciaire avait été trop longtemps entre leurs mains pour qu'ils pussent tout à coup l'abdiquer. Et puis ne l'exerçaient-ils pas tous les jours comme *comme témoins* et comme cojurateurs? Qu'étaient-ce que les *témoins* à cette époque, sinon de véritables officiers judiciaires, des arbitres, des juges? La solennité de ces témoignages, leur influence décisive sur le cours de la justice ne plaçaient-ils pas en réalité le jugement entre les mains des conjurateurs? La fonction de juge n'avait donc pas plus d'importance que la fonction de *témoin*; il existait entre l'une et l'autre une analogie, un rapprochement dont nous n'avons plus aujourd'hui l'idée, et il ne pouvait sembler étrange à l'homme dont la déclaration et le serment venaient de décider une cause de se placer, dans la cause suivante, à côté des juges eux-mêmes. » — D'après Laferrière (III, p. 417), si Charlemagne voulut suppléer à l'incurie des hommes libres, ce fut toutefois sans les dépouiller de la faculté de concourir aux plaids avec les scabins. Schulte (trad. fr., p. 377) et Bethmann-Hollweg (t. V, p. 26 et 27) sont du même avis.

Lehuérou (*Institut. carol.*, p. 385) n'a pas d'opinion bien arrêtée : « Indépendamment du comte et de ses scabins, il semble, dit-il, que le tribunal se composait encore, au moins dans certains cas, d'un troisième élément, représenté par les boni homines de quelques formules. Ils paraissent y avoir joué le rôle de juges auditeurs ou de simples magistrats consultants, ayant le droit de présenter des observations et, par conséquent, d'intervenir au procès, mais sans voix délibérative, sauf peut-être à défaut d'un nombre compétent de scabins. Je croirais volontiers qu'ils tenaient la place du peuple dans les assemblées judiciaires, lorsque le peuple entier cessa de les fréquenter. »

Waitz est aussi assez hésitant : « Dans quelques contrées, dit-il (p. 405), notamment dans les pays allemands, il n'est fait relativement que de rares mentions des scabins, et là d'autres institutions ont été manifestement en vigueur. Là se maintint l'ancienne coutume que les hommes libres se rendaient en grand nombre à d'autres plaids qu'aux trois plaids généraux ; ils participaient au jugement, de sorte que cet acte était toujours considéré comme la décision de la communauté assemblée. De nombreux documents des différentes parties du royaume, et surtout des pays germaniques, prouvent que les jugements se rendaient encore, suivant les anciennes formes, par le peuple (1), par les concitoyens du comté (2), par les boni homines (3), en Saxe par les voisins (4). Ailleurs, ces personnes apparaissent à côté des scabins, tantôt comme prenant part réellement au jugement, tantôt comme simples assistants, tantôt enfin comme témoins ... Quelquefois on distingue bien les scabins du reste de l'assistance, en disant d'eux qu'ils siègent au tribunal du comte (5). Mais on parle aussi dans les mêmes termes d'autres personnes (6), et l'on accorde même à l'assistance une part dans le jugement (7). »

(1) Meichelbeck, 368, p. 194 : « His auditis sanxerunt populi. » V. les autres documents cités par Waitz, p. 405, n. 1.

(2) Form. Bign. 13, Zeumer, p. 233 : « Fuit judicatum in ipso placito ante ipso vigario, vel ante ipsos pagensis. » — V. Waitz, ibid. n. 2.

(3) Carta Senon. 9, 10, 17, 20, 21. — V. Waitz, ibid. n. 3.

(4) Capit. Saxon. a. 897, c. 4, Boret. p. 71 : vicinantes, vicini, convicini pagenses. — V. Waitz, ibid. n. 4.

(5) Trad. Blidenst. p. 17 : « Ante... H. comitem et scabinos residentes in mallo seu judicio publico ad multorum altercationes audiendas et justis legibus definiendas. » — Form. Bign. 7, Zeumer, p. 230 : « Cum resedisset ille vigarius... in illo mallo publico una cum ipsis scabinos, qui in ipsum mallum resedebant ad causas audiendas vel recta judicia terminanda. » — Form. Senon. rec. 3, Zeumer, p. 212 : « Vel aliis plures magnificis viris qui ibidem resedebant. » — Cp. Cart. Sen. 38, Zeumer, p. 203 et les autres documents cités par Waitz, p. 406, n. 3.

(6) Vaissette, I, nº 88, p. 113 : « Sive in præsentia et aliorum multorum bonorum hominum qui cum ipsis ibidem residebant in mallo publico. » Cp. ibid. p. 118, 124, 128.

(7) Quantin, *Cartulaire de l'Yonne*, p. 36 : « Judicavit prædictus R. (comes) et alii venerabiles et assistentes... judicaverunt iterum dictus comes cæteraque ei assistens turba. »

En face de toutes ces opinions, Sohm (p. 388) enseigne que « le gebotene Gericht de Charlemagne est un tribunal composé uniquement avec le collège des juges nommés par l'empereur. A ce tribunal apparaissent les « Rathgeber » (conseilleurs) de la communauté, nommés par le roi, mais sans la communauté elle-même. » — Maurer (p. 66) avait déjà distingué entre le plaid général et le plaid particulier, n'admettant la participation des hommes libres au jugement que dans le premier plaid, et réservant la décision aux seuls scabins en principe dans le plaid particulier. — C'est à cette opinion que nous nous rallions et nous nous croyons obligé alors, pour l'établir, de faire la démonstration que Sohm a négligé d'entreprendre.

Nous ferons préalablement une réserve, ou plutôt une concession aux historiens dont nous repoussons les théories. Nous n'affirmerons point en effet que, dans l'immense empire de Charlemagne, le droit de juger ait été partout réservé aux scabins. Il se peut que, dans certaines régions, en Saxe notamment, les boni homines, les simples hommes libres, aient pris part aux jugements. Mais nous estimons que, dans tous les pays qui forment aujourd'hui la France, la participation des hommes libres aux jugements n'existe pas en droit, en d'autres termes, que la formation *légale* de la sentence n'appartient qu'aux scabins d'après les capitulaires carolingiens.

§ 110. — Un des principaux arguments des auteurs que nous combattons, c'est que les hommes libres ont dû *continuer* à exercer un droit qu'ils possédaient depuis des siècles. — Pour nous, qui avons admis que, même à l'époque mérovingienne, le droit de juger n'appartient plus qu'aux rachimbourgs, à quelques-uns des hommes libres de la circonscription judiciaire, cet argument ne saurait avoir aucune force. Nous pourrions au contraire, partant du système que nous avons admis pour le droit mérovingien, décider que, a fortiori, à l'époque carolingienne, où les droits du peuple tendent tous les jours à s'effacer davantage, le pouvoir de juger ne peut appartenir à tous les hommes libres. Nous ferons cependant abstraction de la solution que nous avons admise précédemment et, tout en écartant l'argument tiré de la tradition, parce que cette tradition est au moins incertaine, nous étudierons la question exclusivement d'après les documents carolingiens.

Nous rappellerons d'abord les nombreux capitulaires, les formules et les autres documents que nous avons cités, lorsque nous avons établi que le comte ou ses subordonnés ne concourent pas à la formation du jugement. Ces textes remettent formellement le judicium aux scabins (V. supr. § 108). Les procès-verbaux des plaids tenus dans le sud de la France expriment manifestement que les scabins ont pour mission de vider les procès, « jussi sunt causas dirimere et legibus definire (1). »

Savigny cite, à l'appui de sa théorie, plusieurs procès-verbaux de plaids où figurent des scabins et des boni homines. — Les documents montrent au contraire, lorsqu'on les examine attentivement, quels rôles différents jouent les uns et les autres.

C'est d'abord un plaid tenu en 783 à Narbonne. Baluze, *Capit.* II, p. 1394; Vaissette, I, n° 5, p. 24. Il commence ainsi : « Cumque residerent missi .. et vassis dominicis (2 noms)... et aliorum bonorum hominum qui ibidem aderant, id est (14 noms)... in eorum judicio vel præsentia quos causas facit esse præsentes. » La suite du texte montre bien que le jugement est remis aux vassi et aux judices et que les boni homines sont de simples assistants : « Tunc nos *missi*, *vassi dominici et judices* interrogavimus ... tunc ipsi *missi et judices et vassi dominici interrogaverunt*... Habeo unde pro judicio *de supradictos missos, vassis dominicis et judices*. Et cum nos præfati *missi, vassi dominici et judices* videntes talem adprovationem ... » — Dans toute cette procédure, il n'est pas fait mention une seule fois des boni homines, et cependant on ne voit pas pourquoi ils n'y seraient point intervenus, comme les scabins, s'ils avaient figuré dans l'instance au même titre qu'eux. Le texte porte, il est vrai, à la fin : « Altercavimus inter nos ante perscriptos missos, vassis dominicis et judices, *vel plures bonis hominibus*. » Mais, comme après ces mots il y a une lacune dans le texte, on ne peut en argumenter pour préciser le rôle des boni homines. A supposer que les juges se soient entretenus avec les

(1) Vaissette, I, n° 5, a. 781; n° 70, a. 852, n° 88, a. 862, etc. Baluze, *Marc. Hisp.* n° 41, a. 879 : « Judices (scabini) qui jussi sunt a Miroue comite causas audire, dirimere vel judicare ».

boni homines, ce n'aurait pu être que pour demander à ceux-ci ce qu'ils pensaient de la question, à titre simplement consultatif.

Dans les plaids de 852, de 862 et de 867 (Vaissette, I, nos 76, 88 et 91), la mission de juger semble également réservée aux judices seuls. Plaid de 852 : « Udulricus commis.. una cum... *vassi dominici*, seu etiam et *judices qui jussi sunt causas dirimere et legibus definire ... seu etiam bonorum hominum præsentia ...* ad tunc nos *commis, vassi dominici*, hac *judices interrogavimus* ... Dum nos *commis, vassi dominici hac judices vidissemus* talem rei veritati ... hordinavimus vel crebimus judicio. » — Plaid de 862 : « In judicio Imberto misso ... seu ... *judices* qui jussi sunt causas dirimere, legibus definire, sive *in præsentia ... et aliorum multorum bonorum hominum* ... nos *missi judices interrogavimus* ... tunc *nos missi et judices ordinavimus... nos judices* ipsam scripturam de Duvigildo ante nos legere ordinaremus, sic in eam scriptum invenimus ... at vero nos *judices* cum vidissemus ... et tunc nos *judices* ordinavimus ... unde vos *judices* me interrogastis ... et tunc nos *judices*, cum vidissemus ... sic perquisivimus ... tunc decrevimus judicium.» — Plaid de 867 : « Judices ... et *præsentia aliorum plurium bonorum hominum quos causa fecit esse præsentes* .. tunc nos missus et vassi dominici *et supradicti judices ordinavimus* ipsos præceptos ante nos religere. — Cum nos vero missus et *judices* vidissemus et audissemus ... ordinavimus ... »

Les textes que nous venons de citer, loin de laisser supposer, comme le prétend de Savigny, que les hommes libres prennent une part quelconque à l'instruction et au jugement, renferment au contraire une opposition bien marquée entre eux et les scabins, soit par le silence qu'ils gardent constamment à leur égard, alors qu'à chaque instant ils mettent en scène les judices, soit par la différence d'expression pour désigner les uns et les autres, les juges, jussi dirimere causas, videntes, ordinantes, etc... les boni homines, en *présence* de qui se déroule le procès, quos causa facit esse præsentes, in præsentia ... (1).

(1) Cp. Vaissette, I, n° 11, p. 30, a. 802 : « Qui præsentialiter fuerant. » — Meilchelbeck, 434, p. 220 : Dum redissent... episcopi, K. et E. judices ceterique omnes *coronatores* viri, » c'est-à-dire qui forment cercle autour des juges.

De Savigny ajoute que sa preuve devient complète quand, longtemps après l'apparition des scabins, on voit des jugements rendus par des boni homines. Placitum du comte Bernhard de Toulouse, a. 870 : « Ante bonorum virorum quam plurimorum. » — Plaid tenu à Béziers, en 1013 : « Notitia wirpitionis... qualiter vel quibus præsentibus bonis hominibus (6 noms)... et in præsentia aliorum bonorum hominum qui ibidem erant. » (1) — Il est inexact d'affirmer que, dans ces hypothèses, le jugement a été rendu par les boni homines. Les textes ne le disent nullement. Ils se bornent à mentionner la présence des boni homines, sans dire en aucune façon que la sentence émane d'eux, ante... præsentibus. Or, tout différent est le langage des diplômes quand ils parlent des scabins.

De Savigny termine ainsi son argumentation : « Des conséquences particulières de l'égalité des droits entre les scabins et les simples échevins se retrouvent même dans les capitulaires généraux ; par exemple il est enjoint au comte d'emmener avec lui douze scabins aux placita generalia convoqués par le roi, et, s'il ne peut en rassembler autant, de melioribus hominibus illius comitatus suppleat numerum duodenarium. » — Cet argument ne nous touche pas, car les placita dont parle Savigny sont beaucoup moins des assemblées judiciaires que des assemblées de contrôle (v. infr. § 118.)

§ 111. — Nous avons constaté dans tous les procès-verbaux des jugements la présence des boni homines. Quelle est précisément la signification et l'utilité de cette assistance de personnes autres que les scabins ?

Nous estimons d'abord que ces boni homines peuvent en fait peser sur la décision. L'accès des tribunaux leur est ouvert. Ils viennent y représenter l'opinion publique. Rien ne s'oppose à ce que les juges tiennent compte de cette opinion et que, pour la connaître, ils demandent aux assistants leur avis sur le procès (2). On peut ainsi expliquer certains textes qui laisseraient

(1) Cp. deux autres plaids tenus à Béziers au XIe siècle, Vaissette, I, p. 122 ; II, p. 167, 222, 311.

(2) Maurer, p. 83.

supposer la participation réelle, de droit, de ces boni homines à la formation de la sentence (1).

Les boni homines peuvent également être consultés à titre d'experts par les juges. Ils sont chargés par exemple de procéder à une descente de lieux. Plaid à Narbonne en 783, Baluze, *Capit.* II, p. 1395 : « Bonos homines idoneos, his nominibus... qui sic testificaverunt in supradictorum judicio ... quia nos supra nominati testes scimus et bene in veritate nobis cognitum manet, et vidimus ipsas villas superius scriptas, cum fines et terminos vel ajacentias quæ ad ipsas villas pertinent. » (2).

La présence des boni homines s'explique principalement par la nécessité d'avoir des témoins des actes qui ont été accomplis dans l'instance. Les boni homines viennent alors, en cas d'inexistence ou de perte du procès-verbal, attester que le jugement a été rendu dans tel ou tel sens ; ils servent de recors. Capit. leg. add. a. 803, c. 10, Boret. p. 114: « Si quis causam judicatam... ibique *testibus* convictus fuerit. » — C'est pour ce motif qu'on les nomme presentes testimoniales, testes, testificantes, testimoniales, signafactores (3).

Quelquefois, avant les scabins, les diplômes nomment de grands personnages, fonctionnaires ou vassaux. Baluze, *Marc. Hisp.* p. 780 : « Et dum nos supradicti vassi, vicedomini, vel judices hanc causam pariter exquisivimus et diligenter investigavimus, invenimus rei veritatem ... hoc examen perquisitum

(1) Charta Hludovici Pii, a. 823, Schoepplin, *Alsat. Dipl.* I, p. 70 : « Secundum idoneos ejusdem populi judices ceterorumque consensum justitiam faciat. »

(2) Cp. Form. Goldast. c. 99.

(3) *Monum. Boic.* a. 837, p. 23 : « Hoc peractum est in presentia venerabilium virorum ... episcopi ... comitum ... et alii presentes testimoniales (65 noms)... et alii *sine numero.* » — *Form.* Goldast. c. 92 : « Isti sunt *judices* qui hoc *judicaverunt* ... talibus vero hominibus testificantibus. » Ibid. c. 99 : « Hæc nomina testium ... et hæc nomina scabiniorum. » — Kindlinger, p. 217. Placitum a. 814 : « Coram his *judicibus* ... et coram testibus. » — Diplôme de Charlemagne de 782, Sickel, K, 97: « Una cum scabinis et testibus Moslinses. » — Vaissette I, n° 109, p. 134, a. 878 : « Ut inde notitiam bonorum hominum in testimonium colligeret, quorum præsentibus actum fuit. » — Baluze, *Capit.* II, p. 823 : « Testes suprascripti comprobaverunt ... et per judicium scabiniorum. » Ibid. p. 1394, a. 783. — Vaissette I, n° 34, p. 55, a. 821 : « Aliorum bonorum hominum qui subter subscripturi vel signafactores sunt. »

atque fideliter investigatum, decrevimus judicium et ordinavimus. » Ibid p. 783 : « In *præsentia* A et G vassos, W comitis et judices qui sunt jussi judicare (7 noms) vel cæterorum hominum qui cum ipsis in placito residebant. » — Doit-on dire qu'ils prennent part au jugement au même titre que les scabins, ou bien qu'ils ne concourent qu'à l'instruction et rehaussent, par leur présence, l'autorité du tribunal ? C'es là une question qu'il nous paraît difficile de trancher, vu l'insuffisance des documents.

Nous signalerons un dernier avantage à la publicité des audiences, à la présence des boni homines ou des grands, même en n'admettant point la participation de ces personnes au jugement. C'est que les juges, comtes, centeniers et scabins sont ainsi placés sous le contrôle de leurs concitoyens. Ceux-ci peuvent alors dénoncer soit au plaid général, soit au tribunal du roi, soit aux assemblées des missi les abus qu'ils ont vu commettre.

Le soin de former le jugement étant, à notre avis, réservé aux seuls scabins, devrons-nous exiger leur unanimité pour la validité de la sentence ? Quelques documents mentionnent cette unanimité (1). — L'accord de tous les scabins ne nous semble pas cependant indispensable. Quelques textes ont pu le signaler pour donner plus d'autorité à la sentence, mais tous les autres se bornent à parler du jugement par les scabins, « judicaverunt scabini. » Or, ils n'auraient pas manqué de signaler une condition qui eût été essentielle.

§ 112. — Le principe de la personnalité des lois (2) doit entraîner quelquefois des modifications dans la composition du tribunal des scabins. Ce principe exige que les scabins soient de la même nationalité que les autres parties, autrement ils pourraient ne pas connaître la loi à appliquer dans l'affaire. Dans les cas où les parties sont soumises à des lois différentes, les scabins doivent eux-mêmes être pris dans les deux nations ; grâce à cette composition mixte, les scabins peuvent s'éclairer

(1) V. Waitz, III, p. 405, n. 1. Baluze, *Capit.* II, p. 743 : « Scabini unanimiter judicarunt. » Ibid. p. 953.

(2) Ce principe est consacré par les capitulaires suivants : Capit. aquisgr. a. 768, c. 10, Boret. p. 43. Capit. ex Anseg. c. 2, Boret. p. 160. Capit. a. 820, c. 3, Boretius, p. 297. — Cp. Agobard, Adv. leg. Gund. c. 4, Op. I, p. 111.

mutuellement, le Romain, par exemple, peut expliquer au Franc les dispositions de la roi romaine, si c'est cette loi qui doit régir la contestation (1). C'est à ce principe de la personnalité des lois que fait allusion le capitulaire missis de 802 (Boret. p. 102), c. 48, quand il exige de chaque juge une déclaration de la loi sous laquelle il vit : « Ut comites et judices confiteantur qua lege vivere debeant et secundum ipsam judicent. »

Les documents du midi de la France et de l'Italie attestent la composition mixte des tribunaux dans ces régions où les nationalités diverses étaient entremêlées (2). Cette diversité dans la nationalité des juges, si elle présentait le plus souvent des avantages, ne laissait pas quelquefois de compliquer la solution du litige ainsi que l'attestent les *Miracula S. Benedicti*, Bouquet, VI, p. 313 : « Colliguntur ab utriusque partibus plurimi legum magistri et judices, qui pro partibus decertarent. Sed cum litem in eo placito finire nequirent, eo quod salicæ legis ju-

(1) Sur la détermination de la loi à appliquer, V. Savigny, l. c. § 46. Bethmann-Hollweg, t. V, § 78.

(2) Placitum a. 844, Gallia christ. I, instr. p. 107, nº 4. Procès de l'évêque Alboin de Marseille contre le vicaire Radbertus qui préside lui-même le tribunal : « In mallo publico ante Radbertum vicarium de viro illustri H. comite et tam scavinis tam Romanis quam Salicis vel judicibus. » — *Cartulaire de S. Victor*, nº 26, a. 845, plaid d'un vicaire in Caradosco villa (près d'Arles), avec 28 scavinii tam Romani quam Salici. — Vaissette, II, nº 12, p. 56. Gallia, Christ. XIII, Instr. p. 2, nº 2 : plaid de 918 dans une contestation entre l'abbé Arifonso et Bernardus vicaire du comte de Toulouse : « Una cum abbatibus, presbyteris, judices, scaphinos et regimburgos, tam Gotos quam Romanos seu etiam et Salicos (5 judices Romanorum, 4 judices Gotorum et 8 judices Salicorum). » — Ménard, I, nº 3, a. 898 : plaid du vicomte de Nîmes avec 8 scabins. A la première audience, *le défendeur déclare qu'il vit selon la loi salique* ; aussi à la seconde audience voit-on 7 judices tam Gotos quam Salicos et dont 4 seulement avaient figuré à l'audience antérieure. — Plaid de 933 à Narbonne, Vaissette, II, nº 56, p. 69, Gallia christ. VI, Instr. p. 423 : « Vel judices qui jussi sunt causas dirimere et legibus definire tam Gotos quam Romanos velut etiam *salicos*. » — *Plaid de 968, Mattene I*, p. 322 : « In Arelate civitate ante domno Wilhelmo comite et ante vassos dominicos tam Romanos quam Salicos una cum plurimarum personarum diversis legibus viventibus. » — Muratori, I, p. 359. — Fantuzzi, II, p. 28 : « Residentibus cum eis romanorum francorum langobardorumque atque saxonum alamanorum genus. »

dices ecclesiasticas res sub romana constitutas lege decernere perfecte non possent, visum est missis dominicis placitum Aurelianis mutare. Venientes igitur ad condictum locum magistri et judices, utraque ex parte acerrime decertabant. Aderant igitur legum doctores tam ex A. quam ex W. provincia. Enimvero longiuscule litem judicibus protrahentibus, eo quod nec hi cedere illis nec illi aliis assensum præbere vellent, tandem adjudicatum est. »

On peut se demander, en l'absence presque complète de documents relatifs aux contrées du nord et de l'est de l'empire carolingien, si l'on y suivait, pour la composition du tribunal, les règles adoptées dans les autres parties de l'empire. On pourrait, en faveur de la solution affirmative, argumenter par analogie de certains textes qui exigent que les témoins soient de la même nationalité que les parties. Rabanus Maurus (1) rapporte que l'on appliquait ce principe en Saxe et Waitz, se fondant sur un document (2) qui y apporte une exception, estime qu'ils constituait la règle générale. — Il nous semble cependant difficile d'admettre que la règle saxonne ait été

(1) Mabillon, *Ann.* II, p. 732 : « Dicunt quod super Saxonem nullus de Francorum aut Romanorum aut ex alia qualibet gente licet inter suos nobilis natu atque honestus conversatione habeatur, nisi Saxo, testis esse possit. Hoc enim aiunt legem gentis suæ pati non posse, ut alterius gentis homo in testimonium citetur ad infringendam legem libertatis suæ. »

(2) Sendrecht der Mainwenden, *Zeitschrift f. deutsches Recht*, XIX, p. 384 : « Quod si quis, cujuscumque sit gentis nationis vel linguæ... deprehensus fuerit.... a cujuscumque nationis vel linguæ viris, nobilibus tantum et numero testimonio congruentibus, perjurii vel alicujus criminis impetitus fuerit noxa, penitus quia unius legis et gentis non sunt objectione remota, aut vindictæ perjurii subjaceat, aut si impetita suspicione igniti ferri judicio expurget. » — On pourrait également citer le præcept. a. 797, Martene, I, p. 51, où il s'agit d'un procès immobilier du fisc contre l'abbé de Prüm devant le tribunal du roi : « Qui in conspectu nostro ac plurimorum procerumque nostrorum præsentia stans in judicio, secundum quod lex romana edocet et sui scabinii (romani) ei judicaverunt, prædictas villas partibus nostris ... reddidit. » — Plaid de 921, Neugart, I, p. 572, nº 705 : Procès des moines de S. Gall avec l'évêque de Coire relativement à une abbaye : « Mandavit dux B ut secundum legem romanam judicaret ... judicaverunt omnes Romani et Alamanni. »

admise (1) dans le reste de l'empire franc, car un capitulaire de 817, tout en recommandant de prendre comme témoins de certains actes des personnes vivant sous la même loi que l'aliénateur, permet, à défaut de telles personnes, d'en prendre d'autres, pourvu quelles soient honorables. Capit. leg. add. c. 6, Pertz, p. 211 : « Quod si eodem tempore quo illos tradere vult extra eumdem comitatum fuerit. . adhibeat sibi vel de suis pagensibus, vel de aliis qui eadem lege vivant qua ipse vivit, testes idoneos ; vel si illos habere non potuerit, tunc de aliis quales ibi meliores inveniri possunt. » — Le doute subsiste donc sur la composition du tribunal des scabins dans les provinces en question (2).

Il devait être parfois très-difficile de trouver des scabins vivant sous l'empire de la loi qu'ils devaient appliquer, lorsqu'un plaideur s'était établi dans une contrée où n'habitait aucun de ses compatriotes. lorsque, par exemple, un Goth plaidait en Austrasie. Peut-être alors l'autorisait-on à faire renvoyer l'affaire devant les tribunaux de son pays. C'est ce que l'on pourrait admettre (3) par analogie de ce que décide le § 71 du livre I des capitulaires d'Ansegise, de eo qui in aliena patria de qualibet causa fuerit interpellatus, Pertz, p. 321 : « Si quis in aliena patria, ubi vel propter beneficium, vel propter aliam quamlibet occasionem adsidue conversari solet, de qualibet causa fuerit interpellatus, verbi gratia de conquesitu suo vel de mancipiis suis, ibi secundum suam legem justitiam faciat, et cum talibus conjuratoribus, quales in eadem regione vel provincia secum habere potuerit, legitimum sacramentum juret ; excepto si quis eum de statu suo, id est de libertate sua vel de hereditate quam ei pater suus moriens dereliquit, appellaverit. De his duobus liceat ei *sacramentum in patria sua, id est in legitimo sui sacramenti loco jurandum offerre, et is qui cum eo litigatur, si velit, sequatur illum in patriam suam ad recipiendum illud sacramentum. Ipse*

(1) En ce sens, Bethmann-Hollweg, V, p. 140.

(2) Sur la détermination des contrées où a été reçue l'institution des scabins, V. Waitz, III, p. 404. Bethmann-Hollweg, V. p. 52 et s. Savigny, l. c. trad. fr. p. 172.

(3) Bethmann-Hollweg, V, p. 84.

*tamen primo in eodem loco*, id est ubi interpellatus est, *satisfaciat tam comiti et judicibus quam adversario suo* testibus probando, quod rem, quæ ab eo quæritur pater suus ei dereliquit. » — La science des droits étrangers devait être rendue chaque jour plus accessible aux scabins d'un pays par suite des rédactions écrites dont presque tous les droits étaient l'objet. Aussi un capitulaire de Karloman parle-t-il des « Franci homines mundanæ legis documentis eruditi (1). »

Le principe du jugement par des juges de même nationalité que les parties doit, à notre avis, s'appliquer aussi bien aux plaids généraux qu'aux plaids particuliers. Ceux-là peuvent avoir en effet à statuer sur des questions de droit privé ; ils jugent aussi des procès criminels. Sans doute, tous les hommes libres du comté doivent bien assister au plaid général, mais dans un procès de liberté entre Francs par exemple, les assistants d'une autre nationalité ne seront point appelés à donner leur avis ; de même, dans un procès entre deux parties de nationalités différentes, ne prendront part au jugement que les hommes libres de ces nationalités. Mais, en matière criminelle, il n'y a plus à distinguer suivant la nationalité de l'accusé ; en effet, les peines publiques, les seules sur l'application desquelles le plaid général soit appelé à statuer, sont établies, non point par les lois spéciales de chaque nation, mais par les capitulaires des rois francs, dont l'autorité s'impose à tous les sujets de l'empire, quelle que soit leur origine. D'ailleurs l'importance même du procès appelle la participation au jugement de tous les hommes libres sans distinction.

Les scabins, après avoir rendu leur jugement, doivent signer la minute et les expéditions. Capit. Hludow. II, a. 856, c. 5, Pertz, p. 438 : « Et quod judicaverunt confirmare sua subscriptione non dissimulent... » — Constit. Olonn a. 823, c. 12, Pertz, p. 235 : « Ut cancellarii electi boni et veraces cartas publice conscribant ante comitem et scabinis et vicarii ejus (2). » — Ils touchent un droit de greffe. Resp. mis. cuid. a. 801-814, c. 2, Boret. p. 145.

(1) Bethmann-Hollweg, V, p. 84 et 85.

(2) Cp. Wartmann, 187, p. 177.

§ 113. — Les fonctions extrajudiciaires des scabins ont relativement peu d'importance. Ils servent de témoins dans certains actes solennels. Cap. leg. rib. add. a. 803, c. 8, Boret. p. 118 : « Qui filios non habuerit et alium quemlibet heredem sibi facere voluerit, coram rege vel coram comite et scabineis vel missis dominicis, qui tunc ad justitias faciendas in provincia fuerint ordinati, traditionem faciat(1). » — Ils jouent un certain rôle dans la publication des lois nouvelles. Charlemagne veut que le peuple soit interrogé sur ces lois et que les personnes présentes à la publication, après avoir donné leur consentement, signent les capitulaires. Capit. miss. a 803, c 19, Boret. p. 116 : « Ut populus interrogetur de capitulis quæ in lege noviter addita et postquam omnes consenserint, subscriptiones et manufirmationes suas in ipsis capitulis faciant. » — Ce consentement n'est évidemment exigé que pour la forme ; en fait, il ne devait y avoir qu'une simple publication dans des assemblées composées des magistrats et dignitaires de la circonscription et des scabins représentant le populus. Aussi une notitia, rapportée par Boretius, p. 112, ne mentionne-t-elle que les signatures du comte, de l'abbé, de l'évêque et des scabins : « Sub ipso anno hæc capitula facta sunt et consignata Stephano comiti ut hæc manifesta fecisset in civitate Parisius mallo publico et ipsa legere fecisset *coram illis scabineis*. Et omnes in uno consenserunt quod ipsi voluissent omni tempore observare usque in posterum, etiam omnes *scabinei*, episcopi, abbatis, comitis manu propria subter firmaverunt. » — Les scabins peuvent aussi recevoir des serments même en l'absence du comte (2). — Enfin, devant les tribunaux supérieurs, ils viennent témoigner des faits qui se sont passés dans leur circonscription. Diplôme de Charlemagne de 782 (?) Sickel, *Regesten*, p. 44, n° 97 : « Veniens W. missus noster una cum scabinis et testibus Moslinses qui detulerunt nobis... et tales testes vel scabini ibidem in presentia adfuerunt, qui per sacramenta hoc adfirmerunt ut vidissent et certissime cognovissent.... tam agentes S. Petri vel scabinis dicebant. »

(1) V. Waitz, III, p. 399, n. 2.

(2) Baluze, *Marc. Hisp.* p. 798, 804. 806.

L'institution des scabins, que nous venons d'étudier, ne fut pas reçue sans de vives résistances de la part des officiers dont elle avait pour but de réprimer les abus. Aussi des capitulaires de beaucoup postérieurs à la création de ces juges permanents réitèrent-ils l'interdiction aux comtes et aux centeniers d'appeler aux plaids d'autres personnes que les parties, les témoins et les sept scabins (V. supr. § 102). Le soin qu'ils mettent à signaler le motif des prohibitions qu'ils renferment, « magis propter cupiditatem quam propter justitiam faciendam sæpissime placita tenent », atteste bien que les vexations des officiers royaux ne cessèrent point avec la promulgation des nouveaux capitulaires (1).

(1) Cp. Capit. a. 855, c. 14, Bal. II, p. 355

## CHAPITRE II.

### JURIDICTION DES MISSI.

§ 114. — Nous avons déjà rencontré, dans la période mérovingienne, des missi royaux allant remplir dans les différentes parties du royaume les fonctions les plus diverses (1). Les Carolingiens conservèrent cette institution en la régularisant et en la généralisant. Pour Charlemagne, les missi furent le principal moyen de centralisation dans l'ordre judiciaire et dans l'ordre administratif. Grâce à eux, pendant près d'un siècle, les abus des juridictions locales purent être réprimés, le cours de la justice assuré, et les juges contraints de se conformer aux lois (2).

Sous les derniers Mérovingiens, quand l'empire franc commençait à se dissocier, les missi dominici durent disparaître. Délégués de la royauté, comment auraient-ils pu, en effet, aller exercer dans les provinces une autorité que leur mandant n'aurait pu leur communiquer ? Mais, lorsque les maires du palais, qui furent les véritables fondateurs de la dynastie carolingienne, eurent reconstitué le pouvoir central qui menaçait de s'éteindre entièrement, ils remirent en pratique une institution qui devait leur être d'un si grand secours, et, dès Pépin le Bref, ces envoyés royaux comptèrent au nombre des fonctionnaires ordinaires du royaume.

(1) C'est, dit Lehuérou, *Instit. carol.* p. 388, « un accessoire obligé de tout gouvernement central, puisqu'ils sont destinés à relier tout le système et à rattacher les extrémités au centre. »

(2) Faustin Hélie, p. 162.

Ces envoyés apparaissent dans les capitulaires et dans les autres documents sous des noms divers, missus (1), legatus (2), nuncius (3). — A ces expressions sont ajoutées des épithètes également variables (4), dominicus, dominicalis, palatinus, regalis.

Il faut distinguer deux sortes de missi dans la législation carolingienne, les missi extraordinaires et les missi ordinaires.

Les premiers sont chargés d'une mission spéciale et temporaire. Ainsi ils font tradition d'un bien du roi (5) ; ils intentent une action au nom du roi (6) ; ils recherchent si une église n'a pas été dépouillée injustement par un comte (7).

Les missi ordinaires ont au contraire des fonctions générales permanentes ou du moins d'une certaine durée soit dans l'ordre judiciaire, soit dans l'ordre administratif, soit même en toutes matières.

Dès les premières années du règne de Charlemagne, on rencontre des missi ordinaires (8). Mais, croyons-nous, ce n'est qu'après son couronnement que Charlemagne porta l'institu-

(1) Capit. miss. a. 808, Boret. p. 137.

(2) Form. imperat. 14, Zeumer, p. 296.

(3) Mabillon, *Acta*, IV, 1, p. 228. Dronke, p. 92, 120, 156.

(4) Missus dominicus : Capit. miss. a. 808, Boret. p. 137. — Missus dominicalis : Meilchelbeck, 530, p. 278. — Missus palatinus : capit. miss. a. 819, c. 1, Boret. p. 289. — Missus regalis: capit. Saxon. a. 797, c. 4, Boret. p. 71. — Leber, *Collection de dissertations relatives à l'histoire de France*, t. VI, p. 320, cite l'expression de *mez du roi*. — Les historiens allemands n'ont pu se mettre d'accord pour trouver l'expression allemande correspondante à missus dominicus, et cependant il s'agit de nommer une institution germanique, puisque Charlemagne est pour eux un empereur allemand, et l'histoire franque la première période de l'histoire allemande. V. Waitz, III, p. 443, n. 2. Schulte, trad. fr. p. 120, n. 1. Sohm, p. 480.

(5) Polyptic. S. Remigii, Guérard, *Polypt.* II, p. 291, a. 861.

(6) Meichelbeck, 1, n° 434, a. 822.

(7) *Monum. Boic.* XXVII, 1, p. 13.— V. Waitz, II, p. 480, n. 1. Sohm, p. 481.

(8) V. Capit. a. 779. c 21, Boret. p. 51. Capit. a. 789, c. 27 et 35, Boret. p. 64. Capit. a. 768, c. 12, Boret. p. 43. Capit. Saxon. a. 797, c. 4, Boret. p. 71. Ann. Lauresham. a. 798, Pertz, *Scriptores*, I, p. 184 : « Nordlindi... legatos regios ... qui tunc ad justicias faciendas apud eos conversabantur. » — Sur toute la législation carolingienne jusqu'à l'an 802, V. Waitz II, p. 444 à 450.

tion des missi à son plus haut degré de développement et de force ; ce n'est qu'à partir du capitulare missorum generale de 802 que les missi devinrent une partie organique du gouvernement impérial (1). Il semble bien, en effet, d'après les termes mêmes des deux documents que nous allons citer que, jusqu'à cette époque, l'institution n'avait point, du moins dans l'ordre judiciaire, atteint le but que l'empereur s'était proposé. Annales Lauresh. a. 802, Pertz, *Scriptores*, I, p. 38 : « Eo anno demoravit domnus Cæsar Carolus apud Aquis palatium quietus cum Francis sine hoste ; sed recordatus misericordiæ suæ de pauperibus qui regno suo erant et *justitia pleniter habere non poterant*, noluit de infra palatio *pauperiores vassos suos transmittere ad justitias faciendum, sed elegit in regno suo archiepiscopos et reliquos episcopos et abbates cum ducibus et comitibus* qui jam opus non abebant super innocentes munera accipere et *ipsos misit per universum regnum suum ut ecclesiis, viduis et orfanis et pauperibus et cuncto populo justitiam facerent.* » Le capitulaire de 802 visé par les annales s'exprime dans les termes suivants, Boret. p. 91, c. 1 : « Serenissimus igitur et christianissimus domnus imperator Karolus elegit ex optimatibus suis prudentissimis et sapientissimos viros, tam archiepiscopos quam et reliqui episcopi, simulque et abbates venerabiles laicosque religiosos et direxit in universum regnum suum et per eos cunctis subsequentibus secundum rectam legem vivere concessit... ut cuncto populo legem pleniter adque justitia exhiberent secundum voluntatem et timorem Dei. »

§ 115. — Depuis le capitulaire de 802, l'empereur choisit, pour le représenter dans les provinces, des personnages considérables, car seuls ils peuvent avoir assez d'autorité pour en imposer aux fonctionnaires de divers ordres ; d'un autre côté ils sont moins accessibles à la corruption (2). Auparavant, le nombre des missi variait dans chaque missiaticum (v. infra).

(1) Waitz, II, p. 451. — Contra : Sohm, p. 482. — Les annales Einhardi, a. 798, Pertz, *Scriptores*, I, p. 185, ne prouvent nullement, comme le prétend Sohm, qu'il existait déjà, à la fin du VIIIe siècle, des missi ordinaires, car elles parlent simplement de missi envoyés en Saxe « ob justitias faciendas. »

(2) Ann. Lauresh. supr. cit.

On en nommait deux, trois, quatre, quelquefois un seul (1). A partir de 802, on trouve en principe par circonscription deux missi, dont un grand laïque et un grand ecclésiastique, c'est-à-dire un représentant de chacun des deux éléments supérieurs de la société, l'aristocratie et le clergé. Les deux missi sont presque toujours l'archevêque et un comte. La commemoratio missis data de 825, qui contient l'énumération des différents missi royaux, nomme, pour tous les missiatica sauf deux, l'archevêque et un comte ; dans deux circonscriptions, un évêque remplace l'archevêque, et encore, dans l'une d'elles, n'est-ce que pour le cas où l'archevêque « non potuerit. » (2). — La règle comporte cependant de nombreuses exceptions. Ainsi l'on trouve soit plusieurs comtes (3), soit plusieurs ecclésiastiques (4). D'ailleurs, le capitulaire de 819 suppose que la qualité des missi peut être très-diverse, et il indique en conséquence les prestations qui doivent leur être fournies dans leurs tournées, c. 29, Boret. p. 291 : « De dispensa missorum nostrorum, qualiter unicuique juxta suam qualitatem dandum vel accipiendum sit videlicet episcopo panes quadraginta ... abbati, comiti, atque ministeriali nostro unicuique dentur cottidie panes triginta... vasallo nostro panes decem et septem. »

Les missi sont nommés pour une période limitée d'une année. Il eût été contraire au but de centralisation que poursuivait l'empereur d'instituer des missi à vie, de leur donner par là le moyen d'acquérir dans leurs provinces une influence qui leur aurait bientôt permis de s'affranchir du contrôle supérieur de la royauté. En 802, l'institution des missi eut lieu au mois de mars. Les missi ne durent commencer leurs tournées d'inspection qu'au printemps. — Dans un capitulaire de 811-813, c. 8, Boret. p. 177, l'empereur décide que les missi visiteront leurs provinces quatre fois par an, en janvier, en avril, en juillet et

(1) Un missus seulement au plaid mentionné dans les *Hist. patr. Mon.* I, p. 36. — Quatre missi au plaid de 783 rapporté dans Baluze. *Capit.* II, p. 1394.

(2) Pérard, p. 33, nomme un évêque et un comte. — Muratori, I, p. 503, un évêque et un comte palatin. — Form. Sen. rec. 4, Zeumer p. 213 : un abbé et un comte.

(3) Capit. a miss. ad comit. dir. a. 801-813, Boret. p. 183.

(4) V. les documents cités par Waitz, II, p. 460.

en octobre, ce qui laisse supposer d'abord que les missi ne sont nommés que pour un an, et qu'ensuite leur nomination doit avoir lieu à la fin de l'année qui précède celle où ils entrent en charge. Cependant, dans un capitulaire de 828, Pertz, p. 327, les missi ne commencent leurs tournees qu'à Pâques : « Missi vero nostri suam incipiant legationem peragere octavas Paschæ. » (1)

Si les fonctions de missus sont annuelles, la même personne peut cependant en être chargée plusieurs années de suite (2), et c'est ce qui semble s'être passé, surtout pour les missi ecclésiastiques. Quelques documents parlent même de certains missi comme si leurs fonctions étaient à vie (3). Mais la nomination à vie dut être l'exception et ne se produire qu'à une époque où l'institution des missi avait déjà perdu de sa signification primitive.

Un autre usage, destiné également à empêcher les missi d'acquérir une autorité trop considérable dans leurs circonscriptions, consiste à nommer des missi étrangers au missiaticum, à choisir, par exemple, des grands de la cour du roi (4).

L'empire est, au point de vue du contrôle des missi, divisé en un certain nombre de circonscriptions portant le nom de missiaticum ou de legatio, expressions qui d'ailleurs désignent

(1) Dans une lettre aux évêques, Louis le Débonnaire annonce la venue des missi pour le mois de septembre ; mais il s'agit d'une enquête à faire sur un point spécial, Boret. p. 340 : « Missos nostros *hujus negotii inquirendi* per universum imperium nostrum kalendis septembris venturis dreximus. »

(2) Waitz, II, p. 461, n. 1 et les documents cités p. 460, n. 1.

(3) Waitz, l. c. p. 461, n. 2. — Flodoard, *Hist. Rem.* II, 18, p. 185 : « Wulfardus... qui ab imperatore... Magno Karolo missus dominicus ad recta judicia determinanda fuerat ante episcopatum constitutus super totam Campaniam. »

(4) Form. imper. 14, Zeumer, p. 296 : « Missorum a palatio directorum. » — Concil. Vern. c. 2, Pertz, p. 384 : « Missis a latere vestro. » — Capit. miss. a. 819, c. 26, Boret. p. 291 : « Ut missi nostri qui vel episcopi vel abbates vel comites sunt, *quamdiu prope beneficium* suum fuerint, nihil de aliorum conjecto accipiant ; postquam vero *longe inde recesserint*, tunc accipiant secundum quod in sua tractoria continetur », c'est-à-dire reçoivent les prestations auxquelles ils ont droit en tournée, ibid. c. 29, sup. cit.

aussi bien la fonction que la circonscription (1). — Quelle est précisément l'étendue d'un missiaticum? Les limites d'une circonscription ne changent-elles point avec la nomination de nouveaux missi? Ce sont là des questions auxquelles il nous paraît impossible de répondre d'une manière certaine et absolue (2). Il ne nous semble pas toutefois que la division du royaume en missiatica ait été généralement réglée d'après les divisions ecclésiastiques, quoique, le plus souvent, on ait dû en tenir compte, à cause de la qualité d'évêque ou d'archevêque de l'un au moins des missi.

§ 116. — En entrant en charge, les missi reçoivent de l'empereur des instructions destinées soit à leur rappeler les lois nouvelles, à l'exécution desquelles ils doivent veiller, soit à leur indiquer la manière de traiter certaines questions spéciales qui se présenteront à eux. Breviarium miss. a. 789, Boret. p. 65 : « Incipit breviarium de illa capitula quæ domnus rex in Equitania Mancione et Eugerio missis suis explere jussit. » — Capit. miss. a. 792, Boret. p. 66 : « De singulis capitulis quibus domnus rex missis suis præcepit... » — Capit. de latr. a. 804-813, Boret. p. 180 : « Qualiter missi nostri de latronibus agere debent. » — Capit. missis, a 819, Boret. p. 289 : « Hæc sunt capitula præcipue ad legationem missorum nostrorum ob memoriæ causam pertinentia, de quibus videlicet causis ipsi agere debeant. » (3) — Le roi tient essentiellement à

(1) Missiaticum dans le sens de fonction : Capit. a. 810-811, c. 1, Boret. p. 160 : « Missaticum illi injunctum. » — Hincmar, Op. II, p. 287 : « Si talem missaticum haberem sicut vos habetis. » — Dans le sens géographique : Capit. miss. Nium. a. 806, c. 1, Boret. p. 131 : « Ut unusquisque in suo missiatico. » — Legatio dans le sens de fonction : Marc. form. aevi Kar. 20, Zeumer, p. 120. — Capit. miss. a. 802, c. 1, Boret. p. 91 : « De legatione a domno imperatore directa. » — Dans le sens géographique : Capit. miss. a. 819, c. 5, Boret. p. 289 : « Missi nostri omnibus in sua legatione. »

(2) V. sur le partage de l'empire franc en missiatica à certaines époques : sous Charlemagne, les capitularia missorum specialia de 802, principium et la notice de Boretius, p. 99. Sous Louis le Débonnaire, la commemoratio missis data de 825, c. 1, Boret. p. 308. Sous Charles le Chauve, le Conventus silvacensis de 853, Pertz, p. 426. — V. Guérard, *Essai sur les divisions territor. de la Gaule*, p. 67.

(3) Cp. Commemoratio missis data, a. 825, Boret. p. 308.

ce que les missi aient une connaissance exacte des capitulaires ; ainsi, lorsqu'avant de partir pour leurs tournées ils ont oublié d'en prendre une copie, ils doivent réparer immédiatement leur négligence et envoyer un délégué en demander communication à la cour. Fragm. epist. reg. (Karoli calvi) ad miss. a. 853, Pertz, p. 427 : « Mandamus præterea ut si capitula domini avi et genitoris nostri scripta non habetis, mittatis ad palatium nostrum *de more prædecessorum vestrorum* missum vestrum et scriptorem cum pergamena et ibi de nostro armario, ipsa capitula accipiat atque conscribat. Et vos deinde secundum ipsa capitula... procuretis. » — Dans aucun cas, ils ne doivent s'écarter des instructions qui leur ont été données. Capit. de latr. a. 804-813, c. 8, Boret. p. 181 : « Ut per nullo modo missi nostri alias justicias non præsumant facere nisi quemadmodum illis jussum est. » — Lorsqu'un missus éprouve des doutes sur la portée des instructions qu'il a reçues, il doit en référer au roi, qui explique alors son premier mandement. Responsa misso cuid. dat. a. 801-814, c. 2, Boret. p. 145 : « De secundo unde me interrogasti... ad placitum nostrum generale exinde interrogare facias. » — Capit. Wormat. a. 829, Pertz, p. 450 : « Hæc sunt capitula quæ aliqui ex missis ad nostram notitiam detulerunt. » — Le recours au roi leur est encore indiqué lorsqu'ils rencontrent dans l'accomplissement de leur mandat des difficultés quelconques qu'ils ne peuvent surmonter par eux-mêmes. Capit. miss. a. 810, c. 1, Boret. p. 155 : « Missi... perficiant quod eis injunctum fuerit aut, si non potuerint, domno imperatori notum faciant, quæ difficultas eis resistat ne illud perficere possint. » — C. 5, ibid. : « Quicumque illis justitiam facere volentibus resistere conatus fuerit, domno imperatori annuncient. » — Capit. miss. a. 819, c. 13, Boret. p. 290 : « Et summopere studeant (missi) ut hoc quod per se efficere non possunt nobis notum faciant. » — Commemor. miss. a. 825, c. 3, Boret. p. 309 : « Et ubi forte aliquo tali impedimento, quod per eos emendari non possit, aliquid de his quæ constituimus ac jussimus remanserit imperfectum, eorum relatu nobis ad tempus judicetur, ut per nos corrigatur quod per eos corrigi non potuit. » — Quelquefois c'est de leurs prédécesseurs que les missi reçoivent les instructions nécessaires pour l'accomplissement de leur mission. Lettre du Cod.

Paris. n° 2777 (P), citée par Waitz, II, p. 464, n. 1 : « Liquet namque, quod sagax efficatia vestra astutiam præcellit omnium hanc legationem agentium, ut superius dictum declarat effectum. Et ideo quia pre cunctis excellentius subtiliusque eamdem legationem a vobis ordinari scimus, de vestra inviolabili caritate freti, consilium expetimus quomodo ipsam agere debeamus, ut sicut eam penes vos habetis depositam, qualiter episcopos vel canonicos aut monachos vel quibus capitulis ab eis debeamus requirere, per ordinem cuncta celerius ad nos recurrens ostendat epistola. Istam quoque paginam, que coram domno imperatore et nobis omnibus lata est, cum universis generaliter data fuit licentia eundo palatio, pariter cum præpetita epistola nobis mittite, et non solum ea que nominatim expressimus, sed prebete cuncta que huic negotio scitis esse congrua. »

Les missi ont l'obligation d'adresser à l'empereur, à certaines époques déterminées, un rapport sur l'exercice de leur mandat. Des capitula a missis dominicis ad comites directa (a. 801-813) exposent que les missi doivent faire un rapport de ce genre au milieu d'avril, c'est-à-dire après la première des assemblées générales dont la tenue leur est imposée. Boret. p. 184 : « Præceptum est enim nobis omnino et omnibus reliquis missis a domino nostro, ut medio apreli ei veraciter renunciemus quid in regno suo ex his quæ ipse in istis annis per suos missos fieri jussit factum sit, vel quid dimissum sit. » — Il y a tout lieu de présumer que, après chacune de ces assemblées générales, c'est-à-dire quatre fois par an, pareille obligation incombe aux missi (1).

Quelles sont les attributions des envoyés royaux ? Il est bien difficile, sinon impossible de les énumérer toutes. Le champ

(1) Capit. miss. a. 803, c. 25, Boret. p. 116 : « Ut missi nostri qui jam breves detulerunt de adnuntiatione, volumus ut adhuc adducant de opere. » — Capit. de justit. fac. a. 811-813, c. 9, Boret. p. 177 : « Ut quicquid ille missus in illo missatico aliter factum invenerit quam nostra sit jussio, non solum illud emendare jubeat, sed etiam ad nos ipsam rem, qualiter ab eo inventa est, deferat. » — Capit. miss. a. 819, c. 13, Boret. p. 290 : « Et omnimodis prævideant ut per singula capitula tam verbis quam scriptis de omnibus quæ illic peregerint, nobis rationem reddere valeant. » — V. Waitz, l. c. p. 465, n. 1.

de l'activité des missi n'est point limité, pas plus que celui de l'activité royale. Tout ce qui concerne l'administration (lato sensu) du royaume peut rentrer dans le mandat donné aux missi (1). Plusieurs capitulaires attestent, par la généralité de leurs termes, toute l'étendue des attributions des missi. Capit. miss. a. 802, c. 21, Pertz, p. 98 : « Et quodcumque ad emendandum invenerint, emendare studeant in quantum melius potuerint. » — Capit. miss. a. 825, c. 3, Pertz, p. 247 : « Ad hoc constituti sunt, ut ea quæ per capitula nostra generaliter de quibuscumque causis statuimus, per illos nota fiant omnibus, et in eorum procuratione consistant, ut ab omnibus adimpleantur. » (2)

§ 117. — Comme nous n'avons pas à étudier ici d'une manière générale l'administration carolingienne, mais seulement ce qui touche à l'organisation judiciaire, nous ne nous occuperons des attributions des missi que *ad justitiam*, selon l'expression de Roye (3). — Cette partie de leur mandat est aussi la plus importante. Les capitulaires et les autres documents de l'époque nous montrent les missi institués principalement ad justitias faciendas. Cap. aquisgr. a. 802, c. 1, Pertz, p. 91 : « Cuncto populo legem pleniter adque justitia exhiberent. » — Annal. Lauresh. a. 802, sup. cit. : « Ad justitias faciendum... et cuncto populo justitiam facerent. » — Capit. in lege rib.

(1) Lecointe, *Annales ecclesiastici*, a. 996, admet deux sortes de missi : « Missi fuerunt duplici genere : alii *majores* qui *certo loco stationem habebant* et jus extraordinario dicebant ut comitum injusticias vel errata emendarent : alii *discurrentes* appellabantur qui per regnum discurrebant ut subditorum querelas exciperent. » — Cette distinction, approuvée par Laferrière, IV, p. 106, ne nous paraît autorisée par aucun texte, et elle est condamnée par les termes généraux dont se servent les capitulaires cités infra. — De Roye, *De missis dominicis* a voulu diviser les attributions des missi en trois classes : ad justitiam, ad disciplinam publicam, ad vertigalia. Dans la seconde classe, il comprend les questions religieuses, militaires et d'autres encore.

(2) Cp. Capit. miss. Nium, a. 806, c. 1, Pertz, p. 143. Capit. aquisgr. a. 812, c. 9, Pertz, p. 174.

(3) Pour les autres fonctions des missi, on peut s'en faire une idée par le capitulaire d'Aix-la-Chapelle de 802, c. 1, Pertz, p. 91 et par les deux autres capitulaires missorum specialia de 802, Boretius, p. 99 et 102. — V. Waitz, II, p. 444 et s., p. 451 à 454. Sohm, p. 484. — Pour la poursuite des crimes, V. supra, § 78.

mitt. a. 803, c. 9, Pertz, p. 118 : « Missus dominicus qui tum ad justitias faciendas in provincia fuerint ordinati. » (1)

Dans ce but, les missi tiennent dans leur missiaticum des assemblées générales auxquelles assistent les fonctionnaires de l'ordre judiciaire. Les deux capitulaires qui organisent ces assemblées sont le capitulaire de justitiis faciendis, a. 811-813, c. 8, Boret. p. 177 (infr. cit.), et un capitulaire de 826 (?). Voici ce que porte ce dernier, Boret. p. 310 : « Volumus ut medio mense Maio conveniant idem missi unusquisque in sua legatione cum omnibus episcopis, abbatibus, comitibus ac vassis nostris, advocatis nostris ac vicedominis abbatissarum nec non et eorum qui propter aliquam inevitabilem necessitatem ipsi venire non possunt ad locum unum ; et si necesse fuerit propter opportunitatem conveniendi, in duobus vel tribus locis vel maxime propter pauperes populi idem conventus habeatur qui omnibus congruat. Et habeat unusquisque comes vicarios et centenarios suos secum et de primis scabinis suis tres aut quatuor. »

Le capitulaire de 811 prescrit la tenue de quatre assemblées, l'une en janvier, l'autre en avril, la troisième en juillet et la dernière en octobre. Le capitulaire de 826 ne parle plus que d'une seule réunion en mai. Louis le Débonnaire a-t il supprimé les trois autres ? C'est là un point fort obscur (2). — Quoi qu'il en soit, chacune de ces assemblées peut, pour la commodité des assistants, être tenue en plusieurs localités différentes (3).

Les différentes personnes qui composent ces assemblées sont énumérées dans le capitulaire de 826 : ce sont les évêques, les abbés, les comtes, les vassaux royaux, les avoués du roi, les vicedomini des abbesses. Les comtes doivent amener

(1) Cp. Capit. aquisgr. a. 817, c. 24, Pertz, p. 218. — Einhardi annal. a. 798, Pertz, *Scriptores*, I, p. 185 : « legatos regis qui ad eos (Saxones) ob justitias faciendas missi erant. » — Ratperti casus S. Galli, c. 5, Pertz, *Scriptores*, II, p. 64 : Wolfhar, archevêque de Reims, est envoyé en Rhétie, « justitias faciendas in Rhetia Curiensi. »

(2) V. Waitz, II, p. 467, n. 1.

(3) Cp. Commemor. missis de 825, c. 2, Boret. p. 308 : « Primo ut conventum in duobus aut tribus locis congregent, ubi omnes ad eorum legationem pertinentes convenire possint ».

avec eux leurs vicaires ou centeniers et trois ou quatre des premiers scabins. — C'est une obligation rigoureuse pour ces personnes de se rendre aux plaids des missi. Les seules excuses admises sont la maladie et le service du roi. Capit. miss. a. 819, c. 28, Boret. p. 291 : « Ut omnis episcopus, abbas et comes, excepta infirmitate vel nostra jussione, nullam excusationem habeat quin ad placitum missorum nostrorum veniat aut talem vicarium suum mittat, qui in omni causa pro illo rationem reddere possit (1). » — En cas de refus illégitime, les missi peuvent citer les récalcitrants per bannum dominicum et, si ceux-ci persistent encore dans leur résistance, les signaler à l'empereur. Respons. miss. a. 801-814, c. 5, Boret. p. 145 : « Referebatur de episcopis, abbatibus vel ceteris nostris hominibus qui ad placitum vestrum venire contempserint. Illos vero per bannum nostrum ad placitum vestrum bannire faciatis ; et qui tunc venire contempserint, eorum nomina annotata ad placitum nostrum generale nobis repræsentetis (2) ».

Les assemblées ainsi composées sont plutôt des réunions de fonctionnaires que de véritables assemblées judiciaires. Les scabins qui y sont amenés par les comtes y figurent en effet à titre de fonctionnaires et non point comme représentants de leurs concitoyens du comté ; en leur qualité de juges, ils sont également soumis au contrôle des missi. Sans doute le capitulaire de 819 (resp. mis. dat. c. 2, Pertz, p. 227), qui fixe à douze le nombre des scabins que le comte doit amener, permet bien à celui-ci d'amener des « meliores homines », mais c'est seulement en cas d'empêchement des scabins, pour compléter le chiffre de 12 (3).

Lors de la réunion de l'assemblée, les missi doivent faire connaître le but de leur mission aux personnes qui la compo-

(1) Cp. Capit. miss. a. 821, c. 4, Boret. p. 300 : « De vassis nostris qui ad marcam nostram constituti sunt custodiendam aut in longinquis regionibus sua habent beneficia vel res proprias vel etiam nobis assidue in palatio nostro serviunt et ideo non possunt assidua custodire placita; quam rem volumus ut missi nostri vel comes nobis notam faciant et nos faciemus ut ad eorum placita veniant. »

(2) V. les autres documents cités par Waitz, II, p. 466, n. 2.

(3) En notre sens Sohm, p. 486, n. 25. — Contra Eichorn, *R. G.* I, p. 626.

sent. Commemor. miss. de 825, c. 2, Boret. p. 308 : « Conventum ... et omnibus generaliter notum faciant, qualis sit eorum legatio ; scilicet ad hoc esse se a nobis missos constitutos ut ...» — Capit. miss. a. 828, c. 2, Pertz, p. 328 : « Ut primo nostram populo voluntatem et studium, et qua intentione a nobis sint directi, per nostrum scriptum nuntient. Instruendi etiam sunt quid inquirant. » — C'est afin de mettre les membres de l'assemblée à même de faire valoir leurs droits, de de leur montrer ce que l'on attend d'eux pour la réforme des abus. Cette publication de la volonté royale doit aussi avoir lieu avant la réunion de l'assemblée, afin d'avertir tous les citoyens de porter leurs réclamations aux plaids des missi.

§ 118. — Que font les envoyés royaux dans ces assemblées ? D'abord ils s'occupent de prendre les mesures que les comtes, réduits à leur seule autorité, ne peuvent eux-mêmes décréter efficacement ou faire mettre à exécution. Si les missi sont eux-mêmes dans l'impossibilité de triompher des difficultés, ils les signalent au roi qui avise alors. Capit. miss. a. 825, c. 2, Pertz, p. 247 : « A nobis missos constitutos, ut si quilibet episcopus aut comes ministerium suum implere non possit, ad eos recurrat et cum eorum adjutorio ministerium suum adimpleat ; si talis causa fuerit quæ per eorum admonitionem emendari non possit, per eos ad nostram notitiam deferatur. » (2) — C'est dans le même but que le capitulaire d'Aix-la-Chapelle de 812, c. 12, Pertz, p. 175, autorise plusieurs comtes à se réunir, et à tenir des plaids communs, dans les mois où les missi ne sont pas en exercice, pour la poursuite des voleurs et pour assurer d'une manière générale le fonctionnement de la justice. « Ut unusquisque missorum nostrorum in placito suo notum faciat comitibus qui ad ejus ministerium pertinent, ut in illis mensibus, quibus ille legationem suam non exercet, conveniant inter se et communia placita faciant tam ad latrones distringendos, quam ad ceteras justitias faciendas (3). Aussi les chroniques et les diplômes nous montrent assez souvent des réunions de plusieurs comtes ou de comtes et d'évê-

(2) Cp. Capit. Worm. a. 829, c. 3, Pertz, p. 351 : « Et ut adjutores comitum sint ad justitias faciendas. »

(3) Cp. Capit. a. 781, c. 10, Pertz, p. 43.

ques (1). — Ces assemblées extraordinaires ne nous semblent pas cependant s'être généralisées ; elles ne se rencontrent guère que dans quelques provinces de l'Est.

Les missi recherchent ensuite, et c'est là leur principal rôle, si les magistrats des divers ordres n'ont commis aucune négligence, aucune fraude dans l'administration de la justice. Commemor. missis, a. 825, c. 2, Boret. p. 308 : « Et si forte episcopus aut comes aliquid negligentius in suo ministerio egerit, per istorum admonitionem corrigatur. Et omnis populus sciat ad hoc eos esse constitutos, ut quicumque per negligentiam aut per incuriam vel impossibilitatem comitis justitiam suam adquirere non potuerit, ad eos primum querelam suam possit deferre et per eorum auxilium justitiam adquirere. » — Capit. aquisgr. a. 828, Pertz, p. 329 : « Simili modo de comitibus inquirant, quale studium habeant de suo ministerio, ut qui bene exinde facit cognoscemus. Si aliter facit et hoc nosse omnino volumus ; id est si populus per suam negligentiam et desidiam justitia et pace careat, aut si ipse misciens aliquid injuste factum habeat. Deinde ergo quales ministros habeat ad populum regendum vel missos, utrum justi in ipsis ministeriis agant, aut consentiente vel negligente comite a veritate et justitia declinent. »

Dans leur enquête, les missi peuvent interroger d'abord les fonctionnaires qu'ils ont convoqués, les scabins notamment et les meliores homines du comté amenés par chaque comte, en cas d'empêchement des scabins. Capit. miss. a 825, c. 4, Pertz, p. 247 : « Inquirant missi nostri ab universis, qualiter unusquisque illorum qui ad hoc a nobis constituti sunt, officium sibi commissum secundum Dei voluntatem ac jussionem nostram administret in populo, aut quam concordes atque una-

(1) Meilchelbeck, 382, p. 203 ; 552, p. 290 : deux comtes. — Pez, I, 214 : trois comtes. — Meilchelbeck, 729, p. 358: 5 comtes. — Ibid. 473, p. 249 : deux évêques, cinq comtes et alii multi. — Baluze, *Capit.* II, p. 1468, placitum, a. 858 : « Prædicti vero majores privilegio et proceres potestate dum ibidem in prædicto loco de communi tractaretur utilitate ad justitiam totius provinciæ. » — Wartmann, 680, p. 282 : « Omnes principes de tribus comitatibus, id est de Turgowe, de Luitzgowe et de Rhætia Curiensi cum reliqua populorum multitudine in unum fecit convenire, præsente Th. Curiensi episcopo et prædicto comite V .. presidente episcopo et abbate venerabili. »

nimes ad hoc sint, vel qualiter vicissim sibi auxilium ferant ad ministeria sua peragenda.»

Le témoignage des fonctionnaires pouvant être suspect, les capitulaires donnent aux missi divers autres moyens de connaître la vérité. D'abord ils autorisent toute personne qui aurait une réclamation à élever contre un magistrat à la porter au plaid du missus (V. infra, le procès-verbal du plaid tenu en Istrie par les missi), et c'est pour faciliter l'accès du plaid aux pauvres et aux faibles que le capitulaire de 825 en ordonne la tenue dans deux ou trois lieux différents, c. 4 (supr. cit.), « vel maxime propter pauperes populi. »

Les missi peuvent en second lieu choisir dans chaque comté un certain nombre de citoyens honorables et indépendants et s'enquérir auprès d'eux de la manière dont la justice est administrée. Capit. aquisgr. a. 828, miss. c. 3, Pertz, p. 328 : « Inquisitio autem hoc modo fiat. Eligantur per singulos comitatus qui meliores et veratiores sunt. Et si aliquis inventus fuerit de ipsis qui fidelitatem promissam adhuc nobis non habeat, promittat. Et tunc instruendi sunt qualiter ipsam fidem erga nos salvare debeant, id est ut quicumque ex his talem causam scit in illis rectoribus et diversis ministris qui populum regere et servare debent, de quibus interrogati fuerint, quæ ad populi dampnum et detrimentum pertinet... manifestum faciat. » — Capit. Wormat. a. 829, alia capit. c. 3, Pertz, p. 351 : « Ut in omni comitatu hi qui meliores et veratiores inveniri possunt, eligantur a missis nostris ad inquisitiones faciendas et rei veritatem dicendam ; et ut adjutores comitum sint ad justitias faciendas. » Nous remarquerons l'époque à laquelle ces deux capitulaires ont été rendus, sous Louis le Débonnaire, qui a dû probablement autoriser ce nouveau mode d'enquête en raison de l'insuffisance de l'ancien et des abus qui continuaient à se produire.

Nous possédons un document qui nous permet de voir les missi à l'œuvre dans leurs assemblées. C'est le procès-verbal d'un plaid tenu en Istrie par les missi en l'an 804, Pertz, *Archiv. d. G. f. D. G.* IV, p. 171, Waitz, II, p. 488 : les missi nomment 172 citoyens de diverses localités du missiaticum et, après leur avoir fait prêter serment sur les quatre évangiles et sur les reliques des saints de dire toute la vérité, ils les interrogent sur les affaires de l'Eglise, sur l'administration de la justice, sur les actes de violence et d'oppression qui ont pu être commis, sur la situation des veuves et des orphelins. Viennent alors des réclamations soit contre l'archevêque et les évêques, soit contre le duc, et les abus signalés et reconnus sont corrigés, grâce aux missi.

Les assemblées générales tenues par les missi sont, avons-nous dit, principalement des assemblées de contrôle. Mais elles peuvent aussi statuer sur de véritables procès qui leur sont soumis et se transformer en plaids judiciaires. Nous possédons trois diplômes qui attestent cette compétence de l'assemblée générale. Dans le premier de l'année 802 (Meilchelbeck, I, n° 118) ne figurent que des fonctionnaires et des ecclésiastiques, 2 évêques, 2 abbés, 2 archiprêtres, 1 diacre, 1 prêtre, 15 comtes, 4 judices. Dans le second (Meilchelbeck, I, n° 122) de 806 sont présents 2 évêques, 3 abbés, 8 comtes, 2 juges, 20 autres personnes nommées et multi alii quamplures. Une question de propriété immobilière est jugée dans les deux hypothèses. Il s'agit bien de deux assemblées générales car, suivant la formule du procès-verbal, elles sont tenues « ad mandatum domni imperatoris audiendum sicut ipse præcepit imperator » et non point « ad audiendas causas et eas recto judicio finiendas », ce qui est la formule des plaids de justice. (1) Baluze, *Capit.* II, p. 1467 rapporte encore un placitum (a. 858) missorum dominicorum « in quo terminata est lis quæ erat inter Agilmarum archiepiscopum et Uvigericum comitem. » Assistent à ce plaid 2 archevêques, 4 évêques, 11 comtes, « plurimique eis in tam præcipuo conventu adstantes quorum nomina perscribere perlongum est, ex quibus aliqua adnotare studemus (20 noms). » A ce plaid « de communi tractarentur utilitate ad justitiam totius provinciæ. » C'est bien là le caractère des assemblées générales. Puis l'on statue sur le procès entre l'évêque Agilmar et le comte Uvigéric.

§ 119. — Si de véritables jugements n'interviennent que par exception dans ces assemblées, il nous faut chercher ailleurs les plaids où les missi rendent la justice, car ils sont très-souvent juges, ainsi que cela résulte soit des diplômes, soit des

(1) Sohm, p. 488.

capitulaires qui leur confient directement le droit de justice (1) ou qui viennent poser des limites à leur activité de juges.

Sohm (p. 489) oppose aux assemblées de fonctionnaires (*Beamtemversammlungen*), dont nous avons parlé, les assemblées populaires (*Volksversammlungen*) où se rend la justice. Cette opposition résulte, à ses yeux, du capitulaire de 811-813, c. 8. Voici, d'après Borétius, p. 177, le texte de ce capitulaire : « Volumus ut propter justitias quæ usque modo de parte comitum remanserunt, *quatuor* tantum *mensibus* in anno missi nostri legationes suas exerceant, in hieme Januario, in verno Aprili, in æstate Julio, in autumno Octobrio. Ceteris vero mensibus unusquisque comitum placitum suum habeat et justitias faciat. Missi *autem* nostri *in uno mense* et in quatuor locis habeant placita sua cum illis comitibus, quibus congruum fuerit ut ad eum locum possint convenire. » Le texte de Pertz diffère dans la dernière phrase. Il porte (p. 174) : « Missi *autem* nostri *quater in anno mense uno* et in quatuor locis .... » Sohm, se fondant sur le texte de Pertz, argumente ainsi : « Le capitulaire contient deux dispositions différentes séparées par le mot autem. La seconde, que nous avons expliquée, concerne la convocation des comtes, les assemblées tenues quatre fois par an, dans quatre lieux différents, mais dans un mois. Il faut y voir *une* assemblée annuelle qui trouve son expression dans les quatre assemblées tenues dans le même mois. La première disposition est celle qui nous intéresse maintenant. Outre l'assemblée générale, le missus ordinaire doit, dans quatre mois différents, et sans restriction ni quant aux lieux, ni quant au nombre, tenir des assemblées de justice. Cette interprétation est confirmée par la suite du texte « cæteris vero mensibus unusquisque comitum placito suo habeat. » Le capitulaire ne parle point de quatre plaids que le missus a à présider. A l'assemblée générale, partagée en quatre sessions, il oppose l'administration judiciaire du missus pendant quatre mois. Le missus a, comme le comte, à convoquer des assemblées judiciaires. Par ces mots « legationes nostras exercere », il faut entendre « justitias facere »

(1) Capit. aquisgr. a. 817, miss. c. 1, Pertz, p. 216 : « Ut sicut jam aliis missis injunctum fuit, justitiam faciant de rebus et libertatibus injuste ablatis. » — Cp. Capit. aquisgr. a. 825 missis, c. 24 supr. cit.

dans le sens restreint, l'administration de la justice ... C'est seulement dans la seconde partie du capitulaire que les fonctions du missus ordinaire rentrent dans l'organisation judiciaire. C'est précisément la même assemblée judiciaire que le comte et que le missus dominicus convoquent. L'assemblée judiciaire que préside le missus, c'est donc l'assemblée de centaine et non l'assemblée de comté. »

L'interprétation que donne Sohm au capitulaire de 812 nous paraît au moins forcée ; nous l'estimons même inexacte. Prenons en effet le texte de Pertz. Contient-il réellemment l'opposition que l'on a cru y voir ? Si on le lit sans parti pris, on entend naturellement la dernière phrase en ce sens que, quatre fois par an, et pendant un mois chaque fois, le missus tient les assemblées auxquelles tous les comtes sont tenus d'assister. La seconde phrase apparaît comme le complément de la première qui détermine les quatre mois pendant lesquels le missus est en exercice.

Mais le texte de Borétius « quater in uno mense », n'autorise même plus l'interprétation conjecturale de Sohm. La première phrase du capitulaire pose d'abord le principe que les missi ne sont en exercice que pendant quatre mois. Le reste du temps, la justice est administrée comme d'ordinaire par les comtes. Enfin la dernière phrase ne vient plus parler des assemblées générales de fonctionnaires, mais des plaids de justice que les missi tiennent quatre fois dans chacun des mois fixés et avec le concours des comtes dont ils parcourent les circonscriptions. Cette dernière phrase ne contient plus certainement une dispotion différente de celle que renferme la première ; elle ne fait que préciser la manière dont les missi remplissent leurs devoirs de juges (1). — Des deux textes de Pertz et de Boretius, le dernier nous paraît préférable. Il est d'abord absolument conforme à l'un des trois manuscrits où se trouve le capitulaire de 812 ; les deux autres manuscrits portent les mots « in anno mense », et l'un d'eux, après ces mots, au-dessus de la ligne la lettre I que Pertz s'est cru autorisé à traduire par uno. — L'interprétation de Sohm est donc plus que problématique.

(1) Waitz, II, p. 167, n. 1.

Ayant ainsi écarté la base de l'argumentation de notre contradicteur, nous avons à rechercher quels sont les plaids de justice que président les missi. Nous pensons que ces plaids sont de deux sortes. Le missus peut d'abord, s'il le juge à propos, présider le propre plaid du comte, nous dirons aussi celui du centenier quoique, en fait, le caractère secondaire des causes jugées au tribunal de centaine ait dû n'attirer que très-peu l'attention du missus. Lorsque celui-ci vient présider un des tribunaux ordinaires du comte ou du centenier le président normal, comte ou centenier, s'efface devant lui comme nous le verrons.

A côté des plaids ordinaires, le missus peut en organiser de spéciaux, également pour y administrer la justice. La tenue de ces plaids nous paraît s'imposer à plusieurs points de vue. D'abord l'autorité des jugements devait être plus grande si la décision émanait d'un tribunal dont la composition n'était pas celle du tribunal ordinaire. Puis, étant donné le caractère du tribunal du missus qui est incontestablement celui d'un tribunal supérieur, d'appel (V. infr. § 124), comment aurait-on pu confier aux scabins du tribunal ordinaire le soin de statuer en appel sur une décision qu'ils auraient rendue antérieurement sous la présidence du comte? Il n'y aurait eu que le président de changé. Cela ne suffisait point, surtout si l'on considère le rôle effacé du président dans le procès. Il fallait donc changer aussi les assesseurs et en choisir d'autres qui, soit par leur nombre, soit par leur autorité, fussent supérieurs à ceux de la première instance (1).

§ 120. — Le principe pour le plaid du missus est en effet le même que pour les plaids du comte ou du centenier. Le président est assisté de scabins, de judices et ceux-ci seuls forment la sentence. Les documents qui rapportent des plaids de missi sont conçus dans les mêmes termes que pour les plaids des juges ordinaires. Form. Senon. rec. 4, Zeumer, p. 213 : « Proinde taliter ab ipsis missis dominicis vel illo comite seu et ab ipsis rachimburgis... fuit judicatum. » — Plaid à Narbonne en 783, Baluze, *Capit.* II, 1394 : « Cumque residerent missi . . . domno nostro . . . et vassis dominicis et judices qui

(1) En ce sens Eichorn. I, p 649.

jussi sunt causas dirimere et legibus definire (6 noms) (1). » — Au plaid du missus assistent non seulement les scabins mais encore quelquefois un public assez nombreux qui ne participe point au jugement, mais qui, à l'occasion, manifeste son sentiment sur la cause. Meilchelbeck, I, nº 470, a. 822 : « Quam ob causam jussit prædictus missus legem inter eos decrevisse. In primis Kisalhardus publicus judex sanxit juxta legem Bajovariorum ad justitiam, deinde Engelhart... comites alii autem vasalli... seu alii multi, ad extremum vero *cuncti, qui ibidem aderant, una voce sonabant* ad legem vel justitiam H. episcopus... vestituram recipere deberet. » — Ibid. nº 472, a. 824 : « Ad extremum *cunctus populus clamavit una voce* hoc legem fuisse (2). »

La composition du plaid du missus doit varier suivant les lieux et les circonstances. On comprend que les capitulaires ne posent pas de règle à ce sujet, car le missus, représentant du roi, est libre, comme celui-ci, d'organiser son tribunal comme il lui plait. Qu'en fait il prenne ordinairement pour assesseurs les propres scabins du comte, c'est très-probable. Mais il peut aussi appeler à siéger d'autres personnes dont la situation sociale viendra augmenter le lustre de son tribunal.

On pourrait peut-être, tout en écartant le tribunal de centaine, prétendre, sur le fondement de plusieurs capitulaires, que le tribunal, où le missus rend la justice, n'est que celui

(1) Cp. Pérard, p. 147 : « Cum resedisset... missi dominici una cum scabineis et aliis plures hominibus. » — *Hist. patr. mon.* I, p. 35 : « Dum B. comes vel misso d. imp. residisset... in placito publico... dum ibidem cum eo aderant... judicibus d. imperatoris... scavinis B. comitis... scavinis Taurinensis. » — Murat. *Antiq.* I, p. 461, 467, 504. — Vaissette, I, nº 91, a. 867, plaid à Narbonne : « Cum in Dei nomine resideret Bernardus comes marchio, missus serenissimo domno Karolo rege, in Narbona civitate pro multorum altercationes audiendas, et negotia causarum dirimenda, una cum (2 noms) vasos dominicos, seu et judices (6 noms) etiam in præsentia... » — Cp. le placitum relatif au monastère de Farsa, Mabillon, *Ann.* II, p. 736 et où le pape, représenté par un advocatus, assiste néanmoins à l'audience et s'exprime ainsi : « Domnus apostolicus dixit nostro judicio se minime credere usquedum in præsentia domni imperatoris nobiscum simul veniret. »

(2) Bethmann-Hollewg, V, p. 28, conclut même de ces documents que les scabins ne font que préparer un projet de jugement que le peuple approuve ou rejette.

du comte et non un tribunal spécial. Les capitulaires qui enlèvent au centenier les procès de liberté ainsi que les procès criminels et immobiliers disent que le judicium « non terminetur aut adquiratur nisi semper in præsentia missorum imperialum aut in præsentia comitum » (Capit. aquisgr. miss. I, a. 810, c. 3, Boret. p. 153), ou bien « ista aut in præsentia comitis vel missorum nostrorum judicentur » (Capit. de just. fac. a. 811-813, c. 4, Boret. p. 176). Il semble résulter de ces textes une assimilation ou plutôt une identité entre le tribunal du comte et celui du missus. — L'objection ne nous arrête cependant pas. Les textes précités ont uniquement pour but de marquer l'opposition entre la compétence restreinte des centeniers et la compétence générale des comtes ou des missi. Les procès qu'ils indiquent ne peuvent jamais être soumis au centenier ; ils peuvent au contraire être jugés soit par les comtes, soit par les missi. Voilà la seule signification de ces capitulaires.

Nous dirons enfin que, si l'assemblée de centaine eût constitué le plaid du missus, ainsi que Sohm l'enseigne, la mission de l'envoyé royal eût été notablement entravée et diminuée. La centaine n'est qu'une circonscription d'une minime étendue par rapport au missiaticum ; celui-ci renferme un nombre considérable de centaines. Pour rendre une justice réelle et générale, le missus aurait été obligé de se transporter successivement dans chacune des centaines. Or, dans le court délai de quatre mois où il exerce ses fonctions, il n'aurait pu présider qu'un nombre relativement très-restreint de plaids de centaine.

Le missus, dans son plaid, ne statue pas toujours sur la contestation qui lui est soumise. Il peut renvoyer la solution définitive au comte. Meilchelbeck, p. 148 : « Proclamavit ad Audulfum missum et ad Arnonem episcopum ... tunc jussit Audulfus Job. com. et Ell. judice, ut hoc caute et sollicite inquirerent. Deinde venerunt Job com. et Ell. judex, et ibi in collocata multitudine nobilium hominum .... » — *Hist. patr. mon.* I, p. 35 : « Ammonuit ipse Boso comes vel misso d. imperat. Ratperto comiti, ut ipsa causa diligenter inquireret et ea secondo leggi vel justiza liberare fecisset... in constituto verum die dum ipse R. in loco comes residisset... in placito publico (1). » Il peut aussi réserver la solution au tribunal du roi (2).

Le missus peut, avons-nous dit, au lieu d'organiser un plaid spécial, se borner à présider le tribunal ordinaire du comte. Le pouvoir de ce dernier s'efface alors momentanément devant celui du missus. Aussi un certain nombre de procès-verbaux de plaids tenus par les missi ne mentionnent-ils pas la présence du comte (3). Ailleurs, lorsque la présence du comte est mentionnée, ou bien on voit que la direction de l'instance est réservée tout entière aux missi (4), ou bien le comte n'est nommé que parmi les assesseurs, à côté des scabins (5), ou bien enfin il est lui-même partie dans l'instance (6). — Quelques

(1) Cp. Muratori, *Antiq.* V, p. 919 : « Interpellavit Ad. abbatem missum d. n. Caroli imper.... Ipse autem Ad. eum commendavit B. inl. comiti nostro... » — Waitz, III, p. 415, n. 2.

(2) V. document cité par Waitz, ibid. n. 2, Fatteschi, p. 287 : « Præcipimus missis nostris ... ut audita eorum contentione et inquisita rei veritate, causa quæ inter eos vertebatur, si ibidem per eos diffiniri potuisset, nostro judicio diffinienda reservarentur. »

(3) *Cartulaire de S. Victor*, n° 31, a. 780. Pérard, p. 34, n° 14, a. 868 ; p. 147, a. 867-870. Rozière, form. 400, 461, 475, 476, 486. V. les autres documents cités par Sohm, p. 494, n. 51. — Dans tous ces textes on peut aussi expliquer l'absence du comte en disant qu'ils relatent des plaids spéciaux des missi.

(4) Sohm, p. 494. — Rozière, form. 401. Notitia relative à une inquisitio per testes : « Jussu missorum domini imperatoris H. sacramento prius ... peracto. » Ce n'est qu'à la fin de la notice que l'on parle du comte.

(5) Sohm, ibid. — Meichelbeck, I, n° 115, a. 802 : « Resedentibus missis ser. Caroli Augusti, Arnoni videlicet archiepiscopo nec non et Adolwino antestite in loco qui dicitur Frisingas ad universas causas exactandas ...» Suit la demande et la défense : « Tum ipsi præfati missi una cum Orendilo judice et Reginhardo comite vel alii quam plurimis... invenerunt. » — Cp. ibid., n°s 116, 117. — Rozière, form. 458 (app. ad. Marc. n° 4) : « Cum resedissent venerabilis ille abba et inlustris viri illi in villa illa, in pago illo, ubi ille comis esse videtur per jussionem domno et glorioso illo rege, ad universorum causas audiendum vel recta juditia terminandum ... ab ipsis missis dominicis vel illo comite seu et ab ipsis rachimburgis ... fuit judicatum. » Cp. *Hist. patr. mon.* I, n° 19, a. 827.

(6) Vaissette, I, n° 5, p. 24, a. 782. Plaid des missi à Narbonne. — Tardif, *Monum. Hist.*, procès entre Ratbert, abbé de S. Germain-des-Prés et le comte Aubert au sujet d'une forêt, a. 791, ante missos domni regis Karoli.

documents semblent, il est vrai, mettre le comte du lieu sur la même ligne que le missus pour la présidence du plaid. *Memorie di Lucca*, V. 2, n° 564, a. 840 : « Dum civitate Lucca... in judicio resederimus nos R. episcopus et M. comis palatii missi d. Hlothario . . . cum A. comite (de Lucques) residentibus nobiscum » (suivent les noms des scabins, des vassaux et reliqui plures) (1). Mais cette présidence du comte local est, ainsi que l'a très bien démontré Sohm, purement honorifique et, malgré sa présence, la direction de l'instance appartient uniquement au missus (2).

§ 121. — A côté des droits nombreux qu'ils leur confèrent, les capitulaires imposent aux missi un certain nombre d'obligations. Ainsi la défense de retarder sans raison l'administration de la justice, de recevoir des présents, s'adresse à eux comme aux autres magistrats. Capit. aquisgr. a. 809, c. 7, Boret. p. 149 : « Ut nullus quislibet missus noster, neque comes, neque judex, neque scabineus cujuslibet justitiam dilatare præsumat, si statim adimpleta poterit esse secundum rectitudinem ; neque præmia pro hoc a quolibet homine per aliquod ingenium accipere præsumat. »

Ce dont les empereurs se préoccupent à diverses reprises, c'est de ne pas jeter le trouble, par l'institution des missi, dans l'administration de la justice ordinaire. Les envoyés royaux ne sont précisément établis que pour assurer le bon fonctionnement des tribunaux ordinaires et non pour se substituer à eux. Ils ne doivent donc agir et juger que lorsque la nécessité s'en fait sentir. De là toute une série de capitulaires. C'est ainsi que celui d'Aix-la-Chapelle de 825, c. 2, Pertz, p. 247, dit que les missi ne sont créés que pour procurer justice à ceux qui ne peuvent l'obtenir « per negligentiam aut incuriam vel impossibilitatem comitis », qu'ils ne doivent point parcourir les différentes régions de leur ressort sans motifs très-sérieux et lorsque certaines difficultés ne peuvent être résolues qu'en leur présence : « Missi nostri non sine certissima causa vel necessitate huc illucque discurrant ; nisi forte quando tale ali-

(1) Cp. Muratori, *Antiquit.* V, p. 923, a. 833. Flodoardi *Hist. Rem.* c. 18, p. 245 et les autres documents cités par Sohm, p. 496, n. 56.

(2) V. *Hist. patr. mon.* I, n° 19, a. 827. *Memor. di Lucca*, l. c.

quid in cujuslibet ministerio ad legationem suam pertinente ortum esse cognoverint, quod eorum præsentia indigeat, et sine eorum consilio vel adjutorio emendari non possit.. ubi certam et veram necessitatem cognoverint, nostram jussionem adimplere non negligant. » — C'est dans le même but que d'autres capitulaires que nous connaissons, au lieu d'instituer les missi en permanence pendant l'année entière pour laquelle ils sont nommés, ne les laissent en exercice que pendant quatre mois séparés.

Un capitulaire de 817, c. 24 et 25, Pertz, p. 218, interdit aux missi de demeurer dans une circonscription où le comte remplit exactement ses devoirs judiciaires, ou dans celle dont le comte est absent parce qu'il est lui-même délégué ailleurs par l'empereur. C. 24 : « Ut in illius comitis ministerio qui bene justitias factas habet idem missi diutius non morentur, neque illuc multitudinem convenire faciant ; seb ibi moras faciant ubi justitia vel minus vel negligenter facta est. » C. 25 : « Ut in illius comitis ministerio idem missi nostri placitum non teneant qui in aliquid missaticum directus est, donec ipse fuerit reversus... » Les missi doivent en effet éviter de statuer sur les causes qui n'ont point encore été soumises au jugement du comte. Ibid. : « Ut *causa quæ adhuc coram comite non fuit* ... iterum comiti commendetur. » — Ces prescriptions ont-elles jamais été observées rigoureusement par les missi ? C'est ce dont on peut douter fortement, d'abord en considérant la date à laquelle elles ont été édictées, et ensuite en raison de ce fait que les diplômes de l'époque ne témoignent guère de leur observation (1) (2).

Quel que soit le tribunal qu'il préside, le missus agit en qualité de représentant direct du roi. Capit. aquisgr. a. 809,

(1) Sohm, p. 492.

(2) Au lieu de faire des tournées dans leur missaticum, les missi peuvent se borner à envoyer des instructions écrites à leurs administrés, des sortes de circulaires dont nous possédons des exemples. Capitula a missis dominicis ad comites directa, a. 801-813, Boret. p. 183 : « Ad vos hanc direximus epistolam... inter cætera præcipimus et admonemus... deinde observate. » — Deux lettres malheureusement perdues et contenues dans un recueil de formules d'un manuscrit de Munich, étaient désignées dans l'Index comme « missi d. imperatoris ad quemlibet vicarium. » Waitz, II, p. 473.

c. 11, Boret. p. 152 : « Missos nostros ad vicem nostram mittimus. » Il tient la place du roi. De là des conséquences importantes tant au point de vue de l'autorité des décisions du plaid du missus, que des pouvoirs de celui-ci soit pour l'instruction de l'affaire soit relativement à la compétence.

D'abord les missi ont pleine autorité pour ordonner. Capit. de miss. a. 810, c. 2, Boret. p. 155 : « Ut quicquid de ejus jussione cuilibet præcipere et commendare debent, potestative annuncient atque præcipiant. » — Les missi agissent et commandent « de verbo nostro », c'est-à-dire au nom du roi. Capit. aquisgr. a. 807, c. 3, Boret. p. 135 : « Unusquisque missorum nostrorum per singula ministeria... præcipiat de verbo nostro (1). » — Capit. aquisgr. a. 825, miss. c. 4, Pertz, p. 247 : « Et si aliqua talis causa ad eorum notitiam perlata fuerit quæ illorum auxilio indigeat... tunc volumus ut illuc pergant, et ex nostra auctoritate illud corrigere studeant. » — Ils possèdent en conséquence le ban du roi. Capit. miss. cuid. a. 803, c. 5, Pertz, p. 122 : « De episcopis, abbatibus vel ceteris nostris hominibus qui ad placitum vestrum venire contempserint. Illos vero per bannum nostrum ad placitum vestrum bannire faciatis (2). » — Enfin la résistance armée aux missi est sévèrement réprimée. Capit. a. 810-811, c. 1, Boret. p. 160 : « Si quis super missum dominicum cum collecta et armis venerit et missaticum illi injunctum contradixerit aut contradicere voluerit, et hoc ei adprobatum fuerit, quod sciens contra missum dominicum ad resistendum venisset, de vita componat ; et si negaverit cum XII suis juratoribus se idionare faciat ; et pro eo quod cum collecta contra missum dominicum armatus venit ad resistendum, bannum dominicum componat (3). »

Le missus a en second lieu un pouvoir égal à celui du roi, supérieur par conséquent à celui du comte, pour l'instruction du procès.

Ainsi le roi a le droit d'ordonner une inquisitio per testes.

(1) Cp. Muratori, *Antiq.* V, p. 954 : « Ego... A missus domini imperatoris commendavi et ipsius domni nostri auctoritate et de sua jussione. »
(2) Sohm, p. 507-508.
(3) V. Waitz, II, p. 174, n. 5.

Les missi ont également ce pouvoir, qui n'appartient pas en principe aux autres juges (1).

Un autre mode d'instruction nous semble être propre au plaid du roi et au plaid du missus, c'est le combat judiciaire, non point cum scutis et baculis, mais à l'arme blanche. Nous croyons, avec Sohm (p. 501), que cette épreuve, à l'époque franque, n'est point admissible devant les tribunaux ordinaires. Elle ne peut être pratiquée que devant le tribunal du roi et devant ceux des missi, en vertu de ce principe que les missi sont les représentants du roi (2).

Le plaid du missus est enfin supérieur à celui du comte au point de vue de la compétence, soit quant aux personnes, soit quant au caractère de l'instance qui, comme nous espérons le démontrer, peut être une instance d'appel.

Certaines personnes sont, ainsi que nous l'avons déjà vu, soustraites en fait à la juridiction du comte, ce sont les protégés du roi sur qui s'étend la mainbour royale. Si les mainborés craignent que le jugement de leur procès ne puisse avoir lieu au tribunal ordinaire « absque suo iniquo dispendio », ils peuvent réclamer le jugement du roi. Mais le plaid du missus est aussi compétent pour statuer sur leurs affaires. Rozière, form. 15 : « Quod si aliquæ causæ adversus eos aut homines eorum, qui per eos legibus servire videntur, surrexerint vel ortæ fuerint, quæ intra patriam juste et legaliter finitæ esse nequiverint, volumus ut usque ad nostram aut *missorum nostrorum* præsentiam sint suspensæ vel conservatæ, qualiter ibi justam et legitimam recipiant sententiam. » — Au plaid du

(1) Brunner, *Zeugen und Inquisit.* p. 115. Waitz, III, p. 425. — V. notamment : *Cartulaire de S. Victor*, I, 43, a. 780. Diplôme de Louis le Débonnaire pour le Mans, a. 832, Bouquet, VI, 584 ; Ibid. VIII, 411. Wartmann, II, 198, a. 875.

(2) V. Ficker, *Forschungen zur Reichs- und Rechtsgeschite Italiens*, II, p. 16 ss., 40 ss. et 59, où se trouve le passage suivant (cité par Sohm, p. 503, n. 83 : « Et si acciderit de prædictis rebus et familiis sine pugna legaliter non posse definiri... concedimus episcopi misso vel vicedomino ut sit noster missus et habeat potestatem deliberandi et diffiniendi atque dijudicandi *tanquam noster comes palatii* — habeat nostram imperialem auctoritatem... duellum judicandi — omnes battaliæ judicatæ debent fieri per nuntios et advocatos episcopi. » — Ces textes ne parlent évidemment pas du simple duel scutis ac fustibus.

missus, comme au plaid royal, les mainborés doivent donc jouir du privilège de pouvoir être jugés ex æquo et bono (1).

§ 123. — Nous arrivons à une question très-délicate et très-discutée, celle de savoir si le tribunal du missus ne joue pas, vis-à-vis des tribunaux ordinaires, le rôle de tribunal d'appel.

Nous avons vu, en étudiant la compétence du tribunal du roi dans le droit mérovingien, qu'à cette époque l'appel pour mal jugé existe déjà. Ce n'est point un véritable appel, tel que nous le concevons aujourd'hui ; il n'est soumis à aucunes règles fixes, néanmoins le principe est déjà reconnu.

Ce principe a-t-il été régularisé et généralisé par les capitulaires carolingiens? Le pouvoir judiciaire appartient au centenier, au comte et au missus. Nous verrons aussi quelle part doit être attribuée au roi. Chacune des juridictions présidées par ces magistrats constitue-t-elle, à l'égard de la juridiction inférieure, un tribunal d'appel?

Envisageons d'abord la question dans les rapports du comte et du centenier.

Pour ceux qui enseignent que le plaid particulier, comme le plaid général, est un plaid de centaine, il est difficile d'admettre une hiérarchie entre le tribunal du comte et celui du centenier, puisque, à part le président, ces deux tribunaux sont identiques.

Mais pour nous il existe un tribunal spécial du comte. Ce tribunal a une compétence plus étendue que le tribunal du centenier. Ne constitue-t-il point aussi vis-à-vis de ce dernier une juridiction d'appel? M. Fournier, dans son intéressant *Essai sur l'histoire du droit d'appel,* p. 115, répond négativement : « Le centenier et le comte, dit-il, avaient chacun des attributions spéciales ; le premier pour les causes de peu d'importance, le second pour celles qui étaient plus considérables. Le comte exerçait à la vérité sur le centenier une surveillance et un contrôle et nous ne doutons pas que, si l'administration carlovingienne s'était perfectionnée, il est probable que les comtes seraient devenus les supérieurs hiérarchiques des centeniers. Mais ce mouvement ne put s'achever et nous ne pouvons y suppléer. » (2).

(1) Cp. Hincm. Rem. *De ordine palat.*, c. 21, Op. II, p 208.

(2) Bernardi, *Orig. et progr. de la législ. franç.* p. 51, écrit que les jugements du centenier sont en dernier ressort ; mais il ne cite aucun texte à l'appui de son affirmation.

Il nous est impossible de nous rallier sans reserves à ces conclusions. Il nous paraît qu'incontestablement les comtes sont les supérieurs hiérarchiques des centeniers. Ils les nomment, les surveillent, les révoquent (V. supr. § 93.). Que faut-il donc de plus pour constituer une hiérarchie entre deux personnes? Reste à savoir si des deux tribunaux qu'ils président respectivement, l'un est hiérarchiquement supérieur à l'autre. Nous n'osons pas être trop affirmatif. Voici cependant les raisons qui, à nos yeux, rendent sinon certaine, du moins très-admissible l'existence de cette hiérarchie. L'indiculum de comite ad vicarium dejà cité (Form. Sal. Merk. 51, Zeumer, p. 259) porte en effet : « Cognoscas quod domnus rex ille nobis commendavit *ut justitias vel drictum in nostro ministerio facere debeamus... in tuo ministerio* pleniter ipse justitias... inquiras et facias... » Le comte doit assurer le respect de la justice et du droit ; or, si le tribunal du centenier a méconnu dans son ressort la justice et le droit, le moyen le plus simple et le plus naturel n'est-il pas de soumettre sa décision au plaid du comte ? Le texte ne le dit pas sans doute, mais il le laisse entendre.— Un capitulaire de 779 autorise le recours au comte, lorqu'un juge inférieur ne veut pas faire justice, c. 21, Boretius, p. 51 : « Et si vassus noster justitiam non fecerit, tunc comis et missus ad ipsius casa sedeant et de suo vivant quousque justitiam faciat... » Dans cette hypothèse, il est vrai, le comte ne rend pas lui-même la justice déniée par son subordonné, mais, ce que nous voulions établir, c'est l'existence du recours au comte pour déni de justice, or le recours pour mal jugé est aussi nécessaire et nous verrons bientôt que les missi connaissent de ces deux recours lorsqu'ils sont formés contre le comte. On peut donc supposer, sans trop de hardiesse que, lorsqu'il s'agit du centenier, c'est le comte qui est appelé à statuer. — On pourrait sans doute, objecter que les missi sont là pour réviser les jugements des centeniers aussi bien que ceux des comtes. Nous admettons aussi qu'ils ont ce pouvoir théoriquement. Mais nous remarquerons que les capitulaires, qui accordent aux missi un droit de révision (V. infra) n'y soumettent que les sentences des comtes. C'est qu'en fait les comtes doivent procéder à l'examen des jugements de leurs subordonnés lorsqu'ils leur sont déférés en appel.

En admettant la possibilité d'un appel pour mal jugé, devrons-nous dire, en nous fondant sur le capitulaire de 803 legi sal. add. c. 10, Boret. p. 114, que celui qui appelle, sans prouver l'erreur des premiers juges, est condamné à une amende de 15 solidi au profit de chacun d'eux ou à 15 coups de bâton ? « Si quis causam judicatam in mallo repetere præsumpserit ibique testibus convictus fuerit, aut quindecim solidos componat, aut quindecim ictus ab scabinis qui causam prius judicaverunt accipiat. » — A notre avis, ce capitulaire ne vise point un appel pour mal jugé, mais l'atteinte qu'une partie tenterait de porter à la chose jugée en remettant en question devant un tribunal une question déjà jugée par ce tribunal.

§ 124. — Si, entre le tribunal du centenier et celui du comte, l'existence d'une hiérarchie n'est pas probable, elle est certaine entre le tribunal du comte et celui du missus (1). Elle est cependant contestée par certains historiens du droit (2). Mais ces auteurs n'ont pas apporté de preuves à l'appui de leurs dénégations. Ainsi Sohm, qui d'ordinaire approfondit toutes les questions douteuses qu'il traite, se borne à dire dans son chapitre 19 sur les missi, que ceux-ci n'ont pas de juridiction d'appel, parceque, dans l'organisation judiciaire franque, l'on ne connaît point les séries d'instances (*Instanzenzug*). C'est, comme le remarque Fournier, résoudre le problème par une affirmation sans preuves. — Nous allons voir au contraire, par l'étude des textes de notre époque, que la supériorité hiérarchique du plaid du missus est soigneusement organisée.

Nous distinguerons deux sortes de recours aux missi, le recours pour déni de justice et le recours pour mal jugé.

On peut, en premier lieu, s'adresser au missus pour le cas où le comte, par négligence ou par dol, s'abstiendrait de faire rendre justice. Commemor. miss. a. 825, c. 2, Boret. p. 308 : « Ut quicumque per neglegentiam aut incuriam vel impossi-

(1) Fournier, p. 115 ss. Laferrière, III, p. 425. Eichorn, I, p. 642.

(2) Schaeffner, I, p. 357. Brewer, I, p. 6. Sohm, p. 492 et 505. Henrion de Pansey dit que les personnes seules étaient subordonnées ; les juridictions ne l'étaient pas.

bilitatem comitis justitiam suam adquirere non potuerit, ad eos querelam suam possit deferre et per eorum auxilium justitiam adquirere. » Comment le missus peut-il faire justice au réclamant ? De deux manières. Il peut d'abord contraindre le comte à juger, et, pour y arriver, il a le droit de vivre aux frais du comte tant que celui-ci se refuse à remplir ses devoirs. Capit. Haristal. a. 779, c. 21, Boret. p. 51 : « Si comis in suo ministerio justitias non fecerit, misso nostro de sua casa soniare faciat usquedum justitiæ ibidem factæ fuerint. » Capit. miss. a. 819, c. 23, Boret. p. 291 : « Ut ubicumque ipsi missi aut episcopum aut abbatem aut alium quemlibet quocumque honore præditum invenerint qui justitiam facere vel noluit vel prohibuit, de ipsius rebus vivant quamdiu in eo loco justitias facere debent. » — Le missus peut ensuite juger lui-même. Cela résulte du capitulaire de 825 qui suppose que, par exception, la plainte a été adressée au roi lui-même et que, sur cette plainte, le roi peut remettre la décision de l'affaire au missus : « Et quando aliquis ad nos necessitatis causa reclamaverit, *ad eos possimus relatorum querelas ad definiendum remittere.* » Si les missi peuvent juger par suite de ce renvoi du roi, on ne voit pas pourquoi, quand la plainte leur a été adressée directement, ils ne pourraient pas juger immédiatement. On trouve d'ailleurs dans le troisième appendice du quatrième livre des capitulaires d'Ansegise deux exemples de ce renvoi aux missi d'une querela adressée au roi, c. 9, Pertz, p. 325 : « Querelam quam Helisachar et Heiminus contra Maginarium habent, volumus ut missi nostri secundum justitiam et æquitatem definiant. » C. 10 : « De querela Hildebrandi comitis, quod pagenses ejus paravareda dare recusant, volumus ut hoc missi nostri ab his hominibus qui in eodem comitatu manent et ea dare non debent, necnon et a vicinis comitibus inquirant ; et si invenerint, quod ipsi ea dandi debitores sint, ex nostra jussione dare præcipiant. »

La personne qui souffre d'un déni de justice doit, avant de porter sa plainte au roi ou au missus, requérir par trois fois le comte de lui faire droit en présence de témoins qui viendront attester devant le tribunal supérieur la régularité de ces sommations. Le comte, de son côté, peut, devant le roi ou le missus, faire la preuve contraire en établissant, par un écrit rédigé par un notaire et certifié par témoins, qu'il n'a pas refusé de faire droit au réclamant. Il peut en outre se justifier en prêtant serment soit en personne, soit par l'organe de son advocatus. Capit. mantuan. a 781, c. 2 et 3, Pertz, p. 40 : « Hoc statuimus, ut unusquisque clamator tertiam vicem ad comites suus se proclamat, et inde idoneus homines habeat qui hoc veraciter faciant quod proclamasset et nulla exinde justitia habere potuisset ; et si qui aliter fecerit, et antea ad palacium se proclamaverit, legem suam componat — Comites vero de illorum parte per testes adfirmant quod eis justitiam facere voluisset, et omnia notarium suum et scribere faciat quanti ad se proclamassent vel quantas justitias factas habent ut cum proclamaverint nulla excusationem habere possint, nisi veritas clara sit ut justitiam facere voluisset, et hoc ipse comis aut ejus advocatus per sagramentum firmare possit, quod de illorum justitias nulla negligentia habeat, et per ipsa brebe cognoscere valeat utrum ad se proclamasset aut non. » — Le plaignant qui succombe est condamné soit à une amende, soit à une peine corporelle. Ibid. c. 4 : « Hoc omnibus notum sit, si quislibet post causam legibus fenita se proclamaverit, aut quindecim accipiat camactas, aut solidos 15 componere cogatur. »

§ 125. — Le recours aux missi peut en second lieu être formé pour mal jugé, et les missi ont alors qualité pour réformer la décision attaquée. Cette solution nous paraît établie soit par les capitulaires, soit par d'autres documents carolingiens.

Les capitulaires donnent aux missi le droit non seulement, comme nous venons de le voir, de rendre la justice lorsque les comtes refusent de la faire, mais encore de remédier eux-mêmes à l'injustice des sentences rendues par ces officiers. Tel est le capitulaire de missorum officiis de 810, c. 3, Boret. p. 155 : « Quando justitiam pauperibus facere jusserint, semel aut bis præcipiant ut justitia facta fiat, tertia vice si nondum factum est, ipsi pergant ad locum et ad hominem qui justitiam facere noluit, et *cum virtute tollant ab eo quod injuste alteri tulit et reddant illi cujus per justitiam esse debuit.* » — Le capitulaire de 819 est plus formel, c. 1, Boret. p. 289 : « Primo, ut sicut jam aliis missis injunctum fuit, justitiam faciant de rebus et libertatibus *injuste ablatis.* » Les missi ont à réformer les sentences injustes dans deux catégories de procès importants, les procès de liberté et les procès immobiliers. — Une formule impériale, à laquelle Zeumer attribue la date de 824, ne laisse aucun doute sur le sens que nous venons de donner à ce capitulaire, Zeumer, p. 296 : « Præceptum de libertatibus restitutis... Post decessum domni et genitoris nostri Karoli serenissimi imperatoris... decrevimus... ut per omnes provincias regni a Deo nobis commissi legatos mitteremus qui *omnia pravorum comitum sive judicum* vel etiam missorum a palatio directorum *facta diligenter investigarent, et ubi aliquid injuste factum invenirent* EMENDARE *et ad justitiam revocare contenderent.* » — Le § 13 du même capitulaire de 819 donne encore aux missi le droit *d'emendare causas*, c'est-à-dire de réformer des sentences, et ce n'est qu'au cas où ils ne peuvent réussir dans leur plaid qu'ils doivent déférer la cause au roi : « Hoc volumus ut missi nostri observent ut, quicquid de his causis vel simul, vel singillatim emendare potuerint, *emendent* et ea quæ emendaverint diligenter scriptis notent... et summopere studeant, ut hoc quod per se efficere non possunt, nobis notum faciant. » Dans le capitulaire de 819 nous trouvons enfin une dernière disposition qui interdit au missus de connaître d'une affaire qui n'a point encore passé par le tribunal du comte, c. 25, § 2 : « Ut causa quæ adhuc coram comite non fuit, et is qui se reclamat propter suam stultitiam aut contumaciam comitem inde appellare noluit iterum comiti commendetur. » N'est-ce point marquer nettement le caractères des deux juridictions respectives du comte et du missus, l'une de première instance, l'autre d'appel et si bien d'appel qu'on ne peut pas franchir le premier degré de juridiction pour porter l'affaire directement devant le délégué du roi?

L'appel au missus n'est pas resté purement théorique, ainsi qu'en témoigne la formule 476 de Rozière : « Notum sit omnibus, tam presentibus quam et futuris qualiter *ille comis placito habito, divestivit illum de proprio alode* propter crimen incesti. Postquam autem ille et ille comis, missi dominici, in illas partes convenissent ad jussionem domni imperatoris explendam et justa judicia terminanda, *reclamavit se predictus ille quod injusto judicio* propriis rebus caruisset, et eum predictus comes malo ordine propriis rebus disvestivisset. Tunc predicti missi jusserunt homines ter hoc testimoniare quod veritatem super predicta scirent. Tunc illi sacramento facto et fide facta, dixerunt quod legibus hoc non factum fuisset. Tunc *predicti missi judicaverunt* ejus jussione imperatoris quod pro tali incesto non debuisset proprias res perdere, et *reddiderunt ei predictas res pro proprio.* » Il est impossible de mieux indiquer le droit du missus comme juge d'appel. Aussi Sohm, tout en déclarant qu'il n'y a pas d'instance d'appel, est-il obligé de se contredire et de reconnaître que, dans un cas au moins, le tribunal du missus infirme un jugement du tribunal du comte. Sohm observe que ce cas unique se trouve dans une formule. Mais c'est un argument de plus en notre sens. Les formules sont rédigées en effet en vue d'actes qui s'accomplissent dans la pratique ; donc c'est qu'en pratique les missi jouent le rôle de juges d'appel.

Ce caractère de réformateurs, de juges d'appel est bien du reste celui que les chroniques de l'époque attribuent aux missi. *Vie de Louis le Débonnaire*, par Thégan, c. 13, Bouquet, VI, p. 77 : « Princeps misit legatos suos supra omnia regna sua inquirere et investigare si alicui aliqua injustitia perpetrata esset ; et si aliquem invenissent qui hoc dicere vellet et... hoc probare potuisset, statim cum eis in provinciam ejus venire præcepit. Qui... invenerunt innumeram multitudinem oppressorum aut ablatione patrimonii, aut exspoliatione libertatis ; quod iniqui ministri, comites et locopositi... exercebant ... Princeps destruere jussit acta... patrimonia oppressis reddidit, injuste ad servitium inclinatos absolvit. » — *Vie de Louis le Débonnaire* par l'Astronome, c. 59, Bouquet, VI, p. 121 : « Imperator... indixit generalem conventum ... in Carisiaco ... pene omnes Septimaniæ nobiles affuerunt, conquerentes adversus Bernardum ducem illarum partium, eo quod homines illius tam rebus ecclesiasticis quam privatis, absque ullo respectu divino humanoque, pro libitu abuterentur. Unde petierunt ut imperator sub suæ protectionis munimine eos susciperet et post hæc tales missos in eamdem terram dirigeret, qui in potestate... de ablatis æquo libramine penderent, et avitam eis legem conservarent, ad quod peragendum missi sunt secundum postulationem eorum. »

La juridiction d'appel des missi sert à décharger d'autant le plaid du roi, car les contestations que les missi ne peuvent point résoudre sont les seules qui arrivent en appel au tribunal du roi (1). — Faut-il toutefois conclure que tout recours contre une sentence des juges ordinaires doit être portée d'abord devant les missi et que leur tribunal forme, dans la hiérarchie judiciaire, un degré qu'il faut nécessairement franchir avant d'arriver au tribunal suprême? Nous n'irons pas jusque là. Nous ne trouvons pas en effet pour les missi de texte semblable au capitulaire de 819, qui oblige à passer par le tribunal du comte avant d'arriver au plaid du missus. Nous croyons que, en droit, l'appel est permis directement au roi aussi bien qu'au missus, et nous en voyons la preuve dans ces textes qui parlent du renvoi d'une cause par le roi au tribunal du missus. Mais, en fait, l'appel doit être porté devant le missus plutôt que devant le roi, d'abord parce que le tribunal du missus est plus accessible et ensuite parce qu'en s'adressant d'abord au missus, on peut se ménager encore un recours devant le roi.

§ 126. — Nous avons ainsi indiqué le côté judiciaire de cette institution des missi, qui aurait pu faire dominer pour toujours le système monarchique, si les successeurs de Charlemagne avaient eu la même énergie que celui qui donna son nom à la dynastie. Malheureusement, cette institution dura à peine un siècle, et encore fut-elle promptement dénaturée.

Matériellement d'abord, le contrôle des missi ne pouvait s'exercer que bien difficilement à une époque si troublée par les guerres et où les obstacles aux communications étaient considérables.

Puis les missi, quoique pris en partie parmi les grands ecclésiastiques, étaient mal vus du clergé, à cause de la surveillance qu'ils exerçaient sur lui, à cause de leur immixtion dans des affaires que l'Eglise considérait comme de son domaine exclusif (2). Aussi devint-il difficile de trouver des hommes intègres pour remplir les fonctions de missus (3).

(1) V. Fournier, p. 129.

(2) V. Alcuin, epist. 203, p. 694 où, en parlant de l'archevêque Arn, missus dominicus, il dit : « Nunc vero seculi principes habent justam, ut videtur, causam, ecclesiam Christi servitio suo opprimere. »

(3) Alcuin, epist. 126, c. 509 : « Sed pro dolor ! rari inveniuntur (missi) quorum ingrata in Dei timore mens omnem respuat cupiditatem. » — Waitz, II, p. 476.

Les abus ne devaient pas tarder à se produire. Pour y remédier, Charlemagne lui-même était obligé d'envoyer quelquefois des missi extraordinaires dans des provinces où exerçaient déjà des missi ordinaires (1). Louis le Débonnaire, en présence des abus commis par les missi de son prédécesseur, est contraint d'en instituer de nouveaux, « qui pravorum comitum ... vel etiam missorum a palatio directorum facta diligenter investigarent. » Form. imp. 14, Zeumer, p. 296 (2).

On trouve bien encore des dispositions relatives aux missi après Louis le Débonnaire jusqu'en 865. Conventus apud Marsnam, a. 847, Pertz, p. 394 : « Ut in singulis partibus regni missi idonei constituantur, qui querelas pauperum et oppressiones sive quorumcumque causas examinare, et secundum legis æquitatem valeant definire. Et si ab uno in aliud regnum hujusmodi præsumptores confugerint, ibi similiter opprimantur. » — Convent. ap. Valent. a. 853, c. 1, Pertz, p. 122 : « De missis directis per regnum ut populus pacem et justitiam habeat. » (3) Mais ces envoyés royaux ne devaient être que l'ombre des missi de Charlemagne. L'institution disparut à la fin du IXe siècle, et avec elle un des principaux obstacles à l'organisation définitive du régime féodal.

(1) V. les documents cités par Waitz, p. 477, n. 1.

(2) Cp. diplôme du 1er février 815 (Champollion, Documents, III, p. 413) cité par Waitz, p. 478, n. 1 : « Piissimus imperator per immensam suam clementiam precepit per predictos suos missos... ut omnes homines in quoscumque invenire potuissent qui partibus fisci sive etiam ecclesiæ partibus vel quolibet homini ante in quacumque homines aut vicarios vel centenarios sive etiam ante missos dominicos vel in quacumque judiciaria potestate vel quolibet ingenio injuste res abstractas fuerunt ... » — Einhardi annales, a. 814, Pertz, *Scriptores*, I, p. 201 : « Ad justitias faciendas et oppressiones popularium relevandas, legatos in omnes regni sui partes dimisit. »

(3) Cp. Karoli II Convent. Silvac. a. 853, Pertz, p. 423. Convent. Attin. a. 854, c. 1, Pertz, p. 428. Edict. Pist. a. 864, c. 1, 2, 3, Pertz, p. 488. — Karoli II capit. miss. a. 865, Pertz, p. 501.

## CHAPITRE III.

### JURIDICTION DU ROI.

§ 127. — Si la création des missi a, ainsi que nous l'avons reconnu, pour but principal d'assurer le fonctionnement de la justice, le tribunal du roi est supérieur encore aux missi et résume toutes les institutions d'origine carolingienne dans l'ordre judiciaire. Placé au sommet de la hiérarchie judiciaire, il a une mission au sujet de laquelle les Constitutiones Wormatienses, a. 829, s'expriment dans les termes suivants : « Regale namque ministerium specialiter est populum Dei gubernare, et regere cum equitate et justitia ... defensor esse ecclesiarum et servorum Dei, viduarum, orfanorum, cæterorumque pauperum, necnon et omnium indigentium ... Sciant omnes, quoniam si ad ipsius notitiam pervenerit quidquam mali quod admiserint, nequaquam incorrectum aut inultum remanebit, sed juxta facti qualitatem erit et modus justæ correptionis. Quapropter in throno regiminis positus et ad judicia recta peragenda, ut ipse per se provideat et perquirat, ne in judicio aliquis a veritate et æquitate declinet... Et ideo oportet, ut ipse, qui judex est judicum, causam pauperum ad se ingredi faciat et diligenter inquirat, ne forte illi qui ab eo constituti sunt et vicem ejus agere debent in populo injuste aut negligenter pauperes oppressiones pati permittant. »

La juridiction royale constitue-t-elle ou non un véritable tribunal ? Sohm l'a nié, disant (p. 177) que « le roi n'est pas juge, mais souverain, que le tribunal du roi *n'est pas* un tribunal dans le sens de l'organisation judiciaire. » — Nous ne nous arrêterons pas à discuter une question qui, pour nous, est une question de mots. Nous voyons, en effet, le tribunal du roi rendre des jugements tant en matière civile qu'en matière criminelle, tant en première instance qu'en appel. Peu nous importe que, « dans le sens de l'organisation judiciaire, im Sinne der Gerichtsverfassung », on doive ou non lui refuser le titre de tribunal. Cela ne modifie en rien les règles de compétence et d'organisation de cette juridiction supérieure et souveraine que nous avons à déterminer. (1)

Nous préférons commencer notre étude par l'examen de la compétence du tribunal royal. Nous passerons ensuite à son organisation.

§ 128. — Cette compétence paraît universelle, si l'on s'en tient à la définition des Constitutiones Wormatienses (supra) ou aux formules que l'on trouve en tête des procès-verbaux des plaids royaux : « Cum nos . . . in palatio nostro . . . . una cum . . . ad universorum causas audiendas vel recto judicio terminandas resideremus. » (2) C'est la même formule que nous avons déjà rencontrée dans le droit mérovingien (§ 20). Cependant si, en théorie, la compétence du plaid royal carolingien est absolue, en fait, elle ne s'exerce que dans un certain nombre d'hypothèses qu'il est plus facile de déterminer que dans le droit mérovingien, en raison du soin que les rois de la seconde race ont mis à poser des règles aussi précises que possible dans toutes les parties de l'organisation judiciaire.

On peut grouper en trois classes les affaires soumises au plaid royal. Les unes, et c'est l'exception, sont jugées directement en première instance, sans avoir été préalablement soumises à un autre tribunal. Les autres sont jugées également en première instance, mais à la suite d'un déni de justice par les juridictions inférieures. Les dernières sont jugées en seconde instance, sur appel des tribunaux inférieurs (3).

§ 129. — Nous nous occuperons en premier lieu des affaires de la seconde catégorie, de celles qui sont soumises au tribunal du roi à la suite d'un déni de justice par un tribunal inférieur.

(1) Waitz, III, p. 472, n. 1, dit que la théorie de Sohm ne ressort nullement des documents de l'époque.

(2) V. Bouquet, V, 697, 734.

(3) Notre division ne cadre pas exactement avec celle de Fournier p. 120.

Pour éviter l'encombrement du plaid royal, les Carolingiens durent établir comme principe qu'une affaire ne peut être soumise à leur tribunal avant d'avoir été préalablement portée devant le tribunal du comte. La première règle posée à cet égard est dans un capitulaire de Pépin de 754-755, c. 7, Boretius, p. 32 : « De justitia facienda... et si aliquis homo ad palacium venerit pro causa sua et antea ad illum comitem non innotuerit in mallo ante racimburgiis, et hoc sustinere noluerit quod ipsi legitime judicaverint, si pro istis causis ad palacium venerit, vapuletur, et si major persona fuerit, in regis arbitrio erit. » — Le capitulaire, dans la dernière phrase, décide pour les gens de l'immunité comme pour les justiciables du comte, qu'ils doivent d'abord s'adresser au juge de l'immunité : « Similiter et de ecclesiasticis, si ad palatium venerint de eorum causa sibi reclamare super eorum seniore, vapulentur, nisi senior suus pro causa sua transmiserit. »

Le capitulaire de Mantoue de 781 porte, ainsi que nous l'avons vu, que le plaideur qui veut obtenir justice, doit d'abord sommer le comte trois fois de suite de la lui rendre. — Le capitulaire de Francfort de 794 décide de même que les clercs doivent s'adresser en premier lieu à leurs évêques ; c'est seulement dans le cas où ils ne peuvent obtenir justice de leurs supérieurs qu'ils ont la faculté de s'adresser au tribunal du roi, c. 6, Boret. p. 74 : « Statutum est a domno rege et sancta synodo ut episcopi justitias faciant in suas parrœchiis. Si non oboedierit aliqua persona episcopo suo de abbatibus, presbiteris, diaconibus, subdiaconibus, monachis et caeteris clericis vel etiam aliis in ejus parrochia, venient ad metropolitanum suum, et ille dijudicet causam cum suffraganeis suis ... et si aliquid est quod episcopus, metropolitanus non possit corrigere vel pacificare, tunc tandem veniant accusatores cum accusatu, cum litteris metropolitano, ut sciamus veritatem rei. » (1)

Depuis l'organisation de la hiérarchie judiciaire par le capitulaire, le plaid du roi ne connait plus directement, comme dans le droit antérieur, de toutes les plaintes en déni de jus-

(1) Cp. la petitio episc. Worm. a. 829, c. 6, Pertz, p. 339 : « Clerici qui postposita canonica auctoritate passim palatium adeunt. »

tice. Les différents officiers judiciaires sont chargés respectivement de faire rendre justice par leurs inférieurs. Ainsi nous avons vu que le comte fait rendre justice au centenier, et le missus au comte. Le tribunal du roi n'est donc saisi que dans le cas où le missus dominicus ne peut pas faire rendre justice ou se refuse à la rendre (1). Le capitulaire de Worms de 827, c. 15, indique bien que les plaideurs ne peuvent réclamer au plaid royal que s'ils n'ont pu se faire juger par les comtes ou les missi, Pertz, p. 352 : « Populo autem dicatur ut caveat de aliis causis se ad nos reclamare, nisi de quibus aut missi nostri aut comites eis justitias facere noluerunt. » On évite ainsi l'encombrement des tribunaux supérieurs et surtout celui du plaid royal.

Mais, sous les conditions de hiérarchie que nous venons d'indiquer, conditions qui ne s'introduisirent peut-être qu'assez tard sous Charlemagne, et qui probablement ne furent pas toujours suivies rigoureusement, l'accès du plaid royal ne doit en aucune façon être entravé. Les capitulaires le proclament expressément et chargent les officiers royaux de protéger les voyageurs qui veulent se rendre devant le roi. Pipp. capit. Aquit. a. 768, c. 8, Boret. p. 43 : « Si aliquis homo ante nos se reclamaverit, licentiam habeat ad nos venire et nullus eum per fortia deteneat. » — Capit. de part. Saxon. a. 775-790, c. 26, Boret., p. 70 : « Ut nulli hominum contradicere viam ad nos veniendo pro justitia reclamandi aliquis præsumat ; et si aliquis hoc facere conaverit, nostrum bannum persolvat. » (2)

§ 130. — Le tribunal du roi connaît, en second lieu, des affaires déjà jugées par les juridictions inférieures, et pour lesquelles on forme appel devant lui.

Nous avons vu que les tribunaux des missi, certainement, et ceux des comtes, très probablement, peuvent statuer comme juridictions d'appel. A fortiori doit-il en être ainsi pour le

(1) Fournier, p. 122, 123.

(2) Cp. Capit. miss. a. 802, c. 31, Boret. p. 97 : « Et his qui justitiam domni imperatoris annuntiant nihil læsiones vel injuria quis machinare præsumat neque aliquid inimicitiæ contra eos movere. Qui autem præsumpserit bannum dominicum solvat ; vel si majoris debiti reus est, ad sua præsentia perduci jussum est. »

tribunal du roi placé au dessus de tous les autres. Le doute d'ailleurs, s'il pouvait être possible même pour les missi, ne peut pas s'élever pour le plaid du roi en présence de textes aussi nombreux que formels. Le capitulaire de Pépin de 754-755 contient dans son chapitre 7 précité la disposition suivante : « Et si reclamaverit *quod legem ei non judicassent*, tunc licentiam habeat ad palacium venire pro ipsa causa, et si ipsos convincere potuerit *quod legem ei non judicassent*, secundum legem contra ipsum emendare faciat. » Ce passage vise une hypothèse bien distincte de celle qui règle l'autre partie du texte et autorise le pourvoi pour violation de la loi.

Le recours au roi nous semble possible non pas seulement lorsqu'il y a eu violation de la loi, non secundum legem, mais encore lorsque la cause n'a pas *été bien jugée en fait*, lorsqu'il y a eu mal jugé proprement dit. D'autres capitulaires autorisent en effet l'appel au roi dans des termes plus larges, plus généraux. Capit. Baiw. a. 810, c. 7, Boret. p. 159 : « Ut si aliquis voluerit dicere quod *juste* ei non judicetur, tunc in præsentia nostra veniant ; aliter vero non præsumat in præsentia nostra venire pro alterius justitia dilatandum. » — Capit. de justit. fac. a. 820, Boret. p. 296 : « Volumus ut comes potestatem habeat in placito suo facere quæ debet, nemine contradicente, et si aliter fecerit quam *juste*, ad quem factum illud pertinet veniat in præsentiam nostram et nos illi de eodem comite faciamus justitiam. » — Capit. Sax. a. 787, c. 4, infr. cit. : « quod *justum* judicium judicassent (1). »

On a, il est vrai, essayé d'écarter les textes que nous venons de citer en disant qu'ils se réfèrent non à l'appel pour mal jugé, mais au déni de justice (2). — Nous reconnaissons que le capitulaire de Pépin pourrait prêter aux deux interprétations, quoique le sens naturel des mots « legem non judicare » soit plutôt celui de juger contrairement à la loi que celui de refuser justice. Mais, certainement, il est impossible de voir une simple allusion au déni de justice dans les autres

(1) Cp. Capit. miss. Theod. c. 8, Boret. p. 123. — D'après Bernardi, p. 48, il rentre dans la compétence de la cour du roi de statuer sur toutes les contestations qui s'élèvent sur le sens des lois.

(2) Schaeffner, I, p. 359.

capitulaires où l'on rencontre les expressions « juste non judicare — juste non facere — judicium non justum. » D'ailleurs, comme le remarque justement Fournier (p. 130), « les leges traitaient séparément du déni de justice et de l'appel pour mal jugé : les textes des capitulaires qui visent ces deux institutions ne sont pas les mêmes ; enfin les formules, qui sont un témoignage de la pratique, sont également distinctes pour ces deux cas. » — Nous invoquerons enfin un document italien relatant un cas d'appel au roi sur lequel intervient un arrêt confirmatif du premier jugement. Muratori, *Antiq.* VI, 211 : « Et dum d. noster Carolus piissimus imper. Romam esset, etiam ipsum interpellatus sum super eumdem Joh. episc., ut meam proprietatem substantia tulisset. Detulit ipse Joh. episc. in ejus presentia jam dictum judicatum. Quo relecto ante eum, omnia confirmavit, sicut ibi contenebatur ut *rectum judicium* ... datum fuisset. »

L'appel au roi peut être formé plusieurs fois successivement, jusqu'à trois fois contre la même décision. Mais l'appelant qui succombe étant soumis à une amende dont le montant est chaque fois plus élevé, l'appel ne doit être, en fait, interjeté qu'une seule fois. Capit. Saxon. a. 797, c. 4, Boret. p. 71 : « Nam si fuerit aliquis qui in patria juxta quod sui convicini judicaverint seque pacificare noluerit et ad palatium pro ejus rei causa venerit, et ibi fuerit judicatum, quod *justum* judicium judicassent, in prima vice... solidos viginti quatuor ad partem regis componat; et si tunc inde rediens se pacificare et justitiam facere renuerit, et iterum pro ista causa ad palatium fuerit convocatus et dijudicatus, bis viginti quatuor solidos componat; si vero necdum correptus tertia vice pro eadem re ad palatium remeaverit, triplam compositionem exinde faciat ad partem regis. » (1)

Quant à la procédure du recours pour mal jugé, les renseignements que nous possédons à ce sujet sont très incertains. La partie qui appelle doit *blasfemare* le jugement. Capit. miss. theod. a. 805, c. 8, Boret. p. 123 : « De clamatoribus vel causidicis qui nec judicium scabinorum adquiescere (2) nec blas-

(1) V. Lézardière, III, p. 7.

(2) L'acquiescement a pour effet de donner au jugement force de chose jugée irrévocable. V. Bethmann-Hollweg, V, p. 172.

femare volunt antiqua consuetudo servetur, id est ut in custodia recludantur donec unum e duobus faciant. Et si ad palatium pro hac re reclamaverint... » Que faut-il entendre par blasfemare? D'après Fournier (p. 131), l'appelant doit comparaître devant le missus ou devant le roi et y administrer la preuve de ce qu'il a avancé. S'il n'y réussit point, il est débouté et condamné à une amende ; si, au contraire, il triomphe, les juges dont la décision est réformée paient l'amende réglée par la loi salique. (1)

De la juridiction d'appel du tribunal du roi, nous devons rapprocher les nombreux capitulaires qui signalent l'intervention de ce tribunal dans le but de contraindre ceux qui résistent aux jugements des juridictions inférieures, y compris celle des missi. Le capit. missorum de 803 semble dire d'une façon absolue que les rebelles à la loi doivent être traduits devant le roi. C. 4, Boret. p. 115 : « De his qui legem servare contempserint, ut per fidejussores ad præsentiam regis deducantur. » Mais, pour qu'il en soit ainsi, il faut que les magistrats inférieurs, soit de l'ordre laïque, soit de l'ordre ecclésiastique, soient impuissants à réprimer le mal par eux-mêmes. Capit. miss. spec. a. 802, c. 19, Boret. p. 101 : « Et quod per se emendare nequiverint (missi) in præsentia nostra adduci faciant. » — Capit. miss. gener. a. 802, c. 5, Boret. p. 94 : « Et

(1) Du Boys, I, p. 345, émet un système fantaisiste sur les deux manières différentes d'en appeler du jugement des scabins présidés par le comte. La première est la suivante : « Quand le tribunal avait prononcé, il fallait, ou que la partie condamnée acquiesçât au jugement, ou qu'elle le blamât en s'inscrivant en faux contre la décision des juges ; si elle ne voulait ni acquiescer, ni blâmer (blasfemare), on la mettait en prison jusqu'à ce qu'elle prît l'un ou l'autre parti ; si le condamné prenait le parti du blâme et de l'attaque contre le jugement, ou bien il jetait le gant devant les scabins et alors il y avait lieu au duel, ou bien il fallait procéder à un supplément d'instruction et, s'il ne pouvait prouver le mal jugé d'aucune de ces manières, il devait payer à chacun des premiers juges une amende de 15 sols ou bien recevoir de leurs mains 15 coups de bâton. » La seconde manière consistait à porter l'appel directement devant le roi. — Bernardi, p. 90, écrit que ce qu'on appelait blâmer le jugement ne pouvait avoir lieu qu'autant que les comtes ou les autres juges avaient refusé de rendre la justice ou qu'ils avaient prévariqué dans leurs jugements ; c'était une véritable plainte qu'on portait au roi contre les juges et qu'on appela, sous la troisième race, appel de défaut de droit et de faux jugement.

monachi ab episcopo provinciæ ipsius corripiantur ; quod si se non emendent, tunc archiepiscopus eos ad sinodum convocet, et si neque sic se correxerint, tunc ad nostra præsentiam simul cum episcopo conveniant (1). » — C'est principalement en matière criminelle que le roi intervient pour suppléer à l'action des tribunaux inférieurs (2).

§ 131. — Le plaid royal statue enfin comme juridiction directe de première instance dans un grand nombre de cas ; mais cette juridiction est exceptionnelle relativement à celle qui s'exerce soit en cas de déni de justice, soit en cas d'appel.

Les causes réservées au plaid du roi comme tribunal de première instance peuvent se grouper en trois catégories. La première comprend celles qui touchent à l'intérêt du roi, la seconde les actions dirigées contre les officiers royaux, la dernière les causes de certaines personnes privilégiées.

Lorsque l'intérêt royal est en jeu, il est tout naturel que le roi réserve l'affaire à son tribunal pour l'examiner de plus près.

Cet intérêt peut être pécuniaire, fiscal. Ainsi, on voit dans la vie de S. Goard qu'un procès entre Charlemagne et l'évêque de Trèves fut porté au plaid royal, Bouquet, V, p. 451 : « Regnante... Magno Carolo, orta est inter Trevirorum pontificem tunc Weomadum et abbatem Assuerum, pro eadem cella contentio, asserente episcopo eam ad suæ ecclesiæ jus pertinere, abbate contradicente esse illam regis lege hereditaria possessionem... generali conventu sub præsentia totius prope regni primatuum et utriusque ordinis clarissimorum virorum... » (3)

L'intérêt royal lésé peut aussi être purement moral. C'est ainsi que les crimes de lèse-majesté sont jugés au plaid royal. D'après un poète contemporain de Louis le Débonnaire, c'était une ancienne coutume des Francs inviolablement observée d'ordonner le combat judiciaire, le duel à l'arme blanche entre

(1) Cp. Dipl. de Lothaire, Muratori, I, p. 459 : « Quam rem dum... missi nostri per se minime diffinire potuissent, in nostram hoc pleniter deliberanda jussimus venire præsentiam. » — Capit. Vern. a. 755, c. 9, Boret. p. 35.

(2) V. le capit. miss. gener. a. 802, c. 32, 33, 36, 37, 38, Boret p. 97.

(3) Cp. Capit. Wormat. a. 829, al. capit., c. 9, Pertz, p. 350.

l'accusateur et l'accusé du crime de lèse-majesté (1). Les chroniques et les diplômes rapportent de nombreux exemples d'accusations de lèse-majesté jugées au tribunal du roi (2).

C'est encore parce que la dignité royale est atteinte que les contempteurs du ban royal, ainsi que ceux qui refusent de prêter le serment de fidélité, sont déférés au plaid du roi. Capit. miss. gener. a. 802, c. 34, Boret. p. 97 : « Ut omnes pleniter bene parati sint, quandocumque jussio nostra vel annuntiatio advenerit. Si quis autem tunc se imparatum esse dixerit et præterierit mandatum, ad palatium perducatur, et non solum ille sed etiam omnes qui bannum vel præceptum nostrum transgredere præsumunt. » (3) — Capit. miss. a. 792, c. 4, Boret. p. 67 : « Et si fuerint aliquis qui ... se propter ipsum sacramentum distulerit ... et tales aut per fidejussores mittant, aut si ipsi fidejussores non habuerint qui præsentia domni regis illos abducant sub custodia serventur. »

Pour des raisons semblables, le tribunal du roi statue sur certains crimes qui intéressent particulièrement la paix publique dont le roi est le gardien. Karlomanni capit. a. 884, c. 2, Pertz, p. 551 : « Quod si aliquis *corrupta pace* rapinam exercuerit, per nostram regiam auctoritatem et missi nostri jussionem ad palatinam adducatur audientiam ; ut secundum quod in capitulis antecessorum continetur, legali multetur judicio, tripla compositione peracta cum banno dominico. »

(1) Mos erat antiquus Francorum semper, et instat
Dumque manebit erit gentis honorque decus
Ut quicumque fidem regi servare perennem
Abnegat imperio ...
Tunc si frater adest, qui se supra hæc quoque dicat.
Tunc decet ut bello certet uterque fero. — Bouquet, VI, p. 48.

(2) Annales d'Eginhard, Bouquet, V, p. 208 ; VI, p. 179 et 207. Chronique d'Adon sous Charles le Chauve, Bouquet, V, p. 319. Annales Tilliennes, Bouquet, V, p. 21. Annales de Loisel, Bouquet, V, p. 48. Diplôme 75 de Charlemagne de 797, Bouquet, V, p. 758. Vie de Louis le Débonnaire, par Thégan, c. 22, Bouquet, VI, p. 101 et 103. Annales de Fulde, Bouquet, VI, p. 207. Diplôme 39 de Louis le Débonnaire, Bouquet, VI, p. 656. Annales de S. Bertin, Bouquet, VI, p. 87 et 193. Poëme contemporain, Bouquet, VI, p. 48 et 49.

(3) Cp. Capit. Worm. a. 829, c. 4, Pertz, p. 353 : « Et postea, sicut contemptores jussionis nostræ sub fidejussoribus ad nostram præsentiam venire compellantur. »

— De même, lorsque le comte veut poursuivre sur le territoire d'une immunité un faux monnayeur qui s'y est réfugié, toute personne qui lui résiste est traduite devant le tribunal du roi. Edict. Pist. a. 864, c. 18, Pertz, p. 492 : « Si vero intranti in ipsam immunitatem, vel in cujuslibet hominis potestatem vel proprietatem, comiti collecta manu quilibet resistere tentaverit, comes hoc ad regem vel principem deferat, et ibi judicetur. » (1) — Quelquefois cependant, les coupables sont amenés devant le tribunal du roi non point pour y être jugés, car ils sont déjà condamnés par les juridictions inférieures, mais pour qu'il leur soit appliqué une peine spéciale ou pour qu'il soit pris telle mesure que le roi juge convenable pour prévenir le retour d'un semblable attentat. Capit. Worm. a. 829, c. 7, Pertz, p. 352 : « De his qui discordiis et contentionibus studere solent et in pace vivere nolunt et *inde convicti fuerint*, similiter volumus ut sub fidejussoribus ad nostrum placitum veniant, et ibi cum fidelibus nostris consideremus quid de talibus faciendum est. »

Le tribunal du roi connaît des plaintes dirigées contre les comtes et contre les missi. Pipp. capit. a. 790, c. 7, Boret. p. 201 : « De rebus forfactis per diversos comites volumus ut ad palatium pertineant. » — Capit. miss. a. 819, c. 1, Boret. p. 289 : « Si vero vel comes, vel actor dominicus vel alter missus palatinus hoc perpetravit (de rebus et libertatibus injuste ablatis) et in nostram potestatem redegit, res diligenter investigata et descripta ad nostrum judicium reservetur. » — Nous avons vu qu'en cas de déni de justice par un comte ou un missus, le plaignant, dont la réclamation est reconnue mal fondée par le tribunal du roi, est puni d'une peine que détermine un capitulaire de Pépin de 754, c. 7. — Les plaintes contre les administrateurs des biens royaux sont également jugées par le roi. Capit. de villis, a. 800, c. 57, Boret. p. 88 : « Si aliquis ex servis nostris super magistrum suum nobis de causa nostra aliquid vellet dicere, vias ei ad nos veniendi non contradicat. Et si judex cognoverit quod juniores illius adversus eum ad palatium proclamando venire velint, tunc

(1) Cp. dipl. 23 de Charlemagne, Bouquet, V, p. 728. Annales de Fulde, a. 870, Bouquet, VII, p. 175.

ipse judex contra eas rationes deducendi ad palatium venire faciat, qualiter eorum proclamatio in auribus nostris fastidium non generet. »

Le capitulaire de 812 de justitiis faciendis dispose, dans son art. 2, que les évêques, les abbés, les comtes et les grands, qui ont des contestations entre eux, doivent se rendre au tribunal du roi, qui juge leurs causes, pour que les procès des pauvres et des faibles ne souffrent pas de retard. Boret. p. 176 : « Ut episcopi, abbates, comites et potentiores (1) quique, si causam inter se habuerint, ac se pacificare noluerint, ad nostram jubeantur venire præsentiam, neque illorum contentio alibi dijudicetur, neque propter hoc pauperum et minime potentium justitiæ remaneant. » — Sohm (*Frânkische Gerichtsverfassung*, p. 313, et *Zeitschrift für Kirchenrecht*, IX, p. 207, n. 43) enseigne que ce capitulaire n'établit point pour les personnes qu'il nomme un forum privilégié devant le tribunal du roi. Il se fonde sur la rubrique du capitulaire, « Capitula quæ pro justitis *infra patriam* faciendis constituta sunt, » infra patriam, c'est-à-dire devant les tribunaux ordinaires (2). Il en résulte, dit-il, qu'une contestation infra patriam entre potentiores ne peut être portée au plaid du roi qu'en vertu d'un ordre royal. Le capitulaire part précisément de ce principe que le tribunal populaire est compétent dans les causes des grands. — Nous ne pouvons adopter cette interprétation du capitulaire de 812. Ce texte ne dit en effet nullement qu'un ordre royal soit nécessaire pour que les causes des grands soient soumises au plaid du roi, qu'une reclamatio (v. infra) soit nécessaire pour eux comme pour les simples particuliers. Ad nostram *jubeantur* venire præsentiam, est une manière de parler équivalente à « nous ordonnons que », volumus ut, comme le dit le c. 8 du même capitulaire. Le motif que donne le c. 1 à cette compétence privilégiée, « neque propter hoc pauperum... », commande que, dans tous les cas, les causes des

(1) Par potentes il faut entendre les grands laïques, distingués des ecclésiastiques. Potentes est synonyme de proceres. V. Deloche, *la Trustis*, p. 293.

(2) Les capitulaires opposent en effet infra patriam à in præsentia regis. V. notamment : Capit. Saxon. a. 797, c. 4, Pertz, p. 76. Capit. Worm. pro lege hab. a. 829, c. 4, Pertz, p. 353.

grands soient soustraites au plaid local. Il y aurait eu d'ailleurs le plus souvent un grave inconvénient à soumettre à ce plaid la cause d'un potentior, en raison de la partialité que ce tribunal aurait pu apporter dans le jugement (1).

Comme ce forum privilégié est établi plus encore dans l'intérêt des grands laïques et ecclésiastiques que dans l'intérêt général, nous pensons que ces personnages peuvent y renoncer et se soumettre au jugement des tribunaux locaux, ce qui explique que, dans certains diplômes, on voit ces tribunaux statuer sur des procès de ce genre.

Nous admettons aussi le tempérament indiqué par Eichorn (I, p. 644), à savoir que ces procès peuvent être soumis d'abord au plaid du missus, puisque la justice de l'envoyé royal est de même nature que celle du roi lui-même (2).

Les vassaux du roi et ceux qui jouissent de la mainbour royale sont justiciables en principe des tribunaux ordinaires. Capit. mantuan. a. 781, c. 13, Boretius, p. 191 : « De vassis regalis, de justitiis illorum, ut ante comitem suum recipiant et reddant. » Mais, en fait, comme nous l'avons déjà remarqué pour l'époque mérovingienne, la juridiction locale doit disparaître devant celles du missus ou du roi, en raison de l'intérêt qu'ont les protégés du roi à être jugés par le plaid royal. (V. supr. § 29.) Aussi le capitulaire de 822-824, de monasterio S. Crucis, c. 3, Boret. p. 302, décide-t-il d'une façon absolue, sans faire aucune réserve des droits du comte, que les immeubles du monastère ne peuvent lui être enlevés que par décision du plaid royal : « Ut res monasterii quas modo habent, non prius ab ullo auferantur quam aut ante domnum Pippinum aut ante comitem palatii illius præfata ratio reddatur. » — Il est probable que, dans la seconde moitié du IXe

(1) La décision du capitulaire de 812 est en conformité avec le principe signalé dans le Ve livre des capitulaires, c. 397, Bal. I, p. 908, que : « major a minore non potest judicari. »

(2) Peut-être que, sous Pépin, les potentiores ne jouissaient pas encore du forum privilégié, car le capitulaire de 751, c. 2, Boret, p. 32, qui dispose que ces procès doivent d'abord être soumis aux tribunaux ordinaires et qui frappe d'une peine ceux qui contreviennent à cette règle, porte : « et si major persona fuerit, in regis arbitrium erit. » Or, il est probable que les majores personæ ne sont autres que les potentiores du capitulaire de 812.

siècle, la concession de la mainbour royale emportait par elle-même et directement exemption de la juridiction royale. C'est du moins ce qu'on peut présumer d'après un diplôme de 883 dont la formule doit être celle en usage à l'époque. Bouquet, VIII, p. 558 : « Ut nullus comes nec nullus quilibet homo post nomine regiæ potestatis vel dominorum prendere nec usurpare non præsumat de res fideli nostro G. nec de filiis nec de posteritate sua nec in placitum distringere faciat nisi ante nos aut posteritate nostra. » (1)

Le privilège accordé à certaines personnes de se faire juger par le roi est invoqué en pratique par la reclamatio ad regis definitivam sententiam. « Ce droit de reclamare était compris dans des litteræ, indiculi que le privilégié avait obtenus de curte et qu'il montrait au tribunal ... La procédure était fort simple ; elle consistait à montrer sa littera, sa carta, lorsqu'on avait un procès, afin de pouvoir plaider devant le roi. Il fallait, en un mot, justifier de sa prétention en montrant son privilège. Dès lors deux cas pouvaient se présenter : 1° ou le comte jugeait quand même, et le mainboré pouvait appeler comme mal jugé ou maintenir son privilège ; 2° ou le comte ne jugeait pas et alors les parties *sont renvoyées devant le* roi. » (2)

§ 132. — Connaissant la compétence du plaid royal, procédons à l'examen de son organisation.

Nous y retrouvons l'application du même principe que nous avons rencontré devant tous les tribunaux inférieurs, à savoir le partage des fonctions judiciaires entre un président et des assesseurs.

(1) Cp. Capit. Karlomanni, a. 884, c. 11, Pertz, p. 553 : « De nostris quoque dominicis vassallis jubemus, ut si aliquis prædas egerit, comes cujus in potestate fuerit ad emendationem... Quod si proclamaverit se ante præsentiam nostram velle distringi potius quam ante comitem, per credibiles fidejussores aut per sacramentum melioris hominis ante nos venire permittatur, ut ibi talis ratio finem accipiat. Si vero dixerint quod eis comis non secundum legem fecerit sed pro aliqua iracundia aut invidia quam ante contra illos tenebat, illud fecerit, hoc comes eis ante nos satisfaciat, secundum quod nobis placuerit. »

(2) Fournier, p. 125. V. les explications fournies par cet auteur sur le but de la reclamatio, sur laquelle nous n'insistons pas, parce qu'elle rentre plutôt dans la procédure que dans l'organisation judiciaire.

En droit, le président, c'est le roi lui-même. En fait, c'est le comte du palais. C'est à ce dernier qu'appartient le rôle le plus important dans l'administration de la justice royale (2). Hincmar, dans son traité *de ordine palatii* nous donne des détails précieux sur les fonctions du comes palatii. C'est cet officier qui a le soin d'examiner préalablement les causes et il ne doit les porter à la connaissance du roi qu'en cas de nécessité. C. 19, Walter, III, p. 766 : « Comes palatii de omnibus saecularibus causis, vel judiciis suscipiendi curam instanter habebat : ut nec ecclesiastici, nec saeculares prius domnum regem, absque eorum consultu inquietare necesse haberent, quousque illi prævidерent, si necessitas esset, ut causa ante regem merito venire deberet (3). » — C'est, toujours d'après Hincmar, le comte du palais dans les fonctions de qui rentre le soin de casser les mauvais jugements, perverse judicata, et de les remplacer par de meilleurs. Les capitulaires attribuent sans doute cette mission au roi et ne parlent que de lui ; mais c'est qu'ils disposent en théorie, tandis que Hincmar n'envisage que la pratique dont il est le témoin. Selon l'historien ecclésiastique, le comte du palais ne soumet à l'empereur que les causes sur lesquelles les lois civiles sont muettes et dont la solution, d'après les règles posées dans les lois civiles, entraînerait des conséquences contraires à l'équité chrétienne. C. 21 : « Comites autem palatii, inter cætera pæne innumerabilia, in hoc maxime sollicitudo erat, ut omnes contentiones legales, quæ alibi actæ propter aequitatis judicium palatium aggrediebantur, juste ac rationabiliter determinaret; seu perverse judicata ad æquitatis tramitem reduceret, ut et

(2) Un passage de Walafrid Strabon (Formulæ Alsat., c. 3, Walter, III, p. 527), « quemadmodum sunt in palatiis prætores et comites palatii qui sæcularium causas ventilant », pourrait laisser croire qu'il y a plusieurs comtes du palais ; mais il fait simplement allusion à la possibilité pour le comte d'avoir des remplacants en cas d'empêchement. V. *infra*.

(3) Cp. Einhardi epist. 30, p. 462. Einhard recommande à tout comte du palais « ut hunc... necessitates suas tibi referre volentem exaudire digneris, et si causam ejus rationabilem esse cognoveris, locum ei facias ad d. imperatorem reclamare. » — Epist. 34 p. 463 : Einhard écrit à un comte : « Nam ego totam causam et qualiter a vobis apud veraces homines inquisita est simul cum A et C comitibus palatii d. imperatoris indicavi. » Waitz, III, p. 485, n. 3.

coram Deo propter justitiam et coram hominibus propter legum observationem comitis placeret. Si quid vero tale esset, quod legis mundanæ hoc in suis diffinitionibus statutum non haberent, aut secundum gentilium consuetudinem crudelius sancitum esset, quam christianitatis rectitudo, vel sancta auctoritas merito non consentiret, hoc ad regis moderationem perduceretur, ut ipse cum his, qui utramque legem nossent, et Dei magis quam humanorum legem statuta metuerent, ita decerneret, ita statueret, ut ubi utrumque servari posset utrumque servaretur; sin autem lex sæculi merito comprimeretur, justitia Dei conservaretur. » — Une formule carolingienne marque bien encore le rôle prépondérant du comte du palais qui, dans certains cas difficiles seulement, est obligé d'en référer à l'autorité royale. C'est un indiculus d'un évêque à un comte du palais. Form. Marc. aevi Karol. 21, Zeumer, p. 122 : « Petimus ... ut illas justitias ecclesiæ ... que ad nos pertinere videntur, vestro examine presententur et eas ad liquidum sagax industria vestra perscrutari dignetur ... Insuper vero ut illas justitias, quæ infra pagum definire per nos non valemus, industriæ vestræ reservandas esse censuimus ; quas etiam ex regali auctoritate rectius per vos definiendas esse, per omnia credimus. » — Nous voyons enfin dans la vie de Charlemagne par Einhard que l'empereur, même au milieu de ses occupations ou de ses plaisirs, reçoit le comte du palais qui vient lui soumettre un procès nécessitant l'intervention impériale ; les plaideurs sont introduits et Charlemagne, comme s'il siégeait à son tribunal, prononce la sentence après examen de l'affaire. Vita Karoli, c. 24 : « Cum calciaretur et amiciretur, non tantum amicos admittebat, verum etiam, si comes palatii litem aliquam esse diceret quæ sine ejus jussu definiri non posset, statim litigantes introducere jussit, et velut pro tribunali sederet, lite cognita sententiam dixit. »

Charlemagne, dans le capitulaire de 812 de justitiis faciendis, c. 2, semble établir un partage de compétence entre l'empereur et le comte du palais ; il fait rentrer dans les attributions ordinaires de ce dernier les causes des pauvres et des faibles ; mais, pour les causes des grands, le comte ne peut en connaître que sur un ordre impérial. Boret. p. 176 : « Neque comes palatii nostri potentiores causas sine nostra jussione finire præsumat, sed tantum ad pauperum et minus potentium justitias faciendas sibi sciat esse vacandum. » (1).

Le comte du palais peut donc avoir son propre tribunal. Aussi les capitulaires et les diplômes, en parlant des plaids royaux, disent-ils qu'ils peuvent avoir lieu non-seulement en présence du roi, mais encore en présence du comte seul, marquant bien la juridiction propre à celui-ci. Capit. de justit. fac. a. 820, c. 4, Boret. p. 295 : « Si homini cuilibet causam suam in placito aut coram comite palatio. » — Diplôme de Pépin d'Aquitaine, Bouquet, VI, p. 674 : « Nostro coram comite palatii ecclesiam... liceat inquirere. » (2)

Le comte du palais peut lui-même, en cas d'absence ou d'empêchement, être remplacé par un autre grand de la cour. Un capitulaire de Charles le Chauve de 877 le décide formellement. Convent. Carisiac. c. 17, Pertz, p. 540 : « Adalardus comes palatii remaneat cum eo cum sigillo. Et si ipse pro aliqua necessitate defuerit, Gerardus sive Fredicus, vel unus eorum qui cum eo scariti sunt, causas teneat, et vel una die in septimana ipse causas teneat, et ubicumque fuerint, de pace praevideant. » (3)

Le capitulaire de 820, de disciplina palatii, énumère certaines obligations du comte du palais. Il doit notamment, d'après le c. 4, prendre les mesures nécessaires pour que ceux qui portent leurs réclamations devant le roi, ne restent plus à la cour après avoir reçu un indiculus, afin de ne pas encombrer le palais. Boretius, p. 298 : « Ut comites palatini omnem diligentiam adhibeant, ut clamatores postquam indiculum

(1) Lorsque le roi préside en personne, le comte du palais prend place parmi les assesseurs. Carta. Senon. 26, Zeumer, p. 196 : « Indiculum regale ... Cum nos in Dei nomen palatio nostro ... resederimus ... Proinde nos taliter una cum fidelibus nostris vel comite palate nostro illo visi fuimus judicasse. » — Cp. Bouquet, V, p. 697, 700, 704, 735, etc.

(2) Bouquet, VI, p. 679 : « Nullatenus præsumat ... eos distingere ... quousque in præsentiam nostram vel comitis palatii nostri sint suspensæ vel reservatæ ... » — Form. sal. Merk, 50, Zeumer, p. 259 : « Aut ante regem, aut ante comitem palatii ... » — V. Waitz, III, p. 487, n. 3.

(3) Cp. Diplôme cité par Doublet, *Histoire de S. Denis*, p. 716 : « E. advocatus S. D. ante d. et gl. regem Karolum in R. visus est ibi interpellare sive admallare quemdam hominem ... coram G. comite, qui causas palatinas in vice Fulconis audiebat vel discernebat. »

ab eis acceperint, in palatio non remaneant. » (1) — Un autre capitulaire de 820, de justitiis faciendis, lui confie la police de l'audience, qui appartient aussi au comte ordinaire à son tribunal, c. 4, Boret. p. 295 : « Si homini cuilibet causam suam in placito aut coram comite palatio alius fuerit impedimento et causam ejus injuste disputando impedierit, tunc volumus ut sive comes palatii seu comis ipse in comitatu suo jubeat eum exire foras ; et si noluerit oboedire, tunc solvat bannum dominicum. » — Enfin le comte du palais est chargé de l'exécution des jugements (2).

A côté du comte du palais, Hincmar signale l'Apocrisiarius ou Capellanus et à qui il paraît attribuer, pour les affaires ecclésiastiques, les mêmes fonctions qu'au comte du palais pour les affaires civiles, c. 19 : « E quibus præcipue duo id est apocrisiarius qui vocatur apud nos capellanus, vel palatii custos, de omnibus negotiis ecclesiasticis, vel ministris ecclesiæ, et comes palatii, de omnibus sæcularibus causis.... » — Waitz (l. c. p. 489) refuse cependant à l'apocrisiaire le droit de juridiction qui appartient au comte du palais ; d'après lui, l'apocrisiaire déterminerait simplement les affaires ecclésiastiques qui doivent être portées devant le roi personnellement, comme le comte du palais le fait de son côté pour les affaires civiles. Il se fonde sur la comparaison du c. 19 précité et du c. 20 qui, précisant les attributions de l'apocrisiarus, porte : « Apocrisarius quidem de omni ecclesiastica religione vel ordine, nec non etiam de canonicæ vel monasticæ altercatione, seu quæcumque palatium adibant pro ecclesiasticis necessitatibus, sollicitudinem haberet : et ea tantummodo de externis regem adirent, quæ sine illo plenius definiri non potuissent. » — Il nous paraît au contraire que le c. 20, en signalant une attribution commune au comte et à l'apocrisiaire, ne retire point à celui-ci un droit de juridiction qui résulte manifestement, à notre avis, de l'opposition faite, dans le c. 19, entre les causes ecclésiastiques et les causes civiles. D'ailleurs un passage de Walafrid Strabon indique clairement

(1) Cp. Capit. aquisgr. a. 810, c. 1, Boret., p. 153 : « De clamatoribus qui magnum impedimentum faciunt in palatio. »

(2) Waitz, III, p. 488, n. 4.

l'assimilation des deux personnages au point de vue judiciaire. Walter, l. c. : « Quemadmodum sunt in palatiis praetores et comites palatii, qui sæcularium causas ventilant, ita sunt et illi quos summos capellanos Franci appellant *clericorum causis prælati.* » (1) (2)

§ 133. — Les procès de la compétence du plaid royal ne sont pas toujours instruits et jugés par ce tribunal. Le roi peut en effet déléguer soit l'instruction seulement, soit le jugement aux missi ou aux comtes. Le renvoi est souvent commandé par la force des choses. A une époque où les communications sont difficiles, les chemins peu sûrs, il serait parfois trop rigoureux d'imposer aux parties, qui réclament contre un jugement, l'obligation de se rendre d'une des extrémités d'un empire immense à la cour du roi pour y obtenir justice. En renvoyant le jugement des recours à des juges plus rapprochés des parties, on procure à celles-ci une justice prompte et économique et, d'un autre côté, « on permet aux officiers intermédiaires de se former et de se faire considérer par les populations comme une autorité réelle et respectée. » (3)

(1) En ce sens Brewer, I, p. 10.

(2) Gibert (*Mémoires de l'Académie des inscriptions*, XXX, p. 600) a voulu trouver à la cour du roi un troisième tribunal, présidé par le sénéchal, pour le jugement des contestations relatives aux domaines royaux. Mais c'est là une opinion qui ne repose sur aucune preuve, et nous avons vu que les procès fiscaux sont portés au plaid du roi, sans que rien indique une composition spéciale de ce tribunal. En ce sens, Schaeffner, I, p. 348.

(3) Fournier, l. c., p. 134. — Instruction renvoyée aux missi : Hincmar. Op. II, p. 833, epist. 60 : « Pervenit ad ejus notitiam quod quidam homines de ipsa villa Novillaco per subreptionem ... res et mancipia in proprietatem obtenta tenerent ... Misit suos missos ad hoc inquirendum. Et inquisitione facta ... jussit ut præcepta Carlomanni et Caroli et .. suum præceptum coram suis fidelibus in generali placito apud Duziacum in causis palatinis legerentur. Unde fideles ejus, tam comites quam et vassi dominici ... et ceteri omnes qui adfuerunt, judicaverunt. » — Form. imp. 45, Zeumer, p. 321 : « Quam causam missos nostros Ebbonem episcopum et Hruotfridum comitem, diligenter inquirere jussimus ac inquisitam nobis renuntiare. » — Cp. ibid. 46, 50. — Jugement renvoyé aux missi : Meilchelbeck, 103, p. 82 : « Percrevit ipsa contentio et pervenit usque ad palatium d. regis, acceptum brevem, et perduxit ante missos d. regis. » — Ibid. 181, p. 119 : « Veni in præsentia d. regis Karoli et nuntiavi ei, et ille donavit mihi missos suos ... et...

§ 134. — Le roi ou le comte du palais, à leur tribunal, sont entourés d'assesseurs. Les règles sur la composition du tribunal du roi sont les mêmes à notre époque que dans le droit mérovingien. Les assesseurs sont pris parmi les grands qui résident à la cour. De la généralité des termes dont se servent les diplômes du temps, on peut induire que tous les familiers du roi ont leur place marquée au tribunal du roi, lorsqu'ils sont sur les lieux et que le roi ou le comte n'en ordonnent pas autrement. Notitia de villa Novilliaco, Bouquet, VII, p. 215 : « Pervenit ad Caroli Calvi notitiam. Unde fideles ejus tam comites quam et vassi dominici, quorum nomina scripta habemus, sed et cæteri omnes qui adfuerunt .. judicaverunt. » — Antiq. Fuld. a. 838, Bal. *Capit.* II, p. 911 : « Facta est contentio Gozbaldi et Arrabanni abbatis coram imperatore Ludovico... et principibus ejus in palatio... innumerabilibus vassallis dominicis. » — Dipl. 32 de Charlemagne, a. 775, Bouquet, V, p. 734 : « Nos una cum fidelibus nostris... comitibus .. comite palacio nostro vel reliquis quampluris, visi fuimus judicasse. » — La composition du tribunal doit dépendre beaucoup des circonstances et beaucoup aussi de l'arbitraire du roi. Celui-ci peut en effet faire entrer dans son tribunal même des grands ne résidant point à la cour (1), et, à l'inverse, n'appeler pour le jugement de telle affaire que ceux qu'il lui plaît.

ipso tempore fuerunt missi d. regis in Bajoaria ... illi conquisierunt ipsam causam. » — *Jugement renvoyé à un juge quelconque*, Waitz, III, p. 481, n. 2, qui cite les lettres d'un abbé à l'empereur, Form. Morb. 5, p. 331 : « Unde et nos infra pago de justitias nostris consequi minime possimus, vobis celare non ausi sumus ... Unde subplicamus vobis, ut illi aut cui vobis placet jubeatis commendare ut nostram justitiam consequi valeamus. » — Instruction commencée devant le roi et renvoyée aux missi, Waitz, l. c., n. 3, Trad. Laur. 228, I, p. 221 : « In anno 14 ... Karoli magni publico apud eundem principem placito facta est inquisitio de S. si per drictum deberet adtingere ad villam H... » — Le lundi suivant, « venerunt missi domni regis R et G comes in jam dictam villam cum præfatos scabinis et testibus, et similiter omnes consona voce, sicut prius in primo placito, dixerunt et sic præcepto regali testificatio illorum confirmata est. »

(1) V. le capitulaire de Charles le Chauve de 877, c. 15, Pertz, p. 539.

Si le nombre des assesseurs peut être assez élevé, il ne faut pas croire cependant que tous les hommes libres qui se trouvent à la cour du roi peuvent prendre part au jugement. Les simples assistants peuvent sans doute manifester leurs sentiments, mais ils ne jugent pas. Waitz (l. c. p. 493), qui soutient l'opinion contraire, exagère, à notre avis, la portée d'un capitulaire de l'appendice au recueil d'Ansegise (Pertz, p. 324), et qui aurait pour but d'interdire toute participation au jugement à certaines personnes de basse ou de vile condition : « Hoc sancimus ut in palatiis nostris ad accusandum et judicandum et testimonium faciendum non se exhibeant viles personæ et infames, histriones scilicet, nugatores, manzerres, scurræ, concubinarii, neque ex turpium feminarum commixtione progeniti, aut servi et criminosi. Frequenter enim homines hujusmodi ex suspicione conversationis pravæ et naturæ, ut inferiores non videantur, quod placet asserere nituntur contra digniores. » — Cette disposition a uniquement pour but, selon nous, d'écarter le témoignage des personnes qu'elle énumère ; cela résulte de la dernière partie du texte. Quant au mot *judicandum*, il fait simplement allusion à l'influence que le témoignage peut exercer sur la décision du procès.

On trouve plusieurs fois des scabins parmi les personnes dont les diplômes relatent la présence aux plaids du roi. Il faut y voir d'abord des scabins des comtés voisins appelés soit pour rendre témoignage des faits qui se sont passés dans leurs circonscriptions, soit même pour prendre part au jugement. Diplôme de Charlemagne cité par Waitz, III, p. 493, n. 4 : « Tales testes vel scabini ibidem in præsentia adfuerunt, qui per sacramenta hoc adfirmaverunt ... sicut eis a nobis vel a fidelibus nostris judicatum fuit, id sunt (3) episcopis, (11) comitibus, nec non et a reliquis fidelibus nostris scabinos nostros (44) seu comite palatii nostri W. vel ceteris quam plures fidelibus qui ibidem aderant ... » — Waitz, ibid. ; Cod. Laur. I, p. 221 : « Publico apud eumdem principem (Karolus magnus) habito placito ... et scabini et testes ... Isti omnes attestati sunt, quod absque ulla ambiguitate per drictum ... attingere deberet. » — Lorsque ces scabins sont qualifiés de dominici, il faut entendre par là non pas de véritables scabins institués auprès du tribunal du roi, comme nous en avons vu devant les juridictions inférieures, mais simplement les juges ordinaires du plaid royal, c'est-à-dire les fidèles de la Cour (1). — Mais il est probable que l'on dut bientôt établir une catégorie spéciale d'assesseurs pris parmi les personnes qui possédaient la connaissance des lois. Dans les affaires civiles, la présence de juges instruits était souvent indispensable (2). Aussi certains documents, au lieu de parler, comme dans le droit mérovingien, de doctores legum, de Franci prudentes, signalent-ils des *consiliarii*, des *causidici*, qui nous paraissent être des légistes, distincts des autres assesseurs laïques ou ecclésiastiques, et dont le choix, d'après Hincmar, est soigneusement fait (3).

Quelle que soit d'ailleurs la qualité des assesseurs, on les voit le plus souvent siéger en assez grand nombre. Jamais il ne sont moins de sept (4). Aussi peut-on conclure avec assez de vraisemblance que le minimum de sept juges est obligatoire devant le tribunal du roi comme devant les autres juridictions (5).

Les rapports du roi (ou du comte) vis-à-vis des assesseurs sont les mêmes que dans le droit mérovingien (V. supr. § 14),

(1) Bethmann-Hollweg, V, p. 28. Waitz, III, p. 494. — Baluze, *Miscell.* III, p. 114 : « Sequentia vero capitula a sapientibus comitibus et scabinis dominicis sunt prolata. » — Diplôme de Charles le Simple, a. 919, Beyer, n° 160 : « Judicio scabinorum palatii et attestatione omnium fidelium nostrorum ... reddidimus. » Sohm, p. 382, n. 38, voit dans l'attestatio des fidèles une approbation du projet du jugement (judicio) rédigé par les scabins. Cette interprétation est conforme au rôle qu'il attribue d'une manière générale aux scabins.

(2) Selon Bernardi, l. c., p. 47, les scabins du palais servent avec les évêques et les abbés à éclairer le tribunal.

(3) V. les c. 25 et 33 *de ordine palatii*. Bouquet, VI, p. 360, lettre d'Agobard à Matfrid : « Si querela de me ad palatium venerit, causa ad causidicos dirigetur. » — Gesta Aldric. a. 838, Bouquet, VI, p. 300 : « Jussit imperator ut haberent ambo eorum auctoritates et testimonia Aquisgrani palatio ad suum placitum ... ut præfixa altercatio finem perciperet. . Imperator interrogavit suos consiliarios et episcopos sive abbates et comites, et reliquos fideles quid ex hoc facere deberet ... Respondentes dixerunt utriusque ordinis omnes. »

(4) Placit. a. 752, 757, Bouquet, V, p. 697, 703, 724 et 746. Judicium Caroli M. a. 778, Schoepflin, *Alsatica dipl.* I, p. 51.

(5) Maurer, p. 64. Schaeffner, I, p. 347.

dont nous rappellerons seulement le principe, à savoir que le roi préside et que les assesseurs jugent. Certaines formules pourraient, à la vérité, laisser supposer une participation réelle du roi à la formation de la sentence. Elles sont ainsi conçues : « Nos ... una cum fidelibus nostris .. comitibus, comite palatio nostro vel reliquis quampluris visi fuimus judicasse (1). » Mais le rôle réel et restreint du roi ressort avec évidence d'un assez grand nombre de documents. Ainsi, dans une charte de Louis le Débonnaire, qui relate un jugement rendu en sa présence dans une cause fiscale, on voit le roi procéder à l'instruction de l'affaire ; il ordonne une expertise ; il se fait présenter les actes ; mais, quand il s'agit du jugement, le texte dit qu'il est rendu par les ducs et comtes qui ont examiné l'affaire. Bouquet, VI, p. 653 : « Quem nos ad veritatem rei diligentius investigandam fideles nostros illum abbatem et ... comites mitteremus, renuntiaverunt nobis per hoc ita esse, sicut memoratus sancti illius advocatus asserebat ... veniens ad præsentiam nostram ostendit nobis donationem ... Hlotharii regis et antiqua præcepta regum Francorum super eos. Quumque hæc donatio et illa præcepta regum coram nobis lecta essent habuimus de inspectione et lectione res memoratas ad jus et possessionem prædicti monasterii in integrum pertinere, neque ... ad fiscum nostrum. Et ideo a ducibus et comitibus, qui cum eis in ista causa examinatores fuisse leguntur, judicatum est. » — Les Gestes de S. Aldric, évêque du Mans, rapportent de même que, dans un procès relatif à la possession du monastère de S. Calais, Louis le Débonnaire instruit bien l'affaire, mais, l'instruction terminée, il interroge ses conseillers, les évêques, les abbés et les comtes sur ce qu'il doit faire ; là s'arrête l'action du roi qui se borne à recueillir les voix et qui procède ensuite à l'exécution de l'avis qui a prévalu parmi les assesseurs. Bouquet, VI, p. 300 : « Pervenit ipsa ratio usque ad domnum imperatorem, qui hoc firmiter inquirere præcepit .. Jussit ... imperator ut haberent ambo eorum auctoritates et testimonia

(1) V. Diplôme 32 de Charlemagne, a. 775. Bouquet, V, p. 734. Diplôme 98 de Charlemagne, a. 812, ibid., p. 776. Diplôme 165 de Charles le Chauve, a. 861, ibid., t. VIII, p. 567. Carta senon. 26, Zeumer, p. 196. Form. Tur. add. 6, Zeumer, p. 161.

Aquisgrani palatio .. Tunc domnus imperator interrogavit suos consiliaros et episcopos sive abbates et comites et reliquos fideles suos, *quid ex hoc facere deberet* et *quale concilium ex hoc ei darent* ... » Les assesseurs ainsi consultés répondent : « Supradicta vero ratione hanc justitiam diligentissime *ventilantes*, rei *veritatem cognoscentes*, pleniter et rationabiliter legis divinæ et mundanæ nos utriusque ordinis vestri fideles auctoritate instructi et plena ratione suffulti judicamus vosque hortamur. » — *Le roi*, au lieu de recueillir les avis lui-même, peut en confier le soin à une autre personne. Meilchelbeck, 702, p. 350 : « E. comes regalem multitudinem vulgique summam interrogavit, quid *justitiæ* essent peragendum. Omnes autem singulatim ad ultimum simul judicabant. Quod et rex ita definivit esse. » (1).

Le roi ne jugeant pas peut être soit témoin (2), soit partie au procès (3).

§ 135. — Le plaid du roi est public. Cela résulte des formules et des diplômes qui, après avoir signalé nominativement les assesseurs, ajoutent qu'ils ne nomment pas d'autres

(1) Documents qui attribuent aux assesseurs seuls la formation de la sentence : Diplôme de Lothaire, Bouquet, VIII, p. 391 : « Per judicium nobilium virorum, comitum atque scabiniorum ... eam reddi præcipimus. » — Diplôme 69 de Charles le Chauve, Bouquet, VIII, p. 570 : « Per nonnullorum palatii nostri primorum judicio ... restituimus. » — Diplôme 65 de Charles le Simple, Bouquet, IX, p. 531 : « Per judicium episcoporum ac comitum, nec non et aliorum optimatum nostrorum ... *reddidimus.* » — *Diplôme 76 de Charles le Simple*, Bouquet, IX, p. 541 : « Judicio scabinorum palatii nostri ... reddidimus. » — Gestes de S. Aldric, Bouquet, VII, p. 341 : « Redditum .... a domno Karolo ... Aldrico per judicium multorum nobilium et sapientium virorum prædictum monasterium. » — Cp. ibid., p. 297 ss. Ibid., t. IX, p. 373. — Præceptum de Louis II, Agobard, Op. c. 4, t. II, p. 161 et 162 : « In placitum ante judices sacri palatii legaliter devicta est. » — Hincmar, Op. I, p. 568 et 632 : « Verum illi nobilissimi laici ... et aequissimi judices, qui de hoc judicare debebunt. »

(2) Diplôme de Pépin cité par Waitz, III, p. 495 : « Et ipse d. rex Pippinus adfirmabat quod semper a sua infantia ipsos teloneos partibus S. *Dionisii habere et colligere vidisset.* »

(3) Procès entre le roi et l'abbaye de S. Calais, Bouquet, VII, p. 297. Les assesseurs seuls jugent : « Reverendi antestites et nobilissimi proceres et ceteri assistentes apertissime cognoverunt cognoscentesque affirmaverunt. »

personnes qui, en grand nombre, assistent au jugement de l'affaire. Martene, I, p. 169, plaid de 863 : « Cum resideret ... rex Carolus in Vermeria palatio in conventu venerabilium archiepiscoporum, episcoporum, abbatum clerique ceteri ordinis, cum illustribus comitibus ac compluribus nobilium virorum quorum nomina subter tenentur inserta, *aliisque non paucis*, qui numerositatis gratia nominatim comprehendi nequeunt. » — Jugement de 778, Schoepflin, I, p. 51 : « Perinde nos taliter una cum fidelibus nostris ii sunt (7 noms) comitibus et Anshelmo comite palatii nostri *vel reliquis quampluribus*. » — Le comte du palais peut cependant, en vertu de son droit de police, interdire l'accès du plaid aux personnes qui pourraient en compromettre l'ordre ou la dignité (1).

Le plaid du roi, d'après des capitulaires de Louis le Débonnaire et de son fils Lothaire, doit se tenir au moins une fois par semaine. Capit. aquisgr. a. 828, epist. Pertz, p. 330 : « Simulque sciatis ob hanc causam nos velle per singulas hebdomadas uno die in palatio nostro ad causas audiendas sedere. » Capit. Worm. a. 829. c. 15, Pertz, p. 352 : « Hoc missi nostri notum faciant comitibus et populo quod nos in omni ebdomada unum diem ad causas audiendas et judicandas sedere volumus. » — L'engagement pris par les empereurs était-il sincère, ou bien n'était-ce de la part de Lothaire, qui devenait alors le véritable empereur, qu'un de ces moyens employés par tous les pouvoirs nouveaux pour fonder leur popularité ? (2). Nous ne chercherons point, pour notre part, à scruter les intentions de Lothaire. Nous constaterons seulement que, d'après la vie de Louis le Débonnaire par Thégan, cet empereur assistait aux plaids royaux trois fois par semaine, c. 19 : « Tribus diebus rex per singulas hebdomadas rei judiciariæ intererat. » — Rien ne s'oppose du reste à ce que les procès puissent être jugés un jour quelconque de la semaine (3).

Le plaid royal se tient normalement dans le palais du roi,

(1) Au plaid royal, le roi peut s'occuper d'autres affaires que des procès ; ainsi il peut y accorder des privilèges (V. Diplôme de Baluze, *Capit.* II, p. 1484) ou y procéder à un affranchissement. (V. Waitz, III, p. 492.)

(2) Lehuérou, *Inst. carol.*, p. 394.

(3) Waitz, III, p. 290. — Maurer, p. 77, remarque que, malgré leur périodicité, les plaids royaux doivent être rangés parmi les gebotene Dinge.

in palatio nostro, suivant les termes d'un grand nombre de documents. — Gibert (*Recherches sur les Cours souveraines*, dans Leber, *Collection des dissertations*, t. IV. p. 299), se fondant sur le récit que fait le moine de S. Gall du cérémonial observé lors de la réceptions des ambassadeurs grecs envoyés à Charlemagne, conjecture que c'était à l'entrée du palais que se tenait la Cour royale, et il rappelle que, quatre siècles plus tard, nos rois avaient encore en ce même endroit un tribunal qu'on appelait les plaids de la porte. Mon. Sanct. Gall de Gest. Caroli Magni, l. 2, c. 9 : « A ministris repulsi, ad interiora progredi sunt compulsi. Quocum venirent, videntes comitem palatii in medio procerum concionentem... in ulteriora progressi. » — Le roi peut aussi donner ses audiences ailleurs que dans son palais, en pleine campagne par exemple, lorsqu'il est occupé à une expédition militaire. Diplôme de Charlemagne, Tiraboschi, II, p. 34: « Cum nos... territorium Bononiense a Roma redeundum pervenissemus, ibique super fluvium Renum una cum episcopis, abatibus, ducibus, comitibus seu reliquis... fidelibus nostris ad universorum causas audiendum vel recta judicia terminanda resideremus. » Diplôme de 890, Vaissette, II, p. 26 : « Cum igitur more regio rex Odo in forestis C. ad exercendam venationem consideret prope locum qui vocatur H. cum episcopis, comitibus seu vassis dominicis, veniens G. episcopus in conspectu ejus proclamavit. » — Lorsque le roi s'absente, le plaid du palais n'en continue pas moins à fonctionner sous la présidence du comte du palais ou d'un de ses remplaçants (1).

Le roi peut, en parcourant son royaume, tenir son tribunal où et quand il le juge à propos. Sans doute, l'institution des missi, délégués directs du roi, rend la plupart du temps inutile l'intervention du souverain, mais il peut se présenter des circonstances où la présence du roi soit nécessaire. C'est ainsi que nous voyons Louis le Débonnaire partir pour la Saxe afin d'y mettre un terme aux prévarications des juges et d'y faire valoir les droits du fisc. Annales Fuldenses, a. 852, Pertz, *Scriptores*, I, p. 368 : « Profectus est in Saxoniam ob eorum vel maxime causas judicandas qui a pravis et subdolis judicibus neglecti, et multimodis, ut dicunt, legis suæ dilata-

(1) V. Capit. Carisiac. supr. cit., c. 17, Pertz, p. 540.

tionibus decepti, graves atque diuturnas paciebantur injurias. Suberant etiam et aliæ causæ ad se ipsum specialiter aspicientes, possessiones videlicet ab avita vel paterna proprietate jure hereditario sibi derelictæ, quas oportuit ab iniquis pervasoribus justa repeticione legitimo domino restitui. Igitur in loco qui appellatur Mirmida ... habito generali conventu, tam causas populi ad se perlatas justo absolvit examine, quam ad se pertinentes possessiones juridicorum gentis decreto recepit. » — La justice locale des missi ou des comtes doit alors s'effacer devant celle du roi.

§ 136. — Le roi, à son plaid, n'est point tenu de juger selon les lois. Nous l'avons déjà constaté pour la période mérovingienne, et Hincmar l'atteste formellement, c. 21 ; c'est d'ailleurs l'application du principe de la toute puissance législative de l'empereur. Cependant il semble que les Carolingiens aient voulu écarter de leur justice tout soupçon de partialité et d'arbitraire. A plusieurs reprises, ils assurent leurs sujets qu'ils observeront les lois, qu'ils n'agiront contre personne par caprice ou par condescendance pour l'injuste cupidité d'autrui, mais seulement par jugement et par justice. Capit. langob. a. 801, c. 28, Bal. I, p. 353 : « Volumus ut sicut nos omnibus legem conservamus. » Karoli II conv. in villa Col. a. 844, Pertz, p. 377, c. 3 : « Volumus ut omnes fideles nostri certissimum teneant, neminem cujuslibet ordinis aut dignitatis deinceps, nostro inconvenienti libitu aut alterius calliditate vel injusta cupiditate, promerito honore debere privare, nisi justitiæ judicis et ratione atque æquitate dictante. Legem vero unicuique competentem, sicut antecessores sui tempore nostrorum prædecessorum habuerunt in omni dignitate et ordine, favente Deo me observaturum perdono. » — Cp. ibid. c. 4 et 5. — Convent. ap. Marsnam, a. 831, c. 7, Pertz, p. 408 : « Ut nostri fideles, unusquisque in suo ordine et statu, veraciter sint de nobis securi, quia nullum abhinc inante contra legem et justitiam vel auctoritatem ac justam rationem aut damnabimus, aut dehonorabimus, aut opprimemus vel indebitis machinationibus affligemus (1). » — C'est en vertu des

(1) Cp. Convent. ad Sablon. a. 862, Adnuntiat. Hludow. c. 3, Pertz, p. 486. Ibid. Adnuntiatio Hlothar., c. 3. Lettre d'Hincmar à Charles le Chauve. Hincm. Op. II, p. 480.

mêmes principes que le roi peut exercer à son plaid le droit de grâce en faveur des coupables condamnés régulièrement par les juridictions inférieures (1).

§ 137. — La juridiction royale peut s'exercer non seulement dans le plaid ordinaire que nous connaissons, mais encore dans les assemblées générales du royaume, dans les conseils convoqués par le roi (generalis conventus, placitum generale, concilium, synodus). On y juge surtout les procès politiques ou ceux qui intéressent des personnages considérables. Le capitulaire de 794 rendu à la suite du concile de Francfort relate une condamnation qui y fut prononcée contre un évêque, c. 10, Boret. p. 75 : « Definitum est quidem a domno rege et a sancta synodo esse dinoscitur, ut Gaerbodus, qui se episcopum esse dicebat et sui ordinationis testes non habuit qui tamen episcopalia a Magnardo metropolitano episcopo consecutus est, qui... ut ab eodem gradu episcopatus quod se habere dicebat deponeretur a prædicto metropolitano sive a comprovincialibus episcopis. » Einhardi ann. a. 828, Pertz, *Scriptores*, I, p. 217 : « Conventus Aquasgrani... in quo cum de multis aliis causis, tum præcipue de his quæ in Marca Hispanica contigerunt, ratio habita, et legati qui exercitui præerant culpabiles inventi et juxta merito suo honorum amissione multati sunt. »

Dans ces assemblées, le jugement est rendu, comme au plaid royal, par les grands laïques ou ecclésiastiques, par les Francs, Franci, ainsi que le disent un certain nombre de textes. Einhardi annales, a. 818, Pertz, *Scriptores*, I, p, 205 : « Conjurationis auctores... ut regem judicio Francorum capitali sententia condemnatos (2). »

(1) V. les documents cités par Waitz, III, p. 500, 504 et 505.

(2) Cp. Annal. Lauresh. 25, a. 792, Pertz, *Scriptores*, I, p. 35 : « Pippino filio, quia noluit rex ut occideretur judicaverunt Franci ut ad servitium Dei inclinare debuisset. » — Ann. Bertin. a. 830, Pertz, l. c., p. 424 : « Verum ab omnibus episcopis, abbatibus comitibus ac cæteris Francis judicatum est... ad memoratum condictum placitum... et si quislibet aliquod crimen illi obicere vellet, aut se legibus defenderet, aut judicium Francorum subiret. » — V. Waitz, III, p. 498.

## CHAPITRE IV.

### JURIDICTION ECCLÉSIASTIQUE.

**§ 138.** — Avec l'avènement des Carolingiens, les rapports de l'Eglise et de l'Etat prennent un nouveau caractère. Les deux pouvoirs semblent s'unir et presque se confondre dans leurs attributions respectives. En même temps que les évêques sont revêtus des plus hautes dignités temporelles, l'empereur ou roi étend sa prérogative aux affaires spirituelles. Les assemblées nationales, où se rédigent les capitulaires, ne sont presque que des conciles auxquels on admet les grands. La loi est à la fois ecclésiastique et civile ; le capitulaire n'est souvent qu'un canon de concile confirmé par la diète nationale ; les deux puissances se prêtent réciproquement le concours de leur autorité. Le fondateur véritable de la dynastie, Charlemagne, comprit qu'il lui était impossible de suffire à tout, de conduire en même temps ses expéditions guerrières et de gouverner lui-même son peuple. Il s'en remit à l'Eglise, à la seule force réellement vivante et organisée, du soin d'administrer les peuples qu'il protégeait d'un autre côté contre les ennemis du dehors toujours menaçants. Cependant jamais il n'abdiqua son autorité entre les mains des évêques : ceux-ci n'étaient pour lui que des instruments. Il se réservait le droit de contrôler leurs actes et même d'intervenir dans leurs affaires spirituelles (1).

(1) Sa pensée se révèle à ce sujet dans ce passage d'une de ses lettres au pape Léon III : « Nostrum est sanctam ubique Ecclesiam armis defendere foris et intus, catholicæ fidei agnitione munire. » (Lettre de 796, Sirmond, *Conc.* II, 207). Ainsi Charlemagne ne veut pas seulement être un « évêque du dehors, » comme on l'avait dit des anciens empereurs, il veut aussi pénétrer à l'intérieur (intus) et y exercer sa surveillance pour le bien de la religion.

La juridiction ecclésiastique devait naturellement profiter de ces bonnes dispositions du pouvoir à son égard, et elle reçut des développements assez considérables. Waitz a pu écrire avec raison (III, p. 442) que les décisions antérieures des conciles, à une époque où les lois de l'Eglise ont été regardées en général comme obligatoires, ont obtenu la reconnaissance de l'Etat, non point en ce sens cependant que le droit ecclésiastique est devenu droit civil, mais que les lois les plus importantes de l'Eglise ont été reçues et adoptées par les capitulaires.

**§ 139.** — Nous étions arrivés, pour la période mérovingienne, aux conclusions suivantes :

En matière civile, si la contestation s'élève entre deux clercs, elle est portée devant le tribunal de l'évêque ; si elle s'élève entre deux évêques, devant le métropolitain ou devant un synode composé des évêques de la même province ; si le procès s'agite entre un clerc et un laïque, le tribunal chargé de rendre le jugement a une composition mixte.

En matière criminelle, les évêques sont jugés par leurs pairs, mais le pouvoir séculier conserve certains droits pour l'arrestation des coupables et l'instruction de l'affaire ; les autres membres du clergé, simples clercs, diacres et prêtres, sont également jugés par un tribunal ecclésiastique, mais il y a entre eux cette différence que, pour les premiers, les clercs, le juge séculier a le pouvoir de districtio, tandis que ce pouvoir n'appartient qu'à l'évêque pour les prêtres et diacres.

Que sont devenus ces principes dans le droit carolingien ? C'est ce que nous allons déterminer successivement pour chacun d'eux.

Examinons la question en premier lieu pour les affaires civiles.

Nous avons à faire une première distinction, suivant que les deux parties appartiennent au clergé ou que l'une d'elles est un laïque.

Puis, en supposant les deux parties ecclésiastiques, nous distinguerons selon qu'il s'agit des procès des évêques ou abbés entre eux, des contestations entre membres du bas clergé, enfin des différends entre clercs et évêques.

Dans l'hypothèse où les deux parties appartiennent au bas clergé (clercs, prêtres, diacres), nous n'hésitons pas à dire que le tribunal épiscopal conserve la compétence que nous lui avons reconnue sous les Mérovingiens, et que la procédure y aboutit à un véritable jugement et non point à une simple tentative de conciliation.

A l'appui de cette solution, nous trouvons des capitulaires nombreux que l'on peut ranger en deux classes.

Ceux de la première classe interdisent d'une manière générale aux clercs de se présenter devant les tribunaux séculiers sans l'autorisation de l'évêque, et la défense s'adresse à tous les membres du clergé soit séculier, soit régulier. Capit. Vern. a 755, c. 20, Boret. p. 36 : « Ut nullus clericus ad judicia laicorum publica non conveniat nisi per jussionem episcopi sui vel abbatis, juxta canones Cartaginensis, capitulo IX, ut ibi scriptum est : « Qui relicto ecclesiastico judicio publicis judiciis se purgare voluerit, etiamsi pro illo prolata fuerit sententia, locum suum amittat. Hoc in criminale judicio. In civili vero perdat quod evicit, si locum suum obtenere voluerit. Cui enim ad eligendos judices undique ecclesiæ petit auctoritas, ipse se indignum fraterno consortio judicat qui, de universa ecclesia male sentiendo, seculare de judicio poscit auxilium, cum privatorum christianorum causas apostolus ad ecclesiam deferri atque ibidem terminare præcipiat. Et maxime ne in talibus causis inquietudine domno rege faciant. » — Edict. legat. a. 789, c. 30, Boret. p. 64 : « Ut monachi et qui in sacerdotali gradu constituti sunt ad secularia negotia non transeant. De reliquis tonsoratis detur spatium usque in synodum nostrum. » — Capit. aquisgr. a. 789, c. 73, Boret. p. 60 : « Et ut monachi ad secularia placita non vadant. Similiter qui ad clericatum accedunt, quod nos nominamus canonicam vitam, volumus ut illi canonice secundum suam regulam omnimodis vivant, et episcopus eorum regat vitam, sicut abbas monachorum. » — Capit. Francof. a. 794, c. 11, Boret. p. 75 : « Ut monachi ad sæcularia negotia neque ad placita exercenda non exeant, nisi ita faciant sicut ipsa regula præcepit. » — Epist. de litter. colend. a. 780-800, in f. Boret. p. 79 : « Et nullus monachus foris monasterio judiciaria teneat, nec per mallos et publica placita pergat. » — Capit. a. sacerd. prop.

a. 802, c. 16, Boret. p. 107 : « Nulli sacerdotum liceat fidejussorem esse, neque derelicta propria lege ad secularia judicia accedere præsumat. »

L'incompétence du juge séculier résulte déjà de ces dispositions. Mais elle est bien plus directement établie dans d'autres capitulaires. Capit. de 789, c. 28, Boret. p. 56 : « Ut si clerici inter se negotium aliquod habuerint, a suo episcopo dijudicentur, non a sæcularibus. » — Capit. Francof. a. 794, c. 30, Boret. p. 77 : « De clericis ad invicem altercantibus aut contra episcopum suum agentibus, sicut canones docent ita omnimodis peragant. » (1).

§ 140. — Pour écarter l'autorité de ces textes qui paraissent si formels, Sohm (*Zeitschrift für Kirchenrecht*, IX, p. 202) est obligé de soutenir qu'ils n'appartiennent point à de véritables capitulaires : « Le capitulaire Francofurtense se présente comme une décision de concile, délibéré, comme il est dit au commencement de ce document, par un synodale concilium, tenu sur la convocation et en présence du roi par les évêques et prêtres réunis de France, d'Italie, d'Aquitaine et de Provence. Ni la présence du roi (interfuit convento), ni la jussio regis (cette dernière est nécessaire, d'après le droit de l'empire franc, pour chaque concile général) ne peuvent enlever à l'assemblée ecclésiastique son caractère religieux. La formule répétée « definitum est a domno rege et sancta synodo » attribue aux différentes dispositions la force du droit ecclésiastique et non celle du droit séculier. » — Nous croyons que c'est dénaturer le caractère des deux capitulaires de 789 et de 794 de n'y voir que des canons de conciles et non de véritables lois générales. On connaît en effet la prédilection de Charlemagne pour l'Eglise et la manière dont sont composées les assemblées générales du royaume, où dominent les ecclésiastiques. Que, en 789 et en 794, les assemblées convoqués par Charlemagne aient été exclusivement ecclésiastiques, cela se comprend, puisque l'on y traite des questions qui intéressent l'Eglise seule. Mais que cette circonstance soit suffisante pour enlever aux dispositions précitées leur caractère

(1) On peut encore, en faveur de l'existence d'une véritable juridiction ecclésiastique en France, argumenter de l'état de la législation anglaise à notre époque. V. Glasson I, p. 335 et s.

de capitulaires, c'est ce que nous ne pouvons admettre. La présence du roi dans ces assemblées, le soin pris par plusieurs articles de dire que la décision émane *du roi* et du synode, montrent bien qu'il s'agit de loi émanant de la volonté de l'empereur encore plus que de celle des évêques et par conséquent s'imposant à tous et n'ayant pas seulement « la force du droit ecclésiastique. » — C'est ce qui résulte d'ailleurs à nos yeux de la préface du capitulaire de 789 : « Ego Karolus... considerans pacifico piæ mentis intuitu una cum sacerdotibus et consiliariis nostris... sanctitas vestra nostram cooperare diligentiam. Quapropter et nostros ad vos direximus missos, qui ex nostri nominis auctoritate corrigerent quæ corrigenda essent. Sed et aliqua *capitula* ex canonicis institutionibus, quæ magis nobis necessaria videbantur, subjunximus ... nos errata corrigere, superflua abscidere, recta cohortare studemus... Nec aliquid, quod vestræ sanctitati populo Dei utile videatur omittite... subjectorum oboedientia... remuneretur. » (1).

C'est par le même motif que Sohm repousse deux autres arguments tirés, l'un des statuta Rhispacensia, a. 779, l'autre de la lex Romana Curiensis (2). Le c. 3 des Statuta, Pertz, p. 77, porte : « Statuerunt ut nullus inter ecclesiasticos ordines pro qualibet causa absque juditio episcopi sui vel etiam metropolitani consensu ad juditia secularia minime audeat accedere. » — Cette disposition, dit Sohm, fait partie d'un decretum synodale episcoporum. — Nous le reconnaissons, mais c'est un decretum « ex jussione domni Karoli » qui revêt ainsi le caractère de loi impériale. — Quant à la lex romana Curiensis, elle est ainsi conçue, C. th. XVII, 1, 3 : « Omnes causas privatas hoc sunt minores qui inter clericos aguntur, ad episcopum cum aliis presbyteris judicentur. » Nous ne nous prévaudrons pas cependant de cette loi, car, pourrait-on dire, bien que rien ne le démontre, son rédacteur a peut-être reproduit les règles de discipline adoptées par l'Eglise de Coire, mais non des règles de droit séculier.

(1) En notre sens, Waitz, III, p. 445.

(2) Cette loi a été rédigée vraisemblablement vers la fin du VIIIe ou le commencement du IXe siècle pour l'évêché de Coire (Chur), et elle est empruntée en grande partie à la lex Romana Wisigothorum.

Pour établir que la loi civile ne s'est pas placée au même point de vue que l'Eglise et qu'elle n'a pas admis de véritable juridiction ecclésiastique, Sohm invoque le capitulaire d'Aix-la-Chapelle de 817-819, c. 10, Boret. p. 283. Le chapitre « de falsis testibus convincendis » renferme la disposition suivante: « Et in sæculari quidem causa hujusce modi testium diversitas campo comprobetur ; in ecclesiasticis autem causis, ubi de una parte seculare, de altera vero ecclesiasticum negotium est, idem modus observetur. Ubi vero ex utraque parte ecclesiasticum fuerit, *rectores earumdem ecelesiarum, si se familiariter pacificare velint, licentiam habeant*. Si autem de hujuscemodi pacificatione *inter eos convenire non possit*, advocati eorum *in mallo publico* ad præsentiam comitis veniant, et ibi legitimus *terminus* eorum contentionibus imponatur. » Ce capitulaire, dit l'historien allemand, laisse aux parties la faculté de soumettre d'abord leur différend au tribunal ecclésiastique, *licentiam* habeant se pacificare. La procédure de conciliation s'accomplit en dehors du tribunal séculier, et c'est pour cela que les rectores ecclesiarum y prennent part en personne, tandis que, devant le tribunal séculier, ils sont représentés par leurs advocati. Mais cette procédure de « pacification » n'est point une procédure judiciaire, c'est une procédure de famille « familiariter, entre soi » et non publique ; ce n'est pas une procédure du droit public. Le tribunal séculier seul est un mallus publicus. La procédure devant le tribunal ecclésiastique a pour objet de prévenir le procès et non de le résoudre. Aussi, d'après le capitulaire, le *jugement*, le legitimus terminus dans une contestation entre deux clercs, n'est prononcé que par le tribunal séculier.

Cette interprétation est fort spécieuse, mais, présentée d'une manière aussi absolue, elle ne nous paraît pas exacte. En effet le capitulaire de 817-818 reproduit une disposition d'un capitulaire du 1er novembre 816, c. 1, Boret. p. 268. La première partie de ce c. 1 est identique à la première partie du c. 10 du capitulaire de 818-819 que nous n'avons point citée. Puis le capitulaire de 816 porte : « Et in seculari quidem causa hujuscemodi testium diversitas campo comprobetur ; in ecclesiasticis autem negotiis crucis judicio rei veritas inquiratur. » La fin du c. 1 de 816 est également identique à celle du c. 10

de 817-818. La raison de la modification de rédaction contenue dans ce dernier chapitre est dans l'abolition de l'épreuve judiciaire per examinationem crucis (1). Cette épreuve est remplacée par le combat judiciaire cum scutis et fustibus. Suivons maintenant l'enchaînement des deux capitulaires. En 816, dans les causes ecclésiastiques, l'épreuve de la croix décidait quels étaient les bons et les mauvais témoins ; cette épreuve était usitée devant les tribunaux ecclésiastiques comme devant les tribunaux séculiers. Depuis le capitulaire de 818, le seul moyen de trancher le conflit de témoignages c'est le combat judiciaire, épreuve repoussée par l'Eglise (2). Louis le Débonnaire décide alors que les deux parties (ecclésiastiques) doivent d'abord essayer d'arriver à un arrangement devant le tribunal ecclésiastique ; si elles n'y réussissent point, elles se rendent avec leurs témoins au tribunal du comte, et là le combat judiciaire, seul moyen praticable pour sortir d'embarras, tranche la difficulté. Mais faut-il conclure d'une façon générale et absolue que la procédure indiquée dans le capitulaire de 817-818 doive être suivie dans tous les procès entre clercs ? Nous ne le pensons pas, car il serait surprenant que, dans une disposition tout à fait incidente et spéciale, on eût renversé subitement les anciennes règles qui attribuaient aux tribunaux ecclésiastiques le jugement des procès entre clercs. C'est donc seulement lorsqu'il s'agira « de falsis testibus convincendis » que le dénouement du procès aura lieu devant le tribunal séculier. Ce chapitre 10 du capitulaire de 817-818 ne s'occupe que des témoins ; il ne faut donc l'appliquer qu'aux hypothèses où se produira la contradiction de témoignages qu'il prévoit et où la solution de la contestation ne pourra pas être puisée dans d'autres moyens de preuve.

Que les dispositions des capitulaires de 789 et de 794 aient été des règles de droit public et non pas seulement des canons de l'Eglise, c'est ce qui résulte encore à nos yeux de deux capitulaires dans lesquels on ne peut plus voir des décisions synodales, le capitulaire de 769, c. 16 et le capitulaire de Mantoue de 787, c. 1. Capit. de 769, Boret. p. 46 : « Ut nul-

(1) Capit. ecclesiast. a. 818, c. 27, Boret. p. 279.

(2) V. les autorités citées par Waitz, III, p. 429, n. 3.

lus judex neque presbyterum, neque diaconum aut clericum aut juniorem ecclesiæ extra conscientiam pontificis per se distringat aut condemnare præsumat. Quod si quis hoc fecerit ab ecclesia cui injuriam inrogare dinoscitur tamdiu sit sequestratus, quamdiu reatum suum cognoscat et emendet. » (1). Ce capitulaire se réfère, il est vrai, plutôt aux matières criminelles qu'aux affaires civiles ; mais *enfin il* dispose d'une manière générale que le juge séculier ne peut condamner un clerc quelconque sans l'autorisation de l'évêque. Alors même que notre disposition ne concernerait que les causes criminelles des clercs, c'est à fortiori que l'on devrait en argumenter pour les causes civiles, puisque l'Etat doit tenir davantage à la juridiction criminelle qu'à la juridiction civile. — Le capitulaire de Mantoue dit de même, Boret. p. 196 : « Volumus primo ut neque abbates et presbiteri neque diaconi et subdiaconi neque quislibet de cleros de personis suis ad publica vel secularia judicia trahantur vel distringantur, *sed a suis episcopis adjudicati justitias faciant.* » — Nous aurons occasion de revenir sur ce capitulaire dont nous ne citons que la première phrase.

§ 141. — Si la contestation s'élève non plus entre deux membres du clergé inférieur, mais entre deux grands ecclésiastiques, les capitulaires que nous possédons ne sont pas d'accord sur l'autorité compétente pour la juger. Les uns en attribuent la connaissance à l'empereur lui-même, défendant même au comte du palais de juger définitivement le procès sans l'ordre de l'empereur : telle est la disposition du capitulaire de 812, c. 2, Boret. p. 176, que nous avons citée à propos de la compétence du plaid royal (supr. § 13), disposition reproduite en termes identiques dans le 77e capitulaire du livre III d'Ansegise.

D'autres capitulaires contiennent des règles différentes pour les évêques. Ainsi le capitulaire 381 du VIIe livre décide que

(1) Boretius remarque que cette disposition est empruntée au canon 4 du Ve concile de Paris, en 614, Mansi X, 540. Mais ce n'est point là, suivant nous, une raison pour en conclure que le c. 16 doit être rejeté du capitulaire de 769. C'est un exemple de plus de la *réception* par la loi séculière des règles posées déjà par la loi ecclésiastique. — En ce sens, Waitz, III, p. 444, n. 1.

[illegible] est un synode provincial d'évêques qui doit juger : « ... a comprovincialibus terminetur. » Le capitulaire 403 : « Quod episcopi inter se corrigere si quid contra formam debent », rapporte à l'appui de la règle qu'il pose les paroles attribuées à Constantin par Sozomène. Lib. I, c. 16 : « Constantinus imperator de accusationibus episcoporum ait : Hae quidem accusationes tempus habent proprium, id est diem magni judicii, judicem vero illum qui tunc futurus est omnes judicare. Mihi vero homini constituto de hujusmodi rebus non licet habere auditionem, sacerdotum scilicet accusantium et simul accusatorum, quos non me convenit tales habere [illegible] qui judicentur ab alio. » L'auteur du recueil des capitulaires rapporte également ces paroles de Valentinien : « Supra nos est tractare negotium. Et ideo vos de vestris agite causis, quia supra nos estis. » [1] Enfin un dernier capitulaire du même livre prévoit l'hypothèse, qu'il ne souhaite pas, d'un conflit entre un évêque et son métropolitain ou d'autres même, décide que le différend doit être tranché par le pape. C. 446. Bal. I, p. 1124 : « Statuta [illegible] quod non speramus, aliquem episcopum contra proprium metropolitanum vel contra alios cujusque provinciae aliquid habere causae, decrevimus ut ad hanc sedis apostolicae judicium hi qui [illegible] habeant ; quod nulla ratione eam antiquitus patrum institutione permiserunt. » Cette juridiction du Saint-Siège est également reconnue par un autre texte du VIIe livre, c. 44. Bal. I, p. 988 : « ... et si necesse erit liceat ad episcopum sedis romanae [2]. »

— Il y a contradiction entre ces différents textes qui les uns donnent compétence au pouvoir séculier, les autres

1. On retrouve dans le septième livre des capitulaires deux constitutions d'empereurs romains, attribuées par le rédacteur à Charlemagne. [illegible] Ce sont [illegible] des empereurs Constantin et Constant, et [illegible] d'Honorius et de Théodose, qui toutes deux défèrent aux tribunaux ecclésiastiques le jugement des clercs et des évêques.

2. Si l'on prenait à la lettre un autre capitulaire de Louis le Débonnaire, il faudrait dire que les évêques ne sont justiciables que de Dieu seul. « [illegible] » Lib. VII, c. 447. Bal. I, 1128.

au pouvoir ecclésiastique, aux synodes et même au pape. Nous n'hésitons pas à dire que la décision donnée par les premiers est seule la vraie. En effet, la compétence du juge séculier est reconnue d'abord par le capitulaire de 818 qui nous est parvenu tout entier et dont rien ne peut faire suspecter l'authenticité. La décision qu'il renferme est confirmée par le soixante-dix-septième capitulaire du troisième livre dont le rédacteur est Ansegise, qu'on n'a jamais songé à accuser d'inexactitude, de mauvaise foi ou d'interpolation, tandis qu'au contraire les textes qui accordent la connaissance des différends entre évêques soit aux conciles, soit au pape, sont l'œuvre du diacre Benoît, ce malheureux Benedictus, comme on l'a appelé, de ce moine sans scrupule, qui, comme cela est aujourd'hui avéré, mettait tranquillement sous le nom de Pépin, de Charlemagne, ou de Louis le Débonnaire des documents puisés aux sources les plus diverses, vrais quelquefois en eux-mêmes, mais presque toujours faits par l'imitation qu'il se faisait aux trois premiers carolingiens[1]. Or le but du rédacteur des faux capitulaires, qui, aux yeux des historiens contemporains, ne fait qu'un avec le rédacteur des fausses décrétales, c'est d'établir la suprématie de l'Église et de mettre le gouvernement de la société ecclésiastique dans les mains du souverain pontife. On comprend alors pourquoi les capitulaires des sixième et septième livres confèrent à l'Église un droit que les capitulaires authentiques attribuent au chef de la société civile, pourquoi le diacre Benoît, suivant en cela un de ses procédés favoris, fait confirmer par Charlemagne les paroles que Sozomène met dans la bouche de Constantin ou de Valentinien. On comprend que le capitulaire 446 mette le pape à la place de l'empereur. Il est même curieux de rapprocher ce dernier capitulaire d'un passage des fausses décrétales, où l'on voit reproduites, avec la même uniformité, toutes les bases du système organisé par le diacre Benoît pour arriver à ses fins : « Quod si difficiliores inter fratres quaestiones, *aut episcoporum vel majorum judicia*, [illegible] *aut majores causae fuerint, ad sedem apostolicam* [illegible], quia [illegible] apostoli hoc statuerunt jussione salvatoris, ut majores et [illegible]

1. Lehuërou, *Hist. des Instit. carol.*, [illegible]

*difficiliores quæstiones semper ad sedem deferantur apostolicam* (1). »

Le rédacteur des deux collections apocryphes se propose, en effet, un but plus élevé encore que d'établir la juridiction privilégiée du Saint-Siège à l'égard des évêques, ou même une juridiction d'appel que nous examinerons bientôt. Cette juridiction qu'il veut établir, c'est une juridiction directe en premier et en dernier ressort, pour ce qu'il appelle les causes majeures. Ce principe est posé dans une fausse décrétale du pape Jules II : « Ideo summopere mihi cui, vice apostolorum principis, universalis ecclesiæ cura commissa est, providendum est, auxiliante ipso summo apostolo, ne deinceps talia fiant quum ideo *huic sanctæ sedi præfata privilegia* specialiter sunt concessa *tam de congregandis conciliis et judiciis ac restitutionibus episcoporum quam et de summis ecclesiarum negotiis, ut ab ea omnes oppressi auxilium et injuste damnati restitutionem sumant* (2). »

Ce principe de juridiction universelle, le diacre Benoît le transporta dans les faux capitulaires. Aussi le capitulaire 240 du VIIe livre contient ce passage : « . . . . Jubente canonica auctoritate atque dicente : *si majores causæ* in medio fuerint devolutæ *ad sedem apostolicam*, ut sanctus synodus statuit, et beata consuetudo exigit, incunctanter referantur. » Nous ne croyons pas que Charlemagne ait jamais consenti à laisser au pape le jugement de ces causes majeures, à moins qu'il ne s'agit d'affaires purement ecclésiastiques (3). Aussi *l'additio quarta* de Charlemagne dit-elle expressément pour éviter les équivoques, c. 30, Bal. I, p. 1199 : « Omnes majores *ecclesiasticas* causas (4) . . . » C'est cette restriction aux causes ecclésiastiques qu'on voulut faire disparaître pour étendre la juridiction directe du Saint-Siège à toutes les causes majeures.

Nous dirons donc, pour conclure, que ce n'est ni un synode

(1) *Decreta analecti, epistola prima.* (Edit. de Crabbe, f° 29. D.).

(2) Rescriptum Julii Papæ, I, art. XXX. Crabbe, f° 186. — Le pape Jules II fut élu au pontificat en 337 et mourut en 352. Il précéda de 50 ans le pape Sirice auquel commencent les *épîtres authentiques* des papes insérées dans le *Codex canonum* de Denys le Petit (Laferrière, *l. c.*).

(3) V. Concile d'Aix-la-Chapelle de 803, art. 5. Bal., I, 381.

d'évêques, ni le pape qui prononcent sur les contestations entre évêques, c'est le tribunal du roi.

§ 142. — Le capitulaire de 812 établit bien pour les grands ecclésiastiques, comme d'ailleurs pour les grands laïques, un forum privilégié devant le tribunal du roi. Ce n'est pas seulement, comme nous l'avons déjà dit contrairement à l'opinion de Sohm, sur un ordre du roi que la cause est soumise au plaid royal, c'est d'une façon générale : « Neque contentio illorum alibi dijudicetur. » C'est dire en termes fort clairs que le plaid local est incompétent dans tous les cas.

Sohm cherchant, dans sa remarquable étude sur la juridiction ecclésiastique, à apporter d'autres preuves à l'appui de son interprétation du capitulaire de 812, ajoute : « La pratique judiciaire, la législation séculière et l'Eglise elle-même partent de ce point de vue que les procès des grands ecclésiastiques sont jugés devant le tribunal populaire (*Volksgericht*), c'est-à-dire devant le tribunal du comte. »

Les diplômes cités par Sohm pour établir la pratique judiciaire ne sont pas nombreux (1). Or, si les procès des grands ecclésiastiques avaient été normalement de la compétence des tribunaux ordinaires, la pratique judiciaire serait certainement attestée par un plus grand nombre de documents. — Abstraction faite d'ailleurs du chiffre des diplômes cités par Sohm, on peut très-bien les expliquer en tenant compte de la remarque que nous avons déjà faite, à savoir que la compétence du plaid royal étant établie en faveur des évêques et des abbés, ces personnes peuvent à l'occasion renoncer à leur privilège et, si elles y ont intérêt, porter leur différend devant le tribunal du comte.

Quant à la législation séculière, nous ne trouvons nullement, du moins d'après les capitulaires cités par Sohm (p. 208, n. 45), qu'elle se soit placée au point de vue signalé par cet auteur. Le

(1) C'est, pour la France : un procès immobilier devant le comte Wilhelm de Provence entre l'évêque de Marseille et l'évêque de Sisteron, *Cartulaire de l'abbaye de S. Victor*, n° 654 (a. 978 ?) — Un procès intenté par le monastère de Cannes pour une dette du défunt évêque de Narbonne (vraisemblablement, dit Sohm, contre l'Eglise de Narbonne ?), Vaissette I, n° 98, p. 124, a. 873. — Un procès relatif à un serf devant le vicarius Mauriacensis entre le monastère de Fleury contre le monastère de S. Denis, *Mir. S. Benedicti*, c. 7, Bolland, 21 mars, p. 308 (saec. IX.)

capitulaire de 817 ou 819, c. 1, Boret. p. 289, ordonne aux missi de faire justice « de rebus et libertatibus injuste ablatis, et si episcopus, aut abbas aut vicarius aut advocatus aut quislibet de plebe hoc fecisse inventus fuerit, statim restituatur. » Il étend tout simplement le pouvoir de contrôle des missi aux actes des grands ecclésiastiques. — Quant au capitulaire de Lothaire de 823, c. 7, Boret. p. 319 et portant « ut episcopi, abbates et abbatissæ eorum advocatos habeant et pleniter justitias faciant ante comitem suum », il ne signifie point que les personnes qu'il cite sont justiciables du comte, mais que, en leur qualité d'immunistes, elles ont l'obligation de « facere justitias ante comitem », c'est-à-dire de faire représenter dans certains cas par leurs avoués devant le tribunal du comte les habitants de l'immunité (v. infra § 168). — En admettant même que le capitulaire de 823 ne s'occupe point des grands ecclésiastiques en leur qualité d'immunistes, nous pourrions dire qu'il ne rend les évêques et abbés justiciables du tribunal ordinaire que dans les causes mixtes, c'est-à-dire dans celles où leur adversaire est un laïque et où la composition du tribunal du comte est alors modifiée. (v. infra § 144).

Enfin, nous ne trouvons décisifs, pour établir l'opinion de Sohm, ni le passage d'Hincmar, ni le canon du concile de Chalon de 813. Hincmar de Laon (Hincmari Rem. Op. edit. Sirmond, II, p. 610) se plaint qu'il a possédé la villa Pauliacum « donec idem Ausgarius regia potestate ipsas obtinuit, non advocato meo ad *mallum*, ut publicæ se habent leges, mannito. » Mallus, dit Sohm, est l'expression technique pour désigner le tribunal populaire par opposition au tribunal du roi. — Nous répondons à cet argument que le mot mallus n'a point la signification technique qu'on lui attribue (V. supr. § 60); nous l'avons déjà observé plusieurs fois. — Le deuxième concile de Chalon de 813, c. 11, Mansi, XIV, p. 96, porte : « Ut episcopus ad forum neque ubi publice negotia judiciaria exercentur non pergat suæ causæ suffragaturus, nisi forte ut aut pauperibus oppressis succurrat aut viduis et orfanis tuitionem conferat aut de verbo Dei judices admoneat ut justa judicent judicia. Hoc et de abbatibus et de presbyteris et de diaconibus et maxime monachis observandum est. *Si vero eorum qui in clero sunt propria caussa agendum est*, cum licentia episcopi et advocato *pergat* et suæ causæ cum justitia suffragetur. » — Le concile permet aux clercs de se rendre devant les tribunaux civils ; mais il ne dit pas que c'est dans l'hypothèse où le procès s'agite entre deux clercs. Lorsque la cause est mixte, le clerc doit plaider devant un tribunal séculier composé de la manière que nous déterminerons bientôt. Or le canon de 813 peut très-bien, à notre avis, s'entendre d'un clerc assigné par un laïque, c'est-à-dire d'une cause mixte.

§ 143. — Une hypothèse différente de celle que nous venons d'examiner est celle où la contestation s'élève entre un clerc et un évêque. Suivant un capitulaire de Benoît Lévite, VII, c. 321, Bal. I, p. 1095, l'affaire doit être portée devant le synode de la province : « Si clericus vel laicus habuerit causam adversus episcopum proprium vel adversus alterum, aut episcopus adversus quemquam apud synodum provinciæ judicetur. » — Pour le clerc, nous admettons le jugement par le synode ; le tribunal synodal seul a normalement compétence pour statuer sur l'évêque. Mais, pour le laïque, nous pensons que le capitulaire précité est interpolé, car la décision qu'il donne est contraire à l'edictum Pistense, c. 7, Pertz, p. 410, infr. cit.

Le même capitulaire de Benoît Lévite ajoute que, en cas de différend entre un clerc ou un évêque avec le métropolitain, le juge compétent est le primat ou même le pape : « Quod si adversus ejusdem provinciæ metropolitanum episcopus vel clericus habuerit querelam, petat primatem dioceseos, et apud ipsum judicetur, aut apud sedem apostolicam. » Que le primat ait été appelé à connaître de cette affaire, nous le concédons, mais quant au jugement par le pape, nous réservons la question de savoir si l'on doit ajouter foi sur ce point au capitulaire 321 du VIIe livre reproduit au même livre au § 448 (1). — D'ailleurs les accusations calomnieuses dirigées par un clerc ou un laïque contre un évêque sont réprimées

(1) Le jugement de l'évêque par un synode provincial est rattaché *par le capitulaire 320 du livre VII au principe que ceux-là sont juges* d'un ecclésiastique qui l'ont ordonné clerc ou évêque : « Quia ab aliis prius judicari non potest, nisi a quibus ordinari potuit. Quod si aliter factum fuerit, nullas vires habebit. »

sévèrement. Lib. VII, c. 103, Bal. I, p. 1068 : « Si quis clericus vel laïcus exprobator vel calumniator suo episcopo extiterit, ut homicida habeatur. »

§ 144. — En cas de contestation entre un laïque et un membre du clergé, la règle de l'édit de Clotaire nous paraît également avoir été reçue dans le droit carolingien (1). Le chapitre 30 du capitulaire de Francfort de 794, après avoir posé le principe pour les contestations des clercs entre eux, décide que, en cas de procès entre un clerc et un laïque, le comte et l'évêque doivent présider en commun le tribunal appelé à statuer : « Et si forte inter clericum et laïcum fuerit orta altercatio, episcopus et comes simul conveniant et unanimer inter eos causam diffiniant secundum rectitudinem. »

Si le laïque a pour adversaire un évêque, le jugement de la contestation est attribué au roi par l'edictum Pistense, c. 7, Pertz, p. 510, dont les termes laissent supposer que Charles le Chauve n'innove point et se borne à consacrer les principes admis par Charlemagne et Louis le Débonnaire : « Ut si episcopi suis laicis injuste fecerint, et ipsi laici se ad nos inde reclamaverint, nostræ regiæ potestati secundum nostrum et suum ministerium ipsi archiepiscopi et episcopi obediant, ut secundum sanctos canones, et juxta leges quas ecclesia catholica probat et servat, et *secundum capitula avi et patris nostri*, hoc emendare curent, et sicut temporibus avi et patris nostri justa et rationabilis consuetudo fuit. » — Pour les procès visés par l'édit, nous n'irons cependant pas jusqu'à affirmer que, normalement et directement, ils sont de la compétence du tribunal du roi ; nous croyons plutôt qu'ils n'arrivent devant ce tribunal qu'à la suite d'une reclamatio ad regis definitivam sententiam (V. supra § 131) mais que le roi ne refuse jamais d'admettre cette reclamatio.

Abstraction faite du cas prévu par l'édit de 869, le tribunal chargé de statuer entre laïques et ecclésiastiques a une composition mixte. Un grand nombre de diplômes attestent que

(1) En ce sens, Eichorn, I, p. 717. Waitz, III, p. 445, Schilling, *de origine jurisd. eccles.* p. 48.

les choses se passent en pratique conformément à la règle posée par le capitulaire de Francfort (1).

Pour repousser l'autorité de ces documents, Sohm allègue que l'évêque et le clergé apparaissent au plaid non point comme juges ecclésiastiques, comme assesseurs ecclésiastiques, mais par application des règles du droit public. L'organisation judiciaire, dit-il, ne fait aucune différence entre les laïques et les ecclésiastiques. Les clercs sont aussi capables que les laïques d'être assesseurs ; ils assistent le président du plaid non point comme clercs, mais comme citoyens du comté. L'évêque n'a qu'une présidence d'honneur à côté du comte ; c'est celui-ci qui est le véritable et le seul magistrat judiciaire.

C'est la même argumentation que nous avons déjà eu à réfuter pour l'époque mérovingienne. Nous estimons que les documents carolingiens, loin de fortifier l'opinion de Sohm, ne font que confirmer notre propre interprétation de l'édit de Clotaire et des capitulaires de Charlemagne.

Nous ne pouvons d'abord admettre la présence des clercs dans les plaids à titre de citoyens du comté. La défense faite aux clercs par les lois ecclésiastiques d'assister aux luttes judiciaires devant les tribunaux séculiers est en effet formulée encore plus rigoureusement par les conciles de notre époque que par ceux de l'époque mérovingienne. Nous avons déjà cité la disposition du concile de Chalon de 813 (V. supra, § 142) à cet égard. Le concile de Reims de la même année édicte une semblable défense pour tout le clergé, « ministri altaris Dei vel monachi », c. 29, Mansi XIV, p. 80. Le concile de

(1) V. Baluze, *Marc. Hisp.* p. 769, n° 5 (a. 832), procès de l'abbé Babila contre les pagenses d'Arles ; l'évêque et le comte président ; parmi les assesseurs se trouvent deux prêtres. — Baluze, *ibid.* p. 779, n° 16 (a. 843), procès entre l'avoué de l'évêque de Gérona et l'avoué du comte de Gérona ; l'évêque et le comte président ; parmi les assesseurs se trouvent 2 vicedomini et 3 sacerdotes. — D'Achéry, XII, p. 154 (a. 863) : procès entre l'évêque de Vienne et un nommé Sigebert ; le vicomte et l'archevêque président ; parmi les assesseurs se trouvent le chorévêque Constantius et plurimi sacerdotes et levitæ. — Cp. Meilchelbeck, I, n° 118, (a. 802) ; n° 120 (a. 804) ; n° 368 (a. 819), etc. — Baluze, *Capit.* II, p. 1489 (a. 869) ; p. 1511 (a. 884). V. infra. — Ménard, I, n° 3 (a. 898). V. infra. — Vaissette, II, p. 20 (a. 833) ; p. 56 (a. 918) ; p. 69 (a. 933), V. infra. — V. pour les documents italiens, Sohm, l. c. p. 219, n. 64.

Mayence de 813, c. 14, Mansi, XIV, p. 80, défend de même aux clercs de s'occuper de negotia sæcularia et notamment de « disputare in placitis sæcularibus, excepta defensione orphanorum et viduarum. » Ces prohibitions des conciles ont même passé dans les lois séculières. Nous avons cité (supra § 139) des capitulaires nombreux et formels sur ce point, aussi bien pour le clergé séculier que pour le clergé régulier. — En présence de cette double prohibition de la loi civile et de la loi ecclésiastique, l'assistance des clercs aux tribunaux ne peut s'expliquer que par une dérogation faite par la loi civile et par la loi religieuse en même temps pour les causes mixtes.

Quant à la présence de l'évêque à côté du comte, nous y voyons l'exercice d'une présidence réelle et non point simplement honorifique. Pour établir que le comte est seul magistrat judiciaire, Sohm cite un diplôme de 832, Baluze, *Marc. Hisp.* p. 769, n° 5. Malgré la coprésidence de l'évêque, il y est dit : « Et dum se proclamasset dictus Babila ante præfato comite Berengario, sic misit exinde exquisitionem inter pagenses illius territorii... dedit suos missos... et sic ipse Berengarius *comes revestivit ipso abbati.* » — Que le pouvoir d'exécution n'appartienne qu'au comte, rien d'étonnant, puisque les officiers laïques ont seuls en principe le droit de mettre en mouvement la force publique.

Mais il s'agit de savoir si, à l'audience même, la présence de l'évêque est purement honorifique, si le représentant et le chef du clergé ne joue aucun rôle actif dans la procédure. Or les formules et les diplômes de notre période montrent d'une façon certaine que l'évêque et le comte siègent au même titre. Ces documents ne font d'abord aucune distinction quant à la manière d'indiquer la présence de l'évêque et celle du comte au tribunal ; ils nomment même d'ordinaire l'évêque avant le comte, ce qui semblerait indiquer une sorte de prééminence de celui-là sur celui-ci (1).

(1) V. les plaids de 863, de 918 et de 933, Vaissette, II, p. 20, 56 et 69. Le procès-verbal du plaid de 933 commence ainsi : « In præsentia domno Aymerico archiepiscopo et domino Pontione comite ... vel judices. » — Ménard, l. c., plaid de 898 sur la restitution d'une église revendiquée

D'un autre côté, les procès-verbaux des plaids carolingiens attestent que l'évêque prend une part aussi active que le comte à l'instruction et à la formation du jugement. Prenons par exemple le plaid tenu à Ausonne en 918, Vaissette, II, p. 56 : « Cum in Dei nomine *resideret Aridemandus episcopus sedis Tolosæ civitatis cum viro venerabili Bernardo*... una cum abbatibus, presbyteris, judices scaphinos et regimburgos. » Procès entre un laïque et un abbé. Le laïque s'adresse aux juges dans les termes suivants : « *Domne episcope et vos judices* jubete me audire et facite mihi justitiam de isto Arifonso abbate. » Plus loin : « *Cum autem episcopus supranominatus* et ipsi judices audissent... decreverunt juditium et ordinaverunt. Iterum ad ipsum placitum venit Arifonsus ... *in præsentia de jam dicto episcopo* et de supranominato vicario... *Rursum vero nos episcopus et judices* superius nominati cum audissemus et vidissemus... *Nos episcopus et judices* vidimus et audimus. » L'évêque est absolument mis sur la même ligne que le comte.—De même dans le plaid de 844 rapporté par Baluze, *Capit*. II, p. 1511 : « Cum in Dei nomine *resideret* vir illuster Theotarius, sedis Gerundensis *episcopus*, una cum viros illustros Deilane et Suniarii comites ... in mallo publico ... seu in præsentia P. vicecomite vel judices qui jussi sunt (11 noms) nec non Juniano (31 clercs) vel cæterorum presbyterorum ... Tunc supradicti comites, *episcopi*, vicecomites vel judices ... invenerunt vel existimaverunt... et præceperunt... Jamdicti comites et *episcopus* præceperunt figere ... et tunc ordinaverunt jamdictus *episcopus*, comites vel judices. » — De même enfin le plaid tenu à Carcassonne en 883, Vaissette, II, p. 20 : « *In judicio Wileramni* sedis Carcassonna *episcopo*, necnon et Aquisfredo comite, S. vicecomite, S. abbate, M. abbate, G. A. A. et W. *judicum*, et in præsentia W. et aliorum, qui supradicto episcopo, comite, vicecomite, abbates, archidiaconos et ipsos judices vel auditores, in illorum judicio, in publico mallo ... residebant. »

par Agélard, évêque de Nîmes, contre un laïque : « In presencia Agilardo episcopo, vel in presencia Bernardo vicecomite ... seu in presencia judicum (24 laïques) ... vel in presencia sacerdotum (11 noms). » — Cp. Form. Sen. rec. 3 et 6, Zeumer, p. 212 et 214.

§ 145. — A propos des causes mixtes, nous devons signaler les dispositions du capitulaire de Mantoue de 787, dont nous pourrions cependant nous dispenser de parler, car il a été rendu pour l'Italie, et par conséquent l'interprétation quelconque qu'on pourrait lui donner serait sans influence sur les solutions que nous avons adoptées pour la France. Le c. 1, Boret. p. 196, est ainsi conçu : « Volumus primo ut neque abbates et presbiteri neque diaconi et subdiaconi neque quislibet de cleros *de personis suis ad publica vel secularia judicia traantur vel distringantur*, *sed a suis episcopis adjudicati justitias faciant*. Si autem de *possessionibus suis* seu ecclesiasticis seu propriis super eos clamor ad judicem venerit, mittat judex clamantem cum misso suo ad episcopum, *ut faciat eum per advocatum justitiam recipere*. Si vero talis aliqua inter eos orta fuerit que per se pacificare non velint aut non possint, tunc per advocatum episcopi, qualem jusserit ipse, *causa ipsa ante comite vel judice veniat, et ibi secundum legem finiatur*, anteposita persona clericorum, sicut dictum est. »

Sohm voit dans ce capitulaire la confirmation du système qu'il a adopté sur le caractère de la juridiction ecclésiastique. Il y est question, dit-il, d'une première audience soit devant l'évêque personnellement, c'est-à-dire au tribunal ecclésiastique, soit, au cas où il s'agit des immeubles du clerc ou de l'Eglise, devant l'avoué de l'évêque, c'est-à-dire au tribunal seigneurial. Le juge séculier, sur la plainte portée devant lui contre le clerc, ne doit point traduire celui-ci à son tribunal, mais renvoyer le demandeur devant le tribunal épiscopal. Toutefois la procédure devant ce dernier tribunal est une procédure de conciliation. Si la tentative d'arrangement y échoue, l'affaire arrive devant le comte pour y être jugée selon la loi, c'est-à-dire que le comte, et le comte seul, est le juge du clerc défendeur.

Waitz, III, p. 446 admet également que l'affaire, si elle ne peut recevoir de solution au tribunal épiscopal, doit venir au tribunal du comte par les soins d'un avoué, mais il limite cette règle au cas où un clerc est défendeur à une action immobilière. — C'est qu'en effet il y a dans le capitulaire de Mantoue une opposition que Sohm a complètement négligée. Schilling nous paraît avoir bien mieux saisi la portée du capitulaire qui, dit-il, a distingué pour la première fois entre les causes personnelles et les causes réelles des clercs. Dans les causes personnelles, le droit ancien est maintenu en ce sens que les ecclésiastiques de quelque ordre que ce soit ne doivent jamais comparaître devant le juge séculier ; l'évêque seul est compétent pour les juger. Dans les causes réelles, la première connaissance de l'affaire est réservée au juge séculier, qui cependant ne peut résoudre seul le procès. Il le délègue à un autre juge et le renvoie devant l'évêque ainsi que le demandeur. L'évêque, de son côté, donne un juge, qui se nomme l'advocatus et qui, de concert avec le délégué du juge séculier, connaît et décide de l'affaire. Ce sont là les judicia des tribunalia mixta. Mais s'il s'élève entre clercs un procès que les juges (Schilling ne dit pas lesquels) ne veulent ou ne peuvent instruire ou juger, l'affaire est renvoyée devant le comte par les soins de l'avoué de l'évêque.

Le capitulaire de 787, selon nous, prévoit bien deux hypothèses distinctes. Dans les deux premières phrases, il s'agit d'un procès mixte, d'un clerc défendeur contre un laïque, soit de personis suis, soit de possessionibus. Dans la dernière phrase, le litige s'élève entre deux clercs, *si inter eos* ; ceux-ci sont bien les clercs défendeurs dans les deux premières phrases, *si super eos*. L'opposition entre les deux hypothèses est marquée par les mots *si vero*. — Dans la première hypothèse, le texte prévoit en outre deux situations distinctes, celle où le clerc est poursuivi de *personis suis* et celle où il l'est de *possessionibus suis*. Cette distinction des deux situations résulte manifestement d'abord de l'identité de tournure, de personis ou de possessionibus *suis* et ensuite des mots *si autem* qui commencent la seconde phrase (1).

S'il s'agit du clerc défendeur à une action personnelle, c'est l'évêque qui fait justice immédiate, a suis episcopis adjudicati justitias faciant. Il semble même que le texte parle du tribunal

(1) Telle est bien, du reste, l'interprétation donnée à ce capitulaire dans le Liber Papiensis Caroli, 98, expositio, Pertz, *Legum*, IV, 505 : « Capitulum hoc abbates, presbyteros, diaconos, aut quemlibet de clero, de personis suis, id est de actionibus in personis coram quolibet nisi coram suis episcopis prohibens trahi vel distringi. »

épiscopal ordinaire, sans obliger à modifier sa composition en y introduisant un élément laïque.

Si le clerc est défendeur à une action réelle immobilière, le demandeur peut soumettre sa réclamation au judex, qui la transmet par des missi au tribunal épiscopal, qui s'adjoint alors ces missi. Sohm objecte que ces missi du comte jouent le rôle de simples messagers, qu'ils ne sont point délégués pour juger. Il invoque un capitulaire de Pépin de 782-786, dont le c. 6 porte, Boret. p. 192 : « Ut qui se reclamaverint super pontificem quod justitiam habeat ad requirendum, distringat illum comis aut per missum suum aut per epistolam suam ad ipsum pontificem. Et si ipse pontifice, Francus aut Longobardus, distulerit justitiam faciendum, tunc juxta ut ipsi episcopi eligerunt, ubi consuetudo fuerit pignerandi a longo tempore ut et inantea in eo modo sit pro ipsas justitias faciendas. » Sans doute, dans ce capitulaire, le missus peut être l'équivalent d'une epistola, mais dans le capitulaire de Mantoue rien ne prouve qu'il en soit de même. Nous remarquons au contraire que le comte délègue plusieurs missi, cum missos suos; or, pour jouer le rôle de messager, un seul missus suffirait comme dans le capitulaire de 782-786. Ce dernier texte confirme bien l'interprétation que nous donnons du capitulaire de Mantoue, car il décide que le comte doit renvoyer le plaignant devant l'évêque pour qu'il y obtienne justice, justitiam faciendum.

La dernière phrase du capitulare Mantuanum prévoit un procès entre deux clercs. Quelle que soit la nature de l'action, elle est soumise au tribunal de l'évêque. Mais il se peut que l'évêque refuse de faire justice, ou bien que des obstacles, que le capitulaire n'indique point, s'opposent à ce qu'il tranche le différend. Dans ce cas, l'affaire doit être renvoyée devant le tribunal ordinaire per advocatum episcopi, c'est-à-dire, croyons-nous, que l'advocatus vient à son tour représenter l'évêque dans le tribunal séculier, comme les missi représentent le comte dans le tribunal ecclésiastique. — L'affaire est jugée secundum legem. Que faut-il entendre par là ? C'est ce qu'il nous paraît difficile d'indiquer (1).

(1) Le liber Papiensis (l. c.) entend par là « secundum hoc capitulum. »

Ainsi le capitulaire de Mantoue ne consacre pas absolument pour l'Italie les solutions que nous avons admises pour les autres parties de l'empire franc. Mais il ne peut certainement avoir la signification que Sohm lui attribue (1) (2).

Nous avons indiqué les principes qui, à notre avis, résultent des capitulaires carolingiens pour le jugement des procès entre clercs et laïques. Nous devons ajouter que ces règles n'ont pas toujours été suivies. Comme l'entrée des clercs dans la composition du tribunal est un privilège établi en faveur du clergé, rien ne s'oppose à ce que, sur l'autorisation de l'évêque, les clercs soumettent leur contestation au tribunal ordinaire (3). A l'inverse, on voit quelquefois des procès mixtes jugés dans des plaids où l'évêque seul préside, mais les assesseurs de l'évêque sont des laïques et des ecclésiastiques (4). — On rencontre enfin des plaids où les assesseurs sont pris à

(1) Bethmann-Hollweg, V, p. 43, a donné une autre explication du capitulaire de Mantoue. Nous aurons à l'apprécier en étudiant l'immunité ; du reste, nous la préfèrerions encore à celle de Sohm. — Par les mots « *anteposito ut dictum est persona clerici* », il faut voir un privilège accordé en Italie à tous les membres du clergé de comparaître, par ministère d'avoué devant les tribunaux séculiers (mixtes). Dans le reste de l'empire franc, le privilège de représentation n'appartient qu'au haut clergé ; l'Eglise le reconnaît elle-même. V. concile de Chalon précité et une lettre d'Hincmar infr. cit. V. infr., §§ 185 ss.

(2) Sohm, pour établir que l'Eglise elle-même s'est placée, dans le droit carolingien, au point de vue qu'il adopte, cite un passage de Flodoard, *Hist. Rem.* III, 28, p. 558. Hincmar de Reims écrit dans les termes suivants à deux ecclésiastiques : « De terra... ecclesiæ pertinenti, unde *contentio ventilabatur inter comitem* et presbyterum, quid fieri deberet, et *ut his quæ mandabat comes obediret,* aut si nollet proinde ad placitum coram rege et fidelibus ipsius, *tam episcopis quam laicis veniret*. Quod si episcopus, aliis obedientibus, obedire nollet, ad synodum comprovincialem canonice provocaretur. » — Les mots quæ mandabat comes s'expliquent par cette raison que le comte, même si le tribunal est mixte, est chargé de l'exécution, de donner des ordres. D'un autre côté, la présence des évêques, signalée à côté de celle des laïques au plaid royal, paraît indiquer que, même à la cour du roi, on suit les règles du capitulaire de Francfort, lorsque le procès s'élève entre un clerc et un laïque.

(3) V. Ménard, I, n° 1, a. 876 ; n° 4, a. 914 ; n° 6, a. 927.

(4) Tel est le plaid tenu par Ugbert, évêque de Nimes, sur les dimes de Luc, Ménard, l. c.

la fois parmi les laïques et les clercs, sans que cependant l'évêque siège à côté du comte (1).

§ 146. — En matière criminelle, nous trouvons les principes de l'édit de Clotaire confirmés par les capitulaires carolingiens, c'est-à-dire que les délits des ecclésiastiques ne sont jugés que par les tribunaux ecclésiastiques. Capitulaire de 769, c. 17, Boret. p. 46 : « Ut nullus judex neque presbyterum neque diaconum aut clericum aut juniorem ecclesiæ *extra conscientiam pontificis* (2) per se distringat aut condemnare præsumat. » — Capit. de 789, c. 38, Boretius, p. 56 : « Ut clerici et ecclesiastici ordines, si culpam incurrerint, ut apud ecclesiasticos judicentur, non apud sæculares. » — Capit. miss. a. 813, c. 9, Boret. p. 183 : « Ut clerici vel ecclesiastici, si culpam incurrerint, ante episcopis judicentur. »

Si les membres du clergé inférieur sont jugés par le tribunal épiscopal, les évêques sont soumis au jugement d'un synode (3). Ce synode peut se tenir en présence du roi, mais il n'en conserve pas moins son caractère exclusivement ecclésiastique. Ainsi la présidence en appartient à un évêque et non au roi (4); celui-ci peut y intervenir comme accusa-

(1) V. Plaid de 869, Baluze, *Capit.* II, p. 1489.

(2) D'autres capitulaires renferment des expressions analogues. Lib. VI, c. 157 : « Inconsulto proprio episcopo. » Lib. VII, c. 139 : « Sine scientia pontificis. » Lib. VII, c. 145 : « Inconsulto proprio episcopo. » — On peut en conclure que les tribunaux séculiers redeviennent compétents pour connaître de la poursuite contre un clerc, lorsque l'évêque la connaît et l'autorise. — Faustin Hélie, I, p. 136, reproche à tort à Lehuérou, *Instit. carol.*, p. 504, d'avoir donné à ces textes un autre sens, et d'avoir soutenu que la permission de l'évêque ne devait être sollicitée que dans un seul cas, à savoir pour autoriser les clercs à comparaître comme témoins devant le juge séculier. Cette permission était bien nécessaire pour la comparution dont il s'agit, lib. VI, c. 157, Bal. I, p. 949 : « Nullus ex ordine clericorum inconsulto proprio episcopo ad judicem secularem pergat, neque apud eum, episcopo non permittente, quemquam pulsare præsumat. » Mais l'historien des *Institutions carolingiennes* n'a pas commis l'erreur qu'on lui reproche.

(3) V. Einhardi annales, a. 818, Pertz, *Script.* I, p. 205. Theganus, c. 22 et 56 ; Astronomus, c. 30 : Pertz, *Script.* II, p. 596, 602, 623. Convent. ap. Saponarias, a. 859, Pertz, *Leges*, p. 462. Concil. Duziac. I, a. 871, Mansi XVI, p. 578. Karoli III Capit. de Tungr. episc. a. 920, Pertz, p. 565. Capit. Francof. a. 794, c. 9, Pertz, p. 74.

(4) V. Acta Conc. Duziac. c. 6, 9, 10 ; Mansi, p. 666, 671, 675.

teur (1). — Les chroniqueurs de l'époque distinguent en conséquence au plaid royal le *judicium Francorum* auquel prennent part les grands ecclésiastiques et les grands laïques, du *judicium episcoporum* rendu par les évêques seuls sur un de leurs collègues. Ainsi il s'agissait en 817 de juger le roi Bernard d'Italie et ses complices accusés de haute trahison. Louis le Débonnaire tint une assemblée à Aix-la-Chapelle. Bernard fut jugé par le conventus Francorum et ses complices de ordine ecclesiastico par un synode. Chronic. Moissiac. a. 817, Pertz, *Script*. I, p. 312 : « Imperator fecit conventum magnum Francorum et retulit eis hanc causam, ut videret quid judicarent fideles sui de eo (Bernardo)... tunc judicaverunt eos dignos ad mortem ... Teudulfum vero episcopum Aurelianensem, qui et ipse auctor prædicti maligni consilii fuit, synodo facta episcoporum vel abbatum necnon et aliorum sacerdotum, judicaverunt tam ipsum quam omnes (de ordine ecclesiastico) episcopos et abbates vel ceteri clerici qui de hoc maligno consilio socii fuerant, a proprio deciderent gradu. » — L'Astronome s'exprime de même à propos de ce procès, Pertz, *Script*. II, p. 623 : « Cum lege judicio Francorum deberent (Bernard et ses partisans) capitali invectione feriri... Episcopos vero hac constrictos immanitate ab episcopis reliquis depositos monasteriis mancipavit. »

Le pouvoir séculier peut procéder à l'arrestation de l'évêque (2). — Quant à la districtio relativement aux membres du clergé inférieur, nous trouvons un diplôme de Charles le Chauve de 841 accordant à cet égard un privilège aux chanoines de l'église de Nevers. Bouquet, VIII, p. 428 : « Si quæ autem causa adversus supradictæ ecclesiæ orta fuerit canonicos, a proprio distringantur episcopo, nisi forte criminalis

(1) Convent. ap. Sapon. a. 859, Pertz, p. 462 : « Libellus proclamationis domni Karoli regis adversus Wenilonem archiepiscopum Senonum, electis judicibus Remigio Lugdunensium, Eirardo Turonorum, Weniloni Rothomagensium et Rodulpho Biturigum archiepiscopis in sancta synodo. » — Cp. Petitio proclamationis domini Caroli regis adversus Hincmarum Laudunensem episcopum devant le synode de Douzy, Mansi XVI, p. 578.

(2) V. Theganus, c. 48, Pertz, *Script*. II, p. 601. Acta Concil. Duziac. Mansi, XIV, p. 666. Bouquet, VI, p. 252, VII, p. 116 et 277.

fuerint actionis, de quibus est ratiocinandum proprio eorum advocato. » — Il nous paraît difficile, vu l'absence de documents sur cette question, de poser des règles précises sur la districtio des clercs. Mais il nous semble certain que les règles posées par l'édit de Clotaire ont dû se modifier à l'avantage du clergé.

Le tribunal ecclésiastique, quelle que soit la qualité de l'accusé, le juge « secundum canonicam institutionem. » Capit. de 794, c. 39, Pertz, p. 74 : « Si presbyter in criminale opere fuerit deprehensus, ad episcopum suum ducatur et secundum canonicam institutionem constringatur. » La peine infligée au coupable est donc celle que prescrit la loi ecclésiastique. Ainsi, dans le procès précité de Bernard d'Italie, celui-ci et ses complices laïques sont condamnés à mort par le judicium Francorum, tandis que les complices de l'ordre ecclésiastique sont condamnés par le synode à la déposition. De même, au synode de Soissons de 853, deux moines accusés de haute trahison sont jugés selon la règle de S. Benoît, déposés et relégués dans un cloître. Pertz, p. 417 : « Causam subtiliter juxta regulam beati Benedicti examinantibus... Convicti conspirationis malum perpetrasse, canonum severitate depositi sunt, presbyteri quippe erant, et separatim in monasterio relegati... » (1)

§ 147. — Löning, pour démontrer que, contrairement à notre théorie, sous les Carolingiens les clercs sont justiciables des tribunaux séculiers en matière criminelle, invoque (p. 530) d'abord deux capitulaires. Capit. Langob. a. 813, c. 12, Pertz, p. 193 : « Perjurium ... tunc volumus atque jubemus, ut si sacerdos vel clericus fuerit, dupliciter bannum nostrum persolvat, et postea secundum canones judicetur. » — Capit. Aquisgr. a. 809, c. 10, Pertz, p. 156 : « Ut presbiter qui sanctam crismam donaverit ad judicium subvertendum, postquam de gradu suo exspoliatus fuerit, manum amittat. » — Nous répondrons en premier lieu que, dans ces deux hypothèses, en raison de la gravité des faits, Charlemagne a pu vouloir cumuler les pénalités civiles et les pénalités ecclésiastiques, sans qu'on puisse en induire que la règle générale ait été le cumul. Nous remarquerons en second lieu que le capi-

(1) Cp. Hincm. Rem. ann. Pertz, *Script.* I, p. 494.

tulaire de 809 suppose que le clerc est jugé d'abord par le tribunal ecclésiastique, « postquam de gradu suo exspoliatus fuerit. » Donc, la perte de la main ne serait qu'une sanction civile ajoutée à la peine religieuse. De plus, le texte autorise à dire que, a contrario, en cas d'acquittement par le tribunal ecclésiastique, la peine corporelle n'est pas encourue, et que le tribunal séculier n'a donc pas à intervenir. Or, si les clercs avaient été, en principe, justiciables de ce dernier tribunal, rien n'aurait empêché les juges séculiers d'examiner l'affaire après le tribunal de l'Eglise et d'infliger des peines publiques à celui qu'il aurait reconnu coupable.

Quant à la pratique judiciaire, Lôning n'apporte, pour l'établir, que deux jugements rendus l'un par le tribunal du roi en 781 contre l'abbé de S. Vincent, coupable de haute trahison (Codex Carolinus, ep. 68, Jaffé, *Bibl. rer. Germ.* VI, 212), l'autre rendu également par le tribunal du roi contre l'abbé Alcuin de St-Martin de Tours et ses chanoines coupables de violences et de rébellion contre un missus royal (Monum. Alcuiniana, ep. 182, Jaffé, *l. c.* VI, 651). — Si l'on considère la nature spéciale des délits réprimés dans ces deux hypothèses, on voit qu'il n'est pas légitime de généraliser.

La lex Romana Curiensis est aussi invoquée par l'auteur allemand. Le c. 3, C. Theod. XVI, 1, porte : « Si criminales causas clerici commiserint, ante provinciales judices finiantur. » — Nous ne pouvons accorder aucune valeur à la lex Romana Curiensis, car elle a été faite pour une partie reculée de la Suisse et même, d'après certains auteurs, pour la Haute-Italie. Elle ne peut donc pas fournir d'argument pour la France.

Lôning présente un dernier argument tiré d'une charte du *Cartulaire de Redon*, n° 202, p. 157, où l'on voit, en 858, un clerc nommé Ananan, condamné à perdre la main droite en punition d'une tentative d'assassinat sur un prêtre. C'est donc que le prêtre avait été jugé et condamné par un tribunal séculier. Nous répondons que cette charte laisse au contraire supposer qu'exceptionnellement ce jugement a été rendu par un tribunal ecclésiastique composé d'un abbé et de moines : « Dedit Ananan, clericus, suam vineam ... Sancto Salvatori et Connuoiono abbati et suis monachis ... pro redemptione manus sue dextre, quam judicaverunt incidere eo quod voluit occidere presbyterum. » — Alors même que notre interprétation ne serait pas fondée, nous ne pensons pas qu'un cas isolé, survenu dans une partie retirée de la France, où l'organisation judiciaire n'était pas en tous points identique à celle du reste de l'empire, soit suffisant pour renverser notre argumentation fondée sur les chroniques et les capitulaires carolingiens.

Nous attribuerons donc aux tribunaux ecclésiastiques seuls le jugement des infractions commises par les clercs. — Nous avons démontré d'ailleurs (supr. § 52) qu'une fois le jugement prononcé secundum canones, le pouvoir séculier n'a plus à intervenir (1).

§ 148. — Les *causæ ecclesiasticæ* peuvent être définies, d'une manière un peu vague il est vrai, les causes dans lesquelles

(1) L'éminent doyen de la Faculté de droit de Lyon, M. Caillemer, dans une étude sur Florus et Moduin *(Mémoires de l'Académie des lettres de Lyon*, t. XXI), se range du côté de Sohm et de Löning, relativement au caractère de la juridiction ecclésiastique dans l'empire franc. Florus, dans son commentaire des constitutions impériales romaines dresse un acte d'accusation très-violent contre Moduin, évêque de Lyon au commencement du IXᵉ siècle, qui se montre plus dévoué aux tribunaux séculiers qu'aux tribunaux ecclésiastiques. Il s'exprime ainsi : « Noster vero prætorialis episcopus ecclesiasticos ad seculare examen ire compellit. Apparet, quantum status ecclesiæ dilapsus sit, quando honorabilius sentit de honore ecclesiæ imperator (Constantinus) nuper ex pagano conversus quam episcopus ab infantia ecclesiæ lacte nutritus. » « Nous devinons aisément, dit M. Caillemer, quelle était la réponse de Moduin à l'argumentation de Florus. Vous me reprochez, pouvait-il dire, de ne pas appliquer les constitutions impériales, mais ces constitutions ne sont pas ma règle. Le droit que j'observe est le droit de l'empire franc. Or, d'après ce droit, la juridiction appartient toujours aux tribunaux séculiers. » — Les reproches de Florus peuvent très-bien se comprendre, même dans notre système. En effet, en matière criminelle d'abord, l'autorisation de l'évêque peut donner aux tribunaux séculiers la compétence qui, sans cette condition, leur est refusée pour juger les clercs (V. supra, p. 376, n. 2). Moduin pouvait ainsi, à son gré, priver les clercs de la juridiction ecclésiastique, dont ils auraient préféré le jugement, parce que les peines appliquées par le tribunal épiscopal sont des peines religieuses, plus douces que les peines séculières ; or, l'évêque de Lyon devait avoir des raisons de croire à l'efficacité plus grande des condamnations prononcées par le tribunal séculier. En matière civile, Moduin pouvait user (abuser pour Florus) de son influence pour contraindre ses subordonnés à porter devant la juridiction laïque des procès pour le jugement desquels celle-ci n'était pas du reste absolument incompétente. De là les griefs du diacre Florus.

l'Eglise est intéressée directement ou indirectement. Quel est le tribunal compétent pour en connaître? Est-ce encore le tribunal ecclésiastique?

Il faut mettre à part une série d'hypothèses où la juridiction ecclésiastique a seule qualité pour statuer. C'est notamment l'hypothèse de rébellion d'un clerc contre ses supérieurs. Le capitulaire de 794 est formel à cet égard, c. 6, Pertz, p. 72 : « Si non oboedierit aliqua persona episcopo suo de abbatibus, presbiteris, diaconis, subdiaconibus, monachis et cæteris clericis, vel etiam aliis in ejus parochia, venient ad metropolitanum suum et ille dijudicet causam cum suffraganeis suis ... Et si aliquid est quod episcopus metropolitanus non possit corrigere vel pacificare, tunc tandem veniant accusatores cum accusato cum litteris metropolitano ut sciamus veritatem rei. » — Il faut aussi réserver à l'Eglise les infractions à la loi religieuse jugées par les synodes paroissiaux dont nous parlerons plus loin, infractions commises soit par des ecclésiastiques, soit par des laïques, et que Reginon signale tout au long (De synodalibus causis, I præf. §§ 20, 22, 45, 65, 67, 70), par exemple : « Si presbyter pro baptisandis infantibus aut infirmis reconciliandis vel mortuis sepeliendis præmium vel munus exigat ; si per domos extra ecclesiam missas cantet ; si per pecuniam fuerit ordinatus vel ipsam in qua cantat pretio obtinuerit ecclesiam ... Si aliquis (laicus) est qui ad confessionem non veniat vel una vice in anno ; si aliquis est qui contemto suo presbytero in aliam parochiam vadit in ecclesiam et ibi communicat et suam decimam dat ; si aliquis est qui bannum episcopi sui aut presbyteri sui et excommunicationem parvi pendens pro nihilo ducat, etc... » Ce sont là des cas de juridiction spirituelle dont la connaissance appartient essentiellement à l'Eglise et à elle seule (1).

Mais lorsqu'il s'agit de questions qui ne sont plus de pure discipline intérieure, de questions qui touchent à la fois au droit civil et au droit ecclésiastique, les tribunaux d'Eglise ne sont plus exclusivement compétents. Il faut alors appliquer les principes que nous avons précédemment cherché à établir et

(1) En ce sens, Sohm, l. c., p. 235.

distinguer suivant que la causa ecclesiastica concerne deux clercs ou qu'elle touche à la fois un laïque et un clerc.

Dans le premier cas, le tribunal ecclésiastique est en principe compétent. Nous trouvons un grand nombre de documents qui attribuent le jugement à ce tribunal, qu'il s'agisse, par exemple, d'un conflit de limites entre deux diocèses, des droits de contrôle de l'évêque sur une abbaye, de la revendication d'une église par un prêtre contre un autre prêtre, de contestations relatives à la dîme entre deux ecclésiastiques (2).

Pour prouver que, selon sa formule, « la juridiction ecclésiastique en matière de causes ecclésiastiques ne renferme en soi aucune diminution de compétence du tribunal séculier, » Sohm allègue des diplômes où l'on voit des affaires analogues ou semblables à celles que nous venons de citer jugées soit au tribunal du roi, soit à celui d'un missus royal, soit même au tribunal du comte (3). — Que le tribunal du roi ou que des missi royaux aient été appelés à statuer, cela n'a rien d'étonnant, puisque le roi se réserve toujours le pouvoir supérieur de juridiction pour toutes les causes civiles ou ecclésiastiques. Quant aux diplômes du Cartulaire de Beaulieu, où il est question du tribunal du comte, nous estimons qu'ils parlent d'un tribunal séculier mixte ; les procès qu'ils relatent s'agitent en

(2) Procès sur les limites des archevêchés de Vienne et d'Arles jugé par le concile de Francfort, a. 794, c. 8, Pertz, p. 73.— Procès de même nature entre les évêchés de Noyons et de Soissons jugé par le synode provincial de Reims, a. 814, Flodoardi, *Hist. Rem.*, II, 18. — Procès entre l'évêque du Mans et l'abbaye de S. Calais, jugé par un synode de Verberie en 863, Bouquet, VII, p. 297. — Procès entre entre deux clercs relativement à une église jugé au tribunal de l'évêque de Lucques, assisté de juges ecclésiastiques, a. 793, *Mem. di Lucca*, V, 2, n° 244. — Procès de même nature entre les chanoines de l'église de Châlons-sur-Saône et l'évêque de cette ville, jugé par un synode présidé par l'archevêque de Lyon, a. 873, Perry, *Histoire de Châlons-sur-Saône*, Preuves, p. 31. — Procès entre ecclésiastiques relativement à la dîme jugé au tribunal de l'évêque de Nîmes, a. 920, Ménard, preuves, n° 5. — V. d'autres documents cités par Sohm, *l. c.*, p. 236, n. 107 et 108.

(3) Procès de l'évêque de Constance contre l'abbaye de S. Gall, jugé au plaid du roi Louis le Débonnaire, Ratperti Casus S. Galli, Pertz, *Script.*, II, p. 66. — Procès de revendication d'une église entre clercs et laïques, *Cartulaire de Beaulieu*, n° 27, a. 870 ; n° 47, a. 960. — V. les autres documents cités par Sohm, *l. c.*, p. 236 et 237, n. 109 à 114.

effet entre un ecclésiastique et un laïque ; ces documents ne mentionnent pas sans doute d'une manière formelle la présence d'ecclésiastiques dans le tribunal, mais les termes dont ils se servent pour désigner les assesseurs, *venerabiles assistentes*, loin d'exclure leur présence, la laissent au contraire supposer. Nous remarquerons en outre que, dans les procès de même nature, le tribunal compétent d'après les diplômes cités par Sohm, est tantôt le tribunal ecclésiastique, tantôt le tribunal ordinaire, suivant que les deux parties appartiennent au clergé ou que l'une d'elles est un laïque. Il en est ainsi notamment pour les procès en revendication d'une église. Les procès de dîmes entre ecclésiastiques sont de même jugés par les tribunaux de l'Eglise, et dans un autre procès de dîmes entre un clerc et un laïque, nous voyons la question tranchée par un tribunal mixte présidé par l'évêque (1). — Il est donc logique de conclure que les plaids rapportés dans le Cartulaire de Beaulieu sont des plaids mixtes. — Et quand enfin on rencontrerait exceptionnellement une cause ecclésiastique entre un clerc et un laïque soumise au tribunal ordinaire, normalement composé, ce ne serait point, comme nous l'avons déjà dit, une raison pour abandonner les principes qui résultent des capitulaires interprétés suivant leur sens naturel.

§ 149. — Il nous reste à examiner une dernière question de compétence des tribunaux ecclésiastiques, à savoir pour les procès entre laïques seulement. Il est certain que, sous les rois mérovingiens, et jusqu'à Charlemagne, les tribunaux ecclésiastiques n'étaient compétents dans cette hypothèse que si les deux parties étaient d'accord pour leur soumettre le différend. Charlemagne a-t-il changé cet état de choses et établi l'arbitrage forcé des évêques d'après la volonté d'une seule des deux parties ? C'est ce qui semble résulter de l'insertion dans un capitulaire de la fameuse constitution de Constantin de 331. Lib. VI, c. 366, Bal. I, p. 985 : « Volumus atque præcipimus, ut omnes ditioni nostræ Deo auxiliante subjecti, tam Romani quam Franci, Alamanni, Bajuvarii, Saxones, Turingii, Fresones, Galli, Burgundiones, Britones, Longobardi, Vuascones,

(1) V. supra, p. 375, n. 4, le plaid tenu par Ugbert, évêque de Nîmes, sur les dîmes de Luc.

Beneventani, Gothi et Hispani, cæterique nobis subjecti omnes, licet videantur quocumque legis vinculo constricti, vel consuetudinario more connexi, hanc sententiam quam ex sexto decimo Theodosii imperatoris libro, capitulo videlicet XI, ad interrogata Ablavii ducis, illi et omnibus rescriptum sumpsimus, et inter nostra capitula pro lege tenenda consulto omnium fidelium nostrorum, tam clericorum quam et laïcorum posuimus, lege cunctis perpetua tenenda, id est... » Suit le texte de la constitution. — Il nous est impossible cependant d'admettre que Charlemagne ait ainsi dérogé aux règles reçues sous ses prédécesseurs, et nous n'hésitons pas à déclarer que le capitulaire 366 est apocryphe. Il fait en effet partie du sixième livre rédigé par Benoît Lévite. Dans son zèle pour l'extension des privilèges ecclésiastiques, le moine de Mayence aura fait confirmer par Charlemagne une prétendue constitution de Constantin. Nous ne disons pas que le diacre Benoît ait fabriqué lui-même cette constitution, s'il est vrai qu'on en ait trouvé un exemplaire dans un manuscrit du VIIIe siècle, comme le prétend Hænel ; mais le rédacteur des faux capitulaires a pu recueillir cette pièce apocryphe qui circulait dans la chrétienté avec tant d'autres pièces fausses, telles que les canons des apôtres, et il l'aura insérée en parfaite connaissance de cause dans le recueil des capitulaires.

Ce qui nous décide à admettre la fausseté du capitulaire 366, c'est qu'il est en contradiction formelle avec d'autres dispositions de Charlemagne, qui celles-là sont parfaitement authentiques, et ensuite avec un capitulaire de Louis le Bègue.

En premier lieu, nous ne croyons pas possible que Charlemagne ait posé des règles contradictoires en cette matière. Or, nous avons de lui un texte formel qui n'autorise la juridiction épiscopale que de l'accord des deux parties. Il est tiré non pas d'un capitulaire, mais d'un commentaire *officiel* donné par l'empereur lui-même à l'un des articles du grand capitulaire d'Aix-la-Chapelle de 789. Dans la préface de ce monument législatif, Charlemagne dit qu'il a senti le besoin d'ajouter quelquefois au texte un commentaire qui éclaire les juges sur leurs devoirs : « Aliqua capitula notare jussimus, ut simul hæc eadem vos admonere studeatis, et quæcumque vobis alia necessaria esse scitis : ut et ista et illa æquali intentione prædicatis. » Le commentaire a donc même force obligatoire que le texte. Voici la note ajoutée par l'empereur à l'article 37 qui réserve aux évêques le jugement des infractions commises par les clercs, Bal. I, p. 227 : « ... Hoc etiam placuit ut a quibuscumque judicibus ecclesiasticis, ad alios judices ecclesiasticos, ubi est major auctoritas fuerit provocatum non eis obsit quorum fuerit soluta sententia, si convinci non potuerint vel inimico animo judicasse, vel aliqua cupiditate aut gratia depravati. *Sane si ex consensu partium electi fuerint judices*, etiam a pauciori numero quam constitutum est, non liceat provocare ... » Charlemagne suppose donc que les parties sont d'accord pour recourir à la juridiction ecclésiastique, et il ne leur permet alors d'appeler que devant une autorité supérieure.

Cette interprétation du capitulaire de 789 ressort avec plus d'évidence encore du capitulaire de Louis le Bègue de 867 : « Statutum est ut quæcumque controversiæ judicio et auctoritate ecclesiastica cæperint agitari, nequaquam ad seculare judicium transeant, ubi iterato provocent, sed ecclesiasticis sanctionibus terminentur. Nam *a judicibus quos communis consensus elegerit* ad alios judices non licet provocare, nisi major auctoritas sit, secundum canonicam normam. Si autem in seculari judicio, id est in comitis placito, causa prius fuerit ventilata, secundum legem mundanam finiatur. » Bal. II, p. 363.

Ainsi, dans la seconde moitié du X<sup>e</sup> siècle on exigeait encore le *communis consensus* des parties. Eh bien, quand même nous n'aurions pas le capitulaire de 789, qui exige, lui aussi, cet accord des parties, nous ne pourrions admettre que le pâle descendant de Charlemagne qui régnait en 867, que ce roi qui, par ses indignes faiblesses envers l'Eglise et les seigneurs, prépara le triomphe de la féodalité et de la théocratie, ait voulu se montrer moins favorable à la juridiction ecclésiastique que ne l'avait été son aïeul, le grand empereur ; nous ne pourrions croire que le capitulaire de 867 eût aboli un privilège de l'Eglise et ramené les choses dans l'état où elles étaient d'après le Code d'Alaric. C'est donc que le capitulaire 366 du sixième livre est apocryphe. Aussi, dans les monuments authentiques qui nous sont parvenus, ne trouve-t-on aucune disposition analogue à celle qu'a rédigée le diacre Benoît, on y rencontre, au contraire, comme nous l'avons établi, des règles absolument opposées.

§ 150. — A qui appartient l'exercice de la juridiction ecclésiastique dont nous avons déterminé la compétence ? Régulièrement c'est à l'évêque. Mais l'évêque ne juge pas seul. De bonne heure, en effet, la discipline des conciles avait exigé la présence de plusieurs juges pour la validité des jugements les plus importants. Le premier concile de Carthage statua qu'il faudrait trois évêques pour juger un diacre, même en première instance, qu'il en faudrait un pour juger un prêtre et douze pour un évêque (1). Ces règles furent confirmées par le second et le troisième concile de Carthage ; cependant, dans ce dernier, il fut décidé que, pour les simples clercs, l'évêque seul pourrait les juger. La faveur d'un tribunal composé de plusieurs juges ne fut accordée qu'aux principaux ordres d'ecclésiastiques, aux diacres, aux prêtres et aux évêques (2). Mais le quatrième concile de Carthage, plus libéral, exigea que, même pour les simples clercs, l'évêque ne pût les juger qu'entouré de son clergé, à peine de nullité de la sentence (3). C'est la discipline du quatrième concile de Carthage qui devint celle de l'Occident ; elle fut adoptée en France par plusieurs conciles, notamment par le cinquième d'Arles et le second de Tours. Les capitulaires des Carolingiens exigèrent également la pluralité des juges pour la validité de la sentence, et cela lorsqu'il s'agit du jugement d'un clerc, aussi bien que de celui d'un évêque. Le métropolitain, juge de l'évêque, doit réunir, pour composer son tribunal, d'autres évêques *comprovinciales* ; l'évêque, juge du clerc, doit assembler son clergé. C'est la décision formelle de deux capitulaires

(1) « Si quis tumidus vel contumeliosus exstiterit, vel aliquam causam habuerit, a tribus vicinis episcopis, si diaconus est, qui arguitur, si presbyter a sex, si episcopus a decem consacerdotibus audiatur. » (Decr. Grat., II, Caus. 15, Q. 7.)

(2) « Si autem presbyter vel diaconi fuerint accusati, adjuncto sibi ex vicinis locis proprius episcopus legitimo numero collegarum,... causas discutiat. Reliquorum autem clericorum causas etiam solus episcopus loci agnoscat et finiat. » Decret. Grat., *l. c.*

(3) « Episcopus nullus causam audiat absque præsentia suorum clericorum, alioquin irrita erit sententia episcopi, nisi clericorum præsentia confirmetur. » Decret. Grat., *l. c.*

de l'*Additio IV*, dont l'un reproduit même textuellement la disposition du quatrième concile de Carthage, c. 20, Bal. I, p. 1196 : « Nullus metropolitanus episcopus absque cæterorum omnium comprovincialium episcoporum instantia, aliquorum audiat causas episcoporum, quia irrita erunt. Immo nec suorum sacerdotum causas audiat absque præsentia clericorum suorum, quia irrita erit sententia episcopi, nisi præsentia clericorum confirmetur. » C'est donc en quelque sorte le jugement par les pairs qui est admis dans les juridictions ecclésiastiques, comme il l'est dans les juridictions séculières par les scabins, avec cette différence toutefois que le comte ne fait que présider les scabins et ne participe pas au jugement, tandis que l'évêque juge lui-même, assisté de ses clercs (1).

§ 151. — Les évêques ne purent pas toujours exercer personnellement le pouvoir judiciaire. La juridiction ecclésiastique s'était beaucoup étendue ; d'un autre côté la procédure se compliquait à mesure que les notions du droit romain et du droit canon se répandaient davantage. Des prélats, souvent étrangers aux matières canoniques et à la science du droit ne pouvaient pas tenir en personne leurs tribunaux. D'ailleurs, les diocèses étaient devenus beaucoup plus vastes, surtout dans le nord, et alors même que les évêques eussent toujours été aptes à remplir de telles fonctions, ils n'auraient par toujours eu le temps de les remplir, à moins de négliger les autres devoirs de leur charge.

Aussi voit-on de bonne heure les évêques se faire suppléer par des clercs dans l'exercice de leur juridiction. Saint Augustin (*Epist. clas.* III, 213) obtint, sur la fin de son épiscopat, de se décharger sur un coadjuteur du fardeau considérable que le jugement des procès faisait peser sur lui. Socrate raconte (*Hist. ecclés.* VII, c. 37) qu'un évêque de Troie, ayant découvert que les ecclésiastiques tiraient de l'argent avec les procès qu'il leur donnait à juger, confia désormais l'examen des procès à des laïques dont il connaissait la probité.

Dès le troisième siècle, on voit apparaître un auxiliaire spécial de l'évêque, l'archidiacre, dont les fonctions ne tardèrent pas à devenir très-importantes. Les archidiacres exer-

(1) V. les documents cités par Waitz, III, p. 447, n. 1.

cèrent, comme vicaires de l'évêque, une partie de sa juridiction, et le concile de Mâcon de 582, c. 8, leur délègue déjà quelquefois le soin de juger les causes des clercs (1). Il y eut même bientôt, dans chaque diocèse, plusieurs archidiacres, ayant chacun sa circonscription territoriale (2). Les capitulaires des Carolingiens reconnaissent en eux les auxiliaires de l'évêque, adjutores ministerii, dit un capitulaire de Louis le Débonnaire de 828, Bal. I, p. 657. L'archidiacre a une audientia comme l'évêque, et le juge séculier ne peut pas plus y porter atteinte qu'à l'audientia episcopalis, lib. VII, c. 443, Bal. I, p. 1123 : « Quicumque judex aut secularis presbytero aut diacono, aut cuilibet de clero, aut de junioribus matris ecclesiæ, absque audientia episcopi, *vel archidiaconi*, *vel archipresbyteri*, injuriam inferre præsumpserit, anathema ab omnium christianorum consortio habeatur. » Les décisions de l'archidiacre sont sanctionnées par le juge séculier comme celles de l'évêque, lib. VII, c. 443, Bal. I, p. 1123 : « Quod si aliquis, tam liber, quam servus, aut ecclesiasticus vel fiscalinus episcopo proprio, vel suo sacerdoti, *vel archidiacono* inobediens vel contumax, sive de hoc, sive de quolibet alio scelere, exstiterit, omnes res ejus a comite et a misso episcopi ei contendantur ... »

Régulièrement, les archidiacres ne possèdent qu'une juridiction déléguée par l'évêque (3). Il en fut ainsi pendant longtemps ; ils n'étaient que des vicarii generales episcoporum, vicaires perpétuels, il est vrai, et que le successeur de l'évêque qui les avait nommés ne pouvait révoquer sans causes graves et sans un jugement formel. Mais les archidiacres en arrivèrent peu à peu à exercer une juridiction propre et ordinaire ; ils jugèrent sans délégation, ils formèrent un premier degré de juridiction, et on appelait de leurs sentences à l'évêque. Ce

(1) Cp. IV^e conc. d'Orléans, c. 20. Concile d'Auxerre, c. 43. II^e concile de Mâcon, c. 12.

(2) V. Gréa, *Essai historique sur les archidiacres* (Biblioth. Ecole des Chartes, 3^e série, II, p. 48 et s.) — Loning, t. II, p. 333 ss. — Fournier, *les Officialités au moyen âge*.

(3) « Quod ab episcopis eis injungitur, hoc per parochias suas exercere studeant, nil per cupiditatem et avaritiam præsumentes. » Can. 3, dist. 94.

qui favorisa ces usurpations des archidiacres, ce furent d'abord les longues absences que les évêques étaient obligés de faire hors de leurs diocèses ; devenus seigneurs féodaux, les prélats s'intéressaient plus aux affaires temporelles qu'aux affaires ecclésiastiques ; occupés souvent à des expéditions belliqueuses, ils laissèrent aux archidiacres le soin de tenir les synodes paroissiaux. D'un autre côté, l'extension de la juridiction ecclésiastique à une foule de causes civiles encombrant le prétoire épiscopal, les archidiacres en profitèrent pour juger la plus grande partie de ces affaires en qualité de juges ordinaires, usurpation d'autant plus facile que leurs fonctions n'étaient nettement délimitées nulle part. Ils purent ainsi aisément décorer du titre de coutume louable, laudabilis consuetudo, ce qui n'était qu'empiétement vicieux.

Les entreprises des archidiacres attirèrent de bonne heure l'attention des conciles. Celui de Paris de 829, décida, c. 25 : « Ut unusquisque episcoporum super archidiaconis suis deinceps vigilantiorem curam adhibeat, quoniam propter eorum avaritiam et morum improbitatem, multi scandalizantur, et ministerium sacerdotum vituperatur, et in ecclesiis a sacerdotibus multa propter eos negliguntur. » L'évêque Fulbert, qui vivait au commencement du XIe siècle, caractérisait ainsi la conduite scandaleuse des archidiacres : « Cum deberet esse oculus episcopi sui, dispensator pauperum, catechisator incipientium, apostavit ab omnibus, et factus est quasi clavus in oculum, prædo pauperibus, dux erroris insipientibus, quinimo superba et contumeliosa dicta in episcopum suum jaculatur (1). » Le concile de Londres de 1102, can. 2, défendit aux archidiacres de donner à ferme leur office : « Quod ad sacerdotum gravamen et subversionem judiciorum non est dubium redundare. »

L'opposition des évêques aux prétentions des archidiacres amena la création de vicaires épiscopaux, associés également au gouvernement du diocèse, et autorisés à exercer la juridiction ecclésiastique, mais en vertu d'une commission révocable à volonté. Les capitulaires renferment déjà plusieurs allusions

(1) Bibliothec. max. Patrum, t. XVIII, p. 14.

à ces vicaires épiscopaux (1) (2). Ce sont ces vicaires qui, au XIIe siècle, deviendront les officiaux (3).

Un dernier délégué de l'évêque dans l'exercice de la juridiction ecclésiastique, c'est l'archiprêtre. Lui aussi a une audientia à laquelle le juge séculier ne peut porter atteinte, et il juge probablement les causes disciplinaires de peu d'importance (4).

Voilà dans les mains de quels magistrats se trouve l'exercice de la juridiction ecclésiastique. Lehuérou (*Instit. Carol.* p. 506) a dit que cette justice était rendue, dans les affaires civiles, non par les ecclésiastiques que nous venons de mentionner, mais par un magistrat spécial, qui était toujours un séculier et que l'Eglise nommait son avoué ou son vidame. Il y a là une confusion et une inexactitude. Nous ne relevons que la confusion : sans doute, on voit apparaître à notre époque déjà des advocats, avoués, des vicedomini, vidames ; mais leur pouvoir judiciaire a un caractère tout différent de celui que nous venons de voir exercer à l'évêque ou à son délégué ; il provient d'une toute autre cause, c'est-à-dire de la concession d'immunité à des églises ou à des monastères. C'est la justice *féodale* de l'Eglise qu'ils exercent, si nous pouvons nous servir par anti-

(1) Capit. de 816, c. 28 ; Bal., I, 569.

(2) Un capitulaire de Carloman de 883 force les évêques à avoir des délégués pour les remplacer soit dans la ville épiscopale, en cas d'absence, soit dans les lieux éloignés, en tout temps : « Statuimus ut quotiescumque episcopi a propria civitate egrediuntur, tales adjutores unusquisque in sua civitate relinquat qui hæc omnia in sua civitate prudentissime peragant... In vicis autem et villis longe a civitate remotis constituat unusquisque episcopus reverendos et cautos atque prudentia morum temperatos presbyteros, qui sua vice superius statuta modeste perficiant, et ad quos, alii presbyteri juniores et minus cauti suam causam referant. » Baluze, II, 288.

(3) Ces officiaux se distinguent des archidiacres en les trois points suivants :

1° Ils n'ont pas de juridiction propre : ils n'ont que celle qui leur est déléguée par l'évêque en vertu d'un mandat général ou spécial ;

2° On ne peut appeler à l'évêque de leurs décisions ;

3° Leur droit de juridiction s'éteint à la mort de l'évêque qui les a nommés.

(4) Lib. VII, c. 443 ; Bal., I, 1123. — Le Miroir de Saxe (*Sachsenspiegel*), l. I, art. 2, distingue en conséquence trois sortes de synodes : episcopi, archidiaconi et archipresbyteri.

cipation de cette expression, la justice de l'Eglise sur les terres qu'elle possède avec des droits de souveraineté semblables à ceux qu'auront plus tard les seigneurs féodaux. Mais quant à la justice ecclésiastique dont la cause est, soit dans le consentement des parties laïques, soit dans le caractère clérical des parties, les évêques ou leurs délégués peuvent juger les procès civils aussi bien que les procès criminels.

§ 152. — Les sentences des juges ecclésiastiques sont-elles irrévocables ou bien au contraire peut-on en appeler, et devant quelle autorité ?

Il est certain que l'Eglise fit les plus grands efforts pour conquérir son indépendance vis-à-vis du pouvoir séculier en matière de juridiction. Ainsi elle défendait à ses clercs non-seulement, comme nous l'avons vu, de porter directement leurs plaintes devant les tribunaux civils ou d'y comparaître sur citation, mais encore d'appeler devant le roi des jugements prononcés par les tribunaux ecclésiastiques, alléguant l'autorité des canons et le mépris qui en rejaillirait sur celle de l'évêque diocésain (1). Réussit-elle à briser le lien qui la rattachait encore au pouvoir séculier? C'est ce que nous allons voir bientôt.

Dans l'intérieur de l'Eglise elle-même, c'était un principe reconnu par les capitulaires aussi bien que par les canons que l'on peut toujours appeler d'un juge inférieur à un juge supérieur : « Placuit ut quibuscumque judicibus ecclesiasticis, ubi est major auctoritas fuerit provocatum, audientia non negetur (2). » Par application de cette règle, on pourra appeler du vicaire, de l'archidiacre ou de l'archiprêtre à l'évêque lui-même. On pourra également attaquer la sentence de l'évêque devant le métropolitain, Capit. Francof. a. 794, c. 4, Bal. I, p. 204 : « Si non oboedierit aliqua persona episcopo suo de abbatibus, presbyteris, diaconibus, subdiaconibus, monachis et cæteris clericis, vel etiam aliis (les laïques) in ejus parochia, veniant ad metropolitanum et ille dijudicet causam cum suffraganeis suis. . »

(1) Lehuérou, l. c., p. 507.

(2) Additio IV, c. 15 ; Bal., I, 1191. — Lib. VII, c. 121. — Décret. Grat. II, 6, § 9. — V. Hincmari Op. II, p. 409 et 720.

Y a-t-il encore au-dessus des métropolitains une autorité ecclésiastique supérieure à laquelle on puisse appeler? Nous ne le pensons pas. Il n'y a plus alors de recours possible que devant le souverain temporel, comme le décide expressément le même c. 4 du capitulaire de Francfort : « Et si aliquid est quod episcopus metropolitanus non possit corrigere vel pacificare, tunc tandem veniant accusatores cum accusato cum litteris metropolitani, ut sciamus veritatem rei. »

§ 153. — Il semble cependant, d'après les capitulaires contenus dans le septième livre, que du métropolitain on puisse appeler à deux autres autorités ecclésiastiques supérieures, au primat et au pape.

Le rédacteur du septième livre s'efforce d'établir une grande différence entre les simples métropolitains et les primats, institués par le pape, et auxquels il veut soumettre tous les autres évêques et même les métropolitains; il insiste sur cette institution des primats avec d'autant plus de force qu'elle éprouve le plus d'opposition en France.

L'article 439 du livre VII définit ainsi les primats, Bal. I, p. 1122 : « Nulli alii metropolitani appellentur primates nisi illi qui primas sedes tenent, et quos sancti patres synodali et apostolica auctoritate primates esse decreverunt. Reliqui vero qui alias metropolitanas sedes sunt adepti, non primates, sed metropolitani vocentur. » Or, les fausses décrétales sont conçues sur ce point dans des termes identiques, sauf que ce qui est au masculin dans les capitulaires est au féminin dans les décrétales : « Quod non aliæ metropolitanæ ecclesiæ vel primates sint, nisi illæ quæ prius primates erant, et post Christi adventum, authoritate apostolica et synodali primatum habere meruerunt. Reliquæ vero non primates sed metropolitanæ vocentur (1). » Il est permis dès lors de douter de l'authenticité des capitulaires qui établissent les primats comme supérieurs des métropolitains et les constituent juges suprêmes des évêques (2), surtout quand les capitulaires authentiques que nous possédons sont absolument muets sur ce pouvoir des primats.

(1) Decreti Julii papæ I, article XII ; Crabbe, I, f° 185, E.

(2) « Si quis a metropolitano læditur, apud primatem diocœseos judicetur. » Lib. VII, c. 83 ; Bal., I, 1042.

Nous ne croyons pas davantage à la possibilité d'un appel au pape, sauf dans les matières spirituelles où le pouvoir séculier était naturellement incompétent. Cependant on trouve de nombreux capitulaires du recueil de Benedictus Levita qui autorisent les appels des évêques au pape contre les décisions des synodes présidés par les métropolitains, VII, c. 173 : « Placuit ut quandocumque episcopus accusatur, si comprovinciales aut vicinos suspectos habuerit, sanctæ et universalis romanæ ecclesiæ appellet pontificem, ut ab eo quidquid justum et Deo placitum fuerit terminetur. » Lib. VII, c. 315 : « Placuit ut si episcopus accusatus appellaverit pontificem romanorum, id statuendum quod ipse censuerit (1). » Les capitulaires du diacre Benoit, comme d'ailleurs les fausses décrétales (2), donnent même au siège apostolique un droit absolu en cette matière, sans le soumettre aux conditions imposées par le concile de Sardique, d'après lesquelles le pape n'avait pas le pouvoir de juger lui-même, mais devait choisir dans la province voisine, ou envoyer des prêtres de son église pour juger conjointement avec les évêques de la province (3) (4).

(1) Cp. Lib. VII, c. 103 et 412.

(2) Fausses décrétales : « Quamvis liceat apud provinciales et metropolitanos, atque primates eorum ventilare accusationes vel criminationes, non tamen licet diffinire secus quod prædictum est (ita est, sanctæ sedis authoritate). » Epistola Eleutherii papæ decretalis ad Galliæ provincias (Crabbe, I, f° 53).

(3) Laferrière, *Histoire du droit français*, III, 468. Ce savant historien met en lumière le procédé curieux adopté par le diacre Benoit. Les canons du concile de Sardique étaient ainsi conçus : « Et si judicaverit renovandum esse judicium, renovetur, et *det judices* (III). Et si decreverit mittendos esse qui præsentes cum episcopis judicent... (VII). » Le pape, d'après ces canons, ne pouvait juger que par commissaires sur lieux, comme le disait la maxime reçue en France. Voici maintenant ce que fait le diacre Benoit dans son recueil : il copie seulement le quatrième canon du concile de Sardique dans le capitulaire 103 : « Si quis episcopus depositus fuerit eorum episcoporum judicio qui in vicinis locis commorantur, et proclamaverit agendum esse sibi negotium in urbe Roma... nisi causa fuerit judicio episcopi romani determinata. » Il n'y avait pas d'équivoque possible sur la portée de ce canon du concile qui se référait aux canons 3 et 7 d'après lesquels le pape ne juge pas lui-même, mais se borne à donner des juges. En n'insérant dans ces

Il nous est impossible d'admettre que Charlemagne ait reconnu ce droit d'appel au pape dans des affaires temporelles, même lorsque des clercs ou des évêques y sont intéressés. Nous avons vu déjà, en effet, le capitulaire de Francfort réserver formellement à l'empereur le jugement des affaires que les métropolitains ne peuvent terminer. Le grand capitulaire d'Aix-la-Chapelle de 789 contient les mêmes règles. Il défend bien aux clercs et aux évêques de porter leurs appels devant l'empereur sans avoir passé par les degrés de la hiérarchie judiciaire; mais c'est en définitive devant le chef de l'Etat que doit être porté le recours suprême, c. 10, Bal. I, p. 217 : « Si quis episcopus vel presbyter, vel omnis omnino qui est sub ecclesiastica regula constitutus, præter consilium et litteras eorum episcoporum qui sunt intra provinciam, et maxime metropolitani, ad imperatorem perrexerit, hunc abdicari et ejici non solum a communione debere, sed a propria dignitate privari, tanquam molestum et importunum imperialibus auribus contra ecclesiastica constituta. Si autem necessitas cogat ad imperatorem excurrere, cum deliberatione et consilio metropolitani ipsius provinciæ, episcopi et cæterorum conscientia qui in eadem provincia sunt, et litteris ire debebit. » — Tous les autres monuments nous montrent d'ailleurs Charlemagne affirmant son droit, relevant les appels des cours ecclésiastiques et les jugeant. *Epistola ad Albinum magistrum et ad congregationem Sancti Martini*, Walter, II, p. 196 : « . . ut qui jam accusatus et in conspectu populi civitatis suæ judicatus est, accusandi locum habere *Cæsarei nominis appellatione deberet*, ad exemplum beati Pauli apostoli qui apud principes judex, a gente sua accusatus, nondum judicatus, Cæsarem appellavit. . . præcipimus ut reddatur et ille eum ad nostram audientiam. . . adducat. »

capitulaires que ce quatrième canon, en ne faisant nullement mention des conditions des articles 3 et 7, l'autorité du pape reste absolue, et c est en effet le but que poursuit partout le faussaire de Mayence.

(4) Il paraît, dit l'abbé Fleury (IVe *disc. sur l'Hist. ecclés.*), que le faussaire avait cet article (l'appel au pape) fort à cœur par les soins qu'il a mis de répandre, par tout son ouvrage, la maxime que, non seulement tout évêque mais tout prêtre et, en général, toute personne vexée, peut, en toute occasion, appeler directement au pape. Il fait parler à ce sujet jusqu'à neuf papes.

Tant qu'il resta aux Carolingiens quelque ombre d'autorité, ils maintinrent leur droit suprême vis-à-vis des juridictions ecclésiastiques. Ainsi l'incapable Charles le Chauve lui-même soumet encore, dans un édit de 869, les sentences ecclésiastiques à la censure royale, surtout lorsque c'est un laïque qui en appelle, et il se réserve le droit de statuer lui-même en dernier ressort concurremment avec les grands ecclésiastiques (1) (2).

Ce n'est pas à une époque où l'histoire nous montre la papauté encore bien humble devant l'empire, que le pouvoir séculier aurait pu admettre l'appel au pape dans les causes qui n'étaient pas purement spirituelles. Même dans les affaires où l'évêque de Rome était personnellement intéressé, soit comme demandeur, soit comme défendeur, les Carolingiens se réservèrent le jugement suprême. Ainsi, nous voyons Louis le Débonnaire forcer le pape Grégoire IV à se soumettre à la décision de commissaires royaux qu'il avait envoyés à Rome (3). Le pape Léon IV reconnut de même très humblement l'autorité de ces commissaires impériaux (4).

(1) Edict. Pist. a. 869, c. 7, Pertz, p. 510. — Cp. Lettre de Charles le Chauve au pape Jean VIII, supplément de Sirmond, p. 292, cité par Lézardière, II, p. 283.

(2) Cependant, dans les capitulaires relatifs à la juridiction ecclésiastique, on trouve quelquefois des restrictions et des précautions, employées sans doute par la royauté par égard pour l'autorité spirituelle. Ainsi le capitulaire de Charles le Chauve de 844, tout en affirmant le droit de la royauté de statuer sur les différends entre les évêques et les clercs, déclare que c'est seulement par provision, et en attendant plus ample examen de la part d'un synode général; «.... tractantes etiam sacri et juste irreprehensibilis ministerii honestatem, presbyterorum reclamatione commoniti, moderamine mansuetudinis nostræ usque ad diligentiorem tractatum generalis synodi decernimus » (Bal., II, 22). Le roi invite ensuite les évêques à ne pas voir d'un mauvais œil les prêtres qui se sont réclamés de l'empereur, et à ne pas rejeter le capitulaire sous prétexte de l'autorité des canons (V. c. 1, 8).

(3) Chron. de Farsa : « Hæc supradicti missi sive judices audientes judicaverunt ut Gregorius advocatus pontificis retraderet ipsas curtes Andulso avocato ad partem hujus monasterii ; quod facere noluit. Sed et ipse apostolicus dixit nostro judicio se minime credere, usquedum in præsentia domini imperatoris simul venirent. » Baluze, *Præfatio*, 22.

(4) « Non si incompetenter aliquid egimus, et in subditis justæ legis tramitem non conservavimus, vestro ac missorum vestrorum cuncta

Pour conclure, nous disons donc que les capitulaires qui établissent le pape comme juge en dernier ressort, appartiennent aux documents apocryphes dus au diacres Benoît, et que, en matière temporelle, le dernier mot reste au pouvoir séculier représenté par l'empereur.

§ 154. — Les capitulaires authentiques ne se bornent pas à poser ce contrôle de l'empereur sur les jugements des évêques, ils prévoient aussi l'hypothèse où un évêque se serait rendu coupable d'un déni de justice, et ils autorisent les missi à vivre alors aux dépens des juges ecclésiastiques, tant qu'ils n'ont pas rempli leur devoir. Cap. de 819, c. 23, Bal. I, p. 617 : « Ut ubicumque ipsi missi, aut episcopum, aut abbatem, aut alium quemlibet quocumque honore præditum invenerint qui justitiam facere vel noluit, vel prohibuit, de ipsius rebus vivant, quamdiu in eo loco justitias facere debent. »

Les missi sont d'ailleurs chargés, d'une manière générale, de contrôler l'exercice de la juridiction ecclésiastique, de recevoir les plaintes qu'on pourrait leur adresser à cet égard et de les transmettre au roi. Lorsqu'ils tiennent une assemblée générale, les grands ecclésiastiques sont tenus de s'y rendre comme les comtes et les autres officiers séculiers. Dupl. leg. edict. a. 789, c. 27, Boret. p. 44 : « De eo quod missi nostri providere debent ne forte aliquis clamor super episcopum vel abbatem seu abbatissam vel comitem seu super qualemcumque gradum sit et nobis renuntiare. » — Resp. miss. cuid. a. 801-814, c. 5, Boret. p. 145 : « In quinto autem capitulo refere-

volumus emendare judicio... magnitudinis vestræ magnopere clementiam imploramur. » Decret. Grat., C. 2, Q. 7, c. 41. — Le même pape Léon IV reconnaissait d'ailleurs formellement l'autorité des capitulaires dans une lettre qu'il adressait à l'empereur Lothaire en 847 : « De capitulis vel præceptis imperialibus vestris, *vestrorumque prædecessorum* irrefragabiliter custodiendis et conservandis, quandum volumus et valemus, Christo propitio, et nunc et in ævum nos conservaturos, modis omnibus profitemur » (Decret. Grat. pars 1, dist. 10, c. 9. La lettre de Léon IV a été perdue ; mais cet extrait nous en est parvenu par le décret de Gratien). Or, parmi ces capitulaires que le pape promet d'observer, se trouvent ceux qui établissent le droit suprême de l'empereur ; le recueil de Benoit n'étant pas encore connu ou n'ayant pas d'autorité, le pape ne pouvait faire allusion aux capitulaires apocryphes du septième livre.

batur de episcopis, abbatibus vel ceteris nostris hominibus qui ad placitum vestrum venire contempserint. Illos vero per bannum nostrum ad placitum vestrum bannire faciatis; et qui tunc venire contempserint, eorum nomina annotata ad placitum nostrum generale nobis repræsentes. » — Capit. miss. a. 819, c. 28, Boret. p. 291 : « Ut omnis episcopus, abbas et comes excepta infirmitate... ad placitum missorum nostrorum veniat. » — Capit. Aquisgr. a. 828, Pertz, p. 329 : « Hæc sunt capitula quæ volumus ut diligenter inquirant (missi). Primo de episcopis quomodo suum ministerium expleant... (1). »

§ 155. — L'empereur exerce encore sa souveraineté en donnant pour sanction aux arrêts de la justice ecclésiastique la coercition civile et la force du bras séculier (2). Il en est encore en effet sous Charlemagne comme sous les empereurs romains : les juges d'Eglise, soit pour procéder à l'arrestation des coupables, soit pour assurer l'exécution de leurs jugements, ne sont investis d'aucune autorité temporelle ; ils sont obligés de recourir au bras séculier, lib. VII, c. 422, Bal. I, p. 1115 : « Si episcoporum jussionibus inobedientes exstiterint, tunc, juxta canonicas sanctiones, per potestates exteras adducantur, id est per judices seculares. » L'empereur Lothaire, en 825, remet de même au comte l'exécution des sentences épiscopales. Constit. Olonn. c. 1, Pertz, p. 248 : « Placuit nobis ut si pro quibuslibet culpis aut criminibus quæcumquė persona totiens fuerit correpta ut etiam excommunicatione episcopali pro contemptu digna habeatur, comitem suum episcopus sibi consociet, et per amborum consensum hujusce modi distringatur contemptor, ut jussioni sui episcopi obediens existat. Si vero assensum non dederit, bannum nostrum nobis solvat. Quod si adhuc contumax pers-

(1) Cp. Edict. Pist. a. 869, c. 7 supr. cit., Pertz, p. 510

(2) Les capitulaires de Pépin donnent déjà aux décisions ecclésiastiques une sanction temporelle. Cap. Pipp. a. 757, c. 24 ; capit. incerti anni, c. 3, Pertz, p. 29 et 31 : « De presbyteris et clericis sic ordinamus ut archidiaconus episcopi eos ad synodum commoneat una cum comite. Et si quis contempserit, comes eum distringere faciat, et ipse presbyter aut defensor suus 40 solidos componat et ad synodum veniat. Et episcopus ipsum presbyterum aut clericum juxta canonicam auctoritatem dijudicari faciat; solidos vero 40 componat. »

titerit, tunc ab episcopo excommunicetur. Si vero excommunicatus corrigi nequiverit, a comite in vinculis distringatur quousque nostrum is contemptor suscipiat judicium (1). » Les mêmes principes ont d'ailleurs toujours été reçus : « Ce qui se garde encore à présent, dit Loyseau (*Traité des seigneuries*, c. XV, 41), et quelque augmentation qui ait jamais été ès-justices ecclésiastiques, si est-ce que toujours les juges d'Eglise ont été contraints d'implorer le bras séculier, c'est-à-dire la justice temporelle pour faire exécuter leurs sentences, parce que, (disons-nous communément), l'Eglise n'a point de territoire, c'est-à-dire en effet qu'elle n'a pas la parfaite juridiction et que les juges d'Eglise ne sont pas magistrats qui puissent prononcer ces trois mots essentiels, *do*, *dico*, *addico*. »

L'Eglise peut bien, en matière criminelle, prononcer des peines temporelles autres que les peines du sang, *pœnæ sanguinis ;* elle peut condamner à la prison, au bannissement, au fouet, aux galères, à l'amende honorable, à des amendes *in pios usus* (2) ; mais ces sentences restent inefficaces sans l'appui du juge séculier. L'Eglise ne peut agir directement sur ses justiciables que par les armes ecclésiastiques dont elle dispose, telles que la censure, la déposition, la dégradation, et enfin par la peine, si redoutable à cette époque, de l'excommunication. Le moine Benoît voulut augmenter encore la puissance, déjà si grande, de cette dernière arme, en appuyant cette sanction purement spirituelle de la sanction impériale qui prononce généralement, en cas de désobéissance, contre les laïques de condition élevée la confiscation de la moitié de leurs biens, et contre ceux de condition inférieure la confiscation de toute leur fortune et la peine de l'exil. Dans un des derniers capitulaires du septième livre, le rédacteur fait dire à Charlemagne, c. 176, Bal. I, p. 1131 : « Toutes ces constitutions ecclésiastiques que

(1) Cp. Karoli II, capit. a. 853, miss. c. 10, Pertz, p. 420 : « Ut missi nostri omnibus reipublicæ ministris denuntient ut comites vel reipublicæ ministri simul cum episcopo uniuscujusque parochiæ sint in ministeriis illorum, quando idem episcopus suam parochiam circumierit, cum episcopus eis notum fecerit, et quos per excommunicationem episcopus adducere non potuerit, ipsi regia auctoritate et potestate ad pœnitentiam vel rationem atque satisfactionem adducant. »

(2) Faustin Hélie, I, n° 137.

nous avons ici (dans le recueil des faux capitulaires), brièvement et sommairement resserrées et qui sont plus pleinement contenues dans le livre des canons (le recueil des fausses décrétales), nous voulons que, par notre sanction, elles soient à jamais stables. — Has omnes constitutiones ecclesiasticas quas summatim breviterque perstrinximus, sicut plenius in canone continentur, manere perenni stabilitate sancimus. Si quis ergo clericus aut laïcus harum sanctionum obediens esse noluerit, si clericus fuerit, excommunicationi subjaceat. Si vero laïcus fuerit et honestioris loci persona, medietatem facultatum suarum amittat, fisci viribus profuturam. Si vero minoris loci persona est, amissione rerum suarum multatus in exilio deputetur. » Si les décisions du juge ecclésiastique continuaient à ne pouvoir être exécutées directement sur la personne ou sur les biens du condamné, elles produisaient cependant des effets très rigoureux en cas de désobéissance, du moins d'après les capitulaires de Benoît Lévite (1).

Si l'on peut douter de l'authenticité des capitulaires du VIIe livre on doit reconnaître néanmoins qu'ils sont parfaitement conformes à l'esprit d'autres capitulaires authentiques des successeurs de Charlemagne, notamment avec les dispositions du traité signé en 851 entre les trois successeurs de Louis le Débonnaire, Lothaire, Louis et Charles, traité renouvelé en 860 à Coblentz. Conventus apud Marsnam II, Pertz, p. 408 : les trois princes s'engagent respectivement à ne pas recevoir dans les Etats l'un de l'autre les perturbateurs de la paix publique,

(1) Un autre capitulaire du même livre ordonne au comte de punir par la confiscation des biens et l'emprisonnement *in carcere duro* les rebelles et contumaces aux sentences ecclésiastiques spécialement en matière de mariage : « Nullus fidelium nostrorum usque ad adfinitatis lineam, id est usque ad septimam progeniem, consanguineam suam ducat uxorem, vel eam quoquo modo incesta macula polluat.... Quod si aliquis, tam liber quam servus ecclesiasticus episcopo proprio, vel suo sacerdoti aut suo archidiacono inobediens, vel contumax, sive de hoc, sive de alio quolibet scelere extiterit, *omnes res ejus a comite* et misso episcopi ei *contendantur*, usque dum episcopo suo obediat, ut canonice pœniteat. Quod si nec ita se correxerit, et ad episcopum vel canonicam pœnitentiam venire distulerit, *a comite comprehendatur et in carcerem, sub magna œrumna, retrusus teneatur.* » C. 432, Bal., I, p. 1120.

si ce n'est pour les ramener dans le droit chemin par un juste châtiment. Si le coupable veut se soustraire à l'expiation, il sera poursuivi jusqu'à ce qu'il soit ramené à la raison ou exterminé du royaume. C. 4 : « Inreverentes homines pax et quies regni pertubari solet ... nemo ex nobis illum ad aliud recipiat vel retineat, nisi ad rectam rationem et debitam emendationem perducatur. Et si rationem rectam subterfugerit, omnes in commune, in cujus regnum venerit, illum persequamur, donec aut ad rationem perducatur aut de regno deleatur. » Puis le traité renferme la disposition suivante, d'une importance capitale en notre matière : « Similiter et de eo agendum est, qui pro aliquid capitali et publico crimine *a quolibet episcopo corripitur vel excommunicatur*, aut ante excommunicationem crimen faciens, regnum et regis regimen mutat, *ne debitam pœnitentiam suscipiat aut susceptam legitime peragat*, interdum etiam per incestam propinquam suam, aut sanctimonialem, vel raptam sive adulteram quam illic ei non licebat habere, fugiens secum ducit. Hic talis, cum episcopus ad cujus curam pertinebit, notum nobis fecerit, diligenter perquiratur, ne morandi vel latendi locum in regno alicujus nostrum inveniat, et Dei ac nostros fideles suo morbo infitiat ; *sed a nobis vel per ministros reipublicæ constringatur*, ut et simul cum diabolica præda quam secum duxit, *ad episcopum suum redeat et de quocumque crimine publico debitam pœnitentiam suscipiat, aut susceptam ut legitime peragat compellatur.* »

Il est curieux de constater que, dans cet acte, ce n'est pas aux magistrats séculiers que les princes confient la poursuite des criminels et le soin de leur extradition, c'est aux évêques seuls, comme si les comtes ne voulaient ou ne pouvaient pas réprimer le désordre. Nous remarquerons en outre que le traité autorise l'extradition non pas seulement de ceux qui ont été déjà condamnés par le tribunal épiscopal, mais encore des coupables qui tenteraient par la fuite de se soustraire au jugement de l'évêque et à la pénitence qui les menace. Si de semblables règles sont reçues dans le droit international des trois royaumes, à bien plus forte raison le pouvoir séculier doit-il les mettre en pratique dans l'intérieur de chacune des trois monarchies. « L'Église devenait donc le véritable soutien de l'ordre public dans l'empire déjà vieux de Charlemagne. Nous ne voulons pas dire que les comtes eussent totalement cessé de rendre la justice, de poursuivre et de punir les crimes légalement soumis à leur juridiction. Mais il faut se reporter à cette époque de la fin du IXe siècle : c'est celle où l'hérédité des bénéfices et même celle des offices avaient été arrachées à la faiblesse des successeurs de Charlemagne. Les comtes cherchaient à se rendre de plus en plus indépendants ; ils obéissaient mal aux ordres de l'empereur ; enfin ils usaient trop souvent d'une indulgence calculée envers les désordres des hommes puissants établis dans le ressort de leur administration. Les évêques qui n'avaient pas à demander de concession d'hérédité, grâce à l'admirable loi du célibat ecclésiastique, se trouvaient toujours dans la même position vis-à-vis du souverain et tout aussi bien disposés à le seconder qu'au temps de Charlemagne lui-même. D'ailleurs, les préceptes de la religion de Jésus-Christ et les préceptes des canons les détournaient si vivement de faire jamais acception des personnes dans l'application des peines pénitentielles qu'un monarque vrai justicier était sûr de trouver en eux, quand il le voudrait, les plus sûrs et les plus solides appuis. » (Du Boys. I, p. 430).

§ 156. — Les capitulaires font mention d'un mode d'administration de la justice qui, à cette époque, est un des plus puissants ressorts de la discipline. Nous voulons parler des synodes (1) paroissiaux. Ce n'est pas seulement en effet dans la ville épiscopale que se tient le synode épiscopal, le tribunal où s'exerce en principe la juridiction ecclésiastique. L'évêque a le droit de parcourir son diocèse et de tenir dans les principales localités des synodes où il informe contre les pécheurs de l'endroit, et se fait rendre compte de l'état moral et religieux du pays. Les premiers monuments législatifs que nous possédons sur ce sujet ne parlent que de l'extirpation des superstitions païennes ; ils en chargent l'évêque, et ordonnent au comte, appelé encore le *graphio*, de lui prêter main-forte à cet égard : « Decrevimus quoque, ut secundum canones, unusquisque episcopus in sua parochia sollicitudinem gerat, adjuvante graphione, qui defen-

(1) Sur l'origine et l'organisation des tribunaux synodaux, V. Unger, p. 302. Dove, *Zeitschrift für Kirchenrecht*, IX (1864) p. 145, 157 et s. Brunner, *Enstehung der Schwurgerichte*, p. 458 ss.

sor ecclesiæ ejus est, ut populus Dei paganas non faciat, » dit un capitulaire de Karloman de 742, c. 5, Pertz, p. 17. Un capitulaire de 769 renouvelle, dans des termes semblables, les mêmes prescriptions, c. 7, Pertz, p. 33 : « Statuimus ut singulis annis, unusquisque episcopus parochiam suam sollicite circumeat, et populum confirmare, et plebes docere et investigare, et prohibere paganas observationes, divinosque vel sortilegos, aut auguria, phylacteria, incantationes, vel omnes spurcitias gentilium studeat. » — Capit. Mant. a. 781, c. 6, Pertz, p. 41 : « Ut quando episcopus per sua parrochia circata fecerit comite vel sculdaz adjutorium preveat, qualiter ministerium suum pleniter perficere valeat, secundum canonicam institutionem. »

Les plus grands crimes, inceste, parricide, adultère, tombèrent bientôt sous cette juridiction synodale : « Ut episcopi, dit le second capitulaire de 813, circumeant parochias sibi commissas, et ibi inquirendi studium habeant de incestis, de patricidiis, fratricidiis, adulteriis, xenodoxiis et aliis malis quæ contraria sunt Deo, quæ in sacris scripturis leguntur, quæ christiani devitare debent. Et infra illorum parochias ecclesias, quibus necesse est, emendandi curam habeant. » Les rebelles aux censures ecclésiastiques doivent être châtiés par le bras séculier (v. sup.) — Toutes ces différentes dispositions sont confirmées d'une manière générale par un capitulaire de Charles le Chauve de 853, c. 10, Pertz, p. 419 : « Ut missi nostri, omnibus reipublicæ ministris denuntient ut comites, vel reipublicæ ministri, simul cum episcopo uniuscujusque parochiæ sint in ministeriis illorum, *quando episcopus suam parochiam circumierit*. Et quos per excommunicationem episcopus adducere non potuerit, ipsi regia auctoritate ac potestate, ad pœnitentiam vel rationem atque satisfactionem adducant. »

Réginon, abbé de Prum, nous a laissé, au sujet de la visite épiscopale et de l'enquête du synode sur les mœurs du peuple, un ouvrage instructif, qu'il rédigea à la fin du IXe siècle à la demande de Rathbod de Trèves. Voici ce qu'on lit de plus intéressant dans ce précieux document (1) :

(1) Réginon, *De ecclesiasticis disciplinis*, lib. 2, p. 203 et s., édit. Baluze.

L'évêque se fait précéder d'un jour ou deux par l'archidiacre ou l'archiprêtre, chargés d'annoncer sa venue dans les lieux où doit se tenir le synode. On convoque le peuple, et tous doivent se trouver à l'assemblée le jour prescrit sous peine d'excommunication, à moins d'une excuse sérieuse (absque gravi necessitate defuerit a communione christiana sit repellendus). L'archidiacre réunit le clergé local et décide avec lui les affaires les moins importantes afin de ne pas fatiguer l'évêque et de ne pas le forcer à séjourner plus longtemps que ne le comportent ses frais de visite.

Quant au synode lui-même, voici la procédure qu'on y suit : l'évêque appelle sept paroissiens d'âge mûr, de parole sincère et de conduite honnête ; ces témoins synodaux (1) (testes synodales, rügemeister) prêtent serment sur les reliques de ne rien cacher à l'évêque de ce qu'ils savent, péchés, ou choses de la compétence synodale, de dire la vérité sans crainte et sans faveur, de ne rien taire par espoir de récom-

(1) C'est à l'assistance de ces témoins synodaux que, d'après certains historiens (Schilter, *Inst. jur. eccl.*, lib. I, t. 4, § fin. note *a*) remonte l'usage d'appeler des laïques aux jugements des causes ecclésiastiques, usage contre lequel s'éleva avec force le pape Innocent III : « Ad nostram audientiam noveris pervenisse quod in tua diocesi, etiam in causis ecclesiasticis, consuetudo minus rationabilis habeatur, quod quum aliqua causa tractatur ibidem, et allegationibus et querelis utriusque partis auditis, a præsentibus literatis et illiteratis, sapientibus et insipientibus, quid juris sit quæritur, et quod illi dictaverint vel aliquis eorum, præsentium concilio requisito pro sententia teneatur. Nos igitur attendentes quod consuetudo quæ canonicis obviat institutis, nullius debet esse momenti, cum sententia a non suo judice lata nullam obtineat firmitatem, ut in causis ecclesiasticis subjectorum tuorum, postquam tibi de meritis eorum constituit, sententiam proferre valens, sicut ordo postulat rationis, auctoritate tibi præsentium præmissa consuetudine non obstante, concedimus facultatem. » Aux XIIe et XIIIe siècles, les évêques parvinrent à enlever complètement aux laïques toute participation aux jugements synodaux, même dans les causes civiles qu'on y traitait conjointement avec les causes ecclésiastiques. Le concile de Reims de 1148 rendit à ce sujet le canon suivant (can. 5) : « Decernimus etiam ut laici ecclesiastica terminare negotia non præsumant ; et episcopi et abbates, et archidiaconi et alii ecclesiarum prælati de negotio ecclesiastico vel de aliis quæ spiritualia esse noscuntur, aliquorum laicorum judicio non disponant, nec propter eorum prohibitionem ecclesiasticam dimittant justitiam exercere. »

pense (c'est une formule analogue à celle que prêtent les témoins, d'après notre Code d'instruction criminelle). L'évêque commence ensuite à les interroger, leur demandant s'il y a dans la paroisse des homicides, des gens exerçant des vengeances de famille, des empoisonneurs, des adultères, des voleurs, des maitres prostituant leurs serves, des sacrilèges, des parjures, etc., etc. C'est une inquisition générale que Réginon rapporte dans les plus grands détails ; tout ce qui intéresse la religion ou les mœurs passe sous l'inspection de l'évêque. Celui-ci, suivant les cas, ou réforme les abus signalés, ou adresse aux coupables une admonition paternelle, ou enfin inflige aux incorrigibles un châtiment que le comte fait exécuter. D'autre part le comte présent au synode et ainsi averti des crimes commis peut en poursuivre les auteurs devant son propre tribunal (V. supra §§ 78 et 79) (1).

Aussi a-t-on pu regarder autrefois cette institution comme le nerf de la discipline ecclésiastique : « Atque in sancta illa priscorum episcoporum cura et diligentia positus haud dubie erat nervus ecclesiasticæ disciplinæ : quo ruente necesse est omnia in pejus ruere et retro collapsa referri, » dit Baluze dans ses notes sur l'écrit de Réginon, p. 533.

La réception de l'évêque et des archidiacres, dans ces visites paroissiales, se fait aux frais du clergé local. Aussi certains évêques, notamment Hincmar, recommandent-ils à leurs archidiacres de s'abstenir de grever les prêtres de trop lourdes charges par de trop longs séjours : « Qui presbyteros gravant in cibo et potu et fodro ad caballos (2) (3). »

§ 157. — L'Eglise, comme nous l'avons montré, n'est pas souveraine en matière de juridiction, pas plus que d'ailleurs en aucune autre matière. Les premiers Carolingiens ont toujours soin de revendiquer leur haute souveraineté. Cependant l'Eglise est partout prépondérante ; elle fait bien partie de

(1) Cp. Bethmann-Hollweg, V, p. 99.

(2) Hincmar, *Capitula ad archidiaconos*, Œuvres, t. I, p. 738.

(3) Les synodes épiscopaux, dont l'institution était antérieure à celle des missi dominici, leur survécurent assez longtemps, et ils remplacèrent alors les assemblées tenues par les délégués directs du souverain et dans lesquels les missi se livraient à une enquête analogue à celle de l'évêque dans son synode. (V. supra, § 118.)

l'Etat, mais elle y occupe la place la plus importante, et la juridiction ecclésiastique a tous les jours une influence plus considérable.

Les rois eux-mêmes contribuèrent par leurs actes à l'augmenter. Charlemagne déjà, renouvelant en cela les lois des empereurs de Rome chrétienne, attribue aux évêques un pouvoir général de surveillance sur les juges séculiers, les chargeant de porter à sa connaissance les méfaits dont ils pourraient se rendre coupables, et leur donnant même le droit de les châtier et de les excommunier pour ce motif. Lib. VII, c. 293, Bal. I, p. 1091 : « Oportet ut sint episcopi semper perspectores, secundum regis admonitionem, quolibet judices cum populis agant, et aut ipsos præmonitos corrigant, aut insolentias eorum auribus principum innotescant. Quod si corruptos emendare nequiverint, et ab ecclesia et a communione eos suspendant. » Ce capitulaire n'est peut-être pas authentique (1), et il y a probablement une certaine exagération dans les pouvoirs que l'empereur confère aux évêques sur les juges séculiers, mais il est conforme certainement à l'esprit qui animait Charlemagne envers l'Eglise. Ainsi, dans un capitulaire de 813, l'empereur enjoint aux comtes et aux juges d'obéir à l'évêque, et il ordonne aux comtes et aux évêques de se prêter un appui mutuel dans l'administration de la justice, c. 10, Boret. p. 174 : « Ut comites et judices, seu reliquus populus, obedientes sint episcopo, et invicem consentiant ad justitias faciendas. » Lorsque l'évêque se plaint de la mauvaise volonté du comte ou d'un autre juge, l'empereur envoie alors aux fonctionnaires séculiers une de ces circulaires, comme celle de 802, qui nous a été conservée, Walter, II, p. 131 : « Karolus...

(1) Ce qui nous fait douter de son authenticité, c'est que, dans un autre capitulaire où Charlemagne charge les évêques d'examiner, dans leurs tournées, si les juges séculiers n'oppriment pas le peuple, l'empereur ne donne aux prélats qu'un droit d'admonestation, et il se réserve de châtier les juges : « Unusquisque episcopus semel in anno circumeat parochiam suam. Noverint ibi curam populorum, et pauperum in protegendis ac defendendis impositam. Ideoque, dum conspiciunt judices ac potentes pauperum oppressores existere, prius eos sacerdotali admonitione redarguant. Et si contempserint emendari, eorum insolentia regis auribus intimetur, ut quos sacerdotalis admonitio non flectit ad justitiam, regalis potestas ab improbitate coarceat. » Bal., 1, 1175.

Cognoscat utilitas vestra, quia resonuit in auribus nostris quorumdam præsumptio non modica, quod non ita obtemperetis pontificibus nostris seu sacerdotibus, quemadmodum canonum et legum continet autoritas... jubemus ut nullus quilibet ex fidelibus nostris, a minimo usque ad maximum, in his quæ ad Deum pertinent, episcopo suo inobediens parere audeat... sed cum bona voluntate et omni mansuetudine subjectionis unusquisque sacerdoti suo propter Deum et pacis studium obtemperare studeat. » Les comtes doivent se concerter avec les évêques dans toutes les affaires du ressort mixte des deux puissances (1), et, en signe de concert, l'évêque et le comte doivent, dans ces affaires mixtes, siéger l'un à côté de l'autre dans le plaid. Capit. Baiwar. a. 810, c. 4, Boret. p. 158 : « Episcopi cum comitibus stent et comites cum episcopis ut uterque pleniter suum ministerium peragere possit. »

Louis le Débonnaire recommande également aux comtes de rendre à leurs évêques respectifs des témoignages d'honneur et de leur prêter un secours toujours plein de bienveillance. Admonit a. 823-825, c. 7, Boret. p. 304 : « Vobis vero comitibus dicimus, vosque commonemus, quia ad vestrum ministerium maxime pertinet, ut reverentiam et honorem sanctæ Dei ecclesiæ exhibeatis, et cum episcopis vestris concorditer vivatis, et eis adjutorium ad suum ministerium peragendum præbeatis (2). »

Louis II et Charles le Chauve, comme Charlemagne, chargent les évêques de leur signaler la négligence des comtes dans l'administration de la justice, et de veiller à ce qu'ils remplissent leurs devoirs de protection envers les églises, les veuves

(1) Capit. miss. gener. a. 802, c. 14, Boret. p. 94 : « Ut episcopi, abbates adque abbatissæ comitesque unanimi invicem sint, consentientes legem ad judicium justum terminandum cum omni caritate et concordia pacis, et ut fideliter vivant secundum voluntate Dei, ut semper ubique et propter illos et inter illos justum judicium ibique perficiantur. »

(2) Cp. Ibid. c. 25, Boret. p. 307 : « Comites vero ministris ecclesiæ in eorum ministeriis, ut hoc pleuius et de nostris et de se et de suis hominibus obtinere possint, adjutores in omnibus fiant ; et quicumque prima et secunda vice de his a comite admonitus non se correxerit, volumus ut per eumdem comitem ejus negligentia ad nostram notitiam perferatur ut nostra auctoritate quod in nostro capitulari continet, subire cogatur. »

et les orphelins (1). Charles le Chauve conféra même d'une manière générale à chaque évêque, dans son diocèse, tous les pouvoirs des envoyés extraordinaires dans les provinces, des *missi dominici* (2). Le pouvoir politique est donc plein de tendresse pour l'Eglise ; il ne tarda pas à s'apercevoir des inconvénients que l'extension de l'autorité épiscopale pouvait lui causer ; mais, à cette époque d'anarchie, on comprend la prédilection de la royauté pour l'Eglise, qui rendait en définitive au pouvoir au moins autant de services qu'elle en recevait.

Il est un point important que l'Eglise avait particulièrement à cœur de voir résolu conformément aux règles canoniques et sur lequel elle obtint gain de cause dès Charles le Chauve. Nous connaissons les tribunaux qui jugent les causes où les évêques sont intéressés. Or ceux-ci prétendirent qu'un tribunal ecclésiastique seul pouvait en connaître. Hincmar de Reims fut un des champions les plus énergiques des revendications du haut clergé. Voici ce que, à plusieurs reprises, il écrivait à Charles le Chauve : « Episcopus secundum leges quas Ecclesia recipit .. advocatum publicis judiciis dare debet ; ex capite autem suo tam pro crimine quam pro civili causa aut apud electos judices ... aut ipse in synodo coram episcopis debet reddere rationem. » Hincm. Op. II, p. 328. — « Non licet principi nec cuidam alteri nisi episcopis de episcoporum capitibus judicare. » Ibid. p. 329.

(1) Hludovici II imperatoris conventus Ticinensis (855) ad episcopos. Pertz, p. 430 : « Ut posthac illas quæratis et ad nostram justitiam reducatis ; sicut est de comitibus et eorum ministris, si justitias negligunt aut ipsas vendunt, si sunt rapaces aut ecclesiarum, viduarum, orphanorum, aut pauperum oppressores, si ad prædicationem veniunt, si debitum honorem aut obedientiam sacerdotibus suis impendunt, si aliquas novitates aut argumentis, quæ ad detrimentum populi pertinent, agere præsumunt, sicut est in acquirendis proprietatibus, aut irrationabiles preces ad adjutoria facienda, sive in reliquis causis quæ ad peccatum nostrum pertinere possunt ac populi nostri. » — Karoli Calvi edictum Pistense (864), c. 1, Bal. II, p. 174 : « Et quicumque comitum vel ministrorum reipublicæ hæc quæ mandamus, observare neglexerit, si prima et secunda vice de his admonitus non se correxerit, volumus ut negligentia comitis ad nostram notitiam per episcopos ac missos nostros deferatur. »

(2) Convent. Ticin. (876) c. 12, Pertz, p. 531 : « Ipsi nihilominus episcopi, singuli in suo episcopio, missiatici nostri potestate et auctoritate fungantur. »

—« Episcopi non in consistorio regum, non in prætorio judicum nec nisi ab episcopis aut in synodo aut in privato loco a primatibus deputatorum aut a se electorum judicum judicio debent aut possunt regulariter judicari. » Ibid. p. 840. — Dans un cas particulier, le roi avait cité à son tribunal l'évêque Hincmar de Laon qui avait enlevé à plusieurs de ses vassaux leurs bénéfices sous le prétexte qu'ils ne remplissaient pas leurs obligations de vassalité. L'évêque refusa de comparaître et ses biens furent confisqués. Hincmar de Reims appuya le refus de son collègue. Il écrivait au roi : « Homines omnium gentium etiam et Judæi christianæ legis inimici passim legum suarum judicantur judicio, bubulcus quoque et subulcus atque apilio habent legem, et contra omnem consuetudinem christianorum principum... episcopus qualiscumque cum sua ecclesia legem ecclesiasticam, laicorum ac quarumdam infamium personarum non judicio sed conludio atque ludibrio a vobis ingnominiose proscriptus, habere non potuit. » Le bouillant archevêque atteignit son but : « Hincmarus autem Remorum archiepiscopus scriptis et verbis regem adiit... obtinuit ut revestito episcopo quibus fuerat spoliatus, sicut sacræ leges præcipiunt, in provincia ubi hæc causa judicanda erat, electorum judicum judicio, et, si necesse foret, post hoc synodali terminaretur examine. » Hincm. Rem. Ann. a. 868, Pertz, *Script.* I, p. 480.

§ 158. — A côté des causes générales d'extension de la juridiction ecclésiastique, il y en a d'autres plus spéciales que nous devons examiner.

Les tribunaux ecclésiastiques pouvaient, comme nous l'avons vu, être *librement* choisis par les parties laïques qui voulaient faire trancher par eux leurs différends. Nous disons *librement* car nous n'avons pas admis l'authenticité du Capitulaire de Charlemagne qui reproduit la constitution de 331 sur l'arbitrage forcé des évêques. Il n'était pas d'ailleurs besoin d'une loi positive pour assurer des clients aux tribunaux ecclésiastiques. Les plaideurs avaient en effet un grand intérêt à les préférer aux juridictions séculières en raison des garanties qu'ils leur présentaient, soit au point de vue de leur composition, soit à celui de la procédure qui y était suivie.

Loyseau, *Traité des seigneuries*, XV, § 55, après avoir dit qu'une des raisons pour lesquelles la juridiction ecclésiastique s'est tant accrue, « c'est la dévotion et la piété des Français qui a excédé toujours celle de toutes les autres nations, » ajoute avec plus de raison : « Item, parce qu'il est à croire qu'on avait meilleure justice des juges d'Eglise, tant à cause de leur sainteté qu'à cause aussi de leur suffisance, n'y ayant presque anciennement en France qu'eux qui fussent lettrés, d'où vient que nous appelons encore clerc celui qui est lettré. » On ne peut nier que les juges séculiers ecclésiastiques n'aient présenté, en général, sous les Mérovingiens et les premiers Carolingiens, des garanties de capacité plus grandes que les juges séculiers. Les rachimbourgs qui composaient originairement le mal, n'étaient que des hommes de guerre, plus habitués à respecter les droits de la force que ceux de la justice. Quant aux scabins, dont l'institution se développa seulement sous Charlemagne, s'ils avaient plus de pratique judiciaire que les rachimbourgs, ils n'étaient guère plus instruits. Les clercs avaient au contraire conservé la tradition des lois romaines ; aussi, à la renaissance du droit romain, au douzième siècle, ce sont eux que l'on voit s'élancer avec le plus d'ardeur vers l'étude nouvelle, à un point tel que les les conciles furent obligés de leur défendre cette étude.

Cette connaissance du droit romain et du droit canonique permettait aux juges ecclésiastiques de trancher une masse de questions sur lesquelles on aurait vainement cherché des motifs de décision dans les lois barbares. C'était un avantage pour les parties que d'être assurées d'un examen plus scrupuleux de leur affaire, et de ne pas être soumises, d'un autre côté, aux formes de procédure adoptées par les lois barbares, formes qui devinrent de plus en plus arbitraires, dépourvues de garanties, et qui finirent même par ne plus consister que dans des épreuves superstitieuses.

Deux autres avantages contribuèrent à attirer les plaideurs devant les cours d'Eglise, la gratuité de la justice, et la possibilité d'y obtenir des dépens.

Pendant longtemps, les tribunaux ecclésiastiques rendirent la justice gratuitement (1).

Malheureusement le clergé ne se montra pas toujours aussi

(1) Cp. Capit. Vern. a. 755, c. 25, Boret. p. 27, supr. cit.

désintéressé, et, vers la fin du XIIIe siècle, les frais furent même plus considérables devant les juridictions ecclésiastiques que devant les juridictions séculières ; les efforts du clergé pour étendre ou pour conserver sa juridiction ne pouvaient plus sembler inspirés par de seules vues d'utilité sociale et d'une meilleure distribution de la justice. Aussi Fleury a-t-il eu raison de dire, en parlant de cette seconde époque dans l'histoire des juges d'église : « Quant à en trouver de désintéressés, il n'y fallait pas penser ; il était évident que l'intérêt était le principal motif qui engageait le clergé à cette occupation si peu agréable par elle-même. Si quelqu'un le faisait par charité, comme un saint Yves, c'était un miracle. » Agobard, *Adv. leg. Gund.* c. 10, Op. I, p. 117, se plaignait déjà de la corruption des juges ecclésiastiques qui, disait-il était aussi grande que celle des juges laïques.

Un attrait de plus pour les tribunaux ecclésiastiques, c'était la condamnation aux dépens de la partie qui perdait son procès. En cour laye, en effet, on n'accordait pas de dépens. Ce n'est qu'en 1324, sous Charles le Bel, que la condamnation aux dépens fut pratiquée dans les justices séculières, et encore l'ordonnance de Charles le Bel ne fut pas bien observée, car on rencontre des ordonnances de Philippe de Valois et de Charles V qui la confirment. Dans les cours d'église, au contraire, la condamnation aux dépens fut reçue de très-bonne heure, d'après les traditions du droit romain, et, quoique le concile de Tours de 1328 soit le premier qui en parle, il est certain que cette pratique était admise bien avant, devant les juges d'église.

Enfin une dernière cause de préférence pour les tribunaux ecclésiastiques, c'était la facilité d'y avoir recours, facilité qui venait pour les parties de la permanence de ce tribunal, tandis que ceux des rachimbourgs et plus tard ceux des scabins ne siégeaient qu'à certains intervalles plus ou moins éloignés.

§ 159. — L'Eglise ne se contenta pas d'attirer devant ses tribunaux, par les garanties qu'elle leur offrait, les plaideurs qui venaient volontairement lui soumettre leurs différends, elle étendit aussi considérablement le nombre des cas où sa juridiction était forcée. Cette extension de la compétence exclusive des cours d'église peut s'envisager à un double point de vue, *ratione personæ* et *ratione materiæ*.

A. *Ratione personæ*.

Nous avons montré déjà comment, sous les rois francs aussi bien que sous les empereurs romains, les clercs avaient fini par obtenir d'être exemptés du for séculier pour être soumis au for ecclésiastique. Le privilège de clergie reçut une extension très-grande par l'augmentation à l'infini du nombre des clercs. « Car, dit l'abbé Fleury (*septième discours sur l'hist. ecclés.*), depuis qu'on eut méprisé la sage disposition du concile de Chalcédoine contre les ordinations sans titre, les évêques firent autant de clercs qu'ils voulurent, sans choix et sans mesure, quelquefois par le seul motif d'étendre leur juridiction. Plusieurs n'étaient que des tonsurés, plusieurs recevaient les ordres mineurs ; et, comme ils sont compatibles avec le mariage, tout était plein de clercs mariés qui, sans rendre aucun service à l'Eglise, s'occupaient du trafic et des métiers même les plus indécents, jusque-là que le concile de Vienne se crut obligé de leur défendre d'être bouchers et de tenir cabaret ; et auparavant on leur avait défendu d'être jongleurs et bouffons de profession. Enfin on étendit le privilège clérical aux domestiques des ecclésiastiques et à leurs familiers, comme on les nomme... Or, joignant ensemble l'exemption des clercs et leur nombre excessif, il serait resté à la fin peu de laïcs, et il n'aurait tenu qu'aux évêques de soustraire autant de sujets qu'ils auraient voulu à la puissance séculière. » (1)

Il suffisait même que, dans un procès où il y avait plusieurs personnes en cause, il se trouvât un clerc, pour que la juridiction ecclésiastique réclamât l'affaire : « Par le moyen de la connexité, si de plusieurs coempteurs, cohéritiers, ou codébiteurs, il y en avait un qui fût clerc, ou garant, ou joint des autres, ils disaient que ce privilégié attirait devant eux toutes les autres parties. » Loyseau, l. c., p. 66.

Des historiens ecclésiastiques ont présenté ce privilège clérical comme l'application d'un principe de droit commun, du jugement par les pairs. Les clercs, ont-ils dit, formant dans

(1) V. Fournier, *les Officialités au moyen âge*, pour l'étendue du privilège clérical à cette époque.

l'Etat un ordre distinct, comme les nobles, il était naturel que cet ordre eût sa juridiction particulière, et que la compétence de cette juridiction s'étendit sur tous ceux qui en faisaient partie ; ce qui plus tard devint un privilège pour les clercs, était tout simplement d'abord un droit qui leur était commun avec d'autres classes de citoyens (1). — Ce raisonnement pourrait être exact si la compétence exclusive des tribunaux ecclésiastiques ne s'était étendue qu'aux causes des clercs entre eux, mais le privilège de clergie ne tarda pas à pouvoir être invoqué, même lorsque l'adversaire du clerc était un laïque ; il aurait fallu alors, conformément aux prescriptions de Charlemagne, composer un tribunal mixte, tandis que l'Eglise avait fini par se déclarer seule compétente dans ces affaires mixtes, et il y avait alors réellement privilège pour le clerc, et non point application d'un droit commun.

Dans les premiers siècles, les évêques s'étaient constitués les défenseurs charitables des veuves, des orphelins et des autres personnes faibles ou opprimées. Les conciles leur en avaient même fait un devoir : « L'évêque, dit le concile de Châlon de 813, c. 11, supr. cit. (Mansi, XIV, p. 96), n'ira pas au tribunal pour soutenir sa cause et ne s'y présentera que pour prêter secours aux pauvres opprimés, protéger les veuves et les orphelins, annoncer aux juges la parole de Dieu... » Les capitulaires avaient ordonné aux officiers séculiers d'assister l'évêque dans cette œuvre de protection. Lib. V, c. 182, Bal. I, p. 859 : « Volumus ut et laïci in eorum ministerio obediant episcopis ad regendas ecclesias Dei, viduas et orphanos defensandos... » Les tribunaux ecclésiastiques revendiquèrent plus tard comme un monopole le droit de juger ces personnes (miserabiles personæ) « encore qu'elles ne fussent ni sans bien ni sans pouvoir, comme des reines veuves ou des rois en bas-âge. » L'esprit de charité avait disparu pour faire place à l'esprit d'ambition et de lucre (2).

(1) V. Institutions diocésaines, par Mgr l'évêque de Digne, Paris 1845, p. 260.

(2) Lors de la célèbre conférence de Vincennes, les prélats du royaume, ainsi que nous l'apprend Févret (*Traité de l'abus*, IV, 10), réclamèrent la juridiction qu'ils avaient ou pouvaient prétendre, de droit divin et humain, sur ces personnes misérables, *ad violentias et sarsinas*, quand

§ 160. — B. *Ratione materiæ.*

La compétence des juridictions ecclésiastiques qui avait pris ainsi une extension considérable *ratione personæ*, en prit une bien plus grande encore *ratione materiæ*. A ce point de vue, le plus grand nombre des procès entre laïques durent être jugés par les tribunaux ecclésiastiques exclusivement. L'Église qui était légitimement compétente pour connaître seule des affaires ecclésiastiques, profita de ce droit pour revendiquer le jugement de tous les procès qui, de près ou de loin, pouvaient toucher à la religion, et elle arriva même à se réserver des matières entièrement étrangères à tout intérêt religieux.

Sous le prétexte que sa mission était de protéger et de maintenir les droits et l'indépendance de l'Église, la juridiction ecclésiastique prétendit connaître d'abord de tous les délits qui avaient quelque apparence d'offense envers la religion : « Il y a plusieurs crimes, dit Loyseau § 71, qu'ils appelaient ecclésiastiques, desquels ils voulaient seuls connaître, *même contre les laïques*, comme d'hérésie, sacrilège, simonie, concubinage, usure, parjure, bien que véritablement les crimes ecclésiastiques soient ceux qui concernent la police ecclésiastique, comme il est dit en la novelle 83, ou bien les menus délits, dont la justice ordinaire néglige la recherche, et dont partout la primitive Église entreprenait la censure et la correction, pour conserver une pureté particulière de mœurs parmi les chrétiens, mais cette correction se faisait sommairement et sans entreprendre sur la justice contentieuse. » Il y eut donc de la part de l'Eglise un véritable empiétement en ce qui concerne le jugement de crimes de droit commun dont la connaissance aurait dû appartenir aux justices séculières. Les capitulaires (1) favorisèrent beaucoup cet empiétement en chargeant les évêques de la répression de certains

elles étaient injustement et violemment dépouillées. Mais Pierre de Cugnières soutint au contraire « tales personas cum bonis suis esse de guardiæ regis, » et il s'appuya sur les anciens capitulaires et constitutions des rois de France portant « ut viduæ et orphani et minus potentes, sub Dei defensione et nostra mundeburde pacem habeant et eorum justitias adquirant. » Capit., liv. VI, c. 223.

(1) V. Capit. V, 165 ; VI, 106, 409. Capit. de 805, § 16 ; Bal., I, 424.

crimes de droit commun et en leur confiant la censure générale des mœurs (1).

§ 161. — D'après la novelle 123 de Justinien, dont le pouvoir laïque a toujours reconnu sur ce point les dispositions (2), les causes purement spirituelles doivent appartenir exclusivement à la juridiction ecclésiastique. L'Église, s'armant de ce principe incontesté, en profita pour comprendre au nombre de ces causes des affaires qui normalement auraient dû être jugées par le juge séculier, notamment en matière de mariage et de testament.

L'Église voulait en un mot faire adopter cette formule que l'on trouve déjà dans la *lex romana Curiensis* de la fin du VIIIe siécle, C. Th. XVI, 5, 1 : « Omnis causa quod ad religionem pertinet, episcopus eos debet judicare (3). »

Le décret de Childebert de 595 avait consacré les prétentions des conciles d'attribuer aux évêques le droit exclusif de connaître des mariages entachés d'inceste. Les capitulaires carolingiens confirmèrent sur ce point les règles du droit méovingien (4). Puis l'Eglise en arriva à revendiquer la connaissance de toutes les causes matrimoniales, *non*-seulement en ce qui concernait la validité du sacrement, mais encore relativement aux conditions de validité du contrat civil et même aux intérêts matériels qui se rattachaient au mariage. C'est ce principe que le concile de Bourges de 1286 pose comme incontestable : « Judices ecclesiastici ad quos spectat cognitio et definitio causarum matrimonalium. . . » « Nule cort, dit Beaumanoir, XI, 3, ne se doit entremettre dou fait de matrimoine, se non sainte Yglise (5). »

Comment les tribunaux séculiers furent-ils dépouillés de leur compétence dans les causes matrimoniales ? Cela vint, à notre

(1) V. sur les développements de la juridiction ecclésiastique en cette matière au moyen âge : Faustin Hélie, *Instruct. crim.*, p. 237 et s.; Fournier, *les Officialités au moyen âge*, p. 90 et s.

(2) Cpr. art. 4 et 5 de l'ordonn. de 1539, et art. 34 de l'édit de 1695.

(3) A la tête des défenseurs de l'Église, on rencontre ici encore l'archevêque de Reims, Hincmar. V. Flodoardi *Hist. Rem.* III, 26, p. 524.

(4) Capit. Vern. a. 753 (ap. Regin.) c. 9, Baluze, I, p. 166. Capit. Harist. a. 779, c. 5, Pertz, p. 36. Capit. Aquisgr. a. 802, c. 33, Pertz, p. 95. Constit. Olonn. a. 853, c. 1, Pertz, p. 420.

(5) V. Capit. de 802, c. 35, Boret. p. 98. Lib. VII, c. 179, Bal. I, p. 1062.

avis, de la confusion que les juges ecclésiastiques firent intentionnellement entre le contrat et le sacrement de mariage. Charlemagne avait aidé à cette confusion en soumettant les parties qui voulaient contracter mariage à recevoir la bénédiction nuptiale (1). Quoique cette intervention du curé ne fût pas prescrite, du moins dans notre opinion, à peine de nullité, le clergé n'en profita pas moins de ces lois qui donnaient une grande importance à son ministère : oubliant que son droit d'intervenir dans les mariages ne lui venait que de la puissance temporelle, il prétendit que le mariage n'était qu'un acte de religion, et que partant c'était à ses tribunaux exclusivement qu'appartenait le droit de connaître des causes qui y étaient relatives, au point même que, d'après le concile de Trente, les fidèles sont obligés de confesser cette vérité sous peine d'anathème : « Si quis dixerit causas matrimoniales non spectare ad judices ecclesiasticos anathema sit. » Sess. 24, can. ult.

Une formule carolingienne (Rozière 533) témoigne déjà l'immixtion des juges ecclésiastiques dans les causes matrimoniales. Un évêque, dans une de ses tournées, prononce au tribunal synodal la dissolution d'un mariage contracté entre parents au degré prohibé. Les parties appellent du jugement de l'évêque à l'archevêque ; elles reconnaissent donc déjà la juridiction de l'Eglise : « Quosdam conjuges quos injuste et contra christiane discipline regulam conjunctos audimus ad nos evocari fecimus, et *prout cleri juditium* et ipsa justitia dictavit, separari præcepimus ... Cum diocesim meam circumirem deveni ad locum ubi memorati homines habitabant et ibi didici a majoribus vici illius quia idem conjuges ita sibimet consanguinitate juncti essent ut de uno parenti in quinta, de altero in quarta generatione mutuam ducerent propagationem. » — Cependant, sous les Carolingiens, les juges séculiers continuèrent longtemps à connaître des causes de mariage. Karoli II Conv. Carisiac. a. 857, miss. c. 5, Pertz, p. 455 : « Nullus Deo sacratam rapiat aut violet vel in conjugio sibi societ. Si quis hoc transgressus fuerit, ecclesiastico anathemate feriatur et publico judicio damnetur. »

(1) V. sur ce point l'étude que nous avons publiée dans la *Nouvelle revue historique de droit français et étranger*, 1882, p. 380 ss.

L'Eglise s'attribua aussi de très-bonne heure la connaissance des instances en séparation de corps, pour employer le langage moderne. Le concile d'Adge de 506 (can. 25), défendait déjà à aucun homme de renvoyer sa femme sans avoir préalablement obtenu sentence contre elle du concile provincial, chargé d'examiner les motifs du différend : « Antequam apud judice episcopos comprovinciales dissidii causas dixerint, et priusquam uxores judicio damnentur. » — Tant que les principes du droit canonique sur l'interdiction du divorce ne furent point consacrés par la loi civile, les tribunaux séculiers conservèrent le jugement des instances en divorce (1).

« Les tribunaux ecclésiastiques, dit Loyseau, maintenaient que la connaissance des testaments leur appartenait, comme étant une matière de conscience, disant même qu'ils étaient les naturels exécuteurs d'iceux, parce que le corps du défunt testateur étant laissé à l'Eglise pour la sépulture, l'Eglise aussi était saisie de ses meubles pour acquitter sa conscience, et exécuter son testament... Même nous trouvons qu'anciennement en France les ecclésiastiques ne voulaient enterrer les morts si on ne leur mettait leur testament en main... »

Déjà, sous les premiers successeurs de Charlemagne, l'Eglise essaie de s'attribuer la connaissance des causes testamentaires, du moins dans le cas de legs pieux. Ainsi, sur ce point, on voit encore Hincmar de Reims en conflit avec les comtes de son ressort. Il ordonne une fois à un comte et à des juges qui avaient rendu un jugement qu'il considérait comme attentatoire aux droits de l'Eglise, de s'abstenir de le mettre à exécution, « donec ipse præsul per se ipsum vel per missos suos hanc causam diligenter inquirat et secundum leges ecclesiasticas et humanas hoc juste et rationaliter diffiniat.... denuntiat etiam quia quoscumque ad placitum suum venire mandaverit... si venire neglexerint, post tertiam commonitionem ab omni chistianorum consortio usque ad satisfactionem repelleret. » Flodoardi *Hist. Rem.* III, c. 26, p. 540, Cp. ibid. p. 524. — Un capitulaire qui n'est peut-être pas authentique, décide d'une manière générale que, si les héritiers n'accomplissent point les volontés du testateur, tout ce qu'ils ont

(1) V. Rozière, form. 113 et 114.

recueilli, fruits et capital, leur est enlevé par l'évêque afin de remplir les vœux du défunt. Addit. IV, c. 87, Bal. I, p. 1173 : « Si heredes jussa testatoris non impleverint, eb episcopo loci illius omnis res quæ his relicta est auferatur, cum fructibus et cæteris emolumentis, ut vota defuncti impleantur. »

L'Eglise trouva plus tard d'autres motifs d'étendre sa juridiction ; ainsi elle vit une raison de connaître de l'exécution des contrats dans le serment des parties, juramentum contractui ; elle se fonda aussi sur le péché que peut commettre une partie, en soutenant en justice une prétention injuste, pour dire que le procès devait être de la compétence du tribunal ecclésiastique. Mais nous n'avons pas à insister ici sur un développement de la compétence qui se manifesta surtout au début de l'époque féodale.

---

## CHAPITRE V.

### JURIDICTION DES IMMUNISTES.

§ 162. — La juridiction des comtes et des centeniers reçut à notre époque une atteinte plus grave encore que celle qui lui était portée par la juridiction ecclésiastique. Les justices privées se développèrent en effet considérablement dans le droit carolingien, et, quand elles devinrent les justices féodales, elles finirent même par absorber entièrement les juridictions publiques, transformation que nous n'avons pas à étudier, mais dont nous devons indiquer l'origine.

Parmi les différentes juridictions privées, en employant cette expression par opposition à la justice publique des comtes et des centeniers, nous aurons à distinguer les immunités ecclésiastiques des autres justices que les particuliers laïques ou le roi lui-même, en sa qualité de propriétaire, peuvent exercer.

Les capitulaires carolingiens n'ont apporté aucun changement essentiel dans le droit relatif aux immunités (1), mais ils

(1) Les rois de la seconde race ont, à plusieurs reprises, confirmé en masse les immunités concédées par leurs prédécesseurs. Pipp. Capit. a. 754-755, c. 6, Boret. p. 32 : « Ut emunitates conservatæ sint. » — Capit. Vern. a. 755, c. 29, Boret. p. 36 : « Ut omnes emunitates per universas ecclesias conservatæ sint. » — Capit. Papiense, a. 787, c. 8, Boret. p. 199 : « Et hoc instituimus ut emunitates a jam dicto domno nostro firmatæ in omnibus sic conservatæ esse debeant, sicut est jussio ipsius domni nostri Karoli regis. » — Capit. miss. a. 819, c. 8, Boret. p. 289 : « De observatione præceptorum nostrorum et immunitatum ut ita observentur, sicut a nobis et ab antecessoribus nostris constitutum est. » — Capit. Olonn. eccles. a. 825, c. 2, Boret. p. 326 : « Volumus ut omnimodis emunitates progenitorum nostrorum seu nostræ pleniter ac juste conservcntur. » — Cp. Convent. Mogunt. a. 851, c. 4, Pertz, p. 412. Convent. Silvac. a. 853, c. 2 et 3, Pertz, p. 424.

ont cherché à mettre l'ordre et la certitude dans une partie de l'organisation judiciaire qui jusqu'alors n'avait guère été réglementée autrement que par des privilèges particuliers. Le besoin de poser des règles précises devait se faire d'autant plus sentir que le nombre des concessions de privilèges s'était multiplié au point que, sous Louis le Débonnaire, l'immunité ecclésiastique était devenue le droit commun du royaume (1). Aussi les capitulaires relatifs à l'immunité présupposent-ils son existence générale (2).

La concession d'immunité comporte plusieurs privilèges au profit de l'immuniste, mais nous ne nous occuperons que de ce qui peut toucher à l'exercice d'une juridiction par le privilégié. Nous aurons à établir d'abord l'existence de cette juridiction dont le principe même a été méconnu (3), à déterminer ensuite son étendue et à indiquer enfin comment elle est administrée.

L'existence d'un droit de juridiction au profit de l'immuniste a été contestée par plusieurs historiens. Sohm (*Fränkische Rechtsverf.* p. 330) enseigne que « l'homme libre de l'immunité ne se distingue point des autres hommes libres. Au point

(1) Præceptum Ludovici Pii pro ecclesia Parisiensi, a. 820. Baluze, *Capit.* II, p. 1418 : « Sicut lex ecclesiarum præcipit. » — Diplôme de 823 pour l'abbaye de Korvei, Mabillon, *De re dipl.* p. 514 : « Immunitatem qualem omnes ecclesiæ in Francia habent. » — Diplôme de 816 pour l'abbaye de Fulda, Sickel, n° 84 : « Sicut cetera monasteria infra imperium divinitus nobis concessum. » — Diplôme de 816 pour l'abbaye de S. Maur des Fossés, Bouquet, VI, p. 492 : « Quemadmodum ceteri abbates monachorum per imperium nobis divinitus concessum consistunt. »

(2) Bethmann-Hollweg, V, p. 34. V. Capit. Langob. a. 803. c. 16, Pertz, p. 111. — Quelquefois, à l'occasion d'une concession particulière d'immunité, le roi pose des principes qui doivent s'appliquer généralement à toutes les immunités. Bethmann-Hollweg, l. c. V. par ex. la concession d'immunité à l'abbaye d'Aniane en 821, Vaissette, I, n° 39. — Selon Schaeffner, I, p. 353, qui se fonde sur un diplôme de Chilpéric II de 717 (Pardessus, *Dipl.*), toute concession de biens fiscaux entraîne de droit concession d'immunité.

(3) Nous avons déjà indiqué, § 30, les documents mérovingiens qui militent en faveur de l'existence de la juridiction de l'immuniste. Nous complétons ici l'établissement d'une théorie qui, si elle est admise, est commune à la période mérovingienne et à la période carolingienne.

de vue du droit public, il est justiciable, ainsi que le prouvent les lois et les diplômes, du tribunal public et non du tribunal de l'immunité. Pour le droit public, le tribunal de l'immunité *n'est pas un tribunal*. Pour les habitants de l'immunité, il n'est pas un tribunal. L'existence du tribunal de l'immunité n'entraine aucune diminution de compétence pour le tribunal public... Le privilège d'immunité ne consiste point dans une translation à l'immuniste de la juridiction publique... » Sohm se réserve d'établir sa théorie dans le second volume de son ouvrage. — Cette théorie, formulée, comme nous venons de le voir, en termes peu clairs et contradictoires en apparence, nous semble être à peu près identique à celle que l'historien allemand professe au sujet des tribunaux ecclésiastiques.

Heusler, dans son ouvrage sur l'origine des constitutions municipales en Allemagne (*Ursprung der deutschen Stadtverfassung*), cherche à établir que « l'interdiction aux juges publics d'entrer dans les domaines de l'immunité n'a pas d'autre objet que le droit donné au possesseur privilégié de servir d'intermédiaire entre l'autorité publique et les habitants de son domaine ; mais qu'il ne serait pas juste de conclure de là que la juridiction (*Gericht und Strafgewalt*) fût en conséquence exercée dès lors par les agents particuliers de ce possesseur. Directum ou justitiam facere signifie offrir le droit, se présenter en jugement et non pas juger, sententier. » (1)

M. Prost, d'après qui nous venons de résumer le système de Heusler, a repris la théorie de cet auteur dans une étude très-approfondie sur l'immunité. (*Nouvelle revue historique de droit français et étranger*, 1882, p. 113). Voici les conclusions de ce remarquable travail (l. c. p. 172 ss.) : « Le premier résultat

(1) Schulte, trad. franç., admet, p. 124, que « lorsque l'immuniste n'a pas réussi à procurer extrajudiciairement justice au plaignant, il doit en général représenter devant le tribunal du comte ses hommes et tout ce qui touche à l'immunité contre les prétentions étrangères », et plus loin (p. 127) : « lorsqu'un bien du fisc était concédé en bénéfice ou donné, cela entraînait aussitôt la constitution d'une immunité avec l'exercice de la justice sur les habitants. » — Ces deux propositions nous paraissent contradictoires, car les chartes d'immunité étant toujours conçues dans les mêmes termes, l'immuniste doit avoir, dans tous les cas, les mêmes pouvoirs de juridiction. — Löning, II, p. 139, adopte la théorie de Sohm et de Heusler.

du privilège était de mettre les habitants du territoire de l'immunité à l'abri de l'action directe des *agents* de l'autorité publique, et de les défendre ainsi contre les abus que pouvait engendrer l'omnipotence de ces derniers. Les habitants du territoire privilégié *n'étaient du reste affranchis par là, ni de la juridiction des juges publics*, ni du paiement des frais de justice ou des impôts consacrés par la coutume ou par la loi, ni des charges publiques résultant de l'observation des usages légitimes. — Pour ce qui est de la juridiction, nous avons dit qu'elle *continuait à s'exercer comme précédemment sur les sujets de l'immunité aussi bien que sur tout autre dans les plaids habituels*, *placita majora*, et *placita minora* des *judices publici*, à la seule condition que ces plaids ne fussent pas tenus sur le territoire de l'immunité. *Quant à l'obligation pour ces hommes d'y comparaître*, elle était, en ce qui les concernait, *garantie par la responsabilité du possesseur privilégié* dont ils dépendaient, situation pour celui-ci analogue à celle qui, en droit commun, était faite alors au maître, *dominus*, *patronus*, obligé de répondre pour ses hommes, ou bien de les amener lui-même devant la justice, et investi pour cela nécessairement dans une certaine mesure du droit de contraindre, *districtio*, dont il partageait à ce titre l'exercice avec les officiers publics, *judices publici*.... La conséquence du privilège d'immunité n'était donc nullement que les habitants du territoire privilégié se trouvaient affranchis de toute contrainte légale, *districtio*, pas plus que de la juridiction ordinaire exercée dans les *placita majora* et dans les *placita minora*. Seulement, pour l'une comme pour l'autre, ils ne subissaient plus l'action directe du *judex publicus*, mais celle de leur maître, *dominus*, *patronus*, en possession du privilège de l'immunité et de ses officiers particuliers, *judices privati*. »

Nous ne pouvons nous rallier à cette conclusion, quelles que soient la science et l'érudition avec lesquelles on l'a soutenue. Nous croyons que le droit de juridiction doit être reconnu à l'immuniste dès l'origine, avant même qu'il fût transformé en baron, en seigneur féodal. Voici donc les principes que nous posons dès à présent et que nous aurons à développer : la clause *ut nullus judex in has terras ingrediatur* n'a pas seulement un effet négatif, à savoir l'exclusion du juge public du territoire privilégié ; elle emporte un effet positif, c'est-à-dire l'attribution à l'immuniste du droit de juridiction qu'il exerce soit par lui-même soit par un officier qu'il nomme dans certaines conditions. Les habitants du territoire de l'immunité, au lieu de rester justiciables du *judex publicus* le deviennent du *judex emunitatis*. (1).

D'après M. Prost (p. 140), une juridiction propre, une justice privée ne pouvaient sortir, comme conséquence directe, des immunités telles qu'elles étaient originairement concédées. Elles se bornent, dit-il, à exclure le juge public du territoire de l'immunité, mais sans attribuer aucun pouvoir judiciaire à l'*immunis :* « Neque ulla publica potestas in villis monasterii ad audiendas altercationes ingredere audeat. — Absque ullius introïtu judicum... — Nullus judex publicus ingredi habeat potestatem causa legalis justitiæ... » Quand l'heure d'une évolution fut venue dans le développement des faits, il a fallu pour opérer cette attribution de juridiction, *une concession formelle*, dont on a plus d'un exemple, sans parler des empiètements abusifs qui, en mainte circonstance, produisirent le même résultat. Il cite alors des actes qui, à partir de la fin du X$^e$ siècle, renferment ces concessions formelles de juridiction aux grands ecclésiastiques : « Omnis justitia atque judicium manu regularis abbatis continuatur... — Omnia do cum omni jurisdictione... — Concedo potestatem audiendi causas civiles et criminales... »

Nous reconnaissons que la plupart des documents, jusqu'au X$^e$ siècle, sont conçus sous une forme purement négative en ce qui concerne le droit de juridiction. Mais en résulte-t-il que les immunités accordées dans ces formes n'aient pas emporté l'attribution de la juridiction aux immunistes et que ce soit seulement à la fin du X$^e$ siècle que ceux-ci aient pu exercer le pouvoir judiciaire en vertu d'immunités autrement conçues ? Nous ne le croyons point. Voici d'abord comment on peut expliquer cette différence de rédaction entre les premières immunités et celles du X$^e$ siècle et des siècles suivants, différence qui, comme nous allons le montrer bientôt, est loin d'être aussi absolue qu'on l'a prétendu. Du VII$^e$ au X$^e$ siècle,

(1) En ce sens, Ginoulhiac, *Histoire générale du droit français*, p. 353 ss. Walter, *Rechtsgeschichte*, I, 114.

les immunités étaient concédées par la royauté seule. Il ne pouvait en être autrement, puisque la souveraineté, au lieu d'être fractionnée, résidait encore toute entière entre les mains du roi. Celui-ci accordant une immunité à une église, dans les termes habituels que nous savons, (ut nullus judex publicus,..) et qui, à notre avis, entraînent attribution de juridiction, qui aurait pu être tenté de méconnaître le pouvoir judiciaire ainsi conféré aux évêques ou aux abbés ? Ce n'était pas la royauté elle-même évidemment, puisqu'elle était toute à la dévotion de l'Eglise. D'un autre côté, ce ne pouvaient être les officiers royaux, dont la royauté était encore assez forte pour contenir les entreprises. Ce ne pouvaient être non plus des seigneurs, puisqu'il n'était pas encore question d'eux et qu'ils ne pouvaient être que de simples propriétaires, la souveraineté n'étant pas encore fondue avec la propriété. — Mais quand le régime féodal fut organisé, quand le roi ne fut plus qu'un *suzerain*, il était important de mentionner dans les actes d'immunité une attribution formelle de juridiction. En effet, les églises auraient pu se voir contester leurs droits sur ce point par les grands feudataires et même par de simples seigneurs qui avaient absorbé à leur profit le droit régalien de juridiction. D'un autre côté, la royauté n'était plus seule à concéder des immunités, puisque justement elle n'était plus seule souveraine en France, et les seigneurs qui voulaient gratifier l'Eglise, devaient, pour lui assurer une jouissance incontestée du droit de juridiction, mentionner dans les actes de concession qu'ils se dessaisissaient en sa faveur de leurs pouvoirs judiciaires ; cela pouvait être nécessaire non-seulement vis-à-vis des autres seigneurs, mais encore vis-à-vis de la royauté elle-même, qui chercha toujours à placer sous sa dépendance les avoués des églises et à faire d'eux des mandataires de la puissance royale, gouvernant à son profit les terres accordées en franchise au clergé,

§ 164. — Est-il exact d'ailleurs qu'avant le Xe siècle les actes d'immunité soient entièrement muets sur l'attribution des pouvoirs judiciaires à l'immuniste et, en dehors de ces actes, ne trouve-t-on aucun texte d'où il résulte que les pouvoirs du *iudex publicus* aient été transférés à l'immuniste ? C'est ce que nous allons examiner.

Si nous parcourons d'abord les recueils de formules que nous possédons, nous y rencontrons, à côté d'actes conçus dans la forme négative (ut nullus judex publicus...), des immunités où se manifeste l'intention du concédant de transférer à l'immuniste les pouvoirs dont il s'interdit l'exercice et partant le pouvoir judiciaire comme les autres. Ainsi la troisième formule du livre I de Marculfe s'exprime ainsi, Baluze, *Capit.* II. p. 376 : « ... Igitur noverit solertia vestra ad nos petitionem apostolico viro, Domno illo, illius urbis Episcopo, talem pro æterna retributione beneficium visi fuimus indulcisse, ut in villabus Ecclesiæ domus illius, quos moderno tempore aut nostro, aut cujuslibet munere habere videatur, vel quos deinceps in jure ipsius sancti loci voluerit divina pietas ampliare, nullus judex publicus ad causas audiendium aut freda undique exigendum nullo unquam tempore non præsumat ingredere : *sed hoc ipse Pontifex, vel successores ejus propter nomen Domini, sub integræ emunitatis nomine valeant dominare.* Statuentes ergo... » La formule 14 du même livre renferme le passage suivant : « ... Ita ut eam jure proprietario absque ullius expectata judicis traditione habeat, teneat atque possideat, et suis posteris, Domino adjuvante, ex nostra largitate, aut cui voluerit ad possidendum relinquat *vel quidquid exinde facere voluerit, ex nostro permisso liberam in omnibus habeat potestatem.* » Ces deux formules sont faites pour des immunités concédées à des laïques ; mais cela est indifférent pour la question que nous examinons ; on peut même dire que la concession ne pouvait être que plus étendue, s'appliquant à des églises. Nous trouvons également daus le recueil de Lindenbrog une formule identique à la première de Marculfe que nous citions : « ... Sed *hoc* ipse Pontifex vel successores ejus... omnino valeant dominari. » — Eh bien, il nous semble qu'il y a dans ces différentes formules quelque chose de plus qu'une simple exclusion ; il y a transport à l'immuniste de pleins pouvoirs sur les habitants de l'immunité : « quidquid exinde facere voluerit, liberam in omnibus habeat potestatem ; » il y a attribution des pouvoirs judiciaires dont on vient d'interdire l'exercice au *judex publicus* et que, par opposition, on transfère immédiatement après au pontife, « sed *hoc* ipse pontifex valeat dominare », hoc, c'est-a-dire l'audition des causes que l'on vient de retirer au juge ordinaire.

Quant aux actes eux-mêmes d'immunité, il en existe certainement qui ne se bornent pas à interdire au *judex publicus* l'entrée du territoire privilégié. Voici d'abord une charte de 855 accordée à une ville dont la science allemande voudrait déjà confisquer l'histoire (1), à Metz. Nous y voyons que ni les serfs, ni les hommes libres établis sur les terres de l'Eglise de Metz, ne doivent plus répondre aux plaids du comte, que la justice doit leur être rendue par l'officier de l'évêque, et que le trésor de la cathédrale Saint-Etienne doit profiter de toutes les amendes précédemment royales. Charlemagne s'exprime dans les termes suivants : « Karolus, Dei gratia rex Francorum... vir apostolicus domnus et pater noster Angilrammus, episcopus sanctæ ecclesiæ Metensis, præceptiones regum prædecessorum nostrorum, eorum manibus roboratas nobis protulit recensendas, ubi generaliter cognovimus esse incertum ut nullus ex judicibus publicis in curtes ipsius ecclesiæ Metensis et domni Stephani, patroni nostri, ingredi præsumeret, aut aliquod ibidem generare documentum, *nec homines eorum per mallos byrgos publicos* (2), *nec per audientias nullus deberet admallare* aut per aliqua iniqua ingenia præsumeret condemnare, nec freda vel teloneos exactare, aut aliquos paratos facere ; *sed in eorum privatas audientias agentes ipsius ecclesiæ unicuique de reputatis conditionibus directum facerent* (3). » Ainsi, d'après ce document, ce sont les officiers de l'immunité qui rendent la justice aux habitants du territoire privilégié. Heusler, l. c. p. 18, en présence de ce document, conclut cependant que les agents de

(1) V. Sauerland, *Die Immunität von Metz.*

(2) Il faut lire *mallobergos publicos*, comme cela se trouve dans une charte de Trèves de l'an 816 publiée dans Hontheim, I, p. 167 et qui affirme en termes identiques non-seulement l'exclusion du juge public, mais la translation de sa juridiction à l'immuniste.

(3) Cette charte a été publiée par les Bénédictins dans les *Preuves* de l'histoire de Metz, p. 15, et dans les *Instrumenta Ecclesiæ Metensis* p. 378, à la suite du tome XIII de la *Gallia christania*. Elle provient du cartulaire de Gorze. — Sickel, *Beiträge zur Geschichte der Diplomatik*, III, 51 ss. admet l'authenticité des chartes de Metz et de Trèves. Löning, II, p. 734, la repousse par des raisons qui ne nous semblent point probantes.

l'Eglise n'ont qu'un droit, celui de représenter activement et passivement les habitants de l'immunité devant le tribunal public. Mais, pour arriver à cette conclusion, il est obligé de traduire arbitrairement les mots « privatæ audientiæ » par affaires privées (*Privathändel*). Or, audientia ne peut avoir cette signification, mais veut dire audience, tribunal. Ce sens du mot résulte de la charte elle-même, « per mallos byrgos publicos nec per audientias. » C'est également celui qui lui est attribué par les capitulaires, notamment par le capit. de Villis, c. 56, Pertz, p. 185 : « Ut judex ... audientias teneat et justitiam faciat. »

Si l'on parcourt les différents actes d'immunités concédées du VIIIe au Xe siècle, l'on en trouve plus d'un dont la rédaction se rapproche de l'immunité de Metz et transfère aussi formellement à l'immuniste l'exercice de la juridiction.

Privilège du roi Dagobert de 632 pour l'église cathédrale de Trèves, Dom Calmet, *Histoire de Lorraine*, I, *Preuves*, p. 250 : « Cæteras basilicas, castella, vicos, villas, vineas, sylvas, *homines*, vel quidquid largiente divina clementia, deinceps ad eamdem augmentendam ecclesiam tribuetur, circa Rhenum et Ligerim fluvium, in regno nostro consistentia, *omnia sub jure et potestate sancti Petri Trevirensis ecclesiæ ejusque pontificis perpetualiter mancipata permaneant. Præterea statuimus ut nullus judex publicus*... sed liceat memorato præsuli suisque successoribus omnia præfata monasteria. » Cette charte place formellement sous le pouvoir et la juridiction (sub jure et potestate) de l'immuniste les habitants de l'immunité (homines). Et c'est ensuite comme une conséquence indirecte de ce droit accordé à l'immuniste que défense est faite au *judex publicus* de faire aucun acte de sa charge.

Charte de Chilpéric pour saint Arnoul, vers 720. Elle accorde à l'abbé plein pouvoir, Dom Calmet, l. c., p. 269 : « Quidquid ipse vel successores sui, pro opportunitate ipsius sancti loci, exinde facere decreverint, *liberam in omnibus habeant potestatem*... » Le principe, c'est le plein pouvoir accordé à l'immuniste, et alors, ainsi que dans la charte précédente, apparaît comme conséquence la défense adressée au *judex publicus* de troubler l'immuniste : « ... ex nulla requisitione et ex nullo impedimento a publicis judicibus. »

Privilège du roi Louis pour l'abbaye de Pruim en 878, Dom Calmet, l. c., p. 296 : « Ut nullus judex publicus... *sed liceat* rectoribus prædicti monasterii cum omnibus rebus et mancipiis prædicto monasterio jure possessis, quiete vivere ac possidere. » L'opposition de texte semble bien montrer que les pouvoir des officiers royaux sont transférés à l'immuniste (1).

Diplôme de Louis le Débonnaire de 858 (rapporté dans Schannat, *Hist. Episc. Wormac. Cod. dipl.*, p. 8, n° 8, et cité par Eichorn, *Rechtsgesch.*, p. 682, n. g.) : « Eandem potestatem ecclesiæ concessimus in villis ex utraque parte Neccaris, quæ aut per totum, aut ex maxima parte ad Wimpinam pertinent. Similiter in his villis ubi quatuor, aut tres sive duos hobas habent, *nihil regiæ potestatis aut comes vel judex retineat, sed totum ad manus episcopi ejusque advocati respiciat.* »

Diplôme de Charlemagne pour l'église d'Osnabrück, en 804 (Möser, *Osnab. Gesch.* Append. au 1er vol, n° 1, et cité par Eichorn, l. c., n. h.) : « Igitur... *donamus*... ad basilicam S. Petri... *omne regale vel seculare judicium* super servos et liddones, et liberos madman et mundman (2), et omnes utriusque sexus homines eidem ecclesiæ pertinentes quos modo possidet, et deinceps acquisierit, et perpetuam de regia potestate confirmamus absolutionem, ita ut nullus judex publicus, dux, comes, vel vicecomes, vel scultetus sive missi dominici per tempora discurrentes, loca illius episcopatus ad placita habenda vel freda exigenda et parafreda, aut aliquem de præscriptis eidem ecclesiæ pertinentem, ad sua placita bannire vel ad mortem usque terrarum dijudicare vel aliquo modo ullo unquam tempore aggravare audeant. Sed liceat præfato epis-

(1) V. aussi : Privilège de Louis le Débonnaire pour la liberté et l'exemption de l'abbaye de Saint-Mihiel, en 815, *l. c.* — Charte en faveur de l'abbaye de Saint-Maximin de 821, *l. c.*, p. 299. — Charte de Charles le Chauve de 845 en faveur de l'abbaye de Saint-Mihiel, *l. c.*, p. 384, conçue en termes qui impliquent le droit absolu de l'immuniste sur le territoire exempt et sur les personnes qui l'habitent.

(1) Unger, p. 285, entend par mundman celui qui est devenu l'homme d'un autre pour obtenir sa protection, et dont la condition est en quelque sorte celle du vassal. Par malman (de mallus), l'homme libre qui, sans être le protégé de l'immuniste, est cependant sous sa juridiction.

copo suisque successoribus et sub advocato, res prædictæ ecclesiæ cum omnibus sibi pertinentibus quieto ordine possidere, ordinare atque disponere (1). »

Diplôme de 808 où Charlemagne attribue à l'évêque de Plaisance « *omnem judiciariam*, vel omne teloneum de curte Gusiano, tam de arimannis quam de aliis liberis hominibus. » Muratori, *Antiq.* I, p. 741.

Même en supposant que les actes d'immunité soient muets sur cette translation formelle de la juridiction, qu'ils se bornent à exclure l'intervention du *judex publicus*, serait-ce là une objection décisive? Nous ne le pensons point; nous croyons au contraire que la simple concession de la franchise de la justice ordinaire devait suffire pour conférer le pouvoir judiciaire aux privilégiés. Le roi n'avait pas besoin en effet de leur octroyer directement le droit de justice; par cela seul qu'il mettait leurs terres hors du gouvernement ordinaire, celles-ci devenaient pour ainsi dire nobles et devaient être régies à tous les égards par les officiers de l'immuniste (2).

« On a douté, dit M. Fustel de Coulanges (*Revue historique*, t. XXIII, p. 19), que la juridiction enlevée aux fonctionnaires soit passée immédiatement aux propriétaires du sol. Il est bien vrai (?) que les diplômes ne le disent pas; mais ils n'avaient pas besoin de le dire. Notons bien, en effet, que c'est toujours le propriétaire qui obtient du roi l'immunité, ce ne sont pas ses hommes; or, s'il obtient que la justice de l'Etat ne pénètre pas chez lui, ce n'est pas pour y substituer quelque autre juridiction qui ne serait pas la sienne. Aussi nos diplômes ne font-ils pas la moindre allusion à un tribunal populaire, ni à une organisation quelconque de la justice. Le juge public disparu, il ne reste dans l'intérieur du domaine que le propriétaire. Il jugera donc forcément. Quand les hommes ne le voudraient pas, quand lui-même ne le voudrait pas, il se trouvera le seul juge possible. Il jugera donc par lui-même ou par ses agents. » — Il est important, en effet, de remarquer que toutes les chartes d'immunité qui nous sont parvenues, et

(1) L'authenticité de ce diplôme est contestée. V. Bethmann-Hollweg, l. c. p. 49, n. 58.

(2) Cp. les diplômes (infr. cit.) d'immunités concédées à des laïques.

elles sont nombreuses, à quelque région et à quelque époque qu'elles appartiennent, ne disent pas un mot du tribunal du comte, et cependant, si ce tribunal avait conservé tous ses droits vis-à-vis des habitants de l'immunité, si, suivant l'expression de Sohm, l'existence du tribunal de l'immunité n'avait entraîné aucune diminution de compétence à l'encontre du tribunal de droit commun, il serait étrange qu'il n'y fût pas même fait allusion dans l'un quelconque des diplômes d'immunité. Quelques-uns de ces diplômes réservent les droits du roi ; or, ils auraient pris soin également de réserver les droits du comte, si cette réserve avait réellement existé (1).

Sohm cite, à l'appui de sa théorie, deux diplômes d'où il résulte que l'advocatus de l'immunité doit amener ou représenter au tribunal public les habitants de l'immunité. Charte pour Reggio de 882, Tiraboschi, *Memorie storiche Modenesi*, I, p. 55 : « Liberi vero, quos *legalis coactio* ad placitum (au tribunal public) exigit querere, per advocatum ejusdem ecclesiæ super res ipsius ecclesiæ distringantur. » — Charte pour Piacenza de 782, Campi, *Hist. eccles. di Piacenza*, I, p. 460 : » Unusquisque, *cum legalis censura exigat*, a patrono suo ad placitum deducatur. » — Mais ces chartes, ainsi que d'autres dont la rédaction serait semblable, ne prouvent rien. En effet, comme nous le verrons, la compétence du tribunal de l'immunité à l'égard des habitants du territoire privilégié n'est pas absolue. Dans certains cas, ceux-ci sont obligés d'aller plaider au tribunal ordinaire, et c'est alors que s'appliquent les règles posées par les chartes ci-dessus. Leur texte fait même allusion au caractère exceptionnel de la districtio per advocatum devant le placitum, « quos legalis coactio exigit querere, cum legalis censura exigat. »

§ 165. — Les rois de la seconde race se sont bien placés, dans leurs capitulaires, au point de vue qui est le nôtre. Ainsi, dans le capitulaire de Metz de 755, Pépin, après avoir posé le principe que les immunités doivent être respectées, c. 6, Boret. p. 32 : « Ut emunitates observatæ sint... », ajoute aussitôt après : « *Ut omnes faciant justitiam tam publici quam*

(1) Cp. Fustel de Coulanges, l. c. t. XXII, p. 280.

*ecclesiastici*. Et si quis homo ad palatium venerit pro causa sua, et antea ad illum comitem non innotuerit in mallo ante rachimburgios et hoc sustinere noluerit quod ipsi legitime judicaverint, si pro istis ad palatium venerit, vapuletur... » Puis à la fin du chapitre, il dit alors : « Similiter de ecclesiasticis, si ad palatium venerint, de eorum causa sibi reclamare super eorum seniore, si veniunt, vapulentur, nisi senior suus eos pro causa sua transmiserit. » — Ce qui nous paraît résulter de ce capitulaire de Pépin, c'est que le droit de justice est la conséquence de l'immunité. Que l'on observe en effet comment ces trois paragraphes s'enchaînent. C'est d'abord le principe du respect dû à l'immunité. Puis vient l'obligation imposée à tout juge, laïque ou ecclésiastique, de rendre la justice, « ut omnes justitias faciant tam publici quam ecclesiastici. » Or quel est ce juge ecclésiastique ? C'est celui de l'immunité dont le prince vient de rappeler le principe dans le paragraphe précédent. La preuve que c'est bien du juge ecclésiastique de l'immunité et non du juge ecclésiastique du tribunal épiscopal ordinaire que l'empereur veut parler, c'est que, dans le dernier paragraphe, on parle de ces *ecclesiastici qui se reclamare ad palatium venerunt ;* ces *ecclesiastici*, ce sont les habitants de l'immunité ; ce ne soint point les justiciables du tribunal épiscopal *ratione personæ* ou *ratione materiæ* : ce sont les justiciables de l'immuniste *ratione loci* ; ce ne sont pas des clercs, que l'on ne voit jamais désignés ainsi sous cette expression de *ecclesiastici*, mais sous celle de *clerici, presbyteri*. Ce qui le prouve c'est que le texte parle du *senior*, c'est-à-dire du propriétaire de l'immunité ; s'il s'était agi de désigner l'évêque, chef spirituel, les capitulaires auraient parlé simplement de l'*episcopus* et non du *senior*.

Nous observerons enfin à propos de ce capitulaire qu'il met le comte et l'immuniste sur la même ligne au point de vue du recours devant le tribunal du roi ; il n'autorise ce recours qu'après une première instance soit devant le comes, soit devant le senior ; c'est donc que les tribunaux du comte et de l'immuniste ont le même caractère. S'il ne se passait qu'une tentative de conciliation devant le senior ecclesiasticus, le capitulaire n'admettrait les plaideurs au tribunal du roi qu'après les avoir renvoyés préalablement au plaid du comte.

Le droit de juridiction de l'immuniste nous parait résulter également d'autres capitulaires. Concil. Vern. a. 755, c. 25, Boret. p. 37 : « Ut nullus episcopus, nec *abbas*, nec laïcus *pro justitias faciendum* sportolas contra drectum non accipiat, quia ubi ipsa dona currunt, justitia evacuatur. » Le mot abbas prouve qu'il s'agit de la justice de l'immuniste et non de la justice ecclésiastique qui n'appartient qu'à l'évêque en principe. — Capit. miss. a. 819, c. 9, Boret. p. 289 : « De his qui per occasionem immunitatis justitiam facere renuunt, ut hoc observetur quod a nobis constitutum est. » C. 23 : « Ut ubicumque ipsi missi aut episcopum aut *abbatem* aut alium quemlibet quocumque honore praeditum invenerint *qui justitiam facere vel noluit vel prohibuit* de ipsius rebus vivant, quamdiu in eo loco *justitias facere debent.* » — Adnuntiatio Karoli II, a. 869, Pertz, p. 511, qui ne fait que confirmer une situation antérieure : « Et volumus atque jubemus, ut vassalli episcoporum, abbatum et abbatissarum, atque comitum et vassorum nostrorum, *talem legem et justitiam apud seniores suos habeant*, sicut eorum antecessores apud illorum seniores tempore antecessorum habuerunt. Et si aliquis episcopus, abbas aut abbatissa, vel comes ac vassus noster, *suo homini contra rectum et justitiam fecerit*, et se inde ad nos reclamaverit, sciat, quia sicut ratio et lex atque justitia est, hoc emendare faciemus. » — Nous pourrions encore argumenter d'autres capitulaires, mais nous les retrouverons en étudiant la compétence du tribunal de l'immuniste et le rôle du juge de l'immunité.

Les diplômes interdisent au fisc de percevoir aucune redevance sur le territoire de l'immunité, notamment les *freda* qu'ils attribuent au privilégié. Or ces *freda* étaient pour le pouvoir royal la compensation des frais qu'il était obligé de faire pour l'administration de la justice : les rois, transportant à l'immuniste l'exercice de la juridiction devaient, pour l'indemniser, l'autoriser à percevoir les *freda ;* si, au contraire, le *judex publicus* avait conservé son droit de justice sur les habitants de l'immunité, on aurait dû lui réserver la perception des anciennes redevances.

Dans le système qu'il soutient, M. Prost dit que le possesseur privilégié, n'exerçant pas lui-même le droit de juridiction, pouvait et devait même contraindre les habitants de son territoire à se présenter devant le *judex publicus*. Il argumente de ce qui se passait pour les hommes non libres que leurs maîtres devaient amener devant la justice, sinon ils répondaient pour eux. — Nous admettrions cette conclusion si l'on nous citait des textes où ce droit et cette obligation de l'immuniste fussent nettement établis. Mais nous ne pensons pas que l'on puisse argumenter par analogie de la condition du *dominus* ou *patronus*. En effet, dans la théorie que nous combattons, l'immunité aurait été pour son titulaire plutôt une charge qu'un avantage, et nous ne voyons pas quel intérêt on aurait eu à la solliciter alors qu'elle aurait entraîné cette responsabilité assez lourde qui pesait sur le maître des non libres. D'ailleurs l'immuniste n'aurait pas été alors « ab omni functionum publicarum jugo liberrimus, » comme le dit l'évêque Rigobert dans une lettre à Dagobert (1). — Nous n'avons pas, du reste, à démontrer l'inexactitude de cette assimilation entre le *dominus* et l'immuniste, car nous avons déjà prouvé directement que la clause « ut nullus judex publicus... » n'était pas seulement négative mais encore translative.

Nous dirons enfin qu'en écartant de l'immunité le siège des plaids tenus par le *judex publicus*, on ne conférait pas un avantage, comme M. Prost le prétend (*l. c.*, p. 138), on ne faisait qu'aggraver la condition des habitants de l'immunité obligés de se transporter au plaid du comte qui pouvait être éloigné (2).

§ 166. — Que l'on consulte les chartes ou les capitulaires, l'immuniste apparaît donc investi d'un droit de juridiction véritable. Mais ce droit, comme nous l'avons annoncé, ne s'exerce que dans certaines limites et sous certaines conditions.

(1) Flodoard, *Hist. Rhem.*, l. 2, c. 11.

(2) La concession du droit de juridiction, dérivant de la concession même d'immunité, paraît encore plus naturelle quand on voit des églises, par un privilége plus étendu, obtenir que le ban de guerre, même pour les Francs et les hommes libres, ne soit point levé sur leurs terres. L'abbaye de Pruim jouissait d'une franchise de ce genre, qui remontait à Charlemagne et ainsi exprimée dans la charte : « Similiter concessimus ad eumdem sanctum locum, ut homines qui super terram ipsius monasterii, tam Franci quam et ecclesiastici commanere videntur, ut nullum heribannum vel bannum solvere non debeant. » Charte rapportée dans Hontheim, t. II, p. 134.

Nous avons à préciser cette compétence du tribunal de l'immunité.

Pour arriver à résoudre notre question, il nous faut d'abord rechercher quelles sont les personnes soustraites au judex publicus et placées par conséquent sous l'autorité de l'immuniste. Elles sont indiquées dans la formule 3 du premier livre de Marculfe : « Sed quidquid exinde aut *de ingenuis* aut *de servientibus ceterisque nationibus qui sunt infra agros vel fines seu super terras praedictae ecclesiae commanentes.* »

Les *servientes*, ce sont les esclaves de l'immuniste. Le pouvoir de juridiction que le maître exerce sur eux n'a point pour fondement la charte d'immunité. Si celle-ci les mentionne, c'est simplement pour n'oublier aucune des personnes qui sont sous la protection de l'immuniste. La juridiction dominicale du maître sur les serfs ou colons remonte bien plus haut que les concessions d'immunité. Ainsi la lex Alamannorum, XXIII, 2 (Walter, I, p. 206), parle du judex coloni, ce qu'il faut entendre du maître du colon.

Quant aux hommes libres, c'est véritablement de la concession royale que l'immuniste tient son pouvoir de juridiction à leur égard. Ce droit se comprend d'ailleurs parfaitement. Remarquons en effet que le texte dit « ingenui commanentes ». L'immuniste n'a de pouvoir que sur ceux qui résident super terras ecclesiæ. Or, si l'homme libre réside sur les terres de l'immuniste, « ce ne peut être, dit Pardessus (l. c. p. 591), que par la permission du propriétaire immuniste ; et celui-ci ne la leur accorde qu'à la condition qu'il se feront ses fidèles, ses vassaux, qu'ils se mettront à son égard dans la situation où se mettent les antrustions à l'égard du roi. S'ils s'y refusent, il ne tolère pas leur résidence, et il use du droit qu'a tout propriétaire d'un domaine d'en exclure la personne qu'il ne lui plaît pas d'y conserver ; s'ils y consentent, ils acceptent par là même l'obligation d'être soumis à la juridiction de l'immuniste, tant que dure leur résidence. » Même sans admettre, comme Pardessus (1), une acceptation expresse ou tacite de

(1) Schaeffner, I, p. 315, dit que le droit de l'immuniste sur les hommes libres résulta d'abord d'une prorogation conventionnelle de juridiction et que, dans la suite, cette prorogation fut sous-entendue.

la juridiction de l'immuniste par les hommes libres commanentes, le droit de l'immuniste n'aurait rien d'extraordinaire, si l'on réfléchit à la situation antérieure de ces protégés, de ces recommandés : avant la concession d'immunité, celui que nous appelons l'immuniste était leur représentant devant les tribunaux du comte et du roi ; par la concession d'immunité, il procure lui-même la justice à ses protégés au lieu d'aller la chercher devant les tribunaux du dehors. Il n'y avait qu'un pas à faire pour cette transformation, qui d'ailleurs ne préjudicie à personne sinon au roi.

N'entendant par commanentes que ceux qui ont leur résidence sur les terres de l'immunité, nous dirons que la juridiction de ce dernier ne peut s'étendre sur les ingenui qui ne seraient pas ses protégés à un titre quelconque, alors même que les terres possédées par ces ingenui seraient enclavées dans les domaines de l'immunité. (Sic, Pardessus, p. 591). En fait toutefois il doit être excessivement rare qu'un propriétaire ainsi isolé soit assez fort pour ne pas recourir à la recommandation et ne devienne pas par là même justiciable de l'immuniste.

Enfin les hommes libres n'habitant pas le domaine privilégié, ou ne possédant pas de biens qui y soient compris, demeurent soumis à la juridiction ordinaire du comte, quoiqu'ils soient attachés à l'église ou à l'abbaye par le lien de la recommandation ou quoiqu'ils possèdent, à titre de bénéfice, une terre dépendant de l'établissement privilégié (1).

La juridiction des immunistes se distingue donc nettement des justices seigneuriales ou féodales. La juridiction des seigneurs s'exerçait en effet non-seulement sur les hommes libres commanentes, résidant sur les terres du seigneur, mais encore sur toutes les personnes résidant dans un arrondissement dont le seigneur s'était attribué la souveraineté à la faveur des désordres qui marquèrent la chute des carolingiens. Les anciens justiciables du comte devinrent alors les justiciables des seigneurs, même sans avoir contracté aucun lien de vassalité, ce qu'exprime très-bien Cujas, *De feudis*, II, t. V, en

(1) En ce sens, Ginoulhiac, p. 353.

disant « non quod habet feudum sed quod de juridictione sit. » (1) (2).

§ 167. — Qu'il s'agisse d'esclaves, de colons ou d'hommes libres résidant sur les terres de l'immunité, le tribunal de l'immuniste n'a compétence que dans le cas où les deux parties sont ses justiciables par leur résidence ou leurs liens de vassalité. Lorsque un homme de l'immunité a une contestation avec une personne étrangère, indépendante, la juridiction de droit commun doit reprendre son empire, car c'est une règle de compétence qu'en cas de conflit entre deux tribunaux dont l'un est juge de droit commun, l'autre juge d'exception, l'affaire doit être portée au tribunal de droit commun (3).

(1) V. Pardessus, *Loi salique*, p. 588-589.

(2) « Il existait sur chaque domaine tout un petit peuple. On y trouvait, en premier lieu, des serfs, les uns nés sur le domaine, les autres achetés. Il y avait ensuite les fils d'ouvriers serfs, aujourd'hui affranchis, qui cultivaient de petits lots de terre moyennant une redevance et quelques corvées dues au propriétaire. Il y avait les colons, qui n'étaient pas des serfs, et qui cultivaient héréditairement la terre du domaine, sans pouvoir s'en détacher. Au-dessus de ces catégories d'hommes, il existait ordinairement sur le domaine quelques hommes libres, ingenui, qui y étaient établis à titre d'habitants, accolae, ou à titre d'hôtes, hospites, avec la jouissance d'un lot qu'on appelait hospitium. Les uns étaient comme des fermiers de la terre, les autres en étaient de simples habitants, commanentes ; mais tous, entrés libres sur le domaine, y subissaient forcément une sorte de dépendance à l'égard du propriétaire et devenaient « ses hommes. » Ce n'est pas tout. Les églises et les monastères avaient leurs dévoués ou dévots, devoti, votivi, qui s'étaient donnés eux-mêmes à l'église ou au saint du couvent, moitié par piété, moitié par instinct. En livrant leur personne, ils avaient aussi livré leurs biens, dont la propriété appartenait dès lors à l'église ou au couvent, mais dont la jouissance leur était laissée, non sans conditions. D'autres encore avaient contracté avec l'évêque ou l'abbé une sorte de contrat de fidélité ou de recommandation ; on les appelait suscepti, terme qui signifiait qu'ils avaient été acceptés en mainbour ou en protection. » Fustel de Coulanges, l. c. t. XXIII, p. 15.

(3) Tribunal de droit commun où l'habitant de l'immunité est défendu par l'advocatus : Capit. de monasterio S. Crucis, a. 822-824, c. 5, Boret. p. 302 : « De cæteris vero quæstionibus, quas aut alii ab ipsis aut ipsæ quærunt ab aliis, secundum consuetudinem ante comitem vel vicarios ejus justitiam reddant et accipiant ; tantum ut juste fiant. » C. 8, ibid. : « Item si quando necesse fuerit per jussionem domni Pippini regis Rammulfum specialiter missum habeant. Quando vero necesse non

Même restreinte aux affaires où les deux parties appartiennent au domaine privilégié, la juridiction de l'immuniste trouve à s'exercer dans de nombreuses hypothèses. M. Fustel de Coulanges a tracé un tableau très-intéressant des procès que l'immuniste peut avoir à juger (l. c., t. XXIII, p. 19) : « Il y avait d'abord *une série* de procès relatifs à l'état civil et à la condition personnelle de l'homme : revendication en esclavage, contestation d'*une charte d'affranchissement*, litiges dont l'objet était de savoir si un homme était serf ou affranchi, ou né de parents libres. Il y avait ensuite les procès relatifs au mariage ; c'était la source de nombreux procès dans une société où le mariage était interdit entre personnes de deux classes, et presque interdit entre personnes de deux domaines différents ; dans le premier cas, il pouvait y avoir litige sur la condition des enfants ; dans le second, on pouvait se demander auquel des deux propriétaires l'enfant appartenait. Puis venaient les procès relatifs à la tenure de la terre ; d'une part réclamation du tenancier affranchi ou colon dont on veut augmenter la redevance ou les services, de l'hôte ou du cultivateur libre qui veut quitter la terre et qu'on prétend retenir, ou bien qu'on veut en chasser et qui prétend y rester ; d'autre part, réclamation du propriétaire contre un intendant infidèle ou contre un colon qui néglige la terre, contre un affranchi oublieux de ses obligations. Joignez à cela les innombrables querelles qu'entraînait le contrat toujours indécis de la recommandation, les deux parties ne comprenant pas toujours de la même manière la protection et la fidélité. Enfin, il y avait les inévitables discussions qu'engendre la vie rurale, discussions sur le bornage, sur le ban de vendange et le reste ; et les contraventions fréquentes, *les délits, les rancunes*, les crimes de toute sorte que le désordre des temps multipliait et que l'influence de l'Eglise, peu sévère dans sa morale à cette époque, n'empêchait pas. »

fuerit, advocatus eorum per se justitiam faciat et accipiat. » — Diplôme de Louis le Débonnaire, a. 819, Baluze, *Capit.* app. nº 36 : « Ut nullam etiam districtionem de hominibus... judiciaria potestas exercere præsumat, nisi, ut supra *diximus, in mallo legitimo comitis, et ibi* una cum advocato Par. ecclesiæ venire non differant et rectam rationem ac legalem justitiam adimplere cogantur. »

§ 168. — Dans le cas où une personne étrangère à l'immunité a un droit à faire valoir contre un des justiciables de l'immunité, elle ne doit point s'adresser immédiatement au juge public pour distringere son adversaire, *mais* bien à l'évêque ou à l'abbé pour que celui-ci lui procure satisfaction, justitiam faciat, par l'intermédiaire de l'avoué. Capit. Langob. a. 803, c. 16, Pertz, p. 111 : « Si vero de crimine (1) aliquo accusantur, episcopus primo compellatur et ipse per advocatum suum secundum quod lex est, juxta conditionem singularum personarum justitiam faciat. »

Par les mots « justitiam facere, » il faut entendre deux choses ou bien procurer satisfaction au demandeur, ou bien prendre devant le tribunal public la défense du défendeur. — La procédure varie suivant que le défendeur est ou non un homme libre « juxta conditionem singularum personarum (2). » S'il n'appartient pas à la classe des hommes libres, son maître a le choix, ou d'indemniser volontairement le demandeur et d'infliger alors un châtiment à son serf, ou d'en faire l'abandon noxal. Capit. in leg. rib. mitt. a. 803, c. 5, Pertz, p. 117 : « Juxta qualitatem damni dominus pro ipso servo respondeat, vel eum in compositione aut ad pœnam petitoris offerat. » Si le maître conteste la réclamation du demandeur, il peut comparaître avec son serf devant le tribunal public. Dans tous les cas, l'advocatus sert d'intermédiaire entre les parties. Capit. Langob. a. 802, c. 16, Pertz, p. 105 : « Jubemus enim ut propter ullam districtionem quam nos facere jubemus aut quibuslibet causis servi non mittantur in districtionem, sed per missos nostros vel domini eorum aut illorum advocati ipsos servos distringant, et ipsi, sicut lex jubet, rationem pro servos reddant, utrum culpabiles sint an non. Ipsi vero domini distringant et inquirant servos suos, sicut ipsi amant. » — Si le défendeur est un homme libre de l'immunité, il est responsable personnellement et doit ou réparer volontairement le préjudice qu'il a causé, ou plaider. Capit. Langob. a.

(1) Par crimen il faut entendre dans un sens large toute atteinte portée aux droits des tiers et donnant naissance à une action en dommages-intérêts. Bethmann-Hollweg, V, p. 42.

(2) Bethmann-Hollweg, V, p. 42.

803, c. 16, Pertz, p. 111 : « Ceteri vero homines qui vel commendationem vel beneficium ecclesiasticum habent, sicut reliqui homines justitias faciant. »

Dans cette dernière hypothèse, le demandeur ne peut citer immédiatement et directement le défendeur, ou l'advocatus qui le représente, devant le tribunal public. Il y a lieu préalablement à une instance devant le juge de l'immunité et dans laquelle ce juge apparait avec une autorité qui varie suivant qu'il s'agit du demandeur ou du défendeur. La marche à suivre est indiquée de la manière suivante par des chartes de Charlemagne et de Louis le Débonnaire pour l'église du Mans, a. 797 et 840, Bouquet, V, n° 72 et VI, n° 242 : « Ut nullus judex aut comes aut quilibet homo aut quælibet persona ecclesiæ ministros vel advocatos in mallo publico accusare præsumat, antequam conveniat ministros rerum et judices (advocatos) villarum atque hominum a quibus læsus est, ut ab eis familiarem et justam accipiat justitiam. Et si a prædictis ministris suam justitiam accipere non voluerit, tunc conveniat episcopum jam dictæ ecclesiæ, ut ab ipso justitiam familiarem suam atque justam recipiat. Et si ab ipso episcopo nec a suis ministris suam justitiam accipere nequiverit : postmodum licentiam habeat ut in mallo publico suas querelas juste et rationabiliter quærat. » L'advocatus, et au besoin l'immuniste lui-même, examine l'affaire ; il essaie d'amener le défendeur à donner satisfaction à son adversaire et rend même une décision à laquelle le défendeur, justiciable de l'immunité, est obligé de se soumettre (1). Mais le demandeur est libre de se soustraire à cette décision et de porter l'affaire devant le tribunal public où le défendeur est alors assisté de l'advocatus. On concilie de cette manière les droits du tiers et les intérêts du défendeur, en même temps qu'on sauvegarde le privilège de l'immunité.

(1) Löning, l. c. p. 747, n. 2, pour établir que l'habitant de l'immunité n'est pas obligé de se soumettre à la décision de l'advocatus, invoque la formule 27 de Marculfe, livre I (Rozière, 434) : « Homo vester si noluerit et aliquid contra hoc habuerit quod opponere. » — Nous avons déjà réfuté l'objection que Sohm tire de cette formule contre l'existence d'une véritable juridiction ecclésiastique (V. supra, § 39). Nous n'avons qu'à nous référer à nos précédentes explications. L'objection est en effet la même pour la juridiction immunitaire.

Le demandeur qui contrevient à la règle que nous venons d'indiquer est puni assez rigoureusement. Le diplôme de Louis le Débonnaire porte la sanction suivante : « Sed si, antequam fecerit illud, jam dictae ecclesiae episcopum et suos ministros et advocatos in mallo et cujusdam conditionis publico placito accusare aut pulsare praesumserit, quia nostram jussionem atque nostrum indictum contempsit... bannum nostrum ex hoc nobis componat et justitiam suam absque lege aut aliqua compositione recipiat. Praedictas enim causas memoratae ecclesiae pontificibusque... concessimus. » (1).

Bethmann-Hollweg, après avoir nettement tracé le rôle du juge de l'immunité au cas où un tiers se porte demandeur contre un justiciable de l'immunité, ajoute (p. 45) que la compétence restreinte de ce juge est la même que celle du centenarius (2) ou du vicarius comitis. Ainsi s'explique-t-on, ajoute-t-il, que ce juge est mis régulièrement sur la même ligne que le centenier et qu'on le nomme même centenarius lorsqu'une centaine entière appartient à l'immunité. Capit. Aquisgr. a. 802, c. 13, Pertz, p. 92 : « Ut episcopi, abbates adque abbatissae advocatos atque vicedomini centenariosque... habeant.» — Sans doute, lorsqu'un tiers vient revendiquer comme serf un homme de l'immunité, ou lorsqu'il revendique un immeuble de l'immunité, le tribunal de l'immuniste n'est pas compétent, conformément aux principes ci-dessus. Mais il ne s'ensuit pas que ce tribunal, assimilé à celui du centenier, ne puisse jamais connaître de questions immobilières ou de procès de liberté. Des contestations de cette nature peuvent en effet très-bien s'élever entre personnes toutes justiciables de l'immunité et le tribunal de l'immuniste est alors compétent pour statuer.

Lorsqu'un homme de l'immunité veut intenter une action contre un tiers, cette action est portée naturellement devant

(1) La violation de l'immunité par les officiers royaux et notamment leur entrée sur le territoire privilégié est punie de fortes amendes. Capit. leg. sal. ad. a. 803, c. 2, Boret. p. 113 : « Si quis in emunitatem damnum aliquid fecerit, DC solidos componat. » — V. sur ce point : Waitz, III, p. 303-305. Bethmann-Hollweg, V, p. 38.

(2) Waitz, III, p. 453, admet également cette identité de compétence entre le centenier et le juge de l'immunité. V. les documents cités par cet auteur p. 453, n. 1.

le tribunal ordinaire du comte ou du centenier. L'advocatus y intervient encore pour faire valoir les droits de son protégé (1).

§ 169. — Il résulte des documents que nous avons étudiés que la présence d'un tiers dans le débat dessaisit le juge de l'immunité. Nous ne croyons pas cependant qu'il en ait toujours été ainsi. Sans doute, à l'origine, lorsque la juridiction de l'immuniste n'apparaissait que comme un privilège assez rare, lorsque l'indépendance des hommes libres était encore la règle, la vassalité l'exception, la charte d'immunité était impuissante à conférer à l'immuniste un droit de juridiction sur ceux qui n'avaient pas consenti à s'y soumettre, soit par une recommandation expresse, soit par leur résidence sur les terres de l'immunité. Mais « aussitôt que la vassalité eut en quelque sorte embrassé dans son réseau le plus grand nombre des hommes indépendants », lorsque l'immunité fut devenue le droit commun de l'Eglise, et on sait quels vastes domaines celle-ci possédait, les tribunaux de l'immunité purent marcher de pair avec le tribunal du comte. C'était une juridiction puissante qui s'élevait en face de celle du comte et qui avait tout autant, sinon plus de justiciables. Alors, dans le conflit entre les deux pouvoirs, on dut admettre, pour sortir d'embarras, la règle *actor sequitur forum rei*. Le tribunal de l'immunité devint compétent, même à l'égard des hommes libres étran-

(1) On peut se demander si la situation d'un homme de l'immunité, demandeur dans un procès immobilier devant le tribunal du comte, n'est point privilégiée par rapport à celle des autres plaideurs. C'est une règle que, dans les procès de cette nature, peuvent seuls porter témoignage ceux qui sont pleins et libres propriétaires. Capit. Wormat. a. 829, c. 6, Pertz, p. 354 : « De liberis hominibus qui proprium non habent, sed in terra dominica resident, ut propter res alterius ad testimonium non recipiantur. » Or une charte de Charlemagne de 771 accorde aux hommes libres de l'immunité la capacité illimitée de témoigner en tout procès. Diplôme en faveur de l'abbaye de S. Germain-des-Prés, Bouquet, V, nº 17 : « Ita igitur dictum est, de liberis hominibus qui supra terras præscriptæ basilicæ... commanere noscuntur, et de capite illorum eorum (quos) contra homines liberos *in omni placito* testimonium ferre concedimus. » — La règle contenue dans ce diplôme était-elle spéciale à l'abbaye précitée, ou formait-elle le droit commun des immunités ? Nous pencherions plutôt en faveur de la première solution.

gers, lorsqu'ils se présentaient comme demandeurs contre un homme de l'immunité.

Waitz, III, p. 452, admet que ce changement dut survenir après Louis le Débonnaire. Il cite un certain nombre de diplômes qui nous semblent bien établir la compétence du tribunal de l'immunité au cas où le tiers est demandeur. Diplôme de Louis le Germanique, Dronke, p. 249 : « Nec ... colonos ... ad judicia publica ire compellet. » — Diplôme de Lothaire I, Grandidier, p. 212 : « Ut nullus judex ... aliquam super eos exerceat potestatem nec super eorum causas nec super familias eorum intus vel foris concessas. » — Diplôme de Louis le Germanique, Wilmans, KU, I, p. 114 : « Ut nullus judex publicus in homines ipsius loci aspicientibus potestatem ullo unquam tempore habeat præter advocatum eorum neque fidejussores illorum tollendo, nec in wadiis aut publicis placitis aliquam districtionem in eos faciendo. » — Ibid. p. 172 : « Non alio modo a judiciariis potestatibus distringantur nisi coram advocato a nobis constituto sicut episcopo Paderbornensi præceptum concessimus. » — Mon. Boic. XI, p. 117 : « Et advocati ipsius ecclesiæ omnem causam inquirendam et discutiendam ipsi dijudicent et finiant. » — Ibid. XXVIII, 1, p. 46 : « Nullus judex publicus neque ulla potestas eos in quoquam constringere audeat ; sed neque illorum causam abstrahere præsumat nec in aliam partem ire compellat ... Si vero aliquis fuerit qui contra istis hominibus ... aliquas justitias requirere aut exactare voluerit, tunc advocati et ministri ipsius monasterii illud prout justum est diligenter rei veritatem inquirere studeant et emendent ... ut nullus judex publicus neque ex judiciaria potestate super rebus ... neque super hominibus liberis vel sclavis ullam potestatem habeat in quoquam illos distringendos, sed neque ad placitum ullum vel in hostem ullo unquam tempore ire compellat, quamdiu advocati ejusdem sedis justitiam facere voluerint. » Dans toutes ces hypothèses, il n'est pas question d'une simple procédure de conciliation devant le juge de l'immunité, mais d'une instance réelle et définitive devant lui (1).

(1) Pour caractériser la compétence relative de ce qu'il nomme les juridictions seigneuriales des époques mérovingienne et carolingienne,

§ 170. — Des auteurs qui ont admis le droit de juridiction de l'immuniste en matière civile, se sont montrés moins affirmatifs en matière pénale. Ainsi Waitz, III, p. 454, dit que, pour les causes criminelles, ou tout au moins pour les plus graves, où sont applicables d'autres peines que les anciennes compositions, la compétence du tribunal de l'immunité n'est pas certaine. Il cite le diplôme suivant pour Novalese, *Hist. Patr. Mon.* I, p. 44 : « Pro criminalibus culpis de quibus sacerdotibus et monachis non est licitum judicare, ante comitem ejusdem loci et justitias reddant et ab aliis recipiant... hinc volumus, ut... veniant ante comitem... acti videlicet per abbates atque... ipsius monasterii et justitiam faciant et ab aliis recipiant ; reliquae vero causae in ipsis locis per ministros et ordines ipsius monasterii deliberatae ac definitae fiant absque impedimento... cujuslibet comitis aut rei publicae missi. » Ce diplôme étant spécial à l'Italie, nous ne croyons pas qu'on puisse en argumenter pour le reste de l'empire franc. — Bethmann-Hollweg, V, p. 46, admet également que, pour les crimes punis de mort ou d'autres peines publiques, la procédure de conciliation devant l'advocatus est impossible ; l'habitant de l'immunité inculpé d'un crime de cette sorte doit, sur la dénonciation faite à l'advocatus, être traduit par celui-ci devant le tribunal du comte où l'advocatus vient encore prendre sa défense. L'immuniste qui manque à son obligation est puni soit par la perte de son bénéfice, soit par le paiement du ban royal.

Les textes invoqués par cet auteur ne nous semblent pas probants. C'est d'abord le capitulaire de 779, c. 9, Pertz, p. 36: « *Ut latrones de infra immunitatem* illi judicis ad comitum placita praesentetur ; et qui hoc non fecerit, beneficium et honorem (1) perdat... et qui beneficium non habuerit, bannum solvat... » Pour comprendre la portée véritable de ce texte, il faut le rapprocher du c. précédent ainsi conçu : « Ut homicidas aut cæteros reos qui legibus mori debent, si ad ecclesiam confugerint, non excusentur neque eis ibidem victus detur. » Le

Lehuérou *(Instit. Car.* p. 243) dit qu'elles ne sont autres que les basses justices des temps postérieurs et qu'on doit y trouver l'origine de la fameuse distinction des hautes, moyennes et basses justices au moyen-âge.

(1) Sur le sens du mot *honor*, V. Ginoulhiac, l. c. p. 355.

c. 8 vise des malfaiteurs qui se réfugient sur les terres d'une église. Le c. 9 se réfère également à l'hypothèse d'un voleur qui s'est réfugié dans une immunité et il décide que l'advocatus doit le livrer au comte ; l'immuniste ne peut en effet juger que les personnes qui sont sous sa dépendance à un titre quelconque ; or ce voleur, simple réfugié sur les terres de l'immunité, ne peut par cela seul devenir justiciable de l'immuniste et doit donc être puni par le comte.

Le capitulaire de 817, leg. add. c. 18, Pertz, p. 213, cité de même par Bethmann-Hollweg, concerne ceux « qui denarios bonos accipere nolunt. Quicumque liber homo denarium merum et bene pensantem recipere noluerit, bannum nostrum, id est sexaginta solidos, conponat. Si vero servi ecclesiastici aut comitum aut vassallorum nostrorum hoc facere præsumpserint, sexaginta ictibus vapulent. Aut si magister eorum vel advocatus, qui liber est, eos vel comiti vel misso nostro jussus præsentare noluerit, prædictum bannum nostrum, sexaginta solidos conponat. » — On peut encore, à notre avis, expliquer ce capitulaire en supposant, comme dans l'hypothèse précédente qu'il s'agit d'un coupable réfugié sur le territoire de l'immunité. Si l'on n'admet point cette explication, on peut dire que le texte vise un cas exceptionnel et que la connaissance de l'affaire est retirée à l'immuniste parce que le délit intéresse particulièrement l'ordre public. Nous verrons en effet, que de semblables réserves ont été édictées, dans l'intérêt public, dans un diplôme de 775 (V. infra, p. 447).

Enfin le c. 15 de l'edictum Pistense, a. 864, Pertz, p. 491, dont argumente Bethmann-Hollweg, ne nous touche pas non plus, car il vise une hypothèse semblable à celle du capitulaire de 817 précité, et il est conçu en termes presque identiques.

L'auteur que nous combattons, tout en repoussant en principe la juridiction de l'immuniste en matière criminelle, admet cependant que le châtiment des serfs coupables est abandonné à l'immuniste. Capit. Theod. a. 821, c. 7, Pertz, p. 230 : « De conjurationibus servorum quæ fiunt in Flandris et Menpisco et in cæteris maritimis locis, volumus ut per missos nostros indicetur dominis illorum, ut constringant eos, ne ultra tales conjurationes facere præsumant. »

Nous allons plus loin et nous admettons en principe le droit de juridiction criminelle de l'immuniste, quelle que soit la qualité du coupable, du moment que celui-ci est un de ses justiciables et quelle que soit la gravité du crime. Ce droit nous paraît consacré formellement par le capit. Baiwaricum, a. 810, c. 1, Boret. p. 158 : « In primis omnium jubendum est *ut habeant ecclesiæ earum justitias, tam in vita illorum qui habitant in ipsis ecclesiis, quamque in pecuniis et substantiis eorum.* » D'après cette disposition, l'Eglise a donc droit de justice criminelle et civile sur ceux qui habitent *in ipsis ecclesiis*, ce que nous traduisons par « sur le territoire de l'immunité. » Une autre solution serait en effet impossible, car la juridiction du tribunal de l'évêque, considéré comme chef spirituel du diocèse, n'était compétente que *ratione personæ* ou *ratione materiæ :* cette juridiction n'avait point de territoire. Il en était tout autrement de la juridiction de l'immuniste ; elle était essentiellement territoriale : voilà pourquoi le capitulaire de 806 la restreint *in ipsis ecclesiis*, aux terres mêmes possédées par l'Eglise, et comment il établit en même temps et d'une manière incontestable le droit de juridiction de l'immuniste, non-seulement en matière civile, mais encore en matière criminelle, *in vita illorum.*

Houard, *Anciennes lois des Français*, II, p. 170 ss. a essayé de repousser l'argument que fournit le capitulaire de 810 par cette considération que les canons ne permettent pas aux ecclésiastiques de prononcer la peine de mort, *in vita* illorum. — Cette objection se réfute aisément. Nous étudions à présent non point la juridiction ecclésiastique, mais la juridiction de l'immunité. Sans doute des églises, des abbayes, peuvent posséder des territoires privilégiés ; mais, dans ces territoires, elles exercent la justice de la même façon que le comte dans la circonscription qu'il administre. L'évêque ou l'abbé sont ordinairement représentés au tribunal de l'immunité par l'advocatus ; celui-ci a pour assesseurs les hommes libres de l'immunité. Rien ne s'oppose donc à ce qu'une condamnation à mort soit prononcée au tribunal de l'immunité (1).

Nous invoquerons en second lieu un diplôme de Pépin d'Aquitaine de 847, Bouquet, VIII, p. 361. Il porte : « Si vero

(1) En ce sens, Pardessus, *Loi salique*, p. 594.

in eadem immunitate reus repertus fuerit vel ductus, a nemine distringatur nisi a jam dicti loci mandatario, nisi forte exinde latronis fuerit ejectio. » Il s'agit ici évidemment d'un crime commis sur le territoire de l'immunité, car les capitulaires obligent l'immuniste à livrer au comte les coupables qui, ayant commis un crime hors de l'immunité, s'y sont réfugiés. C'est ce qu'indique, du reste, la restriction qui se trouve à la fin, « nisi forte exinde latronis fuerit ejectio » c'est-à-dire si ce n'est dans le cas où il y a lieu de livrer le voleur réfugié (1).

L'immuniste, comme nous l'avons déjà dit et comme nous allons encore le voir, n'a pas, d'après plusieurs capitulaires, le droit de retenir le coupable qui a commis un crime *foras* ; cela se conçoit parce que la juridiction de l'immuniste est territoriale. Mais n'en résulte-t-il pas a contrario que l'immuniste a le droit de juger ceux qui ont commis des infractions sur son territoire ? S'il n'avait aucun droit de justice, il était inutile de statuer pour les crimes commis foras, car aucun doute n'aurait pu s'élever.

L'obligation de l'immuniste de livrer le coupable réfugié dans l'immunité est rigoureusement sanctionnée. Le comte mande à l'évêque, à l'abbé ou à leur vicedominus d'avoir à rendre le coupable. Si l'immuniste conteste ou refuse de le rendre, il est condamné pour la première fois à une amende de 15 solidi. Si, après une seconde sommation, il refuse encore, l'amende est de 30 solidi. Si, à la troisième sommation, il persiste dans son refus, l'amende est de 60 solidi, sans préjudice de la réparation par l'immuniste de tout le dommage causé par le coupable. Le comte est alors autorisé à pénétrer sur le territoire de l'immunité pour rechercher l'accusé et toute résistance au comte à main armée est punie d'une amende de 600 solidi. Capit. in leg. sal. mitt. a. 803, c. 2, Pertz, p. 113 : « De his qui infra immunitatem confugiunt vel damnum aliquod ibi faciunt ... Si autem homo furtum aut homicidium fecerit, vel quodlibet crimen *foras comittens* infra immunitatem fugerit, mandet comes vel episcopo, vel abbati, vel vicedomino, vel cuique locum episcopi aut abbatis tenuerit, ut reddat ei reum. Si illum contradixerit, et eum reddere no-

(1) Pardessus, *l. c.*

luerit, in prima contradictione quindecim solidis culpabilis judicetur. Si ad secundam inquisitionem eum reddere noluerit, triginta solidis culpabilis judicetur. Si nec ad tertiam inquisitionem eum consentire voluerit, quidquid reus damnum fecerit, totum ille qui infra immunitatem retinet, nec reddere vult, solvere cogatur. Et ipse comes veniens licentiam habeat ipsum hominem infra immunitatem quærendi, ubicumque eum invenire potuerit. Si autem statim in prima inquisitione comiti responsum fuerit quod reus infra immunitatem quidem fuisset, sed fuga lapsus sit, statim juret, quod ipse eum ad justitiam cujuslibet disfaciendam fugire non fecisset et sit ei in hoc satisfactum. Si autem intranti in ipsam immunitatem comiti collecta manu quilibet resistere temptaverit, comes hoc ad regem vel ad principem deferat, ibique judicetur ; ut sicut ille qui in immunitatem damnum fecerit, 600 solidos componere debeat, itaque qui comiti collecta manu resistere præsumpserit, 600 solidis culpabilis judicetur. » — Ce capitulaire apporte donc une exception à la clause contenue dans toutes les chartes d'immunités qui interdit au juge public l'entrée du territoire privilégié. — Charles le Chauve, dans l'édit de 864, c. 18, Pertz, p. 492, maintint rigoureusement les dispositions du capitulaire de 803 à l'encontre de ceux qui donneraient asile à un faux monnayeur. Ce même prince, dans un capitulaire de 857, miss. c. 4, Pertz, p. 465, se contenta de décider que l'immuniste qui refuserait de restituer à son maître un esclave fugitif, ne serait condamné qu'à lui en payer la valeur : « Mancipia aliena, quæ intra immunitates fugiunt aut intra fiscum nostrum aut aliorum potestate, et a dominis suis insecuntur, sine ullo munere aut aliqua contradictione reddantur, aut foras ejiciantur, nisi legibus sua esse probaverint. Et si quis ostenderit et reddere noluerit, et postea fugerint, legaliter eas persolvat. » Ce qui montre, dit Lehuérou (*Inst. Carol.* p. 251) que Charles le Chauve, beaucoup moins puissant que Charlemagne, se croit obligé de garder plus de ménagements et ne se décide à violer l'immunité que lorsque son intérêt personnel est en jeu.

§ 171. — Tout en accordant en principe à l'immuniste le droit de juridiction criminelle, nous reconnaissons que certaines causes, qui touchent plus spécialement à l'intérêt public, peuvent être réservées au tribunal du comte. C'est ce que décide un diplôme de 775, Bouquet, V, p. 727 (1) : « Illud addi placuit scribendum de tribus causis, de hoste publico hoc est de banno nostro, quando publicitus promovetur et wacta (guet, garde) vel pontes componendum, illi homines bene ingenui, qui de suo capite bene ingenui immunes esse videntur, qui super terras ipsius ecclesiæ, vel ipsius pontificis, vel abbatis sui commanere noscuntur, si in aliquo exinde de istis tribus causis negligentes apparuerint, exinde cum judicibus nostris deducant rationes ; sed non amplius vel minus ; in reliquo vero ... sub emunitate ipsi sint conservati. » — Le capitulaire de 817, leg. add. c. 18, Pertz, p. 213, contient peut-être aussi une réserve semblable pour l'infraction qu'il prévoit. — Ces dispositions renferment en quelque sorte des cas royaux (2).

La clause ut nullus judex publicus ingrediatur ne peut pas non plus être opposée au comte dans les hypothèses prévues par les capitulaires de 803 et de 825. Capit. Langob. a. 803, c. 18, Pertz, p. 111 : « De pontibus vero vel reliquis similibus operibus, quæ ecclesiastici per justam et antiquam consuetudinem cum reliquo populo facere debet, hoc præcipimus ut rector ecclesiæ interpelletur ... et per alium exactorem ecclesiastici homines ad opera non compellantur. Si vero opus suum constituto die completum non habuerit, liceat comiti pro pœna præpositum operis pignerare. » — Hlotharii Constit. Olonn. a. 825, capit. gener. c. 2, Pertz, p. 251 : « Placet nobis ut liberi homines, qui non propter paupertatem, seb ob vitandem reipublicæ utilitatem, fraudolenter ac ingeniose res suas ecclesiis donant, easque denuo sub censu utendas recipiunt ut quousque ipsas res possident, hostem et reliquas publicas functiones faciant. Quod si jussa fecere neglexerint, licentiam eos distringendi comitibus permittimus per ipsas res, nostra non obsistente emunitate, ut status et utilitas regni hujusmodi adinventionibus non infirmetur. »

L'immunité, si elle ne laisse subsister la juridiction des comtes que dans les cas précités, ne porte d'ailleurs aucune atteinte à la juridiction suprême du roi. La royauté garde en

(1) Cette charte provient du *Cartulaire de Gorze*, t. XXV, p. 37-39.

(2) Pardessus, l. c., p. 595.

principe tous ses droits, seulement elle renonce à les faire exercer par ses agents (1). Il doit en être forcément ainsi, car le concessionnaire de l'immunité se présente au roi comme un humble solliciteur (2) ; il ne demande qu'à être soustrait à l'autorité du comte et non point à être exempt de celle du roi. Si le roi renonçait à ses propres droits vis-à-vis de l'immuniste, la charte d'immunité ne manquerait pas de le dire, puisque ce serait la clause la plus importante du privilège. Or elle ne parle au contraire que de la juridiction du comte et de ses subordonnés, neque vos neque juniores vestri. On rencontre sans doute des diplômes qui renferment une abdication de la volonté royale (3), mais, de l'avis des auteurs compétents, ou bien ces actes sont controuvés, ou leur authenticité est tout au moins douteuse.

Comme on l'a très-bien fait remarquer, (Clouet, l. c. p. XLII), « il ne faut pas perdre de vue que, pendant toute la période carolingienne, les églises n'eurent que les simples droits seigneuriaux. Or, quelque importante que fût une justice seigneuriale, elle n'en demeurait pas moins, aux yeux de la loi, une propriété privée et incapable de conférer à ses titulaires aucun rang dans la hiérarchie des pouvoirs publics. En conséquence, les avoués, justiciers des prélats à l'intérieur des domaines exempts, n'étaient au dehors, et par devant le comte royal, que des défenseurs ou des syndics du temporel ecclésiastique. » Nous ajouterons que, au IXe siècle et pendant une partie du Xe, le régime féodal n'est pas encore constitué ; la fusion de la souveraineté et de la terre ne s'est pas encore opérée ; l'empereur ou roi apparait encore, non pas comme souverain fieffeux, mais comme chef de l'Etat. L'immuniste, à cette époque, reste donc toujours soumis, non pas seulement fictive-

(1) Fustel de Coulanges, l. c., XXIII, p. 7.

(2) Les chartes d'immunité mentionnent presque toujours la petitio, la preces de l'immuniste.

(3) V. les diplômes cités par Waitz, III, p. 301 et par Fustel de Coulanges, *l. c.* XXII, p. 275. On y trouve les expressions suivantes : « Neque *nos* neque juniores aut successores nostri. — Nec regalis sublimitas nec quorumlibet judicum seva cupiditas refragare temptet. — Neque nos nec quisquam imperator aut rex aut dux. — Ut nullus regum nobis succedentium vel alia persona. »

ment, comme sous la féodalité, mais encore en fait au pouvoir royal qui, par conséquent, conserve sur l'officier de l'immunité son droit de contrôle et d'appel.

La réserve des droits du roi est même quelquefois expressément indiquée dans les diplômes. Diplôme de Dagobert I, de 632, Pardessus, *Dipl.* II, n° 258, p. 18 : « Liceat memorato præsuli, suisque successoribus, omnia præfata monasteria, villas, vicos et castella, cum suis adjacentibus, integre perpetuo tempore ... quieto ordine possidere et nostro fideliter parere imperio. » — Diplôme de Pépin pour l'Eglise de Worms (*Forschungen*, IX, p. 406, Mühlbacher, 97, cité par Waitz, III, p. 302, n. 1) : « Nisi ad utilitatem regum fuerit necessitas, una cum ipso pontifice ibidem debeant ambulare. » — Diplôme de Pépin pour l'abbaye de Pruim (MR. UB. I, 17, p. 22, cité par Waitz, ibid.) : « Absque jussione nostra vel heredum nostrorum. » Rozière, form. 576 : « Absque nostra, si tamen ita res postulaverit, jussione. » — Sans doute, dans la plupart des diplômes, le maintien de la juridiction royale n'est pas formulé, mais il est sous-entendu et si l'on ne prenait pas la peine de l'exprimer, c'est que, dans l'esprit de tous, concédant et concessionnaire, le privilège ne supprimait en faveur de l'immuniste que les droits des officiers ordinaires du roi.

Des principes que nous venons de poser nous tirerons cette première conséquence, exprimée d'ailleurs dans les capitulaires, que le contrôle des missi s'exerce aussi bien vis-à-vis des juges de l'immunité qu'à l'égard des juges ordinaires. Quelques diplômes adressent bien, il est vrai, au missus comme au comte l'interdiction de faire acte de justice sur le domaine privilégié. *Histor. Patr. Mon.* I, p. 59 : « Nullus judex publicus, nullus missus discurrens (1). » Mais les missi n'en ont pas moins le droit de veiller à la bonne administration de la justice dans les immunités et de forcer l'immuniste à rendre la justice qu'il doit à ses hommes. Capit. miss. a. 819, c. 9, Boret. p. 289 : « De his qui per occasionem immunitatis justitiam facere renuunt, ut hoc observetur quod a nobis constitutum est. » (2). Ibid. c. 23:

(1) V. Præceptum Caroli magni, a. 796, Bouquet, V, p. 756 et les autres diplômes cités par Waitz, III, p. 456, n. 1.

(2) In capitulari deperdito ? dit Boretius, l. c.

« Ut ubicumque ipsi missi aut episcopum, aut abbatem... invenerint qui justitiam facere vel noluit vel prohibuit, de ipsius rebus vivant quamdiu in eo loco justitias facere debent. » — Karoli II Convent. Silvac. a. 853, c. 7, Pertz, p. 425 : « Ut quando missi nostri latronem forbannierint hoc et missis aliis et comitibus scire faciant... et si in alicujus villam fugerit... advocato adnuntietur ut ipsum latronem reddat... quod si facere neglexerit usque ad secundam vicem bannum dominicum inde componat. »

Nous dirons en second lieu que le roi peut, s'il le veut, entrer dans le domaine privilégié pour y juger (1).

Nous étendrons enfin la juridiction d'appel du roi et de ses missi aux décisions des tribunaux de l'immunité. Charles le Chauve qui, parmi les premiers Carolingiens, est un de ceux qui ont fait le plus de concessions à la féodalité naissante, se réserve encore le droit de relever l'appel contre les décisions des seigneurs ecclésiastiques et laïques. Adnuntiatio Karoli II, a. 869, c. 2, Pertz, p. 511 : « Et volumus atque jubemus ut vassali episcoporum, abbatum et abbatissarum atque comitum et vassorum nostrorum talem legem et justitiam apud seniores suos habeant, sicut eorum antecessores apud illorum seniores tempore antecessorum habuerunt. Et si aliquis episcopus, abbas aut abbatissa vel comes ac vassus noster, suo homini contra rectum et justitiam fecerit, et si inde ad nos reclamaverit, sciat quia sicut ratio et lex atque justitia est, hoc emendare faciemus. » (2) (3).

(1) Fustel de Coulanges, l. c., XXII, p. 281.

(2) Cp. Marc. Form. 26 et 27, Zeumer. p. 56. — L'église de Reims, à la fin du VIIe siècle, avait un prêtre chargé de soutenir ses procès devant le roi, « causas apud regiam majestatem pro rebus ecclesiasticis vel colonorum legibus agere. » Flodoard, *Hist. Rem.* II, 10. V. les textes que nous avons cités en étudiant la juridiction d'appel du roi et des missi, et Fustel de Coulanges, l. c., p. 281.

(3) M. Fustel de Coulanges, l. c. XXII, p. 282, a eu le tort, selon nous, de prétendre que la justice de l'Etat était expressément maintenue dans plusieurs diplômes où le roi s'exprime ainsi : « Si aliquas causas adversus ipsum monasterium, aut mitio ipsius abbatis ortas fuerint, quas a vobis vel junioribus vestris, absque eorum iniquo dispendio recte definitæ non fuerint... in præsentiam nostram serventur et ibidem finitivam sententiam debeant accipere. » Dipl. de 562, Pardessus,

§ 172. — La portée de la concession d'immunité au point de vue du droit de juridiction nous apparaîtra plus nettement encore, si nous considérons le rôle de l'*advocatus* de l'officier de l'immunité.

Les avoués, dont l'origine remonte à la période romaine, étaient alors de simples défenseurs, chargés, en qualité de syndics ou de fondés de pouvoir, de la direction des affaires contentieuses d'une corporation civile ou ecclésiastique. Lorsque les richesses du clergé et ses relations avec le monde séculier se multiplièrent, il éprouva de plus en plus le besoin d'avoir de tels agents pour défendre ses intérêts temporels.

Quand les domaines ecclésiastiques devinrent des immunités, le rôle des avoués acquit une importance considérable : « Entre leurs mains fut remise la gestion de tous les droits que les prêtres ne pouvaient canoniquement exercer eux-mêmes, et ils se trouvèrent ainsi les mandataires et les représentants de l'Église en presque toutes ses prérogatives temporelles (Clouet, l. c. II, 17). » Le recours à leur ministère fut déclaré obligatoire, et, en conséquence, chaque prélat dut établir un avoué (1) dans tous les lieux où il possédait des

n° 168, de 674, n° 372, de 748, n° 599, Marc. I, 24. — Ces textes visent la mainbour et non l'immunité. Ainsi le diplôme n° 168 est un acte de Chilpéric « quo sub sua tuitione suscipit Anisolense monasterium. » Le diplôme n° 372 est la confirmation du précédent et ne parle en aucune façon des priviléges de l'immunité. Il en est de même enfin de la charte n° 599 « qua Pippinus ... abbatem et res omnes Hohenaugiensis monasterii sub sua protectione suscipit. »

(1) La dénomination latine de cet officier varie. Le nom habituel est advocatus, que l'on écrit aussi quelquefois vocatus, vogatus, fogatus. Meilchelbeck, 285, p. 153, Dronke, 117, p. 69. — L'expression la plus habituelle, après celle d'advocatus, est vicedominus. V. Pardessus, *Dipl.* II, p. 193, 235, 330. Capit. leg. add. a. 803, c. 2, Boret. p. 113. — Le vicedominus peut aussi être simplement un mandataire spécial de l'immuniste. Flodoard, *Hist. Rem.* II, 19, p. 467, nomme une personne portant à la fois les deux titres : « Per R. vicedominum et ecclesiæ advocatum », ce qui n'est qu'une de ces tautologies familières aux écrivains francs. — On trouve aussi les expressions d'œconomus, majordomus, præpositus, defensor, centenarius. — Œconomus : Diplôme de Louis le Débonnaire cité par Waitz, III, p. 466, n. 3 : « Ut liceret ei juxta canonicam auctoritatem habere œconomum, qui pro illo exteriores curas gereret et nostra servitia, prout melius posset, sua vice faceret...

domaines privilégiés : « Ut episcopi, universique sacerdotes habeant advocatos, quia episcopi universique sacerdotes ad solam laudem Dei, et bonorum operum actionem, constituuntur. » Bal. II, p. 337, c. 26. Voilà ce que prescrivent maintes fois les capitulaires.

Dans le nouvel ordre de choses, l'avoué devint à la fois le justicier de l'Eglise et son bras séculier pour les affaires militaires et la disposition de la force publique (1).

§ 173. — Ce rôle de justicier de l'Eglise est incontesté et incontestable pour la fin du Xe siècle et pour le XIe. Existait-il déjà à l'époque où les immunités furent concédées à des églises ou à des abbayes ? C'est la question que nous avons à élucider et sur laquelle nous sommes en désaccord complet avec M. Prost.

Selon cet auteur (p. 325), « le rôle de l'*advocatus* est fort modeste à l'origine, même quand les immunités existaient déjà. La juridiction lui a été d'abord et longtemps interdite. Les fonctions essentielles de l'*advocatus* sont celles que lui assignaient naturellement son rôle de défenseur, savoir : prendre en mains les intérêts de son client (l'immuniste), de ses hommes et de ses choses, répondre en justice pour son client ou pour ses hommes devant le *judex publicus*, le comte, se porter demandeur ou défendeur... mais de juridiction personnelle, il n'en a point. Ce n'est qu'un simple intermédiaire entre les gens de l'immunité et le *judex publicus*. Toutefois, il exerce la police sociale sur le territoire dont l'accès est interdit au juge public. »

Le rôle de l'*advocatus*, comme officier judiciaire nous semble avoir eu une importance considérable bien avant le Xe siècle,

quemcumque de nostris fidelibus vellet tam infra palatium sibi ecclesiæque sibi commissæ eligere adjutorem et defensorem.... suos homines cum suo œconomo... dirigat. » — Majordomus : Ann. Bertin. 867, Pertz, *Script*. I, p. 471 : « Militiæ quoque curam per majorem domus sua commendatione geri disponens. » — Praepositus : Capit. Aquisgr. a. 809, c. 11, Pertz, p. 156. Capit. monach. a. 817, c. 3, Boret. p. 346. Capit. Vern. a. 755, c. 6, Boret. p. 34. Hincmari Op. II, p. 317. — Defensor : Pardessus, *Dipl*. I, p. 148. Marc. I, 36. — Centenarius : Capit. miss. a. 802, c. 13, Boret. p. 93. — Les expressions françaises sont celles d'avoué, voué, vidame. Le mot allemand est Vogt.

(1) Clouet, l. c.

et nous croyons même qu'il n'y aurait pas trop de témérité à affirmer que, dès le moment où l'Eglise fut investie des immunités, elle exerça les droits de juridiction que lui conféraient ces privilèges par l'intermédiaire des avoués.

Voyons d'abord les arguments par lesquels on a cherché à réduire les fonctions judiciaires de l'*advocatus* à celles d'intermédiaire entre les privilégiés ou leurs hommes et les officiers publics.

D'après M. Prost (p. 304), « le caractère initial, le rôle primitif des officiers de l'immunité ressortent clairement du rapprochement que l'on peut faire de leurs attributions et de celles mieux connues des officiers qui ont une situation analogue dans les domaines du fisc, *judices fisci*. Le type perfectionné en quelque sorte du grand domaine privé et de son organisation est fourni à l'époque carolingienne par les terres du fisc, par la villa royale. Le capitulaire *De villis* nous initie au régime de ces terres du fisc, sous l'administration des *judices fisci*, des *ministeriales*, agents du *maître, qui dans ce cas est le souverain*... Or le *judex villæ* administre le domaine dont il dirige les travaux, *labores facere debet*. Il gouverne les colons et il a sur eux, dans une certaine mesure le droit de contraindre, avec une sorte de juridiction domestique, *colonos distringit*, *condemnat*. Il poursuit leurs revendications, *justitias ad querendum decertat* ; il répond pour eux devant le juge public dont il exécute les décisions, *justitiam facit* (V. capit. a. 800, *De villis*, c. 52, 53, 56 ; Bal. I, 332 et s.) Du rôle des *judices fisci* ont peut déduire une appréciation de ce qu'était celui des *advocati* dans les terres d'immunité. Cette induction est fondée sur l'analogie des deux situations, analogie justifiée par les faits et par les documents, par le texte suivant entre autres : « Si autem fiscalinus noster ita infamis in fiscum nostrum confugerit, vel colonus *de immunitate in immunitatem* (1) confugerit, mandet comes (judex publicus),

(1) Les mots en italiques, *De immunitate in immunitatem*, n'ont pas été rapportés par M. Prost dans la citation qu'il a faite de ce capitulaire. Nous les avons rétablis parce ce qu'il est intéressant de voir dans quelle circonstance le comte a le droit de faire représenter le coupable à son *mallum*: c'est lorsqu'un colon a fui d'une immunité dans une autre. Le propriétaire du colon n'aurait pas eu le droit, pour le punir, de le

judici nostro vel advocato cujuscumque casæ Dei ut talem infamem in malo præsentet. » Caroli regis capitul. a. 873, c. 3, Baluze, II, 229. L'*advocatus* est le *judex privatus* des domaines particuliers du possesseur privilégié, dans l'immunité, comme l'est le *judex noster*, *judex regis* ou *imperatoris*, *judex fisci*, dans les domaines du fisc. »

Cette argumention ne saurait nous convaincre.

D'abord nous n'estimons pas fondée l'induction tirée de l'analogie de situations. Il nous semble, au contraire, que la situation du *judex fisci* ne saurait se comparer à celle de l'*advocatus* au point de vue du droit de juridiction. Le *judex fisci* remplit en effet ses fonctions, comme l'indique son nom, sur les terres du fisc ; son maître, ainsi que le reconnait lui-même M. Prost, est le souverain, l'empereur. Le *judex fisci* ne peut donc être qu'un administrateur dans des terres où l'autorité du *judex publicus*, représentant de l'empereur, est restée intacte. — L'*advocatus* est officier de l'immunité, de ce territoire dont l'entrée est précisément interdite au *judex publicus* dans la concession du privilège. Vouloir assimiler *a priori* le rôle judiciaire de l'*advocatus* à celui du *judex fisci*, ce serait donc ne tenir aucun compte de l'immunité même.

L'analogie entre les deux officiers résulte-t-elle du moins des textes? Nous ne le pensons pas non plus. Sans doute le capitulaire précité de 873 semble placer sur la même ligne l'*advocatus* et le *judex fisci*, mais c'est à un point de vue particulier seulement. Le comte, pour obtenir la représentation à son mal du colon coupable, s'adresse au *judex fisci* ou à l'*advocatus*, parce que l'un et l'autre ont le droit de *districtio*. Mais de ce que, en ce qui concerne l'exercice de ce droit de *districtio*, les attributions de l'*advocatus* lui sont communes avec le *judex fisci*, en résulte-t-il que l'officier de l'immunité n'ait rien de plus que l'administrateur des terres impériales? C'est ce qui ne ressort nullement du capitulaire de 873. Pour nous

réclamer de l'immuniste sur le territoire duquel le coupable s'est enfui ; ce second immuniste n'étant pas, d'un autre côté, intéressé à la répression de l'infraction commise sur une autre immunité, le coupable n'aurait pas été puni si le comte, gardien supérieur des droits du roi et représentant la société, n'avait pas eu le droit de se le faire amener.

convaincre, il faudrait d'autres documents plus explicites; or, on ne les a pas fournis.

§ 174. — Voici maintenant comment, à un autre point de vue, M. Prost entend déterminer le rôle de l'*advocatus* dans l'immunité (p. 309) : « Sur le second point, dit-il, comme *intermédiaires* entre les privilégiés ou leurs hommes et les officiers publics, *judices publici*, les *advocati* devaient représenter leur client dans toute affaire judiciaire où celui-ci pouvait être engagé, qu'il fût acteur ou défendeur, sauf pour les cas majeurs impliquant *publicum crimen*. Ils le suppléaient même dans l'obligation de présenter au plaid du comte les hommes de ce client lorsqu'ils étaient prévenus de crimes.... Le rôle de l'*advocatus* embrassait toutes les phases de l'affaire jusqu'à sa conclusion. » Et M. Prost cite, comme devant renfermer la preuve de ses affirmations, de nombreux capitulaires du commencement du IXe siècle.

Nous n'avons trouvé dans ces capitulaires aucune disposition réglant la situation de l'*advocatus*, officier de l'immunité. M. Prost en convient lui-même quand, pour exposer son argument, il dit : « Les exemples que nous avons cités se rapportent à la condition de l'*advocatus des clercs ou gens d'Église. Le rôle de cet officier est le même dans l'immunité*, le plus souvent constituée sur un domaine ecclésiastique. *C'est ce dont il est question, d'une manière toute spéciale, dans l'un des textes précédents concernant les voleurs, latrones.* »

Le rôle de l'*advocatus* officier de l'immunité est le même que celui de l'*advocatus* des clercs ou gens d'Église : mais c'est, à notre avis, une pure affirmation. Quel texte l'établit donc? C'est là justement ce que l'on ne dit pas. Nous ne concevons même pas l'argument que l'on veut tirer du rôle de l'*advocatus*, représentant les intérêts temporels des clercs devant les tribunaux séculiers, aux fonctions de l'*advocatus* dans l'intérieur de l'immunité, à son droit sur les habitants de ce territoire où nul juge public ne doit entrer. Ce sont là deux situations entièrement différentes; argumenter de l'une pour vouloir établir l'autre, ce serait raisonner comme si des fonctions du bailli considéré comme représentant les intérêts du roi dans le système féodal on voulait induire son rôle en matière de juridiction.

On ajoute qu'il est question d'une façon toute spéciale du rôle de l'*advocatus*, officier de l'immunité, dans le texte concernant les voleurs, *latrones* (le seul des capitulaires qui parle d'immunité). Ce texte, c'est le § 18 du capitulaire de 801 ainsi conçu, Bal. I, 351 : « Ut latrones *illos* de infra emunitate judices et advocati ad comitum placita, quando eis adnunciatum fuerit, præsentent. » Pour connaître la véritable signification de ce texte, il faut le considérer non pas isolément, comme on l'a fait, mais rapproché du § 17, lequel porte : « Ut nemo audeat in furto mancipia emere *et in aliam regionem occulte ducere. Ubi vero repertum fuerit*, legali sententiæ subjaceat. » Le § 17 suppose que les voleurs qu'il veut frapper essaient de se soustraire par la fuite au châtiment qui les menace. Puis le § 18, supposant que ces voleurs, *illos latrones*, se réfugient sur le territoire de l'immunité, décide que ces coupables resteront néanmoins justiciables du comte, du *judex publicus*, et la conséquence toute naturelle en est que le juge public a le droit de se faire représenter l'auteur de l'infraction sur lequel l'*advocatus* ne peut prétendre à aucun droit de juridiction, le délit ayant été commis en dehors de l'immunité. Loin de confirmer l'opinion que nous combattons, le capitulaire de 801 nous est au contraire favorable, et nous pouvons en tirer un argument *a contrario:* nous sommes autorisés à dire que le droit de juridiction de l'*advocatus* en résulte pour les crimes commis dans l'intérieur de l'immunité.

§ 175. — Il ne nous suffit pas d'avoir écarté les arguments que l'on invoque contre le caractère de l'*advocatus*, tel que nous le concevons ; il nous faut maintenant, pour achever notre démonstration, apporter les preuves de la juridiction de l'*advocatus* dans l'immunité, et cela bien avant le X$^{e}$ siècle. C'est ce que nous allons essayer.

Consultons les capitulaires.

Ils rangent les avoués à côté des autres magistrats de l'ordre judiciaire, les qualifient expressément de juges. Capit. a. 779, c. 9, Pertz, p. 36: « Ut latrones de infra immunitatem illius judices (et advocati). » — Capit. a. 802, c. 58, Pertz, p. 101 : « Ut omnes bonos et idoneos vicedominos et advocatos habeant et judices. » — Capit. Ingel. a. 807, c. 6, Pertz, p. 151 : « De pravis judicibus, advocatis, vicedominis, vicariis, centenariis, vel reliquis actoribus malevolis non habendis. » — Capit. Aquisgr. a. 809, c. 11, Pertz, p. 156 : « Ut judices, advocati, præpositi, centenarii, scabini, quales meliores inveniri possunt ... » (1). Nous citerons encore un capitulaire édité pour la première fois par Boretius, p. 185. Le § 1 porte : « Ut non sint comites nostri tardi causas nostras ad judicandum, nec eorum scabini. » Le § 2 traite « de pravis centenariis vel scabinis » et le § 3 « de pravis advocatis et vicedominis et vicecomitis et pravis archidiaconibus vel præpositis. » L'enchaînement de ces trois §§ montre bien que l'on a voulu s'occuper de tous les juges et que les advocati ou vicedomini sont assimilés aux comtes, vicomtes ou centeniers.

Les avoués sont soumis aux mêmes devoirs que les juges et, en cas de malversation, ils sont exclus du corps judiciaire et déclarés incapables de faire aucun acte de justice, Lib. VII, c. 157, Bal. I, p. 1059 : « Quid de advocato agendum sit qui in dolo vel fraude repertus fuerit. — Si advocatus in causa suscepta iniqua cupiditate fuerit repertus, a conventu honestorum et *a judiciorum communione separetur*, et videat ne *judicis* et *assertoris* personam accipiat. » Ce texte, dont rien ne nous porte à suspecter l'authenticité, indique clairement la double qualité de l'*advocatus*, il est *judex*, pour les habitants de l'immunité, et *assertor*, représentant, dans d'autres hypothèses, soit qu'il s'agisse alors des affaires des clercs pendantes devant les tribunaux séculiers, soit que, dans certains cas exceptionnels que nous verrons, il s'agisse de l'immuniste ou des habitants de l'immunité.

Les capitulaires ne se bornent pas à qualifier de juges les advocati ; il les présentent dans l'exercice de leurs fonctions, rendant la justice. Capit. miss. gen. a. 802, c. 13, Boret. p. 93 : « Ut episcopi, abbates adque abbatissæ advocatos adque vicedomini centenariosque legem scientes et justitiam diligentes pacificosque et mansuetos habeant, qualiter per illosque sanctæ Dei ecclesiæ magis profectum vel merces adcrescat ; quia nullatenus neque præpositus neque advocatus damnosus et cupidus in monasteria habere volumus, a quibus magis nos

(1) La lex romana Utinensis, II, 18, 2, qualifie l'advocatus, par opposition au judex publicus, de « judex privatus qui actor ecclesiarium est. »

blasphemia vel detrimenta oriantur. Sed tales sint, quales eos canonica vel regularis institutio fieri jubet, voluntate Dei subditos et ad omnes justitia perficiendi semper paratos, pleniter observantes, absque fraude maligno, *justum semper judicium in omnibus exercentes.* » — Capit. miss. Theod. a. 805, c. 12, Boret. p. 224 : « De advocatis id est ut pravi advocati, vicedomini, vicarii et centenarii tollantur et tales eligantur quales et sciant et velint *juste causas discernere et terminare* » — Capit. de monast. S. Crucis, a. 822-824, c. 8, Boret. p. 302 : « Quando vero necesse non fuerit, advocatus earum *per se justitiam faciat et accipiat.* » — Capitulaire de Pépin de 791, c. 29, Baluze, I, p. 548 : « Ut qui se reclamaverit super pontificem *qui justitiam habet* ad requirendum dirigat illum comes aut per missum suum aut per epistolam *ad ipsum pontificem.* Et si ipse episcopus ... distulerit ad justitiam faciendam, tunc, juxta ut episcopi elegerint, ipsi sibi ubi consuetudo fuerit pignorandi a longo tempore, ut inantea in eo modo sit pro justitia facienda. Et hoc statuimus *ut ubicumque substantiam pontifex habuerit,* advocatum habeat in ipso comitatu, ut absque tarditate justitiam faciat et suscipiat (1). »

Voilà donc des textes qui accordent formellement à l'officier de l'immunité le droit de faire justice, *justitiam facere.* Nous savons bien que l'on a voulu traduire autrement l'expression *justitiam facere* ; elle signifie quelquefois non pas juger, mais faire droit, se soumettre à un jugement. Mais n'est-il pas bien plus naturel de la traduire dans les textes précités par juger que par faire droit ? Dans le capitulaire de Pépin, aucun doute ne peut même s'élever sur le sens de *justitiam facere,* car il s'agit de la délégation à l'avoué de la *justitia* qui appartient à l'évêque.

(1) Nous pourrions aussi invoquer le c. 26 des Capit. excerpt. ex lege Longob. (Bal., II, 337) et ainsi conçu : « Ut episcopi habeant advocatos... Debet ergo unusquisque eorum *tam ecclesiasticis quam etiam propriis actionibus,* excepto publico videlicet crimine, habere advocatum... » On a pu dire (Glouet, *l. c.* p. XVII), en se fondant sur ce texte, que l'*advocatus* était par là constitué juge de toutes les affaires, excepté de celles qui étaient du ressort de la justice royale, *excepto publico crimine.* Nous aimons mieux toutefois abandonner ce texte, car de son ensemble il nous paraît ressortir que l'*advocatus* n'y est point considéré comme officier de l'immunité.

Le doute, s'il pouvait exister, disparaîtrait d'ailleurs devant les diplômes qui nous montrent l'avoué ou le vicedominus siégeant à son placitum ad audiendas causas. Diplôme de Louis le Débonnaire de 823 pro Masonis monasterio, Bouquet, VI, p. 535 : « Advocatis vero quos nescimus quales futuri sint, ex parte Dei et nostra imperamus, ut nullos subadvocatos, exactores nullosque legatos, in eodem loco vel in cunctis ejus appendiciis ponant vel habeant, sed ipse advocatus *cui nos vel successores nostri bannum super eamdem abbatiam dabimus* illius ecclesiæ locis benigne provideat, *et semel in anno publicum placitum* apud villam quæ vocatur Gowenheim, *ubi sedes est judiciaria totius abbatiæ*, teneat *cum illis* tamen qui quod justum est sciant et diligant et ibi omnes injuriam passis *secundum idoneos ejusdem populi judices*, cæterorumque consensum *justitiam faciat* ; nec aliquis de tota familia, dives seu pauper, terra sua et jure suo privetur, nisi in prædicto loco, *communi sapientium judicio.* » — Diplôme de Lothaire de 846 pro argentoratensi S. Stephani cœnobio sanctimonialium, Bouquet, VIII, p. 382 : « Ut nullus judex publicus vel quislibet ex judiciaria potestate in loca.., nisi defensor quem ipsius loci congregatio vel abbatissa voluntarie e palatio impetraverit, audeat ingredi ad causas audiendas. (1) » — Diplôme de 802 relatant un jugement en faveur de l'abbaye de Caunes, Vaissette I, nº 11, p. 30 : « In judicio Cixiliani vicedomino... et aliorum bonorum hominum (2). »

Nous reconnaissons enfin, pour clore cette discussion sur le caractère de l'avoué, que cet officier peut jouer quelquefois le rôle d'intermédiaire devant le comte et relativement à l'immunité, mais dans des circonstances qui ne peuvent nullement influer sur le droit de juridiction que nous lui avons reconnu sur les habitants du territoire privilégié.

(1) Cp. Vita S. Remberti, a. 865, Bouquet, VII, p. 339 : « Hoc obtinuit ut insignis vir Adalgarius monachus, videlicet de monasterio novæ Corbeiæ... illi præstitus ita in adjutorium illi confirmaretur, quatinus, dum sese qualibet infirmitas præpediret, in ipso solatium circandi episcopatum, placita adeundi. »

(2) Cp. Diplôme de 882 relatant également un plaid tenu par un vicedominus d'une abbaye, Fumagalli, nº 121. — V. Bethmann-Hollweg, V, p. 40.

Le rôle d'intermédiaire joué par l'avoué est celui auquel fait allusion le capitulaire de 823, c. 17, Boret. p. 319, lorsqu'il ordonne aux évêques, aux abbés et aux abbesses d'avoir des avoués pour faire justice devant le comte : « Volumus ut episcopi, abbates et abbatissæ eorum advocatos habeant et pleniter justitias faciant ante comitem suum. (1). »

Nous avons déjà montré comment l'advocatus peut avoir à représenter les hommes de l'immunité devant le tribunal du comte, lorsqu'ils ont un procès avec une personne étrangère à l'immunité. L'advocatus devrait, en pareille hypothèse, représenter l'immuniste lui-même. — En cas de contestation entre deux immunistes, le capitulaire d'Aix-la-Chapelle de 818-819, Boret. p. 283, pourrait laisser croire que le différend est encore jugé par le comte. Mais nous avons exposé la portée restreinte de ce capitulaire, et, à notre avis, c'est le tribunal du roi qui est compétent pour statuer sur les procès entre grands ecclésiastiques.

Comme conclusion définitive de cette étude sur le caractère de l'*advocatus*, nous dirons que des capitulaires il résulte que, dès le commencement du IXe siècle, cet officier remplit les fonctions d'un juge véritable et en toutes matières dans l'intérieur de l'immunité ; c'est donc que l'immunité accordée aux églises leur confère le droit de juridiction.

Aussi, dans les siècles suivants, lorsque la royauté ou les seigneurs veulent contester leur droit de juridiction aux églises ou aux abbayes, celles-ci, pour faire reconnaître leurs droits, n'ont qu'à produire une charte d'immunité. C'est donc que de ce privilège résultait directement à leur profit le droit de basse et de haute justice, et que ce droit n'était point une usurpation des immunistes, autrement la royauté n'aurait

(1) Cp. diplôme de Louis le Débonnaire cité par Waitz, III, p. 464, n. 4 : « Ut eamdem advocationis curam H. vassallo nostro committeremus... committentes eidem rerum monasterii sui curam, in adquirendis videlicet justitiis et aliis faciendis ... jubemus ut omnia quæcumque prædictus advocatus ... secundum legem quæsierit aut quærentibus obstiterit, aut juste satisfecerit atque legaliter diffinita fuerint, rata et stabilita permaneant, ubicumque ad loca et potestates seu ministeria cujuscumque comitum advenerit, undecumque de rebus ejusdem monasterii justitiam quæsierit, absque ulla dilatatione secundum legem plenissimam reperiat, atque quærentibus faciat. »

pas cédé dans les conflits qui s'élevèrent entre ses officiers et ceux des immunistes.

Nous avons plusieurs exemples de ces conflits qui furent tranchés au profit des églises, lorsque celles-ci exhibaient une charte d'immunité. En 1275, l'abbé de Saint-Maur fit reconnaître son droit de juridiction sur des individus accusés de fabrication de fausse monnaie et réclamés par le lieutenant du prévôt de Paris, sous le prétexte que ce crime était un cas royal. L'abbé se fonda sur ce qu'il avait dans toute sa terre haute et basse justice en vertu de chartes accordées à son église par des rois de France, et il obtint gain de cause : « ... et abbas fecit querimoniam coram eo de injuriis et gravaminibus sibi a dicto Matheo factis, qui statim dictos hospites liberavit, et postmodum *visis cartis ecclesiæ de duobus regibus in quibus continebatur quod quidquid fiscus sperare aut exigere poterat de rebus ecclesiæ totum dictæ dabant et concedebant* factaque ab eodem inquestu super usu... sequuntur... dictam justitiam dicto abbati reddidit (1). »

Un autre conflit survenu à la même époque entre cet abbé et les sergents du Châtelet montre, d'une manière plus explicite encore, que les chartes d'immunité décidaient seules le droit de haute justice. L'abbé réclama et parvint à se faire livrer un individu qui avait commis un vol dans une vigne appartenant à l'abbaye, et, pour cela, il n'eut encore qu'à produire des chartes des rois Louis et Charles qui donnaient à son église tout ce que le fisc pouvait exiger ou espérer dans les terres de l'abbaye de Saint-Maur : « ... *Ostendimus eisdem chartas regum Ludovici et Caroli qui dederunt ecclesiæ nostræ quantumcumque fiscus exigere poterat aut sperare in terra ecclesiæ nostræ*. Quibus visis et intellectis, dicti ballivus et prepositus reddiderunt nobis dictum Colinum, *deliberando nobis omnimodam justitiam* in terra nostro de Corbolio (2). » M. Boutaric a recherché à quelle année remontaient ces diplômes des rois Louis et Charles, et il a trouvé que l'un est de Louis le Débonnaire, en date du 20 juin 816, portant concession d'immunité à la prière du comte Begon, l'autre une confirmation

(1) Archives nationales, LL, 112, fol. 191. Document cité par Boutaric, *Des origines du régime féodal*, p. 52.

(2) Archives nationales, LL, 112, fol. 243.

par Charles le Chauve, en date du 1er septembre 841. Nouvelle preuve que, dès le commencement du IXe siècle au moins, les chartes d'immunités emportaient droit de juridiction pour les immunistes. Et il faut même remarquer que, d'après les actes relatifs à l'abbaye de Saint-Maur, les chartes produites par l'évêque n'auraient même été conçues que dans une forme négative ; elles se seraient bornées à accorder à l'abbaye tout ce que le fisc pouvait exiger ou espérer dans les terres de l'abbaye de Saint-Maur. C'est donc, comme nous le disions, que cette formule suffisait par elle seule à transporter à l'immuniste le droit de juridiction dont on refusait l'exercice au *iudex publicus*, et il faudrait admettre cette solution, alors même que nous n'aurions aucun document où il serait fait mention d'une concession directe et formelle de juridiction. Or, nous avons démontré que nous n'en manquions pas.

§ 176. — En raison de l'importance des fonctions confiées aux avoués, la nomination de ces officiers est soumise à certaines règles.

Aux termes de plusieurs capitulaires, ils sont élus cum comite et populo. Capit. Aquisgr. I, a. 809, c. 22, Boret. p. 151 (sup. cit.).—Capit. Pipp. Langob. a. 802, c. 11, Boret. p. 210 : « Volumus ut advocati in presentia comitis elegantur, non habentes malam famam, sed tales eligantur quales lex jubet eligere. » (1) — D'après un capitulaire de 803, les avoués sont nommés par les missi, c. 3, Boret. p. 115 : « Ut missi nostri... advocatos... per singula loca elegant et eorum nomina quando reversi fuerint, secum scripta deferant (2). » — Enfin, des diplômes montrent quelquefois les avoués nommés par le roi (3). — Par contre, d'autres chartes accordent aux immunistes le droit de choisir librement leurs avoués. Dipl. de Pépin d'Aquitaine,

(1) Formule du Lib. Pap. Kar. 22, Pertz, IV, p. 488 : « Domne comes, hoc dicit Rainaldus episcopus, quod vult eligere Dominicum, ut fiat suus advocatus et de episcopatu, quod habeat... licentiam... de rebus æcclesiæ appellationes faciendi et recipiendi. »

(2) Maurer, comme nous le verrons en étudiant la représentation des parties en justice, entend par les advocati dont parle ce capitulaire les avoués, mandataires ad litem des parties, dans le sens moderne du mot, et non les officiers de l'immunité.

(3) V. Diplôme de 823, Bouquet, VI, p. 535. Diplôme de 846, ibid. VIII, p. 382. Diplômes cités par Waitz, III, p. 464, n. 4 et 469, n. 1.

Bouquet, VI, p. 674 : « Liceat eis qualemcumque sibi sua sponte elegerint advocatum habere. » — Diplôme de Charles le Simple cité par Waitz, ibid. : « Pro infestationibus vero pessimorum iniquorumque hominum quemcumque... H. abbas aut successores ejus voluerint eligere advocatum vel causidicum ad res ipsius monasterii inquirendas seu defendendas liberam in omnibus habeant facultatem, ita ut omnes comites vel cujuslibet administrationis judices sive Dei omnipotentes nostrique fideles, ad quorumcumque placitum vel ante quorumcumque judicium ipsius cœnobii advocatus venerit, pro Dei amore et nostra jussione in cunctis justis ratiociniis solatium et... adjutorium præbeant, talemque potestatem atque auctoritatem ad res easdem inquirendas sive defendendas habeant qualem decet in rebus omnipotenti Deo abbatis atque consecratis. » — Avec les progrès des immunités, le libre choix des advocati par les immunistes eux-mêmes dut prévaloir. Aussi et même plus puissants que les comtes, les immunistes durent en effet acquérir rapidement le droit de nommer à leur gré leurs représentants, comme le faisaient les comtes eux-mêmes.

Les capitulaires exigent que l'on ne choisisse pour avoués que des personnes honorables (V. Capit. supr. cit.), ils veulent d'un autre côté que les avoués soient propriétaires dans le comté où ils exercent leurs fonctions judiciaires. Capit. Aquisgr. a. 801-813, c. 14, Boret. p. 172 : « Ut episcopi et abbates advocatos habeant et ipsi habeant in illo comitatu propriam hereditatem, et ut ipsi recti et boni sint et habeant voluntatem recte et juste causas perficere. »

On ne peut choisir pour advocatus le centenier du comte. Capit. miss. a. 817, c. 19, Pertz, p. 218 : « Ut nullus episcopus, nec abbas, nec comis, nec abbatissa centenarium comitis advocatum habeat. » — L'empereur prohibe la réunion des deux fonctions dans la même personne pour réserver l'indépendance des subordonnés du comte (1).

Sohm, *Verfass. des fränk. Reichs*, p. 253, enseigne que le droit de nomination des centeniers qui, comme nous l'avons

(1) Selon Unger, p. 299, le capitulaire de 817 aurait eu pour but d'empêcher les centeniers de se soustraire à la surveillance du comte.

vu, appartient en fait au comte, a été restreint, dès l'époque carolingienne, par le développement des immunités. Il cite les capitulaires de 802 et de 810 et un canon du concile de Mayence de 813. Capit. de 802, c. 13, Pertz, p. 92 : « Ut episcopi, abbates adque abbatissæ advocatos adque vicedomini centenariosque... habeant. » — Capit. de 810, c. 6, Pertz, p. 151 : « De pravis judicibus, advocatis, vicedominis, vicariis, centenariis, vel reliquis actoribus malivolis non habendis. » — Canon 50, Mansi, XIV, p. 74 : « Omnibus igitur episcopis, abbatibus cunctoque clero omnino præcipimus, vicedominos sive defensores bonos habere... et justitiam diligentes. De judicibus autem vel centenariis atque tribunis seu vicariis dignum esse censemus ut, si mali reperti fuerint, de ministerio suo abjiciantur. » — Nous ne voyons pas comment ces textes peuvent apporter une restriction au droit de nomination du comte. Le centenier nommé par le comte ne peut exercer aucun pouvoir judiciaire ou autre sur le territoire privilégié. Dans ce territoire, on rencontre quelquefois des officiers de justice nommés centeniers ou vicaires. Cela n'a rien d'étonnant si l'on réfléchit que les domaines de l'immunité sont quelquefois considérables et renferment même plusieurs centaines (celles-ci sont d'ailleurs très-variables dans leur étendue). L'advocatus peut alors être nommé centenarius, ou bien il peut avoir sous ses ordres plusieurs centeniers préposés à chacune des centaines ou fractions de centaines de l'immunité. Deux ordres de centeniers coexistent donc, les centeniers publics du comte, les centeniers privés de l'immunité. Mais le droit du comte de nommer ses centeniers subsiste aussi entier après qu'avant les concessions d'immunité. Il n'y a de changée que l'étendue de territoire soumise à la juridiction du comte.

Les mêmes raisons que nous avons indiquées et qui font défendre au centenier public d'être l'avoué de l'immunité doivent s'appliquer au comte. Le § 46 des leges langobardicæ de Louis le Débonnaire le dit même expressément. Walter, III, p. 635 : « Ut nullus episcopus, nec abbas, nec abbatissa centenarium comitis, *vel comitem* advocatum habeat. » (1). — Ces prohibi-

(1) Le grafio defensor ecclesiæ dont parle le c. 6 du capitulaire de 769, Boret. p. 45, c'est le protecteur de l'église d'une manière générale et non son avoué.

tions ne furent pas toujours respectées et, dès le IXe siècle, on voit des comtes remplir les fonctions d'avoués d'immunités (1).

Les fonctions d'avoué restaient quelquefois longtemps dans la même famille. (2) — Il est probable que les avoués recevaient en bénéfices des biens de l'Église ; c'était un moyen d'éviter des déprédations de la part de ces officiers (3).

Un capitulaire de Pépin de 782-786, c. 6, porte que les immunistes doivent avoir autant d'avoués qu'ils ont de domaines différents. Boret, p. 192 : « Et hoc constitutio : ubicumque pontifex substantiam habuerit, advocatum abeat in ipso comitatu, qui absque tarditate justitias faciat et suscipiat. » — Un capitulaire de Lothaire de 825 ne permet au contraire aux évêques, abbés et abbesses que deux avoués, c. 4, Boret, p. 326 : « Singulis episcopis, abbatibus, abbatissis duos concedimus advocatos, eosque quamdiu advocationem tenuerint ab hoste relaxamus. » — La disposition la plus rationnelle et celle qui, croyons-nous, fut suivie dans la pratique, est celle du capitulaire de Pépin (4).

(1) V. Mirac. S. Bened. c. 6, Mabillon, *Acta*, IV, 2, p. 352 : « Comes G. advocatus et defensor (monasterii). » — Un diplôme de Lothaire, Bouquet, VIII, p. 393, mentionne une plainte d'un abbé sur le comte *Matfried* qui considère les biens de l'abbaye « quasi suum jus proprium... seque advocatum fore atque diligenter res monasterii tractari debere. » — Lacomblet, I, n° 139, a. 1003 : donation d'un comte à une abbaye sous cette condition, « populus advocatum nullum habeat nisi centurionem quem ibi constituit Tuitiensis abbas. »

(2) Waitz, l. c. p. 470. Bouquet, VIII, p. 651 : « Atque ex rebus ejusdem monasterii, unde a tempore jam dicti ven. Remigii (de Rouen, a. 755), advocati extiterunt, perpetua successione constituuntur, ne occasione advocatorum aliqua ab ipso monasterio subtrahantur. »

(3) V. Bouquet, VIII, p. 651, supr. cit.

(4) Cp. diplôme de Louis le Débonnaire cité par Waitz, III, p. 465, n. 2 : « Quia res ipsius loci sparsim dividuntur et plurimi advocati mallos per singula loca custodire nequeunt... licentiam etiam dedimus eidem abbati de minoribus atque levioribus causis alium advocatum mittere, qui præfati monasterii causas atque necessitates utiliter fideliterque administrare possit. » — Diplôme de Charles le Chauve, Bouquet, VIII, p. 650 : « Concedimus ut in omnibus provinciis, comitatibus, mallis atque placitis nostri regni advocatus jam dicti cœnobii, quicumque rationabilis fuerit, recipiatur quocumque jam dicti loci necessitatem investigare voluerit. »

§ 177. — La composition du tribunal de l'immunité est la même que celle du tribunal public. L'immuniste, ou son délégué l'advocatus, ne jugent point ; ils se bornent à instruire l'affaire, à réunir et à présider le tribunal. La sentence émane des assesseurs (1). Diplôme rapporté dans Baluze, *Cap.* II, p. 823 : « Notitia de mancipiis santi Remigii *per judicium scabiniorum* evindicatis in placito missorum Hincmari archiepiscopi. » — Plaid de 870 rapporté dans Labbe, *Concordia chronologica*, II, p. 470 et dans Pérard, p. 150 : « Notitia qualiter... Bertilo corepiscopus et abbas sancti Benigni ... coram missis... Isaac episcopi Berfredo videlicet abbate, et Mummione atque Brunardo, vasallis ipsius, cæterisque quampluribus, interpellavit quosdam homines sancti Benigni... de rebus beati Benigni... *præsentes judicaverunt scabini* cum aliis adsistentibus hominibus, ut res secundum legem redderent supra dictas, sicque facientes, cum festuca se in omnibus exutos dixerent, et reddiderunt (2). »

Pardessus, *Loi sal.* p. 596, ne croit pas que l'on ait conservé dans les immunités l'ancienne règle d'après laquelle chacun a le droit d'être jugé selon sa loi d'origine : « Soit que, dit-il, le suzerain fût, à l'égard d'une classe de ses vassaux, un dominus, comme pour les lidi, les coloni, soit qu'il fût simplement un chef, comme pour ses fidèles ou compagnons, ces hommes lui avaient promis obéissance ; les effets naturels de cette obéissance furent qu'ils se soumirent à des usages locaux, uniformes pour toute l'immunité, avec d'autant plus de raison que, ces hommes étant d'origines diverses, et appartenant indistinctement à toutes les tribus disséminées sur le territoire franc, on aurait pu difficilement trouver dans l'étendue de l'immunité des personnes instruites de la loi de chacun d'eux. Les plaids des immunités durent adopter une jurisprudence, des règles de droit dont les effets étaient circonscrits dans l'immunité, mais qui prenaient un empire territorial, c'est-à-dire un empire sur tous les habitants, sans considération de leur origine. » — Nous reconnaissons que la substitution de la

(1) Schæffner, I, p. 356. Pardessus, *Loi sal.* p. 595.

(2) Cp. diplôme de Louis le Débonnaire de 823, Bouquet, VI, p. 535, supr. cit.

territorialité à la personnalité de la loi s'opéra peut-être plus rapidement dans l'intérieur de l'immunité que dans les autres parties de l'empire restées soumises aux juridictions ordinaires ; mais cette transformation ne s'opéra pas d'aussi bonne heure que Pardessus semble le croire. Nous en trouvons la preuve dans le diplôme précité de Louis le Débonnaire de 823 (Schöpflin, *Alsat. Dipl.* I, 70) qui, dans l'intérieur d'une immunité, attribue encore le jugement des parties à des juges de même nationalité : « Ibi advocatus omnibus injuriam passis *secundum idoneos ejusdem populi judices*... justitiam faciat. »

On trouve aussi dans l'immunité la distinction entre les plaids généraux et les plaids particuliers (1). Charte de Louis le Débonnaire de 823 précitée : « Sed ipse advocatus, semel in anno *publicum placitum* ... teneat ... *nisi* per abbatissam *vocetur.* » — Les plaids particuliers sont composés de scabins (2). Au plaid général de l'immuniste doivent, comme à celui du comte, assister tous les hommes libres de l'immunité. Mais ceux-ci sont par contre dispensés de l'obligation de se rendre au plaid général du comté dans lequel est située l'immunité (3). Sohm enseigne cependant (p. 346 et s.) que le service du plaid public incombe aux hommes de l'immunité comme aux autres habitants du canton. Son principal argument est tiré d'un diplôme de Louis le Débonnaire de 819 en faveur de l'église de Paris, Sickel, L, 145. L'immunité de l'évêque Inchadus y est confirmée. Aucun missus dominicus ne peut pénétrer sur le territoire privilégié pour y faire acte de juridiction, « neque aliquem censum recipiat. » Le missus de l'évêque seul a le droit d'y lever des impôts, « ordinare secundum propriam voluntatem. » L'advocatus a également le droit exclusif de « reddere rectam et legalem rationem ... sine aliqua judiciaria potestate inibi vel banno, *nisi in mallo legitimo* vel *regali placito*, sicut lex ecclesiarum præcipit ... nullam etiam districtionem de liberis hominibus super terram S. Mariæ manentibus judiciaria potestate exercere non præsumat, nisi ut

(1) Maurer, p. 77 et 78.
(2) V. diplômes précités.
(3) Weitz, III, p. 451.

supra diximus, *in mallo legitimo comitis*, et ibi una cum advocato Parisiacæ ecclesiæ *venire non differant* et rectam ... justitiam adimplere cogantur. » — Nous ne pouvons tirer de ce diplôme la même conclusion que Sohm. Pour nous, il ne consacre nullement l'obligation des hommes libres de l'immunité de se rendre au plaid du comte ; il contient simplement une réserve de compétence au profit de ce plaid. Nous avons vu en effet que, en cas de contestation entre un homme de l'immunité et un justiciable du comte, le tribunal public doit connaître de l'affaire. C'est là uniquement ce que veut rappeler le diplôme de 819. Cette interprétation nous semble confirmée par le rapprochement que fait le texte entre le mallus legitimus et le regale placitum, ce qui indique une autre réserve des droits de juridiction du roi. Le diplôme ne parle nullement du service du plaid ; si les hommes de l'immunité sont obligés de se rendre au mallus legitimus avec l'advocatus, c'est « ut rectam ... justitiam adimplere cogantur », c'est-à-dire pour satisfaire aux réclamations qui sont élevées contre eux et non point pour juger. Sohm arrive à la conclusion que nous repoussons, parce qu'il part de ce point de vue que le tribunal de l'immunité n'est pas un tribunal dans le sens du droit public, que l'homme de l'immunité est, d'une manière absolue, justiciable du tribunal public. Or nous espérons avoir démontré qu'au contraire le tribunal de l'immunité possède une véritable juridiction dont relèvent les hommes du territoire privilégié toutes les fois que le procès ne touche pas un étranger et encore estimons-nous que l'on ne tarda pas à appliquer la règle actor sequitur forum rei au réglement de la compétence entre les divers ordres de tribunaux. — Sans doute, les capitulaires obligent à se rendre au plaid du comte tous les hommes libres qui demeurent dans le comté. Capit. de 837, Adnunt. Karoli, Pertz, p. 456 : « Ad illa placita omnis homo qui placitum custodire debet et in illis comitatibus commanet, sine exceptione et excusatione conveniat. » Mais peu importe que le territoire privilégié soit situé dans le comté ; comme la charte d'immunité a précisément pour but de rendre ce territoire indépendant au point de vue judiciaire, la règle des capitulaires ne peut concerner que les hommes libres restés sous l'autorité du comte.

§ 178. — En principe, c'est l'immuniste lui-même, évêque ou abbé, qui exerce le pouvoir judiciaire sur les habitants de l'immunité. C'est ce dont témoignent plusieurs documents relatifs aux avoués : « *Ubi vero abbas*, dit un diplôme de Lothaire II, *cum suis ad justitiam faciendam non sufficerit*, si advocatus, *petitione abbatis, quia aliter nunquam debet, venerit*, tertiam portionem de his, quæ ex illa duntaxat justitia accrescent, habebit (1). » Une charte donnée en 990 par l'empereur Othon III à l'abbaye de Saint-Maximin de Trèves dit encore que l'avoué ne doit point tenir de plaids hors de la présence du seigneur ecclésiastique ou de son délégué : « Advocati quoque constituti in villis eorum nec cum hominibus illius loci qui vocatur scararii, nisi *in præsentia abbatis*, vel ejus præpositi, placitum habere præsumant (2). » — « *De clamatione*, vel notificatione illius præconis, quem sibi abbas, vel potens ejus..., » dit enfin une autre charte de 1156 (3).

Il arriva à peu près pour les avoués ce qui se passa pour les archidiacres dans un autre ordre de juridiction ecclésiastique. Les avoués prétendirent exercer leur droit de juridiction quand il leur plairait et indépendamment du contrôle de leur seigneur ecclésiastique. Aussi voyons-nous un grand nombre de chartes des Xe et XIe siècles affirmer les droits de ce dernier vis-à-vis de son avoué, et limiter le nombre des plaids que celui-ci est autorisé à tenir. Charte de Henri II, de 1114 : « Et ter in anno, si necesse fuerit, aut in ipso loco, *aut ubicumque vel quandocumque abbati visum fuerit, invitatus ab illo veniat*, et ibi placitum justum pro causis et necessitatibus monasterii recte peragat (4). » Charte de Henri II de 1023 : « Et ut advocati... nullum placitum præter tria jure debita, in abbatia tenere præsumant (5). »

Les avoués durent néanmoins s'affranchir peu à peu des restrictions que leurs supérieurs nominaux s'efforçaient d'ap-

(1) Diplom. Lotharii II, ann. 1137, pro Stabulensi monasterio apud Mart., tom. II, *Ampliss. Collect.* col. 100, cité dans Ducange, *Glossarium*, v° *Advocatus*.

(2) Hontheim, *Hist.*, I, 328.

(3) Ducange, *l. c.*, p. 108.

(4) *In actis Murensibus*, p. 12, Ducange, *l. c.*

(5) Hontheim, I, 360.

porter à l'exercice de leurs pouvoirs judiciaires ; l'exercice de leurs fonctions par les comtes ou d'autres grands laïques dut favoriser cette usurpation ; ils devinrent donc à peu près indépendants jusqu'à la réaction qui s'opéra contre eux au XIIe siècle et qui amena généralement la suppression ou le rachat des avoueries. Les seigneurs ecclésiastiques recouvrèrent alors la plénitude de l'exercice de la juridiction, mais pour peu de temps. La royauté ne tarda pas en effet à reconquérir peu à peu les droits de souveraineté dont elle s'était dépouillée plusieurs siècles auparavant et les justices ecclésiastiques territoriales eurent le même sort que les autres justices féodales.

Il restait cependant à l'Eglise sa juridiction si importante *ratione materiæ* et *ratione personæ* qui acquit tout son développement à la fin du XIIIe siècle, se maintint, quoique bien diminuée sous toute l'ancienne monarchie, et ne disparut qu'avec la Révolution.

§ 179. — Les privilèges d'immunité (1) furent concédés non pas seulement à des églises et à des abbayes mais encore à des laïques. L'édit de Clotaire de 614 met déjà les *potentes* sur la même ligne que les églises quant aux droits de justice qu'ils peuvent exercer sur leurs hommes (2). Deux formules de Marculfe se réfèrent à des concessions faites à des laïques. Form. 14, Zeumer, p. 52 : « Nos inlustri viro... in integritate... visi fuimus concessisse... antedictus vir ille... in omni integritate cum terris... in integra emunitate, absque ullius introitu judicum de quaslibet causas freta exigendum, perpetualiter habeat concessa. » La formule 17 est une confirmation d'immunité « ad sæcularibus viris. » La rédaction de ces textes est la même que celle des formules à l'usage des églises.

Il ne nous est cependant parvenu qu'un très-petit nombre de diplômes en faveur des laïques, tandis que les chartes concédées aux établissements ecclésiastiques sont très-nombreuses. On a donné une double raison de cette différence. La première, c'est que les donations à des laïques se faisaient

(1) *Immunitas* est plus particulièrement usitée pour désigner les domaines ecclésiastiques. Edict. Pist. a. 864, c. 18, Pertz, p. 492 : « Si autem in immunitatem vel potestatem aut proprietatem alicujus potentis confugerit. »

(2) Fustel de Coulanges, *l. c.* XXIII, p. 16.

peut-être oralement, dans des formes analogues à celles du titre 48 de la *loi salique*, tandis que l'Eglise, régie par le droit romain, se faisait souscrire des actes (1). La seconde, celle qui nous paraît la plus sérieuse, c'est que les « archives des particuliers ont moins bien échappé aux révolutions que celles des établissements ecclésiastiques (2). »

Le privilège d'*immunité* est probablement lié à la concession de bénéfices à des vassaux du roi (3). C'est ce qui nous paraît résulter des capitulaires suivants. Cap. a. 779, c. 9, Pertz, p. 36 : « Ut latrones de infra immunitatem... Similiter et vassus noster si hoc non adimpleverit, beneficium et honorem perdat... » Le vassus est mis sur la même ligne que l'immuniste ; il est soumis à la même obligation, parce qu'il a les mêmes droits. Capit. Langob. Pipp. a. 782, c. 7, Pertz, p. 43 : « Et si forsitan Francus aut Langobardus habens beneficium justitias facere noluerit, judex ille in cujus ministerio manserit, contradicat illi beneficium illum, interim quod ipse aut missus ejus justitias faciat. » — Karoli II Conv. Caris. a. 877, c. 20, Pertz, p. 540 : « Et eorum qui nobiscum vadunt beneficia et villæ sub immunitate maneant. » — Dans tous les cas, les capitulaires du IXe siècle présupposent l'existence des immunités laïques comme celle des immunités ecclésiastiques (4).

La portée du privilège concédé aux laïques est semblable à celle que nous avons déterminée pour les églises. Les immunistes, quelle que soit leur qualité, ont les mêmes droits, ils sont soumis aux mêmes obligations, notamment au point de vue de l'administration de la justice.

L'identité de situation résulte de l'identité des formules de Marculfe pour les concessions d'immunité soit à des sæculares viri, soit à des abbayes. — Un des rares diplômes d'immunité laïque qui nous soient parvenus établit encore cette identité. C'est un privilegium du roi Arnulf en faveur de son

(1) Montesquieu, *Esprit des lois*, XXX, 22.

(2) Pardessus, *Loi salique*, p. 490.

(3) Bethmann-Hollweg, V, p. 50, n. 63.

(4) V. Convent. Carisiac. précité, c. 7. Edict. Pist. a. 864, c. 18, Pertz p. 492.

ministerialis Heimo (Juvavia, n° 50, p. 118 ; ce diplôme est cité par Eichorn, I, p. 686 et par Waitz, III, p. 457) : « Qualiter quidam noster ministerialis nomine Heimo... deprecatus est ut in orientalibus in pago Grunzwiti dicto, ubi Arbo terminalis comes præsse visus est, super proprietatem suam legalem sibi rectitudinis potestatem in proprietatem sibi concessimus... Dedimus quidem ei cum consensu præfati comitis, ejusdem hæreditatis suæ rectitudinem perpetuo jure in proprietatem. Et jussimus... ut nec prænominatus comes, nec ullus judex publicus, vel ulla ex judiciara potestate in eosdem proprii sui juris terminos ad causas aut homines ejus tam ingenuos quam servos ibidem habitantes distringendos (ingredi) ... præsumat, sed liceat illi successoribusque suis, eamdem rectitudinem habere ... ad publicum jam fati comitis mallum, scilicet idem Heimo seu vicarius ejus legem ac justitiam exegendam vel perpetrandam pergat. Et si forsitan de Maravorum regno aliquis causa justicie supervenerit, si tale quodlibet est, quod ipse Heimo vel advocatus ejus corrigere nequiverit, judicio ejusdem comitis potenter finiatur. Insuper quoque statuimus ipsique Heimoni præstitimus, ut universa debita legalia de gente inibi in proprio suo residente, tertiaque pars bannorum, sub eodem hereditarii juris tenore sibi in proprium ex integro persolvantur qui dicuntur civiles banni, ceteraque debita cuncta ad integrum sine alicujus partitione de eodem populo eternaliter ad illum successoresque ejus pertineant. » Les mêmes concessions se retrouvent dans cette charte et dans celles des églises. Au point de vue judiciaire, l'immuniste y joue un double rôle, soit celui de justicier, soit celui de représentant de ses hommes devant le tribunal du comte.

La translation des pouvoirs judiciaires à l'immuniste est bien plus nettement indiquée dans deux autres chartes. Charte de Louis le Débonnaire, en faveur d'un grand espagnol du nom de Jean, à qui Charlemagne avait conféré des bénéfices situés dans le comté de Narbonne, Bouquet, VI, n° 22, p. 472 : « Et nullus comes nec vicarius nec juniores eorum, nec ullus judex publicus illorum homines qui super illorum aprisione habitant, aut in illorum proprio, distringere nec judicare præsumant ; sed Johannes et filii sui et posteritas illorum, illic eos judicent et distringant. Et quicquid per legem judicaverint stabilis permaneat. Et si contra legem fecerint, per legem emendent. » — Charte de Charles le Simple de 904 en faveur d'un nommé Théodosius, Bal. *Capit.* II, p. 1525 : « Ipsi vero homines qui in supradictis villis habitant vel habitaturi sunt, tale obsequium vel tale servitium supradicto Theodosio vel heredibus suis faciant vel serviant quale comitibus facere consueverunt... Præcipientes *ergo* jubemus ut nullus judex publicus vel quislibet ex judiciaria potestate... »

Les textes qui déterminent la situation des immunistes laïques vis-à-vis des pouvoirs publics, renferment des règles semblables à celles que nous avons établies pour les immunités ecclésiastiques. Ainsi l'immuniste laïque doit, en cas de procès entre un de ses hommes et un étranger, prendre la défense de son protégé devant le tribunal du comte. Mais préalablement une tentative de conciliation doit être opérée devant l'immuniste (1). — Celui-ci doit livrer au juge public les malfaiteurs qui se réfugient dans son domaine. Edict. Pist. a. 864, c. 18, Pertz, p. 492 : « Et si falsus monetarius ... in fiscum nostrum, vel in quamcumque immunitatem, aut in alicujus potentis potestatem vel proprietatem confugerit ... secundum quod in tertio libro capitularis 26 capitulo continetur... inde fiat (2). » — Il a un advocatus qui le représente devant le comte et qui administre la justice à ses hommes. Capit. Langob. a. 802, c. 10, Pertz, p. 104 : « Ut vassi et austaldi nostri in vestris ministeriis, sicut decet, honorem et plenam justitiam habeant, et si presentes esse non possunt, suos advocatos habeant qui eorum res ante comitem defendere possint ; et quicquid eis queritur, justitiam faciant. » — La nomination de cet advocatus est soumise aux mêmes règles que celle de l'advocatus ecclésiastique (3). — L'immuniste qui refuse de faire justice y est contraint par le comte ou le missus. Capit. a. 779, c. 21, Pertz, p. 38 : « Et si vassus noster justitiam non fecerit, tunc comis et missus ad ipsius casa sedeant, et de suo vivant, quo-

(1) V. la charte précitée du roi Arnulf.

(2) Cp. Conv. Silvac. Karoli II, a. 853, c. 7, supr. cit. Pertz, p. 425. Capit. Pipp. a. 782, c. 7, Pertz, p. 43.

(3) Capit. miss. a. 802, c. 20, Pertz, p. 98. Capit. Langob. a. 802, c. 11, Pertz, p. 104. Capit. a. 817, c. 19, Pertz, p. 218.

usque justitiam faciat. » Le capitulaire de Charles le Chauve de 862 autorise les évêques à excommunier le seigneur qui refuse de punir ses hommes, c. 4, Pertz, p. 481 : « Vos autem episcopi... seniorem et quemlibet regni potentem, si commonitus juxta evangelicum præceptum se suosque homines corrigere noluerit, et licet ipse talia non faciat, tamen si sui vel in suo obsequio manentes talia fecerint, si eos non correxerit, et emendari quæ faciunt non obtinuerit, eosque ad pœnitentiam non perduxerit, ipse excommunicetur secundum sacros canones, donec suos homines ad emendationem et pœnitentiam reducat. »

§ 180. — En l'absence d'immunité, le propriétaire d'un domaine n'a aucun droit de juridiction sur les hommes libres qui habitent sur ses terres. Mais il a le droit de les représenter devant le tribunal public, et c'est à lui que le comte doit s'adresser pour les amener à son plaid. Hludow. II Convent. Ticin. a. 855, c. 3, Pertz, p. 435 : « De liberis hominibus qui super res alterius resident, et usque nunc a ministris rei publicæ contra legem ad placita protrahebantur et ideo pignerabantur, constituimus ut *secundum legem* patroni eorum eos ad placitum adducant. Et si quis eos contra hanc nostram auctoritatem et eorum legem pignerare aut distringere præsumat, patrono eorum omnia cum lege emendet, et insuper pro incauta præsumptione bannum nostrum conponant. » Les propriétaires, comme l'indique le capitulaire, tiennent leur droit de la loi et non d'une concession particulière. La sanction est celle du ban royal.

Le propriétaire possède cependant vis-à-vis de ses serfs et colons un droit de correction qui ne constitue pas, à proprement parler, l'exercice d'un droit de juridiction, quoiqu'on le nomme justice domestique. — Ce droit de correction n'exclut pas toujours l'intervention du juge public. Capit. de latron. a. 804-813, c. 7 et 9, Boret. p. 181 : « Ut liceat unicuique de suo servo potestatem habere justitiam faciendi et de omnibus negligentiis, nisi forte contingat ut cum furto fiat comprehensus ; et si cum furto comprehensus fuerit, accipiat judex de rebus ipsius latronis hoc quod super se habet, tantummodo sua causa, et hoc quod furto consecutus est reddat cui idem latro fraudaverit, aliis vero rebus que habet aliter non se tollendis, nisi ut superius diximus. Et si servus alterius aut ecclesiasticus ad excusandum aut ad emendandum judicatus fuerit, dominus ejus faciat, aut si morte dignus, dominus eum tradat, et quodcumque ejus servus facit, dominus ejus emendet. — Ut si servi invicem inter se furtum fecerint et in una fuerint potestate, domini eorum habeant licentiam faciendi justitiam ; si vero de foris accusatur adversus eum surrexerit quæ ad latrocinium pertinent, habeant missi nostri de hoc licentiam faciendi justitiam. »

§ 181. — Cette justice domestique ne s'exerça-t-elle que sur les esclaves et les colons et n'eut-elle pas, dès le principe, un ressort plus étendu ? Lehuérou, *Instit. Carol.* p. 225, n'hésite pas à répondre « qu'elle s'exerçait aussi sur les vassaux, non-seulement à l'époque où la féodalité était déjà en pleine vigueur mais dès le principe et lorsque l'institution se montre pour la première fois dans l'histoire. » Pour prouver que, dès l'époque mérovingienne, cette pratique était générale, et que les vassaux devaient répondre d'abord devant le tribunal ou la cour de leur seigneur, il argumente de la formule suivante. Baluze, form. 3, *Capit.* II, p. 559 : « Conquestio de vasso qui justitiam facere renuit. Domino inluster atque praecuncto magnificentissimo, ut confido, amico meo, ille... Cognoscat industria vestra iste praesens homo noster, serviens vester, sine ulla dilatatione ad suum exinde debeat perquirere justitiam. » (1). Selon Lehuérou, il résulte de ce texte que le seigneur mérovingien avait juridiction sur son vassal et que c'était à lui qu'on s'adressait communément pour forcer le vassal à donner satisfaction : « En effet, ajoute-t-il, le but de la recommandation était de placer la personne recommandée sous la juridiction immédiate de son patron, ce qui n'empêchait pas qu'elle fût en même temps justiciable du comte, à moins toutefois que le patron ne fût le roi lui-même, car la juridiction féodale et la justice publique se confondaient dans sa personne. La formule suivante, empruntée au même recueil, met ceci au grand jour. Baluze, form. 5, ibid, p. 560 : « Indiculus regalis. Dominis sanctis et in Christo patribus, omnibus episcopis, seu et venerabilibus omnibus abbatibus, atque illustribus viris, seu et viris magnificis, do-

(1) Cp. Form. 4 et 8, *ibid.*

mesticis, vicariis, centenariis etiam, quod omnis pars et amicos nostros, seu et missus nostros discurrentes, ille rex Francorum vir illuster. Cognuscatis iste praesens ille ad nos venit, et nostra commendatione expetivit habere ; et nos ipso gratante animo recepimus vel retenemus. Propterea omnino vobis rogamus atque jubemus ut neque vos, neque juniores, neque successores vestri, ipso vel homines suos, qui per ipso legitimi sperare videntur, inquietare nec condemnare, nec de rebus suis in mallo abstrahere, nec diu, nec noctu non praesumatis nec facere permittatis. Et si talis causa adversus eos surrexerit... talis causa ante nos definitivam accipiat sententiam. » Voici donc un homme libre qui se recommande au roi et que le roi accepte pour vassal. Dès lors il devient justiciable du roi, non plus en sa qualité de sujet, mais en sa qualité de vassal. »

Les formules précitées ne nous paraissent nullement avoir la force probante qu'on leur a attribuée. Dans la première, il n'est nullement déclaré que le vassal doit être jugé par son seigneur, mais seulement que le seigneur doit obtenir satisfaction à la partie lésée par le vassal. Or comment y arrivera-t-il? Ce n'est point en faisant lui-même acte de juridiction : c'est en forçant son vassal à comparaître devant le tribunal normalement compétent pour y être jugé. — En supposant d'ailleurs que le seigneur juge ici son vassal, il s'agirait encore de savoir si la juridiction de ce seigneur ne présuppose pas la concession d'une charte d'immunité.

Quant à la formule 5, Lehuérou s'est complètement mépris sur sa portée. D'abord il la cite incomplètement. Après les mots « si causa adversus eos surrexerit, » il faut mettre « aut orta fuerit, et ibidem, ubi adimpletis vos, absque eorum iniquo dispendio minime definitas fuerint, quod ante nos separare vel reservatas talis causa... » Rozière, I, p. 12. Cette formule est une charte de mainbour. Or il n'en résulte nullement un droit de juridiction au profit du seigneur sur le vassal. Elle signifie d'abord que le concessionnaire de la charte ne peut pas être molesté par les officiers royaux, mais qu'il reste justiciable du tribunal du comte, à moins de préjudice grave pour lui auquel cas l'affaire est portée au placitum palatii. Voilà l'effet de la charte pour « cet homme libre qui se recommande au roi et que le roi accepte pour vassal. » Ce « vassal » peut lui-même être seigneur vis-à-vis de ceux « qui per ipso legitimi sperare videntur. » A-t-il sur eux droit de juridiction en vertu de la charte de mainbour? Nullement. Sa mission se borne à faire valoir les droits de ses protégés devant les tribunaux de droit commun (v. supra). Il ne reste donc rien de l'argumentation de M. Lehuérou sur ce premier point.

Les capitulaires invoqués pour établir que les justices seigneuriales étaient a fortiori en pleine activité sous la seconde race, ne sont pas plus probants. Hludowici II Convent. Ticin. a. 855, Instit. imper. 1, Pertz, p. 434 : « Volumus ut unusquisque pro temporis consistentia et ministerii sui congruentia *justitias procurare decertent*, et subditos non solum commoneant, sed etiam *procurare compellant.* » — Hludow. II Constit. a. 856, c. 1, Pertz, p. 437 : « Si quislibet episcopus, abba vel comes in propria sede vel domos vel villa residet, homines ipsius deprædationes fecerint, messes vel prata defensionis tempore devastaverint, et hoc cognitum absque injusta dilatatione non emendaverit et factori condigna castigatione non imposuerit, ipsum malum ut lex est emendare cogatur et insuper quadraginta dies et noctes a vino et carne abstineat. » — Edict. Pist. a. 869, Adnunt. Karoli, c. 2, supr. cit. Pertz, p. 511. — Le capitulaire de 855 parle de procurare justitiam, ce qui signifie faire obtenir justice et non pas juger. Quant aux capitulaires de 856 et de 869, ils laissent toujours entière la question de savoir si le seigneur n'est point en même temps concessionnaire d'une immunité, et nous sommes convaincu qu'ils présupposent la réunion des deux qualités d'immuniste et de seigneur quand d'autre part nous voyons un capitulaire de 803 décider, du moins selon une interprétation aussi admissible que celle que nous lui avons déjà donnée, que les personnes attachées à une Eglise ou à une abbaye par le lien de la recommandation ou détenant une propriété en dépendant à titre de bénéfice, restent soumises à la juridiction ordinaire. C. 16, Pertz, p. 111 : « Ceteri vero liberi homines qui vel commendationem vel beneficium ecclesiasticum habent, sicut reliqui homines justitias faciant. »

Le droit de justice, continue Lehuérou, semble avoir été une conséquence nécessaire du droit de propriété, à telles enseignes que, lorsque le prince donnait une propriété à quelqu'un, il lui donnait en même temps la justice sur cette propriété. — Nous croyons au contraire que c'est un argument a contrario qu'il faut tirer des diplômes qui confèrent le droit de justice en même temps que la propriété. Si le roi estime nécessaire de s'exprimer sur la translation du droit de justice, c'est que cette translation n'est pas de droit et la preuve en est dans les différences qui existent entre les chartes de mainbour et celles d'immunité (1).

Pour conclure, nous dirons que, sans doute, celui que Lehuérou nomme le seigneur, a généralement droit de juridiction sur son vassal, mais ce n'est point par une extension de la juridiction domestique. Ce serait en effet méconnaître la différence qui existe entre le vassal, l'homme libre recommandé et le serf ou le colon. L'homme libre reste toujours justiciable du tribunal du comte et l'on ne comprendrait pas qu'il fût devenu justiciable du seigneur sans une concession formelle au profit de ce dernier, concession évidemment nécessaire pour l'existence d'une aussi notable dérogation aux principes du droit public.

Après avoir ainsi admis que le seigneur avait droit de juridiction sur son vassal uniquement par une extension de la justice patrimoniale, Lehuérou avait à trouver l'utilité de l'immunité. Voici comment il explique la portée de cette concession royale : « Nous avons prouvé (?) que le droit de justice domaniale était inséparable du droit de propriété et qu'indépendamment de toute concession royale chaque propriétaire en était investi. Aussi n'est-ce point là l'objet des immunités. Elles accordent non pas un droit qui existe, mais l'indépendance de ce droit, c'est-à-dire la souveraineté des justices seigneuriales qui, dans l'état normal, comme nous venons de le voir, ressortissaient au tribunal du comte, et qui, dans l'état exceptionnel créé par l'immunité, ne ressortissaient qu'au tribunal du roi. C'est pour cela que la formule dit « sub integræ emunitatis valeant dominare... quaslibet causas ... ubi-

(1) Les *Leges* Lotharii II et Eadrici invoquées par Lehuérou et qui attribuent une amende plus ou moins considérable au propriétaire du sol sur lequel s'est commis un délit, ont uniquement pour but de réparer l'injure faite à ce propriétaire par le délinquant, et non point de lui attribuer juridiction sur le coupable.

cumque ... quoquo tempore », expressions qui désignent une juridiction absolue, sans restrictions et sans limites puisqu'elle s'étend à tous les cas, à tous les lieux et tous les temps, et n'est soumise à aucun contrôle sauf celui du roi en personne.» (p. 247). — Sans vouloir critiquer la manière dont l'auteur des *Institutions Carolingiennes* a cherché à concilier la justice seigneuriale avec la justice du comte, attribuant à celle-là la situation de basse justice vis-à-vis de celle-ci, nous dirons seulement que l'indépendance absolue, la souveraineté ne résultent point de la charte d'immunité au profit de l'immuniste. Nous avons vu en effet, dans le règlement de la question de compétence quelle part l'immuniste était encore obligé de faire à la juridiction ordinaire du comte.

Le seul droit que, dans l'ordre judiciaire, nous reconnaissions au seigneur vis-à-vis de son vassal, droit qui est en même temps un devoir, c'est de le représenter en justice activement et passivement. Capit. Ticin. a. 850, c. 3, Pertz, p. 406 : « Et si aliquis ejus senior aut propinquus, propter hoc vindictam facere conatus fuerit, et judex publicus eum compescere non potuerit. » — Un autre capitulaire interdit au seigneur, dans un cas particulier, de poursuivre l'offense faite à son vassal. Capit. Karolo mag. adscripta, c. 7, Boret. p. 217 : « Si vero quisquam in sua superbia adeo contenderit, ut ibidem interfectus sit, incompositus jaceat ; et neque senior neque propinquus ejus pro hoc nullam faidam portet aut commotionem faciat... » (1) — Le senior joue, vis-à-vis de son vassal, le même rôle que l'advocatus vis-à-vis des hommes de l'immunité, Karoli II Convent. Silvac. a. 853, c. 4, Pertz, p. 424 : « Et si aliquis missos illorum non obaudierit, si regis homo fuerit, per fidejussores ad illius præsentiam perducatur. Si autem alterius homo fuerit, senior cujus homo fuerit, illum regi præsentet. » — Karlom. capit. a. 883, c. 3, Pertz, p. 550 : « Ut si quis post hunc conventum et bannum nostrum rapinam faciens inventus fuerit, is cujus homo eam fecerit, eum ad legalem emendationem in præsentiam nostram adducat. Quod

(1) Cp. Form. Bign. 9, Zeumer, p. 231 : « Repetebat *ei*, *dum diceret*, eo quod ipsi *illo* homine *suo nomen illo* quondam ipsi ille bene ingenuus in via *malo ordine* ipsum adsallisset. »

si eum adducere non potuerit, pro eo secundum statuta legum emendet (1). »

Lothaire, dans un capitulaire de 823, accorda à ses vassaux d'Italie le privilège suivant qui établit à leur égard une situation semblable à celle que nous avons déjà rencontrée pour l'immunité, dans l'hypothèse où un étranger vient actionner un habitant du territoire privilégié. Boret. p. 321 : « His vero personis quæ se nobis commendaverint... et illorum homines liberi qui eis commendati sunt... tunc si quid ab eis quæritur, primum senicribus eorum moneatur, ut justitiam suam quærentibus faciant, et si ipsi facere noluerint, tunc legaliter distringantur. » Les tribunaux ordinaires ne peuvent donc juger les vassaux de ces seigneurs qu'après que les seigneurs ont déjà essayé de terminer le différend.

Un capitulaire de 823-825 est allé plus loin encore, et il a donné au seigneur, dans un cas spécial, un droit de juridiction pénale vis-à-vis de son vassal. C. 17, Boret. p. 305 : « Et senior qui talem (pacis violatorem) secum duxerit, quem aut constringere noluit aut non potuit, ut nostram jussionem servaret et insuper prædas in nostro regno facere non timeret, pro illius neglegentia, si ante eum de his non admonuerit, et postquam neglegentia contemptoris ad ejus notitiam pervenerit, eum corrigere sicut decet neglexerit, honore suo privetur. »

§ 182. — Louis le Débonnaire accorda en 815 à des Espagnols réfugiés dans le midi de la France un privilège qui nous intéresse au point de vue de l'administration de la justice. Le roi leur accorde d'abord sa protection et il les affranchit des charges publiques, à l'exception du service militaire. Puis il décide que, pour les affaires criminelles et pour les affaires civiles les plus importantes, ils sont soumis à la juridiction du comte; quant aux causæ minores, ils peuvent les confier, suivant une ancienne coutume, à l'arbitrage de leurs concitoyens. C. 2, Boret. p. 261 : « Ipsi vero pro majoribus causis, sicut sunt homicidia, raptus, incendia, deprædationes, mem-

(2) Lex romana Utin. IX, 30, 2. p. 205 : « Cum judex qualecumque hominem in culpa invenerit, non ante eum judicet, quam hoc ad suum domino vel ad suo seniore nunciet. » — V. Roth, *Feudalität*, p. 225.

brorum amputationes, furta, latrocinia, alienarum rerum invasiones, et undecumque a vicino suo aut criminaliter aut civiliter fuerit accusatus et ad placitum venire jussus, eum ad comitis sui mallum omnimodis venire non recusent. Ceteras vero minores causas, more suo, sicut hactenus fecisse noscuntur, inter se mutuo definire non prohibeantur. » — Les mêmes droits leur sont accordés vis-à-vis des hommes qu'ils peuvent avoir dans leur dépendance, et il nous paraît qu'en cas d'action intentée par un étranger contre ces hommes, les privilégiés doivent les représenter devant le tribunal du comte, c. 3, *ibid.* : « Et si quispiam eorum in partem quam ille ad habitandum sibi occupaverat alios hominos undecumque venientes adtraxerit et secum in portione sua, quam adprisionem vocant, habitare fecerit, utatur illorum servitio absque alicujus contradictione vel impedimento et liceat illi eos distringere ad justitias faciendas quales ipsi inter se definire possunt. Cetera vero judicia, id est criminales actiones ad examen comitis reserventur. » — Charles le Chauve, dans un diplôme de 844, où il confirme le privilège des Espagnols, ne réserve plus à la juridiction du comte que trois infractions, l'homicide, le rapt et l'incendie, c. 3, Walter, III, p. 20 : « Et nisi pro tribus criminalibus actionibus, id est homicidio, rapto et incendio, nec ipsi nec eorum homines a quolibet comite aut ministro judiciariæ potestatis ullo modo judicentur aut distringantur ; sed liceat ipsis secundum eorum legem, de aliis hominibus judicia terminare, et præter hæc tria, et de se et de eorum hominibus secundum propriam legem omnia mutuo definire. »

Lehuérou, *Instit. Carol.*, p. 239, argumente des dispositions précitées pour établir qu'entre les justices privées et la juridiction officielle du comte et de ses subordonnés, il existe, comme transition, une juridiction intermédiaire : « C'est une sorte d'arbitrage, invoqué et exercé de gré à gré par les voisins (vicini), sans l'assistance du comte ou de ses subordonnés et revêtu néanmoins d'un véritable caractère officiel qui rend leurs décisions obligatoires. Aussi il existe trois espèces de juridictions dans les sociétés barbares après l'invasion : la justice domestique, l'arbitrage des voisins, la justice du comte. » — Lehuérou s'appuie encore sur le c. 4 du capitulaire Saxon de 797, Boret., p. 71 : « Hoc etiam statuerunt ut qualiscumque causa infra patriam cum propriis vicinantibus pacificata fuerit, ibi solito more ipsi pagenses solidos duodecim pro districtione recipiant, et pro wargida (condemnatio) quæ juxta consuetudinem eorum solebant facere, hoc concessum habeant. »

Nous ne contestons point la possibilité d'un arbitrage à notre époque. Mais, ce que nous n'admettons pas, c'est le caractère officiel que l'on entend donner à l'intervention des « voisins. » Les textes que Lehuérou invoque ne peuvent nullement l'établir. Le privilège de 815 de Louis le Débonnaire est tout à fait spécial aux Espagnols. La coutume dont le roi autorise la pratique sur le territoire français, c'est une ancienne coutume espagnole. Si cette coutume avait été aussi celle des Francs, Louis le Débonnaire n'aurait pas eu besoin de l'autoriser. C'est donc plutôt un argument a contrario qu'un argument d'analogie qu'il faut tirer du privilège de 815. — Quant au capitulaire saxon, il entend par les vicinantes les hommes libres qui siègent au mallum ; peut-être se sert-il de cette expression plutôt que de celles de rachimbourgs ou de scabins parce que, en Saxe, le peuple tout entier avait conservé le droit de participer à la formation du jugement. Mais certainement il n'a pas pour but d'instituer une juridiction arbitrale intermédiaire.

§ 183. — Une formule impériale de 882 concède à certains agents forestiers des Vosges le privilège d'être jugés, sauf en matière criminelle, par des juges qu'ils nomment eux-mêmes. Form. 43, Zeumer, p. 319 : « Omnibus prælatis ecclesiarum sive comitibus aut vasallis nostris vel junioribus vestris notum sit, quia forestarios nostros, Adonem videlicet pares suos, qui forestem in Vosago prævident, immunes constituimus a quibus publicis functionibus ... et in anno tres ministros constituant ; nisi illi comites aut alii illis quiddam quæsiverint, aut in testimonium dicendum producti fuerint, super hoc nullus comes aut judiciara potestas eos de quibuslibet rebus distringere præsumat, excepto criminalibus causis ... sed quidquid tam liberi forestarii quam servi, ecclesiastici aut fiscalini, præsumptionis aut inobedientiæ errore aut cuilibet nocuerint, magistri forestariorum illorum justitiam faciant. » En cas de refus de justice de la part de ces juges forestiers, l'affaire est portée devant le roi qui châtie les magistrats coupables : « Et si justitiam facere detraxerint, hoc ad nostram noticiam deducatur, ut nos præsenti secundum legem et justitiam facere jubeamus, et illi qui justitiam non facere vel differre temptaverint, dignam correctionem accipiant. »

§ 184. — Les biens royaux forment une dernière catégorie de domaines soumis à des règles spéciales relativement à l'administration de la justice (1). Le célèbre capitulaire *de villis* renferme à cet égard plusieurs chapitres.

L'officier des domaines royaux remplit certaines fonctions judiciaires, il est qualifié de juge et doit tenir des audiences, c. 56, Boret., p. 88 : « Ut unusquisque judex in eorum ministerio frequentius audientias teneat et justitiam faciat et prævideat *qualiter recte familiæ nostræ vivant.* » — Quelles sont les personnes qui comparaissent à cette audience et y sont jugées ? Le judex fisci a-t-il les mêmes pouvoirs que le judex immunitatis ? Nous ne le pensons pas, et sa compétence est, à notre avis, restreinte aux serfs ou colons. Les hommes libres qui résident sur les domaines du fisc demeurent justiciables des tribunaux ordinaires.

Le c. 56 ne donne en effet au judex fisci pouvoir de juridiction que sur la *familia nostra*, c'est-à-dire sur les serfs et les colons du domaine. Le juge doit tenir des audiences et faire justice afin d'assurer la paix dans la familia. — Le c. 4 du même capitulaire précise davantage le droit du judex à l'égard des non-libres : « Si familia nostra partibus nostris (dominus) aliquam fecerit fraudem de latrocinio aut alio neglecto, illud in caput conponat (c'est-à-dire, suivant l'interprétation de Boretius, « capitale solvat, damnum emendet » ou, selon Eichorn, I, p. 433, perde la vie) ; de reliquo vero pro lege recipiat disciplinam vapulando (c'est-à-dire, d'après Eichorn, qu'au lieu de la réparation légale qu'il aurait à fournir aux tiers, le cou-

(1) Ces biens sont quelquefois nommés immunités royales. Donation de Louis le Débonnaire à l'abbaye de Fulda, Dronke, n° 146 : « Quæ omnia prius in nostra immunitate habuimus. » — On les appelle ordinairement fiscus par opposition aux immunités ecclésiastiques ou laïques. Capit. Carisiac. a. 857, c. 4, Pertz, p. 453 : « Mancipia ... quæ intra immunitates fugiunt aut intra fiscum nostrum. »

pable doit être frappé de la peine ordinaire des serfs, la bastonnade), nisi tantum pro incendio, unde freda exire potest. Ad reliquos autem homines justitiam eorum, qualem habuerint, reddere studeant, sicut lex est (c'est-à-dire, selon Eichorn, que si le serf lèse une autre personne que le maître ou un de ses hommes, le judex fisci doit présenter le coupable devant le tribunal du comte et l'y défendre) ; pro freda vero nostra, ut diximus, familia vapuletur (1). »

Quant aux hommes libres, le capitulaire s'exprime tout autrement. *Ibid.* : « Franci ingenui autem qui in fiscis aut in villis nostris commanent, quidquid commiserint, secundum legem eorum emendare studeant, et quod pro fredo dederint, ad opus nostrum veniat, id est in peculio aut in alio praetio. » — Pour les Franci, ou hommes libres, le rôle du judex fisci se borne à soutenir leurs revendications devant les tribunaux ordinaires ou à les y défendre. Cette obligation lui est imposée par un texte qui vise d'ailleurs les ingénus comme les autres habitants non ingénus des domaines royaux. *Ibid.* c. 52 : « Volumus ut de fiscalis vel servis nostris sive de ingenuis qui per fiscos aut villas nostras commanent diversis hominibus (les étrangers, les tiers) plenam et integram, qualem habuerint, *reddere* faciant justitiam. » Ainsi l'officier du fisc doit seulement faire rendre justice aux ou par les ingénus commanentes. Le texte ne renferme même pas l'expression « faciant justitiam », qui pourrait prêter à l'équivoque, il dit *reddere* faciant justitiam (2). — Ce

(1) Le capitulaire de Worms de 829 renferme une semblable disposition. C. 9, Pertz, p. 352 : De homicidiis vel aliis injustitiis, quæ a fiscalinis nostris fiunt, qui impune ea committere posse existimant, nos actoribus nostris præcipiendum esse decernimus, ne ultra impune fiant, ita ut ubicumque facta fuerint, solvere cum disciplina præcipiemus. » Le juge du fisc doit payer au tiers lésé l'amende ou la composition ; puis il a le pouvoir de châtier le fiscalinus.

(2) La mission du judex fisci comme représentant des hommes du roi devant les tribunaux ordinaires est encore indiquée dans le chapitre 29 du capitulaire *de villis* : « De clamatoribus ex hominibus nostris unusquisque judex prævideat (qu'il lui soit fait droit au tribunal public, Bethmann-Hollweg, V, p. 56, n. 89) ut non sit eis necesse venire ad nos proclamare (à cause d'un refus de justice) et dies quos servire debet per neglegentiam non dimittat perdere. Et si habuerit servus noster forinsecus justitias ad quærendum, magister ejus cum omni intentione

qui nous confirme dans notre interprétation restrictive du capitulaire de 800, c'est qu'un texte tiré d'une lettre des évêques en 858 et qui énumère en détail les fonctions des judices villarum regiarum, ne fait aucune allusion à un droit de juridiction de ces magistrats sur les hommes libres et ne parle que de leurs pouvoirs sur les colons, c. 13, Baluze, II, p. 115 : « Judices denique villarum regiarum constituite qui... servos regios... non opprimant, neque per mala ingenia colonos condemnent... judices vero villarum colonos distringant et non ecclesiasticos homines, vel francos pauperiores, aut alienos servos propter privilegium regium opprimant. »

Le c. 57 du capitulaire *de villis* réserve aux hommes du fisc le recours au roi s'ils ont à se plaindre du judex fisci : « Si aliquis ex servis nostris super magistrum suum nobis de causa nostra aliquid vellet dicere, vias ei ad nos veniendi non contradicat... Et si judex cognoverit, quod juniores illius adversus eum ad palatium proclamando venire velint, tunc ipse judex contra eos rationes deducendi ad palatium venire faciat, qualiter proclamatio in auribus nostris fastidium non generet. Et sic volumus cognoscere utrum ex necessitate an ex occansione veniant. » (1)

Nous dirons, pour résumer nos explications sur l'administration de la justice dans les domaines du fisc, que l'on ne doit point admettre l'existence d'une troisième classe d'immunités, les immunités royales, mais simplement reconnaître au judex fisci l'exercice d'une juridiction patrimoniale un peu plus étendue que celle d'un propriétaire ordinaire sur ses serfs et colons (2).

decertet pro ejus justitias ; et si aliquo loco minime eam accipere voluerit, tamen ipso servo nostro pro hoc fatigare non permittat, sed magister ejus per semetipsum aut suum missum hoc nobis notum facere studeat. »

(1) Le judex fisci, comme le juge de l'immunité, doit livrer au comte les malfaiteurs qui se réfugient sur les domaines royaux. V. Edict. Pist. a. 864. c. 18, Pertz, p. 492. Capit. Carisiac. a. 873, c. 3, Pertz, p. 520.

(2) V. supra § 173, la différence que nous avons établie entre le judex fisci et l'advocatus de l'immunité.

# CHAPITRE VI.

## AUXILIAIRES DE LA JUSTICE.

§ 185. — Nous avons, dans ce chapitre, à étudier le rôle des diverses personnes qui, sans faire partie intégrante comme aujourd'hui de l'organisation judiciaire, peuvent prêter leur concours à l'administration de la justice, et qui correspondent aux officiers ministériels ou aux défenseurs que, dans le droit moderne, nous nommons avocats, avoués, greffiers et huissiers.

Relativement à la défense des droits en justice par d'autres personnes que les parties elles-mêmes, nous croyons qu'il faut distinguer deux classes de défenseurs, les unes venant simplement assister les parties, faisant valoir oralement, comme nos avocats, les droits de leurs clients et développant devant les juges les arguments de la cause, les autres mandataires *ad litem*, représentant devant les tribunaux les parties qui ne comparaissent point personnellement.

En principe, les parties doivent comparaître en personne devant les tribunaux et y faire valoir leurs droits. Capit. Aquisgr. a. 802, c. 9, Pertz, p. 92 : « Ut nemo in placito pro alio rationare usum habeat defensionem alterius injuste sive pro cupiditate aliqua, minus rationare valente, vel pro ingenio rationis suæ justum judicium marrire, vel rationem suam minus valente opprimendi studio. Sed unusquisque pro sua causa vel censum vel debito ratione reddat (1). » Cependant

(1) Waitz, III, p. 409, n. 1, applique à tort ce capitulaire aux représentants des parties en justice. Il vise, à notre avis, les défenseurs, avocats.

la partie ignorante du droit ou inhabile à manier la parole peut se choisir un défenseur nommé par les textes *defensor* ou *causidicus* (1). Le juge doit même venir au secours des pauvres, des faibles et des ignorants et, le cas échéant, leur nommer un défenseur. Capit. Aquisgr. supr. cit. : « ... nisi aliquis isti infirmus aut rationes nescius, pro quibus missi vel priores qui in ipso placito sunt vel judex qui causa hujus rationis sciat, rationetur in placito ; vel si necessitas sit talis personæ largitur ut rationem, qui omnibus provabilis sit et qui in ipsa bene noverit causa : quod tamen omnino fiat secundum convenientiam priorum, qui præsentem adsunt. » Capit. Aquisg. a. 817, c. 3, Pertz, p. 210 : « De viduis et pupillis et pauperibus. Ut quandocumque in mallum ante comitem venerint primo eorum causa audiatur et definiatur. Et si testes per se ad causas suas quærendas habere non potuerint, vel legem nescierint, comes illos vel illos adjuvet, dando eis talem hominem qui rationem eorum teneat, vel pro eis loquatur. »

Le tribunal exerce sa surveillance sur les défenseurs. Ainsi il peut, sur la demande de l'adversaire, les condamner à une amende de 15 solidi lorsqu'ils sont venus au secours de leur client par esprit de chicane ; il peut même les expulser du prétoire sous la menace du ban royal. Capit. leg. sal. add. a. 803, c. 3, Pertz, p. 113 : « De his qui per malum ingenium alium auxiliaverit. Si quis hominem in judicio contra alium altercantem injuste adjuvare per malum ingenium præsumpserit, atque inde coram judicibus vel comite increpatus furit, et negare non potuerit, solidis 15 culpabilis judicetur. » — Resp. miss. cuid. data a. 819, c. 4, Pertz, p. 227 : « Si homini cuilibet causam suam in placito aut coram comite palatio alius fuerit impedimento, et causam ejus injuste disputando inpedierit, tunc volumus ut sive comes palatii, seu comes ipse in comitatu suo jubeat eum exire foras. Et si noluerit oboedire, tunc solvat bannum dominicum, idest 60 solidos ; et illi cui adversatus est, donet wadium suum pro lege sua. » Le ca-

(1) Lex Ripuaria, c. 81, Walter, I, p. 191 : « Quindecim autem anno aut ipse respondeat, aut defensorem eligat. » — *Capit.* Theod. a. 805, c. 8, Pertz, p. 133 « : De causidicis. » — Cp. plaid de 783, Baluze, *Capit.* II, p. 1394.

pitulaire de 805, c. 8, Pertz, p. 133, impose enfin aux causidici l'obligation d'acquiescer au jugement des scabins ou de le blasfemare, sous peine d'être emprisonnés.

Les parties peuvent non seulement se faire assister d'un défenseur, mais encore se faire représenter par un mandataire *ad litem* qui cumule les fonctions d'avocat et d'avoué (1). — D'après les principes du droit romain, applicables à la population gallo-romaine, la représentation en justice est permise d'une manière absolue soit par un mandataire général, soit par un mandataire spécial. Au contraire le droit franc (2) n'admet la représentation qu'à titre exceptionnel et par autorisation spéciale du roi. C'est ce que l'on induit de plusieurs formules, notamment de la formule 27 du 1er livre de Marculfe qui nous montre un Franc obtenant du roi, en raison de son ignorance des affaires, la permission de se faire représenter devant toutes les juridictions par un homme plus éclairé. Zeumer, p. 56 : « De causas alterius receptas. — Fidelis, Deo propitio, noster ille ad nostram veniens presentiam, suggessit nobis eo quod proptem simplicitatem suam causas suas minime possit prosequire vel obmallare. Clementiæ regni nostri petiit ut inlustris vir illi omnes causas suas in vicem ipsius, tam in pago quam in palatio nostro, ad mallandum vel prosequendum recipere deberit ; quod et in presente per fistuca eas eidem visus est commendasse. Propterea jobemus ut, dum taliter utrisque decrevit volontas, memoratus vir ille omnes causas lui ubicumque prosequire vel obmallare debeat, et unicuique pro ipsum vel omnibus suis de reputatis condicionibus et directum faciat, et ab aliis simili modo veritatem recipiat, sic tamen, quamdiu amborum decreverit volontas » (3). Le rescrit royal est évidemment une exception ; on ne comprendrait point qu'il eut été sollicité et rendu si le droit commun avait autorisé

(1) Plaid de 783, Baluze, *Capit.* II, p. 1394 : « Homo nomine Arluinus qui est assertor vel causidicus et mandatarius. »

(2) Le droit bourguignon et le droit wisigoth avaient reproduit les règles romaines.

(3) Bataillard, *Origine de l'hist. des procureurs*, p. 37, fait remarquer l'analogie frappante du rescrit de Marculfe avec les lettres de grâce à plaider par procureur que le prince accordait aux XIVe et XVe siècles.

la représentation par mandataire *ad litem* (1). — Il semble cependant que le droit de se faire représenter en justice ait appartenu sans autorisation spéciale aux parties que l'âge ou la maladie tenaient éloignées des tribunaux (2).

D'un autre côté certaines personnes ont la faculté de se faire remplacer devant les tribunaux. C'est même pour quelques-unes un devoir (3).

Il en est ainsi d'abord du roi. Dans les procès fiscaux, il est représenté soit par un agent du fisc, soit par un autre mandataire (4).

Les évêques et les abbés doivent, comme nous l'avons vu, nommer avec la participation du comte, des advocati chargés de représenter devant les tribunaux séculiers leurs intérêts ainsi que ceux du clergé inférieur (5) et des habitants de l'immunité (6). Les évêques et les abbés peuvent même comparaître par procureur au plaid du missus. Capit. a. 819, al. capit. c. 28, Pertz, p. 218 : « Ut omnis episcopus, abbas et comes, excepta infirmitate vel nostra jussione, nullam excu-

(1) Plusieurs diplômes des rois mérovingiens constatent la présence au plaid royal de mandataires *ad litem*. *Diplôme* de Childebert III de 695, Pardessus, *Dipl.* II, 233. *Dipl.* du même, a. 703, *Dipl.* II, 261. *Dipl.* de Clotaire III, a. 658, ibid. II, 807.

(2) Sur les formes de constitution du mandat *ad litem*, V. Bignonii notæ ad Marculf, Baluze, *Capit.* II, 896. Marc. form. II, 31. Append. Marc, c. 9 et 25. Form. Sirmond. 20 et 46, Baluze, II, 423, 441, 449, 479 et 494. Augustin Thierry, *Considérat. sur l'Hist. de France*, ch. V, p. 311.

(3) En ce sens, Bethmann-Hollweg, V, p. 107. Argum. des formules 25 de l'appendice de Marculfe et 183 de Lindenbrog.

(4) Plaid de 806, Muratori, I, 973 : « G. filio quondum G. qui causam curtis domini Regis peragebat. » — Plaid de 852, *ibid.* II, 954 : « Gastaldio de Sexpilas... Advocatus de ipsa curte. » — Cp. Martene, I, p. 171. Gallia christ. I, p. 107, et les autres documents cités par Bethmann-Hollweg, p. 107, n. 43.

(5) Les clercs et les moines ne peuvent comparaître devant les tribunaux séculiers qu'avec l'autorisation de leurs supérieurs. Capit. Vern. a. 775, c. 18, Pertz, p. 26 : « Ut nullus clericus ad judicia laicorum publica non conveniat sine jussione episcopi sui vel abbatis. » — Cp. *Capit.* a. 789, c. 12, Pertz, p. 65. *Capit.* Aquisgr. a. 801, c. 16, Pertz, p. 88.

(6) V. *Diplômes* de 816, de 832 et de 835, Vaissette, I, nos 29 et 47; Bouquet, VI, nos 58 et 200, et les autres documents cités par Bethmann-Hollweg, V, p. 108, n. 44.

sationem habeat quin ad placitum missorum nostrorum veniat, aut talem vicarium suum mittat, qui in omni causa pro illo rationem reddere possit. » — *Ce n'est qu'une faculté* et non une obligation pour les évêques et les abbés de se faire représenter. Ils peuvent comparaître personnellement, soit seuls, soit avec leur advocatus (1).

Les vassaux royaux peuvent avoir également des advocati pour les représenter eux et les hommes de leurs seigneuries devant les tribunaux ordinaires. *Capit.* Langob. a. 802, c. 10, Pertz, p. 104 : « Ut vassi et austaldi nostri ... si presentes esse non possunt, suos advocatos habeant, qui eorum res ante comitem defendere possint, et quiquid eis queritur, justitiam faciant. » (2). Les advocati du roi, ainsi que ceux des grands laïques ou ecclésiastiques, représentent absolument leurs mandants devant les tribunaux. Ils peuvent prêter serment pour eux, et un capitulaire de Pépin prescrit même de ne choisir comme advocatus qu'un homme libre, de bonne réputation, qui puisse jurer pour son mandant. Capit. a. 782, c. 6, Pertz, p. 43 : « Ut talis sit ipse advocatus, liber homo et bonæ opinionis, laïcus aut clericus qui sacramentum pro causa ecclesiæ, quam peregerit, deducere possit » (3). — Ce sont ces avoués dont les comtes doivent prendre en considération les occupations lorsqu'ils fixent le jour de leurs plaids. Edict. Pist. a. 864, c. 32, Pertz, p. 496 : « Et ipse sic mallum suum teneat, ut barigildi ejus et advocati qui in aliis comitatibus rationes habent, ad suum mallum occurrere possint. »

Les réunions d'habitants qui correspondent à nos communes peuvent aussi plaider par l'intermédiaire de fondés de pouvoirs librement élus (4). Plaid de 882, Fumagalli, n° 121 : « Vicini et consortes... elegerunt ex hac causa de eorum parte

(1) Bethmann-Hollweg, V, p. 108. Cp. Plaid de 883, Muratori, I, 460. Plaid de 870, Vaissette, I, n° 95. Plaid de 806, Muratori, I, 974.

(2) Cp. ce que nous avons dit des immunités laïques, supra § 179.

(3) Cp. *Capit.* Mantuan. a. 781, c. 3, Pertz, p. 40 : « Et hoc ipse comis aut ejus advocatus per sagramentum firmare possit. » Capit. Aquisgr. a. 809, c. 15, Pertz, p. 157 : « Si vero advocatus sacramentum contra alium habuerit et jurare non potuerit, aut aliquid per justitiam reddiderit, propter hoc beneficium non perdat. »

(4) Bethmann-Hollweg, V, p. 109.

in rationem standum et finem inde participiendum : id sunt L et magistrum, quis super ipsis constitutum erat ad regendum, seu I. »

§ 186. — Les advocati chargés de représenter le roi, les grands laïques ou ecclésiastiques et les communautés d'habitants sont, pour ainsi dire, des avoués privés. Existe-t-il à côté d'eux des avoués publics, c'est-à-dire une classe de personnes ayant pour mission de représenter une partie quelconque qui, pour une raison ou pour une autre, ne pourrait comparaître personnellement en justice ?

Maurer, p. 73, admet l'affirmative en se fondant sur le capit. miss. a. 803, c. 3, Boret., p. 115 : « Ut missi nostri scabinos, advocatos, notarios per singula loca elegant et eorum nomina, quando reversi fuerint, secum scripta deferant. » La preuve, dit-il, qu'il ne s'agit pas ici des avoués de l'immunité, c'est d'abord que le texte les mentionne entre les scabins et les notaires ; c'est ensuite cette circonstance que les officiers de l'immunité ne sont pas nommés par les missi seuls mais conjointement avec le clergé (1).

Cette argumentation (2) nous paraît bien faible. Peu importe d'abord que les advocati soient placés entre deux classes de personnes dont les unes sont des juges, les autres de simples auxiliaires de la justice. Cela n'établit point que les advocati du capitulaire de 803 doivent appartenir à la seconde classe plutôt qu'à la première. C'est d'autant moins vraisemblable qu'un des manuscrits (Boretius, l. c. n. f.) nomme des *vicarios* après les advocati, ce qui devrait laisser supposer au contraire que les derniers seraient plutôt des juges que des auxiliaires de la justice. — Le second argument n'a pas plus de valeur. Le texte a pu très-bien ne pas mentionner toutes les circonstances de l'élection des advocati. Il attribue de même aux missi seuls la nomination des scabins et cependant nous avons

(1) C'est une erreur de Maurer. Les advocati de l'immunité sont nommés cum comite et populo. *Capit*. Aquisgr. I, a. 809, c. 22, Boret., p. 151.

(2) Elle est suivie par Schaeffner, I, p. 370. Bethmann-Hollweg, qui l'avait d'abord adoptée (IV, p. 69, n. 12) en a reconnu l'inexactitude (V, p. 109, n. 53).

vu que les capitulaires parlent de la participation du peuple au choix des scabins.

Quel que soit d'ailleurs le caractère de ce mandataire ad litem, les clercs ne peuvent en remplir les fonctions, si ce n'est en faveur des églises, des orphelins et des veuves et avec la permission de leur évêque. Concil. Vern. a 755, c. 56, Boret. p. 36 : « Ut clerici conductores non sint, hoc est ut non habeant actiones seculares nisi tantum pro causas ecclesiarum, orfanorum vel viduarum, ordinanti episcopo suo (1). »

D'autre part la représentation des parties n'est pas permise en matière criminelle ni dans les questions d'État (2). Addit. IV, *Capit.* c. 14, Baluze, I. p. 1194 : « Si quando in causa capitali vel in causa status interpellatus fuerit, non per procuratores sed per ipsos est agenda (3). »

La représentation par champion dans le combat judiciaire est cependant permise à ceux qui ne peuvent se battre en personne, comme les femmes, les enfants, les corporations et les ecclésiastiques. Un capitulaire de Louis le Débonnaire porte même que le champion vaincu non seulement fait perdre la cause à son commettant, mais encore a le poing coupé. Capit. leg. add. a. 818, c. 10, Boret. p. 283 : « Et campioni qui victus fuerit propter perjurium quod ante pugnam commisit, dextra manus amputetur. » L'empereur donne pour motif à la disposition le parjure dont le champion s'est rendu coupable en affirmant sous serment, avant le combat, la justice d'une cause dont l'injustice est démontrée par sa défaite. La véritable raison est plutôt le désir d'éviter toute collusion entre les champions, ou entre l'un d'eux et la partie adverse.

§ 187. — Si les avoués ne font pas partie de l'organisation judiciaire franque, il faut en dire autant des autres auxiliaires de la justice qui répondent aux greffiers de nos jours. Dans le droit franc primitif, le témoignage et le serment étaient les seuls modes de preuve des actes judiciaires, y compris les jugements. Cependant l'incertitude qui en résultait, fit établir,

(1) Cp. *Capit.* eccles. a. 810-813, c. 13, Boret. p. 179. *Capit.* Pipp. a. 782-786, c. 6, Boret. p. 192.

(2) Maurer, p. 73, Schaeffner, I, p. 370.

(3) Cp. *Capit.* lib. VII, c. 357, Bal. I, p. 1102.

dès la fin du VIe siècle, mais surtout vers la fin de la période mérovingienne, l'usage de délivrer au vainqueur une preuve écrite du jugement qui avait consacré ses prétentions. Déjà la loi ripuaire, T. 59, c. 7, Walter I, p. 183, porte: « Hoc autem constituimus ut quicumque in causa victor extiterit, semper judicium conscriptum accipiat aut testes. » Les formules mérovingiennes font plusieurs fois allusion à cette nécessité d'une preuve écrite : « Propterea necessarium ipsius illo, ut hanc notitia manibus bonorum hominum exinde accipere deberit ; quod et ita fecit, ut postmodum, quidquid lex inter eos declarat, attendere debiat. » Form. Andecav. 53, Zeumer, p. 23 (1).

Cet usage entraina la présence dans les tribunaux d'un personnage dont la dénomination varie suivant les lieux et les documents. Il est nommé notarius (2), cancellarius (3) ou scriba (4).

La certitude de la preuve tirée de l'expédition (5) du jugement ne résulte point cependant de l'authenticité que lui communiquerait la rédaction et la signature du notarius. Le droit franc ne connaît point en effet la distinction moderne des actes en authentiques et privés et ne fait pas de différence entre un écrit rédigé par un officier public et celui qui émane d'un simple particulier (6). Seuls, les actes émanés du roi ne peuvent être attaqués que sous une peine rigoureuse, celle du crime de lèse-majesté contre celui qui succombe (7). — L'expédition n'a donc d'autre valeur que celle qui résulte du té-

(1) Cp. *ibid.* form. 12, p. 9. Rozière, 465, 478.

(2) Lex Burgund, praef. Walter, I, p. 303. Capit. miss. a. 803, c. 3, Pertz, p. 115.

(3) Lex Ripuar. T. 59, §§ 1 et 2. *Capit.* miss. a. 803, c. 2, Pertz, p. 121.

(4) Capit. I Theod. a. 805, c. 3.

(5) Cette expédition se nomme indifféremment charta judicii (Marc. app. 2) ; judicium (Marc. I, 37 ; app. 4 ; Lindenb. 167, 169) ; judicius (Form. Andec. 10, 11, 24) ; notitia (Marc. app. 1, 3, 5), testamentum (Lex Rip. LIX, 8 ; Martene II, p. 19, a. 746) ; placitum (Bouquet, V, p. 697, a. 752 ; p. 703, a. 759; Vaissette, I, p. 128, a. 875) ; chartula (Mon. Boic. a. 802, IX, p. 19).

(6) Sohm, p. 527.

(7) V. Lex Rib. 59, §§ 1 à 5 ; 60, § 6. Lex salica, c. 14.

moignage des personnes qui l'approuvent et le certifient par leur signature.

Nous voyons en conséquence que les procès-verbaux des jugements sont signés non-seulement du greffier, mais encore du juge et des assesseurs. Sickel, *Acta*, 86, a. 781 : « Proinde opportunum fuit ipsi A. advocato S. Dionisii, ut talem notitiam bonorum hominum manu firmatam vel ipsius comitis nomine R. seu qui ibidem fuerunt sedentes, prendere et accipere deberet » (1). Aussi les scabins, en entrant en fonctions, doivent-ils prêter serment de ne pas se refuser à confirmer leurs sentences par leur signature. Hludow, II. Const. a. 856, c. 5, Pertz, p. 438 : « Et quod judicaverint confirmare sua subscriptione non dissimulent. » — C'est en raison de cette participation du comte et des scabins à l'expédition qu'un missus demandait à Charlemagne s'ils devaient toucher un solidus de notitia. *Capit.* miss. cuid. a. 803, c. 3, Pertz, p. 121.

Ces considérations nous donnent la raison d'autres règles sur la rédaction des jugements. Ainsi il n'est pas nécessaire qu'ils soient signés du notarius (2). Il suffit de la signature des scabins qui ont jugé l'affaire ou des simples hommes libres qui assistaient au jugement.

De même peu importe que ce soit le greffier ou toute autre personne sachant écrire. Nous voyons même un exemple d'une partie rédigeant le jugement qui lui a donné gain de cause. Baluze, *Marc. Hisp.* n° 5, a. 832 : « Et necesse fuit ab ipso abbate ut notitia revestitoria sibi exinde scriberet et bonos homines inde in testimonium elegit. » (3). — L'écriture n'étant guère connue que des clercs, ceux-ci devaient souvent remplir les fonctions de notaire et c'est probablement pour cette

(1) Cp. Vaissette, I, n° 109, p. 135, a. 878 : « Unde pro hac causa necesse fuit Fulcradane ut inde notitiam bonorum hominum in testimonium colligeret. » — Besly, *Comtes*, p. 224, a. 903 : « Propterea necessitas fuit eidem Isarno, ut hanc notitiam de ipsis viris firmam ad se recipere deberet. » — Form. Merkel. 29, Zeumer, p. 252 : « Proinde opportunum fuit ipsi illo, ut talem notitiam bonorum hominum, ipsius vicarii manu firmatas exinde accipere deberet. »

(2) Cp. Form. Andecav. 12, 14, 15, Zeumer, p. 9. Vaissette, I, n°s 7, 76, 98, 133, a. 791-890.

(3) Cp. Bouquet, IV, p. 648.

cause qu'un capitulaire de 802, c. 15, Pertz, p. 108, doctrina clericorum, quæ jussa discere omnes ecclesiasticos, parle de l'écriture des cartæ et des epistolæ comme d'un des objets d'étude des clercs. — Les greffiers doivent écrire lisiblement. *Capit.* Theod. a. 805, c. 3, Pertz, p. 131 : « De scribis ut vitiose non scribant. »

Si les notarii ne font point partie intégrante des institutions judiciaires franques, on recourt cependant à leur ministère dans presque tous les tribunaux. Les documents de l'époque montrent qu'il en existe dans les tribunaux ecclésiastiques comme dans les tribunaux séculiers et à tous les degrés de la hiérarchie (1). Le c. 3 du capitulaire de Thionville de 805 contient même, dans plusieurs des manuscrits, une disposition qui oblige les comtes, les évêques et les abbés à avoir leur notaire. Pertz, p. 131 : « Ut unusquisque episcopus et abba et singuli comites suum notarium habeant. » D'autre part un capitulaire d'Ansegise suppose l'existence normale du cancellarius qui, d'après ce texte, doit être connu des habitants de la circonscription, III, c. 43, Pertz, p. 305 : « Cancellarius tamen talis esse debet, qui pagensibus illius loci notus fuisset et acceptus. »

La nomination du notarius appartient, croyons-nous, au juge qui préside le tribunal auquel le greffier est attaché. Elle doit donc appartenir au comte pour son tribunal.

Le roi semble aussi exercer, par l'intermédiaire des missi, le droit de nommer les notaires, *Capit.* miss. a. 803, c. 3, Pertz, p. 115, *supr. cit.* Mais ce capitulaire nous paraît plutôt établir une réserve théorique en faveur du roi. Nous savons en effet que, en pratique, les missi ne nomment guère les scabins et les advocati que ce même capitulaire de 803 leur impose d'élire. Il doit donc en être de même des notarii dont le choix intéresse encore moins le pouvoir central.

(1) On en rencontre au tribunal du roi : plaid de 781, Bouquet, V, p. 746 (Sur le rôle des notarii à la cour du roi, V. Waitz, II, p. 512 ss.) ; à celui du missus : plaid de 783, Baluze, *Capit.* II, p. 1396, plusieurs notaires signent le procès-verbal ; à celui du comte : Rozière, 209 ; à celui du missus du comte ou de l'évêque : plaid cité dans Baluze, II, p. 823 ; *Monum Boic.*, IX, p. 15. V. les autres documents cités par Sohm p. 528, n. 11.

Certaines conditions de capacité et d'honorabilité sont exigées des notarii qui doivent prêter un serment professionnel, Hludow. II *Const.* a. 856, c. 5, Pertz, p. 438 : « Similiter et notarii legibus eruditi et bonæ opinionis constituantur, et jusjurandum præbeant ut nulla tenus falsitatem vel colludium scribant ; et qui hoc fecisse præterito tempore inventi fuerint, præsentaliter damnentur. » — Hlothar. Constit. Pap. c. 13, a. 832, Pertz, p. 361 : « Notarii autem hoc jurare debent, quod nullum scriptum falsum faciant, nec in occulto scriptum aliquis faciat. »

Les greffiers rédigent leurs actes sur les ordres du comte ou de son délégué et d'après la dictée des scabins. Capit. Mantuan. a. 781, c. 3, Pertz, p. 40 : « Comites vero ... omnia notarium suum et scribere faciat. » — Muratori, I, p 509 : « Ex jussione domini sanctissimi A. episcopi et prænominatorum judicum ... dictantibus eisdem judicicibus. » — Il ne peut instrumenter dans un autre comté sans la permission du comte sous les ordres duquel il se trouve. Hlothar. Constit. a. 832, c. 13, Pertz, p. 361 : « Notarii ... nec de uno comitatu in alio, nisi per licentiam illius comitis in cujus comitatum stare debet. »

La rédaction des actes de juridiction gracieuse rentre aussi dans le ministère des notarii. Hloth. Constit. Olonn. a. 828, c. 1, Pertz, p. 232 : « Ut cancellarii electi boni et veraces chartas conscribant ante comitem et scabinos vel vicarios ejus. »

Quel que soit d'ailleurs l'acte qu'il rédige, le notarius doit le dater, à peine de nullité. Hlothar. capit. a. 835, c. 2, Pertz, p. 371 : « Auditu comperimus in finibus Tusciæ talia scripta esse prolata quæ sunt absque mensi et die mensis, de quibus volumus, ut si deinceps prolata fuerint, nullum habeant vigorem. »

Les notarii reçoivent des honoraires réglés par les capitulaires. Capit. miss. a. 803, c. 2, Pertz, p. 121 : « De notitia solidum unum. » — Hloth. Const. Pap. a. 832, c. 13, Pertz, p. 361 : « Ut nullus cancellarius pro ullo judicato aut scripto aliquid amplius accipere audeat nisi dimidiam libram argenti de majoribus scripta ; de minoribus autem infra dimidiam libram quantum res assimilari possit et judicibus rectum videtur ccipiat. De orfanis autem vel ceteris pauperibus qui exsolvere hoc non possunt, in providentia comitis sit ut nequaquam inde aliquid accipiat. » (1).

§ 188. — Il y a une dernière classe d'auxiliaires de la justice, correspondant aux huissiers ou sergents, et chargés, d'une manière générale, d'assurer le service des tribunaux, la marche de la procédure et l'exécution des jugements.

A l'époque où les parties citaient elles-mêmes, en présence de témoins, leurs adversaires à comparaître en justice et où le comte présidait en personne à l'exécution des jugements, le besoin de ces auxiliaires spéciaux de la justice ne se faisait pas sentir. Mais ils devinrent nécessaires le jour où les formes de la bannitio se modifièrent et où les comtes et autres officiers judiciaires, surchargés d'affaires, durent se reposer sur d'autres personnes, du soin des détails purement matériels.

Ces auxiliaires portent des noms divers, milites (2), custodes (3), satellites (4), lictores (5).

Le service qu'ils font étant réputé indigne d'un homme libre, ils appartiennent à la classe des non-libres, mais sont cependant, pour la composition, mis sur la même ligne que les lites (6).

L'exécution d'une décision judiciaire peut aussi être confiée par le comte ou, plus généralement, par le président du tribunal, à l'un des assesseurs (7). Vaissette, I, n° 88, a. 862 : « Ordinavimus R. misso nostro, ut revestire faciat. » *Ibid.*, n° 91, a. 867 : « Ordinavimus L vaso dominico (cité précédemment parmi les assesseurs) misso nostro et super ipsas res venire fecisset et... revestire fecisset (8). »

Dans les autres contrées occupées par les Wisigoths, l'huissier est nommé sajo et il appartient à la classe des hommes

(1) C'est là une sorte d'assistance judiciaire.

(2) Mabillon, *Acta sanct.*, I, p. 110.

(3) *Ibid.* p. 268.

(4) Greg. Tur. VIII, 29.

(5) *Ibid.* VI, 35.

(6) Sohm, p. 533, n. 24 à 27.

(7) Sohm, p. 535.

(8) Cp. *Mem. di Lucca*, V, 3, n° 1768, a. 901. Muratori, II, p. 959, a. 990.

libres (1). Le rôle du sajo est plus important dans ces contrées *que celui du lictor ou miles dans le nord*. On peut même dire qu'il fait partie d'une façon officielle et permanente des gens de justice. Aussi, dans les procès-verbaux des plaids judiciaires, sa présence est-elle mentionnée après celle des rachimbourgs et avant celle de toute autre personne (2).

Qu'il s'agisse des contrées du nord ou de celles du midi, le rôle des huissiers dans notre période est plus varié que dans le droit moderne.

Ils font le service de l'audience (3), — Ils assurent la comparution des accusés devant le tribunal (4) et exécutent (5) les jugements tant en matière criminelle qu'en matière civile (6).

Certains d'entre eux ont même pour mission spéciale de punir les condamnés (7). — Enfin ils ajournent les parties

(1) Baluze, *Capit.* II, p. 1416, a. 817; p. 1489, a. 869; p. 1511, a. 884. Gallia Christiania, VI, 313, 418, 423. Vaissette, I, nº 5, a. 781 ; nº 76, a. 852.

(2) Plaid de 852, Vaissette, I, nº 76, p. 99 : « Et judices, id est Hulteredus, Teudefredus... et Biedegisus sajone, seu et bonorum hominum præsentia. »

(3) Greg. Tur. V, 49.

(4) Vita S. Amandi, nº 12, Bouquet, III, p. 533 : « Tunc subito a lictoribus ante eum præsentatus est quidam reus. »

(5) C'est de là que Maurer, p. 28, fait dériver le mot saio, de saicken, suchen, rechercher.

(6) Vita S. Amandi, supr. cit : « Tandemque a ministris vel apparitoribus isdem fur affixus est patibulo. » — L'exécution a lieu ordinairement à l'endroit même où se rend la justice. C'est pour cela que deux capitulaires de Charles le Chauve posent les règles suivantes. Capit. miss. a. 853, c. 7, Pertz, p. 419 : « Ut missi nostri ... ne nulla vel placita in exitibus et in atriis ecclesiarum et presbyterorum mansionibus ... tenere præsumant ; quia nefas est ibi reos puniri, ubi respectu divinae reverentiæ misericordiam ... consequuntur. » — Capit. Caris. a. 873, c. 12, Pertz, p. 521 : « Ut ... mallus neque in ecclesia neque in porticibus, aut atrio ecclesiæ, neque in mansione presbyteri juxta ecclesiam habeatur ; quia non æquum est ut ibi homines ad mortem judicentur et dismembrentur et flagellentur, ubi si confugerint, secundum aliud capitulum pacem habere debent. »

(7) Vita S. Fidoli, saec. 6, c. 19. Mabillon, I, p. 200 : « Accitis enim his, quorum erat officium punire damnatos. »

devant le tribunal (1). Mais, malgré l'importance de leurs fonctions, ils ne sont point, sauf dans le midi, les serviteurs du tribunal, mais ceux du juge (2), *missus*, comte ou centenier (3)

(1) V. Maurer, § 37. Cp. Edict. Pist. a. 864, c. 6, Pertz, p. 489.

(2) Sohm, p. 537.

(3) Deux textes mentionnent encore des quæstionarii comme investis de fonctions judiciaires. Walafrid Strabon, *De Exord.*, c. 31 : « Sunt in saecularibus quæstionarii qui reos examinant. » Annal. Fuld. 852, p. 368 : « Ut nullus præfectus in sua præfectura aut quæstionarius infra quæsturam suam alicujus causam advocati nomine susciperet agendam ; in alienis vero præfecturis vel quæsturis singuli pro sua voluntate aliorum causis agendis haberent facultatem. » — Dans le premier texte, Waitz, l. c. p. 410, n. 2, voit avec raison dans le quæstionarius un bourreau, dans le second le juge, judex.

## CONCLUSION.

§ 189. — En étudiant chacune des diverses parties de l'organisation judiciaire, nous avons eu occasion de signaler les mérites et de relever les défauts de la législation franque. Arrivé au but de notre étude, nous exprimerons en quelques mots notre sentiment général à l'égard de ces institutions dont nous nous sommes efforcé de présenter un tableau aussi fidèle que possible : elles nous paraissent avoir été parfaitement en harmonie avec l'état social pour lequel elles ont été créées.

Ce qui nous frappe tout d'abord, c'est le petit nombre de fonctionnaires qui servent à assurer l'administration de la justice. Il facilite les choix du souverain, souvent bien embarrassé de rencontrer un homme quelque peu instruit en dehors des rangs du clergé. — Par contre, les mêmes officiers royaux cumulant des fonctions judiciaires, administratives et militaires, des abus de pouvoir peuvent plus aisément se commettre. Toutefois, cette omnipotence a son contrepoids : c'est la publicité de la procédure, la présence du peuple à l'audience ; c'est la séparation du droit de justice et du droit de rendre le jugement ; c'est enfin et surtout la surveillance et le contrôle exercés à tous les degrés de la hiérarchie. Mais on comprend que, le jour où se relâchèrent les liens qui rattachaient les extrémités au centre, les abus, qui s'étaient déjà produits sous les rois fainéants, durent renaître pour ne plus disparaître qu'avec la féodalité elle-même.

Le mode de jugement par les pairs des parties offre également de grands avantages. Il permet de faire dans la sentence une plus large part à l'équité. La garantie est précieuse, surtout dans les procès criminels jugés par tous les hommes libres du comte. Les assesseurs, il est vrai, ne sont pas des jurisconsultes ; la connaissance de la loi et de son sens véritable peut leur manquer. Mais les procès qu'ils ont à juger ne soulèvent le plus souvent que des questions de fait ; la source du droit où ils ont à puiser est moins la loi que la coutume locale avec laquelle ils sont familiers. Tant que les scabins remplirent les conditions prescrites par les capitulaires et ne devinrent point les créatures de l'officier royal, on put être assuré d'une bonne distribution de la justice.

Les institutions carolingiennes furent trop rapidement arrêtées dans leur développement. A peine avaient-elles eu le temps de naître qu'elles furent étouffées par la féodalité naissante. De quelle manière l'organisation féodale se substitua-t-elle au régime carolingien ? C'est là une question que nous n'avons pas à résoudre ici. Nous nous bornerons à indiquer sommairement comment les juridictions publiques du comte et du centenier cessèrent de fonctionner.

L'immunité, avec la portée que nous lui avons donnée au point de vue judiciaire, fut la cause la plus active de la disparition des justices publiques. Les restrictions à la compétence des tribunaux de l'immunité disparurent successivement quand les rois ne surent plus faire respecter les droits des juridictions ordinaires. Les habitants de l'immunité, obligés encore, sous les premiers Carolingiens, à comparaître dans certains cas au tribunal du comte par l'intermédiaire de l'*advocatus*, s'adressèrent désormais à l'immuniste pour obtenir justice. Or, les immunités n'étaient pas concédées seulement aux églises : elles l'étaient également à des laïques ; on les rencontrait sur tous les points du territoire : de ce chef, une diminution considérable du nombre des justiciables des tribunaux ordinaires.

Les hommes libres qui, abstraction faite de l'immunité, s'étaient constitués en état de vassalité auprès de personnages puissants, restaient bien soumis à la justice du comte devant laquelle ils étaient représentés par leur *senior*. Mais ici encore le représentant put facilement usurper une juridiction qui avait presque autant de raison d'être que celle des immunistes. Les vassaux cessèrent de comparaître aux plaids publics, de sorte que ceux-ci, n'ayant plus à juger que les hommes libres qui ne dépendaient ni d'un *senior*, ni d'un propriétaire immuniste, devenaient déserts et n'avaient plus d'assises.

N'oublions pas enfin que les tribunaux ecclésiastiques finirent également par se réserver une foule de procès, grâce à l'extension considérable du privilége de clergie et à la multiplication des causes prétendues spirituelles.

Si les comtes faisaient encore acte de juridiction, c'est parce que ces officiers, devenus héréditaires et inamovibles, grâce à l'imprudente concession de Charles le Chauve, avaient su s'attacher de nombreux vassaux déjà, c'est parce qu'ils avaient acquis de grands domaines où ils pouvaient rendre la justice en qualité de propriétaires immunistes ou de *seniores*.

L'appel au roi, qui subsistait en théorie, était rendu impossible en fait par les violences et les ruses auxquelles avaient recours, pour l'empêcher, les officiers de justice, comtes et immunistes laïques et ecclésiastiques. Le pouvoir royal, toujours plus faible, n'avait plus aucun moyen pour contraindre les magistrats locaux à respecter son droit supérieur : « Ainsi, dit Pardessus, tous, d'une manière immédiate ou médiate, s'isolaient de la royauté. Le monarque n'était plus considéré comme la source des pouvoirs, comme le suprême réformateur des torts dont ses délégués ou ses concessionnaires pouvaient se rendre coupables. Il ne faisait plus de lois, il ne rendait plus de jugements ». La révolution féodale était toute préparée près d'un siècle avant que l'avènement de Hugues Capet vînt la consacrer officiellement.

FIN.

www.ingramcontent.com/pod-product-compliance
Lightning Source LLC
Chambersburg PA
CBHW060928220326
41599CB00020B/3048